工商管理经典译丛
市场营销系列
Business Administration
Classics·marketing

营销渠道

管理的视野

Marketing Channels

A Management View

第 8 版

Eighth Edition

伯特 · 罗森布洛姆 (Bert Rosenbloom)
—— 著 ——
宋华 等
—— 译 ——

中国人民大学出版社
·北 京·

工商管理经典译丛
市场营销系列
Business Administration
Classics-marketing

营销渠道

管理的视野

Marketing Channels

A Management View

第 8 版

Eighth Edition

伯特·罗森布洛姆 (Bert Rosenbloom)
—— 著 ——

宋华 等
—— 译 ——

中国人民大学出版社
·北 京·

《工商管理经典译丛·市场营销系列》
出 版 说 明

随着我国市场经济的深化，市场营销在企业中的地位日益突出，高素质的市场营销人才也成为企业的迫切需要。中国人民大学出版社早在 1998 年就开始组织策划了《工商管理经典译丛·市场营销系列》丛书，这是国内第一套引进版市场营销类丛书，一经推出，便受到国内营销学界和企业界的普遍欢迎。

本丛书力图站在当代营销学教育的前沿，总结国际上营销学的最新理论和实践发展的成果，所选图书均为美国营销学界有影响的专家学者所著，被美国乃至世界各国（地区）的高校师生和企业界人士所广泛使用。在内容上，涵盖了营销管理的各个重要领域，既注意与国内营销学相关课程配套，又兼顾企业营销的实际需要。

市场营销学是实践性很强的应用学科，随着我国企业营销实践的日渐深入和营销学教育的快速发展，本丛书也不断更新版本，增加新的内容，形成了今天呈现在读者面前的这一较为完善的体系。今后，随着营销学的发展和实践的积累，本丛书还将进行补充和更新。

在本丛书选择和论证过程中，我们得到了国内营销学界著名专家学者的大力支持和帮助，原我社策划编辑闻洁女士在早期的总体策划中付出了大量的心血，谨在此致以崇高的敬意和衷心的感谢。最后，还要特别感谢为本丛书提供版权的培生教育出版集团、约翰威立公司、麦格劳-希尔教育出版公司、圣智学习出版公司等国际著名出版公司。

希望本丛书对推动我国营销人才的培养和企业营销能力的提升继续发挥应有的作用。

中国人民大学出版社

译者序

近几年来，随着全球化的不断发展以及竞争的日趋白热化，企业如何才能更好地应对日益恶劣的竞争环境，有效提升企业自身的核心竞争力已经成为决定企业生死存亡的关键要素，而核心竞争力不仅体现在特定的技术和诀窍上，更体现在企业对整个渠道的有效建立和管理上，营销渠道在当今的企业经营中处于举足轻重的地位，尤其是今天的企业竞争不是单个企业的竞争，而是处于一种网络竞争的背景下，渠道管理俨然成了企业的生命线，诸如如何建立与本企业相适应的渠道、如何防止和解决渠道冲突、如何发展与渠道成员的战略联盟和供应链关系、在电子商务和全球化条件下如何管理渠道等都是当今企业在实践中不断探索的热门话题。

由美国著名营销专家罗森布洛姆撰写的《营销渠道：管理的视野》一书是该领域的名著，在世界营销学界享有盛誉，本书无论在理论阐述上还是实践介绍方面都显现出一流著作的特点，既具有理论上的先端性和深度，又适时反映了实践发展的趋向。本书作者是市场营销方面的著名专家，具有丰富的理论知识和企业实践经验，可以说本书是迄今为止有关营销渠道方面的不可多得的好书，自本书初次出版以来，已再版数次，这足以证明本书在国际上的影响力。具体来讲，本书的特点为：

1. 理论上的前沿性。本书作为营销渠道方面的专著，不仅介绍营销渠道方面的基本理论和知识，更是适时地追踪了营销渠道方面的最新发展和潮流，例如电子营销渠道（第 15 章）、特许经营渠道（第 16 章）以及服务营销渠道（第 17 章）等章节对伴随互联网发展、服务化发展而形成的新型交易方式做了全面、详尽的介绍和分析，此外，对近年来出现的移动商务等问题也做了很好的分析。

2. 论述的全面性和细致性。本书对营销渠道的研究可以说十分全面、细致，如渠道参与者分析、渠道环境、渠道管理中的产品问题、价格问题、物流与渠道管理、渠道绩效管理等都在本书中得到了详尽的论述，这是其他著作所不及的。

3. 理论分析与案例分析有机结合。本书的一大特点是，对营销渠道的介绍并不仅仅局限于理论介绍和分析，而是紧紧围绕实践和案例分析来展开。本书除了在正文中穿插大量的实证资料和小案例外，还在书的最后附有大案例，可以使读者加深对营销渠道管理的理解。

本书以全新的视野，全面、详尽地介绍和分析了营销渠道管理的基本理论、战略发展和最新动向，具有很高的理论价值和较强的实践指导意义。全书共分 5 篇 18 章，第Ⅰ篇包括第 1 章到第 4 章，对营销渠道系统的基本概念、战略含义以及渠道环境等做了全面的分析和介绍。第Ⅱ篇从第 5 章到第 8 章，论述了营销渠道的开发，包括营销渠道中的战略问题、渠道设计的方法和步骤、渠道管理中的核心问题——渠道成员的选择以及目标市场与渠道设计战略。第Ⅲ篇包括第 9 章到第 14 章，主要论述对既存渠道如何进行管理，包括渠道战略联盟、渠道管理中的产品问题、价格问题、促销问题以及物流与渠道管理的关系，特别是对 QR、ECR 进行了详细的介绍。第Ⅳ篇包括第 15 章到第 18 章，探索了营销渠道的最新发展，这部分新增了对特许经营渠道和基于移动终端和社交网络平台的渠道的介绍，另外也对服务营销渠道、国际营销渠道的内容进行了更新。第Ⅴ篇列举了 10 个企业营销渠道方面的案例。

综上所述，我们认为本书的引进对我国市场营销、企业战略管理等方面的研究、教学具有积极的意义，既丰富相关领域的知识、加深对实践的了解，又能对这些领域的进一步研究提供新的视野，特别是由于本书实践性较强，完全可以供企业家和相关实践部门参考。

参加本书翻译的有中国人民大学商学院的宋华教授，以及于亢亢、王岚、刘会、贾景姿、侯海涛、杨璇、喻开等，全书由宋华统校并撰写译者序。

我们要特别感谢负责本书引进和编辑的总策划以及各位出版社的同仁，没有他们，这本书也不可能出现在读者面前。

由于我们水平有限，书中难免有译释不当之处，恳请读者指正。

宋　华

前 言

营销渠道使全球各个国家、各个城市的几十亿消费者可以购买到自己所需要的各种产品和服务。当我们迈入21世纪的第二个十年之际，新的科学技术与全球化极大地改变了营销渠道以及营销渠道所服务的顾客的期望。传统的实体营销渠道受到网络渠道很大的冲击，顾客能在全球不同的地点通过笔记本电脑、iPhone、iPad或其他移动终端购买商品。得益于社交网络的快速发展，移动交易能力获得了增强，现在越来越多的社交网络都能让访问者在其页面上直接购买产品或服务。

这些发展使得营销渠道和顾客期望都发生了变化：顾客现在期望在购买产品和服务时能够自主选择购买什么种类、如何购买、何时购买以及在哪里购买，这也是营销渠道所必须满足的要求。21世纪的顾客在选择渠道时，会综合考虑以上提及的各个方面。如果顾客希望能够在上Facebook时购买某种产品，Facebook主页上就需要有相应的电子商务渠道；如果顾客希望在慢跑时用智能手机购买某种商品，智能手机上就必须有这种渠道；如果顾客希望去一家实体店购物或者浏览一份购物目录，这种渠道也必须存在。

这一新的多渠道环境使得在走出21世纪的第一个十年时渠道策略与渠道管理责任更重。渠道管理者所能选择的渠道种类虽然变多了，但是建立并管理最优的渠道组合却也更富有挑战。渠道管理者不仅需要了解传统营销渠道的功能和局限，还必须懂得如何将高科技的、电子的渠道与传统渠道结合起来提供完美的顾客体验。尽管为顾客提供产品与服务的“工具箱”里的工具更多了，但是有效地使用这些工具需要更多的知识和技巧。

第8版的特色

第8版《营销渠道：管理的视野》针对21世纪多渠道的新挑战做了一些修订。纵观本书，新的高科技渠道选择如移动商务（m-commerce）或与社交网络平台联系在一起的渠道（有时称为s-commerce或f-commerce，后者是Facebook commerce的缩写）已经被整合到渠道管理的多个领域中。

将这些新兴的渠道选择和主流的营销渠道策略及管理整合起来是第8版《营销渠道：管理的视野》的一个特色。全书进行了整体修订以反映不断变化的经济、社会文化、竞争、科技以及法律，这些都会影响营销渠道。这一版相较上一版更加强调营销渠道在市场营销管理中的战略性地位。许多产业的企业均将营销渠道策略视为传递顾客价值、创造持续竞争优势的关键，这一趋势在这一版中也有所体现。

新版书将营销渠道与产品、价格和促销一同视作营销组合的战略组成部分。这一主题贯穿各个章节，强调渠道管理者需要理解渠道战略对营销组合其他战略构件的贡献以及后者对前者的影响。

本书的每一章均做过了仔细的修订，并根据对营销渠道最新的思考进行更新。学术文献中的新观点和研究发现与行业实践中的最新见解结合在一起，全面彻底地覆盖了营销渠道的全部论题。

在新版中，每一章都提供了一些新的供讨论的反映最新营销渠道发展的小案例。书中新增了超过 1/3 的案例，这些案例包括许多渠道话题，而这些是被替换掉的上一版书中的案例中所没有的。同时，为了更好地解释概念，书中还增加了大量最新的例子和插图。

在《营销渠道：管理的视野》的所有版次中，始终不变的是本书的基本目标：在营销渠道领域提供管理学的视角和决策制定的框架。书中有全面的理论、研究和实践内容，三者有机地结合在一起，以探讨决策制定问题。内容保持完整也是本书各版本的另一个核心特征。各章材料的组织很仔细，以便读者把握重点。写作的风格是清晰、精确，对各个主题的处理也很有趣，每章都有丰富的更新过的例证和图表。最后，对上一版的结构和教学方式也进行了认真的推敲。学习目标、章前开篇案例、精确的组织结构、章末小结、复习题、思考题、最后 10 个完整的案例以及每章的注释，这一切使得本书成为读者的益友。

□ 第 8 版的结构

第Ⅰ篇营销渠道体系包括 4 章，主要阐述了管理框架中营销渠道的基本概念。第 1 章论述了营销渠道的核心概念，在修订后特别强调了在大的市场营销范畴下营销渠道的战略重要性。第 2 章运用最新的批发、零售调查统计数据，详细论述了渠道参与者，并分析了渠道任务。第 3 章讨论了营销渠道的环境以及环境变化对营销渠道的影响，对经济、竞争、社会文化、技术和法律环境的论述进行了修订，以便反映最近的动态。第 4 章主要分析营销渠道中的行为过程，并增加了自上一版以来有关行为渠道的研究成果。

第Ⅱ篇为营销渠道的开发。在修订过的第 5 章中，运用后面将要分析论述的渠道管理决策这种战略框架，全面论述了营销渠道中的战略。第 6 章详细分析了渠道的设计，保留了前 7 版中的 7 步骤渠道设计模式，本版中又增添了一些材料和精华。第 7 章在结合新材料的基础上，详细论述了渠道设计的最后一个阶段（渠道成员的选择）。本篇的最后一章第 8 章，阐述了各种市场要素是如何影响渠道设计战略的，并且对各种材料进行了适当的更新和提炼。

第Ⅲ篇营销渠道的管理包括第 9 章至第 14 章，主要论述对既定渠道的管理。第 9 章全面分析了渠道成员的动机，除了一些更新和精炼外，本章的修订部分主要是强调推动渠道成员的战略联盟和合作。第 10 章涉及渠道管理中的产品要素，本章修订后，更加强调通过信息收集以监控渠道中的产品流。第 11 章涉及定价与渠道管理之间的关联问题，对原有的材料进行了更新。第 12 章探讨营销渠道中的促销，本章修订后，增加了有关推动促销战略方面的最新研究成果。第 13 章概述了与渠道管理相关的物流管理，特别是论述了供应链管理和有效消费者响应（ECR）。第 14 章涉及对渠道成员绩效的评价问题，本章内容也做了适当的更新，增添了一些新的参考资料。

第Ⅳ篇营销渠道中的其他问题包括最后 4 章。第 15 章电子营销渠道全面论述了如今基于互联网的营销渠道的作用。这一章在上一版的基础上对近期电子商务所发生的变化进行了重新论述，还包含了最近基于移动终端和社交网络平台的营销渠道的发展。

第 16 章是本书新增的一章，这一章对特许经营渠道进行了全面的分析，解释了特许经营这一术语，阐述了特许经营的未来趋势、特许经营的优缺点以及如何管理特许经营渠道。第 17 章讲述服务营销渠道，简要论述了服务的特征及与渠道管理的关系。第 18 章论述了最新的国际渠道管理问题。

第Ⅴ篇包括 10 个案例研究，有短、中、长 3 种篇幅，其中 1/3 的案例是新的。

目 录

第Ⅰ篇 营销渠道体系

第Ⅱ篇 营销渠道的开发

第Ⅲ篇 营销渠道的管理

第Ⅴ篇　案　例

第 I 篇
营销渠道体系

第 1 章　营销渠道的概念
第 2 章　渠道参与者
第 3 章　营销渠道环境
第 4 章　营销渠道中的行为过程

第1章 营销渠道的概念

学习目标

学习本章之后，你应该能够：

1. 了解新兴网络技术在营销渠道和分销系统中引起的变化；
2. 辨识现代消费者对于产品和服务提供时间、地点和方式的更多要求；
3. 认识到多渠道战略和组织对于满足消费者对营销渠道选择更高要求的必然性；
4. 从管理角度对营销渠道的定义有明确的认识；
5. 理解营销渠道与营销组合中其他要素之间的关联；
6. 熟悉营销渠道的流程及其与渠道管理的关系；
7. 知晓营销渠道中的专业化与劳动分工及关联效率的原则；
8. 了解渠道结构和辅助结构的概念与它们之间的差异。

渠道焦点

沃尔玛与亚马逊，谁是真正的“网上的沃尔玛”？

亚马逊（Amazon.com）每年有超过200亿美元的销售额，这不仅使其成为纳税大户，更顺理成章地成为人们对于网上营销渠道的第一印象。事实正是如此，亚马逊已经成为网上购物的“最佳偶像”。每个人都或多或少地听说过亚马逊，这个巨大的消费者群体也会或多或少地选择在亚马逊上购物。有人说亚马逊成了“网上的沃尔玛”，这一点也不过分，相反，这个称谓可能还不足以形容亚马逊的全貌。

然而，亚马逊能否永远保持其在网上营销渠道中所占据的优势地位呢？如果没有沃尔玛，答案也许是会的。毫无疑问，沃尔玛作为传统的“砖块加水泥”式营销渠道的领头羊，绝不会坐视亚马逊轻松地成为网上营销渠道的老大。除了迅速构建超市商品的网上销售渠道之外，沃尔玛还通过“沃尔玛市场”（沃尔玛虚拟网络商城）加入了其他零售商的商品，从而有效地攫取了亚马逊的一部分网上份额。沃尔玛在其网站上为入驻商家添加了超过100万个商品条目，与亚马逊一样，沃尔玛不用与商品直接接触，商家直接完成商品配送和交易并获得利润，沃尔玛只需收取相应的佣金即可。

也许模仿正是对沃尔玛网上销售的最真诚的奉承，沃尔玛在将来能否赶上并超越亚马逊呢？沃尔玛的首席营销官克里·库珀（Kerry Cooper）说："我们的愿景正是把沃尔玛网上商城变成访问量最高和最有价值的网站。"

如果库珀的预言能够实现，那么有朝一日，沃尔玛将取代亚马逊，成为真正的"网上的沃尔玛"！

资料来源：Based on：Miguel Bustillo and Geoffrey A. Fowler，"Wal-Mart Sets Outside Offerings In Online Mall，" *Wall Street Journal*（September 1，2009）：B6.

我们正处在21世纪第二个十年中，消费者仍随处可见"砖块加水泥"式的传统商店和购物中心。上文中提到的沃尔玛是世界上最大的零售商，每年有超过4 000亿美元的收入来自其实体商店。[1]其他同样经营着"超级商场"实体店的零售巨头还有家得宝（Home Depot）、史泰博（Staples）、百思买（Best Buy）等。此外，传统营销渠道的参与者如批发商、行业分销商、生产商代表、代理商和经纪商等也需要继续和实物及真实生活中的人们打交道。

诚然，一方面传统营销渠道仍然存在并蓬勃发展，另一方面逐渐发生的剧变将更为深远地影响营销渠道的组织结构。[2]20世纪末基于互联网的电子商务的兴起[3]，引发了一些新技术、新的商业模式以及新型公司轮番登场，开启了分销渠道的新纪元。[4]我们的生活充斥着电子商务、移动商务和社交网络，以及一系列诸如YouTube、Facebook、Hulu、Skype、PayPal、iPhone、iPad和"云计算"之类的反映这个数字时代的标志性名称，甚至专为网购而产生的"黑色星期五"与"网络星期一"等名词。

这些现象为营销渠道战略和结构带来的启示刚刚显现[5]，而一个最主要的启示已经非常明确：为了能获得想要的产品和服务，消费者需要更多、更优质的营销渠道，即考虑何时、何地和以何种方式获得的问题。[6]不论是亲自去商店中购物还是在赶飞机的途中通过iPhone购物，消费者期待的是更简单、更便捷、更无缝对接的消费体验。如果某个消费者的购物经历不那么愉快，那么他可能发出一条Tweet信息，显然他的社交网络中将有人对这次经历感兴趣。

消费者对消费的高期待给企业分销带来了高挑战：企业要做的不仅是满足消费者的这些高消费需求，更应该超越他们的期待，即提供超高水平的消费体验。应对这种挑战的唯一途径就是具备既高效能又不失效率的营销渠道。当然，在经济全球化的复杂环境中，这并不是一件容易的事。每天都有数十亿的消费者和数百万的企业、机构和组织，对不计其数的产品和服务产生需求，而这些产品和服务必须要进行分类和匹配，才能真正满足消费者的需求。比如，你可以在诸如Gap这类传统的零售商店中购买一件毛衣，也可以通过iPad或iPhone下载音乐，通过Kindle或iPad下载电子书，甚至可以通过查看每年对全美国家庭发放的商品目录单拨打电话订货。[7]在B2B模式中，企业的产品不仅通过传统的经销商、批发商和厂商代表进行分销，也需要利用诸如阿里巴巴（Alibaba. com）等网上商城及ChannelAdvisor. com等在线渠道商提供的服务。[8]

作为市场中的顾客方，大多数消费者也许并未真正意识到实现这些产品和服务销售背后的巨大努力，呈现在他们面前的往往是一系列战略、计划和行动实施之后带来的新型的商店、配送中心以及服务与技术，这些决定了营销渠道的结构和运作。数百万的顾客正是得益于这些营销渠道，才能如此方便地在世界范围内购买产品和享受服务。

在本书中，我们将"深入幕后"，洞察营销渠道的秘密：挖掘营销渠道的本质和它对于营销的重要性，探索营销渠道发展和演化的路径。我们将重点考察营销渠道的战略角色，即如何对营销渠道进行设计、管理和评估。如前所述，营销渠道中的很多活动并不那么显而易见，我们试图通过对情境和背景的描述，把营销当中最具挑战性也最具吸引力的部分呈现给读者。

多渠道战略的挑战

来自 B2C 和 B2B 两个层面的消费者，都对营销渠道提出了更高的要求，即希望有更多的选择、柔性以及完美的购物体验，这些要求显然不是单一的营销渠道结构所能满足的。[9]一系列渠道，不论是基于实体店还是基于互联网，都应被用于解决客户日益增多的需求。这些渠道必须合理地定位于顾客细分市场，相互协作和支持，而非陷入恶性竞争中，毫无疑问，这样的多渠道定位和协作并不是自然形成的，因此，如何形成多渠道战略，不断满足消费者对于产品和服务的需求，最终实现长远的发展，是值得关注的问题。[10]

有效的多渠道战略需要面临 4 个挑战，我们在整本书中会对其进行讨论[11]：

1. 寻找最优的多渠道组合；
2. 创造多渠道协同；
3. 避免多渠道冲突；
4. 通过多渠道战略获取持续竞争优势。

最优的多渠道组合

如前所述，基于互联网技术的网络营销渠道成为渠道组合中的主流选择，但依然有大量企业会选择其他类型的渠道，如：

- 零售店；
- 邮件；
- 批发商；
- 销售代表；
- 呼叫中心；
- 公司推销员；
- 自动售货机；
- 公司自有的零售店。

举例来说，如图 1—1 所示，苹果公司对于 iPhone 和其他产品的销售采用了多种渠道，不仅包括移动电话服务提供商，苹果自有的在线商店，还包括它加入的批发商会员店（山姆会员店）、大型超市（沃尔玛）、电子产品店（百思买）和其自有的苹果零售店。又如汉森自然公司（Hensen Natural），作为“怪物”能量饮料、天然苏打水和果汁的生产商，依靠可口可乐装瓶公司（一个超大的批发分销商）获得零售渠道，如大型超市、自动售货机和夜总会等（如图 1—2 所示）。

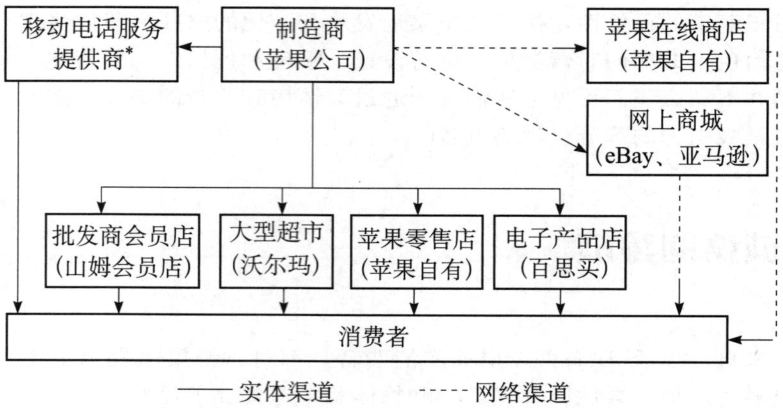

图 1—1　iPhone 手机的分销渠道

* 2010 年夏季之前 AT&T 独家销售 iPhone，苹果公司与 AT&T 合约结束后，威瑞森电信公司（Verizon Wireless）将获得 iPhone 的独家销售权。

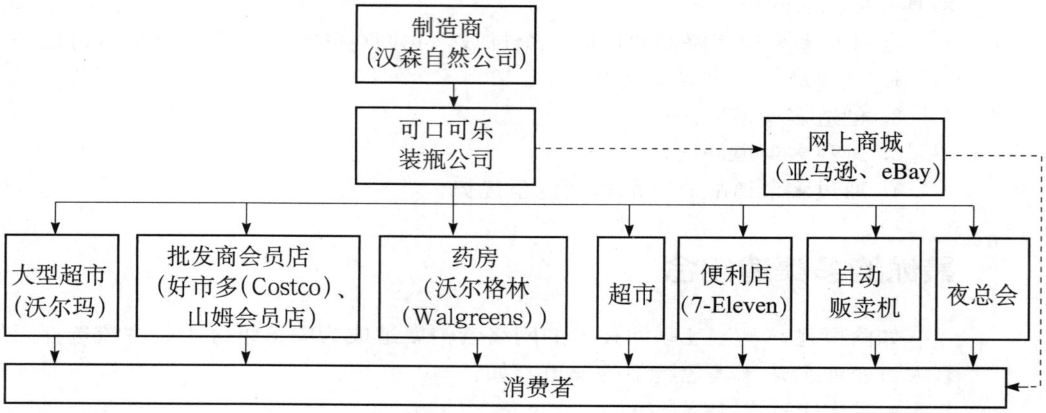

图 1—2　"怪物"能量饮料的分销渠道

多渠道战略确实会涉及多种营销渠道，真正能满足企业所面临的消费者需求的关键是渠道组合的质量，而非数量。[12]在一定意义上，企业的**渠道组合**（channel portfolio）类似于传统投资组合中的金融工具。正如一个精心设计的金融投资组合能够实现投资的多样化，一个精心设计的渠道组合能够通过提供渠道多样化使企业更好地进入细分市场。

在接下来的章节中，我们将进一步阐释思想、概念和战略，它们对于形成一个强有力的渠道组合十分重要。

多渠道协同

在多渠道协同中，"协同"一词的含义是指通过一个渠道能够同时提升组合中其他渠道的效能和效率。[13]在通过传统的"砖块加水泥"渠道购买之前，通过网络渠道获取商品信息就是一个很常见的关于多渠道协同的例子。很多人在购买汽车之前会上网了解汽车的特性，对汽车的不同品牌进行比较，并衡量价格是否合理，甚至会尝试自行寻找一些经销商。当组合中的各渠道倾向于"互相帮助"时，多渠道协同就实现了，可以为客户提供更好的服务。这并不是美好的设想，例如，当零售商店发生缺货时，客户能很方便地通过组合中的另一种渠道得到商品。举例来说，知名的男士鞋和服装生产商庄士敦 & 墨菲公司（Johnston and Murphy）最主要的营销渠道是自有的零售店、独立的零售商和邮购商品目录，最近几年还发展了它的网络营销渠道。如果店里没有顾客需要的鞋码或型号，公司的网络渠道则会紧急补充，即直接帮零售店将所需商品免费运送至顾客家中，整个网上订购过程完全由零售店的销售人员操作完成，不需要顾客亲自过问。

多渠道协同满足了客户需求，甚至大大超出了他们的期望，这是多渠道战略制定之初最值得憧憬的愿景，然而并非那么容易就能实现。关于这个话题，我们将在后文有所涉及。

避免多渠道冲突

成功实施多渠道战略的一个最主要的障碍就是在满足相同客户需求时不同渠道的冲突。例如，当一个生产商想要对其分销商的客户进行网上销售或由自己的推销员进行推销时，分销商毫无疑问会对网上销售或推销员推销这两种渠道进行排挤，因此，多渠道战略对于生产商来说是一种能为客户提供更多选择和增加柔性的方式，对于它的独立分销商来说却是一种零和博弈——如果一种渠道赢得了客户，那么另外一种渠道必然会丢失其客户。

避免或者缓和这种冲突，需要对营销渠道中的经济和行为因素有一定认识，也需要灵活的渠道策略，从而更好地“设计”或更有效地管理这种冲突。这些问题同样会在后文进行深入讨论。[14]

持续竞争优势与多渠道战略

持续竞争优势（sustainable competitive advantage）是指不易被竞争对手迅速或轻易模仿的能力。[15]在今天全球化的竞争舞台上，通过营销组合中的 3P（产品、价格和促销）来获得持续竞争优势变得更加困难。除去一些例外情况，不论产品差别是基于设计创新、技术进步、质量提升还是品牌差异，这种差别都能很轻易地在相对较短的时间内被竞争对手模仿、学习甚至是改进。同样的，低价策略曾被看做获取持续竞争优势的一种手段，现在也被证明是不可行的，世界上总会有能实现比竞争对手生产成本更低从而价格更低的企业存在。至于营销组合中的第三个战略要素——促销，相比前两种要素，对于获取持续竞争优势来说更加不可行。来自网上（2009 年在谷歌上的广告投入超过了 220 亿美元）或其他传统媒体（超过了 1 250 亿美元）的广告及促销信息洪水般向消费者涌来，造成了极大的混乱，大大降低了促销信息的影响力。因此，哪怕是制作精良的广告，也都是短命的，因为有成千上万的信息在一个接一个地冲击着目标市场中的消费者。在今天如此激烈和混乱的背景下，试图通过促销来获得持续竞争优势基本上是不可能的。

正因为如此，渠道战略，尤其是多渠道战略，成为获取竞争优势的一种途径，自然也受到更多关注。最主要的一个原因在于渠道战略一旦形成就很难被竞争对手迅速模仿。建立有效的渠道战略需要长期的承诺和对组织与人力资源的大量投资。例如，卡特彼勒公司（Caterpillar）拥有享誉世界的渠道体系，其背后不仅有资金雄厚的巨商，更有集成了先进技术的供应链，以及中高素质和高积极性的代理商，这些和卡特彼勒的推土机一样，都是其特有的，不可能被竞争对手轻易模仿。[16]

营销渠道的定义

营销渠道的概念十分混乱，有时它被认为是一种将商品从生产者转移到消费者或其他最终用户的路径，有时它被认为是商品通过各种代理环节的过程，此外，也有观点认为，营销渠道是一种商业企业之间为共同实现某种交易目的而形成的一种松散的联盟。

这种定义上的混乱源于不同的观察视角。例如，生产商可能更加关注将商品传递到消费者手中的各种中间商，因此，它就有可能将营销渠道定义为商品在这些中间商之间的流通过程；像批发商或零售商这样的中间商，它们希望从生产商那里获得稳定的商品库存并承担相应的风险，因此，它们可能将营销渠道看成商品的流动；消费者可能将营销渠道视为处于他们和产品生产商之间的“众多媒介人”；研究者将营销渠道看成在经济系统中运行的事物，因此，他们可能会从组织和效率的角度来描述营销渠道。

从上面不同的观察视角可以看出，营销渠道不可能存在一个独一无二的定义。在本书中，我们将从管理决策的角度，特别是从生产和制造厂商的营销管理角度来界定营销渠道。我们认为，营销渠道是营销管理中的一项重要的决策。按照这种观点，我们将**营销渠道**（marketing channel）定义为：

为实现分销目标而受管理调控的外部关联组织。

在这个定义中，有四个方面需要特别注意：外部、关联组织、调控和分销目标。

“外部”（external）这个词意味着营销渠道存在于企业外部，换句话说，它并不是企业内部组织结构的组成部分。因此，对营销渠道的管理，涉及**组织间的管理**（interorganizational management，管理一个以上的企业）[17]，而不是**组织内部的管理**（intraorganizational management，管理一个企业）。记住这个观点很重要，因为我们最后将要谈到的营销渠道管理的特性和某些特定问题，都源于这种外部组织结构。[18]

“关联组织”（contactual organization）这个词指的是当商品从生产者向最终用户移动时涉及谈判职能的企业或团体。谈判职能包括购买、销售和商品或服务的让渡。因此，只有涉及这些职能的企业或团体才能成为营销渠道的成员[19]，而其他企业（通常指运输公司、公共仓储、银行、保险公司、广告公司等诸如此类的服务代理机构）由于所履行的某种职能不涉及进行谈判，所以不在这个范围之内。[20]这种区分不是一种学术上的咬文嚼字，实际上，在与履行谈判职能的企业进行交往中所出现的渠道管理问题，与不履行这种职能的代理机构进行交往时所碰到的问题是有差异的，这一点将会在本书的很多地方体现出来。

第三个词**“调控”**（operates）表明在渠道中存在着管理，这种管理涵盖从最初渠道组织的确定到日常渠道管理的整个过程。当管理调控外部关联组织时，要确保不能让这些组织简单地自我运转，但是这并不意味着管理就是要全面、严格地控制渠道。在多数情况下，如同我们在本书后面几章将要看到的，这种控制往往是不可能的，或者说，通过渠道调控就可以避免无意识的渠道控制。[21]

最后，定义中的第四个关键词**“分销目标”**（distribution objectives）表明，管理是为了达到一定的分销目标，营销渠道正是为了实现这个目标而存在的，可以说，营销渠道的组织和管理是为实现企业分销目标而服务的。当这种目标改变时，外部关联组织的形式和管理方式都会有所变化。举例来说，戴尔电脑公司（Dell）的分销目标从最初只关注企业客户转变成在 B2C 市场中进行渗透，因此，戴尔公司将零售商囊括进渠道组织中，弥补原先直销渠道的不足。[22]

渠道管理者

在本书中我们将用**渠道管理者**（channel manager）来称呼那些在一个企业或组织中从事营销渠道决策的人员。在具体实践中很少有企业或组织会设置一个可以称之为渠道管理者的专职管理职位[23]，但是如表 1—1 所示，美国有些大型企业设有职责同我们所定义的渠道管理者相似的管理职位，例如，AMD 公司（Advanced Micro Devices，Inc.）的"渠道战略经理"（Channel Strategy Manager）和麦格劳-希尔公司（McGraw-Hill）的"渠道副总裁"（VP-Channel Manger），以及思科公司（Cisco Systems，Inc.）、柯尼卡美能达公司（Konica Minolta Business Solutions）和纽威乐柏美集团（Newell Rubbermaid）的"渠道营销经理"（Channel Marketing Manager）可能最接近渠道管理者这个定义。更为常见的情况是，根据企业或组织的类型和规模，各种不同职位的管理人员都可能从事渠道决策。在大型消费品制造企业中，像营销副总裁、营销管理总监、产品经理、品牌经理和销售经理，都有可能从事渠道管理。在某些特许经营组织（通常出现在快餐和服务领域）中，被称为"特许关系经理"的中层管理人员常常与高层销售管理人员和特许权授予方的营销总监一起，在渠道决策中发挥着重要作用。在一些小型消费品或工业品公司中，渠道决策常常是由公司所有者或经理做出的。

表 1—1　　美国部分公司渠道管理职位

企业	渠道管理职位名称
埃森哲（Accenture）	销售战略和渠道经理（Sales Strategy and Channel Manager）
Advanced Micro Devices，Inc.（AMD）	渠道战略经理（Channel Strategy Manager）
美国在线（America Online）	渠道经理，销售业务经理（Channel Manager，Sales Operations）
Assurant	渠道开发经理（Channel Development Manager）
AT&T 无线	渠道经理（Lead Channel Manager）
美国银行（Bank of America）	渠道项目经理、副总裁（VP-Channel Program Manager）
思科	渠道营销经理（Channel Marketing Manager）
谷歌	企业渠道经理（Enterprise Channel Manager）
霍尼韦尔（Honeywell International）	渠道销售经理（Manager Channel Sales）
柯尼卡美能达	渠道营销经理（Channel Marketing Manager）
McAfee	渠道营销经理（Channel Marketing Manager）
麦格劳-希尔	渠道副总裁（VP-Channel Manager）
微软（Microsoft Corporation）	渠道和沟通高级经理（Senior Channel and Communication Manager）
纽威乐柏美	渠道营销经理（Channel Marketing Manager）
Sallie Mae	渠道项目经理（Partner Channel Program Manager）
Seagate Technology	渠道项目经理（Channel Programs Manager）
SunGard	渠道销售经理（Channel Sales Manager）

续前表

企业	渠道管理职位名称
Symantec	渠道准备项目经理（Program Manager，Channel Readiness）
T-Mobile	渠道战略和分析高级经理（Senior Manager，Channel Strategy and Analysis）

企业中不同类型、不同层次的管理者都有可能从事渠道决策活动，并且很少有正式任命的渠道管理者存在。在这种状况下，我们本可以用决策者或市场管理者这样的通用词汇来指代参与渠道决策的个体，而我们之所以用渠道管理者来称呼他们是因为我们认为，这个词语充分强调了一个企业中渠道决策的重要作用。因此，无论一个人的实际职位是什么，当他从事渠道决策活动时，他就起到了渠道管理者的作用，即使在企业的组织结构中并没有这个正式的职位。换句话说，只要任何一个人涉及营销渠道决策活动，他就是渠道管理者。

营销渠道和营销管理战略

正如前面对获取持续竞争优势的讨论中所指出的那样，传统的营销组合模型为从营销管理角度看待营销渠道提供了一个框架。[24]营销组合反映了一种营销管理过程，即企业依据内部和外部不可控制的因素，综合使用4种基本的可控制营销变量去满足目标顾客的需求。基本的营销组合变量通常称为“4P”，即产品、价格、促销和渠道。外部不可控制变量主要是指经济、社会文化购买行为模式、竞争、政府和技术等主要的环境因素。企业的非营销职能构成了企业内部不可控制的变量。图1—3反映了一种典型的营

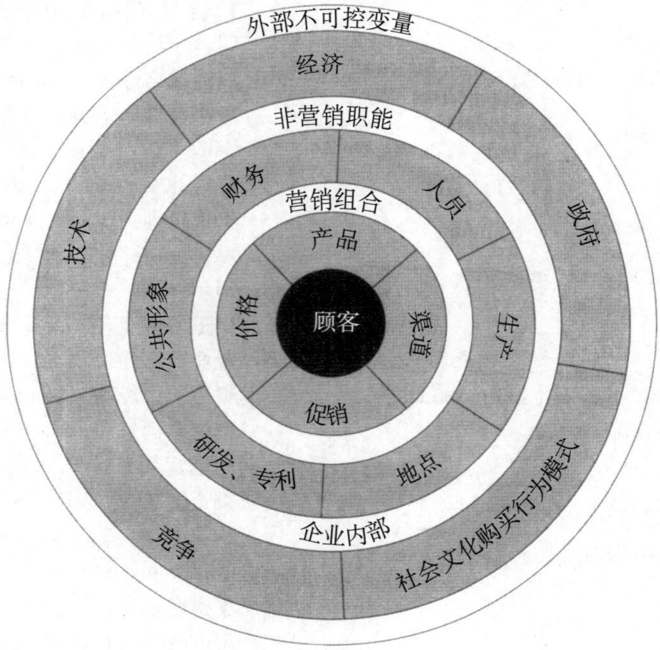

图1—3 营销组合战略模型

资料来源：Bert Rosenbloom，Retail Marketing（New York：Random House，1981），14.

销组合战略模型。营销管理的主要任务是在动态的竞争环境中找出潜在的目标市场，制定合理、相互协调的产品、价格、促销和渠道战略，从而为这些市场服务。

营销**渠道战略**（channel strategy）作为营销管理的一项重要战略，服务于营销组合中的渠道变量。为了满足企业目标市场的需求，需要制定和实施对外部关联组织（营销渠道）的管理，以支持和强化营销组合中的其他变量。

斯蒂尔公司（STIHL，Inc.）的例子就反映了渠道战略以及营销组合中的其他战略变量的相互作用。斯蒂尔公司不仅是全球领先的链锯生产商，还是诸如割草机、篱笆修剪机以及鼓风机等户外手持式电动设备的主要制造者。

在产品战略上，斯蒂尔公司向来以制造顶级品质的产品而著称。公司的主要工厂在弗吉尼亚比奇，这是世界上最大、最先进的手持式户外设备的设计和加工中心。[25]斯蒂尔公司十分重视产品质量，持续进行产品创新和不断提升产品使用效果，同时还力图使产品做到节能环保，这些举措使得斯蒂尔公司在消费者甚至竞争对手中都树立了一个良好的品牌形象。

在价格战略上，斯蒂尔公司更关注价值而非价格，一直秉承“一分钱一分货”的理念，尽管它从未标榜过自己的“高价位”，其定价还是对其优质的产品有所反映。

斯蒂尔公司的促销战略则是为强化公司的“品质最优”和“物有所值”而服务的。公司的网站上写着：“我们的产品用事实说话”，并提供了产品的详细参数。[26]网站还提供顾客心得分享，从而强调公司产品的出色性能、耐用性和优良品质。

营销组合中的最后一个战略是渠道战略。斯蒂尔公司采取了独特的分销手段，并与公司的其他三个核心战略的做法一致：公司不对大型的居家环境改善产品零售商出售产品，主要是劳氏（Lowe's）和家得宝两家公司，从而通过拒绝与这些大型超市类的零售渠道合作明确地表明了自己的立场。斯蒂尔公司会定期在一些主要的报刊（如《华尔街日报》）上刊登整版的广告，直截了当地宣称公司不与大型零售商合作的做法（见图1—4），它的电视广告也表达了同样的意思。事实上，公司的产品主要通过8 000多家独立的专营店出售，这些店都对产品有充分的了解，能够提供良好的售后服务。为什么斯蒂尔公司要采取如此特别的渠道战略，并十分明确地拒绝和家得宝或者劳氏公司（还有西尔斯和沃尔玛）的合作呢？要知道，如果和这些公司合作，斯蒂尔的产品可能被带到有几千万顾客的巨大市场中去。斯蒂尔公司销售部的高级副总裁彼得·伯顿（Peter Burton）给出了答案：

> 这些商店令人望而却步，它们一方面需要担保，另一方面通过业务活动将成本转移给供应商，并要求供应商不仅保持住价格，而且最好能每年都实现削价。简而言之，供应商（指斯蒂尔公司）在它们面前是无力反抗的，而且利润压榨越来越严重。就像你与一个800磅的大猩猩同床共枕，你不会眼睁睁地等着被它翻身压在下面。[27]

因此，从本质上说，如果利用大型超市这类营销渠道，尽管能面向广大的市场，却限制了斯蒂尔公司的发展。试想，产品质量、定价策略、促销活动以及与客户的互动如果都受到这些大型零售商的限制，它们在现有价格的基础上只关注如何使销售量增加，而非给客户提供一套高度个性化的服务和指导，帮助客户购买正确的产品和安全地使用产品，更不可能提供完整的售后服务。

通过拒绝与大型零售商合作，而将产品放在几千家相对小型的独立零售商店中销售，斯蒂尔公司的渠道战略成为营销战略甚至是整个公司战略的核心。这一渠道战略帮助斯蒂尔公司捍卫了公司一直以来坚持的核心要素：高质量和不断创新的产品，以

图 1—4　斯蒂尔公司在《华尔街日报》上的广告，宣称其不愿意与劳氏或家得宝合作

价值为基础的定价，公司的固定利润，以及和客户保持长久的联系。

渠道战略与物流管理

正如我们前面所指出的，渠道战略服务于营销组合中的分销变量，物流管理也服务于该变量，如图 1—5 所示，两个要素（渠道战略与物流管理）共同构成了营销组合中的分销变量。

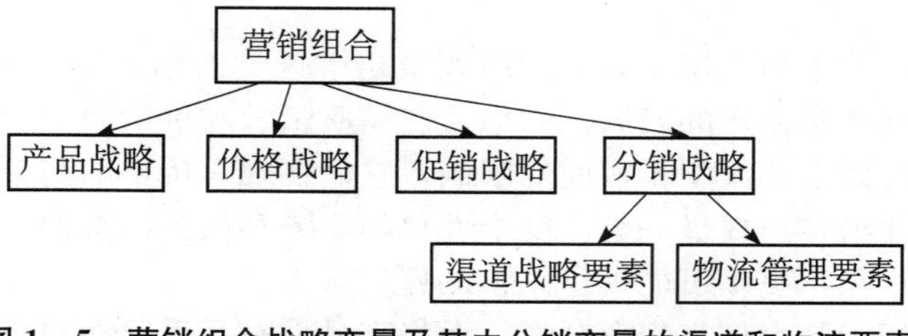

图 1—5　营销组合战略变量及其中分销变量的渠道和物流要素

虽然渠道战略和物流管理紧密相连，但渠道战略要比物流管理范围更广泛、更重要。渠道战略涉及为实现企业的分销目标而建立和管理关联组织的整个过程，而物流管理关注的只是在营销渠道中如何在适当的时间和地点实现商品可获得性的问题。通常在考虑物流管理之前必须先制定出渠道战略。

近年来，供应链管理的出现，强调要在渠道成员中建立战略关系，以加强和促进物流过程，并指出有效的物理分销过程不仅包括运输、仓储、订货和存货管理，还包括其他一些内容。关于这一问题，我们将在第 13 章中进行详细论述。

之前对于斯蒂尔公司案例的讨论有助于理解这一点。斯蒂尔公司需要仔细制定渠道战略，从而解决一系列问题，如选择和确定合适的经销商，指导经销商对产品进行促销，培训销售人员将产品的价值传递给客户，分辨如信贷、支付以及存货等不同的渠道关系，以及决定提供何种类型、何种水平的促销支持等。斯蒂尔公司和 8 000 多家独立专营店经常接触能确保渠道战略的有效实施，并有助于解决产品分销中出现的种种问题。因此，物流管理只有在渠道战略得以制定和有效实施之后才需要考虑。显然，如果这些专营店不值得信任或没按照要求价格销售斯蒂尔的产品，也就没有必要对产品数量和送货时间、地点进行物流管理了。

营销渠道中的流程

当营销渠道建立之后，各种工作流程就开始出现。这些流程为在产品和服务的分销中连接渠道成员和其他代理机构提供了纽带。[28]从渠道战略和管理的角度看，主要的流程包括：

1. 产品流程；
2. 谈判流程；
3. 所有权流程；
4. 信息流程；
5. 促销流程。

图 1—6 显示的是米勒康胜啤酒公司（MillerCoors）的各种营销流程，米勒康胜公司是美国第二大啤酒公司。[29]

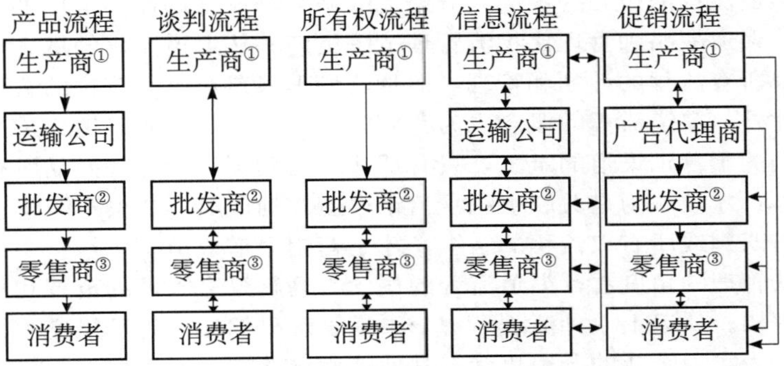

图 1—6　米勒康胜啤酒公司营销渠道中的 5 种流程

说明：①啤酒生产厂和包装厂。

②啤酒分销商。

③酒店、超市、便利店、餐馆、酒吧。

产品流程（product flow）指的是物质产品从生产起点的生产商（米勒康胜公司）经过所有拥有物质产品的各类组织到达最终消费者的实际移动过程。具体到米勒康胜啤酒公司，它的产品流程是从位于科罗拉多州、田纳西州和弗吉尼亚州的啤酒生产厂和包装厂开始的，通过公司的卡车或普通运载商（运输公司）将产品运送到啤酒分销商（批发商），再由分销商运送到酒店、超市、便利店、餐馆和酒吧（零售商），在那里最终将产品出售给消费者。

谈判流程（negotiation flow）涉及在让渡米勒康胜产品所有权的过程中购买行为与销售行为之间的相互作用。这里应当注意的是，运输公司并不包括在这个流程中，因为它并不参与谈判。另外还应注意的是，双向箭头表明，渠道所有层次的买方和卖方都存在着相互作用。

所有权流程（ownership flow）体现的是产品从生产商到最终消费者的运动。在这里，由于运输公司不拥有产品，或者说没有积极参与促使产品所有权让渡的活动，所以同样不包含在这个流程中，它仅仅起着运输物质产品本身的作用。

让我们再来看看**信息流程**（information flow），运输公司在这个流程中再次出现，而且所有的箭头显示，信息流程在从生产商到消费者的整个过程中是双向的。所有的组织都参与了信息交换，而且信息流程的方向可上可下。例如，米勒康胜公司可以向运输公司了解有关运输计划和运输费率等方面的信息；反过来，运输公司也可以从米勒康胜公司那里了解到什么时候运输产品，以及运输多少产品。如图1—6所示（在框图的右边），信息流程有时会越过运输公司，直接从生产商流向批发商、零售商和消费者。这种信息流程发生在与运输公司不相关的业务中，如与米勒康胜公司产品购买、销售或促销等有关的业务。例如，生产商答应给经营米勒康胜公司超值精装啤酒的分销商一个特定的价格折扣，这种信息就会越过其他环节直接传向分销商，并且不会为运输公司所关注。

最后，**促销流程**（promotion flow）指的是以广告、人员推销、促销活动和公共关系等形式反映的说服、沟通流程。我们可以看到，一个新的环节——广告代理商纳入到了这个流程中，这是因为广告代理商积极介入了促销流程的提供和维持因素中，特别是介入了促销中的广告要素。生产商和广告代理商之间的双向箭头表明双方是紧密合作共同制定促销战略的。在营销渠道中从广告代理商到以后的其他组织，以及从生产商直接到其他组织的箭头都是单向的。

渠道流程的概念为我们区分渠道战略与物流管理提供了另外一种视角。前面我们说过，渠道战略和管理比物流管理范围更广。从渠道流程的概念来看，渠道战略和管理涉及所有流程的计划和管理，而物流管理只是对产品流程的管理。

此外，渠道流程的概念也为我们区分渠道成员和非渠道成员提供了标准。回想一下我们关于营销渠道的定义，只有那些参与购买、销售和商品所有权让渡等谈判职能的团体，才被认为是关联组织（营销渠道）的成员。从渠道流程这个角度看，只有那些参与谈判或所有权流程的组织，才是营销渠道成员。

从管理的角度看，渠道流程的概念为理解渠道管理的范围和复杂性提供了一个有用的框架。从以上5种流程考虑，渠道管理显然比仅管理渠道中物质产品的流动更加广泛。为实现企业的分销目标，其他流程（谈判、所有权、信息和促销流程）都需要有效的管理和协调。[30]事实上，本书的很多内容都涉及这些流程的渠道管理。为适应环境的变化以及渠道中的行为变量（本书第3章和第4章的主题），就必须涉及信息流程的管理。制定渠道战略、设计渠道以及选择渠道成员（本书第5章、第6章、第7章和第8章的内容），关系到谈判、所有权和信息流程以及产品流程，而激励渠道成员（本书第9章的内容）依赖于对信息和促销流程的有效管理。本书第10章、第11章、第12章和第13章主要讲解渠道管理与营销组合中其他变量之间的关系，并对所有的流程进行协调。最后，渠道成员绩效的评价（本书第 14 章的内容）几乎完全取决于对信息流程的有效管理。

从渠道管理的角度看，营销渠道中流程的概念揭示了营销渠道的动态性质。流程这个词描述了一种运动或流动的状态，事实上，这正是分销渠道的本质。变化，无论是显著的还是细微的，都是经常发生的。当一些分销形式和媒介组织退出时就会有一些新的形式和媒介组织出现；不寻常的竞争结构在抵消了某些分销收益时，又创造了其他的增长点。[31]购买者行为的改变和新技术的出现，也为渠道的改变增添了新的诱因。比如，米勒康胜啤酒公司的信息和促销流程现在扩大到了 Facebook 和 Twitter 等社交网站，这可以看做是信息从米勒康胜公司流向了粉丝们（即米勒康胜的顾客），反之亦然。

通过中间商组织的分销

古希腊有这样一个问题：为什么在生产者和产品最终用户之间会有这么多中间商组织？由于互联网和电子商务的出现，近年来这个关于媒介组织在营销渠道中的作用的问题，又引起了新一轮的广泛关注。**“去中间化”**（disintermediation）这一要去除中间环节的设想，已经成为商业界中风靡一时的行话。去中间化所隐含的思想建立在互联网令人惊叹的能力之上，这种能力可以将包括所有生产者和最终消费者在内的任何人联系到一起，但是迄今为止去中间化还没有大规模地发生。互联网和万维网将成千上万的个人和机构连接起来的事实并不一定会消除社会对媒介的需求。实际上，我们能够从上文推出一个明确的结论：即使像互联网一样重要且有效的技术，也不是决定各种媒介在营销渠道中所扮演角色的唯一因素。经济因素对于决定是否在营销渠道中使用媒介也是非常重要的，其中两个基本因素是：（1）专业化与劳动分工；（2）关联效率。

专业化与劳动分工

亚当·斯密（Adam Smith）在其 1776 年出版的经典著作《国富论》（*The Wealth of Nations*）中，最早阐述了**专业化与劳动分工**（specialization and division of labor）问题。在该书中，斯密援引了别针厂的例子来说明专业化与劳动分工。他指出，如果将别针制造所必需的生产作业在一组工人中进行分派，让每个工人专门承担一项工作，其产出将会大大超出让这些工人单独承担所有工作的产出。

人们都知道这个原理主要适用于生产，而对专业化与劳动分工适用于分销，特别是涉及一个以上的企业时，则知之甚少。无论是运用于生产还是分销，是一个企业还是多个企业，其基本原理都是相同的。[32]将一项复杂的任务分解为更微小、不太复杂的任务，并将其分派给专业人员去承担，就会产生更高的效率。图 1—7 揭示的是电子吉他产品生产中的专业化与劳动分工和分销中专业化与劳动分工的对比。图 1—7 显示了用木材和其他零部件生产电子吉他并到达顾客手中这一过程中的八项生产任务和七项分销任务。八项生产任务被分派到工厂中不同的生产地点，在那里有工人专职从事这些任务。在图 1—7 的右侧，是各项分销任务在代理商、批发商、零售商以及生产商和消费者之间的分派。

生产与分销的专业化与劳动分工之间的区别，仅在于生产任务是在组织内部分派的，而分销任务则是在组织间分派的。因此，如同制造商的生产经理基于专业化与劳动分工的原则分派生产任务一样，渠道管理者也可以这样做。理想的状况是：他应当将分销任务分派给最能有效地完成该任务的企业，它的关联组织将反映分销任务的最优配置。当然，这种状况在现实中不可能完全实现，但是不管怎样，将专业化与劳动分工的原理运用于分销，至少能使渠道管理者接近于实现分销任务的最优配置。在本书第 6 章讨论营销渠道的设计时，我们将进一步深入分析这个问题。

生产

生产任务

1. 切削木头
2. 琴体、琴颈的成形
3. 胶合、夹紧部件
4. 磨光、装配
5. 上漆
6. 安装电子部件
7. 安装琴头、琴弦
8. 调试

分销

分销任务

1. 购买
2. 销售
3. 商品让渡
4. 运输
5. 储存
6. 订单处理
7. 信息提供

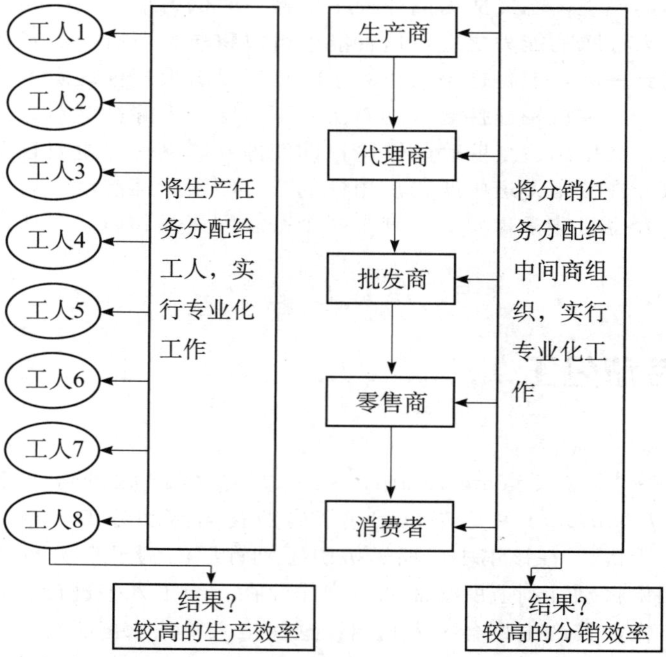

图 1—7 专业化与劳动分工：电子吉他的生产与分销

关联效率

本理论框架的第二个概念是，是否运用中间商组织取决于**关联效率**（contactual efficiency）。[33]从渠道管理者的角度看，关联效率是买方和卖方为实现分销目标进行谈判的程度，因此，它是一种投入（谈判活动）与产出（分销目标）之间的关联。为了说明这个概念，让我们考察吉他生产商的情况。假定格拉纳达吉他公司（Granada Guitar Company）制定了一个分销目标，即让 500 家乐器店销售其新型的电子吉他。该企业决定直接与零售商打交道，它的投入就是进行谈判以实现产出——在 500 家乐器店销售新型电子吉他。为实现这个目标，格拉纳达公司需要大量的销售人员与 2 500家店铺接触，而且这种接触大多需要个人进行销售拜访。格拉纳达公司认为，还需要通过杂志宣传来支持销售人员的努力。管理部门估计，为达到最终目标，需要 1 500 次销售拜访、1 000 次电话拜访和 10 次杂志广告，这些数字及其相应的预计成本反映在表 1—2 中。综合考虑表 1—2 的情况，格拉纳达公司估计，如果仅仅与零售商打交道，为实现分销目标，就需要花费 8.8 万美元。

表 1—2　　格拉纳达吉他公司仅通过零售商分销时的关联效率

谈判活动（投入）	投入的估计成本	分销目标（产出）	关联效率
1 500 次销售拜访 1 000 次电话拜访 10 次杂志广告 总计	每次 50 美元，共 7.5 万美元 每次 3 美元，共 3 000 美元 每次 1 000 美元，共 1 万美元 8.8 万美元	让 500 家乐器店销售新型吉他	为实现分销目标谈判花费的成本＝8.8 万美元

假定格拉纳达公司考虑将批发商加入到关联组织中，认为有 25 家批发商就足以实现让 500 家零售商分销其产品的目标。格拉纳达公司进一步预测，为达到这个目标，需要对批发商进行 100 次个人销售拜访、100 次电话拜访，需要 2 倍的广告来支持销售人员（比如 20 次杂志广告），这个估算反映在表 1—3 中。从表 1—3 中可以看出，运用批发商的关联效率更高，其原因在于运用批发商降低了与零售商直接接触的必要，从而大大减少了接触数量。

表 1—3　　格拉纳达吉他公司通过批发商分销时的关联效率

谈判活动（投入）	投入的估计成本	分销目标（产出）	关联效率
100 次销售拜访 100 次电话拜访 20 次杂志广告 总计	每次 50 美元，共 5 000 美元 每次 3 美元，共 300 美元 每次 1 000 美元，共 2 万美元 2.53 万美元	让 500 家乐器店销售新型吉他	为实现分销目标谈判花费的成本＝2.53 万美元

这个例子反映了关联效率与中间商运用之间存在着重要的关联：中间商运用得越多，关联效率越高。这个原理进一步反映在图 1—8 中。

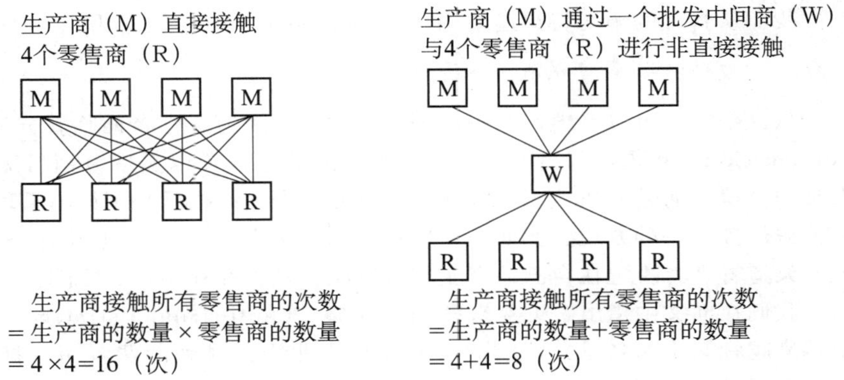

图 1—8　增加中间商可以减少接触次数

当然，这并不是说关联效率以及专业化与劳动分工是决定中间商使用的全部因素，其他许多变量（将在第Ⅱ篇中予以讨论）也需要加以考虑，但是关联效率以及专业化与劳动分工的确为将这些因素结合起来以决定中间商的使用提供了一种基本思路。

渠道结构

在营销文献中渠道结构是一个定义不太明确的概念。也许应该说讨论最多的特定要素是渠道长度，即渠道中中间商组织的层次数（但正如我们在第 6 章将要看到的，渠道结构的其他要素照样存在）。

在讨论渠道结构时，我们经常看到如图 1—9 所示的图示，或者有时候用如下的方式加以说明：

M→C	（两层渠道）	其中：A——代理商
M→R→C	（三层渠道）	C——消费者
M→W→R→C	（四层渠道）	M——生产商
M→A→W→R→C	（五层渠道）	R——零售商
		W——批发商

以上表达了一些基本观念，即营销渠道中的参与成员以及它们的相应层次，但是没有明确界定渠道结构，也没有指出渠道结构与渠道管理之间的关系。

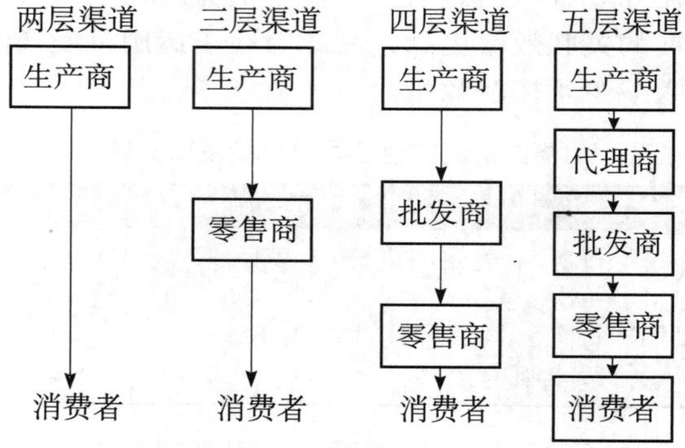

图 1—9　消费品渠道结构的典型模式

我们从管理的角度将**渠道结构**（channel structure）定义为：

被分派一系列分销任务的渠道成员。

从这个定义可以看出，在确定渠道结构时，渠道管理者面临着分派决策（allocation decision）问题，即当需要执行一系列的分销任务以实现分销目标时，渠道管理者必须决策如何分派或组织这些任务，因此，渠道结构反映了渠道管理者在渠道成员间分派任务的一种方式。例如，如果渠道结构的分派决策表现为 M→W→R→C，这说明渠道管理者决定在自己的企业与批发商、零售商和消费者之间分派任务。

我们在前文中指出，近年来**多渠道战略**（multi-channel strategy）这个术语使用得越来越频繁。顾名思义，它的含义就是企业为接触到消费者而选择了不止一种渠道。多渠道战略自然会导致多渠道结构，因为分销的任务被分配给了多种渠道成员。20 世纪末、21 世纪初，随着电子商务和网上销售的兴起，许多公司开发了包括网络渠道在内的多渠道结构。比如，拉尔夫·劳伦服装公司（Ralph Lauren）的马球衫（Polo 衫）所使用的就是多渠道结构（见图 1—10），包括高档百货店、专卖店、公司自有商店和基于公司网站（http：//www. Polo. com）的在线销售。

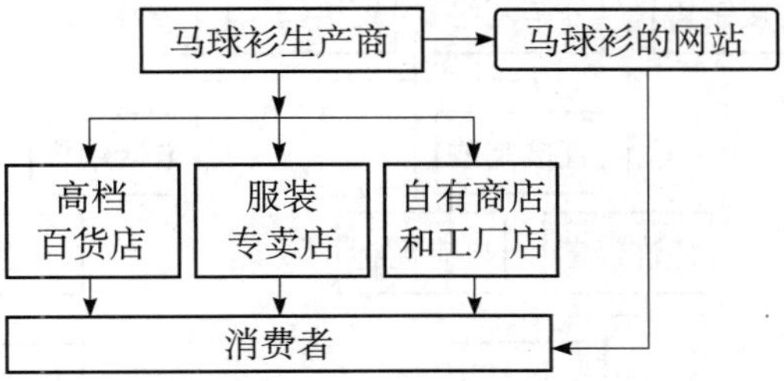

图 1—10 马球衫（Polo 衫）的营销渠道结构

索尼音乐娱乐公司（Sony Music Entertainment）是世界上最大的唱片公司，同样采用了多渠道结构。利用多渠道结构来接触客户的情形在消费者市场和企业市场上屡见不鲜。事实上，公司严格沿单一的渠道销售所有的产品在如今已不多见，而是特例。绝大多数公司已经或即将采用多渠道战略。[34] 图 1—11 至图 1—15 显示了多种产品和服务的渠道结构。

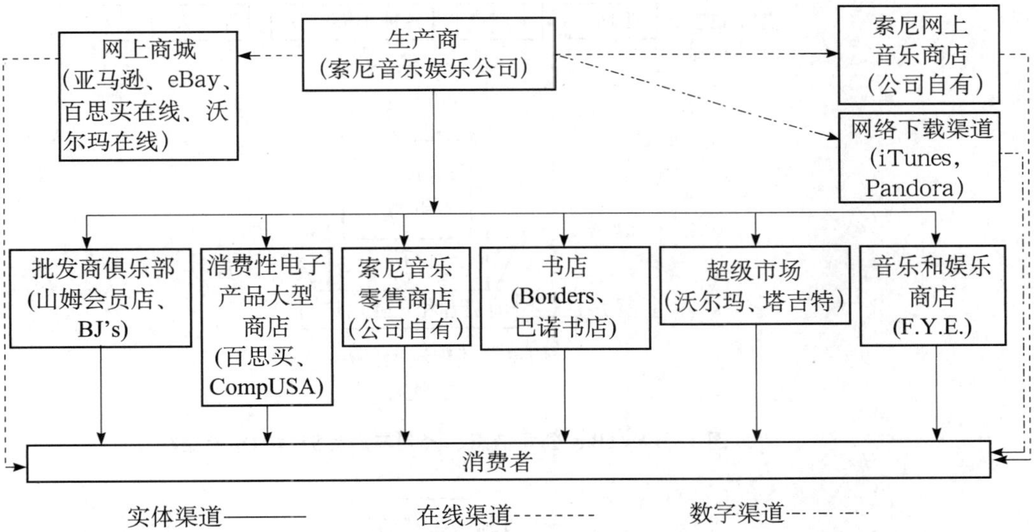

图 1—11 索尼公司的分销渠道

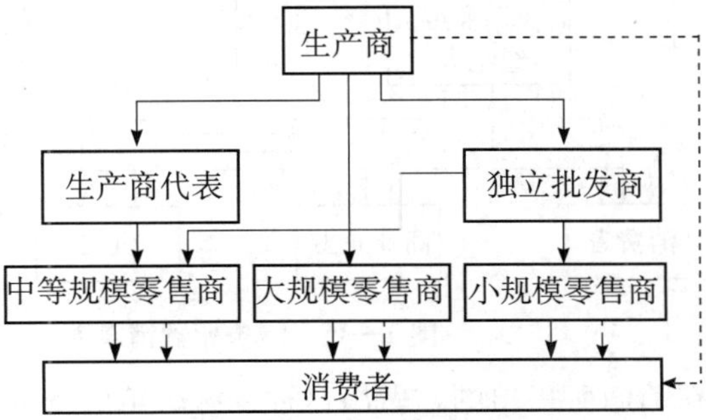

图 1—12 消费性电子产品的营销渠道

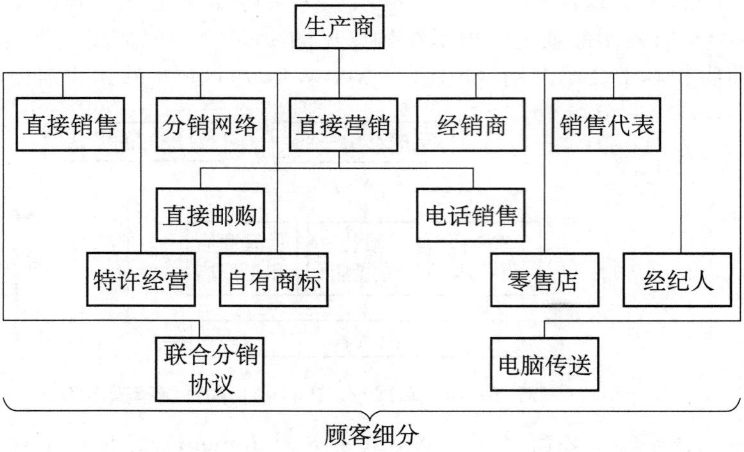

图1—13　B2B市场渠道结构

资料来源：Adapted from David Perry. "How You'll Manage Your 1990s Distribution Portfolio," *Business Marketing* 74 (June 1989): 54.

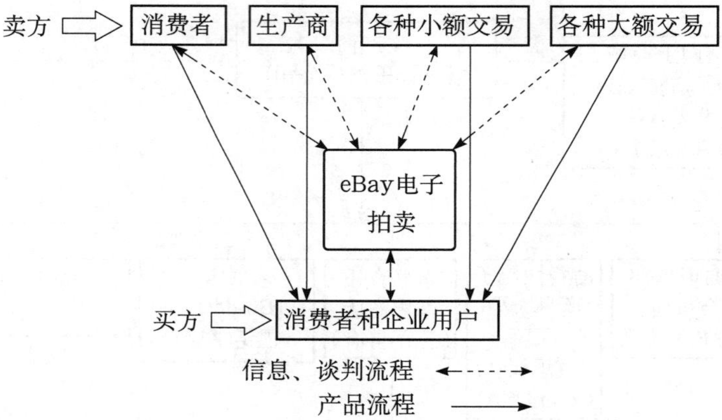

图1—14　eBay公司信息、谈判与产品流程的渠道结构

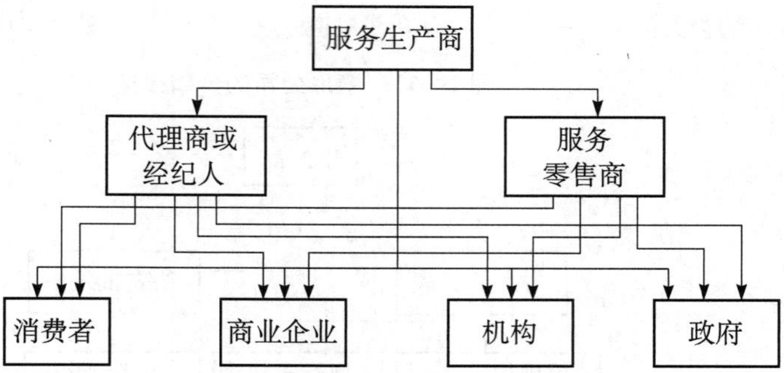

图1—15　服务业营销渠道

正如我们在前面所指出的，做出这种分派决策的依据是专业化与劳动分工以及关联效率。在理想状态下，渠道管理者愿意对分销任务的分派实行整体控制，以使自己能将这些任务分派给最适当的企业或团体。然而，由于渠道是由独立的企业组成的，同时受到环境的制约，所以在现实中渠道管理者并非总能对分销任务的分派实行整体控制。[35]

我们将在本书第Ⅱ篇详细讨论渠道管理者在制定最优渠道结构时面临的问题和限制条件。

辅助结构

之前我们已经定义了营销渠道，它包括在购买、销售和商品所有权让渡过程中行使谈判职能的参与者，而那些不履行这些职能的组织则不是渠道结构的成员，我们将这些非成员参与者或服务代理机构归类为营销渠道的辅助结构。具体地讲，我们将**辅助结构**（ancillary structure）定义为：

帮助渠道成员完成分销任务的机构（服务代理机构）。

渠道管理者在对待辅助结构中所面临的基本决策时，与渠道结构是一样的，即必须将分销任务分派给最适当的机构。渠道管理者是在与非渠道成员打交道，因此，发展和管理辅助结构所面临的问题比发展和管理渠道结构要少得多。这是因为辅助结构并没有在控制目标市场中产品和服务分销这个渠道决策上发挥重要的作用，进一步说，服务代理机构的作用是在基本渠道决策已经形成的基础上，建立一个为渠道成员提供服务的辅助结构。

世界电动工具生产领导商百得公司（Black & Decker，B&D）就是一个例子。B&D 公司将很多工业电动工具卖给独立批发商（工业分销商），后者再将这些产品卖给生产商、承包商、维修店、学校、政府机构以及其他产业细分市场。B&D 公司将其消费性电动工具卖给工具店、家居中心、仓储商场、汽车店等零售商，以及亚马逊等网上零售商，或者其他可以直接从 B&D 公司或从批发商那里进货的人。为了使这些营销渠道有效地运转，必须完成运输、储存、保险、财务和广告等非谈判任务。在很多情况下，将这些任务承包给服务代理机构（辅助结构）而不是由自己做，对于 B&D 公司及其分销商和经销商来说是非常有益的。例如，B&D 公司利用专业运输公司将电动工具运给工业分销商，而不是自己拥有车队。在商品运输途中，依靠保险公司规避风险，而不是自我承担风险。有时 B&D 公司也利用独立广告代理商促销产品，而不是自己承担所有的广告活动。B&D 电动工具的批发商和零售商也常常利用服务代理机构完成某些任务，而不是独自承担这些任务。

在发展辅助结构以履行这些任务时，渠道管理者是在同处于渠道决策过程之外的和在渠道之中没有像渠道成员那样发挥重要作用的服务代理机构打交道，因此，将电动工具从 B&D 生产厂运输到独立工业分销商的运输公司，只需关心将产品从地点 A 运输到地点 B 这种简单的任务，进一步讲，渠道管理者没有必要像与渠道成员那样与服务代理机构进行谈判或打交道。例如，对 B&D 公司来讲，说服独立工业分销商（渠道成员）积极进货或推动电动工具的销售，以对抗诸如波特电缆（Porter-Cable）、马基塔（Makita）或罗约比（Ryobi）等公司的竞争，是一项十分艰难的任务。在发展和管理渠道结构时，B&D 公司会面临很多难题，例如选择合适的渠道成员，在决策活动中每个成员发挥多大的作用，应该如何进行控制，如何评价绩效，以及本书将要探讨的其他很多问题。

本章小结

21世纪的头十年刚刚过去，传统渠道保持着原有的地位，而基于互联网技术的网络分销渠道和新兴技术、商业模式以及新型公司的出现，带来了分销渠道的剧变。这些现象为营销渠道和战略带来的启示逐渐显现，其中一个最主要的启示已经非常明确：为了能获得想要的产品和服务，消费者需要更多、更优质的营销渠道，即何时、何地和以何种方式获得所需的产品和服务。

消费者对营销渠道提出了更高的要求，即希望有更多的选择和柔性，因此企业必须更加注重多渠道战略和结构，特别是最优的渠道组合。通过渠道战略，实现多渠道协同，避免渠道冲突，从而获取持续竞争优势。

尽管对营销渠道有多种看法，本书仍坚持立足于生产或制造企业从管理的角度来探讨营销渠道。因此，我们将营销渠道定义为：为实现分销目标而受管理调控的外部关联组织。只有在购买、销售和商品让渡过程中涉及谈判职能的参与者才被视为营销渠道的成员。

基本的营销组合战略模型为从营销管理的角度审视营销渠道提供了一个框架。在这个框架中，营销渠道战略和管理属于营销组合4个基本战略变量（产品、价格、促销和渠道）中的渠道变量。为满足顾客的需求，渠道管理者必须开发和调控外部关联组织（营销渠道），以支持和强化营销组合中产品、价格和促销这些战略变量。

渠道战略要比物流管理更重要，范围也更广。渠道战略是为实现企业的分销目标而发展和调控关联组织的整个过程，而物流管理更多地关注在营销渠道中在适当的时间和地点实现产品的可获得性。

在产品和服务的分销中连接渠道成员和其他代理机构之间的纽带构成了渠道流程。从渠道管理的角度看，主要的流程有：（1）产品流程；（2）谈判流程；（3）所有权流程；（4）信息流程；（5）促销流程。渠道管理者必须有效地管理和协调所有这些流程，以实现企业的分销目标。

在开发营销渠道的过程中，渠道管理者所面临的一个基本决策是是否使用中间商组织，如关联组织中的批发商和零售商，或利用服务代理机构。这个决策的基础是两个基本的概念，即专业化与劳动分工。

渠道结构指的是被分派一系列分销任务的渠道成员。在很多情况下，一个特定的公司会将不同的渠道结构结合起来以执行其分销战略，这一方法称为多渠道结构。例如，一种渠道结构除涉及传统渠道以外，还会涉及通过网上进行销售的电子商务。辅助结构是帮助渠道成员完成分销任务的机构。渠道管理者要在专业化与劳动分工及关联效率的基础上确定最优的渠道和辅助结构。然而，这种能力受到了限制，因为渠道管理者必须进行的企业间关系的建立，削弱了对独立渠道成员和服务代理机构控制的能力。

复习题

1. 为什么消费者对产品和服务提出了更多的选择和柔性的要求？

2. 多渠道战略为客户提供了更多的选择，也逐渐被越来越多的企业采用。请问企业在实施多渠道战略的过程中主要面临哪些挑战？

3. 营销渠道的管理视角与其他视角有什么不同？

4. 组织间管理与组织内部管理有什么不同？

5. 对生产和制造企业来讲，营销渠道的管理是不是组织间管理的唯一形式？

6. 渠道调控并不意味着对渠道的整体控

制。你能否想出一个例子，说明渠道管理者没有对渠道实施整体控制，但仍能调控。

7. 讨论渠道管理与营销组合的关系。

8. 渠道战略与物流管理有什么区别？

9. 识别营销渠道中的各种流程和流向。为什么渠道流程的概念有助于理解渠道管理？

10. 产品流程能否独立于其他渠道流程而存在？

11. 讨论运用于营销渠道中的专业化与劳动分工的概念。

12. 假使专业化与劳动分工是分派分销任务的基础，那么渠道管理者能否仅仅据此决定中间商组织和服务代理机构的运用？为什么？

13. 什么是关联效率？你能否想出营销渠道中不存在关联效率的例子？如果有，请列举。

14. 讨论渠道结构与辅助结构之间的差异。

15. 为什么渠道管理者开发一个最优的渠道结构非常困难？

思考题

1. 作为世界领先的网上汽车零件销售店，ROCKAUTO. COM 以其商品齐全、天天低价、货运迅速和网站友好而知名。它的广告宣称自己已经远远超过所有的传统零售店，公司的口号是“只有想不到，没有买不到”，即认为客户可以在 ROCKAUTO. COM 上找到所有的汽车零件，不再需要通过其他任何形式的渠道满足对汽车零件的需求。

你认同 ROCKAUTO. COM 的理念吗？消费者对于汽车零件的需求还可以通过其他渠道得到满足吗？请阐释你的看法。

2. 在网络新闻节目中，一名电视记者与一个看上去深受煎熬的农民正在艾奥瓦州的一片玉米地中行走。农民说：“我和我的家人为种出好的玉米，成年累月地辛苦劳作，但我们得到的收入很少。当我去超市了解人们需要多少玉米和其他玉米产品时，我惊呆了，消费者付的价格很高，而我卖的价格很低，因此，一定是有些人在中间挣了很多钱。”记者转向摄像机，以颇为夸张的声调说：“你们看到了，我正在与一名农民谈话，尽管他十分努力地劳动，却仍然难以维持生计。你我都知道超市里玉米的价格有多贵。我们是否正在被一堆中间人盘剥？”

按照本章所论述的渠道概念来评论农民对记者的倾诉，以及记者对电视观众发表的评论。

3. 网上零售的迅速发展已经将传统零售店的销售方式远远甩在身后，这也许大大得益于移动商务的发展——只需拥有一部智能手机（iPhone、黑莓、谷歌的 NexusOne），便可以进行搜索和购物。统计数据显示，尽管约 5 000 万的智能手机用户可以联网，一年中却只有 700 万左右（15%以下）的人真正发生了购物行为。

你认为未来移动商务（主要通过智能手机）将会有迅速的发展吗？请说说你的理由。

4. 有不少学者持有这样的看法：近年来电子商务的快速发展将加速目录销售的消失，事实并非如此。近十年来，仍然有 170 亿份商品目录邮寄到美国的家庭中，这种“过时的”分销渠道创造了 7 000 亿美元的销售额。

为什么仍然会有大量的纸质目录被印刷出来，邮寄到每个家庭，而且创造了如此之高的销售额？说说你的看法。

5. 本章中有些内容说明了为客户实现产品和服务可得性的必要性，多渠道战略由于提供了包括网络渠道在内的多种渠道而显得十分重要。Edward Jones 公司就提供了一个恰当的例子，它是美国一家金融服务公司，拥有超过 1 万家正在运营的经纪人事务所。Edward Jones 公司的网站可供浏览，却不能进行网上交易——所有的交易都必须通过 Edward Jones 经纪人进行。尽管渠道战略十分单一，但该公司仍保持增长态势，并持续盈利。

在多渠道战略中，网络渠道的地位通常十分关键，请回答为什么 Edward Jones 公司会做出这种“逆潮流而上”的行为？

6. 苏珊·詹森（Susan Jensen）是一家大型消费品生产商的营销经理，她一直为3个月前公司推出的燕麦麸小甜饼的销售感到忧虑。她认为，销售不佳的原因是很多超市没有按照生产商的建议进行强有力的通道终端商品展示，结果没有引起消费者的关注并留下深刻的印象。“他们没有很好地展示这种商品。如果我能更多地控制这些家伙，我真想敲敲这些店铺经理的脑袋”，愤怒而懊丧的苏珊·詹森说。

根据本章中关于营销渠道的定义来讨论这一状况。

注释

1. Karen Talley, “Wal-Mart Ramps Up Online Efforts,” *Wall Street Journal*, (April 7, 2010): B7A.
2. See for example: Spencer E. Ante, “At Amazon, Marketing is for Dummies,” *Business Week* (September 28, 2009): 53–54.
3. Bert Rosenbloom, “The Ten Deadly Myths of E-Commerce,” *Business Horizons*, (March–April) 2002): 61–66.
4. Jess Breven, “Justices to Test Patents for Business Methods,” *Wall Street Journal*, (November 9, 2009): B1, B2.
5. See for example, Peter Grant and Nat Worden, “Behind Comcast Chief's Moves Are Fears About Internet Shift,” *Wall Street Journal*, (October 2, 2009): A4.
6. Bert Rosenbloom, “Multi-Channel Strategy in Business-to-Business Markets: Prospect and Problems,” *Industrial Marketing Management*, (January 2007): 4–9; Rajkumar Venkatesan, V. Kumar, and Nalini Ravishanker, “Multichannel Shopping: Causes and Consequences,” *Journal of Marketing* (April 2007): 114–132.
7. Susan Snyder, “Web Not Yet the Answer to Costly College Textbooks,” *Philadelphia Inquirer*, (February 8, 2010): A1, A8.
8. Aaron Beck, “Alibaba Profit Drops Amid Marketing Push,” *Wall Street Journal*, (November 11, 2009): B6.
9. Joel El. Collier and Carol C. Bienstock, “How Do Customers Judge Quality in an E-Tailer?” *MIT Sloan Management Review*, (Fall 2006): 35–40; Phillip Kreindler and Copal Rajgura, “What B2B Customers Really Expect,” *Harvard Business Review*, (August 2006); 22–24.
10. Bruce D. Weinberg, Salvatore Parise, and Patricia J. Guinan, “Multichannel Marketing, Mindset and Program Development,” *Business Horizons*, (September–October 2007): 385–394.
11. Bert Rosenbloom, “Multichannel Strategy in Business-to-Business Markets: Prospects and Problems,”: 5–7.
12. Sertain Kabadayi, Nermin Eyuboglu, and Gloria P. Thomas, “The Performance Implications of Designing Multiple Channels to Fit with Strategy and Environment,” *Journal of Marketing*, (October 2007): 195–211.
13. For a related discussion, see: Stephanie M. Noble, David A. Griffith, and Marc G. Weingberger, “Consumer Derived Utilitarian Value and Channel Utilization in a Multi-Channel Retail Context,” *Journal of Business Research*, (December 2005): 1643–1651.
14. Bert Rosenbloom, “Multi-Channel Strategy in Business-to-Business Markets: Prospects and Problems,”: 7–8.
15. Michael Porter, Competitive Advantage: Creating and Sustaining Superior Performance. New York: Free Press, 1985.
16. Donald W. Fites, “Make Your Dealers Your Partners,” *Harvard Business Review*, (March–April 1996): 84–85.
17. An in-depth discussion of the interorganizational point of view can be found in William Evan, “Toward a Theory of Inter-Organizational Relations,” in *Distribution Channels: Behavioral Dimensions*, ed. Louis W. Stern (New York: Houghton Mifflin, 1969), 73–89. See also R. L. Warren, “The Interorganizational Field as a Focus for Investigation,” *Administrative Science Quarterly* 12 (December 1967): 396–419; and Gary L. Frazier, “Interorganizational Exchange Behavior in Marketing Channels: A Broadened Perspective,” *Journal of Marketing* (Fall 1983): 68–78.
18. For a related discussion, see Daniel H. McQuiston, “A Conceptual Model for Building and Maintaining Relationships Between Manufacturers' Representatives and Their Principals,” *Industrial Marketing Management* Vol. 30, 2001: 165–181.
19. This definition includes consumers or other final users as members of the marketing channel. See Kent L. Granzin, “The Consumption Unit as a Member of the Distribution Channel,” in *Developments in Marketing Science*, Vol. XI, ed. Kenneth D. Bahn (Blacksburg, Va.: Academy of Marketing Science, 1988), 460–464.
20. This view is similar to that taken by Louis P. Bucklin, *Competition and Evolution in the Distributive Trades* (Englewood Cliffs, N.J.: Prentice-Hall, 1972), 9. For the original presentation of this concept, see Edmund D. McGarry, “The Contactual Function in Marketing,”

Journal of Business, (April 1951): 96–113.

21. For related discussions on the need for channel management, see Gary L. Frazier and Raymond C. Rody, "The Use of Influence Strategies in Interfirm Relationships in Industrial Product Channels," *Journal of Marketing* (January 1991): 52–69; and Peter R. Dickson, "Distributor Portfolio Analysis and the Channel Dependence Matrix: New Techniques for Understanding and Managing the Channel," *Journal of Marketing* (Summer 1983): 33–44. See also N. Mohan Reddy and Michael P. Marvin, "Developing a Manufacturer-Distributor Information Partnership," *Industrial Marketing Management* (May 1986): 157–163; and John T. Mentzer, "Managing Channel Relations in the 21st Century," *Journal of Business Logistics* 14, no. 1: 27–42.
22. For a related discussion see: Justin Scheck," H-P Plans to Fuse Printer, PC Units," *Wall Street Journal*, (September 30, 2009): B1.
23. Rolph E. Anderson, Rajiv Mehta, and Alan J. Dubinsky, "Will the Real Channel Manager Please Stand Up?" *Business Horizons*, (January–February 2003): 61–68; Donald W. Jackson, Jr., and Bruce J. Walker, "The Channels Manager: Marketing's Newest Aide?" *California Management Review* (Winter 1988): 52–58; and Bruce J. Walker, Janet E. Keith, and Donald W. Jackson, Jr., "The Channels Manager: Now, Soon or Never?" *Journal of the Academy of Marketing Science* (Summer 1985): 82–95.
24. For a review of the basic marketing mix strategy model, see Louis E. Boone and David Kurtz, *Contemporary Marketing*, 12th ed. (Fort Worth, Tex.: Dryden Press, 2009): Chapter 1.
25. Ken Waldron, "How Stihl Fulfilled Brand Promise of Superior Product, Customer Service," *Advertising Age*, (December 10, 2009): 1–3.
26. http://www.stihlusa.com/
27. "Thinking Outside the Box (stores): Stihl VP Talks Channel Strategy with Kellogg Students," http://www.kellogg.northwestern.edu/news_article/2008/peterburton.aspx.
28. The origin of the concept of flows in marketing channels is generally attributed to Roland S. Vaile, E.T. Grether, and Reavis Cox, *Marketing in the American Economy* (New York: Ronald Press, 1952): 113–129.
29. Eric Decker, "Miller Coors Merger Will Have Impact on Distributors," *Small Business Times*, Milwaukee (August 8, 2008): 1–2.
30. For a related discussion, see Frank V. Cespedes "Channel Management Is General Management," *California Management Review* (Fall 1988): 98–120; and Donald W. Jackson and Bruce J. Walker, "The Channels Manager: Marketing's Newest Aide?" *Business Horizons* (Winter 1980): 52–58.
31. Filipe Caelho and Chris Easingwood, "An Exploratory Study into the Drivers of Channel Change," *European Journal of Marketing*, (September–October 2008): 1005–1022.
32. The theoretical basis for this argument can be found in George J. Stigler, "The Division of Labor Is Limited by the Extent of the Market," *Journal of Political Economy* (June 1951): 185–193. For a more recent but related analysis, see Walter Zinn and Michael Levy, "Speculative Inventory Management: A Total Channel Perspective," *International Journal of Physical Distribution Management* 18, 5 (1988): 34–39.
33. The theoretical basis for contactual efficiency can be found in Wroe Alderson, "Factors Governing the Development of Marketing Channels," in *Marketing Channels for Manufactured Products*, ed. Richard M. Clewett (Homewood, Ill.: Irwin, 1954), 5–22.
34. Marcel van Birgelen, Ad de Jong, Ko de Ruyter, " Multi-Channel Service Retailing: The Effects of Channel Performance Satisfaction on Behavioral Intensions," *Journal of Retailing*, (Winter 2006): 367–377.
35. Kathleen Seiders, Leonard L. Berry, and Larry G. Gresham, "Attention Retailers! How Convenient Is Your Convenience Strategy?" *Sloan Management Review* (Spring 2000): 79–89.

第2章 渠道参与者

学习目标

学习本章之后，你应该能够：

1. 熟悉营销渠道中主要参与者的分类；
2. 理解为什么生产商或制造商通常要将分销任务转移给中间商；
3. 识别《批发贸易调查》中所反映的主要批发商类型；
4. 了解批发结构中的主要趋势，包括批发业的规模与集中度；
5. 认识并解释主要批发商实施分销任务的重要性；
6. 知晓零售结构的复杂性，并熟悉零售商的不同分类方法，包括《零售贸易调查》中所使用的分类法；
7. 了解零售结构中的发展趋势，特别是零售业的规模与集中度；
8. 全面了解零售商的分销业务；
9. 知晓在营销渠道中零售商角色的改变；
10. 认知营销渠道中服务代理机构的作用。

渠道焦点

Gazelle：中间商让流通更迅速

人们通常认为，如果在分销渠道中再加入一级中间商，整体流通速度将变慢，这样产品岂不是要多走一步？难道这不会降低整个渠道的运行效率吗？

然而，事实并非如此。2006年新成立的网站Gazelle.com已然成为二手电子商品网络分销渠道中的佼佼者。Gazelle作为二手商务渠道中的商品批发商，它恰是一个中间商。和eBay等不同的是，Gazelle会购买这些商品，交易会实际涉及商品的让渡。如一些二手的iPod、笔记本电脑、电话、相机、音响等，如果它们的主人嫌eBay和亚马逊等网站太麻烦的话，就可以把它们放在Gazelle上进行交易，不论这些二手电子商品是否卖出去了，Gazelle会事先为它们垫付价款。如果客户同意通过Gazelle出售自己的物品，他们可以享受到将该物品免费打包运送到Gazelle位于波士顿的物流中心的待遇，该物品随后将存放在仓库中。接着，这些物品的照片会放到诸如eBay和亚马逊此类的网上商城中，卖给从事二手商品业务的批发商，有时候是为了投入循环使用。

Gazelle 的系统使得渠道运转如常，它的发言人克里斯蒂娜·肯尼迪（Kristina Kennedy）说，"Gazelle 最大的对手是惰性。"她说的没错，事实上每年顾客自行通过网络出售的电子产品总额只有 3 000 亿美元左右，主要是因为大多数人还是觉得这样做太麻烦了。然而，如果 Gazelle 继续发挥其中间商的作用，不仅能为大家解决困扰，更能加速远远超过 3 000 亿美元价值的二手电子产品的流通——就像一只飞奔的"瞪羚"（gazelle 的直译）那样！

资料来源：Based on Geoffrey A. Fowler, "Niche Sites Going After eBay," *Wall Street Journal*, December 9, 2009: B4.

营销渠道在本书第 1 章中被定义为：为实现分销目标而受管理调控的外部关联组织。我们已经指出，渠道管理者应当在专业化与劳动分工以及关联效率的原则基础上运用中间商。如果渠道管理者能在精心选择的渠道参与者中较好地分配分销任务，渠道组织就能以很高的效率和效能实现组织的分销目标。

本章中我们通过探讨各种渠道参与者的类型和它们所实施的分销任务来讨论这些概念，这些论述有助于渠道管理者认识到各类中间商对营销渠道所做的贡献。有了这样的认识，渠道管理者就能够更好地决策让谁参与到企业的营销渠道中。

渠道参与者综述

图 2—1 反映了我们基于实施和不实施谈判职能（在购买、销售和商品所有权让

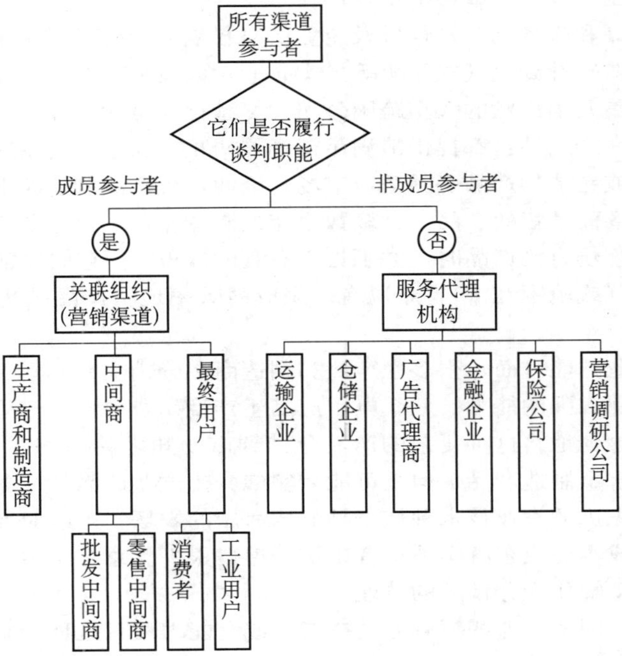

图 2—1　渠道参与者分类

渡过程中）这个标准的渠道成员间的二分法。实施这一职能的参与者，通常与谈判和所有权流程紧密相连（见第1章图1—6），因而势必成为关联组织（营销渠道）的成员。

图2—1中所描述的营销渠道中，有3类基本的构成要素：(1) 生产商和制造商；(2) 中间商；(3) 最终用户。后两者又可以进一步分别划分为批发和零售中间商以及消费者和工业用户。最终用户虽然严格来说属于营销渠道成员，因为他们履行了谈判职能，但是在本书中，他们将不被视为渠道成员。在本书中，我们是从管理的视角来研究营销渠道的，因此，将最终用户视为渠道商业子系统服务的**目标市场**（target markets）更为恰当，也就是说，**商业渠道**（commercial channel）中不包含最终用户。因此，我们在以后提到营销渠道这个术语时，指的就是商业渠道。有关最终用户被视为目标市场的内容，将在本书第8章探讨。

由于服务代理机构不履行谈判职能，所以它们不是渠道成员。然而，它们通过履行自己的职能，确实参与了渠道的运作。图2—1中列举了6种最常见的服务代理机构。

本章的结构如图2—1所示，我们将首先探讨商业渠道：生产商/制造商和中间商，然后再讨论服务代理机构。

生产商和制造商

在本书中，生产商和制造商包括那些从事开发、培育或制造产品的企业，它们分布在美国普查局（U. S. Bureau of the Census）所划分的农业、林牧渔业、采矿业、建筑业、制造业和一些服务产业中。

从产品和服务的多样性以及企业的规模看，从事生产或制造的企业范围非常广，包括从制造别针到喷气式飞机等各类企业，以及从一个人的企业到拥有成千上万名员工和数亿美元销售额的大型跨国公司。尽管存在巨大的差异，但所有的生产或制造企业又都有一个共性：都提供能满足市场需求的产品。为了使市场的需求能得到满足，企业生产或制造的产品必须适应市场，因此，生产或制造企业必须将自己的产品视为为特定市场而销售的产品。大多数生产或制造企业，无论是大型还是小型企业，在向最终用户市场直销产品时，并不处于有利的地位[1]，它们通常缺乏相应的专业技能和规模经济（或范围经济），难以有效完成高效率地将产品销售给最终用户所需的所有分销任务。

在专业技能方面，很多生产商和制造商在分销上并不具有它们在生产或制造方面所拥有的那么强的能力。一个电子产品生产商可能在生产上掌握最前沿的电子技术，却对如何最佳地将这种复杂的产品分销到市场知之甚少。[2]一个钻头生产商也许能用最先进的合金制造产品，但是可能在实施分销这些产品的任务时表现得十分幼稚。一个运用最先进的农业技术种植产品的西海岸的农场，可能对如何使产品以最好的方式和最低的成本适应东海岸消费者市场知道得很少。总之，生产和制造方面的专业技能并不能自动转化为分销上的技能。

然而，即使对那些拥有分销技能（或有能力培育这种经验）的生产和制造企业来说，使生产具有效率所必需的规模经济不一定就能产生分销上的效率。为了说明这个问题，让我们考察著名的彩色蜡笔生产商宾尼 & 史密斯公司（Binney & Smith,

B&S）的情况。该公司是一家位于宾夕法尼亚州伊斯顿市的小型制造商，但它是世界上最著名的蜡笔生产商。从制造的角度看，B&S 公司被认为是最有效率的蜡笔生产企业，其销售额占据了美国蜡笔市场 80%的市场份额。该公司拥有大量生产的能力，实现了生产上的规模效益。看看 B&S 公司的平均总成本曲线（average total cost curve，ATC），如图 2—2a 所示，在单位蜡笔生产中，如果 B&S 公司的产出是 Q_1，其相应的生产成本就是 C_1，这正是平均总成本曲线的最优均衡点。换句话说，B&S 公司能将固定成本分摊到大量的蜡笔上，从而实现生产上的规模效益。

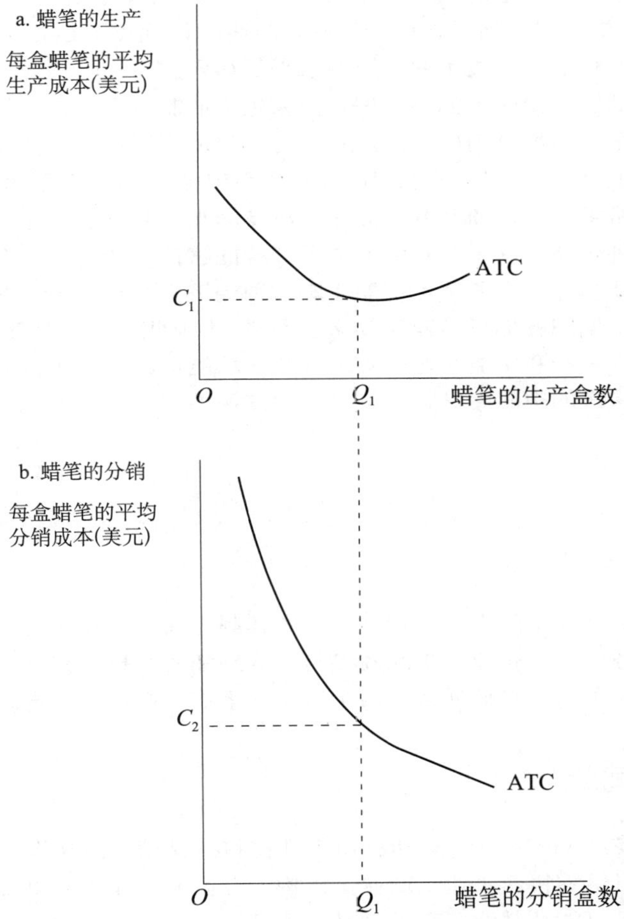

图 2—2　蜡笔生产和分销的假定平均总成本曲线

但是，在 B&S 公司实施分销任务时，这种规模效益可能就实现不了。假定公司决定向成千上万的蜡笔用户直销产品，为了给消费者提供充足的便利，B&S 公司可能需要巨型订单处理设备，以处理大量来自消费者个体的订单。此外，B&S 公司还需要拥有大量的库存以满足需求，这就需要在全国各地拥有多个仓库并提供运输，将商品运送给消费者。

建立这种组织实施分销任务的成本将是令人难以接受的，事实上，即使 B&S 公司卖出更多的产品，也不可能抵消成本。看看 B&S 公司直销蜡笔给消费者的平均成本曲线，如图 2—2b 所示，相对于图 2—2a，如果单位蜡笔的分销量为 Q_1，则单位分

销成本为 C_2，显然，这不仅没有达到平均总成本曲线的最优点，而且比图 2—2a 中所显示的同样产出水平下每盒蜡笔的成本高得多。即使 Q_1 的水平接近于蜡笔平均生产成本曲线的最优点（见图 2—2a），它也无法达到分销平均成本曲线的最优点。简而言之，B&S 公司永远也不可能靠销售大量的蜡笔来抵消与分销任务相关联的巨大固定成本。然而，如果把分销任务转移给其他渠道参与者，如批发商或零售商，B&S 公司就能取得持续的收益。其原因在于：中间商同时也在分销很多其他生产商的产品，它们通过将实行分销任务所产生的巨额固定成本分摊到多品种的大量产品上，就实现了**范围经济**（economies of scope）以及分销中的**规模经济**（economies of scale），这就使得中间商能在平均成本曲线的最优点上运作，而且比生产商自己从事分销活动所处的平均成本曲线上的水平低得多。[3]

上面的例子说明了如下原理：如果生产或制造企业自己从事分销任务，往往会面临着高水平的平均分销成本。这一原理不仅适用于小型生产商和制造商，也适用于很多大型企业（甚至微软公司、IBM 公司和宝洁公司，都不对其产品全部实行直销）。规模经济常常使生产商和制造商能以较低的平均成本进行生产活动，不过它在分销上却缺乏这种效益。基于互联网的电子商务能够让生产商与制造商直接与最终消费者联系，但即便是电子商务，也不能克服这种经济模式在分销上的局限，而去中间化也并未如人们所期望的那样迅速席卷多数行业。[4] 因此，虽然处于电子商务和互联网的高技术时代，生产和制造企业仍必须不断寻求能帮助自己执行分销任务的渠道成员。批发和零售层次的中间商是它们可以利用的两种基本成员形式。

中间商

中间商（或中间人）是帮助生产商和制造商（以及最终用户）履行谈判职能和其他分销任务的独立企业，中间商参与了谈判和所有权流程（见本书第 1 章中的“营销渠道中的流程”），它们通常在两个层次上运作：批发和零售。

批发中间商

批发商（wholesalers）包括所有那些将商品销售给从事商品转售的商业团体，或将商品销售给零售、工业、商业、机构、专业或农业企业以及其他批发商的企业，也包括那些既可能从其购买商品，又可能将商品卖给它们的代理商或中间商。[5]

批发商的种类与形式

最全面、最常用的批发商分类标准是《批发贸易调查》（*Census of Wholesale Trade*）中所使用的分类标准，该调查由美国商务部每 5 年公布一次，其中将批发商主要分为三种类型：

1. 商业批发商；
2. 代理商、经纪商和委托经销商；
3. 生产商的销售分支机构和办事处。

图 2—3 为三种批发商的示意图。

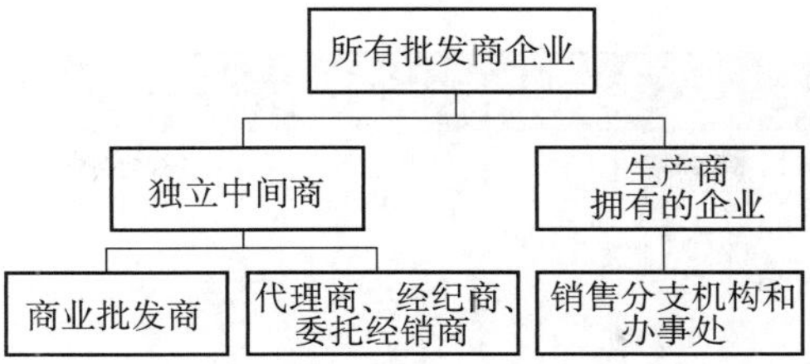

图 2—3 三种主要批发商示意图

商业批发商（merchant wholesalers）是指那些购买、取得所有权、储存和处理大批量商品，并以小批量的形式将商品转售给零售商、工业、商业或机构及其他批发商的企业。它们通常有各种不同的名称，如批发商、经纪商、分销商、产业分销商、供应商、商品集配商、出口商、进口商及其他各种名称。

代理商、经纪商和委托经销商（agents，brokers and commission merchants）也都是独立中间商，它们并不拥有所交易商品的全部和大部分所有权，但是能代表委托方积极从事购买、销售等谈判职能，从中获取销售或采购代理费。这一类型的企业中最常见的形式是厂家代理、委托经销商、经纪商、销售代理以及进口和出口代理商。

生产商的销售分支机构和办事处（manufacturers' sales branches and offices）由生产商拥有和运作，但是它们独立于制造工厂。它们的主要职能是批发销售生产商自己的商品，其中有些生产商的销售分支机构和办事处拥有仓储设备，从事商品的库存管理，有些只是销售机构，有些也从其他制造商那里采购与自己的产品相关或补充的商品，进行批发销售业务。

《批发贸易调查》对批发商做了进一步的分类，根据业务性质，划分出 18 种不同的类型，这种分类如表 2—1 所示。为了收集数据和报告的目的，《批发贸易调查》同时使用上述分类和三种主要分类法，因此，既有符合三种主要分类标准，又有符合不同业务类型分类标准的美国全国和各地区的批发业销售数据。

表 2—1 批发商商业类型

商业类型	NAICS* 代码
耐用消费品	
1. 汽车及汽车配件	4231
2. 家具和家居装饰品	4232
3. 木材和建筑材料	4233
4. 专业和商业设备与供应	4234
5. 金属和矿石（石油除外）	4235
6. 电气产品	4236
7. 硬件、铝工业、加热设备与供应	4237
8. 机器设备与供应	4238
9. 其他各种耐用消费品	4239
非耐用消费品	
10. 纸张和纸制品	4241
11. 药品、专卖药、其他药品	4242
12. 服装、布料、小饰物	4243
13. 杂货和相关产品	4244

续前表

商业类型	NAICS* 代码
14. 农产品——原材料	4245
15. 化学和相关产品	4246
16. 汽油和汽油产品	4247
17. 啤酒、葡萄酒、蒸馏酒类	4248
18. 其他各种非耐用消费品	4249

*NAICS 为北美产业分类系统。

资料来源：U. S. Census Bureau，*Statistical Abstract of the United States*：*2001*（121st edition）Washington，DC，2001.

批发业的结构与趋势

最近一次全面的《批发贸易调查》，即 2002 年的调查数据显示，大约 35 万家批发商企业和近 43.6 万家个体批发商实现了 4.6 万亿美元以上的销售额。如果按不同的类型来看销售额的构成，不难看出 1992—2002 年 10 年间批发业的重要发展趋势。

图 2—4 比较了 1992 年和 2002 年所有批发商销售额与三种主要类型批发商企业的销售额状况。图 2—5 比较分析了同样在这两年三种主要类型批发商企业的销售额构成比。

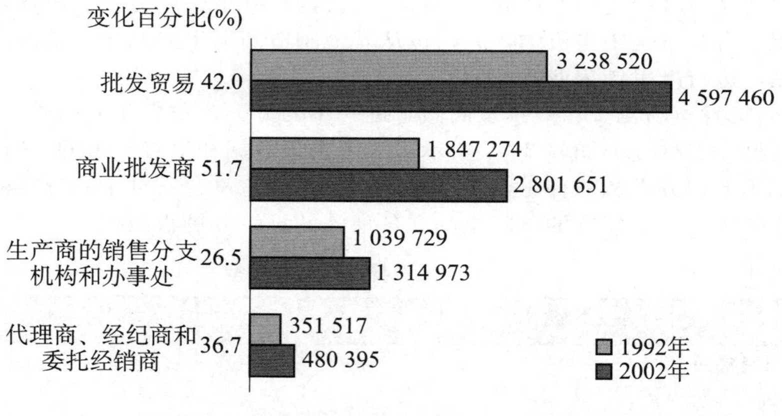

图 2—4　1992 年和 2002 年批发商销售额和不同类型批发商销售额（百万美元）

资料来源：U. S. Department of Commerce，*Census of Wholesale Trade*（Washington，DC，various years）.

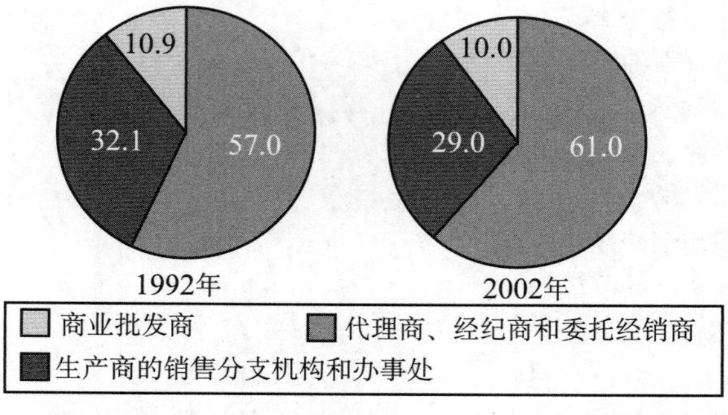

图 2—5　1992 年和 2002 年不同类型批发商企业的销售额构成比（%）

资料来源：U. S. Department of Commerce，*Census of Wholesale Trade*（Washington，DC，various years）.

如图 2—4 所示，在这 10 年间，三种类型批发商企业尽管在百分比构成上有些差异，但绝对销售额都有大幅增长。增长最大的是商业批发商（51.7%），增长最小的是生产商的销售分支机构和办事处（26.5%）。如图 2—5 所示，生产商的销售分支机构和办事处的销售构成比从 1992 年的 32.1%下降为 2002 年的 29%，而这 10 年间代理商、经纪商和委托经销商的销售构成比从 10.9%下降为 10%，同期商业批发商的销售构成比从 57%上升到 61%。商业批发商的销售构成比的上升趋势，正好与 1948 年它相对于代理商、经纪商和委托经销商以及生产商的销售分支机构和办事处的上升趋势类似。[6]上升趋势如图 2—6 所示。

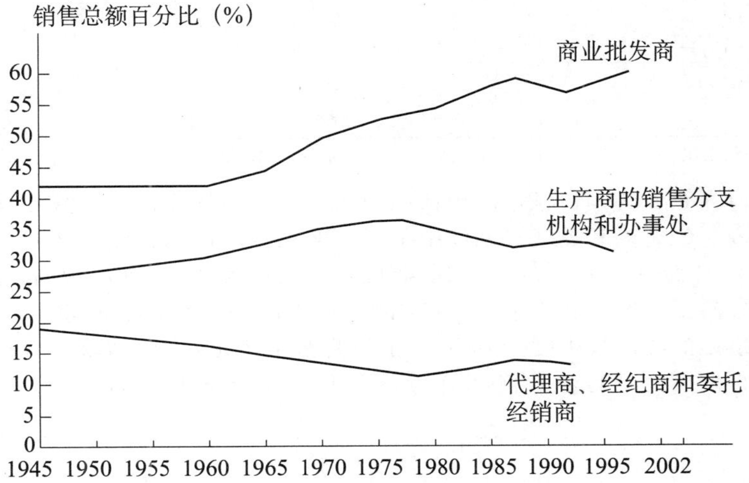

图 2—6　1948—2002 年各类批发商企业销售构成比

批发业的规模与集中度

尽管批发商在规模上存在相当大的差异，但是整个产业仍然主要由小型企业组成。从销售量看，很多批发商非常小，几乎 45%的批发企业年销售额不过 100 万美元。表 2—2 具体展示了批发商的销售量。如表 2—2 所示，近 87%的批发商年销售额低于 1 000 万美元，只有不到 6%的批发商销售额达到或者超过2 500万美元。

表 2—2　　2002 年批发企业销售情况

年销售额（百万美元）	企业数	企业所占百分比（%）
≥25	15 781	5.3
10≤年销售额<25	21 893	7.4
5≤年销售额<10	27 316	9.3
2.5≤年销售额<5	37 069	12.6
1.0≤年销售额<2.5	60 615	20.5
<1	132 329	44.9
总计	295 003	100.0

资料来源：U. S. Department of Commerce，*Census of Wholesale Trade*（Washington，DC，2002）.

如果用每个批发企业平均拥有的员工人数来衡量企业规模，大多数批发商的小规模特征表现得更明显，表 2—3 便显示了这种状况。从表 2—3 中可以明显看出，拥有大量员工的企业很少，事实上，只有 2.3%多一点的企业员工人数达到或超过 100

人，而将近50%的企业员工人数少于5人。由此可见，批发业中除了少数大规模乃至超大规模的批发企业外，大多数企业，特别是商业批发商、代理商、经纪商和委托经销商，仍然是私人或家庭所有的企业，只有很少的员工。[7]

表 2—3　2002年批发企业员工人数

批发企业员工人数	企业数	企业所占百分比（%）
≥100	6 743	2.3
50～99	8 860	3.0
20～49	28 528	9.7
10～19	41 543	14.1
5～9	60 741	20.6
<5	148 588	50.3
总计	295 003	100.0

资料来源：U. S. Department of Commerce，*Census of Wholesale Trade*（Washington，DC，2002）.

以大企业的销售额在总销售额中的百分比所表示的经济集中度，在商业批发商、代理商、经纪商和委托经销商中很低，但在生产商的销售分支机构和办事处中很高。如图2—7所示，最大的50家商业批发商与最大的50家代理商、经纪商和委托经销商的经济集中度分别为21%以下和28%以下，而最大的50家生产商的销售分支机构和办事处的经济集中度为63%。还需要指出的是，由于并购的数量日益增多，所以商业批发商之间的合并也在开展，因此，商业批发商的平均规模和集中度在不断提高。

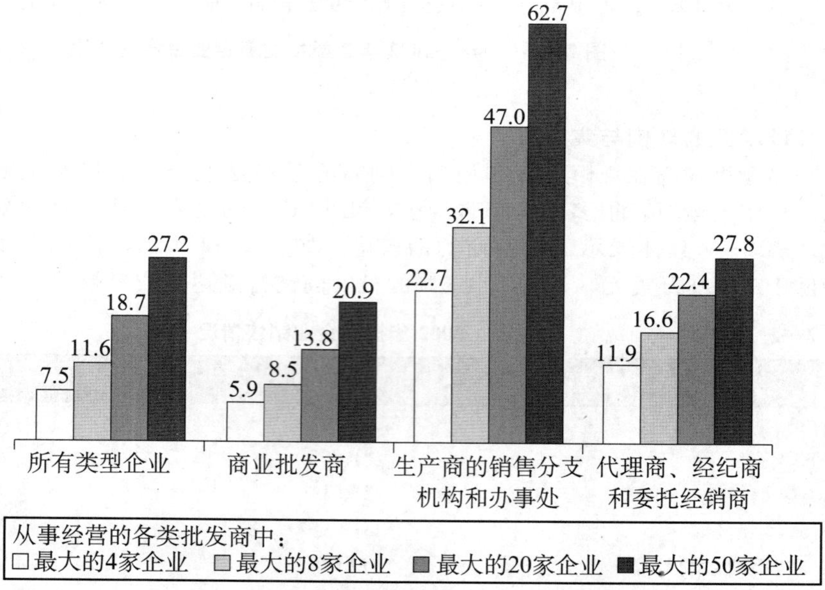

图 2—7　2002年不同规模批发商的经济集中度（%）

商业批发商所执行的分销任务

商业批发商为生产商、零售商和其他顾客服务，它们在营销渠道中作为中间商而存在，它们是执行分销任务的专家，能以高水准的效能和效率运作。[8]

通常在执行分销任务时批发商的平均成本曲线很低，或者比其商品供应商更能够在接近曲线的最优点上运作。[9]现代化、管理良好的商业批发商，尤其适合于为生产商执行如下分销任务[10]：

1. 扩大市场覆盖面；
2. 从事销售接触；
3. 管理库存；
4. 订单处理；
5. 收集市场信息；
6. 提供顾客支持。

市场覆盖（market coverage）可以由商业批发商帮助生产商扩大，这是因为，大多数生产商的产品市场是由遍布各地的消费者组成的，要想占有较大的市场覆盖面，就必须使产品能随时为消费者所得到，这样生产商就日益依赖于商业批发商，以合理的成本保住必要的市场份额。例如在杂志产业中，批发商之间的合并使得它们的数目在过去10年间从近3 000家下降到不足50家，这一状况使生产商担忧它们是否具备将杂志分销到更偏僻市场中的小型零售商贩手中的能力。[11]

正如杰克逊和达米科（Jackson and d'Amico）在对批发服务产业的研究中所指出的："当一个巨大的市场分散在不同的地理区域和产业，而且顾客订货频繁，要求的订货提前期很短时，就极有可能使用分销商（商业批发商）。"[12]表2—4反映的就是他们的研究结果，其中比较了生产商在分销工业产品时使用代理商和商业批发商的情况。如表2—4中所示，43%的在分散市场运作的生产商使用商业批发商，22%的生产商使用代理商，二者的比例是2∶1。

表2—4　　生产商在集中和分散市场使用商业批发商或代理商的比例

渠道结构	市场特性	
	集中	分散
商业批发商	57%	43%
代理商	78%	22%

销售接触（sales contact）是商业批发商提供的一种有价值的服务。对于生产商而言，要维持一支外部销售队伍的费用十分昂贵。如果生产商的产品是卖给分布广泛的许多顾客的，巨额的费用使建立覆盖市场的销售队伍几乎不可能。[13]让批发商去满足所有或重要市场的顾客，生产商就可以大幅度降低外部销售接触的成本，因为它们的销售队伍只要管理少数批发商就行了，而不必直接面对大量的顾客。

批发商提供销售接触的价值在生产商进入国外市场时体现得更为明显。正如布朗和赫林（Brown and Herring）在论及美国生产商试图进入英国市场销售产品时所指出的：

> 建立英国销售队伍的成本巨大：必须租用办公室，配备所有必需的通信设备和数据处理设备；必须招募员工并加以培训（或者从美国调配人员）；产品必须推向市场；需要鉴别潜在的顾客群。这一切需要大量的投资，而且不可能得到迅速的回报。与此相反，分销商拥有所有的基础设施，熟悉市场，而且能够非常迅速地开展销售。[14]

管理库存（holding inventory）是批发商为生产商所实施的一项重要工作。商业批发商拥有、通常还储存它们所代理的生产商的产品，通过这种行为，它们能大大降低生产商的财务负担，并减少生产商由于拥有大量库存而产生的风险。此外，由于为生产商的产品提供了便捷的分销渠道，批发商能够帮助生产商更好地制定生产计划。例如，福特·霍华德公司（Fort Howard Corporation）是美国一家大型纸制品生产商，它利用伊利诺伊州帕克大学的达特公司（Darter Inc. of University Park）这样的纸制品批发商来实施管理库存职能。福特·霍华德公司与达特公司签订了一项“伙伴关系”协议，达特公司在能获得优惠条件如保证产品的提供和便捷的配送等情况下，购买福特·霍华德公司几乎所有的产品。在这项交易中，福特·霍华德公司得到保证：其产品出厂后能大规模分销出去，无须自行管理商品库存。

订单处理（order processing）这项由批发商执行的职能对生产商非常有帮助，因为很多顾客购买的商品数量很少，这样大型和小型生产商发现，由自己来处理成千上万名顾客的小额订单，效率极低。许多最初从事电子商务的网络公司被成千笔小额订单产生的巨大成本拖垮了，它们中的绝大多数公司退出行业的主要原因就是不堪承担订单处理费用的重负，这些费用同它们所销产品的价值相比显得太高了。[15]批发商则特别适合于处理大多数顾客的小额订单。通过经销很多生产商的产品，批发商的订单集中处理成本比一般生产商的成本低得多。在订单处理方面非常具有经验的批发商的典型是麦克森公司（McKesson Corporation），该公司是世界上最大的经营药品的批发商。麦克森公司经常为很多客户提供作为核心业务的订单处理服务，包括连锁店、独立零售杂货店、医院、食品店和超市。其分销中心配备有自动化的高速订单处理系统，整个作业流程由不断闪烁的显示屏引导员工进行，同时有一个特定的旋转装置，将处理过的订单放置在相应的订单盒中，传送带将装好箱的商品送到起运点。几乎没有一个生产商的订单处理系统在规模、复杂程度和效率上能与麦克森的系统相比。[16]

收集市场信息（gathering market information）是另一项给生产商带来潜在利益的活动。批发商常常在地理位置上更接近顾客，而且在多数情况下，通过频繁的销售，促使批发商与顾客不断地进行接触，因此，它们最了解顾客对产品和服务的要求。这种信息如果能传递给生产商，对生产商的产品计划、定价及制定竞争性的营销计划是非常有价值的。有些批发商甚至开始使用互联网提供信息，将供应方与顾客连接在一起。例如，CDW 公司是信息技术方面的领先分销商，主要将它所销售产品的数百家生产商的市场信息提供给企业、政府和教育机构。CDW 公司的技术专家为客户提供的不止是笔记本电脑、台式机、打印机、服务器和存储设备，还有复杂的技术解决方案，帮助供应商制定满足目标市场需求的产品方案。[17]

顾客支持（customer support）是批发商向制造商提供的最后一项分销任务。产品可能需要退换货，或者顾客可能要求产品提供者能提供产品的安装、调试、维修和技术支持。如果生产商直接向广大的顾客提供这类服务，成本将非常高昂。生产商可以利用批发商帮助自己为顾客提供这类服务。这种由批发商提供的额外支持，通常称为**增值服务**（value added services）。无论从生产商，还是从作为商品销售对象的消费者角度来看，这种服务在决定批发商成为营销渠道中重要成员的过程中，起了关键性的作用。例如，坐落在纽约尤蒂卡的 F. F. 德斯帕德公司（F. F. Despard），是一家为从事木材加工和钢铁加工的客户提供研磨和切割工具的批发商，非常重视通过专业技术为客户提供支持。事实上，公司雇用称职的研磨专家（而不是销售人员）为客户提供支持，以解决有关产品使用方面的各种问题。显而易见，公司所提供的顾客支持极大地减轻了研磨生产商的负担。

除了为生产商执行 6 项分销任务外，正如在前面的内容中所谈到的那样，商业批发商还非常适合为顾客执行下述分销任务[18]：

1. 保证产品的可获得性；
2. 提供顾客服务；
3. 扩展信用和金融支持；
4. 提供品种管理的便利性；
5. 分货；
6. 通过建议和技术支持来帮助顾客。

产品可获得性（product availability）即产品的及时获得，可能是批发商为顾客执行的一项最基本的分销任务。由于批发商接近顾客，或者对顾客的需求十分敏感，因此，它们能够及时向顾客提供很多生产商无法轻易满足的所需产品。例如坐落在佛罗里达州贝弗利山庄的电视机零售商道格电视公司（Doug's TV），主要是从当地的批发商雷布罗电子供应公司（Raybro Electronic Supplies，Inc.）购买RCA品牌的电视机，当RCA决定绕开雷布罗公司直接向零售商销售时，道格电视公司发现其面临着严重的产品可获得性问题。电视机的货车配送期从以前的2天延长到1个月。为了缓解这个问题，道格公司现在不得不大量订货，而且要花费大量资金在库存管理上。

顾客服务（customer service）是批发商履行的另一项有价值的分销任务。顾客经常要求提供诸如配送、维修和产品保修等服务。通过向顾客提供服务，批发商为顾客节约了大量的精力和费用。[19]例如，北美最大的纸制品和办公用品批发商阿尔克标准公司（Alco Standard Corporation）就为自己的顾客提供理光、佳能和夏普复印机的维修服务，以及能使顾客感到便利和有用的其他各种服务。[20]

批发商所提供的**信用和金融支持**（credit and financial assistance）主要有两种形式：一种是向顾客扩展产品销售方面的往来账户信用，即批发商允许顾客在支付货款之前使用产品；另一种是通过仓储及提供顾客所需要的许多便利性的条款，批发商有效地降低了原来由于顾客不得不自己储存所有的商品而承受的财务上的负担。

我们在前面产品可获得性中所举的道格电视公司也非常强调批发商在提供顾客服务和信用、金融支持方面的重要作用。无论订单多么小，批发商总是向道格公司提供优惠的、最基本的金融条款，而生产商却要求至少达到一定金额的订单才能享受到相应的优惠条款。

品种管理的便利性（assortment convenience）指的是批发商从各种生产商那里将商品汇集到一起并加以分类管理，从而大大简化顾客订货过程。[21]顾客不必再从许多甚至上百家生产商那里分别订货，而是只向一家或少数几家能为他们提供所有或大部分所需商品的专业批发商订货。例如，前面谈到的大型信息技术产品经销商兼分销商CDW公司，每天都要精确地完成上千种商品的上千种订单，在执行这种职能的过程中，它为顾客节约了大量的时间和费用。

分货（breaking bulk）是另一项重要的分销任务。很多顾客并不需要大量的商品，或者他们在一段时间内喜欢订购少量的产品。很多生产商发现，执行这种小额订单并不经济，因此，它们往往规定最小订货量，以激励顾客大批量订货。通过向生产商大批量进货，并把这些货分解为小批量的订单，批发商就能为顾客提供他们所需要的小数量商品。CDW公司可以称得上是批发商履行这方面职能的一个优秀典范，它所接受的来自大型企业、政府机关和其他机构等的订单中有很多订货量都非常少，甚至由于最小订货量的限制，不可能直接从生产商那里进货，CDW公司从生产商那里大量进货，然后拆分成顾客所希望的订货数量，再提供给顾客。

建议和技术支持（advice and technical support）是批发商为顾客提供的最后一项分

销任务。很多产品，即使是那些非技术性的产品，也往往需要某种程度的技术建议、合理使用方面的支持以及如何出售等方面的建议。批发商通过训练有素的外部销售队伍，能为顾客提供这类技术和商业支持。坐落在伊利诺伊州奥克布鲁克的大型批发商埃斯硬件公司（Ace Hardware Corporation）是一个非常好的典范，该公司特别擅长于向顾客（大多是独立硬件零售商）提供建议和技术支持。埃斯公司为自己的交易伙伴提供大量的帮助，包括库存规划、广告、店铺规划、顾客服务、计算机应用以及其他支持。

图2—8提供了前面所讨论的商业批发商执行的分销任务的概览图。如图2—8所示，商业批发商为生产商提供6项分销任务，为顾客提供6项分销任务。商业批发商的向下的箭头表示分销任务的绩效结果——更有效能和效率的营销渠道，这反映在商业批发商的利润率上。事实上，商业批发商的利润率反映了所提供服务的回报，以及生产商和顾客得到的价值，这种价值不仅是通过购买批发商的实际商品得到的，而且来自分销任务的高效执行。

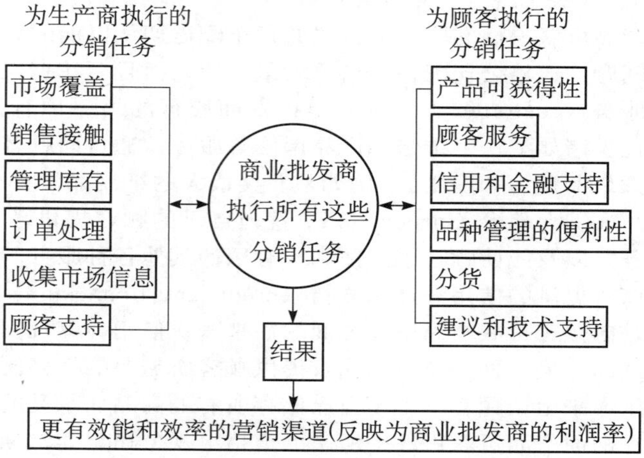

图2—8　商业批发商执行的分销任务以及对营销渠道的影响

资料来源：Bert Rosenbloom，*Marketing Functions and the Wholesaler-Distributor*：*Achieving Excellence in Distribution*（Washington，D. C.：Distribution Research and Education Foundation，1987），26.

这里需要指出的是，并非各行各业的所有批发商在所有的时间内都在执行所有这些分销任务，商业批发商在执行某种分销任务时是有差异的。很多批发商在大部分时间内确实在执行上述所有分销任务，或者至少它们试图这样做，但是有些商业批发商在营销文献中常被称为**有限职能批发商**（limited function wholesalers），它们虽然拥有商品所有权，但是并不执行上面所谈到的所有分销任务。例如，邮购订单批发商并不通过个人销售提供销售接触；现金交易批发商也不扩展信用；向厂商直接进货的批发商不提供管理库存职能；超级市场批发商通常不提供很多的建议和技术支持。

代理批发商执行的分销任务

正如本章前面所谈到的，代理批发商被《批发贸易调查》界定为代理商、经纪商和委托经销商，它们并不拥有所销售商品的所有权，同样，它们也不会像典型的商业批发商那样执行很多的分销任务。例如，**生产商代理**（manufacturers' agents，也称为生产商代表或者“代表”）主要为生产商专司市场覆盖和销售接触两项分销任务。事实上，生产商代理代替了生产商的外部销售队伍，因此，它们对于没有能力自己建立销售队伍的生产商具有特别的价值，或者它们对于虽然自己拥有销售队伍但是在销售某些类别商品以及在某些地区销售商品时缺乏经济性的生产商而言，是一种销售努力的补充。生产商代理同时代表了多个生产商，从事范围广泛的产品和服务的经营，诸如房地产、硬件、喷涂、化学用品、食品加工设备、电子产品和电子零部件、钢铁及包装等。生产商代理提供的服务有喷涂、电镀服务、机械改造、清洁以及各种商业服务。

销售代理（selling agents）是批发代理商的另一种形态，它们通常比生产商代理从事更多的分销任务，事实上，它们可能为所代表的生产商从事几乎所有的营销和促销活动。因此，虽然销售代理并不实际拥有库存或取得商品的所有权，但是它们履行着即便不是大部分，也是很多的分销任务，诸如市场覆盖、销售接触、订单处理、营销信息、产品可获得性以及顾客服务等活动。

虽然营销文献中认为，生产商代理和销售代理之间存在着明显的差异，但是在实践中并不做此区分。事实上，人们常常轮换使用业务代理、销售代理、生产商代理、生产商代表、代表和进出口代理等词汇，来指代各种类型的批发代理商，而不严格地区分它们执行分销任务的程度。在各种交易中，所使用的词汇都是指各种类型的批发代理商，而不同于概念和逻辑上的区分。

经纪商（brokers）是《批发贸易调查》所界定的第二种类型的非拥有所有权的批发商，也是营销文献中基于分销任务绩效和实践绩效所作定义有较大差异的一个词汇。在营销文献中，经纪商常被定义为掮客，或一种撮合卖方和买方完成交易的组织。因此，从严格意义上讲，经纪商仅仅履行一项分销任务，即提供市场信息，但是在实践中，某些经纪商即便不是从事大部分，也是从事很多分销任务，将它们与生产商代表和销售代理区别开来意义不大。

让我们看看食品经纪商的情形，一项由全美食品经纪商协会（National Food Brokers Association，NFBA）所做的研究表明，绝大部分食品经纪商在营销渠道中履行着很多分销任务。例如，很多食品经纪商帮助管理营销资金，推动和实施商业促销，甚至帮助建立消费者促进计划。许多经纪商甚至为它们所代表的生产商制定和实施营销计划。在实施这一任务的过程中，它们除了提供市场信息之外，还提供市场覆盖、销售接触、订单处理、消费者支持和建议以及产品可获得性方面的服务。[22]图2—9对食品经纪商所提供的服务做了进一步说明。

经纪商提供大量的专业服务，以增强分销过程的价值，帮助委托人和顾客增加利益。他们通常从事以下一项或几项任务：

1. 向当地市场的购买者介绍委托人的新产品；
2. 经常与零售商接触，以保证委托人的商品在分销中，并且摆放在零售货架适当的位置；
3. 与零售商协调实施促销、广告和优惠计划，安排店内展示，并且引导商品展示；
4. 确保委托人的商品能够正确订货，商品货运和价格正确合理，滞销商品能够得到确认并且妥善处理；
5. 连接委托人的营销部门和顾客，并根据当地市场的消费者情况制定促销计划；
6. 通过使用相关的技术，为委托人提供有关消费趋势、产品分布、营销和其他信息的统计数据。

图2—9　食品经纪商通常履行的分销任务

资料来源：ASMC Foundation，"Specialized Services"：*How Brokers Serve You*（Washington D.C.，1993）2－3. Copyright © ASMC Foundation. Reproduced by permission.

显然，图2—9表明，食品经纪商履行的分销任务范围远远超过营销教材中对经纪商界定的有限分销任务。事实上，食品经纪商一词也有些用词不当，因为食品经纪商实际上除了食品之外，还从事其他商品的经营。此外，食品经纪商一词并不能代表从事其他商品经营的所有经纪商，在从事分销任务时其所扮演的角色，也远远超出了经纪商一词所包含的分销活动的范围。

最后，《批发贸易调查》中所涉及的第三大类批发代理商是主要在农业市场起重要作用的**委托经销商**（commission merchant）。委托经销商实际上从事较广泛的分销任务，包括实际拥有库存（虽然并不拥有所有权）、负责市场覆盖、销售接触、分货、信用和订单处理，这些分销任务是委托经销商为它们所代表的委托人（生产商或制造商）从事的。从本质上讲，委托经销商的活动包括接受和储存商品，帮助确定买方，进行销售，提供个人信用，处理订单，有时还可能安排配送。在完成销售、从买方收回货款后，委托经销商将货款交给委托人（少量作为提供服务的佣金），有时它们不为购买者所知。

从我们讨论各种类型的批发代理商履行的分销任务中可以明显地看出，基于“官方”定义而总结出来的关于各代理商在履行分销任务中的作用被曲解了。要想探讨哪种类型的批发代理商在履行哪些分销任务，最现实和最有意义的办法是，看看它们在从事哪些贸易活动，更好的办法是对特定的批发代理商进行具体的分析。这种分析得出的结果可能是：在某种经营领域从事活动的经纪商，比其他领域的生产商代表履行着更多的分销职能，或者既定的销售代理与特定的销售代表、经纪商或委托经销商履行着同样的分销任务。

最后，无论所讨论的批发商是商业批发商还是代理商、经纪商或委托经销商，它们之所以参与到营销渠道中，是因为它们被期望履行生产商或顾客期望它们履行的分销任务（服务）。[23]此外，任何批发商都应当能比生产商或顾客更有效地履行分销任务。由于很多生产商或顾客都在积极地寻求提高生产率和降低成本的方法，因此，他们对营销渠道中批发商的角色要求很苛刻。只有那些在执行分销任务时非常高效、经营活动卓越的批发商，才有可能被保留下来，作为营销渠道中一个显而易见的成员而存在。[24]

零售中间商

零售商（retailers）包括那些将商品销售给个人或家庭消费，并伴随着商品销售提供服务的商业企业。

零售商的种类

美国零售商的类型非常复杂，形式多种多样，其规模从所谓的“夫妻店”（年销售额不到10万美元），到年销售额超过4 000亿美元的超大型连锁超市，如沃尔玛。经营方式从少量服务、单纯的折扣和简朴的店面，到在商业街上的富丽堂皇的购物大厦。零售商的类型包括店铺零售商和非店铺零售商（如邮购商、直销（上门销售）零售商、电视销售零售商以及在互联网上运作的零售商）。[25]零售商的形式有专业零售商、大范围经营的百货店零售商、巨大的超市零售商、“批发”俱乐部零售商[26]、工厂销售机构零售商以及全球、国家、地域和地方零售商，这个清单还可以不断延续下去。

数年来，制定了各种各样的分类表以对复杂的零售商类别加以整理。表2—5列示了最常用的分类方法。

表 2—5　　区分零售商可选择的标准

A. 根据企业所有权分类
1. 单点独立店铺
2. 多点零售组织
   a. 连锁店
   b. 分支店
3. 生产商拥有的零售点
4. 消费者合作店
5. 农民拥有的店铺
6. 公司拥有的店铺（产业店铺）或物资供应点
7. 政府运营的店铺（邮政交易、国家烈酒类店铺）
8. 公共设施公司店铺（销售一些重要的器械）

B. 根据业务的类型分类（销售的商品）
1. 通用商品组
   a. 百货店
   b. 干货、通用商品店
   c. 一般店铺
   d. 各类店铺
2. 单一商品店（如杂货、服装、家具）
3. 专业店铺（如肉类市场、女士内衣店铺、地板店）

C. 根据企业规模分类
1. 根据雇员数划分
2. 根据年销售额划分

D. 根据垂直一体化的程度分类
1. 非垂直一体化（仅仅为零售职能）
2. 有批发功能的垂直一体化
3. 有生产或其他实用创造功能的垂直一体化

E. 根据与其他商业组织的关系分类
1. 无关联
2. 与其他零售商有自愿关联关系
   a. 通过批发商所引导的自愿连锁
   b. 通过零售商合作
3. 通过特许经销与生产商有关联

F. 根据消费者接触的方法分类
1. 正规店铺
   a. 租约百货店
2. 邮购销售
   a. 通过商品目录
   b. 通过常规媒体上的广告
   c. 通过俱乐部计划
3. 家庭接触
   a. 通过一家一家劝说
   b. 通过常规的分销线路服务
   c. 通过团体计划销售

G. 根据坐落位置分类
1. 城市
   a. 中心商业区
   b. 次级商业区
   c. 商业街
   d. 邻家夫妻店
   e. 购物中心
   f. 公共市场货摊
2. 小城市
   a. 市区
   b. 邻家夫妻店
3. 乡村店铺
4. 路边零售店

H. 根据提供的服务类型分类
1. 所有服务
2. 有限服务
3. 自助服务

I. 根据组织的法律形式分类
1. 独资经营
2. 合伙经营
3. 有限公司
4. 特定形式

J. 根据管理组织和运作技能分类
1. 无差异
2. 百货店式

资料来源：Theodore N. Beckman，William R. Davidson，and W. Wayne Talarzyk，*Marketing*，9th ed.，(New York：Ronald Press，1973)，239.

最全面而又广泛使用的分类方法是《零售贸易调查》（*Census of Retail Trade*）中所使用的方法，它将所有的零售商分为 12 大组、50 多种，这 12 大组列示在表 2—6 中，类型代码为 3 位数的 NAICS（North American Industry Classification System，北美产业分类系统）代码。《零售贸易调查》中所使用的大多数类别也在表 2—6 中得到了体现。

表 2—6　　《零售贸易调查》中使用的 12 种主要商业分类标准

商业类型	NAICS 代码	商业类型	NAICS 代码
零售贸易	44—45	化妆、美容用品及香水店	44612
汽车和汽车配件经销商	441	护眼用品店	44613
汽车经销商	4411	其他保健品与个人护理品商店	44619
新车经销商	44111	**加油站**	447
旧车经销商	44112	配有便利店的加油站	44711
其他机动车经销商	4412	其他加油站	44719
休闲汽车经销商	44121	**服装和饰品店**	448
摩托车、汽艇和其他类型机动车经销商	44122	服装店	4481
汽车配件、附件和轮胎店	4413	男士服装店	44811
汽车配件及附件店	44131	女士服装店	44812
轮胎店	44132	儿童和婴儿服装店	44813
家具店和家居装饰店	442	家庭服装店	44814
家具店	4421	服装饰品店	44815
家居装饰店	4422	其他服装店	44819
地板店	44221	鞋店	4482
其他家居装饰店	44229	珠宝、箱包及皮革制品店	4483
电子产品及设备店	443	珠宝店	44831
设备、电视机及其他电子产品店	44311	箱包及皮革制品店	44832
电脑和软件店	44312	**体育用品、工艺品、书籍及音乐制品商店**	451
照相机和照片冲洗店	44313	体育用品、工艺品及音乐器材店	4511
建材、园林设备及耗材店	444	体育用品商店	45111
建筑材料和耗材经销商	4441	工艺品、玩具和游戏商店	45112
家居中心	44411	针织品、刺绣及布品店	45113
涂料和墙纸店	44412	音乐器材及耗材商店	45114
五金店	44413	书籍、杂志和音乐制品商店	4512
其他建材店	44419	书店和报刊经销商	45121
草坪、花园设备与耗材店	4442	预录磁带、光盘和唱片商店	45122
户外电器商店	44421	**一般商品商店**	452
苗圃、花园用品中心	44422	百货店（包括租赁百货店）	4521
食品、饮料商店	445	百货店（不包括租赁百货店）	4521
食品杂货店	4451	其他一般商品商店	4529
超市和其他食品杂货店（便利店除外）	44511	仓储俱乐部、超市	45291
便利店	44512	所有其他一般商品商店	45299
食品专卖店	4452	**各类有店铺零售商**	453
肉类市场	44521	花店	4531
鱼类、海鲜市场	44522	办公用品、文具和礼品店	4532
水果蔬菜市场	44523	办公用品和文具商店	45321
其他食品专卖店	44529	礼品、新奇商品、纪念品店	45322
啤酒、葡萄酒与烈酒类商店	4453	二手商品店	4533
保健品与个人护理品商店	446	其他有店铺零售商	4539
药店	44611	宠物和宠物用品商店	45391

续前表

商业类型	NAICS 代码	商业类型	NAICS 代码
艺术品经销商	45392	自动售货机	4542
家居经销商	45393	直接销售公司	4543
所有其他有店铺零售商	45399	燃料经销商	45431
无店铺零售商	454	其他直接销售公司	45439
电子购物和邮购商行	4541		

资料来源：U. S. Department of Commerce，Bureau of the Census，*1997 Economic Census*，*Retail Trade*，Series EC97R44A-US（RV）（Washington，D. C.：G. P. O.，issued March 2000）.

为了数据收集和报告的目的，《零售贸易调查》对 12 大组进行了交叉分类，并对全美的各种数据做了进一步划分，又对很多小的地域进行了划分。

零售业结构与趋势

2002 年（《零售贸易调查》所能提供的最新数据）美国共有 1 114 637 家零售企业，实现销售额近 3 万亿美元。前一次的调查是在 1997 年进行的，当时有1 118 447 家零售企业，实现销售额 2.5 万亿美元。根据 1997—2002 年期间零售企业总销售额增长了 20%的情况，可以得知以单个企业平均销售额为衡量标志的零售企业规模在此 5 年间必然有很大的发展。事实也是如此，体现这一长期发展趋势的数据如表 2—7 所示，可以追溯到 1948 年。如表 2—7 中所示，零售企业平均销售额从 1997 年的近 220 万美元，上升到 2002 年的 270 多万美元，增长幅度几乎达到 23%。

表 2—7　　1948—2002 年零售总额、店铺数及单店平均销售额情况

年份	零售总额（10 亿美元）	店铺数（百万）	单店平均销售额（美元）
2002	3 056.4	1.11	2 742 000
1997	2 460.9	1.12	2 197 000
1992	1 894.1	1.53	1 242 000
1987	1 494.1	1.50	996 000
1982	1 038.2	1.42	731 000
1977	723.1	1.86	389 000
1972	470.8	1.91	246 000
1967	310.2	1.76	176 000
1963	244.2	1.71	143 000
1958	199.2	1.78	112 000
1948	130.5	1.77	74 000

资料来源：U. S. Department of Commerce，Bureau of the Census，*Census of Retail Trade*（Washington，D. C.：G. P. O.，various year）.

这种总销售额增长和单个企业平均销售额增长的现象，在 1997—2002 年期间所有类型的零售企业中都是一致的。

零售业集中度

从经济集中度的角度看，美国零售业越来越被大型企业支配。例如，2002 年大型零售商（销售额超过1 000万美元）虽然只占零售商总数的4%，其销售额却占总销售额的80%。小型零售商（销售额不到100万美元）占零售商总数的66%，而销售额仅占总销售额的不到5%（见图2—10）。

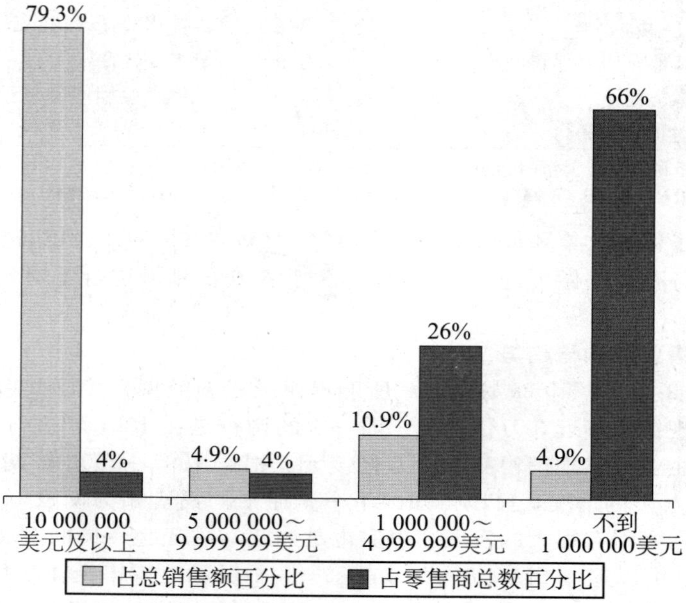

图2—10 2002年零售企业分布以及不同规模零售企业的销售额

资料来源：U. S. Department of Commerce，Bureau of the Census，*Census of Retail Trade*：*Establishment and Firm Size*（Washington，DC：G. P. O.，2002）.

美国零售业被大型零售企业支配还明显地反映在图2—11中。图2—11以2002年零售贸易作为整体，前50家大型企业占了总销售额的39%。如果进一步考察特定零售商业，大型企业的支配性表现得更为明显。例如，图2—12表明，4类零售商中前4家大型企业占了各相应类别总销售额的至少72%。

以上数据仅仅揭示了零售业的规模和集中度。当仅仅考虑零售商的绝对规模时，可以看到一幅更生动的画面。

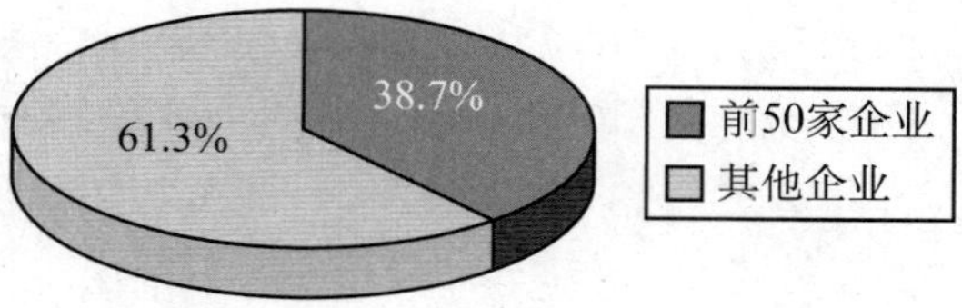

图2—11 2002年前50家零售企业销售额集中度

资料来源：U. S. Department of Commerce Bureau of the Census，*Census of Retail Trade*：*Establishment and Firm Size*（Washington，DC：G. P. O.，2002）.

网上零售

我们将在第15章中更详细地介绍基于互联网的网上零售渠道的内容，下面描述在整个零售渠道中一些关于网上零售的最基本的内容。

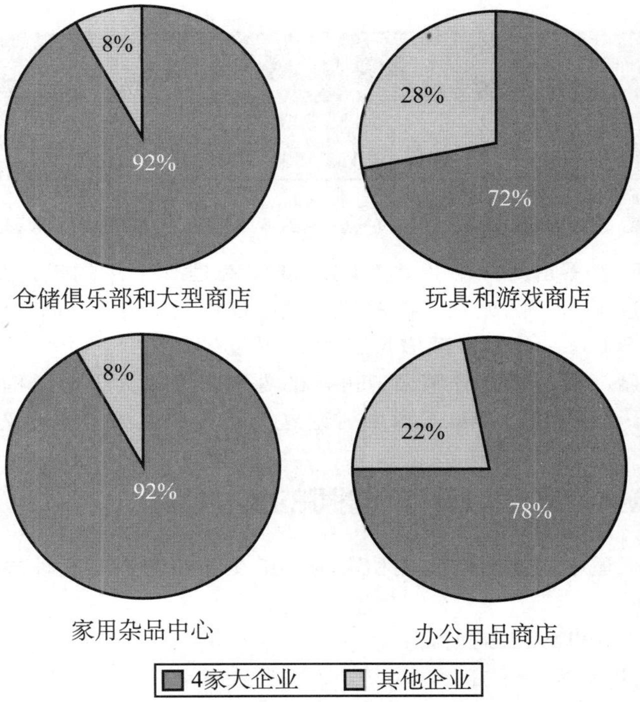

图 2—12　4 类零售商中前 4 家大型企业占了总销售额的至少 50%

资料来源：U. S. Department of Commerce Bureau of the Census，*Census of Retail Trade*：*Establishment and Firm Size*（Washington，DC：G. P. O.，2002）.

2007 年，美国各种产品的网上销售总额达到约 1 270 亿美元，在全年销售总额（约 4 万亿美元）中约占 3. 2%。[27]表 2—8 显示了零售额总计和分类信息。从表 2—8 的数据中可以看出，网上零售额在每种分类中占 3%以下。然而，无店铺销售特别是电子购物和邮购子分类，网上零售额的比例分别约为 32%和 45%。2007 年网上零售总额只占零售总额的 3. 2%，在其他传统零售方式的主要分类中所占比例更低，电子购物和邮购在分类中所占比例相对较高。

表 2—8　　2007 年零售额总计和网上零售商分类

商业类型	销售额（百万美元）		网上销售额占总销售额百分比（%）
	总销售额	网上销售额	
零售贸易总额*	3 994 823	126 697	3. 2
汽车和汽车配件经销商	906 923	23 600	2. 6
家具店和家居装饰店	115 349	796	0. 7
电子产品及设备店	111 893	1 301	1. 2
食品、饮料商店	559 625	1 022	0. 2
服装和饰品店	221 097	2 115	1. 0
体育用品、工艺品、书籍及音乐制品商店	86 906	1 686	1. 9
各类有店铺零售商	117 447	1 963	1. 7

续前表

商业类型	销售额（百万美元）		网上销售额占总销售额百分比（%）
	总销售额	网上销售额	
无店铺零售商	289 808	93 026	32.1
电子购物和邮购商行	199 199	88 915	44.6

*包括所有的商业类型零售商。

资料来源：*Statistical Abstract of the United States*：*2010*（129th Edition）Washington，D. C. 2009.：646－647.

关于网上零售的一个非常有趣的现象就是其十年的迅速成长。1999 年，网上零售总额超过了 150 亿美元，在总零售额中仅占 0.5％。2007 年的数据显示网上零售额增长了约 800％，总零售额增长了约 300％。

很明显，通过网上分销渠道进行的零售已经成为渠道结构中一个主要的并不断成长的部分。[28]我们将在第 15 章中讨论这个趋势和更深层的意义。

营销渠道中零售商不断增强的实力

营销渠道中零售商的实力和影响力正在不断增强，这种趋势主要反映在如下 3 个方面：

1. 规模和购买力的增长；
2. 先进技术的运用；
3. 现代营销观念和战略的应用。

如前所述，零售商的规模由于兼并和收购而不断增长。基于表 2—8 中所列示的数据，毋庸置疑，很多零售商是大型的甚至可以说是巨型的企业。由于规模代表了权力，所以随着它们的规模变大，它们对渠道中其他成员（批发商和生产商）的影响力也在变大。例如，很多为沃尔玛供货的生产商规模远远小于沃尔玛，很难对沃尔玛的经营政策产生重要的影响，而由于沃尔玛拥有巨大的规模和购买力，它对供应商发挥着重大的影响力。事实上，在很多情况下，沃尔玛和其他巨型零售商简直可以直接决定生产商的销售条款。像梅西百货公司（Macy's）这样拥有 800 多家连锁店的大型百货企业，权力非常大，甚至可以挤压供应商的利益，以保证百货店经营的利润。如果产品的销售并不像预期的那样好，就必然会出现大幅降价，生产商必须答应在未来订货时给予利益返还或折扣，以抵补利润上的损失。美国玩具反斗城公司（Toys "R" Us）是世界上最大的玩具零售商，销售额超过 140 亿美元，它经常能比小型零售商提前得到领先的玩具生产商如美泰公司（Mattel）的最新玩具产品。家得宝是世界上最大的家居零售商，它曾威胁那些试图在线直接向消费者销售产品的供应商放弃这个念头，否则就会被它抛弃。这类巨型零售商拥有巨大的购买力、庞大的市场份额和复杂的管理，它们常被称为**实力零售商**（power retailers）或大型**零售连锁折扣店**（category killers），这些词表明了零售商所享有的支配地位。[29]

简而言之，沃尔玛、家得宝、梅西百货公司、玩具反斗城公司以及列在表 2—8 中的所有销售额达数亿美元的零售商，大多数情况下都比为它们供货的生产商的影响力大得多，可以说它们占据了营销渠道中的支配地位。[30]这种情况在那些零售业务被少数几家企业控制的行业中表现得尤为突出（参见图 2—12）。

正如前面谈到的，零售商不断增长的规模和集中度，是营销渠道中零售商权力日益增大的根本原因。[31]还有两个因素也很重要：一是零售商在不断运用先进的技术；二是零售商日益强调对现代营销战略的贯彻。[32]

近年来的很多技术革新受到零售商的关注，事实上，零售商已经成为敏锐的新技术跟进者，而且（更重要的是）它们对于许多新技术的使用热情很高，这使它们成为更成熟和苛刻的渠道成员。像沃尔玛、家得宝、塔吉特（Target）、好事多、百思买、西夫韦（Safeway）和亚马逊等巨头以及其他不计其数的零售企业，在库存控制、商品管理和供应链管理上的信息技术应用水平均达到了世界级。[33]甚至表2—8中所列最大的100家零售商里相对较小的后50家企业，也在使用复杂的信息技术来识别滞销品并将其清出货架，同时也用来发现畅销品以保证其充分供应。许多零售商已能更好地利用扫描器中的数据辅助促销和定价决策，以及通过产品**直接盈利率**（direct product profitability，DPP）分析来计算单品利润，这些数据还可以用于货架管理、销售预测和消费者购物过程研究。

也许最受零售商欢迎的技术发展，就是它们可以利用互联网来强化消费者的购物体验。像亚马逊网上书店这样的通过互联网销售其所有产品的“纯网络运营”（pure-play）在线零售商，近年来引起了巨大的关注[34]，而基于互联网的电子商务技术的真正革命是传统零售商正在将电子商务同其店铺和商品目录运营整合起来，事实上，已出现一个新的术语——**三尾零售**（threetailing）来描述这种店内营销、目录营销和在线营销渠道的集聚。一些零售商鼓励消费者通过直接到店铺、根据目录打电话和登录网站等方式来购物，比如杰西潘尼（J. C. Penney）。大型办公用品公司史泰博已完全将其零售业务同电子商务整合到一起，消费者可以通过该公司的网站订购产品，然后再到店里取货，如果他们想退货，可以再把产品退回去。

当然，这只是零售商运用的许多技术中的一个小例子，但显示了技术在不断地增强零售商的能力，并且进一步加大它们在营销渠道中的权力。技术如何在更细微的环节上影响营销渠道？我们将在第3章详细展开这个话题。

现在让我们看看零售商如何日益强调营销。领先零售商思维方式变革的一个根本表现是关于零售中营销战略的运用。[35]零售商传统上更多的是供应商（卖方）导向，而不是市场导向。近几年，在很多领域，越来越多的零售商发现，要想在激烈竞争的零售市场中生存和发展，就必须运用营销观念和强大的现代营销方法。事实上，一些零售商现在通过运用营销战略，已经在美国消费品市场上成为竞争的胜利者。

例如，美国增长最快的折扣百货店科尔士（Kohl' s），凭借与竞争对手完全不同的店面布置而别具一格。科尔士用它所谓的“跑道式”（racetrack）布局，使消费者在最短的时间内能够浏览到最多的商品。消费者进入商店后只需绕着商品走即可，不必再为上下楼梯而烦心。虽然在店铺里的时间短了，消费者却购买了更多的东西。这同传统的零售店店面布局理论相反，后者依赖的假设是，消费者在店内的时间越长，买的东西越多。科尔士所经销的品牌服装的所有制造商都乐于满足这家机敏的、高速成长的零售商的要求。

时尚购物中心公司（Fresh Market）是一家家族经营的连锁店，像这样规模相对更小的零售商，通过巧妙运用营销战略，也能成为营销渠道内的一支力量。时尚购物中心公司在竞争极为激烈的超市行业被公认为是针对目标市场使用市场细分战略的行家里手，这一目标市场主要包括高档小区中文化程度较高的高收入消费者。时尚购物中心公司18 000平方英尺的店铺面积（美国超市的店铺面积一般为40 000平方英尺），暖色调的装修，古典风格的背景音乐以及优雅的装饰格调，营造了富裕人群所寻求的购物环境，而这一人群正是该公司的目标细分市场，该公司的营销战略取得了卓越成效。时尚购物中心公司的销售额增幅超过了9%，而量贩超市的同一指标不过是2%。即便是营销渠道中的巨型供应商也开始关注时尚购物中心公司的营销技能，同时它们也渴望能把自己的产品长久地摆放到这家豪华超市的货架上。

让我们总结一下营销渠道中零售商日益增强的实力，美国乃至世界[36]的零售商变得越来越强大，越来越集中化，更加具有技术倾向，逐渐成为更复杂的市场操盘手。结果是，它们成为营销渠道中权力日益增强的成员，而且事实上已经支配了它们所参与的大多数营销渠道。换句话说，零售商现在是消费市场中的**"看门人"**（gatekeepers）。[37]

从供应商的角度看，无论是生产商还是批发商，零售商新地位的显现是具有潜在威胁性的。供应商在产品计划和开发、定价及促销等领域的基础营销战略将越来越受到强大的零售商阵营的控制，甚至需要由后者制定。那些不能及时调整战略以适应这种现实的供应商，如果不具备进入消费市场的能力，它们的生存将会十分困难。

零售商所执行的分销任务

关于零售商在执行分销任务中的作用，查尔斯・Y・拉扎勒斯（Charles Y. Lazarus）做了一个很简洁的概括：

> 分销渠道中的零售商，无论其规模和类型如何，其作用都是传达顾客需求，发现和储存顾客期望的商品，什么时候需要这些商品，以及以什么方式需要，这些活动都是为了保证在顾客准备购买时准备好适当的产品。[38]

对拉扎勒斯的表述进行精炼，我们列出了如下零售商所需执行的分销任务：

1. 提供人力和物质设备，帮助制造商/生产商和批发商与当地的消费者进行多方面的接触；
2. 提供人员销售、广告和展示，以帮助销售供应商的产品；
3. 传达顾客需求，并将这种信息向渠道的上游反馈；
4. 将大批量商品分拆为适合顾客需求的小批量商品，同时为供应商提供经济性（通过接受相对大批量的产品），为顾客提供便利性；
5. 提供仓储，以使供应商能以低成本广泛分散自己的产品库存，并且帮助顾客最便捷地获得生产商/制造商和批发商的产品；
6. 通过季节前订购、接受分销商品，转移生产商/制造商（或批发商）的巨大风险。

零售商执行这些分销任务的程度，根据不同的零售企业而表现出较大的差异。可以说，从提供全面服务到只提供基本服务以及做得很少的情况都有。

美国的高级百货公司诺德斯特龙（Nordstrom）是为顾客提供全面服务的典范。事实上，这家零售商以提供高水平的零售服务而著名。在诺德斯特龙公司储存急需的商品，由富有知识、乐于助人的销售人员销售，都仅仅是销售的开始，销售人员还免费进行礼品包装，并配送到顾客家中；钢琴演奏者则整年为购物者演奏小夜曲。在阿拉斯加，诺德斯特龙的员工还为花费较长时间购物的顾客预热和启动汽车，甚至还有个故事说，诺德斯特龙公司为没有在本公司购买轮胎的顾客返还了货款！诺德斯特龙公司严格地执行无条件退款政策。

零售服务中的另一种情况是像马歇尔公司（Marshalls）那样的折扣零售商。该公司是一家服装连锁店，在简朴的环境中，商店没有个人服务，常常可以看到排得很长的等待结账的队伍。兼有以上两种特点的零售商是塔吉特这样的企业，它是拥有1 500多家分店的连锁店，有着高级消费店铺的环境但是价格相对较低。虽然塔吉特店里的销售人员较少，但是店里有宽宽的过道，引人入胜的货物和很短的结账队列，这一切都为顾客提供了一种完全不同于折扣店的购物体验。

毫无疑问，也有一些所谓“快捷无仓储模式”或只提供网上渠道的零售商如亚马逊（Amazon. com）、Overstock. com、Furniture. com 等同样能完成分销任务的实体。尽管这些零售商只通过网上渠道进行销售，但它们也能够为客户提供优质的服务和丰富的选择，通过准确的产品描述和预览，定制化产品能够以细分、低价和快速送货满足消费者的需求，因此，设施的缺乏并不会降低这些企业完成分销任务的效能和效率。

事实上，每个零售渠道成员都在决策自己应该采取什么方法去履行分销任务。不管它们如何决策，要想维持营销渠道中成员的地位，每一个零售商必须向其顾客和供应商提供某些价值。[39]如果它们没有做到这一点，现有的竞争性零售商、其他渠道成员或者新型的渠道机构会非常高兴，并且会设法取代它们在营销渠道中的地位。[40]

如前所述，零售商不断增长的规模，同样也影响着渠道成员间分销任务的分配，特别是原来由批发商或生产商承担的分销任务，已被大型零售商承担。例如，大多数大型连锁店和百货店都有自己的现代化仓储设施，为的是保证自己能有效地履行仓储和订单处理任务，这就进一步减少了它们对商业批发商这个中介的使用。自愿零售商组织（如零售商合作组织、批发商倡导的自愿连锁以及特许系统）同样也在发展，这一趋势使得它们在企业连锁的经济规模上展开了竞争。[41]甚至独立零售店的平均规模也在扩大，它们也在运用更为现代化的设施和设备，更有效地履行分销任务。

这一切使得生产商或制造商面临着困境：一方面零售中间商更有效地履行分销任务的可能性越来越大；另一方面大型零售商不断增加自己的权力和独立性，进而更少地受到生产商或制造商的影响。[42]这就意味着，生产或制造企业中的渠道管理者同时面临着不断增长的机会和在分销渠道中使用零售商的困难两种局面，这就要求对那些有效地从事渠道管理的人员给予非常高的奖励。

服务代理机构

服务代理机构（facilitating agencies）是那些不从事购买、销售和所有权转移，仅帮助履行分销任务的商业企业。从渠道管理者的角度看，它们可以被看作在专业化与劳动分工的基础上，承担分包出来的分销任务的分包商。通过恰当地向服务代理机构分配分销任务，渠道管理者将拥有具有有效机制的辅助机构，有助于实现企业的分销目标。这里列出了几种常见的服务代理机构：

- **运输代理机构**（transportation agencies）——包括所有公开提供运输服务的企业，像联合包裹服务公司（United Parcel Service，UPS）和联邦快递公司（Federal Express）。由于庞大的规模经济和范围经济，它们和其他普通的运输业者能比生产商、批发商或零售商更有效、更低成本地提供运输服务。
- **仓储代理机构**（storage agencies）——主要包括那些收取费用专门从事商品储存活动的公共仓库。很多这类企业在履行仓储任务时提供了很大的柔性。例如，有些时候，渠道成员（生产商/制造商、批发商或零售商）的商品并不是存放在自己的仓库中，而是储存在仓储代理机构中，在仓储协议的约束下，仓储代理机构保管商品、签发收据，在渠道成员给予相应费用的基础上，像合作者一样提供服务。

- **订单处理代理机构**（order processing agencies）——专门从事订单处理的企业，它们把生产商、批发商或零售商从处理大量的顾客订单的作业中解放出来。例如，坐落在特拉华州多佛的目录资源公司（Catalog Resources Inc.）为劳拉·阿什利公司（Laura Ashley）、卡斯韦尔-马西公司（Caswell-Massey）、温特瑟公司（Winterthur）以及霍尔马克卡片公司（Hallmark Cards）的目录销售提供订单处理服务，使后者从处理顾客订单的具体工作中解脱出来。

- **第三方物流服务提供商**（third party logistics providers）——简称“3PL”或“TPL”，专门为那些没有能力自行进行物流活动或在供应链管理中将物流活动外包的企业或组织提供物流服务。大多数第三方物流服务提供商并不只是如上述专业企业或机构一样提供专门的运输、仓储或订单处理等服务，而是提供一系列为特定客户需求定制的整合物流服务，包括存货管理与控制、物流分析、自动化系统开发、交叉配货系统设计、货物代理、拣货及包装以及其他各种服务。例如，一家知名的第三方物流服务提供商ELM全球物流公司（ELM Global Logistics）在其网站上简洁地给出了第三方物流服务公司所能提供的服务范围：

> ELM作为第三方物流合作伙伴，拥有为各种商品提供的100万平方英尺的仓库、分销设施以及拣货及包装设备。本公司的服务范围包括交叉配货、重新包装、拣货与包装服务、存货计算机控制、电子数据交换（EDI）和长期仓储等。[43]

- **广告代理商**（advertising agencies）——为渠道成员提供促销战略，这种服务包括从为企业撰写广告等细小的服务，到为整个广告宣传提供完整的设计，并加以实施。

- **金融代理机构**（financial agencies）——包括银行、金融公司和机构，通常这些企业拥有渠道管理者所缺乏的金融资源。

- **保险公司**（insurance companies）——为渠道成员提供各种业务中的某些风险转移，如火灾和偷盗损失、商品运输中的损坏，以及在某些状况下恶劣天气造成的损失。

- **营销调研公司**（marketing research firms）——这类企业在过去20年里发展得非常快，现在大多数大城市中都有数家营销调研公司以提供各种技能。如果渠道管理者的企业缺乏必要的技能，就可以找这类企业提供信息，以获得与分销活动相关的营销信息。

本章小结

营销渠道中许多不同类型的企业都在参与经营活动，有些企业被认为是渠道成员，有些被认为是非成员。前者履行谈判职能，并参加与谈判和/或所有权有关的活动，而后者不参加。虽然最终用户（目标市场）是营销渠道的成员，但是根据商业渠道的定义，它们被排除在商业渠道之外。

生产商和制造商包括那些从事开发、培育或制造产品的企业。虽然从事生产和制造的企业的类型和规模范围非常之大，但是它们都面临着一个共同的任务，即将商品分销到它们所期望的顾客手中。然而，很多生产商和制造商缺乏经验、规模经济和范围经济，难以直接向自己的最终用户分销其产品，也就是说，在多数情况下，生产商直接向最终用户分销商品是非常困难和无效率的，它们常常利用批发和/或零售层次的中间商来执行分销任务。

批发商包括所有那些将商品销售给从事商品转售的商业团体，或将商品销售给零售、工业、商业、机构、专业或农业企业以及其他批发商的企业。批发商包括 3 种类型：(1) 商业批发商；(2) 代理商、经纪商和委托经销商；(3) 生产商的销售分支机构和办事处。前两种为独立中间商，第三种为生产商所拥有。大多数批发商是小型企业。批发业的经济集中度非常低但是在不断提高。

商业批发商非常适合于为生产商或制造商履行分销任务，比如进行市场覆盖、从事销售接触、管理库存、处理订单、收集市场信息、提供顾客支持。对于商业批发商的顾客而言，它们非常适合于有效地履行诸如保证产品的可获得性、提供顾客服务、扩展信用和金融支持、提供品种管理便利、分货以及利用建议和技术支持帮助顾客等分销任务。

代理批发商原则上不像商业批发商那样履行那么多的分销任务，其形式多种多样，既有提供如商业批发商那样大多数分销服务的批发商，也有只执行有限分销任务的代理批发商。此外，各种代理批发商有着不同的名称，如生产商代表、销售代理、业务代理、代表、经纪人等，这些名称并不能精确地表明各类企业履行分销任务的程度。

零售商包括那些将商品销售给个人或家庭，并伴随着商品销售而提供服务的商业企业。零售商在类型和规模上差异较大。《零售贸易调查》将零售商划分为 50 多种，这有助于我们认识零售商的差异性。零售企业在过去 30 年中不断发展壮大，经济集中度相对较高。零售商非常适合履行的分销任务有：

1. 提供人力和物质设备，帮助制造商/生产商和批发商与当地的消费者进行多方面的接触；

2. 提供人员销售、广告和展示，以帮助销售供应商的产品；

3. 传达顾客需求，并将这种信息向渠道的上游反馈；

4. 将大批量商品分拆为适合顾客需求的小批量商品；

5. 提供最接近顾客所在地的仓储；

6. 通过季节前订购、接受分销商品，转移生产商、制造商和批发商的巨大风险。

零售商的队伍在不断壮大，从基于实体店面到互联网，技术运用更为复杂，它们中的大多数都拥有营销战略，它们在营销渠道中的地位将变得更加独立和具有支配性，这就对生产和制造企业的渠道管理提出了极大的挑战。

诸如运输公司、仓储企业、订单处理企业、广告代理商、金融机构、保险公司以及营销调研公司等服务代理机构，虽然都不是营销渠道的成员，但是仍然频繁地被某些或全部渠道成员使用，以帮助履行许多不同的分销任务。

复习题

1. 解释图 2—1 中所显示的渠道成员的划分结构。

2. 生产中的技能和规模经济并不能自动地转化为分销活动中的技能和规模经济或范围经济，请讨论这一表述。

3. 为什么假定中间商和服务代理机构履行很多分销任务时的平均成本要比生产商和制造商低得多？

4. 《批发贸易调查》是如何划分批发中间商的？

5. 与一些预言正好相反，批发商并没有消亡，近些年批发商发生了什么变化？

6. 讨论过去 30 年中不同类型批发商的基本发展趋势：(1) 商业批发商；(2) 生产

商的销售分支机构和办事处；（3）代理商、经纪商和委托经销商。

7. 描述批发商适合履行的分销任务。

8. 零售企业的平均规模（以销售额衡量）正在不断增长，这一现象对生产和制造企业的渠道管理意味着什么？

9. 在21世纪前20年，相对于传统零售销售，网上零售呈现怎样的模式？

10. 描述零售商适合履行的分销任务。

11. 讨论零售商在营销渠道中不断增强的实力对渠道管理可能产生的影响。

12. 识别和讨论服务代理机构的类型，以及其在分销渠道中的作用。

思考题

1. 箭牌公司（Wrigley）是世界上口香糖行业的领先企业，每天生产数百万包口香糖，其生产口香糖的技术有口皆碑。作为一个大型的、财务实力非常强的企业，它的产品销售给美国以及世界各地成千上万的口香糖消费者，但是箭牌公司从来也没有打算将口香糖直销给消费者，而是使用大量批发和零售层次的中间商。

为什么箭牌公司不采取直销而是利用中间商销售？解释公司政策的经济效益。

2. W. W. 格兰杰公司（W. W. Grainger）总部坐落在伊利诺伊州的斯科基，是美国最大的批发商之一，拥有300多个分支机构。公司主要销售工业产品，如电动马达、电风扇、吹风机、空气压缩机、动力转换设备以及上千种零部件和备用件。库存和订单处理由现代的计算机系统管理。格兰杰公司从2 000家制造商那里购买产品，转售给近100万的顾客。据企业高层管理人员讲，格兰杰公司的竞争法则是通过当地库存的便捷性、外部的销售人员和顾客服务来赢得成功。

从根本上说，大型的格兰杰公司与其他领域的大多数小型批发商有区别吗？根据本章所提出的分销任务加以讨论。

3. 建设网站的公司也许开启了在线零售的新潮流。这些公司允许传统零售商运营它们的在线业务，而无须花费资金和精力开发各自的电子商务平台。例如，全球体育用品公司（Global Sports Inc.，GSI）从事网站设计、订单处理和客户服务工作，像迪克公司（Dick's）、蒙代尔体育用品公司（Modell Sporting Goods）、QVC公司和凯马特公司（Kmart）这样的大型零售商已将在线业务外包给全球体育用品公司。至于消费者，他们访问网站时只与零售商谈判，网站的建设者完全处于幕后，因此，几乎不用在资本和人力资源上投资，零售商仍能拥有一流的在线销售和服务网站，关键是网络公司享受了90%的在线收入，归零售商的10%的收入是纯粹的净利。

这样的做法有意义吗？从零售商的角度来看，会有什么利弊？

4. 百思买是目前最大的网络零售商，拥有超过450亿美元的销售额和约4 000家商店，它的营销渠道有着巨大的影响力。百思买的制造商和供应商都必须密切关注这只零售商中的“1 000磅的大猩猩”需要什么。尽管有时供应商会自愿满足百思买的要求，但它们也会发现百思买会阻碍它们直接接触消费者。此外，百思买还加大对自有品牌的投入，如最薄的笔记本电脑和全电子控制的摩托车等。百思买的有些产品完全来自于知名的供应商，如苹果和索尼。

为什么百思买会在营销渠道上放松控制？你认为作为一个主导的大型零售商需要有哪些举动？

5. 雅各布森公司（Jacobson Companies）是总部位于爱荷华州得梅因的一家第三方物流服务提供商，它在网站上宣传自己是新型全包型物流服务公司的代表。如果一家公司，不管是生产商还是经销商，或者零售商以及其他类型的企业，需要物流服务，它们能够从第三方物流服务提供商那里得到“一站式”的物流服务。与商品一同提供的还有各种服务，这些都是第三方物流服务提供商为满足客户特定需求而提供的定制化服务。

为什么第三方物流服务提供商会成为营销渠道中一种重要的服务代理机构？你认为这种趋势会延续下去吗？说明你的理由。

注释

1. George J. Stigler, "The Division of Labor Is Limited by the Extent of the Market," *Journal of Political Economy* (June 1951): 185–193.
2. For an interesting case study related to this topic see: Ming-Hui Huang, "Eliminate the Middleman?" *Harvard Business Review* (March 2006): 33–43.
3. Bruce Mallen, "Functional Spin-Off: A Key to Anticipating Change in Distribution Structure," *Journal of Marketing* (July 1973): 18–25.
4. Bert Rosenbloom, "The Wholesaler's Role in the Marketing Channel: Disintermediation vs. Reintermediation," *The International Review of Distribution and Consumer Research* (September 2007): 327–339.
5. For some very interesting background on wholesaling, see Mushtaq Luqmani, Donna Goehle, Zahir A. Quraeshi, and Ugar Yavas, "Tracing the Development of Wholesaling Practice and Thought," *Journal of Marketing Channels* 1, no. 2 (1992): 75–77; see also William P. Danenburg, Russell L. Moncrief and William E. Taylor, *Introduction to Wholesale Distribution* (Englewood Cliffs, N.J.: Prentice-Hall, 1978).
6. For a related discussion on trends involving merchant wholesalers, see Stephen F. Pirog III and Michael F. Smith, "A Market-Orientation Approach to Identifying Structural Change in Wholesaling," *Journal of Marketing Channels* (Winter 1996): 37.
7. For an extensive and in-depth look at wholesaling, see Robert F. Lusch et al., *Foundations of Wholesaling: A Strategic and Financial Chart Book* (Norman, Okla.: Distribution Research Program, College of Business Administration, 1996).
8. For a seminal discussion on this point see: Ronald D. Michman and Stanley D. Sibley, "Wholesaling: A Neglected Area," *Proceedings of the Annual Meeting of the Southern Marketing Association*, eds. David M. Klein and Allen E. Smith (Boca Raton, Fla.: Florida Atlantic University, 1985), 118–123.
9. *Facing the Forces of Change: The Road to Opportunity*, Washington, D.C., Distribution Research and Education Foundation, 2004.
10. Bert Rosenbloom, *Marketing Functions and the Wholesaler-Distributor: Achieving Excellence in Distribution* (Washington, D.C.: Research and Education Foundation, 1987), 17–28.
11. Mathew Rose, "Magazine Wholesaler Pressures Publishers, Adding to Their Woes," *Wall Street Journal* (March 5, 2001): A1, A6.
12. Donald M. Jackson and Michael F. d'Amico, "Products and Markets Served by Distributors and Agents," *Industrial Marketing Management* 18 (February 1989): 33.
13. James D. Hlavacek and Tommy J. McCuistion, "Industrial Distributors—When, Who, and How?" *Harvard Business Review* (March–April 1983): 96–101; James A. Narus, N. Mohan Reddy and George L. Pinchak, "Key Problems Facing Industrial Distributors," *Industrial Marketing Management* (August 1984): 139–147.
14. Reva Berman Brown and Richard Herring, "The Role of the Manufacturer's Distributor," *Industrial Marketing Management* 24 (October 1995): 285–295.
15. Bert Rosenbloom, "The Ten Deadly Myths of E-Commerce," *Business Horizons* (March–April 2002): 61–66.
16. Sharon L. Oswall and William R. Boulton, "Obtaining Industry Control: The Case of the Pharmaceutical Distribution Industry," *California Management Review* (Fall 1995): 139–162.
17. "Let's Get You Up to Date and Up to Speed," CDW advertisement in the *Wall Street Journal*, (August 17, 2009): R8.
18. Bert Rosenbloom, *Marketing Functions and the Wholesaler-Distributor: Achieving Excellence in Distribution* (Washington, D.C.: Distribution Research and Education Foundation, 1987), 17–28 Rosenbloom, Marketing Functions, 21–27.
19. For related discussion, see Eric Panitz, "Distribution Image and Marketing Strategy," *Industrial Marketing Management* (November 1988): 315–323.
20. Gautam Naik, "Pieces in Alco's Distribution Network Fall into Place," *Wall Street Journal* (November 13, 1992): B6.
21. Wroe Alderson, *Marketing Behavior and Executive Action* (Homewood, Ill.: Irwin, 1957).
22. Kate Murphy, "Food Brokers Are Bigger So Shelves Look Smaller," *The New York Times*, (September 2, 2004): 4.
23. For a related discussion see: Tim Hughes, "New Channels/Old Channels, Customer Management and Multi-Channels," *European Journal of Marketing*, Vol. 40, ½ 2006: 113–129.
24. Bert Rosenbloom, "The Wholesaler's Role in the Marketing Channel: Disintermediation vs. Reintermediation," *The International Review of Distribution and Consumer Research* (September 2007): 327–339 Bert Rosenbloom, "The Wholesalers' Role in the Marketing Channel,": 327–329.

25. See "Integrating Multiple Channels," *Chain Store Age* (August 2001): 24A–25A.
26. Sarah Skidmore, "Wholesale Clubs Grow as Supermarkets Slide," *Food Industry Writer*, (March 3, 2001): 1–2.
27. *Statistical Abstract of the United States: 2010*, (129th Edition) Washington, D.C.: 2009: 646–647.
28. Yet dramatic growth has also occurred in some types of small, land-based forms of retailing. A very interesting case in point is the growth of farmers markets. See for example: Lauren Etter, "Food for Thought: Do You Need Farmers for a Farmer's Market?" *Wall Street Journal*, (April 29, 2010): A1, A6.
29. Bert Rosenbloom and Diane Mollenkopf, "Dominant Buyers: Are They Changing the Wholesalers' Role in Marketing Channels?" *Journal of Marketing Channels* (Fall 1993): 73–89.
30. Some large retailers, however, are facing serious challenges. See, for example, "Department Stores Fight to Preserve Role That May Be Outdated," *Wall Street Journal*, (March 12, 2002): A1, A17.
31. For some possible exceptions to this pattern, see Roger R. Betancourt and David A. Goutschi, "Distribution Services and Economic Power in a Channel," *Journal of Retailing* (Fall 1998): 37–60; Kisum L. Aiwaldi, Norm Boria and Paul W. Farris, "Market Power and Performance: A Cross-Industry Analysis of Manufacturers and Retailers," *Journal of Retailing* (Fall 1995): 211–248; Paul R. Messinger and Chakravarthi Narasimhan, "Has Power Shifted in the Grocery Channel?" *Marketing Science* 14, no. 2: 189–223.
32. Bert Rosenbloom, "From Merchants to Marketers: Trends in U.S. Retailing for Europe to Watch," *THEXIS* (Spring 2001): 8–11.
33. Cliff Edwards, "Why Tech Bows to Best Buy," *Bloomberg Business Week*, (December 21, 2009): 48–54.
34. See Patricia B. Seybold, *Customers.com* (New York: Random House, 1998); John Hagel III and Marc Singer, *Net Worth* (Boston, MA: Harvard Business School Press, 1999).
35. Bert Rosenbloom and Marc Dupuis, "Low Price, Low Cost, High Service: A New Paradigm for Global Retailing?" *The International Review of Retail Distribution and Consumer Research* (April 1994): 149–158.
36. See for example: Carol Matlack, "A French Wal-Mart's Global Blitz," *Bloomberg Business Week*, (December 21, 2009): G4–G6.
37. Bert Rosenbloom and Diane Mollenkopf, "Dominant Buyers: Are They Changing the Wholesalers' Role in Marketing Channels?" *Journal of Marketing Channels* (Fall 1993): 73–89.
38. Charles Y. Lazarus, "The Retailer as a Link in the Distribution Channel," *Business Horizons* (February 1961): 95–98.
39. Joann Muller, "Attention Kmart: Find a Niche," *Business Week*, (February 4, 2002): 72.
40. See, for example, Roger Dickinson and Bixby Cooper, "The Emergence of Cost-Based Strategies in Retailing," *Journal of Marketing Channels* 2, (1992): 29–45. Also, for an excellent and comprehensive review of institutional changes in retailing, see Stephen Brown, "Institutional Change in Retailing: A Review and Synthesis," *European Journal of Marketing* 21(1987): 5–36.
41. See, for example, Carl Quintanilla, "Hardware Stores Try to Rattle Big Chains," *Wall Street Journal* (December 11, 1996): B1, B4.
42. Philip McVey, "Are Channels of Distribution What the Textbooks Say?" *Journal of Marketing* (January 1960): 61–65.
43. http://www.elmlogistics.com/about-us.html.

第3章

营销渠道环境

学习目标

学习本章之后，你应该能够：

1. 理解营销渠道中环境的影响；
2. 清楚影响营销渠道的一些主要经济因素；
3. 认识到一些“不正常”的经济条件可能会对营销渠道产生巨大的影响；
4. 认识影响营销渠道竞争环境的国际或全球特性；
5. 根据营销渠道结构和战略区别竞争的几种主要类型；
6. 知晓一些主要社会文化因素及这些因素对营销渠道的影响；
7. 及时了解技术的最新变革，并知晓这些变革怎样影响营销渠道；
8. 了解一般反垄断法应用于营销渠道战略的知识；
9. 熟悉与营销渠道有关的一些主要法律问题。

渠道焦点

期待变革？披头士乐队成员可不这么想

20世纪60年代后期，披头士乐队（Beatles）发行了歌曲《革命》（Revolution），这是他们最知名的歌曲之一。歌曲的内容是关于改变世界，不是通过毁灭或战争，而是通过这个星球上的所有人，通过人来“做好事”使世界变得更美好。

如今，有很多人认为，一件具有革命性的“好事”就是音乐可以被数字化，从而能够从网上下载到iPod或其他设备中去。每天都有成千上万的歌曲通过这种方式下载，但披头士乐队的歌曲却是个例外。披头士乐队中如今尚健在的成员保罗·麦卡特尼（Paul McCartney）、林戈·斯塔尔（Ringo Starr）和约翰·列侬（John Lennon）的遗孀小野洋子（Yoko Ono）力图保持披头士音乐的完整性和神秘的魅力，控制了歌迷获取其音乐的方式。披头士的音乐不能通过这种电子下载技术进行分销，也就是说，如果歌迷想要获得披头士的音乐，他们只能选择一种“过时的”手段——CD、磁带和唱片，唯一向现代技术所作的妥协是，歌迷可以通过购买一个售价279美元的USB闪存，获得其中存储的披头士歌曲集和视频资料。另一种存储披头士音乐的实体形式是一种叫做“披头士乐队”的视频游戏，主要内容是关于乐队的历史，但其中的音乐只能通过游戏机播放，不能下载或共享。

这种“禁止数字下载渠道”的政策是出于披头士现存成员和他们后代的要求，同时也得到了其他版权所有者的大力支持，如EMI唱片公司和传媒巨头维亚康姆集团（Viacom）。

来自乐队现存成员及其后代的心情都体现在《革命》这首歌里：“难道你不知道，我可不愿奉陪。”2010年11月，苹果公司正式宣布可以通过iTunes对披头士的音乐进行下载。为什么突然政策有了改变呢？看来极富革命性的披头士乐队也不能忽视技术变革对于音乐产业的冲击了。

资料来源：Based on L. Gordon Crovitz, “Money Can't Buy Me Beatles,” *Wall Street Journal*,（November 9, 2009）：A17. Ethan Smith, “Apple Finally Snares Beatles,” *Wall Street Journal*,（November 16, 2010）：B1, B7.

营销渠道在一个持续变化的环境中运作[1]，因此，渠道管理者需要对环境和正在发生的变化保持高度的敏感性，以有效地规划营销渠道战略，使之成功地适应变化。为了做到这一点，渠道管理者需要弄清楚能影响营销渠道系统的各种环境要素。

本章我们将探讨营销渠道赖以运作的环境，以及环境对渠道战略、结构和管理的影响等。

营销渠道与环境

环境包括营销渠道所赖以存在的所有外部非可控制的因素。为了对这么多的外部非可控制因素进行归纳，我们将根据下述5条进行归类：

1. 经济环境；
2. 竞争环境；
3. 社会文化环境；
4. 技术环境；
5. 法律环境。

显然，这不是归纳环境变量的唯一方法，还存在着很多其他归类方法。[2]我们运用这种分类法，只是想为探讨营销渠道环境提供一种便捷、可行的途径。需要指出的是，分类中所列举的顺序，并不代表各类的重要程度的顺序。此外，对于既定的渠道而言，特定环境要素的重要程度也会随着时间的变化而改变。正如本章所要探讨的那样，我们将提供很多环境要素对不同渠道在不同时间所产生的不同影响的例子。

在我们探讨每个环境类别对营销渠道的影响之前，首先需要明确营销环境影响的特性。因为营销渠道包括独立企业，如零售商和批发商，所以渠道管理者也必须关注环境对这些渠道成员的影响。进一步讲，由于渠道的绩效也会受到非渠道成员绩效的影响，例如服务代理机构的影响，因此，渠道管理者也必须重视环境是如何影响这些非成员参与者的。总之，渠道管理者不仅要分析环境对他们自己的企业和最终的目标市场所产生的影响，还要考虑环境对营销渠道中所有参与者的影响。图3—1显示环境影响着所有的渠道参与者和目标市场。渠道管理（不一定是控制）既可能涉及生产和制造企业，也可能涉及诸如批发或零售组织这样的能够胜任渠道管理任务的中间商组织。图3—1中的文字表明，环境影响的管理分析必须考虑所有的渠道参与者。

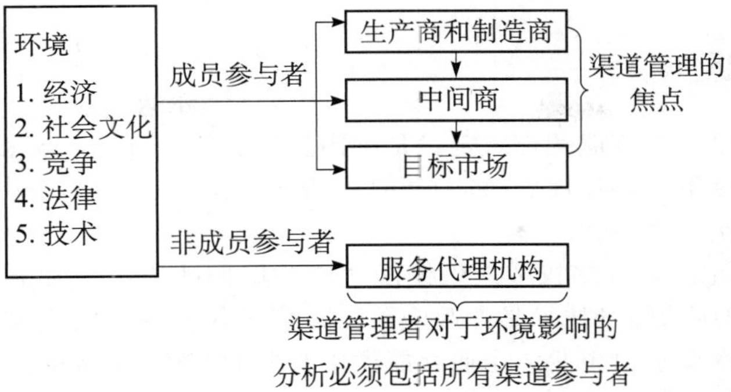

图 3—1　营销渠道中环境的影响

这种营销渠道环境影响的观点，体现了渠道管理与企业营销组合中其他主要变量（产品、价格和促销）管理的一个关键性区别。简而言之，当渠道管理者考虑环境对渠道战略的影响时，必须考虑除自己的企业之外其他的渠道参与者。诸如经济低迷或衰退等对于不同的渠道成员会产生不同的影响。[3] 例如，2008 年的经济危机对于美国汽车的营销渠道产生了巨大影响。汽车经销商的销售额在经济衰退中大幅度下降，有一个有名经销商的销售额从每月销售 50 辆汽车下降到 12 辆。[4] 这个经销商以及其他大多数同样经历着销售额下降的经销商，对于经济衰退作出的反应是大幅度削减开支，以平稳度过危机。汽车生产商对于这次经济环境变化的反应截然不同。汽车业“三巨头”（通用、福特和克莱斯勒）将这次危机看做是摒弃业绩不好的经销商的好机会，而不是一味地强调自身在经销方面陷入困境。因此，“三巨头”在这次经济危机中，对经销商要求得更多，而不是更少。那些没法对设备进行升级、招聘更多更好的销售人员以及提供优质服务的经销商直接被淘汰出局。如上所述，环境中同样的变化对于不同的汽车渠道成员，引起的战略变化是不同的：汽车经销商“勒紧裤腰带”，而“三巨头”利用经济危机对它们的营销渠道进行“修剪”。

这种环境分析包括所有渠道成员的广义观念将贯穿于本章，而且会进一步体现在后面的所有内容中。

现在让我们来探讨每个主要的环境类别。探讨将集中在各类别的一些主要问题上，以及它们是如何影响营销渠道的。

经济环境

经济可能是影响营销渠道所有成员的环境变量中最显著、最普遍的因素，如果没有消费者关注以及制造、批发和零售企业的运作这样的经济状态，社会一天都无法运转下去。所有这些团体，都必须关注经济将要发生什么变化。从生产商/制造商为长期投资而筹措资金，到消费者在超市中购买一瓶咖啡，都受到经济变量的影响。

在渠道管理中，经济要素是决定渠道成员行为和绩效的关键变量，因此，渠道管理者必须对于经济变量对分销渠道中参与者的影响非常敏感。本节我们将讨论一些主要的经济现象，以及这些现象对营销渠道各参与者的影响和营销渠道管理中的启示。

经济衰退

经济学家对衰退的正式定义是国内生产总值（gross domestic product，GDP）持续2个季度下降，在任一时期GDP停滞或增长非常缓慢，这种状况常称为经济衰退，或者至少是经济减速。

20世纪末，许多权威人士畅谈“商业周期的终结”和衰退将成为过去的“新经济”。他们认为信息技术是如此完美，经济中任何潜在的发展速度趋缓的迹象都会通过信息技术预示给企业，企业就能做出必要的调整，比如减少库存等，这样就可以阻止衰退发生。2000年，在新千年的曙光下回首，最近一次的衰退（1990—1991年）距今已十多年，看来权威人士像是说对了。不，他们的希望很快成了泡影，美国在21世纪最初十年经历了不止一次经济衰退，即在七年中经历了两次：2001—2002年的经济衰退，2007—2008年经历的自20世纪30年代“大萧条”以来最严重的GDP下降和失业增多，被称作“大衰退”。这种以周期性衰退和经济增长趋缓为特征的商业周期依然很有生命力。

当经济衰退发生时，消费者支出（特别是如汽车、大型家电和个人计算机等耐用商品，对于这些商品，消费者可以延迟购买）通常会减少，有时下降得非常剧烈。在2007—2008年的“大衰退”中，不仅消费者对于住房、汽车和其余东西的支出急剧减少，商业投资也有所下降，出现了有些经济学家所说的支出上的“祸不单行”。联邦政府投入了8 000亿美元刺激经济，以抵消消费者和企业的消费减少。

营销渠道中的所有成员都能感到衰退的影响，具体表现为销售额和盈利率持续下降。在2007—2008年的“大衰退”中，“三巨头”中的两个破产。[5]克莱斯勒出于更有效的营销渠道考虑而终止了与大量的经销商合作，渠道中留下的是更大且更有效的经销商。

由于经济衰退带来的消费者行为的改变，对营销渠道中的所有参与者都产生了显著影响，即使是最基础的杂货类商品的经营者也未能幸免。[6]消费者会选择更低价的产品，因此如亨氏集团此类知名的大品牌生产商，只能接受超市为了满足消费者对于低价产品的需求而大量储存自营产品的事实，导致其标志性产品亨氏番茄酱的销售额大幅下降。[7]即使是多年来被视作“抗衰退”的企业星巴克，也出现了销售额的下降，因为消费者开始选择唐恩都乐公司（Dunkin' Donuts）和麦当劳低价的咖啡，甚至自己在家煮咖啡。[8]

由于消费者在衰退时期表现出巨大的价格敏感性，所有的渠道成员都应该重点考虑增加附加价值，特别是在消费者对于网络购物的使用率迅速上升的背景下。自2007—2008年的“大衰退”以来，越来越多的消费者通过上网来寻找特价商品或优惠券。根据市场调研公司康姆斯科（comScore Media Metrix）的数据，知名优惠券网站EVERSAVE. com在2008年11月有860万访客，都是为了搜寻各种产品的优惠券。[9]想要在经济衰退中屹立不倒的制造商、分销商和零售商必须重视善用互联网的消费者的力量，因为他们在经济衰退或停滞中，总是会寻找最优价格的产品和服务。

通货膨胀

在过去的20年中，通过消费者价格指数（CPI）衡量的通货膨胀率一直处于5%

以下。如表3—1所示，1990—2009年的19年间，CPI的最高水平是1990—1991年的4.2%，最低水平是2008—2009年的−0.4%。20年间的平均CPI为2.7%。在20世纪80年代，CPI均低于5.6%，十年间的均值为4.2%。20世纪70年代的通货膨胀率均为2位数，相比之下，近30年的通货膨胀率较为平缓。这种长期的低通货膨胀率使得一些经济学家开始认为高通货膨胀率只是很久以前的事，将来不会再发生。

表3—1 1990—2009年以消费者价格指数衡量的美国通货膨胀率

年份	CPI（%）	年份	CPI（%）
1990—1991	4.2	2000—2001	3.4
1991—1992	3.0	2001—2002	1.6
1992—1993	3.2	2002—2003	2.3
1993—1994	2.7	2003—2004	2.7
1994—1995	2.5	2004—2005	3.4
1995—1996	3.3	2005—2006	3.2
1996—1997	2.2	2006—2007	2.8
1997—1998	1.7	2007—2008	3.8
1998—1999	1.6	2008—2009	−0.4
1999—2000	2.7		

即使近几年通货膨胀率相对较低，也不能保证将来能保持这个水平。一些著名经济学家认为，如果出现经济增长过快、货币供给过多（进而鼓励经济发展更为迅速）或者世界性的危机，导致能源短缺，加快能源价格的直线上涨等情况，通货膨胀率将大幅上升。基于这种可能性，对于渠道管理者来说，熟知高通货膨胀对营销渠道战略的影响是非常明智的。

在批发和零售层次，渠道成员对高通货膨胀率的反应是由消费者或其他终端用户的反应决定的。遗憾的是，在通货膨胀时期，消费者（或其他终端用户）的反应是不容易预测的。在通货膨胀率上升的过程中，高消费可能持续不断，因为消费者和其他用户遵循着“在价格上涨之前赶快购买”的心理，当然，这又进一步推动了通货膨胀率的上升。这种心理在消费者和其他终端用户看到衰退迹象时，会突然被“赶快把钱存起来”的心理所取代。非常荒谬的是，这种消费的突然撤资反而带来和加剧了人们所害怕的严重的经济衰退。

除了这种在通货膨胀时期出现的消费者支出戏剧性变化之外，很多其他细微的消费者购买变化也可能出现。例如，在通货膨胀时期，在超市消费者的行为将出现如下情况：

- 不带任何多余的钱去超市；
- 结算前将商品放回原处；
- 只购买必要的量；
- 购买更少的肉食产品；
- 便宜时囤积；
- 购买低质量品牌产品；
- 只在特价销售处购买商品。

消费者在高通货膨胀时期还倾向于从商店中进行“低价买进”。诸如Dollar General和阿尔迪（Aldi）等公司通过提供最低的价格，甚至能够抢走折扣巨头沃尔玛和塔吉特的销售额。[10]最终结果是，消费者通过浏览eBay和其他各种网站寻找新旧产品的折扣，消费者购买力不降反升。这种消费者购物所表现出来的行为模式，显然反映了消费者应对通货膨胀所作出的一种努力。

从生产或制造企业渠道管理的角度看，发现这种消费者购买行为的变化时，应当观察它对渠道成员的行为可能产生什么样的影响，以及它对渠道战略会有什么样的作用。例如，当面临缓慢和更加谨慎的消费开支时，零售商更加关注自己经营的商品，由于高额的利息率，它们将努力把库存压缩到最低限度，最后，它们将从生产商那里寻求更优惠的交易和更高水准的促销支持。面对渠道成员的这种不断增长的要求，生产商必须制定有效的渠道战略，以满足渠道成员，这种战略可能强调生产商的产品组合从高价格到低价格的产品转变。例如，斯科特纸业公司（Scott Paper）开始向超市提供低价格的纸张产品，以便在面临竞争对手的产品强有力的价格竞争时不致失去货架空间。通过扩展产品线、更快速的订单处理和配送，以及强有力的促销支持，实现高度的库存周转，从而降低渠道成员的库存负担，也必须整合到渠道战略中，以满足渠道成员的要求，使它们在通货膨胀所造成的巨大成本压力下仍能获利经营。

通货紧缩

大规模的通货紧缩会导致大量产品和服务的价格下降。通货紧缩自20世纪30年代的“大萧条”后再也没有在美国出现。如果未来出现了类似“大萧条”时期的通货紧缩，则表3—1所显示的消费者价格指数将不是正数，而是负数（表中2008—2009年出现了负的CPI指数）。

大多数经济学家不希望在可预见的未来出现大规模的通货紧缩，进而导致实际的消费者价格指数下降。然而，近几年通货膨胀率变得如此之低（见表3—1），以至于这种情况并不是不可想象的。已经发生的或者未来有可能发生的是通货紧缩在某些经济部门、某些产业中出现。房地产、消费电子产品、计算机、某些服装、食品和很多其他产品都在近几年经历了通货紧缩。几乎可以肯定的是，未来其他经济部门和产品都将经历通货紧缩。[11]

通货紧缩、停滞的价格甚至价格以很低的比率增长，会给渠道管理带来非常大的困难。一个问题是，在面临通货紧缩或非常低的通货膨胀率时，要减少产品在流通渠道中产生的成本。为什么？因为即使在非常低的通货膨胀率或某些经济部门实际上处于通货紧缩的条件下，制造商、批发商和零售商通常都面临着固定成本的压力，特别是劳动合同可能是早些年在通货膨胀率很高时签订的，但是当通货膨胀率很低时，不断提高价格以抵消这种成本压力变得非常困难，因为渠道中的每个成员都对高价格非常敏感。因此，在通货膨胀时期对营销渠道的下一层次甚至最终购买者提高价格的办法相对比较容易，但是当通货膨胀率很低时却并不容易，在实际通货紧缩时期则根本是不可能的。

其他经济因素

经济衰退、通货膨胀和通货紧缩并不是经济环境中的全部变量。联邦预算赤字、国家债务和贸易赤字近几年大幅增长，在我们进入21世纪第二个十年时它们仍然受到持续关注。这些现象本身并没有什么问题，但是它们能加剧衰退和通货膨胀。年度预算赤字和国家债务对资金的需求巨大，从而提高了利息率，这反过来又提高了通货膨胀水平。贸易赤字是由于进口大于出口而导致的，这可能意味着美国的工人将失去工作。收入水平下降，可能恶化导致经济衰退的因素。

尽管美国在 21 世纪初享受着极低的利率，但谁也不能保证高利率不会重现。即使通货膨胀率较为缓和，经济并非处于衰退期，高利息率也会成为问题，这对名义利率减去通货膨胀率得到的**实际利率**（real interest rate）来说尤其如此。假定名义利率是一样的，当通货膨胀率更低时，实际利率偏高，这反映在表 3—2 中。如表 3—2 所示，名义利率为 10%，当通货膨胀率从 6%下降到 3%时，实际利率（名义利率减去通货膨胀率）从 4%上涨到 7%。当然，这意味着在通货膨胀缓和的情况下，如果名义利率没有下降到有效地补偿通货膨胀率下降的损失时，筹措资金的成本实际上便上升了。

表 3—2　　不同通货膨胀率下的名义利率和实际利率

名义利率（%）	通货膨胀率（%）	实际利率（%）
10	6	4
10	3	7

高利率对营销渠道中的所有成员都会产生影响，即使消费者对高利率的反应较慢，他们最终也会意识到这一点，并且减缓消费支出，这反过来又会影响零售商、批发商和制造商的销售。此外，由于制造商、批发商和零售商也经常需要借贷，高利率对它们的经营成本产生了直接的影响。因此，即使在经济状况较好的情况下，即通货膨胀率很低，经济不处于衰退时期，较高的实际利率同样会因为需求下降、成本上升而产生问题。

另一个即使在好的经济状况下也会影响渠道管理的经济因素是美元相对于其他国外货币的比值。具有讽刺意味的是，美元的坚挺会给美国制造企业的渠道管理带来问题，因为它使生产商通过渠道成员销售自己的产品变得非常困难。当美元币值较高时，美国产品的价格相对于外国产品的价格上涨，这就需要用更多的外国货币来购买美国的产品，同时又可以用少量的美国货币购买外国的产品，这就使美国的产品缺乏竞争力。当这种情况发生时，美国制造企业通过海外渠道在国际市场上销售产品变得更加困难。即使在国内渠道，产品销售也很困难，因为零售商和批发商发现，购买更多的廉价外国产品有着极大的吸引力。

因而，就经济环境而言，无论经济状况如何，渠道成员都需要认真关注经济因素对渠道管理的影响。即使在经济处于非常好的时期，一些细微的，甚至是不可知的因素也足以产生很多问题，使看上去很不错的事情变得很糟糕。

竞争环境

竞争是营销渠道所有成员经常考虑的一个关键要素。随着近几年全球竞争的日益发展，这种关注更是表现得非常突出。对国内企业来讲，把对竞争的关注局限于国内已经不现实，它们需要从全球的视野密切关注已有的和潜在的竞争者。全球市场（global marketplace）、全球舞台（global arena）和全球竞争（global competition）等词汇已不再是国际商业的专业词汇，而是对越来越多的产业中竞争环境的现实描述。此外，特别是那些和电子商务有关的新兴技术，也在悄悄改变着竞争的格局，这部分内容将在本章和第 15 章中进行讨论。

竞争类型

随着竞争范围的逐步扩大，渠道管理者必须考虑对渠道战略产生影响的主要竞争类型，特别是他们需要关注如下4种类型（列示在图3—2中[12]）。

1. 水平竞争；
2. 业内竞争；
3. 垂直竞争；
4. 渠道系统竞争。[13]

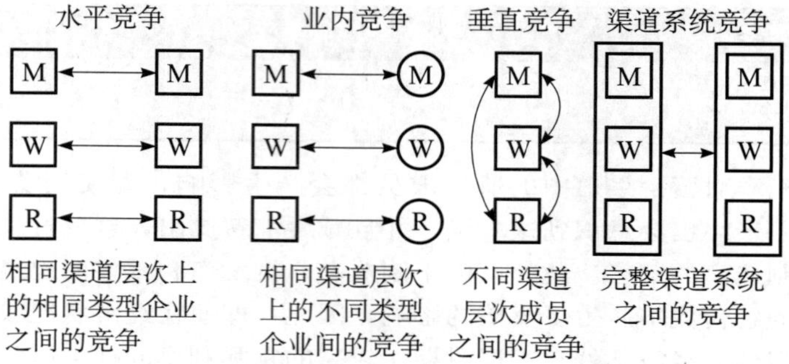

图3—2 竞争的类型

水平竞争（horizontal competition）是同类型企业之间的竞争，例如一个汽车生产商与另一个汽车生产商之间的竞争，一个木材供应批发商与另一个木材供应批发商之间的竞争，或者一个超市与另一个超市之间的竞争。这是一种最常见、讨论最多的竞争形式。在经济理论中，很多竞争的分析都是这种类型，通常简称为“竞争”，而且涉及的企业大多指的是生产商或制造商，而不是批发商或零售商。电子商品零售巨头百思买和电路城公司（Circuit City）之间的竞争就是一个比较新的水平竞争的典型例子。[14]这两家零售商销售相同的商品，以同样的方式运作，它们都有几百家大型零售商店，注重高销售额和低价。事实证明，百思买是一个更强的竞争者，直接导致电路城公司的破产和该公司567家商店的停业。

业内竞争（intertype competition）是相同渠道层次的不同类型企业之间的竞争，例如折扣店和百货店之间的竞争，或者商业批发商与代理商和经纪商之间的竞争。[15]最近几年，业内竞争充分反映在网络零售商和传统的以实体店为基础的零售商的竞争中。[16]网络零售巨头亚马逊和世界上最大的零售商沃尔玛之间的竞争十分激烈。尽管网络销售总额占所有零售销售额的不到5%，但亚马逊（和其他网络零售商）相信最终这个比例会上升到20%。亚马逊力图扩大产品线，从而可以在更丰富的商品品种上进行竞争，实现它计划中的扩大市场份额的目标。业内竞争同样在影音零售企业中迅速扩大。例如，最大的传统实体影音零售商店百视达（Blockbuster）遭到了竞争对手的沉重打击，它的竞争对手如Netflix公司主要通过邮件订购和网络销售对影音产品进行分销。[17]与此同时，热门电影和电视节目通过康卡斯特（Comcast）等有线电视公司播放，而红盒子公司（Redbox's）主要通过22 000台放在超市或药店的自动售货机出售影音产品。[18]

很明显，这些业内竞争动态会剧烈地改变营销渠道的结构，而且通常不会用很长时间。[19]

垂直竞争（vertical competition）指的是渠道不同层次成员之间的竞争，如零售商与批发商之间的竞争、批发商与制造商之间的竞争或者制造商与零售商之间的竞争。全国品牌的生产商和有自有品牌（也叫私有品牌）的零售商近几年不断加剧的竞争，就是垂直竞争的一个很好的例子。[20]全国品牌的生产商通过不断扩充资源来发展和推进其全国品牌，既要在各种全国品牌的竞争中赢得市场份额，又要对自有品牌的渗透进行限制。最近几年，自有品牌明显加快了获得市场份额的步伐。[21]前几年，自有品牌以每年 10%的速度不断增长，而全国品牌每年只有 4%的增长速度。梅西百货公司是一家非常重视自有品牌的零售商，它提供大量的自有品牌产品与全国品牌产品展开竞争，如阿尔凡特牌（ALFANT）运动服装、内衣、珠宝、鞋、配饰、婴幼儿服装等，还有旅馆精选牌（HOTEL COLLECTION）奢侈床上用品、洗浴用品和床垫等，以及贸易工具牌（Tools of the Trade）厨具。[22]家得宝公司同样也有大量的自有品牌，其中有一种电扇品牌 Hampton Bay 占据了美国所有电扇销售额的一半。家得宝的主要竞争对手劳氏也有诸如科宝特牌（Kobalt）工具之类的自有品牌。在食品和药品领域，自有品牌同样非常流行并成长迅速。例如，西夫韦的“O 类”有机麦片，主要目标是争夺通用磨坊公司（General Mills）的 Cheerios 麦圈的市场份额。[23]零售商喜欢销售自己的品牌，不仅是因为所获取的总利润高，而且容易掌握自己的命运，不被强大的制造商控制。最后，如果消费者很喜欢某一自有品牌，他们会培养出对于这种产品的忠诚度，并且会重复购买该产品。随着制造商与零售商之间竞争日益激烈，这种垂直竞争将会变为垂直冲突，一个渠道成员会为阻止其他成员实现其目标而采取行动，这种可能发生的冲突将在第 4 章中详细论述。

渠道系统竞争（channel system competition）是一个完整的渠道与其他完整的渠道进行竞争。为了使渠道以完整的形式进行竞争，必须对渠道加以组织，形成相互联系的组织。这种渠道可称为**垂直营销系统**（vertical marketing systems），通常可分为 3 种类型：（1）企业型；（2）契约型；（3）管理型。[24]在**企业型渠道**（corporate channels）中，生产和营销机构为同一公司所拥有，凡士通轮胎和橡胶公司（Firestone Tire & Rubber Company）以及宣威公司（Sherwin William）就是这样的企业。在**契约型渠道**（contractual channel）中，独立渠道成员（生产商或制造商、批发商和零售商）之间由正式的协议连接在一起。批发商倡导的自愿连锁、零售商合作组织以及特许经营系统，是 3 种主要的契约营销系统。例如，经营软件的 ServiStar 公司、独立杂货店联盟（Independent Grocers，Alliance，IGA）和 Drug Guild 公司都是运用契约型营销渠道的例子。企业正式的特许经营是指授予者不仅向特许经营人提供产品，还要提供全部的商业模式，这是另一种契约型营销系统，在近几年得到了迅速的发展。[25]关于商业模式特许经营最著名的例子就是以麦当劳为代表的快餐领域。商业模式特许经营系统在其他领域同样很常见，我们将在第 16 章中对这种特许经营营销系统进行讨论。

管理型渠道（administered channel）是某个渠道成员（通常是制造商）完全支配着其他渠道成员。这种支配地位是渠道成员凭借其独占的供应、特定的技能、消费者对其产品的强烈认同或其他因素所造成的主导性所决定的。如斯科特公司、伊森·艾伦公司（Ethan Allen）和新秀丽公司（Samsonite）都是运作管理型营销渠道的企业典型。

从前面的论述中可以看出，渠道管理者面临着日益复杂的竞争环境，他们不仅需要从全球竞争的角度进行思考，还必须考虑水平、业内、垂直和渠道系统竞争。幸运的是，他们同时面对所有这些竞争形式是不太可能的，然而，他们应该对这 4 类竞争形式非常熟悉，并且能够加以区分。

竞争结构和渠道管理

从生产商或制造商的角度看，对竞争结构和结构变革的理解，对于成功的渠道设计和管理是至关重要的。[26]

在营销渠道的设计过程中，渠道管理者必须明确什么类型的分销商或贸易商能为企业产品提供最具效率和效能的分销服务。当既定的分销商和贸易商的竞争结构改变时——有时这种变化非常快，原来有关哪种类型的分销商适合经营哪种产品的经验就会变得无用了。例如，前不久大部分汽车零部件和供应品还是在汽车专业店中销售的，运动用品也是在运动专业店中销售的，硬件也是在硬件店中销售的，然而，近几年人们发现，所有这些产品都能在量贩店、折扣店、家居中心、仓储俱乐部，甚至很多杂货店和超市中找到。这种**混杂商品经营**（scrambled merchandising），即产品的销售不经过传统的渠道，大大改变了竞争的格局。因此，如果说汽车零部件生产商要现实地考虑渠道的设计不仅仅是利用汽车零部件分销商和贸易商，那么可选择的渠道就会有很多。对于很多其他产品的制造商来说，情况同样如此。似乎任何类型的店铺、邮购或互联网等其他销售形式都可以经营任何产品。当然，这从字面上讲是不太正确的，但这的确说明在新的竞争环境中，谁适合卖什么样的产品这种常规的想法不再成立。人们只要看看现在互联网上销售的纷繁复杂的产品种类，就能弄清楚什么样的企业适合经营什么样的产品以及有哪些类型的企业在竞争这种过去常见的想法正在受到挑战。[27]

不断变化的竞争环境也意味着试图管理营销渠道的生产商和制造商正面临着日益复杂的管理任务，因为它们是在与不同类型的渠道成员打交道。例如，汽车零部件制造商原来习惯于与独立汽车零部件店铺进行交易，现在则不得不去满足量贩店、家居中心、杂货连锁店、超市和仓储俱乐部的要求。毋庸赘言，制造商与独立汽车零部件店铺交易的政策和战略可能在处理与其他类型渠道成员的交易中不再有效。

前面的论述表明，对各种影响渠道的竞争类型的理解，能使渠道管理者更清晰地了解在竞争环境中将会发生什么。本书将涉及渠道管理者必须面对的很多类型的决策，许多这些决策要求企业或整个渠道考虑竞争环境的问题。

社会文化环境

社会文化环境事实上涉及社会的所有方面，营销模式（特别是营销渠道结构）也受到所处的社会文化环境的影响，有的学者认为，这是影响渠道结构最主要的因素。[28]

在过去几十年中，世界许多国家的研究都支持这种观点。例如，瓦迪纳姆比拉齐（Wadinambiaratchi）研究了许多发展中国家以及日本的消费品营销渠道，发现了渠道结构中的很多变量，他将这些变量划分为不同的社会、心理、文化和人类学范畴。[29]英国和北美学者霍尔（Hall）、纳普（Knapp）和温斯滕（Winsten）所做的一项主要分销渠道研究，以及西欧的哥德哈姆（Guirdham）、波多黎各的加尔布雷思（Galbraith）和霍尔顿（Holton），热带非洲（tropical Africa）的贝克（Baker）以及其他一些国家的学者所进行的其他研究也都支持这种观点。[30]例如，在热带非洲，人们不难发现，有些国家进口消费品的渠道结构多达10层，很多非常小的零售中介（通常称为“妈妈经营者”）只经营很少量的商品，诸如一包盐、半块肥皂或两三支烟。一些西方观察者以及热带非洲的政府官员对此十分惊异，他们认为，这种渠道结构是非常不合理和无效的。然而，这些观察家却犯了一个错误，即没有考虑到该渠道结构赖以存在的社会文化因素。事实上，考虑到所处的社会文化因素，那么这种古老的一层又一层由大量小中间商所组成的结构是相当合理的。在热带非洲，这些社会文化因素包括人口在地理上的广泛分布，非常有限的消费者流动和维持生计的传统购买行为。在这些因素的作用下，现代西方式的超市事实上是非常不合理和无效的。

即使在高度工业化的日本，虽然拥有很多先进的技术，但是很多产品的营销渠道却非常冗长，存在很多中间商层次以及大量的小规模店铺。一些研究者研究了日本的营销渠道结构后指出，一些社会文化因素造就了日本的分销渠道结构形式。[31]这其中的一个因素是日本人在合作企业间寻求紧密商业关系的倾向，这是一种称之为**“系列”**（keiretsu）的体系，它作为一种分销体系，将制造商与很多批发和零售网点联系在一起，这种方式保护了大量系列制中的小型、无效率的分销商和零售商，使它们能有效地免于外部大型和高效企业的竞争挑战。其他一些社会文化因素同样影响着日本复杂、无效率的渠道结构，其中经常被提及的因素有：（1）在分销领域中，社会环境较有利于小型商业（尤其是小型零售商）的发展；（2）日本消费者喜欢在就近的店铺中购物；（3）人们喜欢在购物过程中获得新鲜的产品、良好的个人服务和社会接触；（4）鼓励维持现有大量小型店铺员工的工作，以实现较低的失业率；（5）人们拥有退休后仍然“有事可做”的愿望。[32]但是，由于接触到其他文化的日本青年消费者要求更为先进和有效的营销渠道，日本传统的渠道结构已经开始改变。[33]

越来越多的研究发现，经济新兴国家如巴西、中国、印度和其他一些拉美的国家中，也存在着特定的社会文化因素，对这些地区的分销渠道产生了深远的影响。[34]因此，不论营销渠道是在美国还是在其他的国家，渠道管理者必须对这些渠道的社会文化环境保持高度的敏感性。[35]

其他社会文化因素

最近几年，有些社会文化现象的出现已经不局限在一些特定的国家或地区，它们是一些已经或正将对营销渠道的设计和管理产生影响的因素。最富争议的几个与营销渠道有关的社会文化因素是：

1. 全球化；
2. 消费者流动与连通；
3. 社交网络；
4. 环保运动。

全球化是最常用于描述国家之间的联系与依赖性的词语。相对于政治场合，全球化更常出现在经济场合中，主要是那些国家之间复杂的商流和使产品和服务得以流通的国际供应链。诸如波音（Boeing）等公司在其生产最先进的飞机时，将世界各地的供应商和制造商整合在一起，这种企业之间共同努力，也是全球化的一个重要方面。此外，全球化还可以包括越来越多的人进行国际旅行的现象。根据联合国世界旅游组织（United Nations World Tourism Organization，UNWTO）公布的数据，在2020年这一规模将超过15亿人次。

全球化的概念中也包括社会文化维度，不仅仅指产品的实体流动和人群在国家与地区之间的流动。全球化还可以被认为是一种世界几百万消费者共同持有的思维模式，或者说眼界。[36]这种眼界使你不再局限于一个市场或有限的几个国家市场，而是能够扩展到各个国家和各种文化的丰富多彩的组合。因此，那句古话“世界就是你的市场”也不再只是一种干巴巴的描述，它确实成为消费者对于全球市场的一种期待。总而言之，消费者更加期待由全球竞争带来的更高的品质和更低的价格，这种期待不仅存在于发达国家之中。世界知名的瑞典零售商宜家公司（IKEA）在进入俄罗斯的市场时发现了这个道理。尽管宜家在俄罗斯投入40亿美元，开设了11家店，但是俄罗斯存在的“形式主义”和官僚风气极大地影响了宜家将其标志性的全球经验传递给当地的消费者，结果当然是不理想的，俄罗斯的消费者更愿意紧紧地捂住自己的钱袋，而不是在宜家的商店中消费。[37]

因此，全球化带给渠道管理者一个显而易见的启示是：全球化所带来的世界水平的消费者期待，只能通过世界级别的渠道战略、设计和管理来满足。尽管这个启示看起来很简单，但做起来并不容易。在建立和操作能够满足全球范围的需求的营销渠道中，包含着更多的复杂性，也更加微妙，使得实施过程变得更加困难。本书接下来的章节中将详述挑战之下的渠道战略和管理。

流动和连通是指当前人们为了商业活动或者个人目的所进行的大量的奔走。这种流动的距离越来越远，不仅在美国是这样，在世界上其他的经济发达国家和地区亦是如此。当然，这种不论是在本地，还是在全国范围内，甚至是在全球范围内进行的流动，并不是以失去联系为代价而实现的。现代社会中，这些高速流动的群体不仅需要更加频繁地涉足更广阔的领域，还需要和同事、朋友以及家人全程保持联系。因此，流动和连通并不是顾此失彼的关系，这一点更多地得益于无线网络、移动电话、互联网和一些新技术如Skype等带来的便利。

同样的，消费者也能够实现在经常性的流动中保持充分的联络。事实是，对于配备了笔记本电脑和智能手机的全球消费者来说，在流动过程中能够购买产品和享受服务是一个很常见的需求。这种现象近几年来被称为“移动商务”（mobile commerce）或者“M商务”（m-commerce），这只是整个零售体系中很小的一部分（不到1%），但迅速的发展将使其在不远的未来成为分销渠道的主流。因此，在一定程度上也可以说，消费者可以在移动过程中购买到几乎世界上所有的产品，甚至是以非常快的速度！

这种流动和连通为渠道战略和设计所带来的影响同样是非常明显的，但不容易表达出来。首先，所有产业的渠道经理都必须将移动商务渠道包含到渠道组合中，因为消费者的流动和连通对于渠道产生了这种要求。其次，渠道管理者必须明确移动商务渠道在多渠道组合中的地位。尽管移动商务渠道非常重要且发展迅速，但它并不能完全替代零售店、目录和邮件销售以及基于电脑的网络销售渠道。最后，渠道管理者需要仔细评估移动商务渠道的能力和局限性。尽管移动商务能够为世界上任何一个地方的流动中的消费者提供产品和服务，但这种渠道的局限性在于需要事先让消费者认识到这种渠道是行得通的。

社交网络是指包含了各种个体或组织的网络之间的互动，这种网络可能基于共同的兴趣形成，例如友谊、信念、兴趣、个人的追求、特殊的知识或者其他一些内容。社交网络并不是一种新兴的现象，事实上，社会网络和社交已经存在了好几十年，真正新鲜的是互联网的引入使得社交网络和成员以指数级增长，成千上万甚至几亿人通过社交网站进行交流和沟通。其中，用户群最大的网站是Facebook，拥有5亿注册用户并继续增加。其他突出的大众社交网站包括 MySpace（1.3 亿注册用户）和 Twitter（7 500 万注册用户），还有一些有主题的社交网站同样吸引了大批用户，其中比较知名的如 LinkedIn（7 500 万注册用户），它主要包括商业和职业的社交网络。还有 Classmates. com，主要包括学校、大学以及军队的社交网络，拥有 5 000 万注册用户；Buzz. net 是主要包括音乐和流行乐文化的社交网络，拥有 1 000 万注册用户；Geni. com 上 1 500 万的注册用户主要分享家庭和宗族的信息。如今有成千上万的社交网站，用户规模从几千万到几百人不等。[38] 尽管这些网站在规模和主题上差别很大，但它们都有一个核心的功能：为世界范围的用户提供不分时间进行交流和分享信息的机会。

在商业环境中，社交网络使得几百万消费者能够分享和交流关于产品、服务和企业的信息和意见，不论这些产品、服务和企业是不是他们接触过或正准备去接触的。有相当多的企业，不论是巨型的跨国公司，还是小型的初创企业，都在诸如 Facebook 或者 MySpace 等社交网站上设有自己的主页。例如，杰西潘尼公司通过 Facebook 和 Twitter 不仅向客户提供产品信息和特价优惠，而且向他们推荐一些将要提供的新型服务。2010 年，杰西潘尼在两个网站上发布消息称它将为智能手机用户提供促销活动。许多小企业也从社交网络的这种特性中获益。如坐落在美国查尔斯顿的小艇制造商 Folbot 公司，使用 Twitter 瞄准那些可能会被传统销售渠道错失的潜在客户。Folbot 的合伙人之一戴维·艾路迪克（David AvRutick）经常在 Twitter 上进行搜索，给提到小艇的用户发送信息。其中一个例子就是杰奇·司道尔（Jackie Siddall），她在网站发布想要一条小艇的消息后收到了艾路迪克的信息，信息中包含了公司可以提供的各种小艇，最终杰奇通过 Folbot 的电子商务网站成功地以 1 900 美元购买了一条折叠艇。[39]

从营销渠道的视角来看，社交网络使得消费者不仅能够通过大量的信息分享实现对于购买商品、享受服务和进行交易的公司做出更加明智的决定，而且能够做出更好的渠道选择，以及对于所选择的渠道提出更多要求。为什么会这样呢？因为社交网络使消费者能够分享关于选择渠道的经历，不论是好的还是不好的经历都会通过网络迅速扩散。由于社交网络通常是个人对个人（peer to peer，P2P；consumer to consumer，C2C），他们之间信息的可信程度要远远高于企业对客户（business to consumer，B2C）分享的信息。因此，如果上文提到的杰奇在 Twitter 上说自己从 Folbot 网站上购买小艇是一次极好的经历，这将比 Folbot 自己在 Twitter 上发布声明可靠得多。

正如社交网络能够使消费者做出更加明智的渠道选择，并使他们对于渠道有更多要求，它也使得渠道中所有层面的企业都能够成功地瞄准那些之前无法接触到甚至是不了解的客户。

环保运动常用来指代致力于保护环境和人类健康的活动。环保运动的哲学根源可以追溯到 19 世纪，我们已经走过了 21 世纪的头十年，环保运动有了新的计划性目标。对于那些可能对人类健康和经济发展产生不利影响的议题，如气候变化、环境污染、食品供应链中含化学和激素物质、对于资源的过度使用等，都受到了充分关注。美国前副总统阿尔·戈尔参与的电影《难以忽视的真相》，以纪录片的形式呈现了气候变化给地球未来带来的可怕影响，引起了公众对于气候变化和其他有关环保运动的议题的广泛关注。尽管这些问题，尤其在科学界，充满了争议，但毋庸置疑地引起了来自社会公众、商界和政府部门的更多关注。总之，对于气候变化、环境污染、食品供应链整合以及稀缺资源过度使用的关注，是 21 世纪不容忽视的一个主要的社会现象。

这些对于环保议题的关注对渠道战略和管理产生了什么影响呢？答案有很多。营销渠道的所有成员，包括生产商、批发商、代理商、经纪人和消费者，其活动都对环境和人们的生活质量产生着影响。比如，沃尔玛通过减少自营品牌的玩具产品的不必要的包装，大约可以节约 3 800 棵树和 1 000 桶油。沃尔玛还购买了油电混合动力货车和只用很小的电机实现冷却的冷藏车，这种冷藏车可以在车熄火时关闭引擎，结果是，沃尔玛的运输车队实现了 25%的燃油效率提升和 40 万吨的碳排放减少。[40]

不论公众关注的是减少气候变化带来的不利影响，还是增加有机食品的销售，环保运动的这些议题为渠道管理者致力于发展和管理能够实现环保运动目标的营销渠道带来了巨大的机遇和挑战。[41]

技术环境

技术是最持续存在且变化最迅速的环境要素。每一个人都可以列出在过去 10 年中一长串发生在自己生活中的技术进步，笔记本电脑、智能手机、GPS 导航系统和电子书的广泛使用，就是最典型的例子。

面对变化迅速和不断发展的技术，渠道管理者需要了解那些对自己的企业或营销渠道中参与者产生影响的技术发展，进而弄清楚它们会如何影响渠道参与者。[42]这不是一件很容易的事，也不是能够精确设计的任务。技术变革在不断发展，不会过一段时间就按部就班或可预测地发生。

虽然要列出所有对营销渠道产生影响的技术要素是不太可能的，但是有些技术的发展还是可以列出来并需要悉心关注的。

电子数据交换

电子数据交换（EDI）指的是将渠道成员的信息系统连接在一起，以便对渠道成员之间的沟通提供及时的响应。例如，零售商的计算机化的库存管理系统与供应商（生产商和批发商）的计算机相连接并受到监控，当零售商所经营的供应商的商品的库存水准达到某个最小订货点时，商品订货作业就会自动进行，基于此，零售商的计算机向制造商和批发商的计算机进行订货，而不需要任何形式的人工介入或文书作业。更为复杂的 EDI 系统可以基于历史销售数据做出需求预测，在这种情况下，制造商或批发商的计算机为零售商生成订单，并可预测零售商在特定时期将需要多少数量的特定品种。EDI 系统也可以直接与生产计划相连接，使生产商能够根据销售点的销售状况组织生产。换句话说，全国各销售点某一天的产品销售状况将为生产商提供信息，指导它们同一天的生产过程。李（Lee）和威格（Wrangler）牌牛仔裤的制造商 VF 公司就利用 EDI 系统打败李维斯公司（Levi's），坐上了牛仔裤产品销售市场份额的头把交椅。据零售商讲，李维斯公司在库存补货上非常缓慢，VF 高端的 EDI 技术使快速反应成为可能，能在 2 天内实现库存补货，而李维斯公司却需要 2 周或更长的时间。

近年来互联网提升了 EDI 的潜能，互联网使各公司能够通过与 EDI 相似的方式相互联系和沟通，而且在电脑软硬件上的投资会少很多。[43]因此，连接上互联网的公司日益享受同低廉价格的 EDI 连接的益处。

毋庸置疑，EDI技术提高了分销的效率，为所有渠道成员和最终用户带来了持续的利益。制造商通过更为精确和及时的生产计划而获益，批发商和零售商节约了订单处理和库存成本，最终用户获益于通过EDI减少了分销成本，并且能在零售商的货架上更容易找到自己所需的特定商品。

EDI的一个主要的负面因素是渠道成员为使EDI运作必须分享信息，对于那些认为需要自己控制信息或者有很敏感、很机密的产品销售信息的渠道成员，EDI很可能失去了魅力。

扫描仪、计算机控制的库存管理和便携式电脑

电子扫描仪和计算机控制的库存管理，随着便携式电脑、移动电话技术和互联网的出现，开辟了一个零售和经销的新天地。这些技术不仅极大地减少了库存管理中劳动力投入和文书工作，而且为管理者作出更好的产品决策提供了大量及时和有价值的信息。[44]利用人工库存系统需要花数周得来的信息，通过计算机几秒钟就可以得到；不同规模的零售商和批发商较之数年前能够更密切地监控所经营产品的成败，如果一种新产品的市场反应一般，它们很快就能知道，当一种成功产品的销售增长减缓，它们在早期阶段就能够发觉这种迹象。滞销的产品不会被忽视，同样的，热销的产品也能被零售商和批发商知晓，订货将变得非常迅速。新技术对于制造商来说是一把双刃剑：零售商和批发商对于热销产品的迅速反应使得制造商在增加产量之前有更多的时间去制定计划；渠道成员的这种快速反应对于动作缓慢的销售者而言，由于前者利用最新的计算机生成的库存数据降低风险、保护利润，这就意味着订货可能出现突然停滞。

大型医药批发商麦克森医药公司（McKesson Drug Company）所运用的系统提供了这方面的一个很好的例子。在其新泽西州德尔兰的仓库中，麦克森公司员工称之为“全副武装的仓库管理员”漫步在仓库过道上，他们使用便携式电脑管理库存。计算机戴在工作人员的手腕上，接收中心计算机的指令，告诉他们下一步应该分拣什么产品，产品放在工作人员手臂上的计算机屏幕所显示的位置上，当工作人员接近货架时，戴在手臂上的扫描装置开始读取每一个品种，然后计算机整理好所有的产品，核实分拣好产品数目，然后补充库存。使用手腕式计算机技术最大的用户是菲多利公司（Frito-Lay），该公司占有150亿美元咸味小食品市场中将近一半的市场份额。全公司12 800名分销人员全部配备了手持式计算机，在他们访问店铺时，可以及时向总部反馈销售和库存数据。这种技术的有效运用使菲多利公司被其竞争对手称为“无敌对手”。

数字革命和智能手机

数字革命通常用来描述过去30年从模拟技术和机械技术到数字技术的巨大转变，这场变革至今仍在继续。这场变革最显著和最广泛的表现就是个人电脑、互联网和移动电话的使用迅速增加，以及近几年的音乐、电影下载和包括支持亚马逊的Kindle、巴诺的Nook和苹果公司的iPad的电子书等的下载潮流。[45]

数字革命对于渠道结构和战略已经并将继续产生深远的影响。[46]这种技术使从20世纪90年代中期兴起的B2B和B2C市场中的网购成为主流营销渠道。事实上，网络渠道的迅速增长，使通过网络销售产品和服务创造了数万亿美元的销售额，网络已经

成为渠道中各个层级的不同规模企业的渠道组合的一部分。前面提到的近几年兴起的移动商务，也是由数字革命带来的。

渠道管理者通过使用这种技术提升营销渠道的设计和管理具有无限的潜力，例如智能手机使移动商务渠道得以实现。在2010年，消费者通过智能手机订购了超过22亿美元的产品，这一数额是2009年的2倍和2008年的5倍。[47]尽管22亿美元对于2010年近1 750亿美元的网上销售总额来说只是一小部分，但移动商务的迅速增长极大地提升了其在网上销售中的份额。30%的零售商建立了自己的商务网站，还将有更多的零售商加入进来。移动商务在竞争中实现了巨大的柔性和及时性。女士服装零售商莉莉·普利策公司（Lily Pulitzer）的电子商务前总裁米歇尔·凯利（Michelle Kelly）对于这种技术简洁地评论道：

> 我一直瞄准这样一种客户：她们在聚会上觉得朋友的裙子很漂亮，那么她们就会马上拿出手机进行搜索并直接买下！[48]

34岁的网站发展经理詹姆斯·欧布林（James O'Brien）在美国鹰休闲服装店（American Eagle Outfitters）中购买牛仔裤时，发现店里的款式没有他想要的，于是他就在店里直接通过自己的iPhone手机订购了想要的牛仔裤。对于他为什么要用iPhone这样做，他的解释是：

> 虽然我回家后订购也可以，但我可能会忘记。[49]

不仅是时尚服装的零售商意识到通过智能手机和数字革命实现的移动设备网上购物的力量，世界上最大的家居环境改善产品零售商家得宝公司同样为智能手机用户建立了一个体现其先进科技水平的移动商务网站，并为iPhone手机用户开发了一款能够在其移动商务网站上进行购物的特殊应用。家得宝公司希望到2014年实现其网上销售总额的40%来自智能手机。[50]

渠道管理者同样通过智能手机技术来“抓住”附近零售商店的消费者。例如，一家刚成立的公司Shopkick，与百思买公司和梅西百货签约并发布了一款适合iPhone和安卓手机用户的应用，这款应用使用户能够在商店里或者附近接收到关于特价和优惠商品的信息。得益于智能手机的定位和照相功能，消费者能够扫描商品的条形码，Shopkick的应用将为消费者提供优惠券或者其他优惠活动，当合适时消费者就能进行购买。[51]

RFID技术

RFID是**射频识别技术**（radio frequency identification）的缩写，这是一种给人或物体上附着上RFID电子标签，比如一种产品，通过无线电波对产品进行识别和追踪的新兴技术。[52]

尽管RFID技术在营销渠道管理中有许多潜在的应用，最主要的应用还是追踪存货，以及供应链管理和实体店购买过程的效率提升。

通过在产品上植入RFID标签或芯片，关于价格、基本信息、生产日期、产地和当前位置的一切详细信息都能被记录下来。RFID标签能够通过无线电波向接收者传递信息，使带有芯片的产品在集装箱或者远距离之外得到扫描。由于这种能力，RFID不仅能够有效提升存货控制和供应链管理的效率和效能，而且能够带来更大的突破：在产品生产出来时就对其进行扫描，而不是等产品到了款台时才能够实现。世界上一些大型零售商如百思买和沃尔玛，通过引入 RFID 技术来评估其实践和成本效益。尽管对于这两个方面仍然有待考察，大规模应用 RFID 技术也只是十几年前才开始的，但其回报是巨大的。百思买的首席信息官兼首席国际运行官罗伯特·威列特（Robert Willett）在 RFID 世界会议上说[53]：

> 第一家撤掉款台的商店将是消费者市场中的冠军，现在是，以后也一直会是。

因此，渠道管理者必须密切关注 RFID 技术。尽管 RFID 还处在发展的早期，一旦这种技术被证明可以大规模运用并且具有成本效益，它将不仅会带来存货控制和供应链管理的革命，也会带来整个消费者在商店购物过程的变革。

云计算

云计算（cloud computing）是一种基于网络的技术，它能够使任何规模的企业或组织不用自己拥有硬件、软件、办公空间和相应的员工就能够使用高度复杂的计算机设备。[54]通过成为网络或者“云”中的一员，用户能够通过网络第三方提供的服务实现计算功能。通过加入“云”，客户只需要为实际使用的计算服务付费，类似于为公用设施付款，或者是签署协议，同意在固定的时间支付一定的钱，如每月付款。由于用户不再需要为支持复杂的设备而投入信息技术设施和员工等，大大节约了用户的成本。更为重要的是，云计算提供者能够向数量庞大的客户提供服务，这种**多租户**（multi-tenancy）架构实现的规模经济和范围经济使其能够提供本来只能由大型企业自行提供的大型设备。由于云计算具有提供大型设备的能力，它实现的成本优势和极高的柔性，使得单个企业省去了在信息技术上的巨大投资，从而带来了信息技术产业的变革。

从营销渠道的角度来看，云计算能够使渠道中任何规模的企业实现柔性和成本效益，使它们获得支持和发展所需的渠道管理设备的计算能力专业技能，这些技术通常包括分销商关系管理、多渠道合作和供应链的产品追踪。Salesforce.com 和亚马逊已经在提供云计算服务中占据领先地位，如帮助戴尔公司管理其全球的 B2B 网络。星巴克公司也通过网上社区收集世界范围内的客户意见，以实现客户体验的提升。同样的，亚马逊建立了远远超过自身需求的信息技能，因此开始通过亚马逊网络服务云（Amazon Web Service，AWS）向其成员企业提供云计算服务。[55]即使是极小规模的企业，只要加入了亚马逊“AWS 云”，就能够借此向消费者提供“AWS 云”最知名的各种用户界面。

法律环境

法律环境指的是对营销渠道产生影响的各种法律。由这些法律所构成的法律结构不是静态、一成不变的，而是受到不断变化的价值、惯例以及法院判例的影响而不断变化的结构。与渠道管理密切相关的多种多样、大量的法院解释，也许对渠道管理者来讲是庞大法律体系中的迷雾。幸运的是，营销渠道管理者不必成为营销渠道法律方面的专家，也不必渴望成为某个特定法律方面的全职工作人员。只有接受过培训的法律专家，才能有效地处理与营销渠道相关的复杂的法律问题。然而，渠道管理者仍然需要了解渠道立法方面的基本知识，并熟知与渠道管理相关的法律基础知识。这些基本知识和对渠道管理法律方面的敏感，会帮助管理者更好地与法律专家沟通，也许还有助于避免营销渠道管理中潜在的、严重的、成本高昂的法律纠纷。

影响营销渠道的立法

有很多联邦、州、地方，甚至国际法律，都能对营销渠道产生影响。联邦立法中的五项法律是我们将在本章后面探讨的营销渠道管理法律的基础，它们是《谢尔曼反垄断法》(Sherman Antitrust Act)、《克莱顿法》(Clayton Act)、《联邦贸易委员会法》(Federal Trade Commission Act)、《罗宾逊-帕特曼法》(Robinson-Patman Act)和《塞勒-凯弗维尔法》(Celler-Kefauver Act)。

《谢尔曼反垄断法》

《谢尔曼反垄断法》于1890年通过，是美国最基本的反垄断条例。该立法的基本宗旨是，只有通过竞争，才能实现最佳的社会福利，因此，其目标是取缔市场中存在的对竞争进行限制的商业行为。《谢尔曼反垄断法》的第一部分主要是禁止跨州和国外商业交易中的协议或串通行为。该法赋予联邦法院解散或分解寡头垄断的权力，同时规定，对建立非法寡头垄断的个人予以惩罚。

《克莱顿法》

《克莱顿法》于1914年通过，其宗旨是进一步强化《谢尔曼反垄断法》。《克莱顿法》通过特别禁止如价格歧视、附带条款、排他性交易、企业间相互持股以及竞争企业间的攻守同盟等在所有商业领域对竞争产生持续危害或导致寡头垄断的行为，对《谢尔曼反垄断法》进行了补充。

《联邦贸易委员会法》

《联邦贸易委员会法》也是1914年通过的，它是由联邦贸易委员会(Federal Trade Commission)制定的。联邦贸易委员会作为联邦政府的一个机构，被赋予对跨州商业交易中串通、不公平竞争等行为进行调和制裁的权力。这种"不公平竞争"不仅包括《谢尔曼反垄断法》、《克莱顿法》中所特指的行为，而且包括其他任何对竞争产生危害的商业行为，因此《联邦贸易委员会法》大大扩展了联邦政府在跨州商业交易中的规制范围。

《罗宾逊-帕特曼法》

该法是作为《克莱顿法》的修正于1936年通过的。《罗宾逊-帕特曼法》的宗旨是禁止各种有危害竞争倾向而并没有被《克莱顿法》所充分涵盖的价格歧视行为。

《罗宾逊-帕特曼法》2a和2b条主要是禁止从事跨州商业交易的个人有价格歧视的行为，或者利用诸如等级、质量等条款进行歧视的行为，这种歧视行为在任何商业领域长期持续地危害了竞争，导致了寡头垄断，或者赋予或默认某个人及其顾客从这种歧视中获益，从而伤害、破坏或阻碍了竞争。但是，该法同意在下述条件下对不同的顾客实施差别化的定价：

1. 针对不同的顾客实行的价格差异没有超过因为将产品销售和分销给购买者采

取的不同方法或数量而产生的生产、销售或分销成本差异；

2. 价格改变产生的价格差异对满足不断变化的市场条件、避免季节性产品因过时而积压、及时处理易腐产品是必要的，或者有助于法律所规定的清货销售或法院强制的扣押物的拍卖；

3. 针对特定顾客实施的价格差异是为了与竞争者的价格相抗衡，并且不会产生阻碍竞争的行为。

该法 2c 条主要针对的是其他形式的价格歧视——不应得的回扣。不应得的回扣是买方从销售者那里获得低价格的一种手段。在这种情况下，买方建立一个假冒的、实际属于该买方的中介企业，向销售方索取中介费，其结果是降低了买方向销售方支付的价格，而那些没有建立这种中介组织的企业则需为产品支付更高的价格。通常能够建立这种假冒中介组织的企业都是大型企业，因此，小型企业处于绝对的劣势，这种情况在《罗宾逊-帕特曼法》通过以前非常普遍。

该法的 2d 和 2e 条涉及营销渠道中价格歧视最模糊的领域——促销折让和服务。促销折让和服务指的是销售方给予买方的各种形式的支持，主要有联合广告（cooperative advertising）津贴、供应方产品展示的支付、购买点材料、目录、展示设备、培训计划、管理支持以及其他各种服务（见第 12 章）。为了合法地向客户提供这种促销支持和服务，销售方必须均等地将这种利益给予所有该产品的客户。

《塞勒-凯弗维尔法》

该法于 1950 年通过，是作为《克莱顿法》第 7 条的补充，主要是禁止危害竞争或导致寡头垄断的兼并行为。《塞勒-凯弗维尔法》扩展了《克莱顿法》的范围，使得原来对由于水平兼并而产生的危害竞争或导致寡头垄断的兼并规则同样适用于垂直兼并，因此，该法实际上主要是限制通过兼并而进行的垂直整合。事实上，如果垂直整合会持续地危害竞争行为或导致寡头垄断，那么这就是被明令禁止的。

渠道管理中的法律问题

前面我们已经讨论了营销渠道法律环境中一些最基本的联邦法律，现在我们转而探讨在渠道管理中受这些法律影响的一些主要法律问题。在我们探讨法律问题的过程中必须明确，一个企业营销渠道管理战略的目标与社会整体利益的矛盾是可能存在的，因此，当生产商或制造商对其分销商或经销商实施垂直限制时（例如运用本节将要探讨的排他性交易、地域限制或价格控制），这种行为对企业所实施的战略可能是非常有益的，但从社会整体的角度看，却是反竞争的行为。

双重分销

双重分销（dual distribution）指的是生产商或制造商利用两个或多个不同的分销组织，将相同的产品分销给目标市场的一种行为。通过两个或多个渠道，利用不同的品牌分销相同或类似的产品，也是双重分销的形式。

双重分销这种常见的商业行为，近几年也称作**多渠道分销**（multi-channel distribution），在本质上并不违反联邦反垄断法。然而，如果企业利用自身的垂直整合渠道来分销产品，以便与批发和零售层次的独立渠道成员进行竞争，就会引起反垄断的纠纷，这种情况常常出现在石油产品、轮胎、鞋、涂料以及医药等产品的营销中。在这种情况下，制造商可以利用公司所拥有的分销点来压低独立分销商所要求的价格，从而取得不平等的竞争优势。例如，汽车经销商常常抱怨它们受到了来自汽车制造商的不平等竞争，其原因是，汽车制造商将产品直接销售给大规模的汽车购买者，如汽车租赁公司这样的客户。这些经销商声称，大规模购买者比它们得到了更优惠的价格，因此，当大规模购买者将使用了1年的汽车以极具诱惑力的价格卖给当地市场如汽车经销商时，它们就在新车和旧车市场获得了不平等的竞争优势。这种商业行为为某些独立分销商的公平竞争设置了障碍，而且事实上可能严重威胁它们的生存。从极端的情况看，大型制造商可以通过将独立分销商或交易商逐出市场而获得寡头垄断地位。因此，最近几年法院的立场是，如果在某些特定产品领域存在着独立分销商或经销商，大型制造商必须承担保护独立分销商或经销商的义务。双重分销制度由于危害了独立分销商或经销商，与法院的立场是不一致的，因此，法院可能认为它危害了竞争，并且触犯了《谢尔曼反垄断法》和《克莱顿法》的反垄断规制。

排他性交易

当供应方要求其渠道成员只准销售自己的产品，或者至少是限制它们销售直接竞争者的产品时，就发生了**排他性交易**（exclusive dealing）。本 & 杰里公司（Ben & Jerry's）与哈根达斯公司（Häagen-Dazs）的案例就是排他性交易的一个很典型的例子。哈根达斯规定销售其冰淇淋的分销商不准再销售其直接竞争品牌，也就是说，所有的分销商必须全力致力于哈根达斯产品的经营。在对哈根达斯的诉讼中，本 & 杰里公司声称，这种营销政策严重地制约了它与哈根达斯公司的竞争，因为这些分销商是将本 & 杰里产品推进超市冰柜的主要渠道，没有这些分销商推进产品销售，本 & 杰里公司便没有将产品销售给顾客的营销渠道，因此，本 & 杰里公司认为，哈根达斯所力图实施的排他性交易政策表明了哈根达斯危害竞争的意图。

通过排他性交易，供应商有力地保护了市场地位，避免了渠道成员分销其他竞争性产品所带来的威胁。如果渠道成员拒绝接受排他性交易，供应商将取消渠道成员分销其产品的权力。

排他性交易如果严重危害了竞争或导致寡头垄断，则将违反《克莱顿法》反垄断的条款。例如，美国最大的酿酒业者安海斯-布希公司（Anheuser-Busch）正在接受司法部的调查，该公司发动了一个名为“100%价值共享”的新型渠道战略，该战略主要是要求啤酒分销商只准经销布希公司的产品，因此是一种排他性交易政策。其他酿酒业者，特别是小型酿酒业者的产品将无法进入市场，或者被全国2 700家批发啤酒分销商从货架上清除。联邦贸易委员会和司法部最近开始调查苹果的排他性交易行为，包括 iPhone、iPod Touch 和 iPad 等设备应用的开发者在内，均破坏了竞争。原因在于苹果公司与开发者订立了合约，要求这些设备只能使用苹果公司的软件。由于苹果公司是一个主要的制造商，特别是在智能手机市场上，手机销售量达到1亿部，因此它要求开发商只使用苹果软件的合约将影响竞争。通过阻止其他软件工具接触到数量庞大的苹果手机等设备，苹果保证了这些设备只能使用自己的软件，即使其他的软件产品更好、更便宜。[56]

严重性测试主要基于下述3个方面：（1）排他性交易政策是否严重削弱了竞争性产品的市场份额（司法部指南规定，如果制造商的市场份额小于10%，将不认为触犯了法律）；（2）所涉及的金额是否很大；（3）纠纷是否发生在大型供应商和中小型分销商或经销商之间，以至于供应商能随意利用经济实力强制性地施加影响。[57]如果上述任何一条或者全部成立，根据《谢尔曼反垄断法》和《联邦贸易委员会法》，排他性交易将受到反竞争的指控。[58]

强迫经营全部产品

这种商业行为主要是供应商要求渠道成员经销大范围的产品（或全部产品），以便销售供应商产品线中任何一种特定产品。**强迫经营全部产品**（full-line-forcing）在各行业中都不同程度地存在，这表明了要求渠道成员经营大范围产品的制造商在销售政策上的一种努力，目的是抑制渠道成员只愿经营制造商产品线中热销产品的“挑三拣四”（cherry picking）行为。当强迫经营全部产品的商业行为触及其他竞争产品的供应商，使得渠道成员因为“满负荷”经营特定供应商的全部产品而无法再销售其他产品时，就产生了反垄断问题。

李维·斯特劳斯（Levi Strauss，Levi's）公司就是这方面的一个例子，它的强迫经营全部产品的行为触犯了法律。联邦贸易委员会勒令李维·斯特劳斯公司停止强迫百货店或专卖店为得到其畅销产品李维斯牌牛仔裤而只好经营其全部服装产品。其他很多服装产品并不是零售商所想要的产品，但它们只能购进，伤害了自身的利益。例如，有些产品完全是过时产品，然而，零售商为得到它们所期望的牛仔裤（重要产品）不得不购买过时产品。李维·斯特劳斯公司的这种强迫政策导致零售商不得不采购它们不想要的产品，而这降低了零售商从其他制造商采购的能力，其结果是，李维·斯特劳斯公司通过限制零售商的货架空间，危害了来自竞争制造商的竞争，这又进一步削弱了消费者在市场中的选择权。

价格歧视

价格歧视（price discrimination）是受《罗宾逊-帕特曼法》所管辖的，指的是供应商以直接或间接的方式，用不同的价格向同一类渠道成员销售其产品，而这种价格差异达到了危害竞争的程度。例如，小型独立图书零售商代表其身后的行业协会——美国图书销售协会，最近向 5 家出版社提出反垄断起诉。这些零售商认为，这 5 家出版社经常给予大型连锁店以秘密的价格折扣或促销支持，而小型书店是得不到这些的。

歧视性的价格差异有各种各样的形式，有些非常微妙。简易图案公司（Simplicity Pattern Company）就是采用微妙性价格差异的一个典型例子。联邦贸易委员会指控简易图案公司违反了《罗宾逊-帕特曼法》2e 条。联邦贸易委员会认为简易图案公司这家缝纫图案的生产商通过向零售商提供促销服务实施了价格歧视，特别是简易图案公司向一家大型连锁杂货店免费提供商品目录和展示货架，而没有向小型独立织物零售店提供这些服务。联邦贸易委员会发现简易图案公司触犯了《罗宾逊-帕特曼法》2e 条，而简易图案公司则向巡回法庭提出上诉，巡回法庭最终推翻了联邦贸易委员会的判定。针对联邦贸易委员会的上诉，美国最高法院支持原来联邦贸易委员会做出的判定。在做出对联邦贸易委员会有利的判决中，法院认为，由于杂货店与独立织物零售店是一种竞争关系，来自于简易图案公司的免费商品目录和展示货架是一种有利于杂货店的歧视性的促销折让，从而使独立零售商处于不利的竞争地位。简易图案公司则反驳说，杂货店与独立织物零售店之间事实上并不是一种竞争关系，因为它们的销售模式是不一样的。对于杂货店而言，它们主要是依赖于某些重要的商品品种的大销售量谋取利润。至于织物零售店，简易图案公司认为，它们的经营模式只是在适合顾客的一些有限的领域进行销售，该公司的产品也不是独立零售店获得利润的主要商品。因此，简易图案公司认为，如果这些店铺之间实际上不存在竞争关系，则该公司提供的促销折让就不能被视为违反竞争，因为这种竞争关系从来就不存在。

该案例实际上涉及了在销售缝纫图案时这两类店铺是否构成彼此相互竞争关系的问题。一些观察家认为，如果简易图案公司能提出更好的书面材料来支持自己关于杂货店与织物店不存在竞争关系的观点，它完全可能赢得这场法律纠纷。

当然，关于如果更好地规定了竞争结构则结果会有所不同也是有争议的，但是该案例的确证明，在处理这类受《罗宾逊-帕特曼法》规制的营销渠道中的价格歧视问题时，会遇到微妙的和难以解释的问题。当然，在历史上，围绕《罗宾逊-帕特曼法》法院解释上的混淆和不一致很常见，因此，要准确地指明什么样的渠道定价政策和行为属于价格歧视行为非常困难。[59]然而，一项由诺顿·马克斯（Norton Marks）和尼利·英洛（Neely Inlow）所做的研究发现，法院主要集中在更为明显和不能容忍的违反价格歧视规制的行为上。[60]此外，大型企业（销售额超过10亿美元）占了这类被告的40%，这些企业大多来自食品、烟草、石油、天然气和石油化工行业。

价格维持

价格维持（price maintenance）或**互惠贸易**（fair trade）指的是供应商试图对渠道成员经销其产品的价格实行控制，事实上是规定渠道成员向顾客销售的价格。因此，渠道成员的产品销售价格并不是根据市场供求关系由渠道成员决定的，而是完全按照供应商的要求制定。这种价格维持制度能帮助供应商对其产品的分销具有更大的控制权。[61]

非常奇怪的是，这类反竞争的价格固定行为（这的确属于这类商业行为）却被排除在反垄断规制的范畴之外，做出这种规定的《米勒-泰丁斯法》（Miller-Tydings Act）和《麦圭尔法》（McGuire Act）分别于1937年和1952年通过。这些法律将美国制造商的价格固定行为排除在反垄断规制的行列之外，允许制造商与零售商之间的垂直定价制度。这种垂直定价协议通常被委婉地称为**互惠贸易法**（fair trade laws），而且很多州都制定了各种形式的这类法律。

随着1975年推翻《米勒-泰丁斯法》和《麦圭尔法》的《消费品定价法》（Consumer Goods Pricing Act）的通过，将互惠贸易法排除在联邦反垄断立法之外的法律基础不复存在，因此，大多数州所制定的互惠贸易法也不再是合法的。

虽然互惠贸易法的废止消除了营销渠道中价格维持行为的法律基础，但是这并不意味着这种商业行为也消失了。很多制造商仍然试图影响渠道成员的价格，它们这样做是有各种各样的原因的，例如保护它们的产品形象，消除价格战，为渠道成员提供足够的利润率，以使它们能较好地实现售前和售后服务。那些自身不提供服务的渠道成员可以依靠其他渠道成员所提供的全方位服务而以低价格进行销售，这种行为称为**搭便车**（free riders），有时，全方位服务渠道成员抱怨，搭便车者对它们的经营产生了不好的影响。[62]

直到最近，法院仍然认为，制造商对于削价的渠道成员的抛弃是一种破坏竞争的行为，并且触犯了反垄断法，但是美国最高法院最近对于一起案件的判决也许又支持了制造商和零售商之间强制维持价格的行为。[63]2007年7月，美国最高法院做出一项裁决，案中涉及专门生产女士皮包和配饰的利金皮革公司（Leegin Creative Leather Products）与达拉斯的凯氏女性饰品店（Kay's Kloset），这项判决为制造商订立合约要求零售商销售产品的最低价格、制定强制价格维持政策提供了更大的余地。法院要求分析案中的低价协议是否反竞争。在本案中，凯氏公司对利金公司约定的最低价格进行了折扣处理，利金公司停止向凯氏供货，因此凯氏对利金提起诉讼。最高法院以5∶4的法官表决比例，由法官安东尼·肯尼迪（Anthony Kennedy）宣布认为制造商和零售商之间的最低转售价格约定未违反竞争，事实上在本案中甚至对消费者比较有利。肯尼迪法官说，这种最低转售价格通过为零售商提供足够的利润，有利于品牌形象的维护和提供更好的服务，实际上促进了竞争。基于最高法院的判决先例，制造商现在对与零售商制定强制最低价格的约定有了更大的自由，只要能够证明其价格维持约定未破坏竞争即可。

拒绝交易

通常供应商可以选择任何人作为自己的渠道成员，也可以拒绝与任何人进行交易。这种**拒绝交易**（refuse to deal）的权利主要是基于1919年美国最高法院所确立的一个经典先例而形成的（美国联邦与高露洁公司的案例（United States v. Colgate and Company）），该案例常常称为“高露洁条例”，法院对其做出如下解释：

> 《谢尔曼反垄断法》并不限制私有商业交易中长期认同的赋予交易者或制造商的权利，它们可以自由决定与它们所满意的团体交易，而且它们可以事先宣称在何种条件下拒绝交易。

因此，销售方运用自己的标准和判断选择渠道成员，而且事先宣布在什么条件下拒绝交易，并不存在法律上的约束。

然而，对于既定的渠道成员来说，销售方运用拒绝交易是有法律限制的，特别是拒绝交易不能作为强制排除与销售方可能的非法或限制性交易政策不一致的渠道成员的手段。例如，制造商不能运用拒绝交易排除那些不遵守制造商规定的特定价格或价格范围的渠道成员。因此，尽管根据商业电子公司与夏普电子公司（Business Electronics v. Sharp Electronics）的先例，给了供应商在价格维持上更多的回旋余地，但《谢尔曼反垄断法》仍然对制造商抛弃削价经营的渠道成员的权力进行了限制。

再销售限制

再销售限制（resale restrictions）指的是制造商试图为渠道成员规定产品再销售的对象，并规定它们只能在某个特定的区域市场（领域内）进行销售。

这种限制可能对制造商和渠道成员都很有利。从制造商的观点看，规定产品再销售对象，能够帮助制造商维系或保持某些目标市场作为自己的**重点控制顾客**（house accounts）（公司产品直销的顾客），禁止渠道成员向这些顾客销售产品，此外，它还使制造商能控制最终顾客购买其产品的销售网点。例如，如果利用批发商的制造商想通过服务良好的零售商将其产品销售给最终用户，它们可以规定批发商交易的零售商类型，只有对这类零售商，批发商才能够销售产品。例如，瑞典的斯沃琪手表集团（Swatch Group）旗下的公司欧米茄（Omega SA）感到非常失望，因为欧洲分销商将其产品再销售给美国分销商之后，其享有很高声望的产品被转而卖给美国折扣商店巨头好市多（Costco），欧米茄认为这极大地损害了欧米茄手表高品质的形象，尤其是好市多对于欧米茄建议零售价1 999美元打了很大的折扣之后，只能卖到1 299美元。[64]此外，通过划分允许渠道成员销售制造商产品的特定地域范围，制造商能够对其产品的分销实行高度的控制。从渠道成员的角度看，地域限制使**品牌内竞争**（intrabrand competition，销售特定制造商的相同品牌产品的分销商之间的竞争）最小化，因为每个渠道成员都能有效地在受保护的市场中销售制造商的产品，其他销售同样产品的渠道成员在不属于它的市场中经销产品是被禁止的。

在决定这种地域限制是否构成贸易违法行为时，数十年来法院采取的显然是所谓的**合理原则**（rule of reason）。在这种原则指导下，由法院来判断供应商的意图以及供应商市场再销售限制的效应。如果这种限制并非有意的，而且没有导致贸易阻碍的状况，那么再销售限制通常是成立的。

然而，1967年联邦最高法院对美国联邦与阿诺德·施温公司（United States v. Arnold Schwinn and Company）纠纷的划时代的裁决，从根本上改变了合理原则。[65]联邦最高法院裁决，根据《谢尔曼反垄断法》，供应商对渠道成员的再销售限制实质上是违法的。法院做出如下认定：

> 根据《谢尔曼反垄断法》，制造商寻求限制和规定销售区域，或者只有在制造商控制管辖的范围内的人员才能从事商品交易……这些都是不合理的……一旦制造商规定了在某一地域经营的权力和风险，它就取得了该地域商品的控制权，因此，它试图限制区域或商品经营成员的意图，无论是采取明示的契约还是与买主之间默认的形式，实质上都触犯了《谢尔曼反垄断法》第1条的规定。

该裁决的效应是大大限制了再销售限制的合法性。限制性分销政策虽然多年以来经常为许多企业所使用，但现在被视为与《谢尔曼反垄断法》的公开抵触。然而，1977年，联邦最高法院的另一桩裁决（大陆电视有限公司等诉GTE塞尔维亚有限公司（Continental TV Inc. et al. v. GTE Sylvania Inc.）的纠纷）推翻了施温案例中有关违法的规定，实际上恢复了利用再销售限制合理原则的规定。法院裁决再销售限制如果从更广泛的范围来看竞争，它并不必然反竞争。法院认为再销售限制通过**跨品牌竞争**（interbrand competition，经营竞争厂家品牌产品的分销商之间的竞争）具有竞争的“补偿效应”，包括促进新公司和新产品的发展。此外，通过引入有能力的、积极进取的零售商来承担产品经营任务，并提供特定的服务和促销，营销效率能得到改善，小型企业也能与大型企业相竞争。事实上，法院的立场是再销售限制在可能制约品牌内竞争的同时，会促进品牌间的竞争。

然而，即使存在着GTE塞尔维亚公司的判例，再销售限制的合法性仍然存在争议，如果再销售限制行为存在着“明显的经济效应”，法院仍然有可能提起反垄断起诉。[66]

附带协议

附带协议（tying agreements）是指供应商要求渠道成员在同意购买供应商的其他产品，或者至少不再从其他供应商购买产品的条件下，才向其销售产品的协议。前面所谈到的强迫经销商经营其全部产品的情况，是附带协议的一个特例。

附带协议使供应商在缔结契约时相对于渠道成员处于一种十分有利的地位。由于渠道成员必须接受附属产品才能从供应商那里购买其所需要的产品，而且渠道成员也不是在公开市场自由购买附属产品，因此，供应商相对于渠道成员来说，拥有相当大的定价权。事实上，在这种情况下，供应商能够完全决定渠道成员的销售条款。到目前为止，最典型的附带协议案例是微软公司的网络浏览器软件涉嫌触犯反垄断条款案。微软将网络浏览器软件捆绑或“混合”进它的Windows操作系统，因此，康柏、戴尔、惠普、IBM以及所有使用Windows操作系统的电脑生产商（苹果公司除外）都要接受微软网络浏览器。由于微软的操作系统覆盖了95%的世界个人电脑市场，显然它已垄断了操作系统市场。通过使浏览器不可逆转地成为 Windows 系统的一个组件这样不公平的手段，微软获得了对网景导航器（Netscape Communicator）等竞争对手的优势。许多专家认为网景发明了“即指即点”（point-and-click）界面，从而使网络冲浪成为现实。网景起诉微软（随后联邦贸易委员会与司法部参与进来），认为微软将浏览器同 Windows 操作系统捆绑销售的做法严重限制了网景将其导航器安装进个人电脑操作系统的能力。事实上，网景与司法部均认为微软动用了一切力量来遏制网景的竞争，甚至包括电脑厂商在电脑软件包中安装了网景的情况下，增加在 Windows 系统下进入网景导航器的难度。

经过 3 年多的诉讼，司法部判定微软将网络浏览器同 Windows 操作系统捆绑在一起的行为属于垄断行为，触犯了反垄断法。[67]

垂直整合

垂直整合（vertical integration）是指一个企业拥有分销渠道中其他层次的组织，并进行经营活动的行为（例如，生产商拥有并运作批发机构和零售店的行为）。垂直整合在各行业为很多制造商所采用。例如，轮胎行业中的固特异公司（Goodyear）和凡士通公司（Firestone），涂料行业中的宣威-威廉姆斯公司（Sherwin-Williams）。

垂直整合通常是企业成长和发展的结果，是企业决定将组织机构扩展到批发和零售机构。之所以这样做，是因为企业试图追求规模经济和对渠道的高度控制，并认为垂直整合能实现上述目标。例如，沃尔特·迪士尼公司（Walt Disney）最近购买了首都城市（Capital Cities）/ABC 公司，其目的是“连锁”分销渠道，以保证其产品的顺利分销。

垂直整合也可以通过兼并渠道中不同层次的其他企业进行。例如，一个制造商可以兼并一个批发或零售组织。

根据对《谢尔曼反垄断法》做出修正的《塞勒-凯弗维尔法》，通过兼并而形成的垂直整合如果导致削弱竞争或者增强寡头垄断，那就违反了反垄断法规。这种情况经常出现于高度集中产业中的兼并，这样会削弱独立企业重要的资源供应，或者降低竞争企业进入这些市场的机会。例如，一家大型鞋产品制造商布朗鞋业公司（Brown Shoe Company）兼并了曾经是美国独立鞋产品零售连锁店的金尼鞋业公司（Kinney Shoe Corporation），被美国联邦最高法院裁定为非法，因为这一兼并阻碍了其他鞋类产品生产商通过金尼公司销售其产品。[68]

本章小结

营销渠道是在不断变化的复杂环境中发展和运作的，这些变化对营销渠道产生了较大影响。渠道管理者为了有效地制定营销渠道战略，并顺应这些变化，必须对环境变化十分敏感。为了做到这一点，他们必须知道环境是如何影响渠道管理的。

有多种方法可以区分环境变量。本章运用的是下列 5 类别划分法：（1）经济环境；（2）竞争环境；（3）社会文化环境；（4）技术环境；（5）法律环境。

在分析任何经济环境要素时，渠道管理者不仅需要考虑经济变量对企业自身及其目标市场的影响，还需要考虑对所有渠道成员和参与者的影响。

经济环境可能是影响所有渠道成员和参与者的环境变量中最明显、最普遍的因素，特别是经济衰退、通货膨胀、通货紧缩的影响非常之大，甚至一些所谓的正常经济条件也会对营销渠道管理产生阻碍。在这些经济因素的发展过程中，渠道管理者所面对的一个根本性的挑战是如何帮助渠道成员去应对艰难的经济条件。为处理经济变化，事先制定渠道战略是成功应对这种挑战的基础。

竞争环境不仅要从国内的角度加以考察，还必须从全球的角度进行考虑。有4种主要的竞争类型需要加以关注：（1）水平竞争，即渠道同一层次类似企业之间的相互竞争；（2）业内竞争，即渠道同一层次不同类型企业之间的竞争；（3）垂直竞争，即同一渠道不同层次企业之间的竞争；（4）渠道系统竞争，即整个渠道系统的相互竞争。渠道管理者必须考察这4类竞争形式，以确定其渠道运作中的竞争结构是如何变化的，以及这些变化对渠道管理战略会产生怎样的影响。

社会文化环境也会对营销渠道产生深远的影响，因为渠道结构反映了其赖以存在的社会文化环境。为了识别社会文化环境是如何影响渠道战略的，渠道管理者必须细致地考察不断变化的社会文化模式。由于近几年来社会文化因素的深刻影响，有些发展是需要特别指出的，这些发展包括全球化、消费者流动和连通、社交网络和环保运动。

管理者必须仔细地考察和评价技术环境对营销渠道的影响。技术上的发展，如互联网、计算机控制的库存管理和便携式计算机、EDI、数字革命、智能手机和RFID技术需要密切关注。

最后，渠道管理者不能忽视由复杂的法律和不断变化的判例所组成的法律环境。虽然不能期望渠道管理者成为在复杂的和不断变化的法律环境中法律技术和细节方面的专家，但是他们必须具备一些基础法律知识和法律专题知识，并且要善于观察。特别是渠道管理者需要熟悉《谢尔曼反垄断法》、《克莱顿法》、《联邦贸易委员会法》、《罗宾逊-帕特曼法》及《塞勒-凯弗维尔法》的基本条款，以及这些法律是如何对下述渠道管理行为产生法律限制的：（1）双重分销；（2）排他性交易；（3）强迫经营全部产品；（4）价格歧视；（5）价格维持；（6）拒绝交易；（7）再销售限制；（8）附带协议；（9）垂直整合。

复习题

1. 环境对渠道战略的影响与对营销组合中其他战略的影响有什么不同？

2. 在处理环境对渠道战略的影响的过程中，渠道管理者需要考虑很多问题，试加以讨论。

3. 探讨经济周期中经济衰退、通货膨胀、通货紧缩条件下渠道管理的基本问题。

4. 为什么甚至正常的经济条件都有可能使渠道管理出现问题？

5. 解释本章所探讨的4种竞争类型，认识这4种不同类型的竞争形式有何重要意义？

6. 营销渠道反映了其赖以存在的社会文化现象，解释这一表述。

7. 近几年出现了几种社会文化现象，试讨论它们是如何影响营销渠道战略和管理的，以及将来会怎样影响？

8. 技术不断变化，却不是有规律发生的或可预见的，讨论这一表述对渠道管理战略的启示。

9. 讨论像电子扫描仪、高技术POS展示、计算机控制库存管理系统以及EDI、RFID、数字革命、智能手机以及云计算等技术的发展对渠道管理会产生怎样的影响。

10. 《谢尔曼反垄断法》关于竞争和垄断对促进公共福利的理论是什么？加以解释。

11. 讨论《谢尔曼反垄断法》、《克莱顿法》、《联邦贸易委员会法》、《罗宾逊-帕特曼法》和《塞勒-凯弗维尔法》的基本条款。

12. 排他性交易、强迫经营全部产品以及附带协议都有一些共性，这些共性是什么？探讨这些共性要素对反垄断的影响。

13. 价格维持、拒绝交易和再销售限制反映了供应商试图控制其渠道成员，法律对供应商实施这三种方法的规定是什么？

14. 讨论双重分销政策、价格歧视以及通过兼并实现垂直整合的法律规制问题。

思考题

1. 詹姆斯·约翰逊（James Johnson）是一家大型纤维玻璃生产商的营销副总裁，该企业主要经营面向 DIY 市场的家庭绝缘材料。当他读完《华尔街日报》关于最近能源价格将上涨的文章时，异常兴奋。他向走进办公室的销售经理比尔·阿伦（Bill Allan）大声说："这个消息对我们太好了，下个季度我们的销售将翻一番。"他继续对阿伦说，"告诉你的区域销售经理，让他指示地区销售人员，推动家居中心零售商增加商品库存和家庭绝缘材料的销售面积。"阿伦坦诚地回应："我马上就去办，但其结果将是家居中心会随着价格攀升大量增加库存而最终导致衰退。"

讨论生产商和零售商由于对经济发展趋势的不同观点而产生的分歧。

2. 约 80％的 100 家最大的零售企业的首席财务官都认为库存过多对于衰退时期的企业是一个巨大的风险因素。当消费者需求减少时巨大的库存将导致巨大的折价，这将减少企业的毛利润。当需求非常少时，销售商需要以低于批发的价格销售来加速滞销商品的流动，因此企业的毛利润甚至会完全消失。零售商对于库存过少同样感到担忧，如果库存不能满足消费者需求，他们不能从零售商的货架上找到需要的商品，销售额将减少。因此，衰退时期零售商试图对存货进行管理时总是会感到，不论能否满足消费者的需求，增加库存总是一件糟糕的事。

衰退时期零售商该如何应对这一存货困境？供应商在这一问题上能给予它们什么帮助？

3. 家得宝、玩具反斗城公司、史泰博公司、百思买和很多其他大型零售商常被称为"专业连锁折扣店"或"大盒子"零售商，因为它们在某些商品类别的经营上拥有绝对优势，而且店铺规模庞大，常常将小型零售商逐出经营领域。事实上，对这类竞争进行了长达数十年观察的人士声称，小型零售商失败的主要原因是它们根本"无法与这些'巨无霸'竞争"，大多数的结论是，零售"巨无霸"和"小虾米"之间不存在竞争，因为"小虾米"很少能在竞争中取胜，甚至难以在这一行业中生存。

从竞争的观点看，这种情况是不是无法避免的？试加以讨论。是否真的是"巨无霸"使"小虾米"退出经营，或者还有其他重要的原因？

4. 世界第二大电器产品零售商电路城于 2009 年 1 月宣布破产，有学者认为它将被世界上最大的电器零售商百思买和也经营一些电器产品的零售巨头沃尔玛取代，但电路城破产之后出现的竞争并不如大家所料。一家印第安那波利斯本地的名为 HGG（Hhgregg）的电器商决定担当起和百思买及沃尔玛竞争的重任。HGG 计划在电路城原有的市场上开设 50 家店，有些甚至就在原来的电路城店面里。HGG 坚信通过高端的产品和由出色的销售人员提供的最好的服务，它能够与百思买和沃尔玛进行竞争。在第一年里，HGG 将为销售人员提供约 300 个小时的培训，覆盖店里 500 多种不同的商品，这将为 HGG 带来更忠诚的客户，这些是竞争对手无法实现的。

HGG 作为一个规模相对较小的电器零售商，你认为它通过提供出色的客户体验能够成功地与百思买和沃尔玛竞争吗？

5. 2009 年，社交网络如 Facebook 和 Twitter 等已经成为流行于小企业中的营销工具。事实上，约 25％的规模小于 100 人的企业带着营销的目的使用社交网络，这个比例比前几年翻了一番。企业使用社交网络的原因在于其操作方便、成本低廉，并且能够有效地接触到现有的或潜在的客户。

试讨论通过社交网络与客户进行沟通的方式是怎样提升渠道管理能力的？

6. 伴随着亚马逊的 Kindle、巴诺的 Nook 以及苹果公司的 iPad 等陆续出现，图书的分销渠道近几年发生了巨大的变革。到 2010 年上半年，亚马逊宣布通过 Kindle 销售的电子书是精装实体书的 1.8 倍，而平装书的销量仍大于电子书。电子书渠道发展迅速，到2010年底占据了图书销售的10%。

你认为电子书销售渠道最终会完全替代传统的实体书销售渠道吗？为什么？

7. 2009年上半年，美国玩具反斗城公司旗下的宝贝反斗城（Babies "R" Us），以及为宝贝反斗城供应产品的五家制造商遭到集体诉讼。诉讼称宝贝反斗城和其制造商对包括折叠婴儿车、高脚椅和儿童专用汽车座椅在内的一系列商品实行了固定价格。在2001—2006年间，由这五家制造商生产制造和由宝贝反斗城出售的约5亿美元的商品都受到最低价格协议的约束，占五家制造商在美国销售额的10%～50%。诉讼称这构成了反竞争，因为消费者为此多付了很多钱。

试从宏观的角度讨论，这种价格维持协议给宝贝反斗城和五家制造商带来的战略渠道管理优势，以及对消费者利益可能产生的不良影响。

注释

1. See, for example, Ken Favaro, Tim Romberger, and David Meer, "Five Rules for Retailing in a Recession," *Harvard Business Review*, (April 2009): 64–72; Jon M. Hawes and Thomas L. Baker, "Type of Exchange and Environmental Uncertainty within a Marketing Channel," in *Proceedings of the Annual Educators' Conference of the American Marketing Association*, eds. Robert P. Leone and V. Kamar (Chicago: American Marketing Association, 1992), 496–500; Jeffrey C. Dilts, "Perceived Environmental Uncertainty and Perception of the Channel Relationship," in *Developments in Marketing Science, Proceedings of the Academy of Marketing Science*, Vol. XIV (Coral Gables, Fla.: Academy of Marketing Science, 1991), 96–99; F. Robert Dwyer and N. Ann Welsh, "Environmental Relationships of the International Political Economy of Marketing Channels," *Journal of Marketing Research* (November 1985): 397–414.
2. See, for example, Ravi S. Achrol, Torger Reve, and Louis W. Stern, "The Environment of Marketing Channel Dyads: A Framework for Comparative Analysis," *Journal of Marketing* (Fall 1983): 55–67.
3. Ken Favaro, Tim Romberger and David Meer, "Five Rules for Retailing in a Recession," *Harvard Business Review*, (April 2009): 67.
4. David Welch, "What Detroit Likes About the Crisis," *Business Week* (October 13, 2008): 78.
5. Finbarr O'Neill, "The Auto Industry's Comeback," *Wall Street Journal* (July 30, 2009): A17.
6. John Fine, "Why General Mills's Marketing Pays Off," *Business Week* (July 27, 2009): 67.
7. Timothy W. Martin and Ilan Brat, "Food Sellers Signal Weak Recovery," *Wall Street Journal* (February 26, 2010): B8.
8. Janet Adamy and Julie Jargon, "Starbucks Responds to Cost-Wary Market," *Wall Street Journal*, (March 19, 2010): B4.
9. "Coupon Clicking," *Marketing News* (January 30, 2009): 6.
10. Ann Zimmerman, "Dollar General Lays Bet On Opening New Stores," *Wall Street Journal* (May 14, 2010): B8.
11. Mary Ellen Lloyd, "Retailers Fret About Inventory Levels for Holidays," *Wall Street Journal* (September 30, 2009): B6.
12. These classifications of competition are based on the work of Joseph C. Palamountain, *The Politics of Distribution* (Cambridge, Mass.: Harvard University Press, 1955).
13. This mode of competition is derived from the work of Bert C. McCammon, "The Emergence and Growth of Contractually Integrated Channels in the American Economy," in *Marketing and Economic Development*, ed. P.D. Bennett (Chicago: American Marketing Association, 1965), 496–515.
14. Matthew Boyle, "A Contrarian Electronics Chain," *Business Week* (October 12, 2009): 66.
15. For additional background on intertype competition, see F. Robert Dwyer and Sejo Oh, "The Consequences of Intertype Competition on Retail and Interfirm Behavior," in *Proceedings of the Annual Educators' Conference of the American Marketing Association*, ed. Susan P. Douglas (Chicago: American Marketing Association, 1987): 23–28.
16. Geoffrey A. Fowler and Miguel Bustillo, "Wal-Mart, Amazon Gear Up for Holiday Battle," *Wall Street Journal* (October 19, 2009): B3.
17. "The Last Picture Show At Blockbuster?," *Bloomberg Businessweek* (April 5, 2010): 28.
18. Mike Spector, "Blockbuster Plots a Remake," *Wall Street Journal* (February 24, 2010): B1, B8.
19. See for example: Heather Todd, "Changing Channels," *Beverage World* (July 2003): 32–33.
20. Matthew Boyle, "Brand Killers," *Fortune* (April 11, 2003): 89–96.
21. John Jannarone, "Wal-Mart Spices Up Private Label," *Wall Street Journal* (February 6, 2010): B16.
22. http://www.macysine.comMacy/PrivateBrands.aspx.
23. Matthew Boyle, "Generics: Making Gains in the Shelf War," *Business Week* (November 10, 2008): 62.
24. Bert C. McCammon, "The Emergence and Growth of Contractually Integrated Channels in the American Economy," *Marketing and Economic Development*

(Chicago: American Marketing Association, 1965), 498–504.

25. Anna Watson and Richard Johnson, "Managing the Franchisor-Franchisee Relationship: A Relationship Marketing Perspective," *Journal of Marketing Channels* (January–March 2010): 51–68.

26. For the most complete and thorough analysis of competitive structure and strategy, see Michael E. Porter, *Competitive Advantage: Creating and Sustaining Superior Performance* (New York: Free Press, 1985).

27. Martin Peers, "Rivals Explore Amazon's Territory," *Wall Street Journal* (January 7, 2010): C10.

28. Janeen Olsen and Kent L. Granzin, "Vertical Integration and Economic Development: An Empirical Investigation of Channel Integration" *Journal of Global Marketing* 7, no. 3 (1994): 7–39; Soumave Bandyopadhyay and Robert A. Robicheaux, "The Effects of Culture on Interfirm Communications," in *Proceedings of the Annual Educators' Conference of the American Marketing Association*, eds. Robert P. Leone and V. Kumar (Chicago: American Marketing Association, 1992), 100; and Janeen E. Olsen and Kent L. Granzin, "A Conceptualization of the Relationship between Economic Development and the Structure of Marketing Channels," in *Proceedings of the Annual Educators' Conference of the American Marketing Association*, eds. Russel Belk et al. (Chicago: American Marketing Association, 1987), 307–311. For an earlier but seminal discussion of this topic, see Jac L. Goldstucker, "The Influence of Culture on Channels of Distribution," in *Marketing and the New Science Planning*, ed. Robert L. King (Chicago: American Marketing Association, 1968), 468–473.

29. George Wadinambiaratchi, "Channels of Distribution in Developing Economies," *Business Quarterly* (Winter 1965): 74–82.

30. Margaret L. Hall, John Knapp and Christopher Winsten, *Distribution in Great Britain and North America* (London: Oxford University Press, 1961); Maureen Guirdham, *Marketing: The Management of Distribution Channels* (Oxford: Pergamon Press, 1972), 91–99; J. K. Galbraith and Richard H. Holton, *Marketing Efficiency in Puerto Rico* (Cambridge, Mass: Harvard University Press, 1955); Raymond W. Baker, "Marketing in Nigeria," *Journal of Marketing* 29 (July 1965): 40–48. Also see, for example, the selections in Reed Moyer and Stanley C. Hollander, eds., *Markets and Marketing in Developing Economies* (Chicago: American Marketing Association, 1968).

31. See, for example, Jeroen C. A. Potjes and Roy Thurik, "Japanese Supermarket Chains and Labor Costs—Part 2: A Comparison with French Variety Stores, Supermarkets and Hypermarkets," *Journal of Marketing Channels* 1, no. 3 (1992): 97–113.

32. Michael R. Czinkota and Jon Woronoff, *Japan's Market: The Distribution System* (New York: Praeger, 1986).

33. Juro Osawa, "Convenience Stores Score in Japan," *Wall Street Journal* (August 19, 2008): B2.

34. See for example: Mark D. Uncles, "Retail Change in China: Retrospect and Prospects," *The International Review of Retail Distribution and Consumer Research* (February 2010): 69–84; Guillermo D'Andrea, Belen Lopez-Aleman and Alejandro Stengel, "Why Small Retailers Endure in Latin America," *International Journal of Retail & Distribution Management*, (Vol. 34, No. 9 2006): 661–673.

35. Boryana Dimitrova and Bert Rosenbloom, "Standardization Versus Adaptation in Global Markets: Is Channel Strategy Different?" *Journal of Marketing Channels* (April-June 2010): 157–176.

36. See for example: Mark Cleveland, Michel Laroche and Nicolas Papdopoulos, "Cosmopolitanism, Consumer Ethnocentrism, and Materialism: An Eight-Country Study of Antecedents and Outcomes," *Journal of International Marketing* (17(1) 2009): 116–146; High M. Cannon and Attila Yaprak, "Will the Real-World Citizen Please Stand Up! The Many Faces of Cosmopolitan Consumer Behavior," *Journal of International Marketing* (10(4) 2002): 30–52.

37. Jason Bush, "IKEA in Russia: Enough is Enough," *Business Week* (July 13, 2009): 33.

38. See for example: http://en.wikipedia.org/wiki/List_of_social_networking_Web_sites.

39. Sarah Needleman, "Entrepreneurs Question Value of Social Media," *Wall Street Journal* (March 16, 2010): B7.

40. Kee-hung Lai, T.C.E. Cheng and Ailie K.Y. Tang, "Green Retailing: Factors for Success," *California Management Review* (Winter 2010): 6–30.

41. See for example: Sushil Vachani and N. Craig Smith, "Socially Responsible Distribution: Distribution Strategies for Reaching the Bottom of the Pyramid," *California Management Review* (Winter, 2008): 52–84.

42. See for example: "The New Fundamentals: Technology's Impact on the Future of Marketing," *Bloomberg Businessweek* (March 1, 2010): 64–68.

43. For a related discussion, see Otis Port, "The Next Web," *Business Week* (March 4, 2002): 96–102.

44. For a related discussion, see: Karen Butner, "The Smarter Supply Chain of the Future," *Strategy and Leadership* (Vol. 38, No. 1 2010): 22–31.

45. Jeffrey A. Trachtenberg, "E-books Rewrite Bookselling," *Wall Street Journal* (May 21, 2010): A1, A2.

46. See for example, Jeffrey A. Trachtenberg, "Barnes & Noble Puts Faith in Digital Future," *Wall Street Journal* (February 24, 2010): B8.

47. Dana Mattioli, "Retailers Ring Up New Sales on Smartphones," *Wall Street Journal* (June 11, 2010): B7.

48. Ibid.

49. Ibid.

50. Ibid.

51. Geoffrey A. Fowler, "Retailers Reach Out on Cell-phones," *Wall Street Journal* (April 21, 2010): B6.

52. "Radio-frequency identification," http://en.wikipedia.org/wik/Radiofrequency_identification.

53. Kris Hudson, "Best Buy Foresees Using RFID to Track Inventory," *Wall Street Journal* (April 4, 2007): B1.

54. "What is Cloud Computing?" http://www.salesforce.com/cloudcomputing/.

55. "Cloud Computing, What's in it for You?," *Wall Street Journal* (July 31, 2009): A18.

56. Thomas Catan and Yukari Iwatani Kane, "Apple Attracts Scrutiny from Regulators," *Wall Street Journal* (May 4, 2010): B4.

57. William L. Trombetta and Albert L. Page, "The Channel Control Issue under Scrutiny," *Journal of Retailing* (Summer 1978): 55; and "Easier Rules on Exclusive Dealing," *Business Week* (February 4, 1985): 40.

58. In some industries, exceptions to these provisions are often made. See Marianne M. Jennings, "Exclusive Distributorships in Soda Pop Industry Exempted from Antitrust Laws," *Marketing News* (January 23, 1981): 12.

59. For an analysis of some court cases and interpretations of price discrimination involving the Robinson-Patman Act, see Ray O. Werner, "Marketing and the Supreme Court in Transition 1982-1984," *Journal of Marketing* (Summer 1985): 99–101.

60. Norton E. Marks and Neely S. Inlow, "Price Discrimination and Its Impact on Small Business," *Journal of Consumer Marketing* (Winter 1988): 31–37.

61. See for example: Rene Sacasas, "Channel of Distribution Under Antitrust Statutes," *Journal of the Academy of Marketing Science*, (Fall 2006): 629–630.

62. For two excellent analyses of the issues involved in price maintenance, see Patrick J. Kaufmann, "Dealer Termination Agreements and Resale Price Maintenance: Implications of the Business Electronics Case and Proposed Amendment to the Sherman Act," *Journal of Retailing*, (Summer 1988): 113–124; and Mary Jane Sheffet and Debra L. Scammon, "Resale Price Maintenance: Is It Safe to Suggest Retail Prices?" *Journal of Marketing* (Fall 1985): 82–91.

63. Joseph Pereria, "Price Fixing Makes Comeback After Supreme Court Ruling," *Wall Street Journal* (August 18, 2008): A1, A12.

64. Brent Kendall, "Justices to Hear Retail Case," *Wall Street Journal* (April 20, 2010): B3.

65. *United States v. Arnold Schwinn and Company*, 388 U.S. 365(1967).

66. For an in-depth analysis of the territorial restriction issue based on empirical research, see Shantan Dutta, Jan B. Heide, and Mark Berger, "Vertical Territorial Restrictions and Public Policy: Theories and Industry Evidence," *Journal of Marketing* (October 1999): 121–134.

67. John R. Wilke, Rebecca Buckman, and Gary McWilliams, "Microsoft Lets PC Firms Remove Browser," *Wall Street Journal* (July 12, 2001): A3, A8.

68. Louis W. Stern and Adel I. El-Ansary, *Marketing Channels* (Englewood Cliffs, N.J.: Prentice-Hall, 1977), 344.

第4章

营销渠道中的行为过程

学习目标

学习本章之后，你应该能够：

1. 认识到营销渠道也可以看做一种社会系统和经济系统；
2. 了解如冲突、权力、角色及沟通等行为过程是营销渠道中固有的行为变量；
3. 清楚营销渠道中的冲突是如何出现的；
4. 知晓渠道冲突的主要原因；
5. 熟悉渠道冲突的效应；
6. 知晓管理渠道冲突中的一些问题；
7. 熟悉权力的概念及其对营销渠道的作用；
8. 了解营销渠道中权力的基础；
9. 熟悉营销渠道中角色的概念和作用；
10. 能够评价行为过程如何改变营销渠道中的沟通流程。

渠道焦点

汉堡王的1美元小皇堡带来的现有营销渠道权力争夺

汉堡王的特许经营店希望自己拥有产品的定价权。为了争取定价权，全国特许经营店联盟——不满意特许经营店的代表——向联邦法院提起诉讼，声称汉堡王强制为特许经营店出售的产品制定最高价格，其中备受关注的就是小皇堡（Whopper Jr.）。汉堡王希望特许经营店将小皇堡作为1美元的食品放在超值套餐中提供给日益对价格敏感的消费群体，与麦当劳和温迪（Wendy）提供的1美元食品竞争。然而，很多特许经营店认为小皇堡只卖1美元是亏本的，并痛恨被强制执行该“亏本”定价策略。汉堡王则辩称它必须具有控制价格的权力，尤其是当需要使用该权力应对其他连锁快餐竞争对手时。提起诉讼的特许经营店根本不接受汉堡王的观点，它们认为根据自身利益进行自主定价的权力是保证它们生意独立性的重要部分。

看来，由小皇堡的定价权引发的汉堡王和其特许经营店之间的渠道冲突只能留待法院解决了。

资料来源：Based on Richard Gibson, “Burger King Franchisees Can't Have It Their Way,” *Wall Street Journal* (January 21, 2010): B1, B5.

在第1章我们从管理的角度界定了营销渠道，并且从专业化与劳动分工以及关联效率的经济原则探讨了分销任务的分配这一渠道结构问题。第2章和第3章讨论了渠道管理者所需要的一些背景知识。下面将探讨如下基本问题，即各类渠道参与者出现的经济基础、参与者的特点、渠道参与者的条件限制等。

本章我们将涉及渠道管理者所需要掌握的另一类知识——渠道中**行为要素**（behavioral dimensions）的知识。对营销渠道中行为要素的了解是非常重要的，因为营销渠道不是缺乏社会交互作用和运作简单、理性有序的经济体系[1]，而是一个十足的社会系统，它有着所有社会系统所具备的相同的行为特点。[2]因此，渠道管理者必须具备营销渠道中的有关行为过程的知识，并且能够在制定和管理营销渠道中运用这些知识，这些是渠道管理者非常重要的任务。[3]

作为社会系统的营销渠道

社会系统（social system）可以定义为：

> ……在社会文化层次，两个或多个主体之间各种活动相互作用而产生的一种系统，该主体既可以是具体的单个人（个体），也可以是一个团体。[4]

当这些个体或团体（企业或代理机构）作为营销渠道中的成员相互作用时，就形成了**跨组织的社会系统**（interorganizational social system）。渠道也可以不再被视为仅受经济变量影响的简单的经济体系，而是在所有社会系统中都会出现的基本的行为变量——如冲突、权力、角色以及沟通过程——都将发生作用。[5]

本章我们将探讨营销渠道中冲突、权力[6]、角色、沟通等行为过程，重点分析这些行为过程是如何在营销渠道中发生作用的，以及对渠道管理者开发和管理渠道有何重要意义。

营销渠道中的冲突

本书很多讨论都强调渠道成员为实现其分销目标，通过建立一种明确的交易关系来寻求合作。事实上，如果渠道成员之间不能进行有效的合作，营销渠道跨组织间就不可能实施有效的渠道战略和管理。[7]既然营销渠道是一个社会系统，它就不可避免地存在着所有社会系统中都固有的行为要素——**冲突**（conflict）。冲突的定义有很多。在营销渠道领域中，当营销渠道中的一个成员认为其他成员的行为阻碍了其实现目标时，就产生了冲突。正如斯特恩（Stern）和戈尔曼（Gorman）所表述的那样：

> 在任何社会系统中，当一个组成部分认为另一个组成部分的行为妨碍了其目标的实现，或者妨碍了其行为模式产生高绩效时，一种受挫折的氛围就开始蔓延。因此，当任何既定行为系统（如分销渠道）中的两个或更多的组成部分相互抵触并成为对方的阻碍时，就产生了冲突。[8]

营销渠道中出现冲突的一个例子是汽车行业中的营销渠道。美国三大汽车制造商（通用汽车、福特和克莱斯勒）与独立经销商一起，形成了分销汽车产品的营销渠道（也是社会系统）。三大汽车制造商在将汽车分销给经销商时，就计算了收益和利润，因此经销商的庞大库存也反映了制造商给它们计算好的这些收益和利润，制造商不断地推动经销商订购汽车，但是从经销商的角度看，如此庞大的库存在销售减缓时就是巨大的财务负担。什么对制造商有利、什么对经销商有利，这种观点上的差异就导致了双方之间深刻的矛盾。汽车经销商认为，制造商的行为阻碍了它们控制成本；而制造商认为，经销商成为销售更多汽车的阻力，抑制了它们的销售额和利润的增长。因此，制造商和汽车经销商相互视对方为眼中钉，在汽车销售减缓时更是如此。[9]

冲突和竞争

不要将营销渠道中的冲突与竞争相混淆。[10]竞争是一种以目标为中心的、间接和非个人的行为，而冲突正如前面所说的那样，是一种直接的、个人的、以对抗为中心的行为。因此，在冲突的情况下，不存在企业试图克服的非个人的市场力量。施米特（Schmidt）和科昌（Kochan）很好地区分了这两个概念：

> 在竞争和冲突过程中，都会产生各单位（units）目标被认为不相称的情况，而且各单位都在努力实现各自的目标。在既定的不一致的目标下，如果一个单位的行为没有阻碍另一个单位去实现它的目标，这就是竞争。竞争与冲突的本质区别在于：是否存在干涉和阻碍行为。[11]

竞争和冲突的区别还可以从食品营销中体现出来。超市零售商与生产商之间的一种竞争形式就是所谓的自有品牌与生产商品牌之间的纷争。从严格的意义上讲，将这种行为称为战争、纷争或冲突有些用词不当，因为实际上发生的只是竞争。生产商和超市零售商不断扩展自身品牌通常是非个人的和以市场为中心的行为，换句话说，没有一方采用了以损害对方为前提的让顾客接受其品牌为目标这种直接的阻碍行为，在多数情况下，它们只是在消费市场上竞争，因此，消费者对生产商品牌和零售商品牌的接受程度是消费者偏好的函数。

生产商和超市在有关商品优惠方面的某些行为更多地属于一种冲突。导致生产商与超市冲突的原因是超市的行为鼓励了消费者的非偿还性的行为。从极端的情况看，有些食品店卷入了“优惠战”，有些店铺不管是什么样的商品，都要求一定数量的优惠，有些人得到的优惠金额甚至高达数百美元。生产商视超市的这种行为是试图利用优惠使生产商达到盈利目标的努力白费，因此，围绕生产商应该给予多少优惠的问题，生产商和超市之间就发生了激烈的冲突。[12]

渠道冲突的原因

虽然研究表明渠道冲突的原因多种多样，但是从本质上我们可以将渠道冲突的原因归纳为如下 7 个方面：角色的不协调、资源的稀缺性、观念上的差异、预期的差异、决策领域的分歧、目标上的不一致以及沟通上的问题。

角色的不协调

角色是对特定位置的成员（例如营销渠道的成员）应当采取的行为的一种界定。

在营销渠道中，任何既定的渠道成员都有自己所期望实现的一系列作用。例如，特许方期望向受许方提供广泛的管理上的支持和促销支持；反过来，受许方预期将严格按照特许方所制定的标准运作程序进行经营。如果特许方或受许方任何一方偏离了其应有的作用（例如，如果受许方决定采用自己的经营政策），就会产生冲突。在本章以后的内容中，我们将深入探讨角色在营销渠道中的应用。

资源的稀缺性

有时，冲突来自渠道成员之间为达到各自的目标而在所需的有价值资源的分配上产生的分歧。一个常见的情形是，资源在零售商与制造商和批发商之间的分配，零售商常被制造商和批发商视为为实现分销目标所必需的有价值资源，因此，制造商经常决定将某些大规模经营零售商作为企业重点控制顾客（即制造商直销的客户），这会招致批发商的反对，因为它们认为这是资源的不公平分配（对于零售商），这类纠纷经常导致冲突。

另一个典型的例子是，资源稀缺成为在特许经营渠道产生冲突的重要原因。在这种情况下，资源就是特定受许方能够经营的市场。在任何既定的市场中，如果特许方在已经存在受许方的市场选择新的受许方，使现存的受许方的业务蒙受损失，就会使现存受许方与特许方产生冲突。有些受许方甚至通过法律诉讼的形式阻止特许方在它们认为是自己的市场中发展新的受许方。[13]

观念上的差异

观念（perception）指的是个人选择和解释环境刺激的方法，然而，这种对刺激的理解方式往往与客观情况大相径庭。在营销渠道中，各渠道成员可能看到的是相同的刺激，但是所赋予的解释则可能千差万别。[14]营销渠道中有关该方面的一个常见的例子是卖点广告（point-of-purchase，POP）的运用。提供 POP 展示的制造商常常认为，POP 展示是帮助零售商销售商品的一种有价值的促销工具。[15]零售商则常常认为 POP 展示材料是没用的垃圾，仅仅是占用了宝贵的店铺空间。例如，一家硬木地板制造商制作了一本向消费者展示如何在富丽堂皇的家中使用实木地板的精美的四色宣传小册子，其意图是想借此向购买中的顾客说明商品的质量、美感以及地板的使用范围等内容。成千上万本这样的小册子连同地板样品都发送给了一家大型家居中心，但是零售商并没有将小册子连同地板一起展示，而是团成一团，把它作为商品退货时包装用的材料！

预期的差异

每个渠道成员都会对其他渠道成员的行为做出预期。在实践中，这些预期表现为对其他渠道成员未来行为的展望和预测。[16]有时这种预测是不准确的，但是做出这种预测的渠道成员却是根据这种预测结果做出反应的。这样，对于其他渠道成员做出的反应行为，可能是在没有预期行为发生的情况下不会发生的行为，事实上，企业是在建立一种自我实现的预期。这方面的一个例子是阿姆科公司（Aamco），这是美国一家最大的变速器维修公司。汽车制造商所提供的范围广泛的产品保证预期，严重威胁着阿姆科公司受许方的未来变速器的维修业务，业务削减的预期使得受许方强烈要求特许方将特许费从 9%降到 5%，并且扩大受许方的经营领域，这样就产生了冲突。阿姆科总公司认为，在面对预期未来变速器维修业务减少的情况下，为采用更积极、主动的广告和促销，公司应该进一步提高特许费。

决策领域的分歧

渠道成员往往明确或含糊地确定了它们认为应该属于自己决策的业务领域。在诸如特许经营这样的契约型渠道系统中，这种决策领域规定是非常清楚的，在特许合约中，通常不存在任何含糊的地方。例如，麦当劳有一本手册，详细规定了特许方和受许方决策权力的分配。但是，在传统的、由独立企业组成的松散连接的渠道中，决策领域有时是"有争议的地方"，围绕着哪方成员拥有什么样的决策权力，常常会发生冲突。

一个传统的有说服力的例子是价格决策的领域。很多零售商认为，价格决策属于它们的决策范围。[17]然而，将产品供应给这些零售商的某些生产商认为，它们应该在价格决策上拥有发言权。

在本章最开头提到的汉堡王和其特许经销商之间关于小皇堡定价的冲突是一个由价格决策领域存在异议导致冲突的典型例子：汉堡王认为将小皇堡价格定为 1 美元是它的决策领域，而起诉汉堡王的特许经营店认为定价应该是它们的决策领域。[18]

目标上的不一致

营销渠道中的每一个成员都有自己的目标，当两个或多个成员的目标不一致时，就可能产生冲突。不一致的目标常常发生在渠道成员之间，例如，在自动售货机上以 1 美元一天出租 DVD 的 Redbox 公司和环球电影制片公司（Universal）及福克斯电影公司（Fox）之间就存在冲突。[19] Redbox 的 18 000 个 DVD 自动售货机在沃尔玛、克罗格（Kroger）和其他主要零售店都可以见到。通过以 1 美元的低价为成百上千的顾客提供近期 DVD 的出租服务，Redbox 获得了惊人的增长。Redbox 的目标是持续扩张其基于自动售货机的渠道。为了实现这一目标，Redbox 需要获得大量低价的并且是近期的 DVD，以保证自动售货机的库存。然而环球和福克斯公司认为 Redbox 这种 1 美元的定价策略会破坏它们以高价销售 DVD 目标的实现。因此，环球和福克斯公司要求第三方分销商向 Redbox 供货时间晚于其他零售商。Redbox 则起诉环球和福克斯公司，声称它们的行为会损害 Redbox 通过零售店中庞大的自动售货机网络以尽可能低的价格向尽可能多的消费者提供尽可能多的 DVD 的计划。

沟通上的问题

沟通是渠道成员之间相互作用的工具，不管这种作用是合作还是冲突。[20]沟通上的紊乱和中断，会使良好的合作关系迅速转化为冲突。看看阿尔法绘图公司（AlphaGraphics）的例子。阿尔法绘图公司是一家在美国和海外拥有 250 多家特许经营机构的专门从事绘图服务的特许经营业者，很多受许方对该公司非常不满，觉得自己没有得到特许方足够的支持。它们向阿尔法绘图公司支付了特许费，却没有得到阿尔法公司关于如何使用这些钱帮助受许方改善经营业绩的信息。有些受许方非常生气，甚至想与特许方分道扬镳。阿尔法绘图公司却声称，它需要得到更多有关受许方的信息，例如，只有不到一半的受许方按照阿尔法公司的要求每月报送财务报表。

为了解决冲突，阿尔法绘图公司重新修正了特许契约，规定在特许方如何使用受许方交纳的特许费方面保持更大的公开性，但同时也要求受许方能提供详细、及时的财务数据给阿尔法绘图公司。

渠道冲突的效应

从渠道管理者的角度看，冲突效应的关键问题是：冲突是如何影响渠道效率的？冲突是否影响了分销目标的实现？它能否增进效率？或者它根本不起作用？[21] 在探讨这些关系之前，我们将准确地界定渠道效率的含义。**渠道效率**（channel efficiency）可以如下定义：

> 根据投入产出最优化原则，为保证实现既定的分销目标，各种投入组成的全部投入的程度。[22]

为实现分销目标的投入产生最优化程度越大，效率便越高；反之亦然。这种投入包括为实现分销目标所必需的所有要素。例如，生产商可以制定目标，争取能将新产品打入80%的批发商手中。假定在实现该目标的努力中，制造商遇到了批发商的强烈抵抗，大多数批发商认为它们已经从生产商那里接受了过多的商品库存，由此产生的冲突就使得生产商需要指导其销售队伍，花更多的时间和精力去说服勉强同意的批发商，让后者采购生产商的新产品。在这个例子中，为实现分销目标需要投入额外的资源（时间和销售人员的努力），而且这种额外的投入可以用增加的成本进行衡量。如果生产商能够以少量的销售努力（或者没有增加其他投入）使得批发商接受了新产品，它就以较少投入实现了分销目标，由此产生的渠道效率就较高。

负效应——效率降低

图4—1显示了一种常见的关于冲突对渠道效率的影响效应，这种负效应表明，随着冲突程度的增加，渠道效率下降。

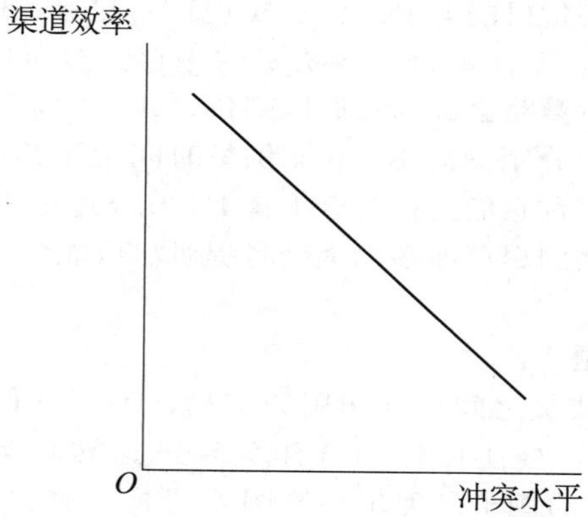

图4—1 冲突与渠道效率——负效应

资料来源：Bert Rosenbloom, "Conflict and Channel Efficiency: Some Conceptual Models for the Decision Maker," *Journal of Marketing* 37 (July 1973): 28. Reprinted with permission from *Journal of Marketing*, published by the American Marketing Association.

对这种相互关系可以做出如下表述：一个大型批发商（W）同时经营两家生产商（M_1 和 M_2）的相似产品，在某一时点，M_1 发现批发商从它那里购买的产品大幅度减少。M_1 发现了这种销售量下降的趋势，决定重新从该批发商那里获得原有水平的销量。现在 M_1 所制定的分销目标是从W重新获得原来水平的销量，M_1 为实现该目标而投入的程度决定了渠道效率实现的程度。假定 M_1 在与 W 商谈后，获悉后者在经营 M_2 的产品时非常好，并且觉得它不可能经营更多的 M_1 的产品，M_1 就会非常愤怒，并且威胁 W 将削减 W 现在仍然在购买而且盈利颇丰的 M_1 的产品。然而，假定 W 回应 M_1 的威胁，只是简单地削减了从 M_1 的购买量，那么冲突就会发生，而且随着双方后续行为的发生，冲突的程度会越来越大。M_1 发现，自己不仅需要投入越来越多的销售努力以争取 W 销售它的产品，而且需要增加广告费用，以使新产品能为更多的消费者所接受，增强它相对于 W 的谈判地位。现在对于 M_1 来说，将产品通过渠道分销变得日益困难，即 M_1 不得不用更高的投入（人员销售和广告）来达到目标，因此，从 M_1 的角度看，渠道效率下降，而且随着冲突的加剧（沿着图 4—1 中的横轴移动），M_1 的效率持续下降。

无效应——效率保持不变

冲突与渠道效率的另一种可能的关系是如图 4—2 所示的情况。在这种情况下，冲突的存在对渠道效率没有影响，因此，为了实现分销目标，为解决冲突而进行的投入不起任何作用。

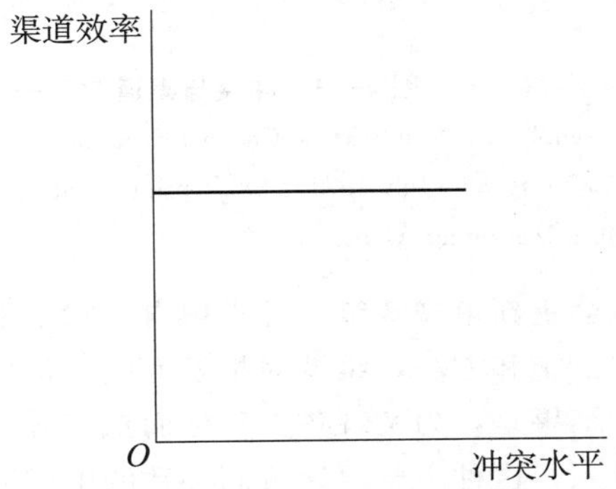

图 4—2　冲突与渠道效率——无效应

资料来源：Bert Rosenbloom，“Conflict and Channel Efficiency：Some Conceptual Models for the Decision Maker，” *Journal of Marketing* 37（July 1973）：28. Reprinted with permission from *Journal of Marketing*, published by the American Marketing Association.

这种情形在渠道中的存在往往使渠道成员之间高度相互依赖和相互制约。换句话说，参与冲突的团体，有意或者无意地觉察到它们的关系对于另一方的必要性。它们认为，相互之间的需要对于实现分销目标的重要性是如此之大，以至于冲突对它们而言只是实现分销目标的过程中对效率产生表面作用的现象。事实上，渠道成员学会了如何与冲突并存，甚至即使面对着敌意和蓄意挑衅，渠道效率仍然不受影响。

正效应——效率增进

图 4—3 所示的是冲突与渠道效率的第三种情况，在这里，冲突表现为增进了渠道效率。有一个例子有助于说明这种情况。批发商发现，与它进行交易并能带来巨大利润的生产商，准备在某些产品的经营上越过批发商而与零售商直接交易。起初，批发商对生产商的行为非常愤怒，冲突可能会进一步发展，并最终产生对于冲

突的一方或双方来讲消极影响效率的情况（见图4—1）。然而，这种冲突也可能对渠道成员的某一方或双方产生某种推动作用，使得它们能重新评价各自的政策。例如，批发商可能会克制住愤怒的情绪，转而关注自身的效率，发现其中的问题。批发商也许发现，它代表某些生产商从事销售的努力并不如从前那么高，因此，它可能认为，在这种情况下生产商的行为是可以理解的，并且试图做出某些改变，更有效地进行销售。

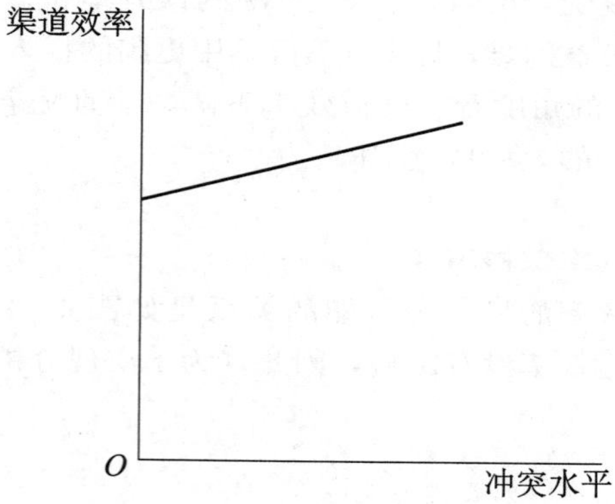

图4—3 冲突与渠道效率——正效应

资料来源：Bert Rosenbloom, "Conflict and Channel Efficiency: Some Conceptual Models for the Decision Maker," *Journal of Marketing* 37 (July 1973): 28. Reprinted with permission from *Journal of Marketing*, published by the American Marketing Association.

生产商可能也会重新审视政策，并觉得自己对批发商的支持不够。生产商可能决定采用更多的特定措施和方法，维持对批发商的支持。

双方再评价的结果是，为实现各自目标而执行分销任务的渠道成员根据各自的相对优势重新分配投入。这种由于再评价而导致的渠道成员间投入的再配置，会产生更合理的劳动分工，给一方或渠道成员双方带来渠道效率上的增进。[23]

冲突与渠道效率———一般曲线

综合上述三个模型，冲突对渠道效率的影响曲线显示在图4—4中。

在图4—4中，以OC_1阶段表示的冲突程度是一种冲突对渠道效率无影响的忍耐持续时间；在C_1C_2阶段，冲突的效应是正的；当超过了C_2点时，效应就是负的。图4—4中的C_2点是冲突效应的转折点，当忍耐持续时间过去时，C_1C_2阶段冲突的程度越大，所产生的效率水平也越高，超过了C_2点（转折点）时，冲突的程度越大，渠道效率的水平越低。

管理渠道冲突

我们在前面谈到的营销渠道中的冲突，可以归纳为如下4点：

1. 冲突是营销渠道中固有的行为要素；
2. 造成渠道冲突的原因很多，在营销渠道中是一种普遍的现象；
3. 冲突会影响渠道效率；

4. 不同程度的冲突可能同时对渠道效率产生负效应和正效应，或者根本没有作用。

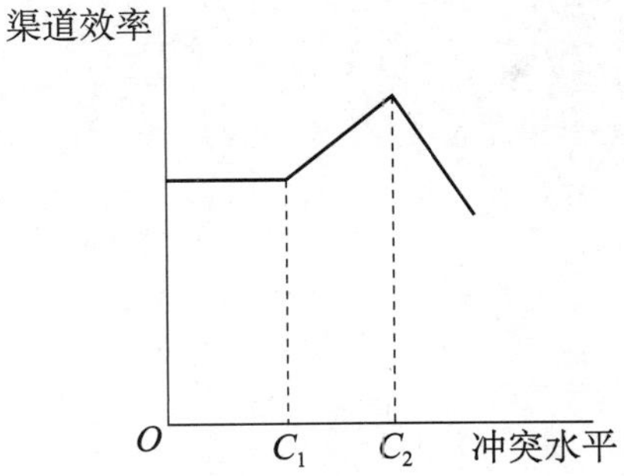

图 4—4　冲突与渠道效率——一般曲线

资料来源：Bert Rosenbloom，"Conflict and Channel Efficiency：Some Conceptual Models for the Decision Maker，" *Journal of Marketing* 37（July 1973）：29. Reprinted with permission from *Journal of Marketing*，published by the American Marketing Association.

关于营销渠道中冲突性质、原因和效应的研究文献虽然有限，但是它们的确对分析渠道中的冲突具有重大的意义。遗憾的是，渠道管理者并没有精确的原则和指导方针或者大量的实证，可用来管理营销渠道中的冲突。研究文献中探讨了某些管理冲突的方法，我们将探讨这些方法以帮助管理者做到：（1）识别冲突和潜在的冲突；（2）评价冲突的可能效应；（3）解决渠道冲突。

识别渠道冲突

在实践中，冲突常常在发展到一定阶段或者很明显时才被发现，这种识别渠道冲突的"事实发生后"的方法，是不能令人满意的，因为冲突的潜在负效应也许已经产生并且正在产生，如果渠道管理者能有某种"预警系统"就好了。

在一项对渠道冲突的预警方法的研究中，福斯特（Foster）和舒普瑞恩（Shuptrine）认为，一个渠道成员可以通过调查其他渠道成员如何看待它的经营绩效来识别潜在的冲突。[24]此研究是通过 5 项与分销有关的任务来衡量零售商如何看待批发商和生产商的绩效。为了获得真正有价值的信息，该研究指出，这种测度需要有规律、持续地进行。福斯特和舒普瑞恩在 25 年前提出的对渠道成员进行常规调查以识别潜在冲突的方法与如今以事实为依据的方法是完全一致的，但是今天的调查借助于互联网和电子邮件的广泛应用，能够更迅捷地以电子化的方式方便地展开调查。

对渠道成员进行调查以识别冲突发生的领域，也可以由独立的调研公司进行，这不仅因为外部的调研公司和咨询师在设计和实施这类研究时具有丰富的经验，而且因为外部团体特有的独立性，有助于避免偏见。

对渠道成员有关冲突发生领域的调查，也可以由诸如行业协会或贸易杂志出版商等团体进行。例如《工业分销》（*Industrial Distribution*）杂志，定期对制造商和批发商很多方面的问题开展调查。表 4—1 是这类调查的一个节选。

表4—1　《工业分销》杂志关于生产商与分销商利用分销商销售的优点的调查（节选）

通过分销商销售的优点	反馈优点的百分比（%）							
	总和		生产商			分销商：供应商数目		
	生产商	分销商	商品	非资本商品	资本设备	25个以下	25～100个	100以上
市场覆盖和销售力量广泛	72	66	72	69	68	65	66	69
与地方市场频繁接触	54	60	54	44	64	64	59	53
地方库存/分销仓库	57	68	60	57	62	59	66	88
分销商承担信用风险	18	36	19	13	23	31	36	43
分销商执行订货和发货业务、财务处理	14	28	16	7	17	29	21	40
生产商能实行保量运输	14	6	17	3	6	8	3	7
分销商能执行服务、安装	9	28	8	18	17	38	25	19
减少销售费用	24	29	25	15	19	33	28	22
其他	3	1	3	3	—	—	2	2

资料来源："Manufacturer/Distributors Issues and Answers," *Industrial Distribution*, Cahners Publishing Co.（March 1987）：48.

表4—1的左栏列举的是通过分销商销售的8个特定的优点，右方的数值表示的是被调查者认为是优点的百分比。例如，72%的生产商和66%的分销商认为利用分销商能够实现"市场覆盖和销售力量广泛"的优势，尽管这反映了在认识上有些差异，但差异并不大。关于"分销商承担信用风险"的认识差异较大，有多达36%的分销商认为，这是通过分销商销售所实现的优势，而与此同时，只有18%的生产商同意这种观点。在"分销商执行订货和发货业务、财务处理"上，也存在着类似的差异（生产商为14%，分销商为28%）。在有关利用分销商的优点上，分歧最大的项目是"分销商能执行服务、安装"，只有9%的生产商认为这是一个优点，而28%的分销商认为这是优点。

像这样调查生产商和分销商在认识上的差异，对于帮助渠道成员发现在它们的关系中可能存在冲突的领域是非常有价值的。

营销渠道审计（marketing channel audit）为发现渠道成员间的冲突提供了另一种方法。[25]营销渠道审计这个术语指的是对特定渠道成员与其他成员关系中的主要方面进行定期、常规的评价。在对交易关系中各领域的评价过程中，有可能发现潜在的冲突。有一个例子涉及进行营销渠道审计的一家大型轮胎生产商，评价的一个主要方面是生产商对零售商的促销支持。在该方面一个令人惊异的发现是，潜在冲突可能发生在生产商对POP展示的运用上，结果发现，生产商和零售商对POP展示的价值认同差异非常大。生产商认为POP展示对于帮助零售商吸引走进店铺中的顾客具有非常重要的作用，而零售商却认为，这是多余的垃圾，丝毫不能帮它们解决主要的促销问题，即如何引导顾客到店铺中最应该去的地方。因此，它们觉得，生产商没有向它们提供真正需要的促销支持，这使它们感到失望。这种关于促销战略上的观念差异潜伏了矛盾冲突的种子，然而，营销渠道审计提供的预警能帮助生产商做出适当的调整，以避免冲突发生。

分销商咨询理事会（distributors' advisory councils）或**渠道成员委员会**（channel members' committees）为早期发现渠道冲突提供了另一种方法。分销商咨询理事会或渠道成员委员会包括制造商的高层管理代表以及所选出来的分销商和/或贸易商中的管理者。这些组织定期会晤，商讨各种渠道问题和战略。虽然议题并非主要针对冲突问题，但是这类理事会和委员会为研究在一些场合中可能不被人们注意的渠道成员间的冲突提供了一个论坛。有关分销商咨询理事会和渠道成员委员会的角色，我们将在第 9 章详细论述。

所有这些识别营销渠道中冲突的方法都有一个共同的前提：渠道管理者如果想识别冲突或潜在的冲突，以便在冲突发展或蔓延之前加以解决，就必须做出努力。

衡量冲突的效应

目前出现了大量的文献帮助渠道管理者开发常规的方法衡量冲突及其对渠道效率的影响。例如，普鲁登（Pruden）在一项早期的试图衡量营销渠道冲突的研究中，制定了一套测度指标，用来衡量建筑产品的生产商和分销商冲突的集中度。[26]此后不久，罗森堡（Rosenberg）和斯特恩（Stern）调查了家庭耐用消费品渠道，并且制定了一套衡量与 4 种不同的原因相关的渠道冲突集中度的指标。[27]皮尔逊（Pearson）衡量了杂货产品分销渠道中冲突的集中度，并且试图说明这种冲突衡量对渠道绩效的影响。[28]从不同的研究方法入手，勒什（Lusch）根据汽车行业中制造商与经销商不一致的频度来衡量冲突的集中度，并且解释了这种冲突对经销商绩效的影响。[29]借助于关联测度技术，布朗（Brown）制定了一种衡量在假定的渠道冲突下，某种冲突相对于冲突整体水平的相对重要性的方法，布朗和戴（Day）还制定了一套方法，可以同时衡量汽车渠道中的冲突集中度和频率。[30]在最近的一项研究中，拉斯基（Laskey）、尼科尔斯（Nicholls）和罗斯洛（Roslow）开发了一种衡量渠道冲突的指数，该指数包括渠道冲突中的 5 种观念和 5 个行为变量。[31]虽然他们的研究主要是针对船舶行业的，但是所开发的冲突指数却能广泛地用于其他行业。还有其他一些关于营销渠道冲突的研究。[32]

这些研究的重要性在于：它们开发了能衡量现实世界营销渠道中冲突的方法。虽然这项工作仍然处在营销前沿观念的研究，但是渠道管理者不应将其仅仅视为学术研究。随着更多这类研究的开展，所涉及的方法可能越来越精炼，并能广泛地应用于各种渠道的管理中。可以相信，在未来这类研究对渠道管理者来讲，将被证明是真正具有实用价值的。如今，很多冲突的衡量以及对渠道绩效的评估，仍然是观念层次上的，也就是说，还依赖于管理者的主观判断。

解决冲突

当渠道中存在冲突时，如果这种冲突会对渠道效率产生负作用，渠道管理者就应当采取行动解决冲突。这些年来出现了大量的实证研究可用来指导渠道管理者解决渠道冲突。

大约在 30 年前，罗森堡提出了解决渠道冲突的一些建议，这些建设今天仍然有效[33]：

1. 可以建立渠道领域内委员会（channel-wide committee），以对所显现的渠道冲突问题定期做出评价。这类委员会可以通过为各渠道成员提供发表各种观点的论坛，培养起一种危机管理的能力。罗森堡建议，该委员会成员可以由制造商指定的代表以及分销商和零售商选出的代表组成。

2. 委员会（或其他机构）制定综合目标（joint goal setting），既体现了各渠道成员的目标和特定能力、顾客需求以及环境限制的目标，也能够帮助减轻冲突的影响。即使不可能制定出一个完善的综合目标，仅就出席者之间充分对话这一点而言，就对减少冲突十分有益。

3. 渠道中各主要企业可以设置分销主管（distribution executive）这个职位[34]，担任该职务的人负责解决企业与分销相关的问题。此外，该负责人还要试图使企业中的其他主管对潜在冲突对渠道绩效的影响更加敏感。最后，该负责人还需要识别目前渠道中冲突的形式。

韦甘德（Weigand）和沃森（Wasson）提出的另外一种解决渠道冲突的方法是将所涉及的团体置于仲裁机构的管辖之下。[35]韦甘德和沃森指出了以下5种通过仲裁解决冲突的好处：

1. 仲裁非常迅速。卷入纠纷的团体能迅速知晓矛盾的存在，并被告知听证的时间，陪审团听取提供的证据并且做出裁决——所有这些都可在几天内完成。

2. 仲裁能保守机密。外部的团体禁止参加听证会，所做出的决定也不向社会公布，所有这些使得机密性较强。

3. 仲裁费用比诉讼费用低廉。仲裁具有“节省所发生的各种费用”的效果，它省去了由于诉讼裁决时间长而产生的费用。

4. 仲裁使得企业在问题容易得到解决的初始阶段面对问题。其态度是：“现在我们存在潜在的问题，让我们在问题形成并爆发之前加以解决。”

5. 仲裁通常由行业专家进行。在多数情况下，仲裁员或仲裁陪审团是由懂得该行业及有实践经验的人组成的，有些人认为，这种方式能做出比较公平的裁决。

齐克蒙德（Zikmund）和卡兰尼洛（Catalanello）提出，运用组织发展（organizational development，OD）的概念和方法去解决营销渠道中的冲突。从根本上讲，需要聘用行为学家作为咨询专家，制定培训战略，帮助渠道成员应对可能引起冲突的变化。

德怀尔（Dwyer）和沃克（Walker）提出了另外一种方法：基于一个模拟渠道环境中的行为实验研究，专业化的讨价还价和协商程序可以成功地解决渠道冲突。[36]

由舒尔、普赖德和利特尔（Schul，Pride and Little）所做的研究提出，如果渠道管理者强调参与式的领导，而且能反映渠道成员的需求和偏好，那么有负面作用的冲突将会减少。[37]

一项由丹特（Dant）和舒尔所做的关于快餐业特许渠道中冲突解决的研究提出，渠道成员共同解决问题、面对面的直接接触是解决冲突的有效方法。[38]然而，他们也发现，当冲突涉及大额投资、复杂或重要的政策问题，而且受许方对特许方的依存度较高时，渠道冲突的解决需要外部团体（第三方）的介入。

所有这些方法在解决冲突方面的可行性和适用性，随着不同形式的渠道和不同的环境而有所不同。[39]例如，通过相对小型的批发商来分销商品的相对小型的生产商可能认为，建立整个渠道的委员会或设立渠道管理主管有些不现实。与特许方发生冲突的一群受许方可能认为，诉讼比仲裁解决冲突对它们更有利。面对面的会议也许在渠道成员很少的条件下会十分有效。最近希伯德（Hibbard）、库马（Kumar）与斯特恩针对一个500家耐用品生产商通过1 200家独立经销商销售的营销渠道进行研究，发现在建设性讨论中开“解决问题型”会议，不仅不会缓和渠道冲突，反而会加剧冲突。[40]原因何在？若在渠道中建立“一对多”而不是“一对一”的关系，大型生产商的最高管理层几乎不可能同好几百家渠道成员进行建设性的讨论，因此，与经销商对话的任务只得移交给较低级别的生产商代表，这些代表没有权力改变政策，也就不能按照经销商的意愿解决冲突。结果是令人沮丧的，并且会潜在地激化冲突，因为从经销商的角度看，生产商根本就没有同它们正式对话。

然而，比这些特定方法所提出的解决方案更重要的是，这些方法都强调了一种共同的原则，这个原则是：如果想成功地解决冲突，卷入冲突中的某些团体需要采取创造性的行为。如果只是简单地对冲突放任自流，是不可能成功地解决冲突的，而且事情会变得更糟。简言之，渠道冲突是不可能因为忽视它而得到解决的，渠道成员必须努力采取措施来解决问题。[41]无论采取什么特定的方法（在希伯德、库马与斯特恩的研究中排除了“一对多”的渠道情境），只要它能促进渠道成员之间坦诚地对话，帮助各方将差异公之于众，这就对解决问题非常有益。[42]在营销渠道之外的领域中，很多冲突的解决涉及妥协行为，但是卷入冲突的企业之间如果没有持续的对话，妥协是不可能达成的。[43]因此，渠道管理者必须采取行动来做到这一点，无论是采用仲裁、渠道领域内委员会、组织发展、谈判过程，还是采用渠道成员之间的“和谈会议”的形式，最后这种方法在最近几年的食品行业中，当生产商和超市之间发生矛盾时经常被采用。根据食品营销机构（Food Marketing Institute，FMI）和超市贸易协会的看法，常规的和谈会议是解决生产商与超市之间围绕着销售规划、定价、销售条件、装载费用、提前购买等充满矛盾的问题发生的冲突的最好途径。[44]

营销渠道中的权力

研究文献中有很多关于权力的概念。例如，达尔（Dahl）认为：“A 之于 B 的权力，表现为 A 能让 B 去做它不能不做的事情的程度。”[45]米勒（Miller）和巴特勒（Butler）认为，权力可以简单地表现为一个人控制其他人行为的能力。[46]埃兹奥妮（Etziono）认为，权力是在面对反对力量的情况下抵抗部分或全部阻碍的能力。[47]普赖斯（Price）认为权力的本质在于影响其他人行为的能力。[48]

从这些论述中我们可以看出，有关权力的概念有很多，但是贯穿于所有这些论述的共同的观点就是权力是控制和影响另一个团体或其他各类团体的能力。因此，当我们在营销渠道中使用**权力**（power）这个术语时，我们指的是某个特定渠道成员控制和影响另一个渠道成员行为的能力。例如，当惠普公司得知戴尔电脑公司打算销售其自己品牌的打印机时，它决定把戴尔从渠道成员队伍中剔除。[49]戴尔经销惠普打印机已有 8 年，一般是将惠普打印机同戴尔的电脑打包销售，惠普以为它的举措会阻止戴尔实施其计划，然而戴尔对惠普的行动不屑一顾，因为它作为世界上最大的个人电脑生产商，享有打印机转售商的强力地位。戴尔不但有了自己品牌的打印机，而且像利盟（Lexmark）、施乐（Xerox）和爱普生公司（Seiko Epson Corp.）等企业，非常乐意继续通过戴尔销售它们的打印机。

决定哪个渠道成员在既定环境中拥有更多权力的关键因素是渠道成员对权力来源或基础的理解。

渠道控制权力的基础

弗伦奇（French）和雷文（Raven）将**权力基础**（power base）定义为一方对另一方施加权力的源泉或根源。他们列举了 5 种权力基础：奖励权（reward power）、强制权（coercive power）、合法权（legitimate power）、参考权（referent power）和专家权（expert power）。[50]

奖励权

这种权力来源指的是如果一个渠道成员遵从特定渠道成员的影响，后者对前者便有奖励能力。这种渠道基础事实上在所有的渠道系统中都会出现。这种奖励通常是一个渠道成员遵从另一个渠道成员的意愿而期望或者实际得到的经济上的收益。任何渠道成员，无论是生产商、批发商，还是零售商，只要能从其他成员那里获得经济利益，它就会成为长久可靠的渠道成员。[51]这种情况也有例外，即当渠道关系建立在协议框架之上，该协议限制了渠道成员在非营利渠道中脱离该渠道的能力。即使在这种情况下，当协议到期时，渠道成员如果认为它从渠道中所获得的经济奖励不大，仍有可能脱离该渠道。

这方面的一个例子是如图4—5所示的制造商在奖励权的基础上征寻渠道成员的广告，该广告刊登于在折扣店和量贩店中广泛发行的贸易期刊《折扣店新闻》（*Discount Store News*）上。胡佛·斯蒂姆威克·德勒科斯公司（Hoover SteamVac Deluxe）的广告标题是“面向全国企业”。在该广告中，公司使用隐喻的方法，声称“你们都想在销售额和利润上得到大幅增长……如果你们不能用所提供的工具追赶上斯蒂姆威克·德勒科斯快进的步伐，你们就将贻误时机。”制造商胡佛公司拿出高销售额和利润作为奖励，以吸引零售商经营其产品。胡佛公司同时在广告中保证，它将以持续促销支持的形式给予零售商额外的奖励，以帮助零售商迅速地销售商品。胡佛公司能否成功地将积极从事经营的零售商招收为其渠道成员，主要取决于该公司对成员的服务给予奖励的能力。如果制造商不能使渠道成员相信它将提供优厚的奖励，而试图通过各种影响获得渠道成员的支持和发展，就极有可能失败。

强制权

强制权在本质上与奖励权正好相反，在这种情况下，一个渠道成员相对于另一个渠道成员的权力是基于如果后者没有遵从前者的影响，前者就会对后者采取惩罚措施。强制权经常发生在渠道关系中。例如，加洛葡萄酒公司（Gallo Wine Co.）是美国最大的葡萄酒生产企业，这家生产很多品种葡萄酒的公司，通过强迫经营所有的产品（full-line forcing，见第3章）迫使独立葡萄酒分销商经营其40多个品牌的葡萄酒产品，尽管其中有很多品牌的产品是分销商不愿意经营的。在加洛公司强大的权力面前，分销商几乎没有选择权。加洛公司采取的措施是不向独立分销商提供周转率快、高利润的产品，除非后者同时经营周转率慢，而且在某些情况下低质量的葡萄酒。大多数分销商如果不经营加洛公司的好产品，便无法生存下去，因此它们不得不接受加洛公司的强制。这种情况使分销商承受了过重的负担，致使联邦贸易委员会不得不介入，命令加洛公司停止这种做法。

在这个例子中，加洛公司所使用的强制权来源于其巨大的规模和在该行业中的主导地位，因而它能对分销商施加巨大的压力，迫使后者遵从其意愿。如果分销商不能做到像加洛公司所希望的那样，加洛公司将会中断与它们的交易关系，并且这不会对加洛公司自身产生严重的伤害，这是营销渠道中运用强制权的典型。运用强制权的企业通常既是大型企业，又是拥有显著优势地位的企业——这种情况产生于近乎寡头垄断的地位或者像拥有众多特许经营者那样的契约地位。在缺乏外部限制的情况下（例如像加洛公司那样，如果触犯了法律，政府将采取行动），强有力的渠道成员居于优势地位，至少在短期内将支配地位弱小的渠道成员，甚至可以运用威胁和强制力。

图 4—5　反映奖励权的商业杂志广告

资料来源：Reprinted by permission from The Hoover Co.

需要指出的是，这类强有力的企业并不仅仅局限于生产商或制造商，在特定行业领域中拥有巨大规模或寡头垄断地位，实际上处于优势地位的批发商和零售商也可以划分在运用强制权的行列中。例如，最近几年，世界最大的零售商沃尔玛受到了制造商、批发商和小型零售商的攻击，它们声称沃尔玛运用强制权，强迫渠道成员遵从它的经营政策。一个典型的表现是沃尔玛宣布它不再从经纪商或销售代表那里购买商品，而是直接从制造商那里购买商品。在该声明的刺激下，出现了一个组织，即拯救美国经济联合抵抗组织（Coalition of Americans to Save the Economy，CASE），与沃尔玛进行对抗。图 4—6 显示的是 CASE 所做的广告，号召渠道成员反击沃尔玛。

图 4—6　对使用强制权进行反击的广告

资料来源：Courtesy，Coalition of Americans to Save the Economy.

合法权

这种权力来源于一个渠道成员内部化的条例，它规定了另一个渠道成员有合法的权力去影响前者，前者有义务去接受这种影响。在一个跨组织系统中，特别是以大型企业最为典型，合法权非常普遍，而且能够被接受。事实上，没有这个权力的组织，运营将非常困难。在指令链的每一个层次，被领导组织承认它的上一层次组织拥有合法权影响其行为，自己也有义务接受这种影响。因此，向销售主管汇报的销售人员预期从销售主管那里接受指令，前者则进一步从营销副总裁那里接受指令，依此类推。

在诸如营销渠道这样的跨组织系统中，从另一个方面看，合法权并不是以同样的形式运作的，而且绝不是普遍的或者被广泛接受的现象。由于很多渠道是由独立的企业组成的，因此，没有一种明确的领导与被领导的关系，也没有权威或指令链，只有构成组织结构的由契约联结的建立在合法权基础之上的渠道。因而，对于很多松散的营销渠道而言，合法权实际上是一种不存在的权力基础。例如，通过独立批发商销售产品的制造商，就不能运用制造商内部存在的任何合法权命令批发商去做什么，并要求批发商必须接受。当然，制造商可以通过诱导或运用强制权（比如威胁与批发商中断交易）影响其行为，在这种情况下，权力基础分别是奖励权和强制权，而不是合法权。

从一般意义上讲，在松散渠道中运作的渠道管理者，不可能依靠合法权去影响渠道成员，必须借助于与其他权力基础相关的方法重构渠道，使之成为诸如契约化垂直系统那样的常规系统，以增强合法权基础。

某些最强大的合法权基础是为特许经营者所拥有的，因为特许经营者通过与受许方之间签订特许契约，增强了特许方的合法权，这类契约通常规定了各方特定的权利和义务，而且很少有例外。多数情况下，特许方所拥有的合法权的基础要比受许方多得多。例如，南方公司（Southland Corporation）是 7-11 店铺的特许方，它与受许方建立的协议框架，使南方公司处于非常有利的地位。南方公司合法拥有受许方 52%的毛利，同时拥有处理所有受许方账务的权力，并规定受许方每月必须将报表送交南方公司，以核查它们的净利润。如果某个受许方的绩效低于规定的水准，南方公司可以用在 72 小时前通知对方的形式开除受许方。

参考权

当一个渠道成员认为它的目标与其他成员的目标紧密相关或完全等同时，就可能存在参考权。换句话说，它们可能视对方为相等的参考群体。当这种情况相当普遍时，就可能发生某一渠道成员试图影响另一渠道成员的行为，而且这种行为对实现其目标是非常有益的。例如，有些被认为是“先导者”、“高质量”或“颇具声望”的零售商或批发商，当它们的参考群体（即那些制造商）的产品与它们所想达到的形象一致时，就会利用参考权，这又反过来使那些制造商对试图经营其产品的中间商组织拥有参考权。那些拥有卓越产品的制造商，参考权会非常大，这就使制造商能够对经营其产品的渠道成员施加相当大的影响。图 4—7 是 Sylvan 学习中心（Sylvan Learning Center）的广告，这是一家教育计划的经销商，这幅广告突出表现了公司作为世界课

图 4—7　反映参考权的广告

资料来源：Courtesy of Sylvan Leaning Centers.

外教育界领袖的自豪感，课外教育提高了100多万孩子的素质。广告刊登在《华尔街日报》上，其目标不仅是寻求新的经销商，并且旨在强化经销商的归属感，使它们为自己能同这样一家赫赫有名的教育组织合作而感到自豪。

甚至像世界上最大的连锁百货公司梅西百货也同样会被参考权影响。梅西百货的时尚形象对于其竞争优势来说十分重要，因为这是梅西百货区别于大型折扣商店如沃尔玛和塔吉特的关键。为了保持和提升其时尚形象，梅西百货在其货架上摆放的都是著名品牌如拉尔夫·劳伦（Ralph Lauren），Liz Claiborne，Jones Apparel Group等。[52]梅西百货的规模比大多数在其店里销售产品的制造商大，因此梅西百货可以在极大程度上强迫制造商让步从而让自己制定产品价格和销售时间，然而梅西百货并不倾向于使用这种强制权，因为它需要与这些时尚产品制造商保持良好的关系。因此，事实上，这些名品制造商拥有的参考权能够消除或至少在一定程度上削弱大型零售商的强制权。

专家权

这种权力的基础是在某些领域一个渠道成员拥有本来属于另一个渠道成员的知识（或对知识的理解）。换句话说，一个渠道成员在丰富经验的基础上试图对另一个渠道成员施加影响。

专家权在营销渠道中很常见。很多制造商向零售商提供有关零售商在经营中与各种活动相关的管理上的支持。宝洁公司的“有效展示计划”，即帮助零售商以最小的库存，在不同的市场，以符合顾客需求为前提，通过适当的产品展示来销售宝洁产品，就是这方面的一个例子。该计划在诸如《折扣店新闻》这样的贸易出版物上进行宣传，将该计划告知既定的和潜在的渠道成员。零售商通常会根据制造商或批发商出于专家经验和技能所提供的建议做出调整。专家建议也可以沿着渠道逆流而上，即从零售商到批发商或制造商。零售商常常在消费市场的“及时感应”上拥有优势，并能将这种信息向渠道的上游传递。这种凭借信息对批发商和制造商行为的影响，将主要取决于批发商和制造商对零售商专家经验、技能的预期。

在特许渠道中，专家经验和技能是特许方对受许方施加影响的主要权力基础。虽然特许方显然可以运用其他权力基础，特别是合法权，对受许方施加影响，但是专家权在取得受许方的合作方面具有特别重要的意义。受许方希望能在常规、持续的基础上得到特许方的专家指导。事实上，对于受许方来讲，特许经营的主要价值之一在于它能够在特定领域得到受许方的专家经验和技能。[53]图4—8是DQ公司（Dairy Queen）刊登在《华尔街日报》上的广告，它基于“有经验的特许经销”的标题强调其专家权，这向潜在的经销商表明，DQ知道如何最有效地向它们传授经验，成为DQ组织一分子的经销商可以享受只有健全完善的经销商组织才能提供的技能。

专家建议也可以反向从受许方传达给特许方，因为有时受许方反而更能把握市场的脉搏。以赛百味（Subway）三明治店为例。[54]在2007—2008年的“大萧条”时期，5美元的12英寸三明治获得了巨大的成功，但是12英寸三明治的点子却源于赛百味的特许经销商而不是自己。斯图尔特·弗兰克尔（Stuart Frankel）在迈阿密有两家小赛百味店，他发现周末的销售不尽如人意，于是他开始出售5美元（原来是6美元）的12英寸的三明治，销售额竟以两位数增长。在数周内，5美元12英寸的三明治在所有赛百味的特许经营店中引起了巨大反响。显然，弗兰克尔的专家能力在于“读懂”市场，而这也正是赛百味总部所欠缺的。

图 4—8　在特许渠道中反映专家权的广告

资料来源："Dairy Queen"，"DQ" and the ellipse logo are trademarks of American Dairy Queen Corp. Used with permission.

营销渠道中权力的运用

从生产或制造企业中渠道管理者的角度看，必须运用权力影响渠道成员的行为，以帮助企业实现其分销目标。[55]因此，渠道管理者为了在营销渠道中实施权力就必须拥有可以运用权力的基础，这样就产生了两个渠道管理上的问题：（1）有哪些可以运用的权力基础？（2）应该使用哪些权力基础？

识别可行的权力基础

在多数情况下，该问题的解决较为直接，因为关于渠道管理者在给定时间段可行的权力基础是非常容易识别的，通常它是生产商或制造商相对于渠道成员的规模、渠道组织或者围绕渠道关系特定环境要素的函数。[56]

在规模方面，大规模生产商或制造商在与批发或零售层次相对小规模企业的交往中，通常拥有较高的可行的奖励权和强制权；反之亦然。像家得宝、沃尔玛、玩具反斗城公司这样的大型零售商，比为它们供货的制造商规模要大得多，因此，这类"强大的"或"占有主导地位的"零售商，相对于大多数提供产品的较小的制造商而言，拥有非常高的奖励权和强制权。这种渠道成员在可行使权力上的差异（非对称），并不意味着大型或强有力的渠道成员将自动地拥有巨大的奖励权和强制权的优势[57]，而只是意味着存在做到这一点的可能性。

在渠道组织方面，依靠契约联结的渠道，诸如特许系统，为特许经营者提供了契约所赋予的法律权力；相反，常规、松散的渠道，本质上不可能为生产商或制造商提供法律权力基础。

最后，渠道关系的环境可能会发生变化，这将产生某些特定的权力基础。[58]例如，在新产品导入的初期，制造商的专家权力基础将是可行的，因为制造商可能是整个渠道中唯一知道该如何有效促销新商品的成员，因而，零售商可能严格地遵守制造商的促销建议，因为制造商拥有必要的经验和技能。

在某些情况下，可以运用的权力基础可能难以识别。在多数情况下，根据组织的规模和渠道组织结构以及与渠道关系相关的任何变化的环境来仔细评估基本的渠道关系，将会揭示可以运用的权力基础。[59]例如，对杂货产品分销渠道中食品经纪商和批发商的研究发现，至少在这个特定的渠道中，某个渠道成员相对于其他渠道成员的权力并不大，而是取决于特定的问题和政策。[60]与此相类似，一项对批发商批发鲜花的实证研究发现，由产品的特性所决定（无差异的产品），任何批发商所拥有的权力都是非常有限的，因为鲜花店可以很容易地从一大群其他的批发商那里买到类似的鲜花。[61]

选择和运用适当的权力基础

在营销渠道中运用什么样的权力基础以实施权力，对于渠道管理者来讲，比起前面所谈到的识别权力基础，是一个更困难、更复杂的问题。[62]正如弗雷泽（Frazier）和安蒂尔（Antia）指出的那样：

> 权力可以通过高压的形式，迫使渠道成员采取某种非自愿的行动。无疑这种权力的运用在渠道管理的各个方面恶化了渠道关系。然而，认识到权力也可以用来增强渠道成员之间的关系型交易也是非常重要的。[63]

因此，为了利用权力增强而不是维系渠道关系，渠道管理者需要了解为了达到企业的分销目标，各种权力基础是如何有效地影响渠道成员的，运用不同的权力基础渠道成员可能出现什么反应，以及各种权力基础的运用将如何影响整个渠道关系。虽然没有一些明确的原则和指导方针来处理营销渠道中的权力基础，但是出现了越来越多的分析和实证研究，可以为这些问题提供一些有益的分析思路。

许多研究着重探讨渠道成员对于制造商使用权力的基础以及使用权力对整个渠道关系的影响。贝耶尔（Beier）和斯特恩（Stern）认为，非强制权能使“更为弱小的”渠道成员产生较高程度的满意。[64]亨特（Hunt）和内文（Nevin）在快餐业特许渠道检验了这种假设，他们的发现为这种理论上的推论提供了实证上的支持。[65]基于该项研究，亨特和内文认为，至少在特许渠道中，特许经营者避免使用强制权可能会产生如下结果：

1. 受许方可能有更高的积极性；
2. 受许方更有可能与特许方进行合作；
3. 受许方终止契约的可能性较小；
4. 受许方以个体的名义起诉特许方的可能性较小；
5. 受许方共同起诉的可能性较小；
6. 受许方寻求诸如《特许全面揭示法》（Franchise Full Disclosure Act，1970）这样的法律保护的可能性较小。

其后，勒什对汽车分销特许渠道的研究也证实了亨特和内文的研究[66]，该研究发现，制造商运用某些特定的权力，会对渠道冲突产生影响，特别是他发现，非强制权力的运用（奖励权、合法权、参考权和专家权）趋向于减少渠道冲突，而强制权会增加渠道冲突。布朗（Brown）和弗雷泽（Frazier）对汽车营销渠道的研究，也得出了类似的结论。[67]

在另一项由研究生和本科生进行的模拟营销渠道中，德怀尔（Dwyer）发现，奖励权、参考权、合法权和专家权能够促进更有效的渠道合作关系。[68]最近的一些研究也都支持这些论点。舒尔（Schul）和巴巴库斯（Babakus）在对代理美国六大房地产公司业务的106家特许房地产经纪商的一项调查发现，奖励权对增进渠道关系具有正效应，强制权的运用则具有负效应。[69]由亨特（Hunt）、门泽尔（Mentzer）、德内斯（Danes）所做的在产业市场销售管道装置、加热装置和空调设备的67家制造商代表的一项研究发现，在合法权、参考权的运用与渠道成员接受这种权力的影响之间，存在着统计上的完全相关性。[70]

在其他国家所做的对营销渠道权力的有限研究中，威金森（Wilkinson）对澳大利亚主要家庭耐用消费品的分销渠道进行了调查，该研究发现，非强制权与渠道成员的渠道满意度之间存在直接的关系（虽然是很脆弱的）。[71]

在其他国家最近进行的研究中，约翰逊等人（Johnson et al.）考察了经销美国生产的消费品的日本分销商是如何看待双方的，以及它们的美国供应商对权力是如何运用的。[72]该项研究发现，日本比通常的西方文化对权力运用的理解有着更大的差异性。例如，一个美国的渠道成员试图仿照美国的标准，以细微的、非进攻性的方式来影响一个日本合作者，但是这种行为在日本人眼中仍被视为具有相当强进攻性的行为，而一个美国渠道成员可能采取强硬的姿态，运用权力向对方施加压力，可是日本渠道成员并不把其当成一回事。

最后，最近另一个关于中国啤酒营销渠道的国际研究中，李（Lee）发现，95%的参加研究的本土分销商感受到了供应商的压力，这一点同在西方营销渠道里在分销商身上发现的现象是相似的。[73]特别是，中国分销商将权力分为攻击性和非攻击性两类，同西方分销商把供应商压力分为强制性与非强制性也很相似。此外，与西方渠道中的情形一样，中国分销商对运用非强制性（非攻击性）权力的供应商比对运用强制性（攻击性）权力的供应商更为满意。事实上，研究显示，非强制性权力的运用与渠道成员（这里指啤酒分销商）满意度之间的关联在中国表现得比在西方要显著得多。

虽然从该项研究中可以看出，在营销渠道中有关权力运用的管理没有一个清晰、明确的原则，但是我们仍然可以得出几个原则性的推论：

1. 为了影响渠道成员的行为，必须运用某些形式的权力。

2. 各种权力影响渠道成员行为的有效性可能是由特定的条件决定的。[74]随着渠道的特定结构、渠道成员的本质特点以及权力实施的环境情况不同，各种权力的有效性也会有所变化。[75]

3. 权力的实施以及权力是如何运用的，会影响渠道中合作的程度和冲突，同时也会影响渠道成员对渠道关系的满意度。[76]

4. 强制权力的运用会增加冲突，而且比其他权力的运用更能产生高度的不满。

5. 强制权力的运用，特别是在以契约联结的渠道中，会削弱渠道的稳定性和发展，并且使受强制的渠道成员向外部寻求支持（例如政府行为）以削弱强制力增大的可能性。

虽然这些原则不应该认为是非常精确、放之四海而皆准的，或者是“镌刻在石头”上的东西，但是它们的确在某种程度上为渠道管理者提供了有关营销渠道中权力运用的理论指导。[77]如果能将这些指导与良好的管理判断结合起来，发展和管理营销渠道就有可能是真正具有价值的。[78]

营销渠道中的角色

由于很多术语都来自于行为科学，因此，关于角色的定义有很多不同的观点。角色的概念常被表述为规定、描述、评价和行为。符合我们的意图并可能被接受的对**角色**（role）的定义是：

对特定成员所应采取行为的一系列规定。[79]

将该定义运用于营销渠道，吉尔（Gill）和斯特恩（Stern）认为，当渠道被视为社会系统时，渠道包括一系列可认知的位置，每个组织（制造商、批发商、零售商）都占据了渠道中的某个位置。[80]每一个位置都有一系列社会的规定（角色），以确定占据这些位置的成员应该做出何种可接受的行为。[81]例如，对制造商位置的基本角色的规定是，最大量地销售其特定品牌的产品，制造商预期与“社会窥视者”（其他竞争制造商）竞争，以争取市场份额。该角色还规定，要进攻性地促销其品牌产品，以有效地展开竞争。独立批发商的角色界定与制造商的角色截然不同，占据该位置的批发商有着与该角色相关的一系列规定。例如，对于批发商而言，特定制造商的产品品牌只是它经销的众多品牌中的一个，因此，批发商的角色被规定为与其他的批发商相竞争，这种角色决定了它可以经销零售商具有强烈需求的任何品牌的产品，以扩大自己的销售。如果制造商或批发商的行为与所规定的角色相距太远，就会产生冲突，而这可能会影响绩效甚至它们的生存。例如，如果在对其他制造商的产品存在较大需求的情况下，批发商依然经销特定制造商的品牌产品，这时批发商就要承担销售额下降和丧失一些零售客户的风险；如果批发商停止从某个制造商那里进货，并转向其他制造商进行采购，那么该制造商就不可能与这个批发商“共处下去”，显然这将极大地削弱制造商的销售量和市场份额。

营销渠道中的角色并不都是一样的，它们会随着时间的变化而变化。汽车产业的发展表明了渠道成员的角色是如何变化的，并且与通常认为是正常、合理的渠道成员的角色相偏离。[82]在过去20年中，“大型交易商”（经营各种不同品牌汽车的大规模汽车零售商）得到了迅猛发展，这些大型强有力的经销商并不满足于汽车经销商的传统角色，它们觉得传统的经销商在制造商所实施的规划中只能发挥很小的作用。很多经销商希望扩展自己的角色，大型经销商也有实力做到这一点。经销商所想扩展的渠道角色，包括在产品开发决策过程中提出建议、诸如经销商激励这样的营销战略的制定以及保证条款的制定。仅仅销售制造商决定生产的汽车产品，并按照制造商确定的营销战略从事经营活动，对于越来越多的汽车经销商来说，它们所起的作用实在是太有限了。

对角色的清楚界定，有利于促进渠道成员间更好地相互理解，这方面的一个例子是钢铁服务中心。钢铁服务中心是在产业市场进行经营的独立批发商组织，它们从大型钢铁制造企业中大量购进钢材，然后加工成不同长度和形状的产品。它们库存大量的这类产品，然后快速供应给诸如计算机、小型设备、照明设备、家具、消防车、餐馆和旅馆设备、空调系统以及其他产品的制造商。这些钢铁服务中心通常与钢铁制造商和它们的顾客保持着良好的关系，根据该产业的材料披露，这源于渠道成员对各自的角色非常清楚。[83]例如，钢铁制造商作为将产品直接销售给小型客户的角色正在减弱，因为最小订货量是很高的（某些钢铁产品的最小订货量是20吨～50吨）。钢铁制造商认为，正在不断出现的钢铁服务中心这类组织是最佳的渠道成员，它们最适合将产品进一步分销给小型客户，反过来，小型客户也希望钢铁服务中心能提供诸如切割、裁剪和仓储等服务，并且拥有在短时间内将钢铁制造商难以处理的少量产品配送到指定地点的能力。虽然这种“联姻”并非十全十美，但是从多数情况看，这种渠道关系反映了渠道成员间对各自角色的高度认知和理解。

总而言之，熟悉营销渠道中角色的概念，有助于更广泛、更深入地思考各渠道成员的期望，这极有可能促进渠道成员角色的结合，反过来又可能促进更紧密的合作和有效渠道的形成。

从渠道管理者的角度看，角色概念的重要价值在于它能帮助人们描述和比较渠道成员的预期行为，并且了解它们经营运作的限制条件。例如，渠道管理者可以利用角色的概念说明如下问题：

1. 我期望某个特定渠道成员在渠道中发挥什么样的作用？

2. 渠道成员的对手（其他类似的企业）希望该成员（潜在和既定的成员）发挥什么样的作用？

3. 我对该成员的期望是否与其对手对它的期望相冲突？

4. 该成员希望我发挥什么样的作用？

通过询问各渠道成员的角色问题，就能很清楚地了解每个参与者预期将发挥什么样的作用，这也有助于减少在渠道成员中经常发生的对企业间关系理解上的混乱和破坏，同时降低渠道成员间冲突的可能性。[84]

营销渠道中的沟通过程

沟通（communication）被描述为“将分销渠道结合在一起的黏合剂”。[85]沟通提供了在渠道成员之间以及渠道与环境之间接收和发送信息的基础。[86]渠道成员所实施的沟通行为在渠道中产生了信息流，这种信息流对有效地组织渠道中的产品流和服务流是十分必要的。事实上，若没有一个有效的信息流，就不可能出现有效的产品流和服务流[87]，因此，渠道管理者必须在渠道中建立和促进有效的信息流。我们将在第 9 章和第 12 章具体探讨做到这一点的方法和途径。我们在本章导入沟通主题的主要目的在于提供一些有关营销渠道中沟通这一基本行为问题的背景。如果渠道管理者想避开在建立有效的渠道信息流过程中的陷阱，熟悉渠道沟通行为是非常必要的。

渠道沟通中的行为问题

威特里奇（Wittreich）所做的先驱性研究，可以说是分析营销渠道中影响沟通行为问题的里程碑。[88]尽管威特里奇的分析主要针对的是大型制造商在与相对小型的独立零售商进行沟通时所遇到的问题，但是他的研究为理解其他渠道结构的沟通行为提供了深刻的见解，因此，更确切地讲，他的研究发现可以应用于不同类型的渠道。

威特里奇把渠道结构中制造商与小型独立零售商之间的沟通问题归纳为两个方面的基本行为问题：（1）制造商和零售商之间目标上的差异；（2）它们传递信息所使用的语言上的差异。

目标差异

大型生产企业的目标主要表现为增长的理念，在营销战略中，这反映为一种力图增加销售量的进攻性的策略。营销渠道中的参与者也期望能全心全意地围绕这一要求行动。这种增长的目标并不是典型的零售商所追求的，相反，中小型独立零售商的目标更体现为一种必要的静态理念，即它们常常为维持既定的商业水准而感到满足，最多是希望以一种温和、渐进的方式获得发展。

这种目标上的差异造成营销渠道中制造商与零售商之间的很多沟通问题。为了说明这一点，威特里奇引用了一个激励零售商的例子，这种激励广泛地被制造商采用。这种激励通常以金融刺激的形式鼓励零售商扩大销售量，数量折扣就是其中的一种形式，即随着零售商购进数量的增加，所给予的折扣比例会越来越大。制造商常常因为不能有效地与零售商沟通这种折扣利益而感到困惑，以至于零售商仅仅热衷于取得这种优惠。威特里奇对这个沟通问题做出了如下解释：

> 要理解这一困惑，我们需要想一想，当制造商的目标反映为持续追求扩张时，零售商却对超越它已实现的业务水平丝毫不感兴趣。后者满足于它所设想的良好状态，它不仅对自己现有的水准感到满足，而且对供应商"刺激"它超越现有水准感到烦恼。它不仅讨厌这种刺激，而且认为对比它大的零售商提供优惠是"不公正的歧视"。[89]

虽然这里所反映的目标上的差异主要体现在相对小型的零售商与大型制造商中，但同样的问题也存在于一方成员规模较大、另一方成员规模较小的其他渠道结构中，因此，这一问题也适用于以下几种状态的渠道中：（1）通过小型批发商分销的制造商；（2）大型批发商和小型零售商；（3）特许经营者和相对小型的受许方。显然，没有实证根据，我们根本无法确定这一推论，但是将威特里奇的研究结论推广到其他涉及大小型成员的渠道结构中肯定是合理的，特别是威特里奇所谈到的目标差异不是某种特定业务（例如制造商本身是否与企业规模和管理理念紧密相关）的函数时更是如此。例如，专业管理运作的大型批发商可能有较高的增长目标，而这一目标与那些分销商品的零售商的目标可能是不一致的。

基于这种思路，大型企业的渠道管理者，无论是生产商/制造商、批发商，还是服务特许经营者，都应该了解小型渠道成员的目标，以及它们的目标是否与其自身的目标有差异。

语言上的差异

制造商和小型零售商之间沟通的另一个问题是，在大型制造企业中专业企业管理所运用的术语和行业术语。威特里奇认为，这种语言尽管在专业管理者中得到充分理解，但对小型零售商而言则几乎是陌生的。为了说明这一点，他举了一个美国酿酒行业的例子，他特别强调，大型酿酒企业在与小型零售酒店所有者进行沟通时面临大量的困难。

> 传统的小酒店所有者实际上并不是商人，他们不像商人那样常常用标准的术语进行思考。对他们来讲，"利润"一词是那些自以为比他们优越的聪明的家伙所使用的骄傲自大、深奥的词汇，他们更能理解经营是为了"赚钱"。这一提法有助于他们理解问题，而不是运用使他们产生对立情绪的"利润优化"的提法。同样的语言还包括谈论"商品销售规划"或"促销"，这些都可能使他们茫然。为了促使他们行动，你需要用他们熟悉的词汇，向他们进行说明，并承诺他们能够理解和把握的具体的奖励。[90]

这里需要再次指出的是，威特里奇的观点可以运用于除大型制造商和小型独立零售商之外的其他渠道结构中。因此，对于渠道管理者来讲，努力使渠道沟通中所使用的语言能被渠道成员充分理解是明智之举。

渠道沟通中的其他行为问题

另外三个制约有效渠道沟通的行为问题是渠道成员间观念上的差异、保密性行为和沟通的频率不足。

在观念差异方面，渠道成员可能以不同的方式理解相同的刺激，其中的一个差异涉及语言上的理解，这个问题已在前面分析过。此外，还有一些可能扭曲沟通的观念上的差异，则不是语言上的不同理解造成的，例如，“交货期”这个问题，对不同的渠道成员来讲，理解是完全不一样的。

例如，在某个制造移动式绞车的制造商与排他性特许经营该产品的批发商的交易中，制造商向批发商首次发货时，发现产品的瑕疵率为 100%，批发商不得不召回销售出去的每一台绞车。制造商同意批发商退货，并改正产品中的缺陷，此后，制造商变得非常谨慎，力图确保产品绝对无瑕疵，这使得生产进度放缓，导致向批发商的交货期要花费 9～10 个月。批发商向制造商强烈抱怨，说客户不愿意等待这么长的时间。制造商的反应是，如果这个批发商不满意，制造商可以很容易地找到其他批发商经营该产品，而批发商的反应是，要求制造商补偿因为订单没有及时交付而造成的损失。制造商认为 9～10 个月的交货期是合理的，而批发商认为大约 30 天时间是合理的交货期。法院基于专家认定 30 天是合理交货期的结论，最后判批发商胜诉。

虽然该案例涉及的是交货期问题，但是渠道成员观念上的差异可能存在于各个方面，因此，对于渠道管理者来讲，明确交货期、利润率和折扣、退货权限、保障条款等细节，使渠道成员在这些问题上与管理者达成共识是非常重要的。渠道管理者绝对不要错误地假定“每个人都知道”特定条款的内容是什么，或者认为这是该行业中的“惯例”。在这个方面还需要注意的是，要尽可能多地进行渠道间的有效沟通，将造成冲突和诉诸法律的可能性降到最低。

渠道成员秘密采取行动的倾向也会阻碍有效的渠道沟通，特别是制造商在揭示即将开展的促销计划时更是如此。制造商常常不太愿意将促销计划的细节透露给其渠道成员。由于在计划实施前没有揭示，因此，制造商无法从中间商那里获得这种计划是否妥当、是否及时、是否需要支持等潜在的有价值的信息反馈。渠道成员秘密行事，也可能是因为既定渠道的很多成员同时也是其他竞争渠道的成员，因而信息泄露的可能性较高，即使渠道成员之间很少存在有效的沟通和协调，它们也常常删减和扭曲信息，以保证竞争性的机密信息不会泄露出去。[91]

需要指出的是，渠道中一定程度和一定数量的保密是必要的。例如，在开展重大的促销攻势时，企业经常需要追求某些新奇的效果，如果把活动的细节透露出去，企业极有可能失去这种竞争优势。

遗憾的是，在解答关于什么时候渠道成员保守机密是必要的行为，什么时候这种行为会阻碍渠道的有效沟通这些问题上，很难有一个明确的答案。显然，一方面，在任何情况下都高度保守机密可能是不必要的；另一方面，任何事情都完全公开，也是不明智的。因此，渠道管理者需要根据每个企业的情况具体处理这个问题。

最后是关于渠道成员沟通的频率不足，最近由莫尔（Mohr）和索希（Sohi）进行的对个人电脑营销渠道的一项研究发现，这个问题确实会对有效的渠道沟通造成损害。正如他们所指出的那样：

> 沟通不足会使渠道成员觉得它们不是紧密联系在一起的，下游的渠道成员可能缺乏必要的信息，无法进行有效的商品销售规划和推广制造商的产品，因此，沟通频率不足与沟通质量低紧密相关。[92]

虽然莫尔和索希对于自己的研究结论（基于125家计算机零售商的数据）在其他渠道中的适用性保持了相当谨慎的态度，但是可以肯定，在各种渠道中，沟通频率不足都与低频率的沟通相关。克莱斯勒公司与其2 500个美国及全球经销商之间恰好就存在这种低频率沟通的问题。[93]塞尔吉奥·马尔奇奥尼（Sergio Marchionne）是意大利汽车制造商菲亚特（Fiat）的CEO，当菲亚特2009年6月收购破产的克莱斯勒时，他也成为克莱斯勒的CEO。然而，直至2010年9月（距离菲亚特收购克莱斯勒已经超过一年）马尔奇奥尼并不与克莱斯勒的经销商直接沟通。许多克莱斯勒的经销商都对如此长时间的沟通缺失感到沮丧或焦虑，尤其是在破产重组带来巨大混乱、成百上千克莱斯勒的经销商倒闭以及汽车销量急剧下滑的情况下。为什么马尔奇奥尼如此长时间不与经销商沟通呢？其实马尔奇奥尼是想等到新车型出来之后再与经销商进行沟通。显然，他认为让经销商在绝望中等待14个月直至有一些激动人心的消息之后再与经销商沟通要比他没什么实质性内容与经销商分享要好得多，然而大多数经销商宁愿与CEO有更为频繁的沟通。

本章小结

营销渠道不仅反映为一种经济过程，也体现为一种行为过程，因此，营销渠道可以看做受冲突、权力、角色及沟通过程等多种行为因素影响的社会体系。渠道管理者需要了解所在渠道中的这些行为因素，以便将这些因素的影响考虑到决策中去。

冲突是营销渠道中的固有行为因素，而且十分普遍，冲突源于很多原因，如角色的不协调、资源的稀缺性、观念上的差异、预期的差异、决策领域的分歧、目标上的不一致以及沟通上的问题。冲突可能对渠道效率产生负面和正面的影响，也有可能根本没有影响。对渠道冲突的管理涉及3个方面的任务：（1）识别渠道冲突；（2）评价冲突的效应；（3）如果冲突对渠道效率有负面影响，就要解决冲突。识别渠道冲突有多种方法，如渠道成员观念、渠道审计和渠道成员委员会的调查。有关渠道冲突测度的研究已有很多，目前已有很多测度冲突及其对渠道效率影响的复杂方法，这些方法大多已经广泛地应用于实践，为渠道管理者处理渠道冲突提供了有价值的思路。渠道冲突的解决也可以由建立渠道领域内委员会、制定综合目标、设置分销主管、仲裁、设置特别组织收集信息、组织发展方法、确定特殊的谈判过程以及和谈来实现，所有这些方法都试图促进渠道成员之间的对话，以减轻不良冲突的影响。

权力是运用于营销渠道中，影响其他渠道成员行为的因素。权力的来源或者说基础有5个方面：（1）奖励权；（2）强制权；（3）合法权；（4）参考权；（5）专家权。在营销渠道中运用权力时，渠道管理者所面临的最基本、最重要的问题是，决定运用什么形式的权力或权力组合，以对其他渠道成员产生最大的影响，与此同时，还要避免冲突并达到渠道成员的满意。这个问题引起了广泛的研究兴趣。这些研究结论可以为营销渠道中权力的运用提供某种指导。其中最重要的发现是，营销渠道中权力的有效性是根据不同的情况决定的。权力的运用会影响渠道中合作和冲突的程度以及渠道成员的满意水平。强制权力的运用会加剧冲突，而且比起其他权力基础来说，会产生最强烈的不满。

角色是界定处于某种地位的成员应该如何行为的一种描述，它为渠道管理者提供了一种基础，以表明他们希望每个渠道成员如何行动，以及企业期望在营销渠道中起什么样的作用。通过在渠道成员间安排更合适的角色，渠道管理者更有可能建立有效的营销渠道。

渠道中的沟通过程对渠道的运作是至关重要的。一些行为上的问题，诸如渠道成员间目标上的差异、语言上的差异、理解上的差异、保密行为以及沟通频率不足等，都会扭曲沟通过程，降低渠道效率。因此，渠道管理者应当努力识别任何可能影响渠道中信息流效率的行为问题，并在渠道中沟通过程被严重扭曲前解决这些问题。

复习题

1. 纯粹的营销渠道经济模型是不充分的，试加以解释。

2. 为什么渠道管理者需要熟悉在渠道中所发生的一些行为过程？

3. 讨论营销渠道中冲突与竞争的区别。

4. 什么是冲突的根本原因？这些因素经常出现吗？这些根本因素一定会导致冲突吗？

5. 营销渠道中冲突的产生有多个原因吗？

6. 冲突是否一定有损渠道的效率？试加以解释。

7. 在营销渠道中冲突如何成为一件好事？请加以解释。

8. 讨论渠道管理者识别渠道冲突的可行方法，你认为这些方法在现实社会中是非常实用的吗？

9. 讨论渠道管理者可以用于管理冲突的办法，这些办法的宗旨是不是共同的？在管理渠道冲突中你有什么想法？

10. 在建立和管理渠道中，权力的运用为什么是必需的？

11. 营销渠道中权力的基础是什么？在考察特定环境以及渠道中权力影响形式时，能否根据对渠道其他成员影响有效性的程度，对权力基础进行排序？

12. 渠道管理者如何知晓哪个权力基础是有效的？

13. 总结营销渠道中权力的运用。

14. 渠道管理者如何利用角色的概念建立更有效率和效能的渠道？

15. 探讨阻碍营销渠道有效沟通的行为问题。你还能想到其他要素吗？

思考题

1. 在2007—2008年“大萧条”之后不久，食品生产商和超市开始了行业观察者所描述的“价格战”。超市对食品生产商不断提高批发价感到不满，尤其是商品价格和燃料价格还在进一步下跌。超市感到自己的利润空间正在被挤占，因为它们无法向萧条中对价格敏感的顾客转移它们增加的成本。然而食品生产商声称自己也身处利润困境，因为它们受困于萧条之前与供应商签订的价格很高的合同。这一定价问题所导致的冲突已经使一些主要的连锁超市威胁减少品牌商品的货架空间，同时出售更多的自有品牌商品。

你认为究竟什么才是超市和食品生产商之间冲突的潜在原因？如何解决？

2. 比尔·施瓦茨（Bill Schwartz）是中型铝管供应企业新价值供应公司（Newvalue Supply）的所有者，他感到非常愤怒，他刚刚挂断来自杰斐逊工业公司（Jefferson）销售经理的电话，杰斐逊公司是新价值公司经销多年的高品质水龙头这种盈利产品的制造商。“那个混蛋准备向一家大型家居中心直销产品”，施瓦茨愤怒地对他儿子保罗（Paul）说，“我们费了九牛二虎之力开拓这个市场，当我们开始取得成效的时候，杰斐逊却想把我们一脚踢开。”

探讨在这种情况下导致冲突的可能原因。

3. 阿莫科公司（Amoco）是美国最大的石油公司之一，已经迫使很多独立服务加油站从提供维修服务的全面服务提供商转变为便利店或“单纯加油站”，因此，高盈利的维修业务对于那些被迫转型的加油站拥有者而言已经不能再经营。受许的独立经销商没有选择权，只能屈服于阿莫科公司，因为石油公司通常拥有加油站的地产和建筑物，而且仅仅提供3年或者更短的租期，这种安排使得生产方拥有了所有权力，而经销商事实上毫无权力。

从权力的角度探讨这种状况，以及它对渠道关系可能产生的长远影响。

4. "这简直太出格了"，莉萨·约翰斯顿（Lisa Johnston）这样评论道，她是一家大型体育用品连锁店的采购员。约翰斯顿女士的上述话语是针对耐克公司的一项新政策而言的，这家著名的运动鞋制造商要求零售商在交货前6个月下订单，"这对于耐克公司收益是很大的，因为这可以帮助它有效地安排生产，但对我们却非常困难。难道耐克公司不知道运动鞋市场是一个变化很快、竞争激烈的市场吗？要在如此长的时间之前预测我们的顾客需要什么运动鞋，那是非常困难的，我们经营的其他品牌运动鞋怎么办？"约翰斯顿女士继续对采购助理这样说。

耐克公司明白零售商的角色吗？请加以讨论。

5. 在2009年的夏天，世界最大的零售商沃尔玛在营销渠道中毫无疑问地拥有强大的力量。沃尔玛向所有在其店中销售产品的制造商宣布，它们必须追随沃尔玛新的"绿色"环境措施。所有厂商必须估算并披露在制造产品时造成的环境成本并让沃尔玛使用这些信息开发一个绿色打分系统，通过商标将信息提供给消费者。绿色计划的全部费用将由沃尔玛10万家供应商承担。尽管该计划将需要几年才能完全实施，但该计划的某些部分将在2011年中期实现。供应商不能选择退出该计划，因此不论规模大小，所有供应商必须参与到计划中，如果不参与，沃尔玛将不与它们继续合作。

在这种情况下运用的究竟是什么权力基础？你认为沃尔玛试图运用其强大的渠道权力所期望实现的目标是什么？

6. 作为美国政府所推动和监督的克莱斯勒破产重组的一部分，800家克莱斯勒的经销商退出了业务。许多经销商认为克莱斯勒要求它们强制退出非常不公平，并打算通过仲裁或法院争取权力。然而，这些经销商不能通过以上途径解决问题，因为破产程序明确禁止了针对克莱斯勒的仲裁或诉讼。的确，选择破产的一个主要原因是获得破产保护，推迟被经销商起诉或仲裁。然而，这些经销商能够游说议会通过一项凌驾于破产保护的法令，允许经销商通过仲裁的方式保留其经销权。由于该新法令获得了通过，许多经销商寄希望于通过仲裁继续保留其经销商地位。

讨论案例中似乎正在发生的渠道中的权力转移。这其中有"好人"和"坏人"之分吗？解释克莱斯勒和被要求退出的经销商之间的冲突和权力争夺。

7. UPS店以UPS授权的特许经营方式运营"包装和运输店"。"包装和运输店"不仅提供包装和运输服务，还提供其他产品和服务，包括提供办公用品、复印、公证服务等。UPS还要求这些店提供"放下"服务，该服务指的是顾客可以自己准备好包裹，在网上购买UPS的发货单（shipping labels），然后顾客前往这些店"放下"他们的包裹，而UPS店不向顾客收取任何费用，但是UPS支付给UPS店每个包裹1美元。许多UPS的特许经营店不喜欢这种政策，它们认为直达顾客的渠道正在损害它们业务中包装和运输这一部分的利益，而这部分恰恰是它们最大的收益来源。顾客现在不用将东西送到UPS店包装、称重并运输，他们自己可以完成这些工作。UPS的特许经营店认为UPS 1美元一个包裹不足以弥补店内包装和运输的收益损失。UPS却不这么认为，它辩称"放下"政策有利于为UPS店带来以前不光顾的新顾客，增加的顾客流量为UPS店销售其他产品和服务提供了机会。因此，根据UPS的说法，"放下"项目的实施对特许经营店来说是绝对有利的。

你认为UPS和UPS店对于"放下"业务的不同观点是由于渠道沟通不畅造成的吗？为什么？

注释

1. See, for example, F. Robert Dwyer, "Behavioral Dimensions in Marketing Channels," *Journal of Retailing* (Winter 1995): 329–330; Robert Dahlstrom and F. Robert Dwyer, "The Political Economy of Disribution Systems: A Review and Prospectus," *Journal of Marketing Channels* 2 no. 1,1992: 47–86; and Keun S. Lee, "A Framework of Channel Membership Involvement: Alienative, Calculative, and Moral Attitudinal Orientation," in *Developing in Marketing Science*, II ed. Kenneth D. Bahn (Blacksburg, Va: Academy of Marketing Science, 1988), 456–459.
2. For a seminal discussion of the marketing channel as a social system, see Louis W. Stern and Jay W. Brown, "Distribution Channels: A Social Systems Approach," in *Distribution Channels: Behavioral Dimensions*, ed. Louis W. Stern (New York: Houghton Mifflin, 1969), 6–19. See also Michael F. Foran and Anthony F. McGann, "A Scheme for Examining Marketing Channels as Social Systems," *Business Ideas and Facts* (Fall 1974): 51–54; Louis W. Stern and Torger Reve, "Distribution Channels as Political Economies: A Framework for Comparative Analysis," *Journal of Marketing* (Summer 1980): 52–64; James R. Brown and Sherman A. Timmins, "Substructural Dimensions of Interorganizational Relations in Marketing Channels," *Journal of the Academy of Marketing Science* (Summer 1981): 163–173; Robert F. Lusch and James R. Brown, "Interdependency, Contracting, and Relational Behavior in Marketing Channels," *Journal of Marketing*. (October, 1996): 19–38.
3. For a related discussion see: Anna Watson and Richard Johnson, "Managing the Franchisor–Franchisee Relationship: A Relationship Marketing Perspective," *Journal of Marketing Channels* (January–March 2010): 51–68.
4. Talcott Parsons and Neil J. Smelser, *Economy and Society: A Study in the Integration of Economic and Social Theory* (New York: Free Press, 1956), 8.
5. Shelby D. Hunt, Nina M. Ray, and Van R. Wood, "Behavioral Dimensions of Channels of Distribution: Review and Synthesis," *Journal of the Academy of Marketing Science* (Summer 1985): 1–24.
6. For a seminal analysis of conflict and power in marketing channels, see John F. Gaski, "The Theory of Power and Conflict in Channels of Distribution," *Journal of Marketing* (Summer 1984): 9–29.
7. Russel P.J. Kingshott and Anthony Pecotich, "The Impact of Psychological Contracts on Trust and Commitment in Supplier-Distributor Relationships," *European Journal of Marketing* (Vol. 41, No. 9/10 2007): 1053–1072; Sunil Sahadev, "Economic Satisfaction and Relationship Commitment in Channels: The Role of Environmental Uncertainty, Collaboration Communication and Coordination Strategy," *European Journal of Marketing* (Vol. 42, No. 1/2 2008): 178–195; Rajiv Mehta, Trina Larsen, and Bert Rosenbloom, "The Influence of Leadership Style on Cooperation in Channels of Distribtution," *International Journal of Physical Distribution & Logistics Management* 26, no. 6 (1996): 32–59; Steven J. Skinner, Jule B. Gassenheimer, and Scott W. Kelley, "Cooperation in Supplier–Dealer Relations," *Journal of Retailing* (Summer 1992): 174–193.
8. Louis W. Stern and Ronald H. Gorman, "Conflict in Distribution Channels: An Exploration," in *Distribution Channels: Behavioral Dimensions*, ed. Louis W. Stern (New York: Houghton Mifflin, 1969), 156.
9. For a related discussion, see: Emily Maltby, "Chrysler Dealerships Fight Closings," *Wall Street Journal* (December 31, 2009): B2.
10. For a related discussion, see Rajiv P. Dant and Kent B. Monroe, "Dichotomy of Issue—Specific and Overall Perceptions: A New Paradigm for Channel Conflict and Cooperation Research," in *Philosophical and Radical Thought in Marketing*, eds. Fuat Firal et al. (Lexington, Mass: Lexington Books, 1988), 323–329.
11. Stuart M. Schmidt and Thomas A. Kochan, "Conflict: Toward Conceptual Clarity," *Administrative Science Quarterly* 17 (September 1972): 361. For further discussion on the distinction, see Louis W. Stern, Brian Sternthal, and C. Samuel Craig, "Managing Conflict in Distribution Channels: A Laboratory Study," *Journal of Marketing Research* (May 1973): 169–170.
12. Kate Zhao, "Retailers and Manufacturers Fight Coupon Fraud," *Wall Street Journal* (July 1, 2009): B5.
13. See Patrick J. Kaufmann and V. Kasturi Rangan, "A Model for Managing System Conflict During Franchise Expansion," *Journal of Retailing* (Summer 1990): 155–173.
14. Nan Zhou, Guijun Zhuang, and Leslie Sai-chung, "Perceptual Difference of Dependence and Its Impact on Conflict in Marketing Channels in China: An Empirical Study," *Industrial Marketing Management* (36, 2007): 309–321.
15. Cok Ouwerkerk, William Verbeke, Heino Hovingh, and Ed Peelen, "Retailers' and Manufacturers' Perceptions of the Temporary Display," *Journal of Marketing Channels* 6, no. 1 (1997): 1–16.
16. See, for example, J. Joseph Cronin, Jr., Steven J. Skinner, and L.W. Turley, "The Impact of Disconfirmed Expectations on Channel Conflict and Repurchase Intentions,"

in *Proceedings of the Annual Educators' Conference of the American Marketing Association*, ed. Robert F. Lusch et al. (Chicago: American Marketing Association, 1985), 172.

17. Timothy W. Martin, "CEO Denies Pricing War Between Grocers, Suppliers," *Wall Street Journal* (March 11, 2009): B3.

18. Richard Gibson, "Burger King Franchisees Can't Have It Their Way," *Wall Street Journal* (January 21, 2010): B1, B5.

19. "Hollywood vs. Redbox," *Business Week* (August 24 & 31, 2009): 038.

20. For an excellent discussion of the underlying theory of communicatins in marketing channels, see Jakki Mohr and John R. Nevin, "Communication Strategies in Marketing Channels: A Theoretical Perspective," *Journal of Marketing* (October 1990): 36–51.

21. For an excellent study related to these questions, see: Morys Z. Perry, "An Experimental Investigation of Conflict Response Behaviors and Performance Consequences in Manufacturer–Dealer Relationships: Do Issue Situations and Resolution Strategies Matter?," *Journal of Marketing Channels* (April–June 2009): 101–130; see also Kenneth A. Hunt, "The Relationship between Channel Conflict and Information Processing," *Journal of Retailing* (Winter 1995): 417–436.

22. Bert Rosenbloom, "Conflict and Channel Efficiency: Some Conceptual Models for the Decision Maker," *Journal of Marketing* (July 1973): 27.

23. For a related discussion, see Kathryn Frazer Winsted and Kenneth A. Hunt, "Functional Conflict in Channel Relationships," in *Proceedings of the Annual Educators' Conference of the American Marketing Association*, ed. Gary Frazier (Chicago: American Marketing Association, 1988), 244.

24. Robert J. Foster and Kelly F. Shuptrine, "Using Retailers' Perception of Channel Performance to Detect Potential Conflict," in *Proceedings of the American Marketing Association* (Chicago: American Marketing Association, August 1973), 110–123.

25. Reavis Cox and Thomas F. Schutte, "A Look at Channel Management," in *Proceedings of the American Marketing Association* (Chicago: American Marketing Association, August 1969): 99–105.

26. Henry O. Pruden, "Interorganizational Conflict, Linkage, and Exchange: A Study of Industrial Salesmen," *Academy of Management Journal* (September 1969): 339–350.

27. Larry J. Rosenberg and Louis W. Stern, "Conflict Measurement in the Distribution Channel," *Journal of Marketing Research* (November 1971): 437–442.

28. Michael M. Pearson, "The Conflict-Performance Assumption," *Journal of Purchasing* (February 1973): 57–69.

29. Robert F. Lusch, "Channel Conflict: Its Impact on Retailer Operating Performance," *Journal of Retailing* (Summer 1976): 3–12.

30. James R. Brown, "Toward Improved Measures of Distribution Channel Conflict," in *Proceedings of the Annual Educators' Conference of the American Marketing Association* (Chicago: American Marketing Association, 1977): 385–389; and James R. Brown and Ralph L. Day, "Measures of Manifest Conflict in Distribution Channels," *Journal of Marketing Research* (August 1981): 263–274.

31. Henry A. Laskey, J. A. F. Nicholls, and Sydney Roslow, "Management-Oriented Indices of Channel Conflict," *Journal of Marketing Channels* 2, no. 1 (1992): 87–103.

32. See, for example, Louis W. Stern, Brian Sternthal, and C. Samuel Craig, "Managing Conflict in Distribution Channels: A Laboratory Study," *Journal of Marketing Research* (May 1973): 169–179; Michael M. Pearson and John F. Monoky, "The Role of Conflict and Cooperation in Channel Performance," in *Proceedings of the Annual Educators' Conference of the American Marketing Association* (Chicago: American Marketing Association, 1976): 240–244; J. Stephen Kelly and J. Irwin Peters, "Vertical Conflict: A Comparative Analysis of Franchisees and Distributors," in *Proceedings of the Annual Educators' Conference of the American Marketing Association* (Chicago: American Marketing Association, 1977): 380–384; James R. Brown and Gary L. Frazier, "The Application of Channel Power: Effects and Connotations," in *Proceedings of the Annual Educators' Conference of the American Marketing Association* (Chicago: American Marketing Association, 1978): 266–270; and Michael Etgar, "Sources and Types of Intrachannel Conflict," *Journal of Retailing* (Spring 1979): 61–78.

33. Larry L. Rosenberg, "A New Approach to Distribution Conflict Management," *Business Horizons* (October 1974): 67–74.

34. For two related articles, see Bruce J. Walker, Janet E. Keith, and Donald W. Jackson, "The Channels Manager: Now, Soon or Never?" *Journal of the Academy of Marketing Science* (Summer 1985): 82–96; and Bert Rosenbloom, "The Influence of Manufacturer Organizational Structure on Marketing Channel Management," in *Proceedings of the Second World Marketing Congress* (Stirling, Scotland: University of Stirling, 1985): 733–744.

35. Robert E. Weigand and Hilda C. Wasson, "Arbitration in the Marketing Channel," *Business Horizons* (October 1974): 39–47.

36. Robert F. Dwyer and Orville C. Walker, Jr., "Bargaining in an Assymmetrical Power Structure," *Journal of Marketing* (Winter 1981): 104–115.

37. Schul, Pride, and Little, "The Impact of Channel Leadership," 23–27.

38. Rajiv P. Dant and Patrick L. Schul, "Conflict Resolution Processes in Contractual Channels of Distribution," *Journal of Marketing* (January 1992): 38–54.

39. See, for example, James R. Brown and Edward F. Fern, "Conflict in Marketing Channels: The Impact of Dual

Distribution," in *Proceedings of the Sixth World Conference on Research in the Distributive Trades*, eds. Roy A. Thurik and Henk J. Gianotten (The Hague, Netherlands: Research Institute for Small and Medium-Sized Business, 1991), 349–356.

40. Jonathan D. Hibbard, Nirmalya Kumar, and Louis W. Stern, "Examining the Impact of Destructive Acts in Marketing Channel Relationships," *Journal of Marketing Research* (February 2001): 45–61.
41. George Balabanis, "Antecedents of Cooperation, Conflict and Relationship Longevity in an International Trade Intermediary's Supply Chain," *Journal of Global Marketing* 12, no. 2 (1998): 25–46.
42. For related discussion see: Morys Z. Perry, "An Experimental Investigation of Conflict Response Behaviors ..." *Journal of Marketing Channels* (April–June 2009): 101–130.
43. For a related discussion see Nirmalya Kumar, "The Power of Trust in Manufacturer–Retailer Relationships," *Harvard Business Review* (November–December 1996): 92–96.
44. Howard Schlossberg, "Grocers Seek Peace Treaty in a War with Manufacturers," *Marketing News* (June 8, 1992): 16–17.
45. Robert A. Dahl, "The Concept of Power," *Behavioral Science* 2 (July 1957): 203–204.
46. Norman Miller and Donald Butler, "Social Power and Communication in Smaller Groups," *Behavioral Science* 14 (January 1969): 11.
47. Armitai W. Etzioni, *The Active Society* (New York: Free Press, 1968): 314.
48. James L. Price, *Organizational Effectiveness: An Inventory of Propositions* (Homewood, Ill: Irwin, 1969), 48.
49. Pui-Wing Tam, "Hewlett-Packard Discontinues Printer-Sales Deal with Dell," *Wall Street Journal* (July 24, 2002): B9.
50. John R. P. French and Bertram Raven, "The Bases of Social Power," in *Studies in Social Power*, ed. Dorwin Cartwright (Ann Arbor, Mich: University of Michigan, 1959), 612–613. Other power bases, such as information power, have also been discussed in the literature. See, for example, Nermin Eyuboglu and Osman A. Atac, "Informational Power: A Means for Increased Control in Channels of Distribution," *Psychology & Marketing* (Fall 1991): 197–213.
51. See for example: Paul Ziobro, "Burger King Franchisees Get to Keep Rebates," *Wall Street Journal* (February 3, 2010): B5.
52. Karen Talley, "Retailers, Suppliers Tussle," *Wall Street Journal* (February 11, 2009): B6A.
53. Anna Watson and Richard Johnson, "Managing the Franchisor–Franchisee Relationship: A Relationship Marketing Perspective," *Journal of Marketing Channels* (January–March 2010): 51–68.
54. Matthew Boyle, "The Accidental Hero," *Business Week* (November 16, 2009): 58–61.
55. James R. Brown, Anthony T. Cobb and Robert F. Lusch, "The Roles Played by Interorganizational Contracts and Justice in Marketing Channel Relationships," *Journal of Business Research* (59 2006): 166–175.
56. For a related discussion, see J. David Lichtenthal and Nermine Eyuboglu, "Channel Power in Business Markets: Structural Linkages," *Journal of Marketing Channels* 1, no. 1 (1991): 39–58; and Michael Etgar, "Channel Environment and Channel Leadership," *Journal of Marketing Research* (February 1977): 69–76.
57. See, for example, Keysuk Kim, "Interfirm Power and Coercive Influence Strategy in Industrial Channels of Distribution: A Contingency Perspective," *Proceedings of the American Marketing Association Summer Educators Conference* (Summer 1996): 384–385.
58. George H. Lucas and Larry G. Gresham, "Power, Conflict, Control, and the Application of Contingency Theory in Marketing Channels," *Journal of the Academy of Marketing Science* (Summer 1985): 27.
59. For a discussion of the research issues involved, see Gary L. Frazier, "On the Measurement of Interfirm Power in Channels of Distribution," *Journal of Marketing Research* (May 1983): 158–166.
60. Robert F. Lusch and Robert H. Ross, "The Nature of Power in a Marketing Channel," *Journal of the Academy of Marketing Science* (Summer 1985): 39–56.
61. Robert E. Krapfel and Robert Spekman, "Channel Power Sources, Satisfaction and Performance: An Exploration," in *Proceedings of the Annual Educators' Conference of the American Marketing Association* (Chicago: American Marketing Association, 1987): 30–34.
62. See, for example, Lynne Richardson and Thomas L. Powers, "Power Usage in the Channel: Perceptions by Personnel Level within the Organization," *Journal of Marketing Channels* 1, no. 4 (1992): 31–49; Jack J. Kasualis and Robert E. Spekman, "A Framework for the Use of Power," *European Journal of Marketing* (Fall 1980): 180–191. See also Nermine Eyuboglu and Nicholas M. Didow, "A Preliminary Test of the Applicability of Interdependence Theory in Explaining Power and Conflict in Distribution Channels," in *Proceedings of the Annual Educators' Conference of the American Marketing Association* (Chicago: American Marketing Association, 1987): 29.
63. Gary L. Frazier and Kersi D. Antia, "Exchange Relationships and Interfirm Power in Channels of Distribution," *Journal of the Academy of Marketing Science* (Fall 1995): 324.
64. Frederick J. Beier and Louis W. Stern, "Power in the Channel of Distribution, " in *Distribution Channels: Behavioral Dimensions* ed. Louis W. Stern (New York: Houghton Mifflin, 1969): 92–93.
65. Shelby D. Hunt and John R. Nevin, "Power in a Channel of Distribution: Sources and Consequences," *Journal of*

Marketing Research (May 1974): 186–193.

66. Robert F. Lusch, "Sources of Power: Their Impact on Intrachannel Conflict," *Journal of Marketing Research* (November 1976): 382–390. For a critique of the methodology and findings of this study, see Michael Etgar, "Intrachannel Conflict and Use of Power," *Journal of Marketing Research* (May 1978): 273–274. For Lusch's reply to this critique, see Robert F. Lusch, "Intrachannel Conflict and Use of Power, A Reply," *Journal of Marketing Research* (May 1978): 275–276.

67. James R. Brown and Gary L. Frazier, "The Application of Channel Power: Its Effects and Connotations," *Proceedings of the Annual Educators' Conference of the American Marketing Association* (Chicago: American Marketing Association, 1978): 266–270.

68. Robert F. Dwyer, "Channel-Member Satisfaction: Laboratory Insights," *Journal of Retailing* (Summer 1980): 45–65.

69. Patrick L. Schul and Emin Babakus, "An Examination of the Interfirm Power–Conflict Relationship: The Intervening Role of the Channel Decision Structure," *Journal of Retailing* (Winter 1988): 381–404.

70. Kenneth A. Hunt, John T. Mentzer, and Jeffrey E. Danes, "The Effects of Power Sources on Compliance in a Channel of Distribution: A Casual Model," *Journal of Business Research* 15 (1987): 377–395. See also Robert F. Lusch and James R. Brown, "A Modified Model of Power in the Marketing Channel," *Journal of Marketing Research* (August 1982): 312–323; John F. Gaski and John R. Nevin, "The Differential Effects of Exercised and Unexercised Power Sources in a Marketing Channel," *Journal of Marketing Research* (May 1985): 135–142; and Donald A. Michie and Stanley D. Sibley, "Channel Member Satisfaction: Controversy Resolved," *Journal of the Academy of Marketing Science* (Spring 1985): 188–205.

71. Ian F. Wilkinson, "Power and Satisfaction in Distribution Channels," *Journal of Retailing* (Summer 1979): 79–94.

72. Jean L. Johnson, Tomoaki Sakano, Joseph A. Cote, and Naoto Onzo, "The Exercise of Interfirm Power and Its Repercussions in U.S.–Japanese Channel Relationships," *Journal of Marketing* (April 1993): 1–10.

73. Don Y. Lee, "Power, Conflict, and Satisfaction in IJV Supplier–Chinese Distributor Channels," *Journal of Business Research* 52 (2001): 149–160.

74. See, for example, Keysuk Kim, "On Interfirm Power, Channel Climate, and Solidarity in Industrial Distributor–Supplier Dyads," *Journal of the Academy of Marketing Science* 28, no. 3 (2000): 388–405.

75. For additional perspectives on this point, see Michael Etgar, "Differences in Use of Manufacturer Power in Conventional and Contractual Channels," *Journal of Retailing* (Winter 1978): 49–62.

76. For an excellent discussion of power in a marketing channels context that takes a very different perspective, see Frank V. Cespedes, "Channel Power: Suggestions for a Broadened Perspective," *Journal of Marketing Channels* 1, no. 3 (1992): 2–37. See also Charles L. Munson, Meir J. Rosenblatt, and Zehava Rosenblatt, "The Use and Abuse of Power in Supply Chains," *Business Horizons*, (January–February 1999): 55–65.

77. For some interesting findings on the use of power in industrial marketing channels, see Stanley D. Sibley and Donald A. Michie, "Distribution Performance and Power Sources," *Industrial Marketing Management* (February 1981): 59–65.

78. Experimental methods to examine the use of power in marketing channels can also be used as an aid to managerial judgment on using power effectively. See, for example, Kevin L. Webb and Nicholas M. Didow, "The Influence of Relative Power and Locus of Control on Channel Cooperation," *Journal of Marketing Channels* 4, no. 3/4 (1996): 71–94.

79. Bruce J. Biddle and Edwin J. Thomas, *Role Theory Concepts and Research* (New York: Wiley, 1966), 29.

80. Lynn E. Gill and Louis W. Stern, "Roles and Role Theory in Distribution Channel Systems," in *Distribution Channels: Behavioral Dimensions*. Louis W. Stern, ed. (Boston: Houghton Mifflin Co., 1969), 22–47.

81. See, for example, L. Joseph Cronin Jr., Thomas L. Baker, and Jon M. Hawes, "An Assessment of the Role Performance Measurement of Power-Dependency in Marketing Channels," *Journal of Business Research* 30 (1994): 201–210.

82. Finnbar O'Neil, "The Auto Industry's Comeback," *Wall Street Journal* (July 30, 2009): A17.

83. For additional perspective on this see: "Today's Metals Service Center Institute," http://www.msci.org/Description.aspx

84. For a related discussion, see Jule B. Gassenheimer, Roger J. Calantone, Judith M. Schmitz, and Robert A. Robicheaux, "Models of Channel Maintenance: What Is the Weaker Party to Do?" *Journal of Business Research* 30 (1994): 225–236.

85. Mohr and Nevin, "Communication Strategies in Marketing Channels," 36.

86. For an excellent article explaining how various types of channel relationships or "governance" influence channel communications, see Jakki J. Mohr, Robert J. Fisher, and John R. Nevin, "Collaborative Communication in Interfirm Integration and Control," *Journal of Marketing* (July 1996): 103–115.

87. Jakki J. Mohr and Ravipreet S. Sohi, "Communication Flows in Distribution Channels: Impact on Assessments of Communication Quality and Satisfaction," *Journal of Retailing* (Vol. 71 (4) 1995): 393–416.

88. Warren J. Wittreich, "Misunderstanding the Retailer," *Harvard Business Review* 40 (May–June 1962): 147–159.

89. Wittreich, "Misunderstanding the Retailer," 151.
90. Wittreich, "Musunderstanding the Retailer," 155.
91. For a related discussion see: Gary L. Frazier, Elliot Maltz, Kersi D. Antia and Aric Rindfleisch, "Distributor Sharing of Strategic Information with Suppliers," *Journal of Marketing* (July 2009): 31–43.
92. Jakki J. Mohr and Ravipreet S. Sohi, "Communication Flows in Distribution Channels: Impact on Assessments of Communication Quality and Satisfaction," 411.
93. Jeff Bennett, "Chrysler Dealers Get a Peek at Coming Models," *Wall Street Journal* (September 14, 2010): B3.

第 II 篇

营销渠道的开发

第 5 章　营销渠道战略
第 6 章　设计营销渠道
第 7 章　选择渠道成员
第 8 章　目标市场和渠道设计战略

第5章 营销渠道战略

学习目标

学习本章之后，你应该能够：

1. 充分理解市场营销渠道战略的含义；
2. 能够清楚地表述大多数企业所面临的六大基本分销决策；
3. 了解渠道战略在企业整体目标实现过程中可能发挥的重要作用；
4. 认识分销与营销组合中其他要素之间的关系以及渠道战略的作用；
5. 注意在企业的营销组合发展过程中可能存在的强化渠道战略重要地位的客观条件；
6. 明晰渠道战略在通过渠道设计创造差异化优势过程中所发挥的作用；
7. 熟悉渠道战略选择决策的内涵；
8. 了解渠道管理者在渠道管理过程中所面临的关键性战略决策；
9. 理解渠道成员激励中组合这一概念的含义；
10. 认识渠道成员绩效评价中存在的重要战略性问题。

渠道焦点

好莱坞放弃窗口式的分销战略可能对电影院拥有者造成巨大损失

主要电影制片厂如迪士尼、派拉蒙、索尼、20世纪福克斯、环球等多年来都采用电影产业中“窗口式”的分销渠道。在这种分销策略下，新电影必须先在电影院上映，一般四个月后通过DVD和有线电视的形式发行。通过推迟以DVD和有线电视发行的时间，电影院获得了四个月独家发行新电影的“窗口期”。这种分销策略能最大化电影院总收入，因为晚一些通过DVD和有线电视发行不会蚕食电影院的收入，四个月的窗口期过去后，新影片基本已经下线了。

然而，由于最近DVD的销量急剧下滑，电影制片厂正在考虑窗口分销的替代策略。新的策略称为“优质电影点播”。这一策略使消费者能够在新电影在电影院上映30天后即可在家中通过DVD或有线电视观看新电影，而不像原来必须等待四个月。电影制片厂认为消费者愿意为这项服务支付更高的价格——每部影片多20～30美元。电影制片厂也相信这一新的分销策略和消费者期望的改变是一致的，因为消费者已经开始习惯使用多种终端随时随地观看他们想看的电影。然而这一新的分销策略的唯一不足之处是：电影院的所有者痛恨它。他们认为这种较早就提供给消费者在家观看电影的选择会减少电影票房收入，因为很多电影上映时间会超过30天。一些电影院所有者甚至考虑拒绝上映那些提供较早在DVD和有线电视观看选择的电影。

因此，这一新的分销策略看上去为电影制片厂提供了机会，但对电影院所有者来说像是末日一般。

资料来源：Based on：Shira Ovide and Sam Schechner，"Hollywood Eyes Shortcut to TV，" *Wall Street Journal*（May 22，2010）：A1，A4.

在第Ⅰ篇中我们对营销渠道的基本概念和基本体系、市场营销渠道的参与者、渠道运行的环境以及渠道的行为模式进行了介绍，现在我们将重点转向渠道战略方面。本章为关键性的渠道管理决策提供了战略框架。接下来的几章以及本书后面的部分，都与本章提出的战略框架相关。因此，本章对于本书后面部分的理解至关重要，它为后面章节所要讨论的渠道决策问题提供了战略背景。

渠道战略的定义

科特勒（Kotler）把营销战略定义为"经营单位为了在目标市场上实现其市场营销目标所遵循的基本原则"。[1]**营销渠道战略**（marketing channel strategy）可以被看做一种更具普遍意义的特殊的营销战略。因此，我们将营销渠道战略定义为：

企业为了实现向目标市场分销产品的营销目标而遵循的基本原则。

虽然与科特勒为营销战略所下的定义十分相似，但是这个定义的含义更窄一些。因为渠道战略只向企业提供实现其分销目标，而不是整个的市场营销目标（还包括产品、价格和促销目标）的原则和指导。营销渠道战略只与市场营销战略中的一个P，即渠道有关，而市场营销组合还包括其他3个P——产品、价格和促销战略。[2]不久我们就会发现，渠道战略与市场营销组合之中的其他战略相比，同样甚至更为重要，在企业整体目标和战略的实现过程中发挥着至关重要的作用。[3]

为了实现分销目标，生产商必须面对6项基本的分销决策：

1. 分销在企业整体目标和战略中扮演什么角色？
2. 分销在市场营销组合中扮演什么角色？
3. 为了实现分销目标，应该如何设计企业的营销渠道？
4. 应该选择什么样的渠道成员，以实现企业的分销目标？
5. 如何管理营销渠道，以持续、高效地实现企业的渠道设计？
6. 如何评价渠道成员的绩效？

从营销渠道管理的角度考虑，这6项决策是分销的"灵魂"。

我们可以事到临头再考虑这6项基本决策，但是这种处理事情的方法是缺乏长远眼光的，可能会导致救火式的思维习惯的产生：总是要等到危机出现时才对分销决策认真考虑，"火"一旦被扑灭，分销决策又会被束之高阁直到下次危机到来。[4]更合理、更系统地处理分销决策的方法是制定市场营销渠道战略，为分销决策提供原则性指导。这种战略性方法为企业分销决策提供了原则性指导，帮助企业在危机出现前及时做出分销决策。因此，无论什么时候，分销管理都必须以渠道战略为指导。图 5—1 反映了渠道战略与分销决策之间的这种关系。在图 5—1 的顶部，长方框表示建立营销渠道战略，为企业分销决策提供指导原则。下面的长方形代表 6 种基本的分销决策。从营销渠道战略引出的纵向箭头表示渠道战略与分销决策之间的指导与被指导关系。从一项分销决策指向另一项分销决策的横向箭头代表一般的决策顺序。框图左右两边的横向箭头则表示信息的反馈，既包括对分销决策的反馈，也包括对战略制定的反馈。最后，指出了每一项决策在书中所处章节。

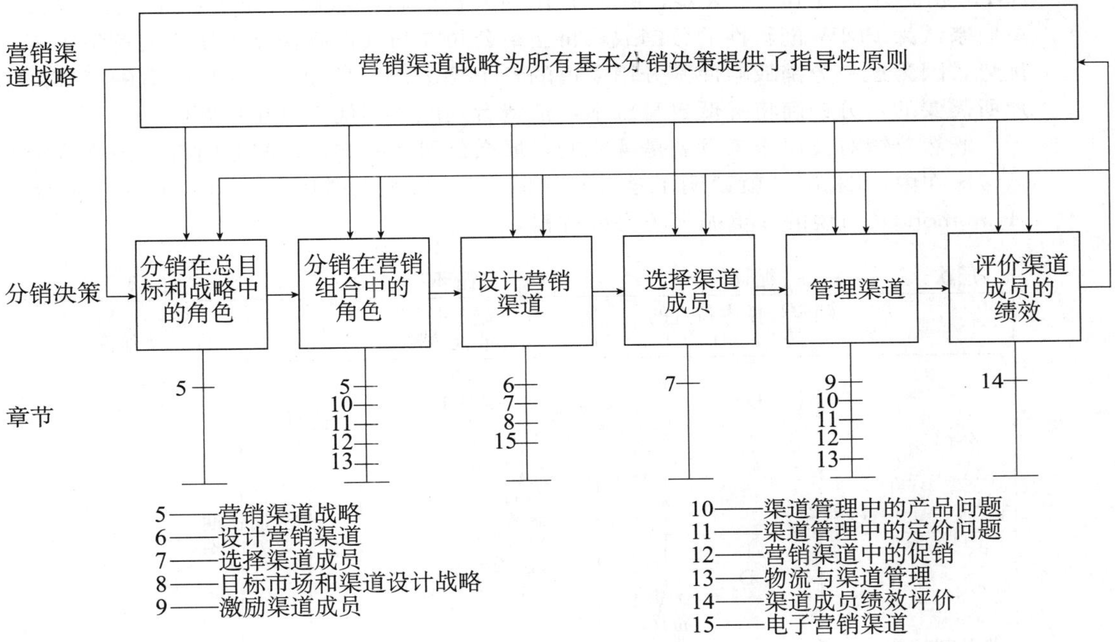

图 5—1　本章所涉及的与基本分销决策相关的营销渠道战略

本章后面的部分将依据图 5—1 所提供的框架，分别讨论与每一项分销决策相关的渠道战略。我们不想罗列所有可能的渠道战略，毕竟在特定的环境下、特定的企业中，可能的渠道战略实际上是无限的。我们的目标是提供一种整体的认识，帮助了解营销渠道战略与基本的分销决策之间的关系以及这种关系的重要意义。

营销渠道战略以及分销在公司目标和战略中的角色

分销在企业或组织的长期目标和战略实现中应该扮演什么样的角色？发挥什么样的作用？这些问题是任何企业或组织都必须面对的最基本的分销决策。具体地讲，必须确定某一分销目标的实现对于企业长期的生存和发展是不是重要的。[5]如果回答是肯定的，那么分销就应该成为企业最高管理层次（包括总经理甚至是大公司的董事会主席）的管理对象。以国际知名高档奢侈车制造商宝马（BMW）为例，BMW 希望重新调整其在美国的汽车分销方式。它作出的战略决策是选择模仿戴尔（Dell）的模式，即根据订单为每位客户定制用车，而不是提前制造成车然后储存在分销商的仓库里。BMW 相信这种定制分销战略不仅可以帮助它和经销商节约大量的库存费用和没有卖掉的车的退税，根据 J. D. Power & Associates 的调查，还能带来更满意和更忠诚的客户。目前，定制车的销量仅占 BWM 在全美销量的 15%，不过 BMW 的 CEO 詹姆斯·奥唐奈（James O'Donnell）希望定制车的销量占比能在 2015 年达到 40%。为了吸引更多的客户购买定制车，BMW 为购买定制车的客户提供定制的功能和车饰以及他们的定制车在工厂生产的视频。

为客户提供定制车一直是汽车工业梦寐以求的"圣杯"，不过到目前为止，只有 BMW 朝此方向迈出了一大步，并以此作为公司的核心战略。如果 BMW 是成功的，奥唐奈认为 BMW 创新性的分销战略将会给公司在与其他高档品牌轿车的竞争中带来优势，因为这一分销战略使其分销渠道的各个层级都是赢家：BMW 制造的车都是用户所需要的，分销商将降低自身成本，消费者则能买到他们真正想要的产品。[6]

既然分销对公司未来发展是重要的，那么公司在制定任何战略时都应该将分销问题考虑在内，图 5—2 就说明了这一点。图 5—2 反映的是阿贝尔（Abell）和哈蒙德（Hammond）所说的 3 重循环的决策过程。[7]

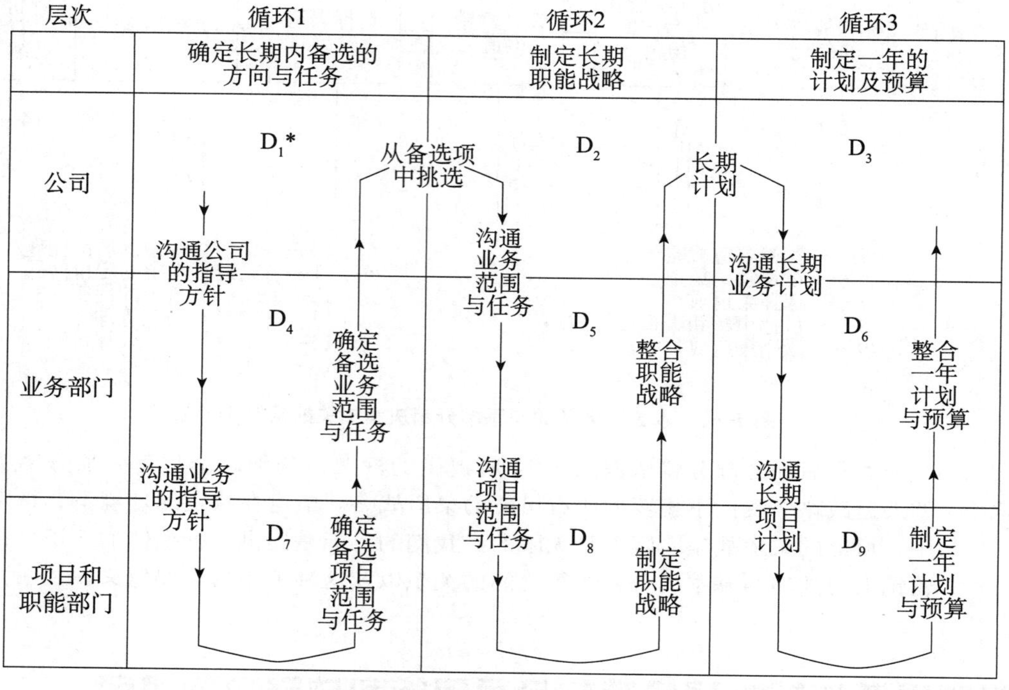

图 5—2 战略计划过程和分销在企业中的角色

* D_1 到 D_9 反映了分销问题在循环中出现的顺序以及战略计划过程所处的层次。其中，D_1 表示最先出现的分销问题，D_9 表示最后出现的分销问题。

资料来源：Adapted from Derek F. Abell and John S. Hammond，*Strategic Market Planning Problems and Analytical Approaches*（Englewood Cliffs，N. J.：Prentice-Hall，1979），451.

首先看一下第 1 重循环——公司层次，这一决策主要涉及对确定企业未来以及经营方向的基本方法的管理。在第 2 重循环中，企业的经营方向以及经营目标已经确定，因此重点转向提出基本战略。在第 3 重循环中，焦点又从企业的长期战略转向了短期（通常是 1 年）计划层次——重点放在确定具体计划和预算上。对于大型的多元化企业，这个 3 重循环计划过程的每一个层次，即公司、业务部门以及项目和职能部门都参与到了战略决策过程中。D_1 到 D_9 分别表示对分销重视程度不同的企业确定分销角色的位置和时间，以及进行分销决策的管理层次。那些把分销放在首位的企业将在第 1 重循环中考虑它，由公司层次的管理部门进行分销决策（D_1）。那些将分销放在最末位置的企业则会在第 3 重循环中由项目和职能部门考虑分销问题（D_9）。图 5—2 在某种程度上简化了分销的角色与战略计划过程之间的关系，其目标主要是传达一个基本的观点：公司给予分销的重视程度越高，在组织整体目标和战略的制定过程中，进行分销决策的机构层次也就越高。[8]

确定分销的重要程度

过去 100 年来最为著名、广受人们尊敬的管理学大师彼得·德鲁克（Peter Drucker）这样描述渠道的重要性：

> 分销渠道的改变可能对国民生产总值（GNP）和宏观经济不会有太大的影响，但是它们对于每个企业和每个产业而言却关系重大……每个人都知道，市场正在日趋全球化，技术在飞快地发展，劳动力和人口正在不断变化，但是很少有人注意到发生在分销渠道中的变化。[9]

另一位著名的管理学大师汤姆·彼得斯（Tom Peters）对于分销之于企业的重要意义也持有同样的看法：

> 大多数企业都犯了忽视、贬低营销渠道成员的错误。只有相对较少的企业意识到，渠道可以给其带来实实在在的收益。[10]

分销渠道究竟有多重要这个问题只能由身处分销渠道的企业自己回答。如果一个公司的高层管理人员相信分销战略是实现长期目标的公司战略的核心组成部分，那么给予分销战略更多优先性、更多关注是势在必行的。以世界上最大、最著名的网上零售商亚马逊为例，它从 20 余年前创立至今一直都非常强调其分销战略。亚马逊的 CEO 杰夫·贝佐斯（Jeff Bezos）开始时决定采用单一的网上渠道战略，而不是多渠道战略。单一的网上渠道战略是亚马逊商业模式的基础。亚马逊的网上分销渠道设计为提供简单的令人兴奋的用户界面、出色的产品选择、高效的结算以及快速的递送，这些为客户提供了非同一般的客户体验，这一点是传统的竞争者几乎无法匹敌的。[11]

和亚马逊相反，苹果公司 CEO 史蒂夫·乔布斯（Steve Jobs）在刚进入 21 世纪时就作出了一个战略分销决策，即扩大其分销渠道组合，包括建立苹果公司自有的零售商店。乔布斯认为要有效地接触到苹果公司的客户并提供能辅助苹果赖以成名的令人兴奋的创新产品的渠道，一个根据苹果公司自身要求、地处最好购物中心的高质量的连锁零售商店是必需的。苹果公司建立自有的零售商店渠道的战略决策对苹果公司近几年令人侧目的成长速度和盈利能力起到了重要作用，不仅因为苹果专卖店直接带来了巨额的收入和利润，更重要的是，在苹果专卖店中顾客可以在充分了解苹果公司产品的苹果员工的帮助下看到、接触以及使用苹果公司的新产品，使顾客处于一种激动的、高科技的氛围中。[12]

在服务行业，拥有超过 1 万家覆盖全美的实体经纪人办公室的金融服务公司 Edward Jones 一直非常强调分销战略的重要性。为此，该公司甚至一直有意保留它使用了几十年的传统渠道结构。即便面对科技革命给金融服务行业所带来的变化——

网上渠道已经变成金融产品的主导交易渠道，Edward Jones 公司坚定地决定不参与这场革命。如果 Edward Jones 的客户想要购买或出售股票、债券、共同基金或其他金融产品，他必须通过当地 Edward Jones 的经纪人。尽管实际上其他大型金融服务公司都为它们的客户提供了网上交易的选择，但是 Edward Jones 依然保留了“老式的”经纪人渠道。[13]难道是 Edward Jones “疯了”或过于坚持其“过时的渠道战略”吗？答案是否定的。Edward Jones 接近 700 万的客户和 J. D Power & Associates 将 Edward Jones 列为“投资者最满意的具有完整服务的经纪公司”，这说明答案是否定的（见图 5—3）。

图 5—3 从 Edward Jones 的网页上摘录的强调人际沟通的分销渠道战略

惠普（Hewlett-Packard）是目前世界上最大的个人电脑制造商、打印机和 IT 服务业的巨头，它非常重视分销战略对于公司实现长期目标的重要性，并在公司年报中重点突出以下一段话[14]：

> 如果我们不能恰当管理我们的产品和服务的分销，我们的收入、成长空间和利润将受到极大影响。

其他许多行业中数不胜数的企业都知道分销的重要性。例如，电池生产商雷诺威公司（Rayovac）正寻求与其强大的竞争对手金霸王（Duracell）和劲量（Energizer）争夺市场份额的良策，它将战略的重中之重放在获取大众商品渠道的渗透力上，尤其是要争取世界最大的零售商沃尔玛。雷诺威认识到三大主要品牌的电池技术基本相同，因此通过渠道战略以谋求货架空间，使国内外最大数量的消费者能够接触到它的产品，就成为当务之急。[15]

WD-40 这种已经被全美 75%的家庭拥有的润滑产品，正是通过提高分销战略的地位，使之成为公司战略的核心，并与诸如 3M 公司、杜邦（DuPont）和通用电气这样的大公司竞争，挫败了后者企图通过其他产品取代 WD-40 的努力。WD-40 成功的主要原因是它花费了大量的精力，建立起了一条辐射范围极广的分销渠道。消费者能够在任何他们想去的零售店铺中买到 WD-40。公司注意通过对分销商提供有利可图的交易条件、专门的促销活动和明智的价格战略来保持多样化分销渠道成员的销售热情。

另一家大型消费品制造商——宝洁公司，也对分销问题表现出极大的关注，尤其是与大型零售商建立战略联盟。宝洁在全球最大的零售商沃尔玛的销售额占宝洁公司美国国内年销售额的 10%。为了满足沃尔玛对产品天天低价以及对山姆会员店（Sam's Clubs）中产品包装等方面的特殊要求，宝洁公司在沃尔玛总部所在地阿肯色州的本顿维尔设立了专门的工作小组，以保证沃尔玛的每一项要求都能得到及时的回应。

将分销作为企业整体目标和战略的核心，这样的企业可以说不胜枚举。当然，也存在许多不重视分销，忽视其在企业经营中的作用的企业。很难讲那些将分销放在高层管理者优先考虑位置的企业就一定是对的，不这样做的企业就是错的，但是有一点我们可以肯定，在今天的市场上，忽视分销，没有将其作为企业整体目标和重要战略置于高级管理层决策范围之内的企业，其市场竞争力必然会受到限制。

营销渠道战略和营销组合

企业在确立整体发展目标和战略时，是否应该将分销作为高级管理层决策的对象？要回答这个问题必须首先明确分销在营销组合中的角色和作用。确立以产品战略、价格战略、促销战略以及渠道（分销）战略为内容的营销组合，使企业能比竞争对手更好地满足目标市场的需求，这是现代营销管理的核心内容。目标市场的满意程度与营销组合之间的关系可以表示为：

$$T_s = f(P_1, P_2, P_3, P_4)$$

式中：T_s——目标市场满意度；

P_1——产品战略；

P_2——价格战略；

P_3——促销战略；

P_4——渠道（分销）战略。

营销管理者的工作就是寻找适当的营销组合，以使目标市场满意度（T_s）维持在令人满意的水平，这样一来，营销管理者就要考虑每个因素可能对目标市场满意度造成的影响。[16]因此，分销以及产品、价格、促销的作用必须被正确评价。这就产生了一个问题：如何确定营销组合中各个因素的重要程度？当然，这个问题没有统一的答案。企业不同，条件不同，答案可能也就不同，甚至会有很大的差别。例如，一家制药企业拥有一种新药的专利权，该企业可以通过这种独一无二的产品使其目标市场的大部分需求得到满足（通过销售额、利润和市场份额进行衡量）。假设在专利有效期内，市场上不存在任何替代品，那么在市场营销组合中，产品就是居于主导地位的因素。对于那些生产无差别产品（例如标准化的计算机芯片）的企业来说，价格是市场营销组合中最关键的因素。促销，特别是广告，对于服装制造商这类依靠形象获得目标市场青睐的企业来说，是极为重要的营销组合因素。如果目标市场重视产品的销售方式、销售地点的购买便利程度以及能否及时买到，那么分销就可能是营销组合中的首要因素。

虽然我们承认对于任何企业来说，为了实现某一战略目标，有多种市场营销组合可供选择，但是如果以下的任意一种情况出现，分销都应该成为营销组合中被强调的因素：

1. 分销是直接满足目标市场需求的因素；
2. 其他几个因素与竞争对手势均力敌；
3. 由于竞争对手忽视分销，分销是竞争对手营销组合中的弱点；
4. 分销可以增强企业营销渠道的整合效应，从而提高企业的竞争能力。

本节主要讨论以上几种情况。

分销与目标市场需求的关系

当然，目标市场的需求是企业市场营销组合的基础。因此，如果目标市场消费者的需求可以通过分销战略得到最佳满足，那么分销战略就应该作为市场营销组合中的重要部分受到重视。[17]简而言之，当目标市场需要分销发挥作用时，分销就与目标市场紧密相关。[18]

当一个企业成为目标市场导向、重视听取顾客声音的企业时，分销的作用就会变得非常显著，因为它在提供顾客服务方面起了重要作用。为什么营销渠道与顾客需求满意度联系得如此紧密呢？因为制造商只有通过渠道，才可能提供不同种类、不同水平的服务，以满足顾客的需求。在这一点上，沃尔沃通用汽车重型卡车公司（Volvo GM Heavy Truck Corporation）是一个很好的例子。[19]沃尔沃通用汽车公司在与竞争者的市场竞争中，由于无法迅捷地向市场提供服务，市场份额大量丢失。在经销商和为经销商供货的货栈中虽然维修所需的零配件的库存量不断增加，但是缺货的现象还是经常发生。沃尔沃通用汽车公司认为，这主要是因为经销商准确预测零部件和服务需求量的能力不足。沃尔沃通用汽车公司在进行了一系列细致的市场调研之后，对目标市场对服务的需求特点有所了解。经过调查，该公司发现，顾客一般在两种情况下更换零部件：定期检修和事故抢修。在第一种情况下，沃尔沃通用汽车公司现在的分销体系可以很好地运转，因为顾客需求的变化很小，经销商能对需求做出预测，然后以预测为基础，提前订货并配送；在第二种情况下，这个系统就很难运转，因为事故抢修所需的零部件，无论在数量上还是种类上都很难预测。因此，无论经销商的货架上储存了多少零部件，关键的部件似乎总是不足。

对在事故抢修条件下目标市场需求的特点的清楚了解，使沃尔沃通用汽车公司有能力去制定新的分销战略，以满足目标市场的需求。沃尔沃通用汽车公司与联邦快递物流服务公司（FedEx Logistics Services）合作，在田纳西州的孟菲斯建立配送中心，储存各种类型的卡车部件。当一个经销商因为事故抢修而需要某一种配件时，只需打一个免费电话，所需部件当天就会空运过去，晚上就可以到达经销商手中。如果需要，所需部件也可以直接送到事故抢修现场。通过这个例子我们可以清楚地发现，高水平的客户服务源于公司对分销战略的高度重视，源于以对目标市场需求特征充分了解为前提的营销渠道的高效运转。

其他营销组合因素的竞争均势

竞争的残酷性正在升级，对多数人而言这已不是一个秘密，特别是全球竞争成为某些产业的准则之后，情况更是如此。越来越多的企业不但要利用市场营销组合与其他强大的国内竞争对手竞争，还要与国外企业竞争。在这样一个高度竞争的时代，企业发现将自己的营销组合与其他企业的营销组合区分开来，是一件越来越难办到的事。[20]在产品领域，随着技术在国内推广速度的加快，一个企业维护在产品创新和产品质量方面的行业领先地位，变得越来越困难。在价格方面，竞争对手通过将生产企业转移到低成本的国内或海外地区，迅速地调整产品的成本构成，使得其他企业维护成本优势的能力十分有限。由促销建立起来的营销组合优势也因为动听的促销语言的吸引力快速减退，并为竞争对手推出的促销措施所取代，而无法长期拥有。

然而，营销组合中的第 4 个组成要素——分销，可以为企业市场竞争领域的扩展提供一个更有利的基础。这是因为与其他三个要素不同，由分销获得的竞争优势不易被竞争对手模仿。为什么会这样呢？如果分销优势主要体现在重要的营销渠道方面（而不仅仅是分销的物流方面），这种优势就是企业重要的战略、组织和人员能力有机结合的产物，这种结合不容易被竞争对手迅速模仿。以世界领先的重型推土机设备制造商卡特彼勒为例，这家公司成名不只因为其产品性能卓越，更重要的原因是它杰出的分销渠道战略。在《哈佛商业评论》的一篇经典文章中，卡特彼勒的前 CEO 唐纳德·菲特斯（Donald Fites）将分销战略作为克服其他方面的竞争均势简洁地表述为：

> 优秀的制造能力、高效率的生产以及高水平的产品质量，正在成为众多企业追求的方向，任何想在市场竞争中生存下来的企业都不能忽视它们。事实上，大多数在这些方面处于劣势的企业都被市场淘汰了，这是我的公司强大的原因。我们知道如何进行分销，我们已经与分销商建立起了真正的伙伴关系。[21]

菲特斯所说的“与分销商建立起了真正的伙伴关系”，不是简单的物流关系，这种关系的建立，取决于强调促进主要分销商不断发展的分销战略，对反应迅速、富于弹性且相互影响的分销体系的精心管理，以及渠道体系中人员素质的提高。以分销与竞争对手相抗衡，与简单地通过产品、价格和促销竞争相比，前者对竞争对手的威胁更大。因为如果模仿卡特彼勒建立强有力的营销渠道，则要求竞争对手进行长期的战略性转变，这种转变包括关系的建设[22]和人力资源的培养，显然，这些工作都不是在短期内可以轻松完成的。这个例子要说明的是，对于那些希望进一步提高竞争能力的企业来说，将分销作为企业营销组合的主要组成部分是最有效的竞争战略。

忽视分销与竞争的脆弱性

竞争对手忽视分销，对那些将分销作为营销组合中最重要的战略组成要素以促进发展的企业来说，是一个绝好的竞争机会。为了抓住这样的机会，渠道管理者必须对目标市场进行深入研究，以确定竞争对手是否忽视分销，或者其分销体系是否存在可以利用的弱点。Zappos. com 成立于 1999 年，是一个网上销售鞋、衣服、手袋和饰物的公司，目前其销售额超过 10 亿美元。Zappos 就是一个采用创新性渠道战略，利用竞争对手忽视分销战略的绝佳例子。[23] 2009 年 Zappos 被亚马逊收购，但仍保留其自主形象和运营独立性。该公司一直都将超凡的服务作为公司文化的核心。它提供超过 1 200 个品牌，接近 300 万种不同的产品，免运费，一年内可退货以及呼叫中心提供的 24 小时×7 天的真人客服。所有的员工都经过 4 周的高强度培训项目，不仅让员工掌握提供良好客服相关的技术和细节，而且使所有员工充分接受 Zappos. com 的公司文化，成为公司文化的活生生的延伸。为了测试员工能否达到标准，Zappos. com 的 CEO 谢家华（Tony Hsieh）在两周培训结束后会给想要退出的员工3 000美元，结果只有 1%的人接受了这 3 000 美元。Zappos. com 保有自己的仓库，并且自己完成所有运营过程，确保可以控制整个客户体验。

Zappos. com 有能力通过自己高质量的网上分销渠道向目标顾客提供产品，这些客户对传统实体鞋店、服装店和装饰零售店所提供的有限选择以及低水平的服务非常失望。很多拥有实体店铺的品牌，无论出于什么原因，不愿意或不能提供成千上万的消费者希望获得的顾客体验。当 Zappos. com 提供了一种通过直接网上渠道提供高水平的产品和客户服务时，顾客马上转向了这种新的更好的渠道。

分销与渠道的协同效应

正如本章前面多次指出的那样，营销渠道管理的困难主要来自那些独立的渠道成员，因为它们有自己的目标、政策和战略。制造商为了实现其目标和战略必须获得独立经销商的合作和帮助。与经销商打交道对制造商来说是一个巨大的挑战。然而，机会往往与挑战并存。那些由恰当的成员组成的营销渠道往往能够使制造商和分销商之间产生协同效应，产生更高级的分销计划。在考虑哪些因素在营销组合中更重要这个问题时，制造商不应该忽视渠道的协同效应，这是其他因素不可能具有的。[24] 适当的分销渠道可以使营销组合的市场竞争力得到加强，这种竞争实力是竞争对手通过其他因素所无法获得的。例如，当制造商为了保证产品的分销，选择信誉和威望都超过自己的零售商或批发商作为渠道成员时，往往会马上使制造商自己的商业信誉得到提高。事实上，制造商的产品也会因为著名零售商或批发商的分销，而被人们视为高级、优质的产品，这是制造商依靠自身力量所无法获得的。

提供多种减肥食品（食品组合形成了 NutriSystem 减肥计划）并直接卖给顾客的 NutriSystem 公司的新渠道战略试图通过将自己的产品放上沃尔玛的货架，获得上述这种整合效应。[25] 2009 年下半年，这家位于宾夕法尼亚州霍合姆的公司和沃尔玛达成一项交易，将专门开发的“入门级”NutriSystem 减肥食品在沃尔玛商店中出售，售价为 148 美元。在与沃尔玛达成合作关系之前，NutriSystem 除了通过好市多出售少量产品外，其他全部通过电话和网上渠道销售，并主要通过电视广告向顾客推销自己的产品。NutriSystem 希望通过与沃尔玛的合作使自身产品相比于仅仅直接销售给顾客增强市场认可度和信任度。在沃尔玛超过3 200家零售店销售 NutriSystem 的产品，NutriSystem 获得了世界上规模最大、实力最强的零售商的保证。

渠道协同效应对制造商的贡献还不仅仅在于提升企业的市场形象。制造商和渠道成员之间强有力、密切的合作关系（这种关系近年来被人们称为分销伙伴关系、合伙、战略联盟或网络组织等）可以给企业带来极大的战略优势。[26]前面我们讨论过的宝洁和沃尔玛的合作关系，就是近年被广为关注的一个战略联盟的实例。当然，这种协同效应关系现在已广泛存在于众多产业中。

在产业或企业对企业（B2B）市场上，协同的渠道关系以及企业间联盟也已十分普遍。例如，与分销商建立起密切、互利的渠道关系就是摩托罗拉（Motorola）的一项名为“供应商期望测度计划——全面质量管理（total quality management，TQM）”的一部分，这项计划一方面削减了摩托罗拉供应商的数量，另一方面向供应商提供大量的帮助，使之可以达到摩托罗拉近乎苛刻的质量标准。通过这一计划，产销之间的关系更加紧密，给双方带来了更多的收益。

渠道战略和营销渠道设计

渠道设计涉及渠道建立的全过程（或对既定渠道的修正），我们将在第6章专门对此进行讨论，并一直延续到第7章和第8章。这是一个十分复杂的问题，需要用大量的篇幅阐述。

我们在本章谈及渠道设计，只是想揭示渠道战略与渠道设计之间的关系。这两者之间的关系是显而易见的：渠道战略指导渠道设计，以帮助企业获得差异化优势。

差异化优势与渠道设计

差异化优势（differential advantage）[27]在近些年也称作**可持续竞争优势**（sustainable competitive advantage）[28]，是指企业在市场上获得的相对于竞争对手更具竞争优势的地位。从长期来看，它可以使企业充分发挥其特长，比竞争对手更好地满足顾客需求。企业所获得的所有资源以及企业主要的职能型活动，都可能影响企业差异化优势的形成。资金水平、管理质量、人员素质以及生产、财务、市场营销战略，都是影响企业差异化优势的重要因素。

虽然渠道设计只是企业差异化优势形成过程中的一个环节，但是我们应该将其视为重要部分而认真谨慎地对待。[29]如果分销是市场营销组合中主要的可控因素之一，那么我们就不能说分销渠道设计在差异化优势形成过程中的作用与产品、价格、促销等因素是同等重要的。事实上，建立在卓越的营销渠道基础上的竞争优势，能给企业带来令人惊喜的收益，同时，这种优势又是极不易被竞争对手效仿的。

让我们再分析一下卡特彼勒的案例。卡特彼勒的分销渠道赢得了世界许多企业的称赞。在过去50年中，卡特彼勒一直是重型设备产业中，更确切地说是美国所有大型企业中财务绩效最好的企业之一，甚至在面对来自日本企业强有力的市场竞争时也不例外。

是什么支持着卡特彼勒的成功呢？对于卡特彼勒而言，它有若干项区别于竞争对手的特征，其中，公司曾多次指出，以一流的经销商为基础，设计完美的营销渠道是促使其成功的最关键因素。卡特彼勒的大多数产品的营销渠道，是一个由200家美国和其他国家的经销商组成的经销网络。经销商的平均销售收入在1亿美元以上，平均净利润为数百万美元。这支财务稳定、有较高营销能力的经销商队伍使卡特彼勒的顾客能迅速地在最方便的时间、地点获得自己所需的产品和服务。在这一点上，卡特彼勒可以说是无与伦比的。这一设计完美、给企业带来强有力的差异化优势的渠道系统，并不是偶然产生的，正如本章前面所讲述的，许多年来，卡特彼勒一直十分重视分销渠道的建立和培育，花了很大的力气提高其竞争能力。例如，这一系统的一大特点就是计算机系统将所有的经销商与设立在伊利诺伊州莫顿的分销中心连接起来。这一网络使得经销商能在美国本土范围内采购到其明天需要销售出去的部件，在世界其他地区也只需提前 48 小时。卡特彼勒还为美国和海外的经销商开设培训课程。事实上，有一次公司甚至在伊利诺伊州的皮奥里亚为经销商的子女专门上了一课，鼓励他们继承父业。如该案例所示，高水平的渠道设计对企业获得差异化优势意义重大。图 5—4 截取了卡特彼勒公司的网页，显示卡特彼勒如何重视与其全球经销商之间的联系。

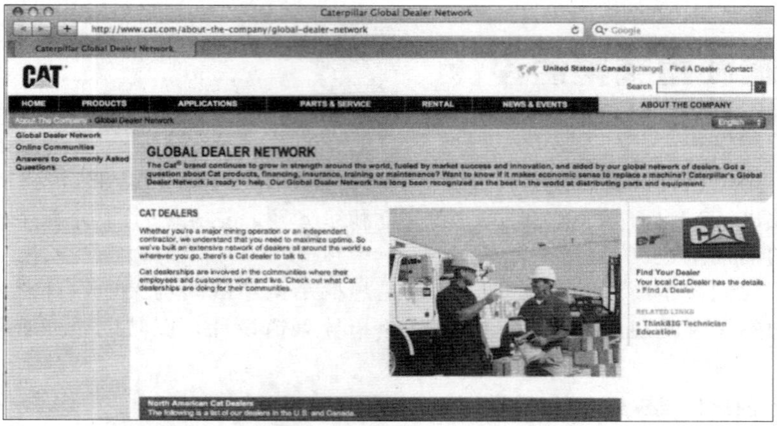

图 5—4　卡特彼勒公司官方网站强调与经销商的联系

为了获得差异化优势，应该如何对渠道进行定位

当渠道管理者试图通过渠道设计培养企业差异化优势时，充分理解**渠道位置**（channel position）的概念对他们的工作是十分有益的。纳鲁斯和安德森（Narus and Anderson）认为渠道位置是：

> ……制造商通过分销商综合考虑产品和服务的供给、销售折扣、交易程序和系统等要素所获得的超过竞争对手的声誉。[30]

渠道定位（channel positioning）是企业在渠道设计中做什么，以及企业为了获得某一渠道位置而做出的决策。纳鲁斯和安德森认为，其中关键的一点是，应该将制造商与渠道成员之间的关系视为一种合作或战略联盟的关系，这种关系从长期看，能向制造商和渠道成员提供为人所见的收益，这是相对于传统的无定期、随意的激励活动而言的。这种短期的活动与其说是战略，不如说是一种短期战术更贴切，它在许多渠道关系中十分常见。通过对渠道定位的思考，渠道管理者以一种长期的战略眼光看待渠道设计，这时他们很可能会提出这样的问题：我们应该如何设计渠道，才可能使渠道成员认为我们的工作比竞争对手更出色？雷克萨斯汽车公司（Lexus）的独立经销商渠道是汽车行业中最好的，成为渠道定位方面的好例子。[31]这种将雷克萨斯经销商定位于行业中最好的追求清晰地表述在“雷克萨斯召唤”中，而“雷克萨斯召唤”则是雷克萨斯的官方网站中的第四条承诺（见图 5—5），它这样写道：“雷克萨斯将会拥有行业内最好的经销商网络。”下一条（第五条）写道：“雷克萨斯对待每一位顾客如自己家里的客人一般。”在这样的渠道定位战略下，雷克萨斯明确并极具目的性地将经销商渠道的要求定得非常高。雷克萨斯希望自己的经销商是最好的，没有任何如果、假设以及可能。更重要的是，该渠道定位的战略目的是为其经销商创造高的顾客期望。雷克萨斯向顾客承诺了顾客将获得远超过通常在经销商那里能够得到的体验——雷克萨斯“对待每一位顾客如自己家里的客人一般”。显然，这是一个夸大的要求，但雷克萨斯对这个要求却很认真。确实，自从雷克萨斯这个品牌自 20 世纪 80 年代后期诞生以来，在评估候选的经销商时，对软性条件（如对待顾客的态度）就如同对硬性条件一样（如财务能力）看重。正因为强调经销商必须重视顾客以及人际能力，雷克萨斯在数年间获得多项荣誉，包括获得 J. D. Power 顾客服务指数的最高得分。不过最重要的是，从竞争战略来考虑，雷克萨斯将其“最好的”经销商渠道作为消费者购买雷克萨斯而不是其他高档品牌轿车的动因。

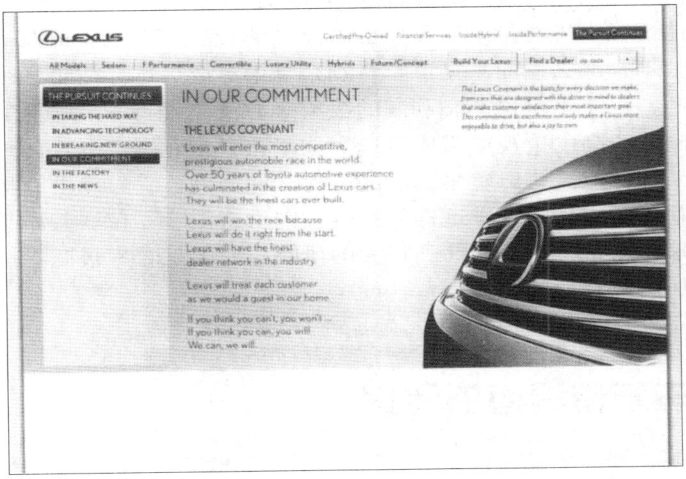

图 5—5 雷克萨斯网站上的“雷克萨斯召唤”

形成良好定位的营销渠道，要求渠道管理者必须获得渠道成员的信任和支持。总之，一个正确定位制造商与分销商关系的渠道，将大大提高制造商准确进行市场定位的可能性，而其结果可能就是企业获得了极富差异化的竞争优势。因此，制造商获得渠道成员信任的程度决定了渠道定位的性质，而渠道定位又进一步影响了企业在最终顾客心中形成真正的差异化优势的可能性，因为渠道成员对于在渠道中处于强势地位的制造商而言，是其市场竞争中的“拉拉队”队长。

渠道战略与渠道成员的选择

渠道成员的选择是渠道设计的最后一个环节，这个问题将在第 7 章中详细讨论。在本章中，我们论及渠道成员的选择，仅仅是想使读者知道渠道成员的选择也是渠道设计的一个重要维度。需要特别强调的是，选择渠道成员的方法以及被选作渠道成员的组织的特征，都应该体现企业为实现特定分销目标所制定的渠道战略。[32] 渠道成员的选择还应该与企业更高层次的营销目标和战略一致，反映组织整体的目标和战略。[33]这是因为，渠道成员虽然是独立的经济实体，但是从顾客的角度看，它们是制造商组织的延伸，所以制造商产品销售者的性质和特征，最终会影响制造商在顾客心目中的形象。因此，那些以提供高品质产品而著称的企业在选择渠道成员时，就必须特别注意所选择的分销商的特征和类型。例如，劳力士（Rolex）这家世界上最负盛誉的手表制造商，会倾注心血选择最知名的经销商销售它的产品，它还会在如《华尔街日报》上刊登广告，提醒顾客只从其特许钟表商那里购买劳力士手表，并提供保证书保证顾客购买的是货真价实的劳力士手表。

与此相反，如果制造商生产的是中等质量、面向大众市场的产品，它的分销战略就应该更多地强调市场的辐射范围。在这种情况下，渠道成员的类型就不再是特别敏感的问题。例如，比克公司（Bic）是生产无处不在的低价圆珠笔的企业，其渠道成员选择战略具有开放式的特征，只要是能够销售其产品的中间商，都可以加入到渠道中来。

在世界级高档奢侈产品和普通的50美分的圆珠笔这两种极端情况之间还存在着大量其他情况，可能是工业品，也可能是消费品，在这些情况下，应该选择何种渠道成员，就不是那么显而易见了，特别是当渠道成员选择战略必须考虑销售的长远发展或目前利益以及市场份额和利润的决策等时更是如此。[34]例如在玩具业，像美泰公司这样的制造商高度重视渠道成员选择战略，它为此制定专营计划，即向特定零售商销售特定品种的玩具。以美泰著名的芭比娃娃为例，它只向塔吉特商店出售芭比的“妹妹”凯莉。零售商中意于这样的安排，因为这消除了在这些产品上的直接竞争。当然制造商采用专营方案也会面临很大的风险，原因是若零售商不按其意愿行事，就不能依靠其他的零售商补救。

渠道战略与营销渠道的管理

从制造商的角度来讲，渠道管理包括制造商为了实现其分销目标和维护渠道成员之间的合作关系的所有计划和行为。[35]这个问题将在本书第Ⅲ篇（第9～13章）进一步讨论。在这里我们只想阐述渠道管理和渠道战略之间的关系。

在渠道管理中，管理者通过设计和实施一系列的计划实现渠道成员的合作。在这一过程中，他们往往会遇到以下3个重要的战略问题：

1. 与渠道成员间的关系应该有多密切？
2. 如何激励渠道成员通过与制造商合作实现制造商的分销目标？
3. 如何通过市场营销组合加强产销之间的合作？

渠道关系的密切程度

近些年出现了一大批著作，认为在批发和/或零售层次上，制造商与渠道成员之间应该形成一种更密切的关系。这种观点坚持认为，只要形成了更密切的关系（伙伴关系或战略联盟），制造商和渠道成员就可以共同努力，实现分销的高效性。事实上，这些讨论国际企业渠道管理的著作在推理过程中已预先假定了产销之间密切关系的必要性。[36]我们很难见到不同的观点，例如“不必强调密切的渠道关系”，甚至“有意识地保持更远的距离”。[37]那么众人支持前一种观点，没有人持不同观点，是否就意味着“密切即最佳”的观点就是正确的呢？事实上，没有任何一种观点一定是对的或者一定是错的。[38]

在这场争论中我们不应该忘掉的是，对于任何一个企业而言，应该与其渠道成员保持何种密切程度的关系是一个战略性问题。如果渠道管理者相信，密切的渠道关系可以帮助他们更好地完成渠道管理工作，实现企业的分销目标，那么密切的渠道关系就应该强调。如果渠道管理者认为密切的渠道关系无益于改善渠道管理的效果，那么加强渠道关系可能就是不必要的，甚至是在浪费时间、精力和金钱。例如，一个通过成千上万家零售商销售其无差异产品的制造商，要想与每个零售商都建立一种密切的关系，很可能就是错误的。然而，如果制造商是通过数量相对较少的批发商将商品销售到零售商手中的，那么它与批发商建立密切关系则可能十分必要。

本章所引用的许多例子（包括卡特彼勒、BMW、雷克萨斯和 NutriSystem）都在强调培养制造商与渠道成员密切关系的必要性，但是不能因此就认为这是一成不变的公理。本章引用的比克、WD-40 和雷诺威公司的例子，就不支持应该与所有零售商甚至所有经营其产品的批发商维持密切关系的论断，在这些例子中，这样做是行不通的或不经济的。因此，每个公司都必须根据自身情况来决定与渠道成员应该发展何种密切程度的关系。[39]图 5—6 描述了渠道管理者所面临的渠道战略决策。制造商与渠道成员之间的关系从非常密切（如卡特彼勒或雷克萨斯与其渠道成员之间的关系）到非常松散（例如比克与经销其圆珠笔的 7-11 店铺之间的关系）。通用汽车、福特、克莱斯勒与汽车经销商之间的关系，则处于这两种极端情况之间。[40]

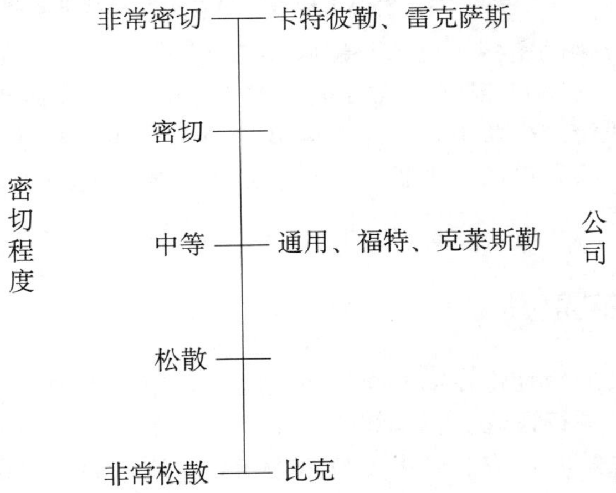

图 5—6　制造商与渠道成员的密切程度

处理密切程度问题的一般性战略原则是，渠道管理者应该把它与分销的密集程度（在渠道设计时已确定）结合起来考虑，也可以像图 5—7 那样将密切程度形象地看成一个连续体。**密集的**（intensive）、**有选择性的**（selective）、**唯一的**（exclusive）等用来描述连续体的某些特点的形容词在市场营销学专著中经常用来描述制造商所拥有的渠道成员的情况（见第 6 章，不同层次下的密集程度）。将图 5—6 与图 5—7 结合起来就可以得到反映密切程度与分销密集程度之间关系的图 5—8。根据图 5—8，我们可以发现，分销密集程度与渠道成员相关的密切程度之间正相关，但是这并不意味着两者之间存在严格的线性关系，两者的关系只是为企业解决渠道关系密切程度问题提供了一个起点。图 5—8 表明，一般来说，在其他因素相同的情况下，如果渠道是有选择性的或唯一的，制造商就应该与渠道成员建立起较密切的关系；如果渠道管理者在设计渠道时更强调密集分销，就应该考虑与渠道成员建立一种更为松散的渠道关系。

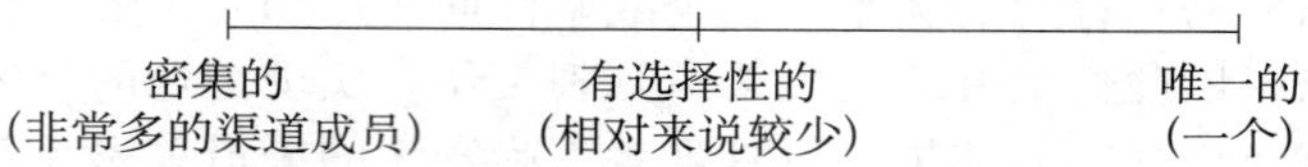

图 5—7　分销密集程度

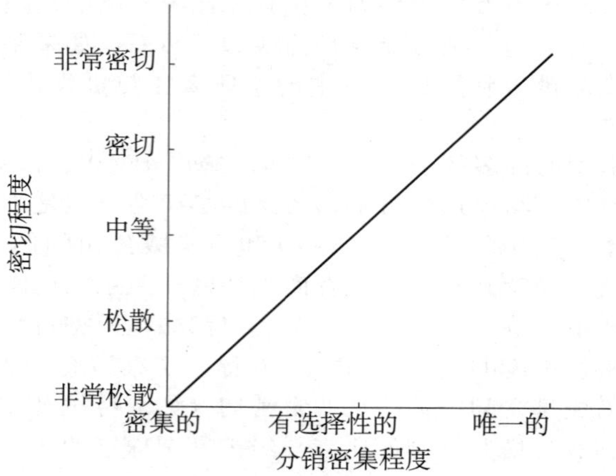

图 5—8　渠道密切程度与分销密集程度之间的关系

当然，分销的密集程度不是影响制造商与渠道成员的渠道关系的密切程度这一决策的唯一因素。[41]其他因素，如目标市场、产品、公司政策、中间商、环境等，都会对制造商的决策产生影响。在第 6 章我们将对这些因素进行详尽的论述。不过这些并不影响分销密集程度的重要性，对于制造商而言，它至少是解决这一战略问题的一个良好的出发点。

渠道成员的激励

渠道成员的激励将在第 9 章详细论述，在第 9 章中，我们将对这一重要的渠道决策的全部内容进行讨论。正如我们在本章一直不断重复的那样，渠道管理者在进行基础性的分销决策时，应该以渠道战略为指导。制造商在对渠道成员进行激励时，无论是在批发层次还是在零售层次上，都会遇到这样一个战略性的问题：如何维护渠道成员之间在实现制造商分销目标方面的合作？与这方面相关的渠道战略包括为了促成这一结果的实现，渠道管理者可以采用的指导思想和方法。[42]更具体地讲，就是将所有适当的策略混合起来，用以激励渠道成员。表 5—1 列出了所有普遍使用的渠道激励策略。从该表可以发现，激励策略从笨拙的方法——**发放津贴**（slotting allowances，向渠道成员支付费用以获得货架空间）[43]到巧妙得多的方法，如组建分销商委员会，向制造商传达分销商对于其重大渠道决策的意见和观点（见第 9 章），极富多样化特征。

表 5—1 渠道成员激励的常见策略

1. 比竞争者（制造商）支付更高的津贴（为货架空间支付）
2. 比竞争者提供更高的销售折扣（边际利润）
3. 向履行更多分销任务的渠道成员奖励更多的利润
4. 向渠道成员提供价格保护的产品，拒绝与削价的中间商进行交易*
5. 向渠道成员提供强有力的广告和促销支持
6. 向渠道成员提供比竞争对手更广泛的促销津贴
7. 向渠道成员提供比竞争对手更多的特定交易或销售策划活动
8. 提供比竞争对手更高水平的广告合作预算
9. 利用销售指导员对渠道成员的销售给予支持
10. 在“推式”和“拉式”的促销战略之间建立良好的均衡
11. 通过高度选择性的分销保护渠道成员的销售
12. 根据销售潜力分析确定渠道成员的销售定额
13. 向渠道成员提供“伙伴”协议，以强调相互的承诺和预期
14. 确立特定的许可或特许协议，以强化渠道关系
15. 向渠道成员提供排他性交易
16. 运用双重分销促进渠道间的竞争
17. 运用捆绑式的协议（包括要求经营全线产品）限制渠道成员销售竞争产品
18. 向渠道成员提供受保护的经营领域
19. 向渠道成员提供高质量、创新性或差异化的产品
20. 强调产品生命周期管理，保证渠道成员能及时更新产品或减少库存
21. 确立保障销售和无条件将利益返还渠道成员
22. 为渠道成员的销售人员提供销售培训
23. 向渠道成员提供财务支持
24. 向渠道成员提供管理支持和培训
25. 向渠道成员提供卓越的物流支持
26. 为渠道成员提供复杂的在线计算机订货系统
27. 为渠道成员提供技术支持和帮助
28. 向渠道成员提供目标市场的市场调研报告
29. 建立顾客引导，并将其传递给渠道成员
30. 建立分销商委员会，使渠道成员参与到渠道决策中

* 指的是第 3 章中的法律问题。

渠道管理者必须从表 5—1 所列的众多渠道策略中分辨出哪一个对渠道成员激励最有效。本书第 9 章为做出这一决策提供了系统框架，因此我们在这里就不再对这一决策框架做进一步论述。不过，在谈到评价什么样的策略最适合时，我们必须对决策所依据的一个普遍性的原则进行简要说明，这一原则可以帮助渠道管理者以更成熟的方法解决渠道成员激励的问题。这一原则是以“组合”这一概念为基础的。组合最初是一个用于金融领域的概念，投资者一般都将自己多样化的投资看做一种投资组合。在一段时间里，投资者会对其投资组合进行调整，以实现投资战略指导下的财务目标。

组合这一概念已大量借用到其他经济领域，其中包括市场营销学。例如，在产品管理中，制造商所生产的产品就可以看做一个**产品组合**（product portfolio）。[44]与投资组合的特征一致，产品管理也包括产品和战略组合的调整，通过这种调整实现以销售额、市场份额和利润为主要指标的企业市场营销目标。组合也已经应用在营销渠道领域，组合在渠道中的应用称为**分销组合分析**（distribution portfolio analysis，DPA）。[45]DPA 为渠道成员的分类提供了一种广泛适用的方法。DPA 的本质就是通过将制造商的渠道结构以及（或）渠道成员看成一个组合，使渠道管理者可以更深入地了解其渠道成员。每一种渠道结构以及这一结构下的渠道成员组合，都可以认为是组合中的一项特定投资项目。

例如，看一下图5—9所示的渠道结构，这些交错的渠道结构构成了制造商的渠道结构垂直组合。这个组合还可以通过一个能够反映所采用的渠道结构和渠道成员类型的矩阵来表现（见图5—10）。水平渠道组合所反映的不同垂直渠道结构中的零售商、批发商以及制造商的种类和规模，都可以视为一个组合中的不同投资结构。

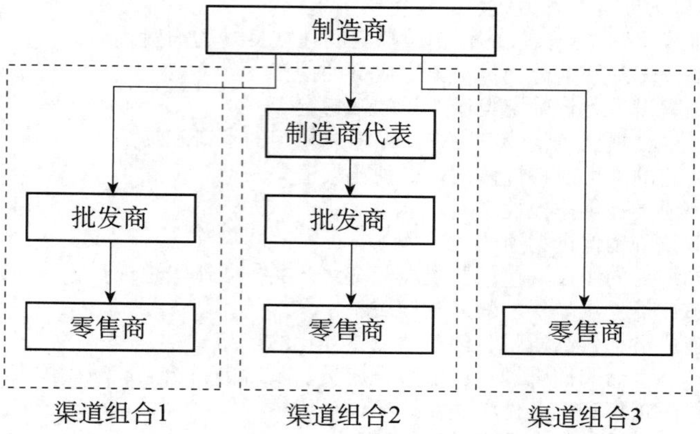

图5—9　不同渠道结构的垂直组合

垂直渠道组合	横向渠道组合		
	制造商代表	批发商	零售商
垂直渠道组合1		大型产品批发商 中等产品批发商 小型产品批发商	小型独立零售商 邮购零售商
垂直渠道组合2	国内代表 国外代表	特定批发商	百货商场 专卖店
垂直渠道组合3			超级市场 折扣店 专业连锁店

图5—10　渠道结构与渠道成员的垂直和水平组合矩阵

为激励渠道成员，渠道管理者所选择的表5—1中的激励策略必须随着渠道成员类型的改变而改变。例如，对批发商而言，专业培训是一种行之有效的激励手段，而对大众经销商而言，高额的津贴却更具吸引力。组合激励方法背后所隐藏的思想也正是对渠道结构中不同类型的渠道成员分别设计不同的激励手段。渠道管理者在启动激励计划之前需要将整个渠道结构以及渠道成员整合为一个组合，这一工作对于选择适当的激励策略大有裨益。[46]

尽管渠道组合概念为何种渠道成员适用何种激励措施提供了有用的理论框架，但渠道管理者也不应忽略最终客户，毕竟他们才是在组合中确定合适的渠道与战略匹配的真正决定因素。正如肖恩巴赫勒（Schoenbachler）与戈登（Gordon）从客户的立场所指出的那样：

（通常）关注点是在渠道上，即如何改进渠道？以及如何在不冒犯其他渠道成员的前提下引导客户进入渠道？然而，应该关注客户，而不是渠道。聚焦客户或者核心客户，就会鼓励管理者开发和设计备选渠道，这些渠道一般是成功且有效的，因为他们考虑了客户的需求。[47]

营销组合在渠道管理中的应用

选择营销组合以满足目标市场需求，不仅要求营销组合中 4 个组成要素本身都必须是优秀的战略，而且要求 4 个要素之间相互联系且保持一致。产品战略影响价格战略，价格战略与促销战略相关联，而促销战略又进一步与分销战略相关联（见图 5—11）。

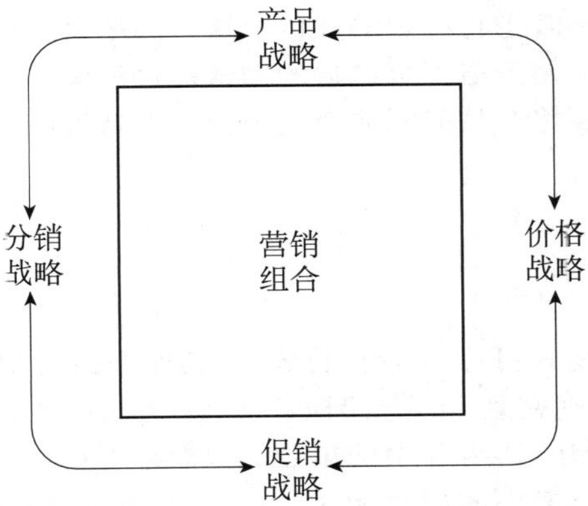

图 5—11 营销组合中 4 个战略要素的相互关系

从营销组合的角度讲，任意一个与营销组合中的某一要素相关的计划或决策，都会对其他营销组合要素产生影响。因此，改变产品性能的决策可能引起价格的上涨，价格的变化要求促销也做相应的调整，以向消费者解释产品改变后的特征以及价格上升的合理性。最后，分销也会受到影响，因为负责销售产品的渠道成员需要对产品的性能、特征重新了解。另外，渠道成员这时对产品销售特别是新产品相对于竞争对手是否有竞争力等问题的态度也必须被认真考虑。

最理想的情况是，市场营销管理充分预料到了所有可能的相互作用，然后为每个市场营销组合要素制定一个战略，使得各个要素之间相互补充、相互加强，其结果是通过理想的 4P 组合，得到一个最佳的营销组合。

当然，在实践中，这种理想的营销组合是不存在的。现实世界是复杂多变的，这种理想状态根本不可能经常出现。不过，在营销组合中，通过预先考虑和利用 4P 之间相互影响的关系，培养协同效应的战略观点，在营销组合管理中依然是颇有价值的。虽然最优的营销组合可能是无法获得的，但非常有效的营销组合还是可以实现的。

从分销特别是营销渠道管理的角度讲，渠道管理者应该在头脑中建立起培养协同效应的战略概念。这样做可以帮助渠道管理者看到其他市场营销组合要素加强而非削弱渠道管理的特性。这一主题将在第 10～13 章进行更详尽的论述。

渠道战略与渠道成员绩效评价

"亲身体验才知好坏"这句话用在评价渠道成员绩效上，可以说十分贴切。只有通过这样的过程，渠道管理者才能真正了解渠道设计和渠道管理到底怎样。

渠道成员绩效评价是本书第14章的内容。在这里，我们主要讨论日常的渠道成员绩效管理与在一段较长时间内渠道成员绩效综合评价之间的区别，后者往往需要运用大量的指标，有时甚至是通过正规的途径来收集和分析评价所需的数据信息。

在这方面，我们只想讨论一下渠道成员绩效评价的战略意义。在实践中，渠道成员的绩效评价涉及的最关键的问题是：是否已经对渠道设计和管理过程设立了规范，以对渠道成员的绩效进行有效的评价？这个问题将直接使渠道管理者将绩效评价看做建立和管理市场营销渠道不可或缺的因素。这种渠道成员绩效评价方法适用于从像劳力士公司这样的奢侈产品的制造商到类似于卡特彼勒这样的重型推土机设备制造商的任何企业。

本章小结

渠道战略与企业实现其目标市场上的分销目标所遵循的诸多原则密切相关。例如，它关注的内容与市场营销4P组合中的渠道要素相同。虽然渠道战略考虑的内容相对较窄，但是它可以对企业整体营销战略以及公司目标和战略产生巨大的影响。

渠道战略涉及6个基本的分销决策：

1. 分销在企业整体目标和战略中的角色；
2. 分销在市场营销组合中的角色；
3. 营销渠道的设计；
4. 渠道成员的选择；
5. 渠道管理；
6. 渠道成员绩效评价。

如果分销是影响企业长期成功的重要因素，那么分销战略就应该成为企业最高管理层管理的对象，同时应该包括在战略计划过程之中。

对于分销在营销组合中的角色，如果以下4种情况中的任意一种出现，分销就应该在营销组合中得到强调：（1）分销是营销组合中最能满足目标市场需求的因素；（2）在其他方面与竞争对手势均力敌；（3）由于被忽视，分销成了竞争对手市场营销组合中的弱点；（4）分销能够创造协同效应。

在营销渠道设计方面，渠道战略应当从更高层次的渠道设计为企业赢得差异化竞争优势的角度，指导渠道设计过程。渠道管理者应该使用渠道定位概念来确定渠道位置，使企业获得差异化竞争优势，并在目标市场上成为制造商赢得顾客的有力促进者。

渠道成员的选择应该体现制造商的总体目标和战略以及市场营销战略，进而挑选出那些与企业目标相吻合，并且能够高效地完成企业任务的分销商作为渠道成员。

营销渠道管理要求渠道管理者回答3个战略问题：应该与渠道成员建立何种密切程度的关系？应该如何激励渠道成员？应该如何运用营销组合加强渠道成员之间的合作？

在对待最后一个分销决策，即渠道成员绩效评价时，渠道管理者必须保证在渠道设计和管理中已经制定了用以确保渠道成员绩效得到有效评价的规定。

复习题

1. 描述渠道战略与营销战略的关系。

2. 描述并简要评论大多数企业需要考虑的 6 个基本分销决策。

3. 制造商能否自发地认识到分销对企业至关重要，并将其作为战略计划的有机组成部分？

4. 企业是否应该在制定长期发展目标和企业战略时自动放弃分销？

5. 在营销组合中渠道战略的位置是什么？

6. 渠道管理者在决定分销这一构成营销组合决策的关键因素的重要程度时，应该以什么为依据？

7. 解释协同效应在市场营销渠道战略中的含义。

8. 从渠道设计战略的角度，考虑差异化优势的内涵。

9. 解释渠道定位与渠道设计以及由渠道设计形成的差异化优势之间的关系。

10. 从顾客的角度看，渠道成员是制造商自有组织的延伸。你是否同意这一观点？说明理由。

11. 渠道管理者在营销渠道管理中面临的关键性战略决策有哪些？

12. 了解渠道密切程度和分销密集程度之间的关系。

13. 了解组合用于渠道成员激励时的含义。

14. 解释运用营销组合促进渠道成员之间相互合作，以实现制造商渠道目标的含义。

15. 讨论渠道战略中与渠道成员绩效评价相关的主要问题。

思考题

1. 网上销售在过去几十年中获得了巨大的增长，未来阻碍其进一步增长的战略性劣势是缺乏即时性。消费者在网上购买实体产品并不能像在商店中购买时能马上拿到产品，他们必须至少等待一天，有时甚至需要等待几天才能拿到商品。最近，世界最大的网上零售商亚马逊试图通过在一些主要城市提供当天送货，以缓解上述即时性问题。不过这项服务价格颇高——一次 17.99 美元加上一磅 1.99 美元的运费。现在一些传统的实体零售店如诺德斯特龙和 Jones Apparel Group 的零售部门认为它们找到了一种协同运作办法，即使用它们的零售店作为网上销售的配送中心，这样可以为它们带来应对亚马逊的差异化竞争优势。这些零售商相信采取上述手段能够帮助它们比亚马逊更高效、更低成本地提供当天送达服务，因为不同于亚马逊，它们拥有许多靠近顾客的商店。

你认为这种传统零售商拥有的也许能够实现更快速和更低成本配送的“网上和实体店铺渠道的协同”可以为大多数既有网上销售又拥有实体零售店的企业提供差异化的竞争优势吗？

2. 加州富特希尔兰奇的奥克利公司（Oakley）以生产优质太阳镜而闻名，其太阳镜的销售额达到每年 3 亿多美元。大约 1/3 的太阳镜是通过 2 000 家太阳镜屋连锁店（Sunglass Hut）中的专有零售商销售的。奥克利和太阳镜屋的渠道伙伴关系一直很好。精美的奥克利太阳镜为太阳镜屋吸引了大量顾客，带来了丰厚的利润，而奥克利太阳镜也因此销量大增。但是自从 2001 年末意大利的太阳镜生产商罗萨奥蒂卡集团（Luxottica Group SA）与太阳镜屋联合后情况就改变了。罗萨奥蒂卡凭借其著名品牌雷朋（Ray-Ban）太阳镜迅速使奥克利产品在太阳镜屋的销量降至原来的 20%。显然，罗萨奥蒂卡想通过太阳镜屋销售更多的产品，因此将来太阳镜屋给奥克利产品的货架面积会大幅减少。这一渠道剧变的消息一传出，奥克利的利润和股价就急剧下跌。

结合奥克利与太阳镜屋的渠道伙伴关系和战略联盟走下坡路的情况讨论一下奥克利的渠道战略。奥克利的渠道战略应该如何改变以减少未来这种问题的出现？

3. 密尔沃基公司（Milwaukee）在高质量的动力设备领域久负盛名，其产品以耐用赢得了人们的称赞，其大多数产品都是通过批发商（产业分销商）销售给各种动力设备的使用者。其客户包括工厂、承包商、修理厂、学校、政府部门以及其他组织和个人。密尔沃基声称，几乎80%的分销商已经与其合作了25年以上，它认为自己是分销商可靠、持续的合作伙伴。该公司经常这样讲："当你们成功时，我们才会成功。"

从渠道设计、渠道成员选择、渠道管理和评价战略角度，评论上述话语的意义。

4. 作为福特汽车公司的高档汽车品牌，林肯汽车近几年发展十分艰难。2000—2010年十年间，林肯从销量最大的美国高档汽车品牌一路下滑至第八位。另外，许多购买像雷克萨斯、BMW、梅赛德斯-奔驰和凯迪拉克等高档品牌汽车的消费者从来都不会考虑购买林肯汽车。福特目前正打算振兴林肯品牌，将其打造为和国内外高档轿车品牌一样档次的品牌。不过福特公司认为，要想实现这个新的定位，不仅需要向市场引入更好和更令人兴奋的产品，还需要解决渠道问题——林肯的许多经销商缺乏迎合高层次消费者的设施和服务能力，因而无法带来高档轿车消费者所期待的顾客体验。福特估计将从其1 200名经销商中去除200名，同时剩余的经销商必须投资约200万美元改善自身的经销能力。

讨论"顾客体验"这一名词，并考虑其在产品与渠道中所起的作用。

5. 奈斯派索（Nespresso）是雀巢公司的一个子品牌，它早在1986年就开发了家庭用咖啡机。截至2009年，奈斯派索实现26亿美元的销售额，并连续几年都实现了两位数的增长。这种被20多位竞争对手竞相模仿的咖啡机，是将高压水蒸汽注入咖啡胶囊或称咖啡粉囊包中制作一杯咖啡。在开始时，奈斯派索的商业模式是基于售卖其受到多种专利保护的独家的咖啡胶囊来创造大部分的收益和利润，而不是销售咖啡机。咖啡胶囊与咖啡机之间的关系就如同硒鼓和打印机之间的关系一样，打印机生产者主要依赖硒鼓创造其大部分的利润。奈斯派索意识到保持其咖啡胶囊的专属性和高价格的极端重要性，因此奈斯派索急迫地想控制它的分销渠道。这就是为什么奈斯派索的咖啡胶囊只在自己的零售商店、网上商店或直接通过电话售卖。最近，奈斯派索的竞争对手莎莉公司（Sara Lee）和艾斯克咖啡公司（Ethical Coffee）宣布它们打算推出自己生产的用于奈斯派索咖啡机的咖啡胶囊。这些咖啡胶囊将会更加低价，并比奈斯派索的咖啡胶囊更广泛地销售。奈斯派索表示，如果发现这些竞争对手的产品侵犯了自己的任何专利，将会采取法律手段。

你认为奈斯派索严格控制咖啡胶囊分销渠道的渠道策略是不是一种有效应对其竞争对手售卖与奈斯派索咖啡机兼容的咖啡胶囊的方法，尤其是当法律手段无法阻止其竞争对手时？为什么？

6. 多年来，宝洁以及其他大型消费品制造商均以专门的分销活动作为联系渠道成员的主要渠道管理战略。特定的折扣、津贴、上架费、优惠券、展示费用和类似的策略被大量使用，以促使批发商和零售商将其产品大量推向市场。以这种方式激励渠道成员所产生的主要问题是，对于制造商而言，其成本过于高昂。这种方式经常要求对产品进行特殊的包装和加工，大大提高了生产成本，也使生产出现"从波峰到波谷"的震荡，此外还提高了制造商的促销成本。从顾客的角度看，在同一地点，本周每袋汰渍洗衣粉卖3.79美元，下周就要卖到7.79美元，这种价格的波动提高了顾客对价格的敏感程度，破坏了品牌忠诚度。为了改变这种渠道管理的现状，宝洁一改原来强调特定分销活动的管理方式，而是采用天天低价的方式向其渠道成员提供产品。宝洁相信，这种方法可以大大降低成本，同时也会使渠道成员有能力向终端消费者提供更低的价格。

你对宝洁新的渠道战略有什么看法？它的优点和弱点是什么？请从制造商和渠道成员的角度分别讨论。

7. 杂货店是最有竞争力的商业形式之一，特别是当杂货店逐渐成为小型制造商的新产品进入市场的渠道时。一般的超级市场经营大约 3 万种不同的商品，每年只推出大约 1.5 万种新产品，由于空间有限，没有办法使所有的新产品都摆上货架。对于制造商来讲，解决这一矛盾的一个方法是向超级市场支付展示费或上架费，这实际上是向零售商购买在其货架上陈列商品的权力。不过，这些费用可能是非常高的，有时要想获得一个 4 英尺的货架位置，每年需要支付高达 5 000美元的费用。

对货架空间竞争激烈的产业而言，展示费是不是在高度竞争的市场上谋求生存的唯一方法？是否还存在其他方法？

8. 电影制片厂在制定其未来的渠道战略时陷入两难。电子渠道分销利润很高，因为有线电视公司在播放电影时向其用户收取 4.99 美元的租金，电影制片厂则收取其中的 70%。发售 DVD 的利润率没有那么高，一般来说毛利率为 30%。不过即使电子渠道增长得很快，但“过时”的 DVD 依旧为公司带来 70%以上的电影利润。因此，尽管电子渠道具有非常好的前景（尤其考虑到在智能手机一类的移动终端上播放影片所带来的增长），但 DVD 对电影来说仍然是重要的分销渠道。

面对这种挑战，你会给电影制片厂推荐什么样的渠道战略？

注释

1. Philip Kotler, *Marketing Management Analysis, Planning Implementation and Control*, 6th ed. (Englewood Cliffs, N.J.: Prentice-Hall, 1988), 71.
2. For a comprehensive and in-depth treatment of marketing strategy see: David W. Cravens *Strategic Marketing* 5th edition. Chicago: Richard D. Irwin 1997.
3. For another perspective of channel strategy focusing on industrial channels, see Leonard J. Kistner, C. Anthony di Benedetto, and Sriraman Bhooraraghaven, “An Integrated Approach to the Development of Channel Strategy,” *Industrial Marketing Management* 23 (1994): 315–322; see also Brent M. Wren, “Channel Structure and Strategic Choice in Marketing Channels,” in *Enhancing Knowledge Development in Marketing: Proceedings of the Annual Educators’ Conference of the American Marketing Association*, eds. Robert P. Leone and V. Kumar (Chicago: American Marketing Association, 1992), 529–535.
4. For a related discussion see: Joe Meyers, Evan Van Metre, and Andrew Pickersgill, “Steering Customers to the Right Channel,” *McKinsey Quarterly* (October 2004): 1–6.
5. For additional in-depth discussion related to this issue, see Michael E. Porter, “Strategy and the Internet,” *Harvard Business Review* (March 2001): 63–68.
6. Joann Muller, “The Bespoke Auto,” *Forbes* (September 27, 2010): 96–98.
7. Derek F. Abell and John S. Hammond, *Strategic Market Planning Problems and Analytical Approaches* (Englewood Cliffs, N.J.: Prentice-Hall, 1979), 451.
8. For a related discussion see: Michael E. Porter, *Competitive Advantage: Creating and Sustaining Superior Performance* (New York: The Free Press, 1998).
9. Peter Drucker, “Manage by Walking around Outside,” *Wall Street Journal* (May 11, 1990): A12.
10. Tom Peters, “Ignore Distribution Channels at Your Own Risk,” *San Jose Mercury News* (February 13, 1986) 8G.
11. Spencer E. Ante, “At Amazon, Marketing is for Dummies,” *Business Week* (September 28, 2009): 53–54.
12. Yukari Iwatani Kane and Ethan Smith, “Apple Sees New Money in Old Media,” *Wall Street Journal* (January 21, 2010): B1, B2; Erick Schonfeld, “Apple’s New Retail Strategy? Mini-Me,” *Business Week* (November 2004): 44.
13. Susanne Craig, “For Edward D. Jones, Avoiding the Internet Is a Secret to Success,” *Wall Street Journal* (August 8, 2001): A1, A4.
14. Hewlett-Packard Annual Report (2009): 23.
15. Robert Frank, “Rayovac to Buy Battery Business of Varta for about $262 million,” *Wall Street Journal* (July 29, 2002): A6.
16. For a related discussion, see John T. Mentzer and Lisa R. Williams, “The Role of Logistics Leverage in Marketing Strategy,” *Journal of Marketing Channels* 8, no. ¾ (2001): 29–47.
17. See, for example, “Integrating Multiple Channels,” *Chain Store Age* (August 2001): 24A–25A.
18. For a related discussion see: Don Peppers and Martha Rogers, “Delivering a Smarter Multichannel Experience,” *Sales and Marketing Management* (April 2007): 11–13.

19. James A. Narus and James C. Anderson, "Rethinking Distribution," *Harvard Business Review* (July–August 1996): 112–130.
20. See for example: Daisuke Wakabayashi, "Dell Unit Hunts for Cost Cuts," *Wall Street Journal* (April 28, 2010): B4.
21. Donald V. Fites, "Make Your Dealers Your Partners," *Harvard Business Review* (March–April 1996): 86.
22. For an insightful article dealing with the issue of relationship building in marketing channels, see John R. Nevin, "Relationship Marketing and Distribution Channels: Exploring Fundamental Issues," *Journal of the Academy of Marketing Science,* 23 no. 4 (1995): 327–334.
23. Paula Andruss, "Delivering Wow Through Service," *Marketing News* (October 15, 2008): 10.
24. See for example, Stacy Perman, "Multichannel Cross-Platform Synergy is Mega, Yo," *Business* 2.0 (August/September 2001): 164–165.
25. Reid Kanaley, "NutriSystem at Walmart," *Philadelphia Inquirer* (October 7, 2009): D1.
26. See, for example, "Forming Strategic Alliances between Suppliers and Distributors," *NeoBrief* (Issue 2, 1991): 1–5; James A. Narus and James C. Anderson, "Turn Your Industrial Distributors into Partners," *Harvard Business Review* (March-April 1986): 66–71; and James C. Anderson and James A. Narus, "A Model of Distributor Firm and Manufacturer Firm Working Partnerships," *Journal of Marketing* (January 1990): 42–58.
27. Wroe Alderson, *Marketing Behavior and Executive Action* (Homewood, Ill: Irwin, 1957), 101–109. Also, for an excellent discussion of differential advantage from a marketing standpoint, see Victor J. Cook, Jr., "Marketing Strategy and Differential Advantage," *Journal of Marketing* (Spring 1983): 68–75.
28. Michael E. Porter, *Competitive Strategy: Techniques for Analyzing Industries and Competitors*, (New York: The Free Press, 1980).
29. For some additional perspective on this point, see Minakshi Trivedi, "Channel Selection: A Cost of Information Issue," *Journal of Marketing Channels* 4, no. 4 (1995): 1–13; and Hans Skytte, "How to Develop and Sustain Competitive Advantages through Interorganizational Relations between Retailers and Suppliers," in *Proceedings of the Sixth World Conference on Research in the Distributive Trades*, eds. Roy Thruik and Henk J. Gianotten (The Hague, Netherlands: Dutch Ministry of Economic Affairs, 1992), 133–140.
30. James A. Narus and James C. Anderson, "Strengthen Distributor Performance through Channel Positioning," *Sloan Management Review* (Winter 1988): 33.
31. "Creating the Lexus Customer Experience," *The Executive Issue*, (January 2009): 1–3.
32. For a related discussion presenting a method for helping to achieve this outcome, see Poh-Lin Yeoh and Roger J. Calantone, "An Application of the Analytical Hierarchy Process to International Marketing Selection of a Foreign Distributor," *Journal of Global Marketing,* 8, no. ¾ (1995): 39–65.
33. See, for example, Alexandra Peers and Nick Wingfield, "Sotheby's, eBay Team Up to Sell Fine Art Online," *Wall Street Journal* (January 31, 2002_: B8.
34. See for example: Miguel Bustillo and Nick Wingfield, "Best-Buy to Sell Green Vehicles," *Wall Street Journal* (July 6, 2009): B4.
35. For an excellent background article related to channel management, see Frank V. Cespedes and Raymond Corey, "Managing Multiple Channels," *Business Horizons* (July–August 1990): 67–77.
36. For an excellent discussion of this viewpoint in the context of industrial channels, see Jean L. Johnson, "Strategic Integration in Industrial Distribution Channels: Managing the Interfirm Relationship as a Strategic Asset," *Journal of the Academy of Marketing Science* (Winter 1999): 4–18.
37. For an insightful and candid article that does discuss the loosening or weakening of channel relationships, see Gary L. Frazier and Kersi D. Antia, "Exchange Relationships and Interfirm Power in Channels of Distribution," *Journal of the Academy of Marketing Science* 23, no. 4 (1995): 321–326.
38. See, for example, James C. Anderson and James A. Narus, "Partnering as a Focused Market Strategy," *California Management Review* (Spring 1991): 95–113; and Jan R. Heide and George John, "Alliances in Industrial Purchasing: The Determinants of Joint Action in Buyer–Supplier Relationships," *Journal of Marketing Research* (February 1990): 24–36.
39. Kyle Cattani, Sebastian Heese, Wendell Gilland, and Jayashankar Swaminathan, "When Manufacturers Go Retail," *MIT Sloan Management Review* (Winter 2006): 9–11.
40. Jeff Bennett, "Some Chrysler Dealers See Un Problema in Fiat's Plan," *Wall Street Journal* (August 24, 2010): B1.
41. For a related discussion see: Geoffrey A. Fowler, Scott Morrison, and Sharon Terlep, "GM eBay End Online Sales Effort," *Wall Street Journal* (September 30, 2009): B2.
42. For a related discussion, see V. Kasturi Rangan and Jarkumar Ramchandran, "Integrating Distribution Strategy and Tactics: A Model and Application," *Management Science* (November 1991): 1377–1389.
43. For two excellent analyses of the role of slotting allowances in marketing channels, see J. Chris White, Lisa C. Troy, and R. Nicholas Gerlich, "The Role of Slotting Fees and Introductory Allowances in Retail Buyers' New Product Acceptance Decisions," *Journal of the Academy of Marketing Science* (Spring 2000,): 291–298; and Judy Siguaw, "Slotting Allowances: A New Variable in the Distribution Channel," in *Developments in Marketing Science, Volume XIV, Proceedings of the 15th Annual Conference of the Academy of Marketing Science*, ed.

Robert L. King (Coral Gables, FL: Academy of Marketing Science, 1991), 91–100.

44. George S. Day, "Diagnosing the Product Portfolio," *Journal of Marketing* (April 1977): 29–38.

45. See, for example, David Perry, "How You'll Manage Your 1990s Distribution Portfolio," *Business Marketing* (June 1989): 52–56.

46. Peter R. Dickson, "Distributor Portfolio Analysis and the Channel Dependence Matrix: New Techniques for Understanding and Managing the Channel," *Journal of Marketing* (Summer 1983): 35–44.

47. Denise D. Schoenbachler and Geoffrey L. Gordon, "Multi-Channel Shopping: Understanding What Drives Channel Choice," *Journal of Consumer Marketing* 19, no. 1 (2002): 50.

第6章 设计营销渠道

学习目标

学习本章之后，你应该能够：

1. 理解渠道设计的定义及与其相关的主要区别点；
2. 认识到渠道设计是一个复杂的过程；
3. 懂得渠道设计范式的结果并理解结果的潜在逻辑；
4. 认识到要求进行渠道设计决策的各种条件；
5. 熟悉分销目标的概念以及营销与公司整体目标、战略相一致的要求；
6. 能够说明具体的分销任务；
7. 识别渠道结构的3个维度和每一个维度的战略意义；
8. 描述和定义影响渠道结构变量的6个基本类型；
9. 就启发式的方法在渠道设计中的优点和局限性理解它的概念；
10. 认识渠道管理者在严格意义上选择最佳渠道结构的能力不足；
11. 熟悉选择一个渠道结构的主要过程；
12. 正确评价在现实世界中选择渠道结构所使用的判断——启发式方法的价值。

渠道焦点

谷歌为其智能手机设计的直接渠道并不智能

谷歌是历史上最“聪明”、最成功的企业之一。在不到10年的时间里谷歌成为全球无可争议的搜索引擎领导者，它基于广告的盈利模式产生了数十亿美元的收入和非同一般的利润。

然而最好的、最“聪明”的企业也会犯错，谷歌也不例外。事实上，谷歌在设计其Nexus One智能手机的营销渠道时犯了很大的错误。谷歌认为不论以网络还是传统的渠道将这款手机卖给消费者便可以改变整个手机产业的格局。然而5个月过去了，谷歌宣布关闭其网上商店。究竟是什么原因导致谷歌放弃了直接面向消费者的渠道结构呢？其实谷歌犯了和所有倒闭的公司一样的错误：不能提供顾客所追求的顾客体验。大多数顾客希望在购买之前能触摸到真机，并且得到由真人讲解的多种服务。网上商店渠道没有提供这些服务，因此销量才会如此惨不忍睹以致谷歌只好放弃网上直接渠道，取而代之的是谷歌在一篇博客中宣布将为Nexus One设计与之前不同的渠道结构，通过手机运营商将手机销售给消费者——这与所有与之竞争的智能手机生产商的渠道结构非常相似。

如果你用谷歌搜索引擎搜索“失败的智能手机渠道设计”，当第一个呈现出来的搜索结果是谷歌公司时，千万别惊讶！

资料来源：Based on Scott Morrison, "Google to Stop Online Sales of Nexus One Smartphones," *Wall Street Journal* (May 17, 2010): B9.

以前的章节根据大多数公司面临的主要分销决策，研究了营销渠道战略。正如我们所指出的，第1个分销决策就是决定分销应该在公司的整体目标和战略中扮演什么角色，起什么样的作用。公司所面临的第2个分销决策是人们所期望的分销在营销组合的4个战略领域中所起的作用。第3个决策是设计公司的营销渠道结构。为了解决第3个战略分销决策，渠道管理者必须涉足渠道设计过程，这正是本章的主题。

什么是渠道设计

应用于营销渠道中的“设计”这一术语有非常广泛的含义，有些人把它作为名词来描述渠道结构，另外一些人用它来表示白手创建一条新渠道，还有一些人对它的使用范围更广，包括现有渠道的调整。最终，设计被赋予了与“选择”相同的含义，使二者之间没有任何区别。[1]

使用范围的这种广泛性会导致混淆，因此，在进一步研究之前，我们要对应用于营销渠道中的设计做出更准确的定义，即：

> **渠道设计**（channel design）是指对以前不存在的新的营销渠道的开发，或对现有渠道的调整。

在这一定义中要注意5点：

1. 渠道设计是作为市场经营者面临的决策提出来的，在这个意义上，渠道设计是同营销组合的其他决策方面，即产品、价格和促销相类似的。换句话说，从管理的角度看，市场经营者必须对营销组合的任一方面做出决策。

2. 渠道设计的使用如此之广，包括了白手建立新渠道和调整现有渠道。实际上，调整或重新设计现有渠道，有时是用营销渠道的“再造”这个术语，是比白手起家建立新渠道更常见的一种说法。[2]

3. 当以动词的形式使用时，设计这一术语意味着营销管理者有意识地、积极地分配任务，试图建立高效的渠道结构。这一术语不用来指发展低级的渠道结构。[3]简言之，设计意味着管理已经在渠道的发展中起到了积极的作用。

4. 使用这一术语，有时我们仅用来指渠道设计的一个方面，即选择渠道成员。

5. 渠道设计这一术语也有其战略内涵。正如我们在本书第5章指出的，渠道设计应该作为公司整体的一部分，目的是获得市场上的差异化优势。[4]因此，把渠道设计作为一种获得差异化优势的战略工具，应该在设计营销渠道时成为管理者的主要指导思想。

谁来进行渠道设计

生产商/制造商、（消费品和工业品）批发商和零售商，都面临着渠道设计决策。然而，对于零售商而言，它们看待渠道设计是从生产商和制造商的对立面出发的。零售商是“向上看渠道”以确保供应，而不是“向下看渠道”以面向市场（这正是生产商和制造商的情况）；批发商则从两方面考虑渠道设计决策。

本章我们是从公司（主要是生产商和制造商、服务提供商和特许商）的角度向下看渠道以面向市场，并从这一角度出发讨论渠道设计这个话题，但并不是降低另一个角度的重要性。事实上，向上看渠道对零售商而言是一个重要的问题（对批发商来说也同样如此），不过，如何恰当处理这一问题已超出了本章讨论的范围。[5]

渠道设计决策的范式

渠道设计决策可以分为以下 7 个方面或步骤：

1. 识别渠道设计决策的需要；
2. 建立和协调分销目标；
3. 说明具体的分销任务；
4. 开发可选择的渠道结构；
5. 评价影响渠道结构的各种变量；
6. 选择“最佳”渠道结构；
7. 选择渠道成员。

这 7 个步骤如图 6—1 所示。

本章和接下来的第 7 章的结构遵循了这一渠道设计范式，本章主要讨论从步骤 1 到步骤 6 的内容，而步骤 7——选择渠道成员，单独在第 7 章中讨论。目标市场作为影响渠道设计决策的最基本的变量，尽管在本章做了简要的论述，但其内容之重要足以需要用第 8 章进行专题讨论。

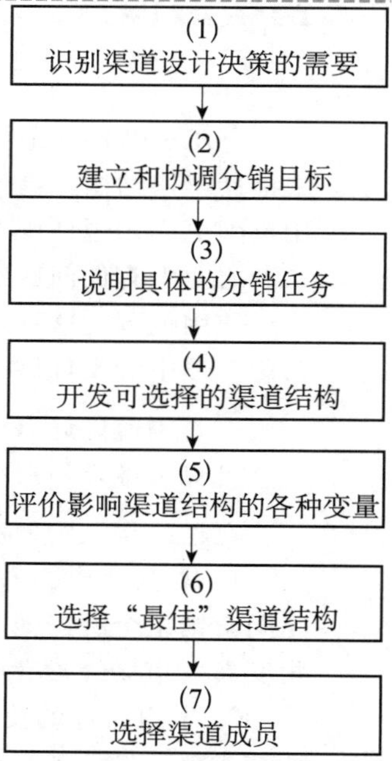

图 6—1　渠道设计决策范式流程图

步骤 1：识别渠道设计决策的需要

很多情境表明，需要进行渠道设计决策。[6]这些情境如下：

1. 开发一种新产品或一条产品线。如果现存的分销其他产品的渠道不适用于新产品或新产品线，就必须建立一条新渠道，或者按照某些模式对现有渠道进行调整。

2. 目的是将现有产品投入新的目标市场。这种情况的一个常见例子是，一件产品在工业品市场上出售后，公司再将其引入消费品市场。

3. 营销组合中的其他组成部分有了巨大的变化。例如，强调低价的新定价策略要求公司转向更低价格的经销商，如大量商品折扣经销商。

4. 建立一个新的公司，白手起家或通过兼并和收购。

5. 现有的渠道成员可能会制定决策阻止达到公司的分销目标。例如，如果渠道成员开始强调它们自己的私有品牌，这时制造商就要增加新的分销商，这些新的分销商要能以更饱满的热情促销公司的产品。

6. 特殊类型渠道成员的变化。例如法国奢侈品圣罗兰（Yves St. Laurent）晚礼服、Limoges 瓷器和 Christofle 银器的制造商在美国市场上面临渠道设计决策，此时零售领域内的兼并和收购浪潮使得声名显赫的百货店的数目在减少。

7. 开辟了新的营销地区（领域）。

8. 主要的环境发生变化，这些变化可能发生在经济、社会文化、竞争、技术或法律领域（见本书第 3 章讨论的环境对营销渠道的影响）。

9. 接受冲突或其他行为问题的挑战。[7] 例如，有些冲突可能很激烈，不调整渠道就不可能解决问题，制造商无法管理现有的分销商，需要设计一条全新的渠道。[8] 此外，角色的改变和交流的困难也可能使营销管理者面临渠道设计决策（见第 4 章）。

10. 检查和评价。公司所执行的定期例行检查和评价可能导致现有渠道的改变和对新渠道的需要（见本书第 14 章）。

尽管这个清单不可能包罗万象，却为渠道管理者进行渠道设计提供了基本条件和框架。[9] 熟悉这张清单很重要，因为渠道设计决策不一定是显而易见的，特别是如果涉及的是调整渠道而不是建立新渠道。

步骤 2：建立和协调分销目标

认识了渠道设计决策的需要之后，渠道管理者应该努力开发渠道结构，不管是新建还是调整现有渠道，都会有效地促进公司分销目标的完成。然而，在渠道设计这一阶段，不能明确阐明公司的分销目标已是司空见惯的现象，特别是条件的变化要求进行渠道设计决策（见步骤 1），而这种变化需要制定新的或修订原有的分销目标。对渠道管理者来说，慎重地评价公司的分销目标是非常重要的，根据这一目标确定是否需要新渠道。检测分销目标是要确保该目标能和营销组合的其他方面（产品、价格和促销）的目标和战略以及公司的整体目标和战略相吻合。

为了使设立的分销目标与其他营销目标及公司的目标和战略更好地协调起来，渠道管理者需要完成下列任务：

1. 他们应该熟悉营销组合的其他方面以及公司里其他相关的目标和战略；

2. 他们应该建立分销目标并且明确地表述出来；

3. 他们应该进行检查，看所设立的分销目标是否和营销及公司的总体目标和战略一致。

上述所有任务都将在后面分别加以论述。

熟悉目标和战略

无论是谁对设立分销目标负有责任，都应该力图知道，公司里哪一个现有目标和战略对将要设立的分销目标会产生影响？实际上，建立营销组合其他方面的目标和建立分销目标的通常是同一群（个）人。[10]即使是这种情况，也有必要对各种营销目标和政策的相互关系进行全盘思考。菲多利公司（Frito-Lay）是多力多滋食品（Doritos）和Fritos食品的生产商，居全球咸味休闲食品的领导地位，公司将其战略重点放在产品的新鲜性上——其大部分产品的货架生命周期非常短。为了达到新鲜这一分销目标，菲多利公司设计了一条渠道，使用1.3万多名司机/销售人员，他们直接运送产品给食品店，每一位司机/销售人员配有最新的手提电脑，能立即将销售和库存数据传送回总部。这种“直接到商店门口”的渠道结构在该行业中享有盛誉，在菲多利公司所主导的咸味休闲食品市场中是主要的竞争优势。菲多利公司在小甜饼和饼干市场上也使用了同样的渠道结构，但收效不大，原因是什么呢？强调新鲜的战略对于货架生命周期长的小甜饼和饼干来说并不是必需的，因此，试图达到这种严格的分销目标而花费的开支和给司机/销售人员增加的额外负担并不能增加这些产品的销售。

建立明确的分销目标

分销目标是对人们期盼分销工作在完成公司的整体营销目标过程中所起的作用而做出的实质性陈述。例如，近年来一直寻求通过获得全球市场的更多份额使公司重新焕发活力的戴尔电脑公司，在公司年报中将其分销目标陈述如下：

> 我们的增长战略涉及通过新型的分销渠道（如顾客零售）接触到更多顾客，扩大我们与增值零售商之间的合作关系，以及通过特定收购增大我们公司涉及的商业领域。[11]

其他一些可能的分销目标列举如下：

● 通用食品公司（General Mills）收购Pillsbury公司的决策主要基于公司的分销目标，即利用Pillsbury的能力把渠道铺入餐馆、学校食堂和自动售货机。[12]

● 新千年来临之际，苹果电脑公司制定了一项“体验苹果”的旨在扩大客户群的分销目标。基于此，苹果公司建立了自己的零售商店网络，以更好地控制其产品如何展示在消费者面前。[13]

● 可口可乐公司的分销目标是寻求进一步加大对学校和大学市场的渗透力度，它在只卖可口可乐公司产品的学校和大学使用独家经营合同。这些专营合同排除了竞争者，从而帮助可口可乐公司实现了高度渗入这一目标市场。[14]

● 亚马逊为自己专属的网上销售渠道设定的目标不仅是提供最佳的客户服务，还包括提供最佳的客户体验。亚马逊的创始人和CEO杰夫·贝佐斯认为这两者之间有着本质的区别[15]：

> ……客户服务仅仅是客户体验的一部分。客户体验包括提供最低的产品价格、快速的配送以及保证足够可靠，以至于客户不用联系任何客服人员，这样就不需要所谓的“客户服务”来应对那些异常状况了。

杰夫·贝佐斯为亚马逊设定的网上渠道目标一直都不是通过客户服务如“救火”一般解决客户提出的特定问题，而是为所有客户提供良好的客户体验，因此只有很少客户会需要与客户服务人员沟通。

检查一致性

在渠道设计的过程中进行的一致性检查涉及检验分销目标与营销组合其他领域

（产品、定价和促销）的目标是否冲突，或者是否与公司的整体营销目标及总目标和战略冲突。为了进行这样的检查，对公司的各级目标和战略及其相互关系进行检查是非常重要的，具体如图 6—2 所示。

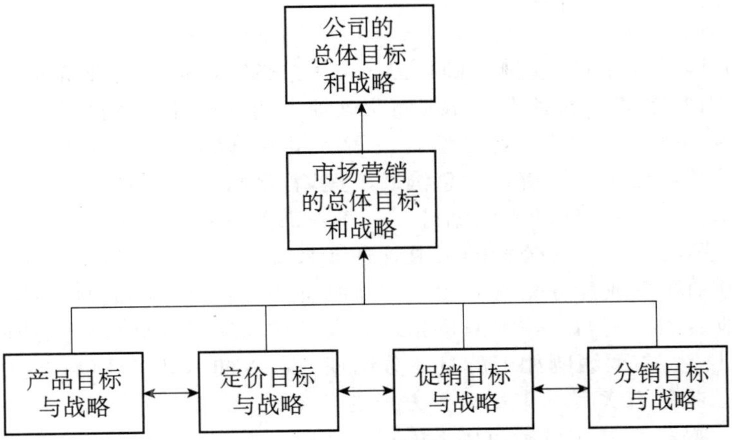

图 6—2 企业目标和战略之间的关系及层次

在图 6—2 中，营销组合 4 个组成部分的目标和战略是通过双向箭头连接起来的，这意味着传递了这样一种思想，即这些方面是相互关联的，因此，其中任何一个方面所追求的目标和战略都必须与其他方面的目标和战略相一致。例如，产品方面的高质量目标，可能要求定价目标要能弥补产品的高成本，并增强它的质量形象。促销目标要以同目标市场进行交流、宣传产品的优良质量为中心。同时，分销目标还应当以便于顾客在市场上买到产品为原则进行制定，市场上应当有各种类型的销售网点，都是目标顾客喜欢光顾的。

图 6—2 也暗示着目标和战略的等级性，体现为营销组合每一方面的目标和战略必须与其上一层的目标和战略一致，这些高层的目标和战略又必须与更高的企业整体目标和战略一致。

一致性检查在建立分销目标时是极为重要的，因为分销目标对公司有相当大的长期影响，特别是分销目标从所建立的公司目标和战略中独立出来的时候。以星巴克公司为例，星巴克公司最近决定通过数以千计的便利店、超市、像汉堡王和赛百味一类的快餐店和自动售货机销售 Seattle's Best Coffee 的产品。星巴克于 2003 年收购了 Seattle's Best Coffee，2010 年之前一直都在自己的商店、Borders 书店和约2 500家超市出售其产品。现在星巴克为 Seattle's Best Coffee 制定了新的强度高、范围广的分销目标和相应的新广告标语“到处都有好咖啡”，它希望能借此接触到更多潜在的原来不买星巴克咖啡的消费者，同时与快餐连锁企业竞争，比如在其 3 万家餐厅中出售咖啡的麦当劳。[16] 星巴克为 Seattle's Best Coffee 制定新的分销策略的风险在于可能会侵蚀星巴克自己品牌的咖啡。除此之外，一些咖啡行业观察者认为，通过连锁快餐店、便利店和自动售货机销售 Seattle's Best Coffee 的产品可能毁坏 Seattle's Best Coffee 乃至星巴克原有的高质量产品的形象。只有时间能告诉我们星巴克拓展的渠道是否与公司保持世界最好咖啡提供商的形象相符合。

步骤3：说明具体的分销任务

分销目标建立和进行协调之后，为了实现目标，需要完成大量的分销任务（职责），因此渠道管理者应该详细而明确地说明这些任务的性质。

多年以来，营销学者已经讨论了大量的营销任务（职责）。[17]这些任务通常包括下列活动：购买、销售、信息沟通、运输、储存、风险承担、融资、分装以及其他一些活动。[18]这些营销职责的划分，尽管对那些准备阐述营销在宏观环境中作用的人来说是有用的，但是对公司的渠道管理者来说，其直接价值微不足道。渠道管理者所阐述的分销职责或任务是具体的、因地制宜的，各种需要满足具体分销目标的任务必须明确地表述。例如，一家消费品制造商，如高质量网球拍的制造商，以业余网球运动员为目标，需要说明如下的具体分销任务，以使运动员能够容易购买到网球拍：

1. 收集有关目标市场购买方式的信息；
2. 提高产品在目标市场上的可获得性；
3. 保持存货水平，确保及时供应；
4. 收集有关产品特征的信息；
5. 提供产品试用服务；
6. 销售竞争性的产品；
7. 处理具体的消费者订单；
8. 产品运输；
9. 安排信用条款；
10. 提供产品保证服务；
11. 提供维修和重新安装服务；
12. 建立产品退换程序。

在产业市场出售的产品，其分销任务的具体说明要比消费品更加细化。例如，一家钢铁或其他金属的生产商，其分销目标要求它与包含很多小客户的目标市场打交道，这些小客户承担着基本的分销任务，如销售、信息沟通、运输、储存、风险承担和融资。为了服务于小客户，生产商可能不得不承担很多更具体的任务，例如：

1. 保持容易取得的存货（就质量和类型详细说明）；
2. 提供快速的装运（具体到天和小时）；
3. 提供信贷；
4. 提供紧急服务；
5. 提供半成品服务，如切割、剪裁、开槽、拔丝、定型切割、重轧、碾平、焊接、研磨、成型和铰孔；
6. 包装和特殊处理；
7. 提供技术援助，如问题分析、产品选择、应用和最终使用产品；
8. 保存市场信息；
9. 提供储存空间；
10. 考虑规模和等级淘汰的问题；
11. 处理订货和账单；
12. 提供退货条款。

尽管这些大量的职责看起来是生产任务而非分销任务，但是在必须完成分销目标的环境下（比如同小客户打交道），它们实际上就是分销任务。这些具体任务必须完成，因为分销目标要求同小客户打交道，而在大多数情况下，小客户又不能自己完成这些任务。因此，特定类型的分销任务往往是所设定的分销目标决定的，当然也包括对企业类型的考虑。例如，金属生产商的分销目标要求只同大客户打交道，这样大量的任务就可以忽略或急剧减少了，特别是上述任务中的2，4，5，6，7和9。[19]

在具体说明分销任务时，重要的是不要忽视产品与服务对最终客户的便利性。[20]这方面的缺陷是众多网络公司倒闭的根本原因。企业对客户（B2C）渠道和企业对企业（B2B）渠道的电子商务公司都严重忽视了将它们同客户有效连接的所有分销任务。[21]分销任务包括日常的分拣、包装、仓储和追踪上千乃至上万笔订单的接收情况等，看似平凡，然而基于互联网的强大技术和激动人心的网络站点并不能消除人们对其的需求。[22]实际上，亚马逊发现，它不得不建立一批具备最新技术的仓库，并雇用上百名员工来从事这些看起来“简单”的分销任务。

步骤4：开发可选择的渠道结构

详细说明了为完成分销目标的特定分销任务后，渠道管理者应该考虑分配这些任务需要选择的方法。通常渠道管理者会选择多渠道结构以便经济有效地接触目标市场。[23]譬如，卡夫食品公司通过超市、食品批发分销商、便利店、连锁杂货店、量贩店来销售通心粉、干酪和Tombstone比萨饼等产品，最近又通过电影院中能加热食品的高技术自动售货机向观影者提供即食产品。[24]第1章用图的形式展示了包括B2C、B2B和服务分销公司的多渠道结构（见图1—1、图1—2、图1—10、图1—11、图1—12、图1—13、图1—14、图1—15）。不过，无论是选择单渠道还是多渠道结构、B2B渠道还是服务分销渠道，选择分配任务的方法（可能的渠道结构）应该以下面3个维度为依据：（1）渠道层级的数目；（2）各个层级的密度；（3）每一层级渠道成员的类型。

层级的数目

一个渠道中层级数目的变化范围可从2层（最直接的渠道为制造商→用户）到5层，有时甚至更多。

实际上，渠道管理者所选择的渠道结构的层级数目通常是有限的，不过2层或3层。例如，直接销售（2层）、使用1个渠道成员（3层）或2个渠道成员（4层）。层级数目的限制源于诸多因素的制约，如特殊行业的惯例、市场的性质和大小、渠道成员的可获得性和其他一些变量（这些变量我们将在步骤5中详细讨论）。在很多情况下，渠道结构的层级数目对行业中的所有制造商来说都是相同的，并长期保持固定不变。比如，通用汽车、福特、克莱斯勒这三大汽车制造商向独立汽车经销商销售它们的汽车，后者再转售给最终消费者。即便是一些所谓的网上汽车销售，独立汽车经销商也参与这种渠道，因为实际的交易是通过经销商完成的。在其他一些行业，层级数目是可以变通的，也可能在相对短的时期内改变，尤其是网上渠道的出现，使得消费品和工业品的众多制造商在现存的3层级、4层级渠道之外，又多了一种 2 层级渠道（制造商→用户）可以选择。

各个层级的密度

密度指营销渠道每一层级渠道成员的数目。正如我们在本书第 5 章中所指出的，在传统上，这一维度可分为 3 类：密集型、选择型和排他型。（1）**密集型**（intensive 有时称为**饱和**（saturation），指在渠道的每一层级使用尽可能多的销售网点，很多消费便利品和工业运营设备便属于这种类型；（2）**选择型**（selective），顾名思义，是在某一特定渠道中并不使用所有可能的渠道成员，而是仔细地选择渠道成员，消费品通常是这种类型；（3）**排他型**（exclusive）实际上是分销的一种非常严格的选择模式，这种情况下在一个特定的营销地区只使用一个渠道成员，特殊品通常属于这一类型。对于零售商，图 6—3 说明了分销的密度。图 6—3 显示，在一定的营销地区（领域），高度的选择分销或独家分销仅同该地区的一家零售商相对应，低度的选择分销与少量的零售商相对应，而极低的选择分销（即密集分销）与该地区的很多零售商相联系。当然，实际的数目会因所涉及公司的不同而各异。

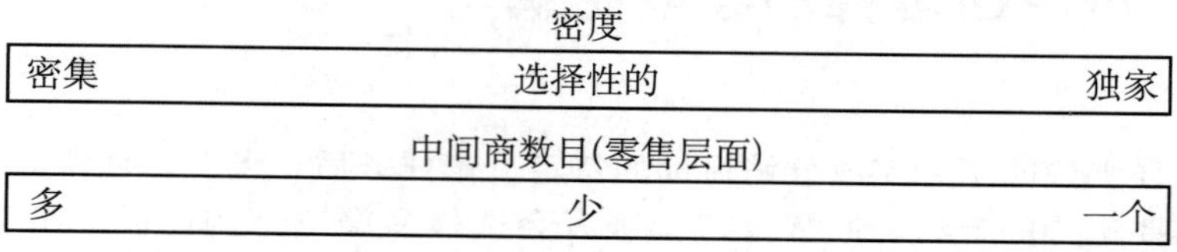

图 6—3　特定市场分销密度与零售中间商数目之间的关系

正如我们在第 5 章所讨论的，分销的密度是渠道结构非常重要的一个方面，因为它通常是公司基本营销战略的一个主要因素，能够反映公司的整体目标和战略。希望用产品覆盖市场的营销战略所需要的渠道结构是强调高度的分销密度的。例如，箭牌口香糖一直采用密集分销渠道结构，目前它每天要运输 100 多万磅的口香糖给任何一个想得到该产品的网点，使那里的消费者能够很方便地买到口香糖。它的营销结构中至关重要的一个部分是建立了由独立批发商组成的广泛网络，这些批发商每星期至少同箭牌的内部销售人员进行一次电话联系。与之不同，劳力士手表所使用的以慎重选择目标市场为核心的营销战略，则需要渠道结构的高度选择性。总之，如果公司的基本营销战略强调产品的大众吸引力，它就可能采用密集分销的渠道结构，而强调细分市场的营销战略，则可能要求更多地使用选择型渠道结构。[25]结果，就像前文提到的那样，当星巴克决定为其 Seattle's Best Coffee 的产品设定大规模分销目标时，它的分销密度从原来偏向选择分销（少量自有的商店、Borders 书店和2 500家超市）转向高度的密集分销（数以千计的快餐店、超市、便利店和自动售货机）。

除了与营销战略具有这种基本关系之外，关注密集程度的决策通常也反映了公司对待渠道成员的整体战略（见第 5 章的"渠道战略与渠道成员的选择"一节）。一些公司愿意慎重地选择其渠道成员或伙伴，并同它们在分销公司产品的过程中紧密合作。[26]另外一些公司习惯于采用通过"几乎每一个人"来销售的方法，一旦产品到达渠道成员的手中，公司便很少关心产品是怎样卖出去的。还有一些公司介于上述两种极端之间。因而，在设计渠道密度时，管理者应该认真地思考公司已经建立的对待渠道成员的战略，并严格地在其指导下开展工作。

渠道成员的类型

渠道结构的第 3 个维度是选择要使用的各层级的特定类型渠道成员。在第 2 章我们讨论了可选择的渠道成员的不同类型，请回忆一下，在《批发贸易调查》和《零售贸易调查》中列举的类型。遗憾的是，人们对渠道成员的称呼不一，特别是处于批发层次的渠道成员。这些称呼源于许久以前的工业和贸易活动，如今它们已不能明确地表达这些公司所提供的服务。[27]

渠道管理者不能忽视已出现的新型中间商，尤其是像 eBay 或亚马逊这样的网上拍卖或电子商务公司，它们很可能是消费品的分销出口。对于在企业对企业（B2B）市场销售的工业品来说[28]，像 Chemdex（经营医药产品）和 Converge. com（经营电子元件）等上百家电子商城正服务于企业对企业市场。[29]

渠道管理者应该以渠道成员所履行分销任务的基本类型作为分析的重点。[30] 例如，金属制品分销商是一种工业批发商的类型，通常有能力完成制造商所要求的所有分销任务，其作用是使制造商有精力同小客户进行交易。

可选择的渠道结构的数目

既然渠道管理者在设计渠道结构时要考虑 3 种结构维度（层级、密度和渠道成员类型），因而在理论上就有很多供选择的可能性。考虑一下下面的情况：3 个层级、3 种密度、5 种不同的渠道成员类型，以这 3 种维度为基础的可能的渠道结构的数目是：

$3\times3\times5=45$ 种可能的结构

在实践中，通常不会想到这么多可选择的渠道结构，除非使用一定的科学管理方法（见步骤 6）。幸运的是，在实际运作中，每一种维度可以选择的数目通常是有限的，必须在 12 种以上的渠道结构中进行选择是很少见的，一般来说，进行选择的数目比这个数字少得多。

步骤 5：评价影响渠道结构的各种变量

列举了几种可供选择的渠道结构之后，渠道管理者应该评价大量的变量，以确定它们如何影响多种渠道结构。尽管这些变量有无数种，但在分析可选择的渠道结构时，大致可分为 6 种基本类型：

1. 市场变量；
2. 产品变量；
3. 公司变量；
4. 渠道成员变量；
5. 环境变量；
6. 行为变量。

在讨论这些类型变量的过程中，我们将采用大量的启发式方法使这些变量和渠道结构相联系。现举一种启发式方法的例子如下：

> 如果一种产品的技术很复杂，制造商应该直接销售给使用者而不是通过渠道成员销售，因为渠道成员无法给用户提供必需的沟通和技术建议。

在这里，产品变量（技术的复杂性）似乎为渠道结构开了一个简单的处方。如果事情真是这样简单就好了，但事实远非如此。这种启发式方法在营销著作中经常提到，但仅仅能提供制定决策的粗略指导，不能把它们看作选择特定渠道结构的确定对策。只有在特定的情况下能大致反映人们的典型期盼，启发式方法才是有效的，可以成为分析不同渠道结构的出发点。

有了这种提示，我们现在来讨论这6种类型的变量以及与选择渠道结构有关的一些启发式方法。

市场变量

所有的现代营销管理，包括渠道管理，都是以营销概念的潜在哲理为基础的，而这种营销概念又是以消费者（市场）为导向的。在发展和调整营销组合的过程中，营销管理者应该从其目标市场的需要和需求出发寻找入手点。就像公司所提供的产品一样，索要的价格和使用的促销信息应当准确地反映目标市场的需要和需求，同时也应该反映营销渠道结构。[31]市场变量是设计营销渠道时需要考虑的最基本的因素，实际上它在渠道设计中是如此重要，以至于我们需要用整整一章（第8章）来深入地讨论这个问题。在本节，我们仅就渠道设计简要地研究市场变量。

市场变量可以再细分为4种类型，它们在影响渠道结构方面起着非常重要的作用。这些类型是：（1）市场地理位置；（2）市场规模；（3）市场密度；（4）市场行为。

市场地理位置

市场地理位置指市场面积的大小和市场的地理方位，以及与生产商或制造商的距离。从渠道设计的角度考虑市场地理位置这一问题，面临的基本任务是，建立的渠道结构应足以覆盖计划中的市场，并为这些市场提供有效的产品流。

把市场地理位置和渠道设计联系起来的一般启发式方法可陈述如下：

> 制造商同其市场之间的距离越远，使用中间商比直接分销花费较少的可能性就越大。

事实通常如此，中间商大量买进，然后分散成小批量销售给最终消费者。例如，中国的一家工厂生产了1万台烤面包机，再一台一台地卖给美国的消费者，处理和运输的成本就会大大高于将1万台产品装进一个集装箱运到沃尔玛分销中心的成本。之后这1万台烤面包机就会被分销到成百家单独的沃尔玛商店，以便最终消费者购买。因此，在制造商距离消费者较远的情况下，比起直接销售渠道，渠道里的中间商沃尔玛降低而非增高了分销成本。

市场规模

组成一个市场（消费品或工业品市场）的顾客数目决定了市场的规模。从渠道设计的角度看，单个消费者数量越多，市场的规模就越大。

测量市场规模使用的有效方法是分别测量消费品和工业品市场的潜在顾客或公司的实际数目。销售金额不是测量市场规模的有效方法，因为金额的变化范围很广，也就是说从少数的消费者身上可能得到很大数量的销售金额；反之亦然。只有金额和消费者的数目高度相关时，才能将其作为测量市场规模的可靠方法。

使市场规模和渠道结构相联系的非常普遍的启发式方法如下：

> 如果市场很大，需要使用中间商的可能性就很大，因为服务于大量的个体消费者的交易成本很高；相反，如果市场很小，公司就更可能避免使用中间商。

市场密度

单位土地面积上购买者的数目决定了市场的密度。在一个 100 平方英里的面积上有 1 000 个顾客的市场，要比在 500 平方英里的面积上拥有同样数目顾客的市场更稠密。

总之，市场的密度越小，分销的困难越大，费用越高。这种情况尤其适用于市场上的产品流，也适用于信息流。因此，为市场密度和渠道结构采用的典型的启发式方法如下：

> 市场的密度越小，越有可能使用中间商；反过来说，市场的密度越大，放弃使用中间商的可能性越大。

例如，销售专用工业设备（如石油生产商使用的钻孔设备）的公司，会把其市场集中在几个州内相对较小的区域里。销售基本运营设备（如石油和润滑油、研磨剂、清洁用品、去污剂、文具用品以及类似产品）的公司，会发现其市场分散于广阔的地理区域，因为这些产品的潜在用户很多。为如此低密度的市场服务，采用直接渠道的可能性通常是很小的，因为提供周到服务的成本很高。

市场行为

市场行为指下面 4 种购买行为：（1）消费者以什么方式购买；（2）消费者什么时候购买；（3）消费者在什么地方购买；（4）谁来购买。

这些购买行为的每一种形式都会对渠道结构产生重要影响。[32] 表 6—1 列出了一些例子，在这里我们应当再次牢记，表 6—1 所列的启发式方法仅仅是对典型行为的粗略指导。在不同的情况下，这些启发式方法有很多例外，表 6—1 中的内容仅提供了示范性的例子，并不能作为选择渠道结构的参考资料。关于市场行为我们将在第 8 章详细讨论。

表 6—1　　渠道结构中市场购买习惯与相应启发式方法的例子

购买习惯	相应的渠道结构启发式方法
什么方式	
顾客通常购买很少数量的产品	运用长渠道（几层中间商）与市场匹配
什么时候	
购买行为是高度季节性的	在渠道中增加中间商组织，履行仓储职能从而减少生产中的波动
什么地方	
消费者越来越倾向于在家中购物	减少批发和零售中间商，推动直销
谁买	
消费品市场：夫妇双方同时参与购买	通过零售商分销，成功地满足夫妇的需求
工业品市场：很多个体影响购买决策	通过直接分销能更大程度地控制销售，以成功地销售给所有做出购买决策的团体

产品变量

在评价替代性渠道结构的过程中，产品变量是另一个重要的考虑因素。[33]一些重要的产品变量包括体积和重量、易腐蚀性、单位价值、标准化程度（定制化对标准化）、技术或非技术、崭新度以及产品声誉。

体积和重量

笨重和庞大的产品会产生相对于其价值非常高的搬运和运输成本。这种产品的生产者应该努力通过大批量运输使送货次数降到最低，以最小化成本。因此，作为总的原则，笨重和庞大的产品的渠道结构应该尽可能短——通常应当直接从生产者到用户。当消费者小批量购买并要求快速送货时，就产生了例外情况，在这种情况下有必要使用某些类型的中间商。

易腐蚀性

产品实体容易迅速腐烂（如新鲜食品）以及易过时的情况，都可认为是高度易腐。在这种情况下，渠道设计的要求是把产品快速从生产者转向最终用户，使高度易腐的风险降到最小。下面的启发式方法是合理的：

> 当产品高度易腐时，设计的渠道结构应该快速将产品从生产者手中运送到消费者那里。

生产者与消费者距离很近时，渠道结构通常很短；当距离很远时，提供必要的快速递送的唯一可行和经济的方法是通过使用渠道结构中的中间商。例如，加利福尼亚州的Lettuce公司在其产品到达零售商店和最终消费者之前，经常要通过两层批发商。

单位价值

一般来说，产品的单位价值越低，渠道就越长，这是因为低价值产品相对于分销成本的毛利很少。这类产品如消费品市场的便利品和产业市场的运营设备，通常使用一个或多个中间商，为的是分销成本能被中间商所经营的多种其他产品所分担，这样就创造了规模经济和范围经济。例如，很难想象箭牌公司把一包口香糖直接销售给消费者，只有在经营产品的多个批发和零售中间商之间分担分销成本的前提下，才可能以79美分的零售价格销售一包口香糖。

当一种产品的单位价值相对于其尺寸和重量较高时，比如珠宝、电子产品、奢侈品、化妆品和其他单位价值高的产品，即使是远距离的直接分销也是可行的，因为处理和运输的成本相对于产品的价值就很低了。这种价值对重量和尺寸的高比率使得亚马逊网站能够直接向消费者销售其产品，甚至能提供单笔订单高于25美元就免运费的服务。

标准化程度

一般来说，这一产品变量对渠道结构的影响是以图6—4所示的相互关系为特征的。横轴表示标准化程度，变化范围是连续的，从定制产品到完全一致的产品。纵轴表示渠道长度，代表渠道成员的数目从零到多个。图6—4表明，定制产品直接从生产者到使用者，但当产品越来越标准化时，增加中间商延长渠道的机会就要增加。例如，完全定制产品（如工业设备）通常直接由制造商出售给使用者；半定制产品（如产业市场的零部件设备和消费者市场的家具产品），通常包括一个中间商；高标准化的产品如产业市场的运营设备和消费者市场的便利品，常常包括一个以上的中间商。

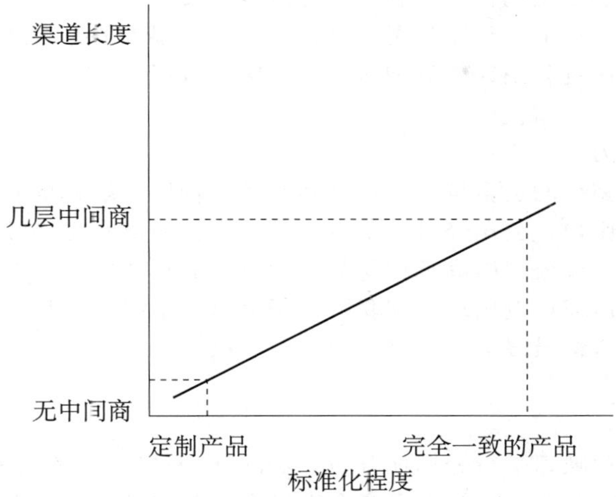

图 6—4 产品标准化程度与渠道长度的关系

技术或非技术

在产业市场，高技术产品通常通过直接渠道分销。之所以如此，首要的原因是制造商需要销售和服务人员能够把产品的技术特征传递给潜在的消费者，并能提供持续的联系、建议和售后服务。在消费者市场，相对的技术性产品如个人电脑，也由于同样的原因而通过短渠道进行分销。

崭新度

在消费者市场和产业市场中，很多新产品在导入期需要大量积极的促销，以建立主要的需求。通常渠道越长，想获得所有渠道成员的促销努力就越困难。因此，在导入期，短渠道通常被认为是获得产品认可的一种优势。[34]此外，对新产品来说，筛选度也趋向于很高，因为经过筛选的渠道成员有可能提供更积极的促销。

产品声誉

声誉良好的产品通常都隶属于一些需要保持一种专属性和稀有性光环的著名奢侈品牌，如 Gucci、劳力士、LV、梅赛德斯-奔驰等。这种需要与大规模市场分销背道而驰。这些产品的渠道设计应强化这种“声誉”的光环，为顾客提供有限的购买渠道。[35]

公司变量

影响渠道设计的最重要的公司变量有：（1）规模；（2）资金能力；（3）管理专长；（4）目标和战略。

规模

一般情况下，不同渠道结构的选择范围与公司的规模正相关。大公司可得到的权力基础（特别是奖励权、强制权、专家权）使它们能在渠道选择上行使大量的权力。在选择渠道结构上，与小公司相比，大公司有很大的灵活性，因此，大公司开发渠道的能力至少接近分销任务的理想分配程度，且通常比小公司高。

资金能力

公司可获得的资金越多，对中间商的依赖性一般就越低。为了直接销售给最终消费者或企业用户，公司经常需要有自己的销售人员和支持服务或者零售店、仓库、订购加工能力。大公司能够承担这些能力所需的高成本，当然也有例外，特别是在使用直接销售渠道或最近出现的互联网电子渠道的情况下，甚至拥有有限资金的小公司也可以直接销售给最终消费者（见第 3 章和第 15 章）。

管理专长

一些公司缺乏履行分销任务所必需的管理技能。[36]在这种情况下，渠道设计必须包括中间商的服务，这些中间商有批发商、制造商代表、销售机构、经纪商和其他成员。经过一段时间，公司取得管理经验之后，就可以改变渠道结构以减少所依赖的渠道成员数目。

目标和战略

营销目标和战略（如渴望对产品和服务实施高度控制）可能对中间商的使用起着限制的作用。[37]此外，有些战略，诸如强调积极进取的促销和对变化的市场做出迅速反应等，会对运用这些战略的公司所使用的渠道结构类型有所约束。

中间商变量

与渠道结构有关的主要中间商变量有：（1）可获得性；（2）成本；（3）所提供的服务。

可获得性

大多数情况下，能否获得大量中间商会影响渠道结构。例如，正像前面的章节所讨论的，由于缺乏合适的中间商，戴尔电脑公司的奠基人迈克尔·戴尔选择设计直接销售渠道，提供很强的技术专长和定制化的个人电脑。戴尔表示，现有的零售商，不管大小，不能提供同样的能力。

成本

使用中间商的成本也是选择渠道结构时要考虑的因素。如果使用中间商的成本对提供服务来说太高，渠道结构就有可能尽量少用中间商，做出这种决策的过程将在步骤 6 中讨论。

服务

第 3 个变量，即中间商提供的服务与渠道成员的选择问题密切相关（将在下一章中详细讨论）。我们在这里只简单地提及评价中间商服务的基本方法，其中包括评价特定中间商所提供的服务，看看谁能以最低成本最有效地完成任务。[38]例如，格雷巴电气公司（Graybar Electric Co.）是一家大型电气产品分销商，主要服务对象为工业企业和政府市场。格雷巴公司最近投资上千万美元来安装 mySAP 网站的电子商务平台，这一平台具备**客户关系管理**（customer relationship management，CRM）和**供应链管理**（supply chain management，SCM）的高级功能。格雷巴公司做出这项投资的目的是为它的制造商（也为它所服务的客户）提供高级服务。[39]因此，为了不沦为制造商试图绕过的“不过是家中间商”，格雷巴公司希望这一基于高级技术的高层次服务能力将会使它成为顶级制造商所寻求的不可缺少的渠道合作伙伴。

环境变量

正如我们在第 3 章中指出的，环境变量会影响渠道开发和管理的所有方面。经济、社会文化[40]、竞争、技术、法律环境对渠道结构都有重要影响。[41]事实上，正如本章前面提及的，环境变量是做出渠道设计决策的一个最常见的原因。[42]本书第 3 章列举了大量说明环境如何影响渠道的例子，我们在这里不再逐一细说。

行为变量

选择渠道结构时，管理者应当回顾一下在第 4 章中讨论过的行为变量。例如，渠道成员之间形成一种更和谐的关系，能最大限度地减少渠道冲突。更多地关注阻碍沟通的行为问题所带来的影响，有助于建立一个更有效沟通的渠道结构。如果管理者能够明确自己可利用的权力，他就能保证最终选择的渠道结构能反映其对渠道成员可能施加的影响。例如，一个小型、专业化的制造商，决定在渠道结构中使用大型连锁零售店，它不太可能使用强制权对这些零售商施加影响或控制，只要使用专家权，就可以取得预期的效果。需要对渠道结构进行高度控制以达到分销目标的渠道管理者可能认为，法律权可以作为渠道结构的权力基础（表现为高度的特许契约）。行为变量的上述和其他一些含义，在特定场合下可能与选择渠道结构相关[43]（见第 4 章）。

步骤 6：选择“最佳”渠道结构

从理论上讲，渠道管理者应当选择一个最佳的渠道结构，这样的结构会在履行分销任务时以尽可能低的成本达到尽可能理想的效果。如果公司的目标是使长期利润最大化，最佳的渠道结构应该与这一目标完全一致。[44]

从严格意义上讲，在现实中选择最佳的渠道结构几乎是不可能的。要做到这一点，要求管理者必须考虑渠道结构的所有替代选择，并能根据某些标准（通常是利润）计算出与每一替代结构相关的回报。渠道管理者应选择可以提供最高回报的那种替代方案。[45]

为什么这是不可能的呢？首先，正如我们在步骤 4 中指出的，管理者不可能知道所有的替代选择，因为开发所有可能的替代结构以达到特定的分销目标所需的信息量和时间是谁都难以承受的。此外，即使管理者愿意花费时间和精力，也无从知道何时才能得到所有的替代选择。

其次，即使知道了所有的替代选择是可能的，实际上也没有一种计算每一个替代选择能够带来的回报的精确方法。正像我们在上一节和前面的章节指出的，影响渠道的变量众多，并且是不断变化的。计算每一个替代结构准确回报的任何方法，都必须能够帮助使用者识别相关的变量，并准确区分每个变量对渠道产生的影响，此外，该方法也必须能够预测所有变量发生变化的水平和方向。由此可见，这样的方法（有些宁愿称之为模式）并不具有现实的可行性。

然而，即使现在还没有找到一种选择最佳渠道结构的科学方法，但在一些专著中确实有了寻找科学方法的探索性尝试。我们会简要地介绍其中的一些方法，因为它们为选择好的（不是最佳的）渠道结构提供了思路。具体地说，这些方法能够帮助管理者提高评价影响渠道结构变量的能力。掌握这些方法，能为管理者选择渠道结构做好准备，至少运用这些方法选择的渠道结构能够很好地完成分销任务。

产品特征和平行体系方法

该方法在20世纪50年代末期由阿斯平沃尔（Aspinwall）提出，他把选择渠道结构的考察重点放在产品变量上[46]，认为所有的产品可以就以下5个特征进行描述：

1. 替代率——一种产品被用户购买和消费的比例，其核心是消费者期望从产品中获得的满意度；
2. 毛利——投入成本和最终实现的销售收入之差（包括产品在渠道中周转时的所有毛利）；
3. 调整——为满足消费者的需求，产品所需的服务；
4. 消费时间——可预测的消费时间，在此期间产品的效用消耗殆尽；
5. 寻找时间——产品从零售店到消费者所需的平均时间和距离。

阿斯平沃尔方法对渠道管理者的主要价值在于它提供了一种描述大量启发式方法及其关系的方法，这些启发式方法与产品特征影响渠道结构有关，为渠道管理者处理至关重要的产品变量提供了很好的依据。

财务方法

该方法于20世纪60年代由兰伯特（Lambert）提出，这种方法认为，影响渠道结构选择的最重要的变量是资金：

> 审视贸易渠道的选择过程，我们会得出如下结论：渠道的选择主要取决于资金，而不是我们通常所认为的营销因素。不论公司是否有足够的资金开拓市场，事实证明，结论都是这样。另外，不论公司是打算缩短渠道（需要更多资金）还是延长渠道（使以前用于分销的资金为其他机构使用），情况也是如此。[48]

根据兰伯特的理论，渠道结构的选择过程类似于资金预算的决策过程，本质上这种决策涉及比较不同渠道结构的资金成本和预期收益，并选择利益最大的渠道作为优选结构。此外，分销资金的使用也必须和制造过程中资金的使用相比较，除非公司的收入超过资金成本，而且制造过程中资金的使用能赚取收益，才能把营销的职能转移给中间商。最近，Chu 等人提出可以通过评价特定渠道结构的经济价值来选择渠道，该方法与兰伯特的财务方法比较类似。[49]这些研究者建立了复杂的模型并运用仿真技术分析个人电脑行业的渠道结构，以经济学原理解释个人电脑行业的制造商如戴尔、IBM、东芝等为何选择它们目前的渠道结构。

使用财务方法

兰伯特的财务方法作为一种有益的提示，说明了资金变量在选择渠道结构中的重要作用。此外，该方法从长期的角度进行分析，因为同营销组合其他方面的决策相比，渠道结构决策通常是长期的，通过把渠道看作一种长期投资，这种投资必须能弥补投入的资金成本，并比其他替代方案（**机会成本**（opportunity cost））有更好的回报，从而使选择渠道结构的标准更加严格，因此，渠道管理者不得不以这些投资标准作为基础，来判断其选择是否正确。

兰伯特方法的主要问题在于：在渠道决策时要想使决策具有可操作性是非常不容易的。不管使用的投资方法为何（简单的如报酬率，更复杂的如贴现现金流方法，考虑了当前的资金价值），要获得准确的未来预期收入和替代结构成本是非常困难的。实际上，即便是预测资本物品，如一个公司的建筑物、机器和设备未来的收入和成本，也是个棘手的问题，常常会出现严重的错误。在有大量影响渠道关系变量的情况下，特别是涉及独立渠道成员时，问题就变得更难解决了。[50]

交易成本分析方法

以威廉姆森（Williamson）[51]的著作为基础的**交易成本分析**（transaction cost analysis，TCA）自 20 世纪 70 年代中期以来，已成为各种营销渠道著作广泛关注的焦点。[52]只有在大多数情况下制造商在通过垂直一体化自己完成所有的分销任务与使用独立的中间商完成一些或大部分分销任务之间进行选择时，TCA 才被用于营销渠道结构的选择。

通过 TCA 方法，威廉姆森试图把传统的经济分析和行为概念及组织行为的研究成果综合起来。

TCA 方法主要集中于管理交易成本，这是公司完成分销任务所必需的。交易成本是完成如收集信息、谈判、监控绩效及其他大量工作相关的成本。

为了使交易发生，需要**交易特定资产**（transaction-specific assets）。有一系列需要用来完成分销任务的有形和无形特定资产。拉尔夫·劳伦公司设计的展示马球衫的特定装置物，就是有形特定资产，而销售人员取得的专有知识和销售技能，帮助展示马球衫的高品质时装形象，就是无形特定资产。

根据威廉姆森的理论，如果资产的专用化程度高，需要很大的投资，而一旦处于马球衫产品渠道之外，就没有价值或价值很低，则公司对马球衫有可能独立完成任何事情，而且公司会选择垂直一体化的渠道结构。为什么呢？威廉姆森为这一结论提供的答案是他对社会体系中人类行为的讥讽观点。他认为人的行为表现为**机会主义**（opportunistically），并把它定义为强调“诡诈的自我利益”行为，换句话说，当组织中的人处于“主导者”地位时，其诡诈和狡猾能叫人一眼看穿。因此，如果独立的渠道成员能控制大部分或全部的交易特定资产，它们就会清楚自己是完全独立的并依此行事。此时它们就会提出向自己利益倾斜的条件，由此提高了制造商的交易成本，达到了不经济的水平。避免发生这种情况最保险的方法是制造商在组织内部保持交易特定资产，以使之能通过内部官僚结构对这些资产行使更多的控制权。如果交易特定资产的壁垒低（有很多的替代用途），制造商就可以放心地把它们分配给独立的渠道成员。如果这些渠道成员的要求过于自私，交易特定资产就能很容易地转移到另外一些要求较少的渠道成员那里。

使用 TCA 方法

尽管在学术性营销著作中，渠道设计可以使用 TCA 这种有趣而时髦的方法，但是从管理实用性的角度出发，它也有很多局限性：

1. 它仅用于垂直一体化与使用独立渠道成员这种最常见的渠道结构，因此，在垂直一体化不具有可能性的大多数情况下，它就不大可能洞察到渠道结构的可能选择范围。

2. 机会主义行为的假设并不是对营销渠道内行为的正确反映[53]，它似乎忽略了营销渠道中盛行的合作、团队工作、伙伴关系和战略联盟的概念[54]，代之以强调渠道成员只关注自我利益这种极端形式。

3. 在渠道结构关系中，长期和短期问题之间没有真正的区别。很多独立的渠道成员愿意摒弃威廉姆森所谓的机会主义行为，以谋求长期的合作关系。例如，有机会经营正在热销的竞争者产品的批发商和零售商可能决定不去这样做，因为这会危害它们与制造商的长期关系。这是不是机会主义行为？威廉姆森没有提供答案。

4. 特定资产（交易特定资产）的概念很难用于实际操作。实际上，确定一系列特定资产并测量它从一个渠道成员转移到另一个渠道成员的程度，在很多情况下并不可行，此外，变化一直存在。

5. 最后一点也相当重要，即 TCA 是一维的、非常简单的选择渠道结构的方法，它将渠道选择的大多数其他相关变量忽略不计（见本章步骤 5）。

管理科学方法

当然，所有的管理者都希望使用一切可能的渠道结构和一切的相关变量，并把它们代入一系列等式中，然后从中找到最佳渠道结构。在理论上，这样一种方法是可行的，实际上也已经有人努力尝试使用管理科学方法，如运筹学、模拟和决策理论，以设计最佳营销渠道。

例如，鲍尔德斯顿（Balderston）和霍格特（Hoggatt）构造了一种模拟模型，用来研究西海岸木材行业的渠道结构。[55]这一地区典型的渠道结构是：生产商→批发商→零售商。产品流通常是向下运输，木材用货车从生产商运到零售商那里，批发商主要执行信息、风险承担和融资任务。鲍尔德斯顿和霍格特把这些特点融入其模型中，在缺乏模拟方法的情况下有一定的使用价值。这种方法在广泛用于选择渠道结构方面大有前途，特别适用于那些因过于复杂而无法使用数学方法（仅有有限的替代方案和变量能够使用）的决策。此外，该方法还有一种优势，允许管理者在实际执行决策之前，通过该方法看一下会产生什么样的决策结果。

阿特尔（Artle）和伯格伦德（Berglund）开发了一种数学模型，令使用者能够计算出执行替代渠道结构分销任务的成本，并选择总成本最低、利润最大的方案。[56]尽管这种模型只能处理个人销售任务，而且只有两种渠道结构选择方案（生产商→批发商→零售商，生产商→零售商），但是这种方法有希望用于区分其他分销任务和其他渠道结构选择方案。

奥尔德森（Alderson）和格林（Green）展示了渠道选择中如何使用贝叶斯统计（Bayesian statistics）。[57]他们的例子尽管有些简单，但解决了使用销售代理的公司是否应该改为使用自己的销售人员的问题。这一方法要求渠道管理者能准确地识别与各种不同的渠道结构相联系的不同收益，有助于决策的信息成本也应该考虑在内。尽管贝叶斯方法前景广阔，但它在渠道设计决策中的应用却有限，这可能是由于贝叶斯方法需要从决策者那里获得准确的目标概率，而这种估计相当困难。

巴莱（Baligh）为解决最佳的渠道选择问题发明了更综合的运筹学方法。[58]这种方法可以确定导致渠道控制及影响收入和成本的输入变量组合，从而为行为变量与正式的数学框架的结合提供了基础。

最近，兰根（Rangan）发明了一种更复杂的标准化数学方法，该方法结合大量的基本分销任务，如持有存货、提供信贷、沟通产品信息、订购过程和交货[59]，就长度和密度详细列出了最佳的渠道结构，并详细地规定了提供给渠道成员支持的标准。经过大型工业公司试验后，该方法又结合了管理者难以取得的财务数据和决断数据。

穆尔西（Moorthy）也构建了一个数学模型，用来描述竞争的制造商面临渠道结构决策时，是应该使用独立的零售商（分散经营）还是使用自己的渠道结构（垂直一体化）把产品分销到消费者手中。[60]

兰根、梅尼吉斯（Menezes）和梅尔（Maier）发明了另一种为新的工业品选择渠道结构的方法。该方法以影响渠道选择的产品和市场因素为核心，需要执行8种渠道功能来满足工业品客户的需要，对这8种渠道功能的分析是以专家意见为基础的，目的是开发特定的、需要通过该渠道执行的运营任务。这些功能通过一个明确而特定的、一致认可的监测程序连接起来，由此获得的功能纵剖面图可以转化为各种不同的渠道结构替代方案，从中选出利润最高的渠道结构。[61]

通过在渠道成员之间转换营销职能，阿特万（Atwong）和罗森布洛姆（Rosenbloom）使用对应分析（correspondence analysis）的定性技术作为预测渠道结构改变的方法。[62]他们研究了262个制造型公司的渠道设计决策，涉及的内容是这些公司如何为大量的产品在营销渠道的批发分销商中分配12种营销职能。对应分析提供了一种空间图，使渠道管理者能观察营销职能从制造商转移到批发分销商的模式。这一结果使管理者在选择渠道结构时，对于渠道成员之间因分配营销职能而出现的替代选择具备了洞察力。

最后，Shang等人在最近的一项研究中使用了一种他们称为“非线性混合整数模型”为葛兰素史克公司（GlaxoSmithKline，GSK）制定分销渠道结构。[63]该模型同时实现了双重目标：在降低分销成本的同时提升顾客服务水平。研究者用这个模型集中考虑了有关分销的五个问题：（1）决定GSK应当使用的区域分销中心的数量；（2）具体确定设立区域分销中心的位置；（3）将零售商店和顾客分配给适当的区域分销中心；（4）估算不同情境下总的运输费用和服务水平；（5）运用敏感度分析来评估意外情况对整个分销系统可能带来的影响。研究结果显示，成功实施该模型GSK每年能够减少6%的分销成本并提升40%及时送达率。

使用管理科学方法

这些方法在广泛应用于渠道选择之前还需要进一步发展。这并不是贬低这些方法，相反，在不久的将来（在一定的条件下），它们可能具有真正的使用价值。即使在今天，也要鼓励使用这些方法，因为在建立渠道选择决策的正式模型的过程中，它们使相关变量和关系越来越明确，但是考虑到它们的技术性，至少目前渠道选择还将继续保持使用非正式方法，主要还是依赖于管理上的判断，这些判断方法将在下面内容中讨论。

判断—启发式方法

顾名思义，判断—启发式方法是指选择渠道结构主要依赖管理上的判断、启发和“拇指法则”，然而，判断—启发式方法的精确程度区别很大。有些方法试图使决策制定过程达到一定程度的形式化，而另外一些方法则试图把成本和收入数据加进来。下面的三种方法举例说明了使用判断—启发式方法选择渠道过程中的这些区别。

直接定性判断方法

定性方法是最原始但实际上又是最常用的一种渠道结构选择方法。使用这种方法制定的各种替代渠道结构方案，应就某些重要的决定因素进行评估，这些因素包括诸如短期和长期成本及利润报酬、渠道控制问题、长期增长潜力和其他一些方面的指标。然而，有时这些决定因素并没有明确表述出来，它们的相对重要性也没有搞清楚。此外，从管理的角度看，选择的替代方案应能最好地满足内在和外在决定因素。

该方法具体如下：化学产品公司（Commodity Chemical Company）制定了五个渠道方案（如图6—5所示），用来分销其新型的游泳池杀菌剂。如果利用直接定性判断方法选择最佳方案，管理人员应该就其认为最重要的决定因素来定性地权衡图6—5中的每一种方案。分析了5种方案的优劣之后，管理人员就能确定哪个方案是最好的一个了。[64]

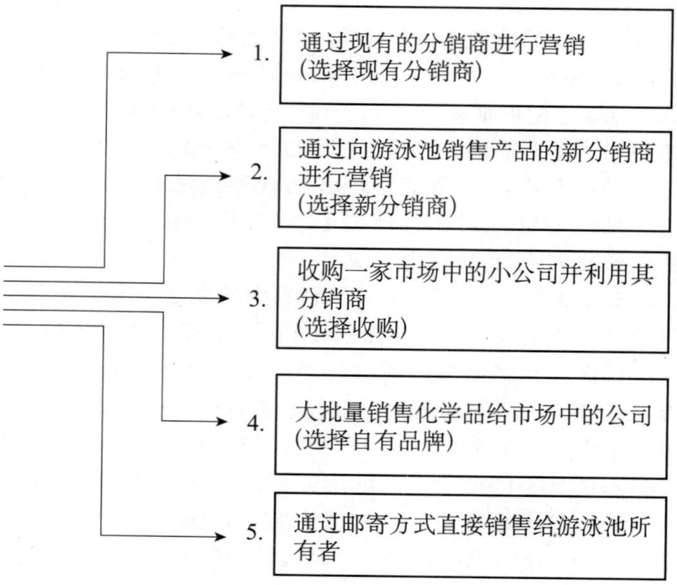

图6—5　化学产品公司游泳池杀菌剂的渠道选择

资料来源：Philip Kotler，*Marketing Decision Making：A Model Building Approach*，292. © 1971 by Holt，Rinehart & Winston. Reprinted by permission of CBS College Publishing.

权衡因素方法

对直接定性方法进行改进来选择替代方案的方法，是科特勒提出的**权衡因素方法**（weighted factor approach）。这种方法迫使管理者在选择方案的过程中对其判断进行定量分析。[65]该方法包括四个基本步骤：

1. 进行渠道选择时所依据的决定因素必须明确地表述出来；

2. 以百分比的形式在每一个决定因素之间分配权重，以反映它们的相关重要程度；

3. 就每一个决定因素评价替代渠道方案，给出的数值范围是 1～10 分；

4. 用因素权重（A）乘以因素分数（B），得到每一个渠道方案的总权重因素分数（总分数）。

具体见表 6—2。这一过程以图 6—5 所示的方案 1 为例，在表 6—2 中列示出来。看一下表 6—2 中最左边的一栏，可以看到化学产品公司已经明确地表述了 5 种决定因素（第 1 步），第 2 栏是分配的因素权重（第 2 步），“因素分数”一栏代表管理者对方案 1 的每个决定因素的评价（第 3 步），最后，因素权重（A）乘以每个决定因素分数（B）然后加总，得到方案 1 的总分数（第 4 步）。

表 6—2　　　　渠道选择中的权衡因素评分方法：渠道选择方案 1

因素	因素权重 (A)	因素分数 (B)											打分 (A×B)
		0	1	2	3	4	5	6	7	8	9	10	
1. 送达游泳池所有者的有效性	15%				√								45
2. 顺利完成该项工作的利润	25%						√						125
3. 富有经验的公司将在消费者市场获益	10%			√									20
4. 所需的投资数额	30%									√			240
5. 公司减少亏损的能力	20%								√				140
	——												——
	100%											总分	570

资料来源：Adaption from，Philip Kotler，*Marketing Decision Making*：*A Model Building Approach*，292. Copyright 1971 South-Western，a part of Cengage Learning，Inc. Reproduced by permission. www. cengage. com/permissions.

实际上，总分 570 分代表了管理者对这一特定渠道方案优劣的定量判断。对其他 4 个方案重复使用这一过程，就可以得到 5 个总分，管理者可根据总分对图 6—6 中的 5 个方案进行排序，分数最高的方案就是管理者评价最好的方案。

分销成本方法

在这种方法下，可以为不同的替代方案估计成本和利润，然后比较这些数字来评价每一个替代方案。下面是比较两个渠道结构替代方案的例子：直接销售（2 层结构）和利用分销商分销（3 层结构）。[66]

假设有 6 000 名潜在的顾客，销售人员每两个星期需要给顾客打一次电话，如果销售人员平均每天能够打 6 个电话，每个销售人员就可以同 60 名顾客打交道，在这种情况下，制造商需要 100 个销售人员来为顾客服务。预算的成本和利润数据如下：

100 个销售人员，每个销售人员所花成本是 40 000 美元　　=4 000 000（美元）

每 10 个销售人员有 1 个现场销售管理者，每个销售管理者所花成本是 60 000 美元　　=600 000（美元）

4 个地区，每个地区有 1 个地区销售经理，每个地区销售经理所花成本是80 000 美元　　=320 000（美元）

仓库和办公人员、存货、存货的利息及其他管理费用　　=5 000 000（美元）

直接销售的总成本　　=9 920 000（美元）

假设平均的销售毛利率是 30%，为弥补这些成本所需要的销售额应该是：

9 920 000÷0.30=33 066 666（美元）

假设使用分销商，在计划销售水平下制造商提供给分销商如下商业利润率：

如果是 20%，则 33 066 666×0.20=6 613 333（美元）

如果是 15%，则 33 066 666×0.15=4 960 000（美元）

如果是 10%，则 33 066 666×0.10=3 306 667（美元）

直接销售和利用分销商分销的成本比较：

	20%利润率	15%利润率	10%利润率
直接销售（美元）	9 920 000	9 920 000	9 920 000
利用分销商分销（美元）	6 613 333	4 960 000	3 306 667
节省成本（美元）	3 306 667	4 960 000	6 613 333

当然，这是一个简单的例子，应用这种方法的更复杂、更详细的例子，将在分销成本分析中讨论。[67]不管所涉及的例子多么复杂，也不管其详细程度如何，这种方法的基本主题和要旨都是强调对有关各种渠道替代方案的成本和收入的管理判断及抉择。[68]

使用判断—启发式方法

不管使用哪一种判断—启发式方法，实际上都不可避免地需要使用大量的判断和估计。即使使用权衡因素方法或分销成本方法，仍然需要大量的管理判断，以计算出精确的数字。这并不是说判断—启发式方法完全是客观的，相反，在某些情况下，如果管理者的判断能力强，并能获得经验成本和收入数据，那么他要做出令人高度满意的（尽管不是最佳的）渠道选择决策就可以使用判断—启发式方法。

判断—启发式方法也使渠道管理者愿意把非财务标准（决定因素）纳入到渠道选择决策中来。非财务标准，如控制的程度或从特定的渠道替代方案中得到的商誉，都是非常重要的。[69]如果这些标准，如控制和商誉，是非常重要的考虑因素，判断—启发式方法就为进行决策（需要考虑这些因素）提供了灵活性。就直接定性判断方法而言，这些因素可能不会明白地表述出来，而在权衡因素方法中，控制或商誉标准就被用作明确的决定因素，给它们分配权重，以反映其相对重要性（见表 6—2）。即使使用分销成本方法，非财务因素，如控制和商誉，也会在计算后应用，也就是说，在每一个渠道替代方案的成本和预期利润计算出来后，管理者仍要进行判断，看一下获得高回报的渠道替代方案能否满足控制和商誉标准。

本章小结

渠道设计是指对以前不存在的新的营销渠道的开发，或对现有渠道的调整。

渠道设计是公司整体营销战略的一个非常重要的方面，它是帮助公司获得差异化优势（持续竞争优势）的一个重要因素，因而寻求获得差异化优势应该是营销渠道设计的基础。

渠道设计是一个包括 7 个步骤的过程。前 6 个步骤已在本章中加以讨论，第 7 个步骤将在下一章中讨论。

步骤 1 涉及识别渠道设计决策的需要。尽管在多数情况下，制定渠道设计决策的需要是显而易见的（如导入某一新产品），但有些需要往往并不十分明显。因此，渠道管理者必须留心内部和外部的环境变化，并确定这些变化是否意味着需要进行渠道设计。

步骤 2 是建立和协调分销目标，是对分销在达到公司的整体营销目标中所起作用的准确描述。分销目标必须与公司的整体营销目标和营销战略以及总体目标和战略相一致。为了确保这种一致性，渠道管理者必须仔细地检查公司其他与分销目标相关的目标和战略，而这种检查甚至拓展到考虑公司最高级别的目标和战略。

步骤 3 是说明为达到分销目标要执行的具体分销任务。渠道管理者应该尽量具体而精确地描述所涉及的任务类型。

步骤 4 是开发可选择的渠道结构。渠道结构应该就三个基本维度做出具体说明：（1）层级的数目；（2）各个层级的密度；（3）每一层级渠道成员的类型。渠道结构的层级变化范围为 2～6 个，有些情况下甚至更多。密度可以是密集型（尽可能多的渠道成员）、选择型（仔细选择少数几个渠道成员）或排他型（在每一个营销地区只有一个渠道成员）。密度应该仔细加以考虑，因为它通常是公司的基本营销战略、总体经营方法和形象的反映，也是它们的一个至关重要的特征。渠道成员类型应该根据可获得性和执行特定分销任务的能力慎重考虑。

步骤 5 涉及评价影响渠道结构的各种变量。需要考虑的变量有 6 个主要类型：（1）市场变量；（2）产品变量；（3）公司变量；（4）渠道成员变量；（5）环境变量；（6）行为变量。为把这些变量同渠道结构相联系，常使用各种启发式方法（拇指法则）。虽然启发式方法为处理复杂的关系提供了有益的捷径，但它们仅被认为是典型关系的粗略反映和更彻底的分析的起点。变量类型之一的市场变量，其作用非常重要，因此我们将在本书第 8 章仔细讨论这一问题。

步骤 6 是为达到分销目标选择“最佳”渠道结构。从严格意义上来说，选择真正的最佳渠道是不可能的，因为要做到这一点需要完全的信息分析和预测，在大多数情况下，这超出了人类能力的范围。做出合理而不是最佳选择的方法确实是存在的，产品特征和平行体系方法、财务方法、交易成本分析方法和管理科学方法等，在这方面都有所帮助。然而，大多数渠道选择仍然以启发式方法和能得到的数据作为支持的管理判断为基础。本章讨论了渠道选择使用的判断—启发式方法的几种变化形式。

复习题

1. 就以下相关概念，如渠道结构、选择、渠道的演变和分配分销任务，讨论渠道设计的意义。

2. 讨论渠道设计在建立差异化优势中的作用。

3. 本章我们讨论了大量的渠道设计决策需要的条件，说出其中的一些。

4. 什么是分销目标？当我们说分销目标应该与公司的其他目标和战略相协调时，是什么意思？

5. 给出一个与分销目标相悖的例子。

6. 从生产商或制造商的渠道管理者的角度出发，如何将分销目标与传统的营销职能列表区分开来？

7. 简要描述评价各种渠道结构时需要考虑的主要变量类型。

8. 讨论开发各种渠道结构过程中需要考虑的结构的三个维度。

9. 在讨论影响渠道选择的诸多变量的过程中，我们介绍了几种启发式方法，这些方法是如何使用的？

10. 讨论试图选择最佳的渠道结构时可能遇到的困难。

11. 比较和对照选择渠道结构时的判断—启发式方法和本章讨论的其他方法。

12. “最佳”的渠道结构一定是能带来最高货币报酬的结构吗？试解释。

思考题

1. 全球最大的面向消费者的电子零售商百思买因其4万平方英尺的“大盒子”商店而闻名于世，这使百思买获得了巨大的成功，因为消费者习惯在商场中购物，而其竞争对手电路城公司基本已经被百思买驱赶出这一领域。在2010年之前，百思买决定在其原有的渠道基础上增加由较小的3 000平方英尺的商店构成的渠道，这些较小的商店将出现在购物中心以及城市大街上。百思买设计这种由新的较小商店构成的渠道主要是为了更好地进入手机市场，尤其是智能手机市场。每家小商店将出售约100种手机和9家运营商的服务。

你认为百思买的渠道决策是否正确？百思买是否有其他渠道设计方法来实现其目标？

2. 自动售货机作为一种机械的分销渠道出现已经有十余年。自动售货机中售卖的产品一般包括软饮料、糖果、香烟和小零食。然而近年来在自动售货机中售卖的产品种类大大增加。消费者目前可以在自动售货机中买到数码相机、DVD、iPod、婴儿纸尿裤，在德国甚至可以买到价格每两分钟根据金价变化的金条。从渠道设计的角度出发，你认为哪些因素决定自动售货机是不是一种合理的产品分销渠道？

3. 收购斯纳普（Snapple）饮料公司是桂格燕麦公司（Quaker Oats）历史上最具灾难性的决策。经过几年惨淡的经营，桂格卖掉了斯纳普分部，损失超过10亿美元。出了什么差错？权威人士指出，导致这一结果有若干因素，主要是软饮料市场的过度竞争，而桂格公司对软饮料行业的渠道结构缺乏一定的了解，这是致命的因素。桂格曾希望通过把斯纳普产品和它自己非常成功的佳得乐（Gatorade）产品紧密结合起来，创造巨大的协同效应，但佳得乐的典型分销结构是从工厂到零售商的仓库，之后，单个商店再从零售商的仓库提取所需的货物，以保持货架上存货充足。桂格公司运用这一模式并有点沾沾自喜。相比之下，斯纳普是直接分销到单个分销商的商店里，这些分销商通常也经营其他品牌的软饮料，因此不能把精力全部放到斯纳普产品上。桂格并没有真正理解渠道结构上的这一基本区别，或自认为能相对容易地改变它。结果，公司不能改变与佳得乐不同的斯纳普的分销结构。

你认为拥有大量资源的桂格公司为什么不能为斯纳普设计一条平行于佳得乐的渠道结构？

4. 公司应当设计一个让消费者随时随地都能方便获得其产品或服务的营销渠道，这正是包括Cousins Submarines、Tasti D-Lite冻酸奶、Toppers Pizza在内的许多连锁经营公司试图增加移动渠道的原因所在。移动渠道由“全副武装”的卡车和货车构成，它们能将公司实体店中的产品直接送达消费者工作或娱乐的地方。潜在消费者如何知道这些卡车/货车小餐厅会出现呢？顾客可以通过Facebook、Twitter和FourSquare了解到这些货车的行踪。

你认为这种移动渠道只是一种新奇的快餐分销渠道还是有潜力成为改变快餐和其他产品/服务渠道结构的主要力量之一？

5. 位于宾夕法尼亚州拿撒勒的 C. F. 马丁公司（C. F. Martin & Company）被吉他爱好者看作世界上最好的吉他琴弦生产商，在吉他的目标市场——一流的专业音乐家和最有才华的业余作曲家的心目中，吉他中的马丁公司就像汽车中的梅赛德斯或劳斯莱斯。在吉他行业中经过 150 年的业务发展，马丁公司决定综合检测它的营销方法。作为这个过程的一部分，公司请你以独立营销顾问的名义来设立新的分销目标。

在完成任务的过程中，你认为需要强调的主要问题是什么？

6. 克莱斯勒和菲亚特宣布将合作开发菲亚特 500 汽车并于 2011 年在美国上市。菲亚特 500 汽车主要针对的是宝马公司的 Mini Cooper 汽车。菲亚特 500 汽车将会在 165 家克莱斯勒的经销商处销售。被选中的经销商也将有机会在 2012 年销售菲亚特的高档品牌汽车——阿尔法·罗密欧（Alfa Romeo）。为了能够销售菲亚特 500 汽车和阿尔法·罗密欧汽车，经销商需要建造专用的展示房间。每位经销商必须花费多达 100 万美元才能提供专用的展示房间和销售人员。克莱斯勒和菲亚特都相信菲亚特 500 汽车和阿尔法·罗密欧汽车要想成功打入美国市场，二者的销售渠道必须让消费者觉得是专为菲亚特和阿尔法·罗密欧打造的而不是与克莱斯勒、道奇或吉普品牌一同销售。

你是否同意克莱斯勒和菲亚特的分销渠道设计？为什么？

7. 制药业巨头如默克公司（Merck & Company）和辉瑞公司（Pfizer），一直主要依赖医生对病人的渠道销售它们的药品。实际上，这种渠道结构主要把注意力集中到通过大范围地使用制药商的销售人员来接近医生，要求这些销售人员具有医学专业知识，同时要携带大量的免费样品和其他一些能刺激人们购买的激励手段，如贵重的礼品、办公用品和免费提供名胜风景的旅游等。但是，这一渠道正受到来自更强有力、更富有知识的购买者的威胁，特别是大型的医院和健康保护组织，它们越来越倾向于使用 MBA 而不是 MD 来制定决策，根据需要购买药品或者开处方。一位行业观察家总结了这种变化，评论说："销售人员和医生之间的协商正在被购买委员会提供的硬数据和分析所取代。"

买方行为的这些变化如何影响主要药品生产商的渠道设计决策？就渠道设计框架的相关阶段进行解释。

注释

1. See, for example, Allan J. Magrath and Kenneth G. Hardy, "Selecting Sales and Distribution Channels," *Industrial Marketing Management* 16 (August 1987): 273–278.
2. See for example: David Kesmodel, "Anheuser Weighs Change in Beer Sales, USB Says," *Wall Street Journal* (June 25, 2009): B3.
3. For a discussion of some of the problems associated with marketing channels that have been based on evolution rather than planning, see Douglas M. Lambert, *The Distribution Channels Decision* (New York: National Association of Accountants, 1978); Joseph P. Guiltinan, "Planned and Evolutionary Changes in Distribution Channels," *Journal of Retailing* (Summer 1974): 79–91; Michael D. Hutt and Thomas W. Speh, "Realigning Industrial Marketing Channels," *Industrial Marketing Management* (October 1982): 171–177; and John J. Withey, "Realities of Channel Dynamics: A Wholesaling Example," *Journal of the Academy of Marketing Science* (Summer 1985): 72–81.
4. Julia Chang, "Short-Term Buzz, Long-Term Strategy," *Sales and Marketing Management* (January 2007): 10.
5. For a discussion of some of these issues, see Hong Liu and Peter J. McGoldrick, "International Retail Sourcing: Trend, Nature, and Process" *Journal of International Marketing* 4, no. 4 (1996): 9–33; Janet Wagner, Richard Ettenson, and Jean Parrish, "Vendor Selection among Retail Buyers: An Analysis by Merchandise Division," *Journal of Retailing* (Spring 1989): 58–79; and David D. Shipley, "Resellers' Supplier Selection Criteria for Different Consumer Products," *European Journal of Marketing* 19 (1985): 26–36.
6. For an excellent study addressing this issue see: Filipe Coelho and Chris Easingwood, "An Exploratory Study into the Drivers of Channel Change," *European Journal of Marketing* Vol. 42, No. 9/10 2008: 1005–1022.
7. Nermin Eyuboglu and Sertan Kabadoyi, "Dealer-

Manufacturer Alienation in a Multiple Channel System: The Moderating Effect of Structural Variables," *Journal of Marketing Channels* Vol. 12, No. 3, 2005: 5–26; Michael Harvey and Cheri Speier, "Developing an Inter-Organization Relational Marketing Perspective," *Journal of Marketing Channels* 7, no. 4 (2000): 23–44.

8. See, for example Lauranne Buchanan, "Vertical Trade Relationships: The Role of Dependence and Symmetry in Attaining Organizational Goals," *Journal of Marketing Research* (February 1992): 65–75.
9. For some additional conditions, see Maureen Guirdham, *Marketing: The Management of Distribution Channels* (Oxford, U.K.: Pergamon Press, 1972), 129–130.
10. For a study of which executives in manufacturing firms are responsible for making channel design decisions, see Joe L. Welch, "An Investigation of Distribution Channel Selection Policies of U.S. Manufacturers," in *Proceedings of the Southeastern AIDS* (1976), 183–185; and Bruce J. Walker, Janet E. Keith, and Donald W. Jackson, "The Channels Manager: Now, Soon or Never?" *Journal of the Academy of Marketing Science* (Summer 1985): 82–96.
11. Dell Computer Corporation, Annual Report 2009: 4.
12. Julie Forster, "The Lucky Charm of Steve Sanger," *Business Week* (March 26, 2001): 75–76.
13. Pui-Wing Tam, "Apple Computer Tries Courting Retailers Again," *Wall Street Journal* (July 7, 2000): B1, B4.
14. Betsy McKay, "Coke Finds Its Exclusive School Contracts Aren't So Easily Given Up," *Wall Street Journal* (June 26, 2001): B1, B4.
15. Heather Green, "How Amazon Aims to Keep You Clicking," *Business Week* (March 2, 2009): 34.
16. Kevin Helliker, "Starbucks Targets Regular Joes," *Wall Street Journal* (May 12, 2010): B3.
17. For a recent example, see Robert D. Tamilia, Sylvain Senecal, and Gilles Corriveau, "Conventional Channels of Distribution and Electronic Intermediaries: A Functional Analysis," *Journal of Marketing Channels* 1, no. 3/4 (2002) 27–48.
18. See, for example, Bert Rosenbloom, *Marketing Functions and the Wholesaler-Distributor: Achieving Excellence in Distribution* (Washington D.C.: Distribution Research and Education Foundation, 1987). For some earlier analyses of marketing functions, see, for example, Franklin W. Ryan, "Functional Elements of Market Distribution," *Harvard Business Review* 13 (January 1935): 205–221; Edmund D. McGarry, "Some Functions of Marketing Reconsidered," in *Theory in Marketing*, eds. Revis Cox and Wroe Alderson (Homewood, Ill.: Irwin, 1950), 263–279; and John C. Naver and Ronald Savitt, *The Marketing Economy* (New York: Holt, Rinehart & Winston, 1971), 118–128.
19. For a related discussion dealing with manufacturers that sell in both industrial and consumer markets, see John A. Quelch, "Why Not Exploit Dual Marketing?" *Business Horizons* (January–February 1987): 52–60.
20. See, for example, Russel Adams, "Playboy Farms Out Business Duties," *Wall Street Journal* (November 24, 2009): B7.
21. Tamilia, Senecal, and Corriveau, "Conventional Channels of Distribution and Electronic Intermediaries," 31–39.
22. Jeanette Brown, Heather Green, and Wendy Zellner, "Shoppers Are Beating a Path to the Web," *Business Week* (December 24, 2001): 41.
23. "Integrating Multiple Channels," *Chain Store Age* (August 2001): 24A–25A.
24. Cathleen Egan, "Vending Machine Technology Matures, Offering Branded Food, Convenience," *Wall Street Journal* (December 13, 2001): B13.
25. For a very insightful analysis of the selectivity dimension, see Adam J. Fein and Erin Anderson, "Patterns of Credible Commitments: Territory and Brand Selectivity in Industrial Distribution Channels," *Journal of Marketing* (April 1997): 19–34.
26. James A. Narus and James C. Anderson, *Building Successful Working Partnerships* (Washington D.C.: Distribution Research and Education Foundation, 1987).
27. Bert Rosenbloom and Trina Larsen Andras, "Wholesalers as Global Marketers," *Journal of Marketing Channels*, Vol. 15, no. 4, 2008: 235–252.
28. Kim Cross, Marketplaces "That Work," *Business* 2.0 (April 30, 2001): 38–40.
29. For an in-depth analysis of a related topic in B2B E-commerce, see C. M. Shashi and Bay O'Leary, "The Role of Internet Auctions in the Expansion of B2B Markets," *Industrial Marketing Management* 31(2002): 103–110.
30. For a related discussion, see Mini Hahn and Dae R. Chang, "An Extended Framework for Adjusting Channel Strategies in Industrial Markets," *Journal of Business and Industrial Marketing* (Spring 1992): 31–43.
31. Roland Moriority and Ursula Moran, "Managing Hybrid Marketing Systems," *Harvard Business Review* (November–December 1990): 146–155.
32. Jack Ewing, "Where Dell Sells with Brick and Mortar," *Business Week* (October 8, 2007): 78.
33. For a related discussion, see Paul D. Larson and Robert F. Lusch, "Functional Integration in Marketing Channels: A Determinant of Product Quality and Total Cost," *Journal of Marketing Channels* 2, no. 1 (1991): 1–28.
34. See: Maggie Gilmour, "Threadless: From Clicks to Bricks," *Business Week* (November 26, 2007): 84.
35. For a related discussion see: Elisabeth A. Sullivan, " H.O.G. Harley-Davidson Shows Brand Strength as It Navigates Down New Roads—and Picks Up More Female Riders Along the Way," *Marketing News* (November 1, 2008): 8.
36. For an insightful analysis of how this factor might apply in a start-up situation, see Wenyu Dou and David C. Chou, "A Structural Analysis of Business-to-Business Digital Markets," *Industrial Marketing Management* 31 (2002): 172–174.

37. For an excellent discussion of this issue, see Frank V. Cespedes, "Control vs. Resources in Channel Design: Distribution Differences in One Industry," *Industrial Marketing Management* 17 (August 1988): 215–227.
38. Bert Rosenbloom and Trina L. Larsen, "How Foreign Firms View Their U.S. Distributors," *Industrial Marketing Management* (May 1992) 93–101.
39. Sean Callahan, "Distributors Far From Being Dead," *B to B* (April 19, 2002): *http://www.btobline.com/cgi-bin/article.pl?id=8551.*
40. See for example, Kartik N. Sheth, "India: Shopping with the Family," *McKinsey Quarterly*, no. 4, 2007: 74–75.
41. See, for example, Lonnie L. Ostrom, Craig Kelly, and Donald W. Jackson, "Vertical Territorial Restraints: Rules of Legality and Guidelines for Channel Design," *Journal of the Academy of Marketing Science* (Spring 1986): 1–6.
42. For an insightful article dealing with approaches for gaining an "early warning" about the impact of environment on marketing strategy, see Ronald D. Michman, "Why Forecast for the Long Term?" *Journal of Business Strategy* (September–October 1989): 36–40.
43. See Douglas W. LaBahn and Katrin R. Harich, "Sensitivity to National Business Culture: Effects on U.S. Mexican Channel Relationship Performance," *Journal of International Marketing* 5, no. 4 (1987): 29–51.
44. Patrick J. Kaufman, Richard M. Gordon, and James E. Owers, "Alternative Profitability Measures and Marketing Channel Structure: The Franchise Decision," *Journal of Business Research* 50 (2000): 217–224; A theoretical discussion related to this point can be found in Louis P. Bucklin, *A Theory of Distribution Channel Structure* (Berkeley: Institute of Business and Economic Research, University of California, 1966).
45. For a classic discussion of the limitations of the decision maker to operate optimally, see Herbert A. Simon, "Theories of Decision Making in Economic and Behavioral Sciences," *American Economic Review* 49 (June 1959): 253–283.
46. Leo Aspinwall, "The Characteristics of Goods and Parallel Systems Theories," in *Managerial Marketing*, eds. Eugene J. Kelly and William Lazer (Homewood, Ill.: Irwin, 1958), 434–450.
47. Eugene W. Lambert, "Financial Considerations in Choosing a Marketing Channel," *MSU Business Topics* (Winter 1966): 17–26.
48. Junhong Chu, Pradeep K. Chintagunta, and Nautel J. Vilcassim, "Assessing the Economic Value of Distribution Channels: An Application to the Personal Computer Industry," *Journal of Marketing Research* (Febrary 2007): 29–41.
49. For another financial approach to channel choice, see Mary A. Higby, *An Evaluation of Alternative Channels of Distribution*, (East Lansing, Mich.: Graduate School of Business Administration, Michigan State University, 1977).
50. Oliver E. Williamson, *Markets and Hierarchies: Analysis and Antitrust Implications* (New York: Free Press, 1975).
51. See for example, Saul Klein, "Selection of International Marketing Channels," *Journal of Global Marketing* 4, no. 4 (1991): 21–37; and George John, "An Empirical Investigation of Some Antecedents of Opportunism in a Marketing Channel," *Journal of Marketing Research* (August 1984): 278–289; Erin Anderson, "The Salesperson as Outside Agent or Employee: A Transaction Cost Analysis," *Marketing Science* (Summer 1985): 234–254; F. Robert Dwyer and Sejo Oh, "A Transaction Cost Perspective on Vertical Contractual Structure and Interchannel Competitive Strategies," *Journal of Marketing* (April 1988): 21–34; and Saul Klein, Gary L. Frazier, and Victor J. Roth, "A Transaction Cost Analysis Model of Channel Integration in International Markets," *Journal of Marketing Research* (May 1990): 196–208.
52. See for example, Joost M.E. Pennings and Brian Wansink, "Channel Contract Behavior: The Role of Risk Attitudes, Risk Perceptions, and Channel Members' Market Structures," *Journal of Business*, Vol. 77, no. 4 (2004): 697–723.
53. For an excellent in-depth analysis related to this issue, see Ashwin W. Joshi and Rodney L. Stump, "The Contingent Effect of Specific Asset Investments on Joint Action in Manufacturer–Supplier Relationships: An Empirical Test on the Moderating Role of Reciprocal Asset Investments, Uncertainty, and Trust," *Journal of the Academy of Marketing Science* 27, no. 3 (1999): 291–305.
54. Fredrick E. Balderston and Austin C. Hoggatt, *Simulation of Market Processes* (Berkeley: Institute of Business and Economic Research, University of California, 1962), Chaps. 1–2.
55. Roland Artle and Sture Berglund, "A Note on Manufacturer's Choice of Distribution Channels," *Management Science* (July 1959): 460–471.
56. Wroe Alderson and Paul E. Green, "Bayesian Decision Theory in Channel Selection," in their text *Planning and Problem Solving in Marketing* (Homewood, Ill.: Irwin, 1964), 311–317.
57. Helmy H. Baligh, "A Theoretical Framework for Channel Choice," in *Marketing and Economic Development*, ed. Peter D. Bennett Chicago: American Marketing Association, 1965), 631–654.
58. V. Kasturi Rangan, "The Channel Design Decision: A Model and an Application," *Marketing Science* (Spring 1987): 156–174.
59. K. Sridhor Moorthy, "Strategic Decentralization in Channels," *Marketing Science* (Fall 1988): 335–355.
60. V. Kasturi Rangan, Melvyn A. J. Menezes, and E. P. Maier, "Channel Selection for New Industrial Products:

A Framework, Method, and Application," *Journal of Marketing* (July 1992): 69–82.

61. Catherine T. Atwong and Bert Rosenbloom, "A Spatial Approach to Measuring Functional Spin-Offs in Marketing Channels," *Journal of Marketing Theory and Practice* (Fall 1995): 58–71.

62. Jennifer Shang, Tuba Pinar Yildirim, Panda Tadikamalla, Vikas Mittal, and Lawrence H. Brown, "Distribution Network Redesign for Marketing Competitiveness," *Journal of Marketing* (March 2009): 146–163.

63. This example is adapted from Philip Kotler, *Marketing Decision Making: A Model Building Approach* (New York: Holt, Rinehart & Winston, 1971), 291–293.

64. Kotler, *Marketing Decision Making*, 293.

65. This example is adapted from John M. Brion, *Marketing through the Wholesaler–Distributor Channel*, (Chicago: American Marketing Association, 1965), 5.

66. See, for example, D. R. Longman and M. Schiff, *Practical Distribution Cost Analysis* (Homewood, Ill.: Irwin, 1955); and Bruce Mallen and Stephen D. Silver, "Modern Marketing and the Accountant," *Cost and Management* 38 (February 1964): 75–85.

67. For a related discussion, see Frank Lynn, "The Changing Economics of Industrial Distribution," *Industrial Marketing Management* 21 (1992): 355–360.

68. For a related discussion, see John R. Nevin, "Relationship Marketing and Distribution Channels: Exploring Fundamental Issues," *Journal of the Academy of Marketing Science* 23, no. 4 (1995): 327–334.

第7章 选择渠道成员

学习目标

学习本章之后，你应该能够：

1. 对渠道成员选择的重要性有一个正确的评价；
2. 理解渠道成员选择与分销密度之间的关系；
3. 知道发掘未来渠道成员的主要来源；
4. 熟悉列出的选择标准；
5. 识别满足特定公司需求的选择标准；
6. 认识到渠道成员的选择是双向的；
7. 正确评价刺激未来渠道成员的需要，以确保他们成为正式的渠道成员；
8. 识别渠道成员选择的人际因素，以及渠道中公平交易和友好关系的作用。

渠道焦点

具有异域风情的芥末、蛋黄酱和莎莎酱再也不仅限于食品店销售

主要由芥末、蛋黄酱和莎莎酱（洋葱做的辣调味汁）构成的美国调味料市场在2009年实现了56亿美元的销售额，并有望在2015年达到70亿美元。究竟是什么促使看似次要的产品类别获得如此之高的增长速度呢？行业观察者认为是由于18～34岁的人不断寻求新奇的、异国的调味料，比如柠檬芥末酱、香蕉酱、全麦芥末、烤大蒜蛋黄酱、水果味的莎莎酱和其他数百种调味料。这种对于调味料的热衷带来了一些调味料制造商所说的“调味料的黄金时期”。消费者寻求的调味料的种类似乎是无限的。事实上，每年都有数百种新款调味料进入市场，这主要由如在俄亥俄州的Woeber's的家族式的生产厂家生产。因色黄、味辣的棕色芥末而闻名的Woeber's已经在其产品线中添加了墨西哥胡椒、蔓越莓、日本芥末味的黄色芥末和烤大蒜加小茴香的蛋黄酱。

直到最近，这种不寻常和高价的调味料产品都会选择特定的零售商，比如拥有14家连锁美食杂货店的Britol Farms。然而现在已经不是这样了。从零售业巨头沃尔玛到有机食品超市Whole Foods以及其他主要的连锁超市都成为销售异国风味的调味料可能的渠道伙伴。这些调味料不仅能为超市带来可观的利润，而且能帮助商店吸引 18～34 岁的人群。

因此，至少有一段时间，许多小的调味料制造厂家在渠道中握有主动权，可以挑选超市销售它们的产品。毕竟，用辣味的莎莎酱来吸引顾客远比依靠成本领先优势进行低价竞争要有利得多。

资料来源：Based on David Sax，"Spreading the Love，" *Bloomberg Business Week*，（October 11—October 17，2010）：96 - 97.

谈到选择雇员，很多公司都是非常小心谨慎的，它们打印工作说明书，进行广泛的搜索以寻找应聘者，在人员加入公司之前还要经过彻底严格的面试审查过程。公司如此煞费周折，是因为它们意识到优秀的员工对公司的成功极其重要。各公司在选择渠道成员时也同样如此。要获得市场上的成功需要强有力的渠道成员，即那些能有效地执行分销任务的成员，而这些分销任务则是实施渠道战略所必需的。因此，渠道成员的选择是非常重要的，不能随意。[1]本章我们将探讨为了制定有效的渠道成员选择决策，渠道管理者将要解决的问题。

渠道成员选择与渠道设计

实际上，公司对渠道成员的选择是渠道设计的最后一个步骤（见第 6 章步骤 7）。应该指出的是，即使渠道结构没有发生变化，也需要频繁地做出选择决策，也就是说，选择决策有可能是、也有可能不是渠道设计决策的结果。例如，假如某公司在现有的地区外需要扩大市场范围，就算是公司渠道在长度、密度和渠道成员类型方面都保持不变，它也需要增加更多的销售网点来实现销售增长。另一个常见的独立于渠道设计决策之外的需要做出选择的原因是，需要更换渠道中的现有成员（不管是自愿还是不自愿）。实际上，这种现象是做出选择决策最常见的原因之一。

另外，有关渠道选择与设计的关系，有两点需要提一下：

第一，有时明显被忽略的一点是，使用直接渠道结构（制造商→用户）的公司并不担心选择决策，因为分销任务的分配并不需要使用渠道成员，它们无须做出选择。因此，对于那些把直接渠道结构作为最佳决策方案的公司来说，渠道设计决策就是一个只包括 6 个步骤的过程。[2]当然，如果公司决定改变其渠道结构，改为使用渠道成员，选择就成为必要的了。[3]

第二，要处理好密度与维度之间的关系（见第 6 章的"各个层级的密度"）。作为一条普遍原则，分销的密度越大，选择的重要性就越小。正如佩格勒姆（Pegram）在对选择实践进行专门研究之后指出的那样：

> 这些公司（采用密集分销的公司）常需要将其产品分散到每一个销售网点以期占领市场，并且确保其产品随处可得。除了确保分销商能有满意的信誉之外，它们很少在选择的过程中运用很多其他的鉴别标准。通常消费品是通过广告大量"预售"的，因此，它们对选择决策关注甚少，对分销商的选择，实际上也是根本不存在的。[4]

相反，在谈到以选择型分销为重点的公司时，佩格勒姆则强调渠道成员选择的必要性：

> 对于这些制造商（采用选择型分销渠道的制造商）来说，分销商的选择是至关重要的，此时，制造商有机会获得渠道的最大控制权，且有可能确保产品通过分销商销售成功。[5]

例如固特异轮胎与橡胶公司就非常重视挑选渠道成员，在年报中，固特异明确表述了其挑选渠道成员的哲学[6]：

> 我们的哲学非常简单、有理。我们只有和赢家在一起才能赢。我们与杰出的经销商结盟，然后我们就集中精力帮助它们做好生意，而不只是销售我们的轮胎。目前，我们拥有全球范围内最好的经销商网络。

总之，如果渠道结构强调的是各级分销商的密集分销，那么渠道成员选择的标准在某种程度上来说，仅仅是这些被选择的渠道成员能够支付货款。[7]如果渠道结构强调选择型分销渠道，那么对未来的渠道成员的选择，就需要经过更加详细的审查，此时的选择决策变得至关重要。[8]在把握这一点之后，下面我们来关注渠道成员选择的过程。

选择过程

渠道成员的选择过程包括以下三个基本步骤：

1. 发掘未来的渠道成员；
2. 应用选择标准衡量这些未来的渠道成员是否合适；
3. 将潜在的渠道成员作为实际的渠道成员留住。

本章后面的内容将按以下形式展开，即每一个部分讨论一个步骤。

发掘未来的渠道成员

通过大量不同的来源和途径，渠道管理者可以获得相关的资料，挖掘未来的渠道成员。现将最主要的来源和途径按其重要性列举如下：

1. 实地销售组织；
2. 行业来源；
3. 转售商调查；
4. 顾客；
5. 广告；
6. 行业展销会；
7. 其他来源。

实地销售组织

某些公司拥有自己的销售人员，使用渠道成员只限于在批发和零售环节，对于这些公司来说，销售人员就是发掘新渠道成员的最佳来源。

杰出的销售人员通常比公司的任何其他人员更清楚谁是本地区有潜力的渠道成员，通过电话访谈，他们往往就能获得可能的渠道成员的相关信息。一般来说，销售人员同本地区非本单位的主要渠道成员的管理人员和销售人员不会很熟悉，但是如果公司决定对某地区内的现有渠道成员做某些改变或补充，他们甚至可以对这些未来的渠道成员进行排序。

借助销售人员寻找渠道成员的一个潜在问题是，制造商可能不愿对他们的努力给予合适的报酬。如果制造商不考虑销售人员为寻找未来的渠道成员以及同它们建立联系所花费的时间和精力，而是以现有渠道成员的销售量为依据支付报酬，销售人员就不可能花费太多的时间去寻找新的渠道成员。因此，如果把销售人员看作寻找新的渠道成员的有效来源，制造商就必须表明自己愿意根据销售人员的努力程度合理地支付报酬。[9]

行业来源

行业来源，如行业协会、行业出版物、指南、其他公司销售的相关或类似产品、行业展销会和“口头密传”，都是有关未来渠道成员信息的有用来源。

设在华盛顿的美国批发商—分销商协会（National Association of Wholesaler-Distributors）拥有非常丰富的有关批发商的信息。设在纽约的美国零售商联合会（National Retail Federation）能提供大量的有关零售中间商的信息。

在特定行业，最特殊的信息来源是行业协会。例如，表7—1和表7—2给出了大量的批发和零售行业协会的名单。当然，还有很多其他的协会，但这两份名单给出了批发和零售层面上主要的行业协会。现实中，获取行业协会名单的最佳来源应该是《协会百科全书》（*Encyclopedia of Associations*）。[10]

事实上，所有批发和零售行业协会，以及制造业代表协会都有网页，网页上包含了帮助你找到未来渠道成员的信息。[11]越来越多的协会参与到Facebook、Twitter和LinkedIn中，这些社交网络提供实时的信息和交流机会，进一步提升了协会在帮助寻找渠道成员方面的作用。

表7—1　　部分批发行业协会

● 美国机床经销商协会	● 国家化学品经销商协会
● 美国苗圃和景观协会	● 国家电气产品分销商协会
● 美国兽医经销商协会	● 国家体育用品批发商协会
● 电器配件经销商协会有限公司	● 全国啤酒批发商协会
● 泳池和水疗专业协会	● 全国紧固件经销商协会
● 汽车零配件行业协会	● 食品杂货商协会
● 自行车产品供应商协会	● 木地板协会
● 瓷砖经销商协会	● 北美建筑材料经销商协会
● 铜及黄铜服务中心协会	● 宠物行业经销商协会
● 食品市场营销协会	● 石油设备协会
● 卫生行业经销商协会	● 专业美容协会
● 塑料分销商国际协会	● 休闲汽车售后服务协会
● 材料与设备分销商协会	● 安全设备经销商协会有限公司
● 金属服务中心协会	● 葡萄酒及烈酒批发商美国公司
● 材料处理设备分销商协会	

资料来源：Compiled from：National Association of Wholesales Distributors，Member Association List at http：//www.naw.org/about/assoclist.php（11/8/10）.

表 7—2 部分不同业务类型的零售行业协会

业务类型	行业协会
建材、五金和农用设备分销商	全国五金零售协会（NRHA） 国家木材和建筑材料经销商协会（NLBMDA）
一般商品	国家零售业协会（NRMA） 大型零售业协会（NAVS）
食品店	美国国家杂货零售商协会（MRI） 国家独立食品零售商协会（MARGUS） 国家食物连锁协会（NAIFR） 全国便利店协会（NAFC） 超市协会（SMI）
汽车产品	全国汽车经销商协会（NADA） 全国轮胎经销商和翻新协会（NTDRA） 北美休闲车经销商协会（RVDA）
服装和饰品店	美国男装零售商协会（MRA） 全国鞋业零售商协会（NSRA） 美国重要皮毛商协会（MFGA）
家具、家居用品设备店	全国家具协会（NHFA） 国家电器和广播电视经销商协会（NARDA） 全国音乐商人协会（NAMM）
杂货和专卖品店	全国药商协会（NARD） 全国连锁药店协会（NACDS）
综合零售店	美国零售珠宝商协会（RJA） 美国书商协会（ABA） 花店全球配送协会（FTDA） 全国自行车经销商协会（NBDA）

资料来源：Reprinted from Bert Rosenbloom，"Retail Trade Associations as a Resource for Retailing Education," *Journal of Retailing*（Fall 1978）：55－56. Copyright © 1978，with permission from Elsevier.

转售商调查

很多公司对未来渠道成员的了解是通过直接调查对经营其产品有兴趣的渠道成员实现的。对于一些制造商来说，这种方法提供了有关未来新成员的主要信息来源。

正如所期盼的那样，调查了最多的潜在渠道成员的公司，正是在各自行业中声誉较好的那些公司。3M 公司每天要跟成百上千个想要销售自己产品的批发商、分销商、零售商打交道。几十年来，3M 公司一直被认为是领先的创新公司，它开发了许多 3M 渠道成员梦寐以求的非常成功的新产品。[12]

顾客

一些公司把顾客看作寻找未来渠道成员的信息来源。据制造商披露，很多顾客愿意开诚布公地陈述自己对渠道成员的看法。

制造商从顾客那里获得未来渠道成员信息的一个最好的方法是通过非正式或正式的调查，获得顾客对其市场区域内各类分销商的看法。最终用户也会从自己的立场出发，对未来渠道成员的优缺点给予中肯的评价，这些都是制造商无法从供应商那里得到的。[13]

广告

行业出版物上的广告为寻找未来渠道成员提供了另一种方法。图 7—1 是同时有纸质版和电子版的《饮料世界》(*Beverage World*) 上刊登的一则广告。这是一则 Mike's Hard Lemoade 的广告，一看产品的名字就知道是添加了酒精的柠檬水。

这种行业杂志类型的广告可以提供有关未来渠道成员大量的调查资料，有助于在繁杂的备选方案中进行决策。

图 7—1 饮料分销商的行业杂志广告

行业展销会

行业展销会和行业协会是发掘未来渠道成员的一个极富成效的来源。许多批发和零售的行业协会都举行年会，吸引了很多特定行业的批发和零售组织的代表参加。通过参加会议，制造商能在同一时间和地点，接触到各行各业潜在的渠道成员。[14]这种展销会对小型制造商尤为有利，特别是消费品，如玩具、礼品、五金器材和体育用品行业的制造商，它们通常在其行业内是默默无闻的，这样的展销会为这些制造商提供了与有意经营其产品的批发商和零售商面对面交流的机会。

其他来源

最后，有些公司发现以下来源同样有助于发掘未来的渠道成员：

1. 商业团体、银行和当地不动产商人的会客室；
2. 分类电话号码指南或黄页；
3. 直接邮购请求；
4. 从先前的申请中取得联系；
5. 独立的顾问；

6. 列出拥有企业名录的经纪商清单[15]；
7. 商业数据库；
8. 互联网；
9. 社交网络如 Facebook、Twitter、LinkedIn。

应用选择标准

拟定了未来的渠道成员名单之后，下一步就是根据选择标准进行评价。

如果公司还没有制定选择渠道成员的标准，则现在必须制定一套。通过几种渠道分析形成的总体标准，将在下一节中讨论。不管标准制定得多么仔细，没有一个标准在所有的情况下都是完全适用的。在有些情况下，环境的变化要求公司改变其重点。因此，渠道管理者要在变化的条件下灵活应用选择标准。

总体标准

20 世纪 50 年代早期，人们曾尝试制定一套详细的选择渠道成员的标准。为此布伦德尔（Brendel）设计了一份工业公司选择未来渠道成员可能涉及的 20 个主要问题的清单[16]，其中大多数问题对于消费品制造公司也是适用的。布伦德尔的选择标准已成为营销渠道著作中的经典之作，今天同样具有适用性。这 20 个选择性问题列举如下：

1. 分销商真正需要我们的产品吗？或者它们对该产品的追求仅因为当前缺货吗？
2. 它们的完善程度如何？
3. 在消费者心目中，它们的声誉如何？
4. 它们在制造商中的声誉如何？
5. 它们是积极进取的吗？
6. 分销商经营哪些其他联营产品？
7. 分销商的财务状况如何？
8. 它们有能力贴现票据吗？
9. 它们的工厂（设备）规模如何？
10. 它们能保持合适的存货以保证服务的质量吗？
11. 分销商将产品出售给哪种重要程度的顾客？
12. 它们不会向哪些人出售产品？
13. 分销商能维持稳定的价格吗？
14. 它们会提供过去 5 年中每年的销售数据吗？
15. 分销商及其销售人员能将其产品推广到哪些地方？
16. 分销商的销售人员受过培训吗？
17. 它们拥有多少实地销售员工？
18. 有多少内部员工？
19. 分销商信任积极合作、销售、培训和促销吗？
20. 分销商开展这些活动需要哪些设备？

由赫拉瓦切克（Hlavacek）和麦卡屈斯申（McCuistion）提出的另一套标准，在布伦德尔的标准上又增加了几个。[17]他们认为，对于产业市场上销售的技术性产品，制造商应该选择经营品类少而不是品类较多的分销商，这是因为经营较少品类的产品使得分销商能把更多的精力放在制造商的特定产品上。赫拉瓦切克和麦卡屈斯申还提出，对于潜在渠道成员的市场范围标准的制定，要从地理上以及**市场细分覆盖**（market segment coverage）上详加说明，而不论潜在分销商的市场是不是制造商的目标细分市场，是不是制造商产品的销售地区。此外，他们还认为，尽管未来渠道成员的财务能力很重要，但不能过分重视，有时财务状况欠佳的分销商更"饥渴"、更积极进取。最后，他们认为未来渠道成员的进取心也是一个关键的标准。尽管赫拉瓦切克和麦卡屈斯申的建议标准是针对产业市场上工业品的制造商提出的，但有着更广泛的应用范围。

另一套标准是由希普利（Shipley）基于对美国的70个制造商和英国的59个制造商研究的基础上提出的。[18]研究报告给出了12个标准，包括3个基本方面：（1）销售和市场因素；（2）产品和服务因素；（3）风险和不确定因素。如表7—3所示，以百分比表示的一列说明，在研究中，多大比例的制造商在选择渠道成员的决策过程中应用了这些标准；以排名表示的一列则是对此比例进行的排序。有意思的是，对美国的研究结果和对英国的研究结果有非常高的相似度。这表明，在经济高度发达的西方社会里，制造商的选择标准趋于相似。

表7—3　　希普利所揭示的美国和英国制造商运用的选择标准

	英国企业（$n=59$）		美国企业（$n=70$）	
	百分比（%）	排名	百分比（%）	排名
销售和市场因素				
对市场的了解	83	1	79	1
市场覆盖范围	75	2	79	1
销售人员的数量和素质	49	4	64	4
销售访问的频率	36	6	17	10
产品和服务因素				
对产品的了解	47	5	30	6
服务和库存设施	20	10	23	8
服务人员的素质	11	11	27	7
风险和不确定因素				
对产品的热情	61	3	50	5
早期的成功	25	7	67	3
所涉及的成本	25	7	23	8
与制造商竞争者交易的程度	22	9	16	11
经理人职业经历	10	12	11	12
其他	5	13	9	13

资料来源：Reprinted from "Selection and Motivation of Distribution Intermediaries," by David B. Shipley, *Industrial Marketing Management* (October 1984): 251. Copyright 1984, with permission from Elsevier.

杨（Yeoh）和加兰顿（Calantone）在对有关选择国外分销商的国际营销文献进行仔细回顾之后，提出了6项重要的选择标准：（1）贡献水平；（2）融资力度；（3）营销技巧；（4）产品相关因素；（5）计划能力；（6）辅助因素。他们把这6项因素看作分销商在国外市场进行有效代理所必须拥有的核心能力。[19]

然而，40 年前佩格勒姆提出的渠道成员的选择标准仍然是最清晰适用的。[20]同希普利一样，佩格勒姆也是以实证作为基础，但他使用的公司数量更大，范围更广（200 多个美国和加拿大的制造商）。佩格勒姆把这些标准分成很多方面，为了能对这些标准有一个总体的概述，我们就其中的 10 个方面进行简要的探讨，这些方面是很多公司需要认真考虑的。

信用和财务状况

几乎所有佩格勒姆研究过的制造商都认为，对未来渠道成员的信用和财务状况的调查是非常重要的，这是迄今为止判断能否接受未来渠道成员最常用的标准。

销售力度

大多数公司同样认为未来渠道成员的销售能力也是一个重要标准。一些经常用的测量销售力度的方法，不仅能对批发商的销售人员素质进行考察，更为重要的是，也能对实际销售人员的数量进行考察。对许多技术含量高的产品制造商来说，渠道成员的销售人员的技术能力是越来越重要的一项考察内容。

产品线

制造商通常要考虑渠道成员产品线的 4 个方面：（1）竞争性产品；（2）相容性产品；（3）补充性产品；（4）产品线质量。

通常制造商会尽可能地避免选择同时经营直接竞争性产品的渠道中间商。很多渠道中间商对此也持同样的态度，特别是那些已对目前供应商有一定忠诚度的渠道成员。当然，针对经营“非直接竞争性产品”的标准，也有很多例外情况。实际上，许多情况下，批发商和零售商都经营直接竞争的产品。

制造商更希望渠道成员经营相容性的产品，这些产品并不直接与制造商的产品相竞争。消费者希望渠道成员经营补充性产品，因为经营了这些产品，中间商能为他们提供更好的产品线。制造商还经常寻找这样的渠道成员，即所经营产品的质量相似于或优于自己产品的质量，如果可能的话，他们不希望自己的产品同劣质、不出名或蹩脚的产品线放在一起。

声誉

大多数制造商都绝不会考虑选择圈内名声不好的未来渠道成员。对于零售渠道成员来说，商店形象是其总体声誉的一个关键部分。因此，如果未来的零售商的店面不能以有特色的形式展现制造商的产品，那么制造商将有充足的理由拒绝选择这个零售商作为其渠道成员。使用“错误”的零售商销售产品，会对制造商自身的声誉产生负面的影响。因此，从渠道战略的角度来看，销售制造商产品的分销商和零售商的声誉是制造商需要考虑的主要战略问题之一。这项决策需要组织最高层领导的参与，在某些情况下，甚至需要惊动董事会主席。

市场覆盖

渠道成员充分覆盖制造商所希望占领的地理区域，称为**市场覆盖**（market coverage）。进一步的思考是，未来的渠道成员是否占据了太多的地理区域，这会导致现有渠道成员覆盖面的重叠。一般来说，制造商力图以最少的重叠获得最大的地理覆盖，这也是使用高度选择型分销的制造商需要考虑的一个极为重要的因素。

销售绩效

这方面要考虑的基本因素是，未来的渠道成员能否达到制造商所期盼的市场份额。通常制造商会从未来的渠道成员那里收集详细的销售绩效数据，以获得有关渠道成员有效性的第一手资料。如果得不到这些直接的数据，还可从其他资料来源，如信贷科、本地区的竞争及非竞争性分销商、制造商产品的消费者、分销商的顾客及其他供应商和当地交易人员那里取得。这些资料来源会提供渠道成员销售绩效历史的资料。一些制造商说，这正是它们了解未来渠道成员销售绩效的一种途径。

管理的连续性

很多渠道成员都接受公司所有者/创立者的管理，它们当中有很多（特别是批发层次上）都是独立的小公司。如果公司的主要负责人去世，管理的连续性就会受到质疑。对卡特彼勒公司来说，这种连续性是如此重要，以至于公司多年来一直指定专门的人员，劝说现有分销商的子女在其父母退休或去世后继续经营其业务。[21]

管理能力

很多制造商认为，如果渠道成员的管理人员素质很差，它就不值得考虑，因此，这一因素在选择渠道成员时至关重要。[22]然而要记住，对管理人员素质的评判是非常困难的，因为在评估时会涉及很多无形因素。决定管理能力的主要因素是组织、培训和再培训销售人员。简言之，高素质的销售人员是优秀管理能力的象征。

态度

这一标准主要是指未来渠道成员的积极进取、热情和首创精神。有人认为，这些特征同经营制造商产品的长期成功密切相关。对未来渠道成员是否有“极好的”态度的评价，通常是一种管理判断，因为态度不像财务报告那样直接表现为盈利或亏损。[23]

规模

有时对未来渠道成员的判断纯粹依赖于规模，有一种观念认为，组织规模和销售额越大，制造商产品的销售也就越多。除此之外，还有很多原因可以解释规模大是一个重要的实际标准。一般来说，认为大型渠道成员业绩更好、利润更大、建设更完善、经营更全的产品线，通常只是一种安全的假设。此外，大型渠道成员会雇用更多的销售人员（这使制造商的产品展示更多），会配备比小型渠道成员更好的办公室工作人员和设备。

应用选择标准

尽管上述标准并非适用于所有条件下的公司，但仍然有价值，因为它们给出了选择渠道成员时需要注意的方面。尽管每一家公司都必须以其自身目标和政策为基础，制定一套适合自身的选择标准，但是以希普利和佩格勒姆在实证基础上给出的标准，为各公司制定渠道成员选择标准提供了一个很好的起点，同时能降低这项任务的难度。此外，如果公司在发展过程中将所有的标准全部考虑在内，它的个性化选择标准将有更高的综合性。图 7—2 给出了选择渠道成员时需要考虑的主要标准。

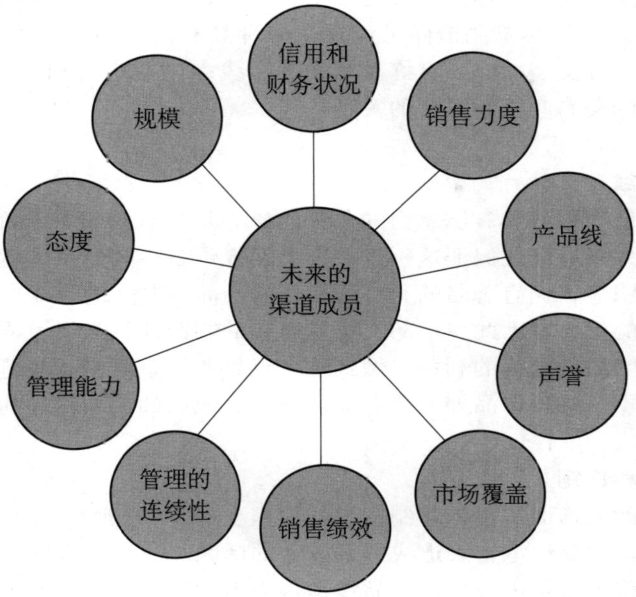

图 7—2　选择渠道成员的主要标准

赢得渠道成员

选择过程是一个双向的过程，牢记这一点是非常重要的，不仅生产商或制造商需要选择，作为批发和零售的渠道成员也要做出选择。那些规模比较大、建设良好的公司也要慎重选择它们的供应商。[24]除了那些声名显赫的公司之外，生产商和制造商都不能指望高素质的渠道成员会成群结队地等着加入到渠道中来。大多数生产商或制造商都需要开展有效的销售服务，确保渠道中间商提供优质的服务。

生产商或制造商的渠道管理者，可以使用大量的激励方式来保留渠道成员。所有这些都是为了传达公司愿意支持中间商，从而使中间商能够有效地销售产品。换句话说，制造商或生产商应该让未来的渠道成员明白，双方合作的关系能使双方同时受益。佩格勒姆简明阐述了这一点：

> 很多供应商对销售政策的宗旨持这样一种观念：供应商生产，分销商销售，双方相互依赖，组合在一起，便形成了一个整体。团队合作是使协作双方同时受益所必不可少的条件。[25]

迄今为止，距离佩格勒姆得出这一结论已有 40 多年了，但他的这些观点历久弥新。在制造商和批发及零售渠道成员之间，普遍存在着建立在相互承诺和团队协作基础上的伙伴关系和战略联盟，并已成为很多分销渠道中的关系范式。[26]

赢得渠道成员需要提供的优厚条件

通常制造商越能具体地给出可以提供给渠道成员的支持和帮助，则效果越好。如果未来的渠道成员想加入到渠道中来，一开始它们肯定都想明确地知道“加入渠道中能得到什么”。[27]尽管制造商可能提供多种具有诱惑力的优厚条件，但是大多都可以归为以下4种类型：（1）良好盈利的产品线；（2）广告和促销支持；（3）管理支持；（4）公平的交易政策和友好的关系。

产品线

制造商能提供具有诱惑力的条件的核心是具有销售和利润潜力的好产品线。[28]实际上，如果制造商能保证这一点，则无须提供多少其他条件就能赢得它们想要的渠道成员。很明显，拥有著名的和广受好评的产品的制造商，比产品上略逊一筹的制造商具有更大的优势。因此，产品上不具声势的制造商，与渠道成员进行有效的沟通，让渠道成员明白将获得的利益，做到这一点是非常重要的。制造商很容易高谈产品的高质量，而不是强调产品如何能有效保证渠道成员的成功销售和赚取利润。

广告和促销

未来的渠道成员也依赖制造商的促销支持。[29]在消费品市场上，强有力的全国性广告计划，是赢得零售渠道成员最有效的诱因之一。拥有这一计划的制造商，几乎可以立即获得未来渠道成员对产品线销售潜力的信任。在产业市场上，强有力的文字广告也会得到类似的好处。此外，在消费品和工业品两个市场上，诸如广告折扣、合作广告活动、物品购买点和展览厅陈列，都是对渠道成员的有力支持，并且可以作为对未来渠道成员进入渠道的有效诱因（见第12章）。

管理支持

未来的渠道成员想知道，制造商是否承诺帮助它们——不仅为销售制造商的特定产品提供广告和促销支持，而且还能帮助它们做好管理工作。管理支持是这一承诺的有力见证，涵盖范围很广，包括培训计划、财务分析和计划、市场分析、存货控制程序、促销方法以及其他一些方面。支持的程度根据涉及的渠道关系类型不同而有所不同。制造商和渠道成员之间达成特许协议的契约式渠道关系之后，通常能提供比传统、松散结合的渠道关系更全面的管理支持计划。即使是后一种情形，有些形式的管理支持依然可能是合意的。“你的品类管理助手”项目是3M公司提供的一个基于综合层面的管理支持的极佳例子。在该层面上，很多（甚至是大型的）零售商和渠道成员独立完成品类管理工作可能会存在困难。

公平交易和友好关系

正如我们在第4章中所指出的，营销渠道关系并不是排除了人的因素的机械或纯经济关系。渠道关系是各种组织之间的关系，确切地说是所有社会体系中有着相同的行为相互作用和过程特性的一种社会体系。渠道成员相互之间可能喜欢[30]或厌恶、尊重或鄙视、怀疑或恐惧，也可能合作或敌视、忠诚或背叛。简言之，营销渠道关系不仅是一种业务关系，也是一种人际关系。[31]尽管这些关系会隐藏在复杂或正式的协议甚至是法律合同中，但人际关系、人的因素是永远不会被抹杀的。[32]在争取渠道成员时，这一点千万不能忘记。具体来说，制造商应该传达给未来的渠道成员这样的信息：它真诚地希望能同它们建立友好关系，而且这种关系是建立在信任和关心它们繁荣发展的基础上的，不仅把它们当作交易对象，而且是活生生的人构成的组织。[33]事实上，有些制造商甚至把渠道成员看作它们的“家庭成员”。这也许有点言过其实，但是确实表达了制造商的一种信念，即建立一条不仅仅是以金钱关系为基础的营销渠道。

人们期望通过公平交易和友好关系，可以弥补渠道关系中潜在的经济和商业的损失。然而，公平交易和友好关系的重点不应该在这里。最近的一项研究表明，良好的人际关系、真诚的合作甚至渠道成员之间真正的融洽相处都是形成有竞争力的产品、价格和支持计划过程中所不能取代的因素。[34]

本章小结

如同选择优秀的员工对于公司的成功至关重要一样，选择渠道成员也同样如此，因为大多数公司需要在市场中获得成功。

选择渠道成员是渠道设计的最后一个步骤。渠道中增加新成员或更换老成员时，可以不依赖渠道设计而做出选择决策，只有那些直接销售产品给最终用户的制造商才不会面临渠道成员选择的问题。

通常分销密度越大，公司就越需要关注选择过程，反之亦然。

选择过程包括三个基本步骤：（1）发掘未来的渠道成员；（2）应用选择标准衡量它们是否合适；（3）赢得潜在的渠道成员。

发掘未来的渠道成员常常伴随一些问题，需要通过如下诸多来源发掘：（1）实地销售组织；（2）行业来源；（3）转售商调查；（4）顾客；（5）广告；（6）行业展销会；（7）其他来源，如商业机构的会客室、电话号码指南、独立的顾问、经纪商、数据库和互联网等。

选择标准的运用更是一个难题，因为没有一套标准能适合所有的公司，每一个公司都必须制定自己的标准，反映自己特定的目标和政策。此外，这些标准必须是弹性的，能适应变化的条件。大多数公司在制定自身特定的选择标准时，都是在以下10个通用标准基础上制定的：（1）信用和财务状况；（2）销售力度；（3）产品线；（4）声誉；（5）市场覆盖；（6）销售绩效；（7）管理的连续性；（8）管理能力；（9）态度；（10）规模。

最后，赢得渠道中的未来成员实际上是一种挑战，因为除非是声名显赫的大公司，未来的渠道成员是不会排成大队，急切地等待制造商的召唤。大多数制造商必须做好有效的销售工作，以确保高素质渠道成员的服务。赢得渠道成员的几种特定诱因是：（1）提供一个完善的、可以获利的产品线；（2）提供广告和促销支持；（3）提供管理支持；（4）确保给予潜在渠道成员公平的交易政策，以及建立信任和友好的关系基础。

复习题

1. 选择决策总是由渠道结构的改变引起的吗？试给予解释。

2. 分销密度和关注选择过程之间有什么关系？

3. 在密集分销的情况下，渠道设计使用了几乎所有可能的销售网点，这时真的有一个选择过程吗？试讨论。

4. 讨论渠道管理者能使用的、帮助寻找潜在的渠道成员的几种来源。

5. 使用销售人员作为发掘未来渠道成员的方法时存在的潜在问题是什么？

6. 制定一套广泛实用的评价潜在渠道成员的选择标准可能吗？试图制定这样的标准时可能会遇到的问题是什么？

7. 佩格勒姆的选择标准是描述性的还是规范性的？试解释。

8. 制定较具体的渠道成员选择标准时，通常会参考为选择渠道成员制定的10个一般性标准，试逐个简要描述这些标准。

9. 制造商使用的赢得渠道成员的一些特定诱因是什么？

10. 在讨论确保未来的渠道成员成为实

际的渠道成员所采取的方法中，本章建议生产商或制造商提供的“伙伴关系”可以作为一种强力诱因，其中具体的含义有哪些？

思考题

1. 拥有将近300家自营商店的苹果公司，也使用苹果公司称为“第三方转售商”的中间商。苹果公司很谨慎地选择销售苹果的Mac电脑的中间商作为其分销渠道的成员。一旦选择，苹果公司会对渠道成员大量投资，提升渠道成员销售和服务苹果产品的能力。举例来说，苹果公司的“苹果销售咨询员计划”将苹果公司的员工派驻到渠道成员的商店中提供在讲授苹果故事和确保高质量的顾客体验方面的经验。苹果公司还通过“苹果优质经销商计划”为选定的渠道成员提供多样的培训和支持，帮助渠道成员提升顾客服务水平和对产品的了解。苹果公司坚信提供高质量的销售和售后服务对于吸引新顾客和保留老顾客至关重要。

你认为苹果谨慎选择渠道成员并努力使它们能够提供高质量的销售和服务支持是否与苹果公司独特的产品在创造苹果公司的差异化优势方面同样重要？

2. 比尔·哈丁（Bill Harding）是一家重要电器制造商的全国销售经理。他意识到公司要跟上东海岸和中西部市场的增长步伐，必须在这些地方的至少6个主要地区增加更多的零售分销商。比尔知道他需要优秀的分销商，即财务状况良好、销售技能强、服务水平高的分销商。为了找到这些潜在的新分销商，比尔·哈丁决定使用本公司在这些地区的销售人员协助工作。他把一些档案发给直销经理，让这些经理再通知地区销售人员拜访本地区的潜在分销商，并反馈书面报告。1个月之后，比尔·哈丁对于自己得到的漠然反馈很失望，呈上来的报告内容不是泛泛而谈就是十分肤浅，这让他感到多少有点困惑，因为他要求去寻找新客户的所有销售人员的绩效都是很好的。

你认为比尔·哈丁为什么没有获得他预期的来自下属热烈的响应？

3. 拉斯特-奥利公司（Rust-Oleum）的防腐涂料享誉世界，实际使用范围很广，从重型工业设备到消费者个人家具，该公司通过批发商（工业分销商）来销售其工业产品，通过批发商和零售商销售其消费品。多年来，拉斯特-奥利公司制定了重要法则——“共同以真挚、诚实和合作来创办事业”，与渠道成员协商做生意。公司在选择分销商时也遵循公平的原则，把所需的选择数量限制在最低限度，以有效地覆盖每个市场。拉斯特-奥利公司还重申它是通过分销商来销售的，而不仅仅是为自己。

考虑同渠道成员交往的方法，你认为拉斯特-奥利公司在选择未来的渠道成员时应强调的极为重要的标准是什么？

4. 一种高品质的特殊护发产品生产商John Paul Mitchell Systems公司制定了一条仅通过“护发专家”销售产品的政策。这样只有那些经营良好的美容沙龙和专业商店才被选作公司的销售代表，然而产品却莫名其妙地在得克萨斯州的沃尔玛商店出售，得到这一消息后，公司立即对沃尔玛提起诉讼，称它们正在销售大批低劣的Mitchell Systems产品，并且从其以前的供应商那里购买产品，而这批有争议的产品因质量低劣遭到Mitchell Systems的拒收，因此不能通过任何零售商转售，更不用说沃尔玛了，Mitchell Systems要求法院发布一条临时限制条令，以阻止沃尔玛销售其产品。

为什么Mitchell Systems不辞劳苦地保护其产品以防止在沃尔玛出售？就制造商常用的渠道成员选择战略来进行讨论。

5. 新百伦公司（New Balance）已经打造了自己严格、领先的高品质运动鞋制造商的形象。由于运用先进的科技制造高工艺水平的跑鞋和综合训练鞋，新百伦公司得到了许多在世界顶级赛事中穿着新百伦运动鞋的世界级运动员的喜爱。因此，新百伦2009年春的渠道设计让行业观察者觉得有点奇怪，新百伦选择了 Apparel 集团旗下的 Nine West 鞋店来销售自己的运动鞋。是什么让行业观察者如此困惑不解呢？是双方之间的不匹配。作为一家销售时尚女鞋的零售商，Nine West 是否会损坏新百伦的运动鞋品牌形象呢？目前这一战略仅仅在 Nine West 的 50 家店试行，如果前 6 个月内销售额理想，会有更多的 Nine West 店加入到这一战略中来。

你认为新百伦选择 Nine West 作为渠道成员帮助自己销售高品质运动鞋的战略的理由是什么？从长期看，新百伦这一渠道成员选择战略是否会影响其产品形象？

6. 在制锁业，锁具王（Master Lock）可能是美国最出名的锁具公司，锁具王牌挂锁在零售上通过大量商店进行密集销售，这些商店包括五金店、家庭用品中心、汽车商店、自行车店（卖自行车挂锁）、杂货店、超市以及其他类型的商店。该公司依赖批发商为零售商提供大量销售和物流支持。当零售商在订货、储存合适的花色品种、选择购买点陈列或向消费者进行广告宣传等方面需要帮助时，锁具王公司就会告诉它们："去向锁具王批发商寻求你需要的建议和支持吧。"

既然锁具王公司期望批发商提供给零售商需要的所有支持，那么你认为批发商能够从锁具王那里得到何种支持？

注释

1. See, for example, Eugene H. Fram, "We Can Do a Better Job of Selecting International Distributors," *Journal of Industrial Marketing* (Spring 1992): 61–70.
2. For a related discussion, see: Lawrence Delevingne, "Amway: Shining Up a Tarnished Name," *Business Week*, (August 11, 2008): 56.
3. See, for example, Greg Davis, "Dell Takes Top Honors in Server Category at Leading Channel Industry Awards," *CRN*, September, 9, 2010, http://community.dell.com/.
4. Roger Pegram, *Selecting and Evaluating Distributors* (New York: National Industrial Conference Board, 1965), 5.
5. Roger Pegram, *Selecting and Evaluating Distributors* (New York: National Industrial Conference Board, 1965), 3.
6. *Goodyear Tire & Rubber Company Annual Report 2009*, 5.
7. For an article related to this point, see Amy Merrick, "Kmart Suppliers Limit Risk in Case of Chapter 11 Filing," *Wall Street Journal*, (January 21, 2002): A4.
8. For a related analysis based on a mathematical model of the selection process, see V. Kasturi Rangan, Andris A. Zoltners and Robert J. Becker, "The Channel Intermediary Selection Decision: A Model and an Application," *Marketing Science* (September 1986): 1114–1122.
9. Thomas A. Stewart, "Leading Change from the Top," *Harvard Business Review*, (July-August 2006): 93–94.
10. *Encyclopedia of Associations* (Gale Research: 2009).
11. See for example, National Retail Federation (NRF), November, 11, 2010, http://www.nrf.com/modules.php?name=Pagestsp_id=146; National Association of Wholesaler Distributors (NAW), November 11, 2010, http://www.naw.org/about/aindex.php; Manufacturers' Agents National Association (MANA), http://www.manaonline.org.
12. *3M Company Annual Report 2009*, 5.
13. For a related discussion, see Richard N. Cordozo, Shannan H. Shipp and Kenneth J. Roering, "Proactive Strategic Partnerships: A New Business Markets Strategy," *Journal of Business and Industrial Marketing* (Winter 1992): 51–63.
14. Anna-Louise Jackson, "Must the Show Go On?" *Marketing News*, (April 15, 2009): 6.
15. See for example, *mailinglists direct*, November 11, 2010, http://www.mailing-lists-direct.com/.
16. Louis H. Brendel, "Where to Find and How to Choose Your Industrial Distributors," *Sales Management*, September 15, 1951.
17. James D. Hlavacek and Tommy J. McCuistion, "Industrial Distributors—When, Who, and How?" *Harvard Business Review* (March–April 1983): 96–101.
18. David D. Shipley, "Selection and Motivation of Distribution Intermediaries," *Industrial Marketing Management* (October 1984): 249–256.
19. Poh-Lin Yeoh and Rojer J. Calantone, "An Application of the Analytical Hierarchy Process to International Marketing: Selection of a Foreign Distributor," *Journal of Global Marketing* 8, no. 3/4 (1995): 39–65.
20. Roger Pegram, *Selecting and Evaluating Distributors* (New York: National Industrial Conference Board, 1965), 21–91.
21. Donald V. Fites, "Make Your Dealers Your Partners," *Harvard Business Review* (March–April 1996): 84–95.
22. Debbie Howell, "Fleming Takes Distribution Service to Next Level," *Retailing Today*, (November 5, 2001): 4.
23. Susan Berfield, "The New Star of Sellavision," *Bloomberg*

BusinessWeek, (May 24–30): 60–63.

24. Janet Wagner, Richard Ettenson and Jean Parrish, "Vendor Selection Among Retail Buyers: An Analysis by Merchandise Division," *Journal of Retailing* (Spring 1989): 58–79.
25. Roger Pegram, *Selecting and Evaluating Distributors* (New York: National Industrial Conference Board, 1965), 100.
26. Rodolfo Vazquez, Victor Iglesias and Luis Ignacio Alvarez-Gonzalez, "Distribution Channel Relationships: The Conditions and Strategic Outcomes of Cooperation between Manufacturer and Distributor," *International Review of Retail Distribution and Consumer Research* (April 2005): 125–150; Sunil Sahadev, "Economic Satisfaction and Relationship Commitment in Channels," *European Journal of Marketing* Vol. 42 no. 1/2 (2008): 178–195.
27. Geoff Gordon, Roger Calantone and C.A. diBenedetto, "How Electrical Contractors Choose Distributors," *Industrial Marketing Management* 20 (1991): 29–42.
28. Mike Duff, "Supercenters Open Floodgates as Water Rises," *Retailing Today*, (October 10, 2002): 10.
29. Sridhar N. Ramaswami and Srini S. Srinivasan, "Analyzing the Impact of Promotions on Manufacturer and Retailer Performance: A Framework for Cooperative Promotional Strategy," *Journal of Marketing Channels* 6no. 3/4 (1998): 131–145.
30. See, for example, Carolyn Y. Nicholson, Larry D. Compeau and Rajesh Sethi, "The Role of Interpersonal Liking in Building Trust in Long-Term Channel Relationships," *Journal of the Academy of Marketing Science* (Winter 2001): 3–15.
31. Russel P.J. Kingshott and Anthony Pecotich, "The Impact of Psychological Contracts on Trust and Commitment in Supplier–Distributor Relationships," *European Journal of Marketing* Vol. 41, no. 9/10 (2007): 1053–1072; Raymond A. Jussaume, Jr. and Patriya Tansuhaj, "Asian Variations in the Importance of Personal Attributes for Wholesaler Selection: Japanese and Thai Marketing Channels," *Journal of International Consumer Marketing* 3no. 3 (1991): 127–140.
32. For an interesting and insightful discussion relevant to establishing channel relationships, especially with regard to the issue of "fairness," see Roger Dickinson, "Negotiations in the Channel: The Negotiation Ratio," *Proceedings of the Sixth World Conference on Research in the Distributive Trades*, eds. Roy Thurik and Henk J. Giannotten (The Hague, Netherlands: Dutch Ministry of Economic Affairs, 1991), 261–266.
33. For a related discussion, see Jule B. Gassenheimer and Rosemary Ramsey, "The Impact of Dependence on Dealer Satisfaction: A Comparison of Reseller–Supplier Relationships," *Journal of Retailing* 70no. 3 (1994): 253–266.
34. Kenneth H. Wathne, Harold Biong and Jan B. Heide, "Choice of Supplier in Embedded Markets: Relationship and Marketing Program Effects," *Journal of Marketing* (April 2001): 54–66.

第8章

目标市场和渠道设计战略

学习目标

学习本章之后，你应该能够：

1. 正确评价市场因素作为考虑渠道设计战略时最基本、最重要的变量；
2. 熟悉市场分析的基本框架和它的 4 个基本维度；
3. 关注可能影响渠道设计战略的市场地理变化；
4. 了解市场规模与渠道设计战略的相关性；
5. 知道与市场密度相关的有效聚集的概念；
6. 从时间、地点、方式以及产品和服务的购买者 4 个方面理解市场行为的意义；
7. 认识到所有市场行为的子维度都容易改变；
8. 熟悉渠道设计战略中市场行为变化的含义。

渠道焦点

农产品市场的渠道是否必须包括农民?

在理想的情况下，词语和标签可以按照字面意思来理解，“农贸市场”（farmers' market）这个词的直接含义就是：农产品的市场渠道只有一条，即农民直接将产品卖给消费者。然而，现实并不是理想情况。近年来，逐渐流行起来的食品业的“农贸市场”有了更为丰富的含义。越来越多的消费者注重食品的“新鲜”、“健康”、“自然”和“有机”，这一变化已经影响了农产品市场。西夫韦、超价商店（Supervalue）等大型连锁超市也注意到了这些变化。这些大型零售商和其他企业显然把农产品市场作为吸引消费者的策略。例如，西雅图的西夫韦公司店面展示区摆放了“农贸市场”的指示牌，超价商店的分店爱博森超市（Albertsons）也在华盛顿、俄勒冈州、爱达荷州的 200 家商店中有此类做法。这些指示牌并不是当地农场主所设，店面中出售的农产品产地也存在争议。事实上，华盛顿上架的芒果不是当地生产的（华盛顿的气候不适合），更可能是从国外进口的。

大型的传统食品零售商对“农贸市场”的任意使用，已经给诸如农场主市场协会（一个全国性的协会）等农场主团体造成了困扰。他们担心如果大企业继续侵犯 6 000 多个真正农场主市场的利益，“农贸市场”这一用语将会被滥用。

农场主对“农贸市场”的定义是合理的吗？农场主的答案是肯定的。然而，当消费者走进一家农贸市场，难道他们不应该也能见到农场主吗？

资料来源：Based on Nick Wingfield and Ben Worthen，“Copy Farmers' Markets Reap a Crop of Complaints，” *Wall Street Journal*，September 24，2010：A3.

在本书第 6 章中我们曾经指出，在所有影响营销渠道设计的因素中，市场因素是最根本的，这是因为渠道管理者应该根据市场的需求设计公司的营销渠道。[1]换句话说，营销渠道设计战略应该是**市场驱动型**（market-driven）的，以尽可能满足目标市场（目标客户）的需求。如果客户期望能够一周 7 天 24 小时在线购物，通过智能手机进行移动购物，通过 Hulu 视频网站而不是传统的电视方式[2]观看电影和表演，在当地购物中心而非医生办公室[3]接种流感疫苗，或者产生了其他大量的渠道预期，那么渠道管理者需要密切关注以使其渠道设计战略反映目标客户的需求。[4]要做到这一点，渠道管理者应该熟悉与营销渠道设计有关的市场因素的几个维度。

在本章中，我们在第 6 章的基础上更深入地考察这些市场维度，讨论渠道设计过程中不同阶段的内容。

市场分析的框架

无论是消费品市场还是工业品市场，都是错综复杂的，在分析某一特定的市场时要考虑大量的因素，因此，建立一个框架，对于理清复杂环境中的因素来说是很有用的。

本章我们通过一个包含 4 个维度的框架，对市场进行讨论：

1. 市场地理位置；
2. 市场规模；
3. 市场密度；
4. 市场行为。

这个市场的基本框架如图 8—1 所示。

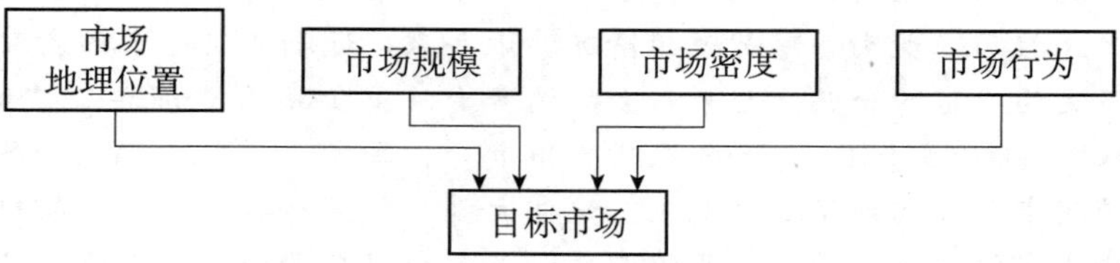

图 8—1　与渠道设计相关的市场维度分析框架

本章就是围绕这 4 个基本维度展开的，每一部分主要讨论其中的一个维度，重点说明这些市场维度如何影响渠道设计战略。其中，第 4 个维度——市场行为，是最复杂的，相比于其他 3 个维度，本章将用较大篇幅对此维度进行讨论。

市场地理位置与渠道设计战略

市场地理位置（market geography）是指市场的地理范围以及位置。如果渠道管理者提出“我们市场的地理分布如何”、“我们的市场有多远”等问题，他所考虑的就是市场地理位置这一维度。

渠道管理者负责与渠道结构有关的市场地理位置评估任务，确保渠道结构能够有效率、有效果地服务市场。扩大现有市场地理范围或者开辟新的、更远的市场而导致的市场地理位置变化，将使渠道管理者意识到调整渠道结构的必要性。以星巴克为例，近年来它不仅在美国的每一个州开设自己的店铺，而且在全世界范围内，包括欧洲、亚洲和南美洲的许多国家开店。像麦当劳、汉堡王（Burger King）和肯德基（KFC）这些遍及世界范围的企业那样，星巴克正将其门店扩展至世界范围内。地理距离并没有成为这些公司服务目标客户的障碍，相反，渠道结构的开发和调整使得它们能够有效率、有效果地服务远距离的市场。在第 18 章论述国际市场营销渠道时，我们会更详细地讨论这个话题。

当然，近年来出现的另一种服务远距离市场的方法就是借助于互联网的电子商务（e-commerce）。通过互联网实现了世界范围内的信息交流之后，至少在理论上，地理距离已经不那么重要了，但在实际上，这还不太可能，尤其是对于那些销售实物产品的公司来说更是如此，它们需要将产品拣选、包装然后运输很长一段距离。即使借助于互联网技术[5]，补货、物流以及客户服务对于消费者和制造商来说，都仍然是巨大的挑战。我们会在第 13 章论述物流与供应链管理以及在第 15 章论述电子营销渠道时再深入讨论这一主题。

确定市场的地理位置

作为整体营销战略的一部分，渠道管理者可能需要勾勒出目标市场的地理位置。这通常可根据一个或多个认可的地理单位来完成。例如，美国人口普查局（U. S. Census Bureau）可以列出大量的地理统计单元，如州、地区、县、大都会统计区（metropolitan statistical areas，MSAs）、特定城镇以及出于其他特殊目的的划分。表 8—1 列出了这些地理单位的定义，近年来，邮政编码在描述市场地理位置方面已经具有实用价值。

表 8—1　**人口数据可用的地理区域**

美国人口普查局定义的地理名称
美国人口普查局负责全美、各州、哥伦比亚特区、波多黎各、县及县级行政区域、合并地区、特定城镇和镇区、合并城市、人口普查区、大都会区的人口普查工作。

人口普查区
人口调查局将全美分为两大区域，在此基础上建立了 4 个普查区——东北部、中西部、南部和西部。每一个普查区分为 2 个或者更多个子普查区，共计 9 个分区。东北部普查区包括康涅狄格州、缅因州、马萨诸塞州、新罕布什尔州、罗得岛州、佛蒙特州在内的新英格兰子分区以及包括新泽西州、纽约州、宾夕法尼亚州在内的大西洋中部分区。中西部普查区包括伊利诺伊州、印第安纳州、密歇根州、俄亥俄州、威斯康星州在内的东北中心分区以及包括爱荷华州、堪萨斯州、明尼苏达州、密苏里州、内布拉斯加州、北达科他州以及南达科他州在内的西北中心分区。南部普查区包括特拉华州、哥伦比亚特区、佛罗

续前表

里达州、佐治亚州、马里兰州、北卡罗来纳州、南卡罗来纳州、弗吉尼亚州、西弗吉尼亚州在内的南太平洋分区以及包括亚拉巴马州、肯塔基州、密西西比州、田纳西州在内的东南分区和包括阿肯色州、路易斯安那州、俄克拉何马州、得克萨斯州在内的西南分区。西部普查区包括亚利桑那州、科罗拉多州、爱达荷州、蒙大拿州、内华达州、新墨西哥州、犹他州、怀俄明州在内的山地部分区以及包括阿拉斯加州、加利福尼亚州、夏威夷州、俄勒冈州、华盛顿州在内的太平洋子分区。

县（及县级行政区域）

县是各州的主要组成部分。大多数的县都是行政管理地区，各州下属的县在权力和功能方面都不一样。在路易斯安那州这些行政区域被称为教区。在阿拉斯加，为统计目的将自治县和普查区等同视为县（自1980年以后）。在其他4个州（马里兰州、密苏里州、内华达州和弗吉尼亚州），各州的主要组成部分——城市，则独立于任何县级组织，为了普查上的方便，人口普查局将其称为“独立城市”，在普查时等同于县。哥伦比亚特区因为没有下级分区，普查时也视作一个县。在波多黎各，村是其主要行政分区，在普查时也等同于县。这些县级的边界或者名称也是很少改变的。

特定城镇和镇区

一些县的下属区域称为特定城镇和镇区（MCDs），MCDs是县的主要下属区域。有的MCDs作为政府行政单位，拥有从事提供服务和增加收入的政府官员；另一些MCDs并没有执行行政职能，仅是因为某些行政目的而存在，如作为竞选区域。28个州以及波多黎各拥有MCDs。尽管如此，仅有20个州的MCDs全部或部分执行行政职能。在这20个州，人口普查（population estimates program，PEP）调查了所有具有行政职能的MCDs以及不具有行政职能的MCDs的人口，其中，这些不具有行政职能的MCDs所在县，必须至少下设一个具有行政职能的MCDs。

各州的MCDs，所拥有的权力和职能是不一样的。12州（包括康涅狄格州、缅因州、马萨诸塞州、密歇根州、明尼苏达州、新罕布什尔州、新泽西州、纽约州、宾夕法尼亚州、罗得岛州、佛蒙特州、威斯康星州）大部分的MCDs都是作为一般的地方行政机构而设立的。人口普查（PEP）的其他8州（伊利诺伊州、印第安纳州、堪萨斯州、密苏里州、内布拉斯加州、北达科他州、俄亥俄州、南达科他州），大部分的MCDs尽管也作为行政单位设立，但是履行政府职能较少，也不大为人所知。

MCDs出现的形式包括镇（新英格兰地区、纽约州、威斯康星州）、镇区、地区，同样包括其他一些实体。在缅因州和纽约州，美国印第安纳居住区不属于任何MCDs，人口普查局将美国印第安纳居住地视为MCDs，人口普查时将其作为一个MCDs进行人口统计。在有些州，所有或有些合并地区隶属于所在地的MCDs。尽管如此，仍然存在一个地区可以属于或者不属于一个MCDs的现象。例如在俄亥俄州，存在一个多县地区，该地区在人口普查时不同于其他单独的一个县。在波多黎各，没有任何的MCDs履行行政职能。

合并地区

各州合并地区的法律名称、权力、职能都是不一样的。合并地区包括城市、城镇（除了新英格兰地区、纽约州、威斯康星州，这些地区人口普查局出于人口普查目的，已将城镇视为MCDs）、自治的市镇（除了阿拉斯加州和纽约州。在阿拉斯加州，人口普查局将自治的市镇视为县级行政单位；在纽约州，人口普查局将纽约主要的五个自治的市镇视为MCDs）以及村庄。合并地区可以穿越县以及MCDs的边界，此时，合并地区的法律名称将包含“pt”（代表部分的意思）。人口普查时，统计没有纳入合并地区中的剩余县级地区人口。另一种人口统计方法是县级地区总人口减去纳入合并地区的人口。

合并城市

合并城市是合并地区及其下属县或者MCDs将其功能合并，以方便地方政府治理的行政单位。这一举动在法律上使主要的合并地区和县或者MCDs作为法律实体继续存在，即使该县或者MCDs执行很少的（甚至没有执行）行政职能。这样做了之后，在县或者MCDs中的其他合并地区继续作为一个独立的政府发挥作用，虽然它们已经被包括在合并政府之中了，主要的合并地区称为“合并城市”。人口普查时将普查合并城市的人口，合并城市的人口，由合并城市人口减去位于合并城市中半独立合并地区的人口算得。合并城市包括：阿森

续前表

斯—克拉克县（佐治亚州）、奥古斯塔—里奇蒙县（佐治亚州）、比尤特—锡尔弗博（蒙大拿州）、印第安纳波利斯（印第安纳州）、路易斯维尔—杰弗逊县（肯塔基州）、米尔福德（康涅狄格州）以及纳什维尔—戴维森（田纳西州）。半独立地区的人口与合并城市的人口加总到合并城市所在辖区总人口中。	**大都会区和小都市统计区** 大都会区或者小都市统计区一般是指大量人口的聚集中心，与周围区域在经济、社会方面形成高度一体化。大都会区和小都市统计区通常包括一个或者一个以上的县。更多信息请参考 http：//www. census. gov/ population/www/ estimates/aboutmetro. html。

资料来源：U. S. Census Bureau，Population Division Washington，D. C.

这些地理单位也可以作为划分市场的基础。表 8—2 列举了一些获取更多的市场地理信息的有用来源。

表 8—2　　可查询市场地理位置的重要出版物来源

来源介绍	描述
美国人口普查查局的《大都会地图系列》（*Metropolitan Map Series*）	由美国商务部出版。地图标示出了所有官方定义的标准大都会统计区（standard metropolitan statistical area）。电子版本（名称是 Geographic Base File，GBF 或者 Dual Independent Map Encoding，DIME）也可以找到。
《贸易地图和市场向导》（*Commercial Atlas and Market Guide*）	Rand McNally 出版。包括区域地图、州地图和大都会区地图，包含大量的经济、运输、通信和人口信息，还包括加拿大和世界地图。
《县和城市数据书册》（*County and City Data Books*）	美国人口普查局出版。对全美的城市和县的经济结构和社会结构的数据做了一个简洁实用的概括。
《编辑出版市场向导》（*Editor and Publisher Market Guide*）	Editor and Publisher 出版。其出版物《市场向导地图》（*Market Guide Maps*）包括美国和加拿大所有的城市和大都会区。美国的城市还有人口、住宅、工业、报纸和其他数据。
《邮政编码大全》（*The Sourcebook of ZIP Codes*）	ESRI Business Solutions 公司出版（之前是 CACI Marketing Systems 公司出版）。包括所有住宅区和非住宅区的邮政编码。另有 20 种产品和服务类别的消费潜力；商业数据包括所有的公司和员工。

比确定市场地理位置更难的，是跟踪现有市场的地理变化和预测未来的变化。考虑到美国人口的流动性，管理者不能指望市场地理位置在一段时期内保持不变。

近年来，全球市场也发生了巨大变化，最值得注意的是，东南亚国家和中东欧国家已经成为主要的新兴市场。

值得庆幸的是，渠道管理者无须亲自测量、跟踪和预测这些变化，这是地理学、人口统计学、社会学、经济学等方面专家的工作，经由这些专家处理的大量数据构成了二手资料的来源。渠道管理者需要警惕这些数据中反映市场地理位置改变的信息，并积极调查对渠道设计决策的可能影响。

市场规模与渠道设计战略

市场框架的第二个维度是**市场规模**（market size），它指的是既定市场上购买者和潜在购买者的数量。

巴克林（Bucklin）开发了一个将市场规模和渠道结构联系起来的模型，为使用市场规模数据提供了一些启示。[6]巴克林的模型如图 8—2 所示。在图 8—2 中，横轴表示市场上购买者的数量，每一位购买者在每一次交易中购买大致相同的单位数量。*Cd* 是直接渠道的成本，对每一位购买者来说都是固定不变的。向下轻微倾斜是由于购买规模很大，可能存在外部市场经济（市场发育越好，成本就越低）。使用渠道成员的渠道成本为 *Cm*，在小市场上该成本很大，它随购买数量的增大而急剧减少。起始成本很高，是由渠道必需的额外交易和转移成本造成的，当购买者数量很少时，不管是集中还是分散，任何节约都不足以抵消这些高成本；当购买者的数量增加时，使用渠道成员的成本就可由大量的购买者来分担，导致成本下降。当市场规模达到图 8—2 中的 U_e 点时，使用渠道成员的渠道结构成本就等于直接渠道结构的成本。当市场继续扩大时（到了 U_e 点的右侧），使用渠道成员的结构成本稍低一些。

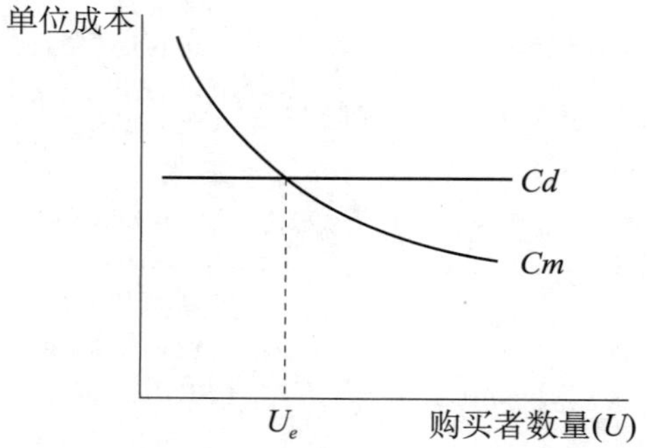

图 8—2　购买者数量与直接渠道和中间商渠道成本的关系

资料来源：Louis P. Bucklin，*Competition and Evolution in the Distributive Trades*.（Reprinted by permission of Prentice-Hall，Inc.，Englewood Cliffs，N. J. © 1972.）

就市场规模和渠道结构之间的可能关系方面而言，巴克林模型所提供的观点在渠道设计决策的第一个步骤中，对管理者有特殊的使用价值（知道什么时候面临渠道设计决策）。牢记这一理论模型，管理者一看到市场规模有变化，就可能对改变渠道结构的情况比较敏感。例如，如果市场预测数据表明，在某一特定市场上购买者的数量有巨大的增长，就会出现如下三个问题：

1. 购买者数量的增长会提高还是降低我们服务于他们的成本？

2. 如果平均成本提高，我们能在市场达到预测的规模之前改变当前的渠道结构来降低成本吗？

3. 如果这种结构改变可行，会使我们的公司形成差异化优势吗？

遗憾的是，理论并不能为这些问题提供一个清楚的答案，仍然需要大量的判断，考虑特定情况的独特性以及其他一些因素。[7]以某公司在新的地区试图赢得增加的购买者为例，在这种情况下，市场地理位置和市场规模之间可能存在高度正相关的关系，比如地理面积的大小与消费者数量是同步增长的。针对这一情况，对问题1的答案是，扩大的市场规模将会增加为市场上的购买者提供服务的平均成本。如果市场规模扩大而市场地理位置保持不变（即增加的购买者被吸引到现有的市场区域内），对成本的影响就会小得多。在既定的市场地理范围内提高市场规模使得一种“过时”的营销渠道——送奶到家服务——重新焕发生机。多少年来，送货到家已成为销售牛奶的主要方式，但在20世纪60年代，这一营销渠道逐渐被取代。大型超市和便利店成为大多数消费者偏爱的销售渠道。近来随着对“新鲜的”、“自然的”以及“有机的”食物需求的上升，有些小型乳制品企业，如马萨诸塞州沙伦市的Crescent Ridge Dairy公司，将其在当地生产的瓶装牛奶直接配送至客户家门口，为客户提供了一个超级体验。这种战略定位只有在配货成本保持在控制范围内才可行，幸运的是，客户对于送货到家需求的增长发生在马萨诸塞州沙伦市这一稳定的地理范围内，因此配货司机能够迅速有效地覆盖他们的区域市场。[8]

市场密度与渠道设计战略

市场密度（market density）指单位地理区域内购买者或潜在购买者的数量。由于它和渠道结构相关，在制定渠道设计战略时，应该考虑这一市场维度。

有效聚集（efficient congestion）这一概念有助于说明市场密度与渠道结构的关系。[9]根据这一概念，密集（高密度）的市场能提高完成基本分销任务的效率，特别是运输、储存、沟通和谈判工作。

谈到运输和储存，高度集中的顾客使得商品能以大批量的方式运送到密集的市场，而且相对少量的存货就足以提供良好的服务。以密集程度低为特征的市场，每次要运输小批量的货物，需要储存少量存货为市场内的零散客户服务。

就沟通和谈判工作而言，密集的市场有助于沟通和谈判。[10]当需要面对面的沟通和谈判时，密集的市场尤其有利。例如，如果制造商的销售人员必须拜访50个客户，他们位于100平方英里的范围内，就会比位于500平方英里内花费少得多的时间和精力。

这一点的主要战略意义在于：在高密度市场中以较低的成本提供相对优质服务的机会比在分散市场中更高，结果，许许多多的制造商，包括汽车、消费电子产品、食品杂货、体育用品、服装、五金以及其他制造商开始搜寻在高密度市场经营的渠道成员和零售商。尽管高密度市场通常都坐落在主要大城市，竞争非常激烈，但是有大量的消费者接近品种齐全的大量产品，这为商家提供了极大的机会和最高水平的效率。简而言之，高度集中的消费者群体孕育的营销渠道能够向这些消费者提供高度集中的各类产品，结果，消费者能够在产品的丰富品种、容易获得、价格有竞争力方面受益。制造商、批发商和零售商各个层次上的渠道成员在高密度的市场中虽然面对着高强度的竞争，却从高密度市场带来的高度集中的效率之中获得优势。

虽然高密度市场和短渠道之间的关系非常明了，但实际情况并不总是同这些简洁的含义完全吻合。一个最好的例子是日本的消费品市场。日本的市场就像是专门为短渠道结构量身定制的，大量的人口（大约为美国人口的一半）聚集在相当于美国面积4%的地区，但实际上的渠道绝对不是短距离的，从制造商到消费者的直接销售几乎是闻所未闻的，3层结构（制造商→零售商→消费者）也是罕见的，比较常见的是在制造商和零售商之间还有几层批发商，使渠道结构成为4层或更多层次（见图8—3）。[11]

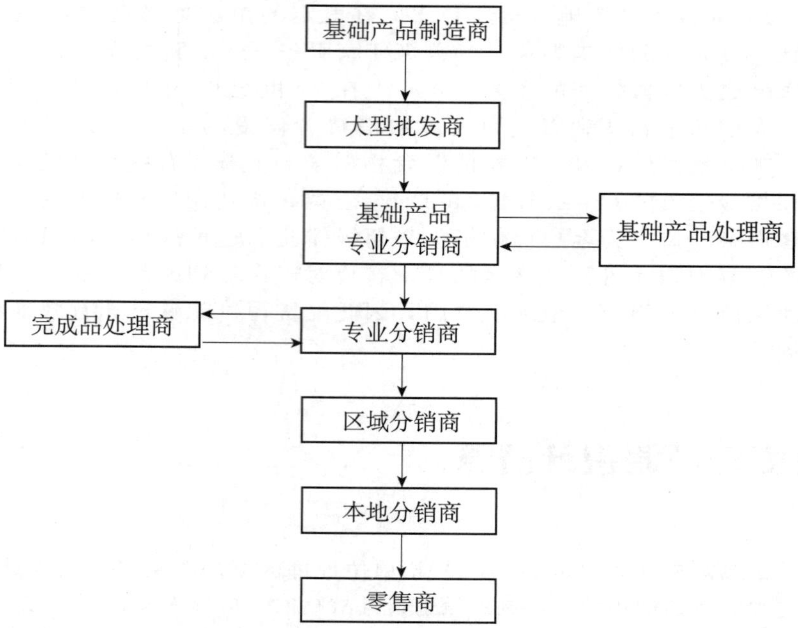

图8—3 典型的日本消费品分销渠道

资料来源：Louis P. Bucklin, *Competition and Evolution in the Distributive Trades*. Prentice-Hall, 1972. Copyright © Louis P. Bucklin. All rights reserved. Reproduced by Permission.

面对如此高密度的市场仍然使用这么长的渠道，这源于早期的日本社会文化模式。从历史上看，长而复杂的渠道结构产生于日本村落的早期发展。这些村落通常互不信任，需要有中立的渠道成员从一个村子到另一个村子销售商品。之后，19世纪晚期，出现了贸易公司，它们在购买和销售方面业绩突出，以至于很多制造商不需要再建立销售部门。

如果渠道管理者急切地将密集化的日本市场看作直接分销的"完美机会"，他们就会因不熟悉日本文化而陷入尴尬之中。因此，即使有效聚集是将目标市场密度与渠道设计战略联系在一起的有用模型，但不是完整的模型。其他因素，甚至似乎是模糊因素[12]，如日本历史和文化，也能使市场密度与渠道结构这一表面上"牢固"的经济关系发生偏移。

市场行为与渠道设计战略

第四个维度是**市场行为**（market behavior），包括四个子维度：市场购买时间、市场购买地点、市场购买方式和购买者。

市场购买时间

无论是消费品市场还是工业品市场，消费者都不会按照一段时期内固定不变、精确安排的时间表来购买产品，而是不断地随着季节、每周或每日而变化。例如，雪橇在冬天的销量比夏天高，空调、防滑轮胎、防冻剂、蛋酒、短袖衬衫和园艺用品则显然是一些典型的季节性产品。

购买行为每周或每日变化在零售业中是非常普遍的，并且遍及全国不同的贸易地区。有些地区，星期三是最盛大的购物夜市，而在另外一些地区则可能是星期四或星期五。在全国，有几种购买趋势遵循着相当类似的模式，如商店每周 7 天都要营业，周末要开到深夜甚至 24 小时营业；很多邮购公司为消费者提供每天 24 小时、每周 7 天、每年 365 天的购物机会。有些时候，这种服务是由现场工作人员提供的，如果不能做到这一点，也可以通过语音信箱、传真甚至互联网完成购物。[13]

近年来，在固定的工作时间通过互联网购物已经非常普遍。事实上，研究表明网购的高峰时间是美国东部时间下午 1 点，而低峰期则是晚上 11 点到凌晨 4 点。从早晨开始网购量开始攀升直至午后 1 点到达峰值。一星期中，星期一和星期二网购量最大，而星期六和星期天网购量最低。[14]

对于渠道管理者来说，消费者购买时间给出了两点非常重要的启示：

1. 季节性的变化往往给制造商的生产安排带来高峰和低谷，有时生产能力难以满足需求，有时生产能力又会出现过剩。制造商希望在生产中使高峰和低谷平稳，这样通常就能降低平均生产成本。方法之一是，淡季生产并储存存货，在旺季销售，但这样会使成本上升，而且长期保持存货也是有潜在风险的。持有存货所带来的成本，如储存、处理、保险、财务（机会成本），加上丢失、盗窃和损坏和/或过时的商品要承担的风险，会比稳定状态下进行生产的成本更高，如果制造商能让渠道成员储存一些过季的商品，其一部分成本和风险就可以转嫁到这些渠道成员的身上。然而，只有在制造商肯提供一些特殊的优厚条件，特别是以低价的形式为增加的成本和涉及的风险提供补偿的条件下，渠道成员才愿意购买过季商品，而且只有对那些在渠道中真正享有主导地位、最具实力的制造商，才能不用价格诱导销售过季商品。对那些缺乏主导地位的制造商来说，价格诱导是必需的。因此，在产品销售过程中要经历季节性变化的制造商，应努力选择愿意接受过季商品购买价格条件的那些渠道成员。换句话说，应该以愿意购买过季商品（通过一定的价格诱导）作为渠道设计中选择渠道成员的标准。

2. 消费者何时购买影响渠道设计战略的第二个方面是渠道设计的选择方面。简单地说，就是渠道管理者应该试图选择那些与购买时间变化模式相协调的渠道成员。换句话说，渠道管理者应避免选择那些不熟悉市场需求时间的渠道成员。例如，即便是郊区的消费者喜欢在星期日购买诸多种类的商品，因此这一天成为最繁忙的购买日，但是仍然有些零售商在星期日停止营业。几十年来许多汽车经销商的营业时间一直依据其服务部门的工作时间制定，这给客户造成了极大的不便。典型的，工作日关门早而周六日也不营业。为了给客户提供较为便利的服务，一些汽车经销商开始延长工作日的营业时间，并在周六营业几小时。[15]

显然，把这些零售商纳入到渠道中来，会严重束缚制造商在零售商所服务市场上的竞争地位。同样，在产业市场上，按照“银行家钟点”（bankers' hours）工作的分销商不可能为消费者提供最好的服务，它们也会削弱制造商的竞争地位。尽管一些传统的"主街商人"（main street merchants）和"老分销商"依然存在，但已经奄奄一息了，因为其经营的时间往往是方便自己而不是方便顾客。因此，力求让消费者方便购得产品的制造商，已经越来越少依靠这些分销商把产品分销到目标市场上，尽管这些分销商拥有良好的传统、多年的经营经验和远近闻名的声誉。[16]

市场购买地点

最终消费者选择购买的销售网点的类型以及销售网点的位置，成为渠道设计战略一个重要的驱动因素。[17]这一子维度与本章前面讨论的市场地理位置维度紧密相关，因为消费者选择的销售网点的类型和其地理位置最终决定了渠道成员提供服务的市场的实际地理位置。我们在这一部分关注的焦点是简要地考察影响市场定位，进而影响渠道设计的购买者基本行为模式。

对消费者购买地点的研究大都建立在以下这一假设基础上，即他们的行动就是要选择能给他们带来最大便利的零售网点。也就是说，消费者会在希望零售商与其相距的距离与实际到达零售商的这段距离所要花费的成本、时间、效益之间进行权衡。如果光临一个远距离的商店成本太高，消费者就会选择近一点的。[18]参照实际行程、驱车或步行时间或在某些时候利用公共交通站点寻求高度便利的地点，是建立良好零售网点的必要条件。[19]这些情况对销售便利品的商店尤其适用，在那里，竞争激烈是很普遍的现象，很难获得以非价格变量为基础的差异化优势。例如，超市通过市场调查和总结经验，已经得知地区位置的便利在吸引消费者光顾方面具有不可抗拒的重要性。对主要经营选购品和特殊品的零售商来说，百货店和专卖店占据有利位置非常重要。有一些商店虽然地理位置不佳，但由于零售商创造了差异化优势而弥补了缺陷，这些差异化优势是基于非同寻常的令人惊异的商品类型和铺货、特殊的服务以及其他因素，在这种情况下，消费者情愿走更远的路惠顾这些商店。他们如此行事是想追求一种交换性的行为，即谋求远距离零售商所提供的其他方面的便利。[20]

近年来随着网购业务的增长使网购成为一种主要的营销渠道，选择使用网购的消费者很少或根本不关心零售商或者其他销售商的地理位置。对于这些消费者来说，产品可选性、实用性以及价格是决定选择网络卖家的关键要素。

21世纪的前十年里在线销售业务取得了巨大的增长，从2000年的几十亿美元增长到2010年逾1 750亿美元，尽管如此，在线销售收入占所有销售渠道的销售收入的比例仍然不足4%。因此，大部分的消费者还是通过传统的分销渠道进行购买。[21]

尽管渠道管理者不能忽视电子或在线营销渠道，然而他们的大部分精力仍然需要花在传统销售渠道中消费者购买地点的变化方面。例如，现在去音像店的消费者少之又少，因此在过去的几年中大量的音像店相继歇业关门。当消费者转而通过有线电视点播系统、邮购、iTunes下载、Hulu视频网站、Netflix在线租赁系统以及自动售货机[22]等其他渠道进行消费时，曾经强大一时的影碟租赁企业百视达公司（Blockbuster）申请了破产保护。

与此类似，世界上最大的零售企业沃尔玛，数十年来以其在郊区的大型购物中心而闻名，然而现在它却计划在全美的城区开设数百家规模小得多的门店。沃尔玛为什么要这么做？因为成千上万的城区消费者正在寻求购物的便利性，其中不少人是低收入阶层，他们希望商品丰富和价格低廉的门店开在邻近地区，汽油成本的上升加速了这种需求的产生。[23]

在医疗领域，大量的消费者在零售药店买药，但这是一个高成本渠道，相关公司正在寻求改变，如位于圣路易斯的美国快捷药方公司（Express Scripts），希望消费者能够采用邮购方式购买药物。[24]邮购供应商通过自动化、大规模的、集中管理的药房卖药，提供三个月供应而不是传统零售药店一个月的供应，进而实现成本大幅降低。快捷药方公司正在试图改变消费者购买药物的地点，这一改变会成功吗？只有时间能告诉我们答案，但早期的情况显示公司会得到消费者的正面反馈。[25]

再来看高档时尚品的渠道情况，受到 2008 年大萧条影响的富裕消费者似乎更频繁地在折扣店购买时尚商品。事实上，一项重要研究表明 75%年收入超过 10 万美元的消费者更愿意在折扣店购物。[26]这种变化将带来什么影响呢？结果是诸如布鲁明戴尔百货店（Bloomingdales）、罗德与泰勒高档百货公司（Lord & Taylor）、尼曼玛戈集团（Neiman Marcus Group）、萨克斯百货公司（Saks Inc.）以及诺德斯特龙百货公司这些著名的零售企业在全国开设或即将开设折扣店。

当然，以上仅列举了消费者购买地点改变的几个案例，其他为数众多的改变正在发生并将继续发生，并且这些变化可能没有可预测的或清晰的预案可循，即不像高科技的发展引起高科技产品渠道变化那样具有必然性。现实的情况远比这复杂得多，正如本章前文中提到的一些“过时”的渠道，如农贸市场和送奶工送奶到家这些渠道却能够伴随着现代的、高科技的营销渠道的产生而存在！

市场购买方式

消费者购买行为偏好表明消费者如何购买，见表 8—3 的例子。通常对任何给定的产品类型，表 8—3 中所列的 8 种行为中的每一种，都会随细分市场的不同和时间的变化而变化。例如关于食品的购买，中等收入消费者购买的数量要比光临附近小型商店的低收入消费者购买的数量大，手头富裕的消费者可能要求销售人员提供的帮助比境况稍差的消费者要更多，而后者更愿意自己在诸多的产品种类中进行选择。对于几乎所有的细分市场来说，有些模式已经发生了变化。比如一次买完所需商品，更多地使用信用卡而不是现金，并且越来越倾向于通过互联网进行网络购物。2010 年圣诞期间（从感恩节开始直至圣诞节）网上销售收入占零售总额的比例是其全年平均比例不足 4%的两倍多，达到 8%以上。一些观察人士相信，由于更多的消费者在忙碌的假期利用网络渠道获得了成功的购物体验，因此一年当中他们将对网络购物更具信心，这将提升网上销售额占零售总额的比例。相同的变化也发生在移动商务渠道。尽管在 21 世纪第一个十年即将结束时，仅有不到 5%的消费者使用了智能手机或其他移动设备进行购物，但是消费者由此获得了对网络购物更多的体验和更大的信心，且销售商对于移动商务在其整个渠道布局中的重视程度也在加大，人们相信上述因素将促使移动商务销售渠道业务显著增长。

表 8—3　　在消费者层次上有关“消费者如何购买”的行为对比

1. 每一个订单的数量是大量的还是少量的
2. 是自助式服务还是销售人员提供帮助
3. 一站式购物还是从不同商店购买不同的商品
4. 购物是冲动型购买还是深思熟虑后的结果
5. 用现金付账还是用信用卡
6. 是在家中购买还是去店铺购物
7. 购物时有没有经过广泛的比较

续前表

8. 需要多种服务还是很少的服务
9. 店内购物时利用智能手机查看价格和比较商品，店外购物时利用台式电脑或笔记本电脑进行比较购物
10. 是自助结账还是在收银台结账

即使近年来网络购物获得了大幅增长，消费者仍希望也可以通过传统购物渠道购物。[27]事实上，越来越多的消费者同时通过多种渠道（零售商的商店、产品目录邮购或者零售商的网站）购物，他们正成为"购物渠道冲浪者"。一些产业观察家已经指出了这种现象，并将其称为**"三购买"**（threetailing）（零售店、邮购、网上购买）。[28]

特殊的细分市场也发生了重大变化。例如，在零售层次上销售业绩较好的个别商店，可以办理商品退换业务，至少在百货店和专卖店是这样。一些著名的零售企业如布鲁明戴尔百货店和尼曼玛戈集团已像诺德斯特龙百货公司那样，不断满足消费者对聪明热心的销售人员日益增长的需求。同时，其他一些细分的消费者正在山姆会员店、BJ批发店（BJ's Wholesale）和好市多之间进行选择，这就要求各零售店除了保证低廉的价格外[29]，还要有朴素的环境和基本的服务。

消费者购物方式的改变在某些情况下被视为**突击购物**（commando shopping）。这些所谓的突击购物者指的是仅购买商家为招揽顾客而削本出售的商品，而不是在店内购买其他一些高价值商品，这些人购买了削本商品后随即离开店铺，如此精明的（有人说是残酷的）的消费行为使得最重要且久负盛名的零售业促销战略落空。

消费者购买方式的变化经常是由于渠道成员通过采取改革措施并博得顾客良好的反应而被发现的。科尔士就是一个极好的例子。科尔士是一家折扣百货企业，主要经营品牌服装。科尔士的店面通过**"跑道式布局"**（racetrack layout）设计在最短的时间里向消费者展示最多的商品。消费者不用走进一条直线的购物通道，只需要绕着商品一圈就走出商店了。虽然消费者在店里停留的时间更少，但是他们购买的商品更多。[30]这与传统的零售战略大相径庭。传统的理论基于这样一个假设：消费者在商店停留的时间越长，他们购买的商品越多，因此，传统的零售店都将店面设计成迷宫一样，让消费者在其中"陷"得越久越好。[31]但是，科尔士的环形店面和"跑道式布局"获得的巨大成功表明消费者喜欢那些让购物更容易、更迅速的努力，他们在科尔士的店铺购买更多的商品，抛弃了科尔士的竞争者以作为对科尔士这种努力的回报。

消费者购买方式的潜在变化特征意味着渠道管理者必须做出敏捷的调整，以便与可能发生的变化相适应。[32]不过，渠道管理者还将面临一个更为困难的问题，即他们必须弄清楚这些变化是短期的还是长期的。因为总体上来说渠道成员做出的承诺具有长期性且改变渠道需要高昂的成本，所以管理者不愿因为需要对购买行为的短期变化做出反应而对渠道结构做巨大的改变。这样做不仅成本很高，而且会留下严重冲突的隐患，反过来会对渠道的绩效和活力产生负面影响（参见第4章）。可是，如果消费者购买方式的变化确实代表了基本的长期模式，那么立即采取行动，做出渠道设计决策，以迎合这些变化，就能给公司带来重要的差异化优势，特别是在公司做出了必要的渠道设计决策立即就能击败竞争对手的情况下。[33]

购买者

购买者这一子维度包括两个方面：（1）谁来进行购买；（2）谁来参与购买决策。

谁来进行购买

从渠道设计的角度看，实际上，谁来购买产品会影响消费者市场上选择的零售商类型[34]，也会影响服务于产业市场的渠道成员类型。例如，女性在传统的百货商店购买的产品数量远远超过男性，因此，主要由男性购买的产品就不应该以百货店作为主要的零售渠道。然而，产品购买不应该同产品使用相混淆，很多男性用品（如衬衫、领带、内衣、梳洗用品、珠宝饰品甚至一些电子消费品）是由妻子或女朋友在百货店为其购买，因此，要注意区分谁使用产品，谁进行了实际购买。

一些公司已开始帮助渠道成员，如金佰利公司（Kimberly-Clark Corp.）帮助连锁药店运营商沃尔格林公司（Walgreen Co.）、药店零售连锁店 Rite Aid Corp 以及家庭美元商店（Family Dollar Stores Inc.）等渠道成员创造满足购买者需求的零售环境。尤其是光顾上述零售店的顾客中，许多都是 65 岁以上的老人，这是老龄顾客群体中一个重要的细分市场，但这些顾客身体方面的不便使得一个“正常”的零售环境受到了挑战。为了找出这一挑战产生的原因，一位沃尔格林公司的副总裁——托德（Todd Vang），在参加完金佰利公司举行的培训项目后，带上了使他视力模糊的眼镜、穿上了塞满未爆的爆米花的鞋子，并将大拇指粘在了手掌心，然后去购物。经过一番寻找、抬起手并最终拿下一罐汤的折腾后，他立刻意识到许多 60 岁以上的顾客在标准的购物环境中所遇到的种种困难。为了使他们的店铺更加适合老龄顾客，沃尔格林公司将为每一家店铺投入 3 万～5 万美元用于店铺的改装，将呼叫按钮置于较重的商品附近并在货架上摆放放大镜，配备指示标志，提供更小、更易操控的购物推车以及其他许多协助工具。[35]

另一个改变渠道设计战略以适应购买者的案例是英国的零售巨头乐购集团（Tesco PLC）。在美国西海岸开设连锁食品店之前，乐购集团在一个仓库中建立了一个样本店，构造一个真实的实验室环境以直接观察在乐购食品店这一特定的购物环境中消费者的行为模式，这一购物环境的规模比标准的美国超市要小但比便利店要大。乐购的目标是“为 21 世纪的美国顾客设计完美的店铺”。[36]乐购能否实现这一目标尚未有定论，但乐购已经在这方面做出了重要的尝试。

理解消费者在购物时的行为，使渠道设计战略能够更好地反映消费者所需，并不仅限于传统有形的渠道。来自马萨诸塞州剑桥市的研究公司 ATG 专门从事消费者网络购物行为的研究。ATG 公司利用“偏好预测”这一分析技术帮助客户模拟出与网络消费者购物行为相一致的网络购物体验。在取得有关消费者点击率、消费者查看产品评论所用的时间、消费者查看的不同商品以及其他一些方面的数据后，ATG 公司可以得出有关消费者购买行为方面的观点，这有助于卖家建立消费者偏好的网络购物环境，几乎就像是网站已经读懂了顾客的想法一样！[37]

谁来参与购买决策

比起分析谁进行了购买更困难的问题是：谁首先决定进行购买。实际上，这已经成为消费者行为研究文献和产业营销中大量研究的热点话题。

在消费者这一层次上，谁参与购买决策这一问题通常是一个家庭单位内的事，对购买决策有影响的是丈夫、妻子，还是孩子。例如，对男士服装购买影响的研究显示，61%的男士说女士（妻子、女朋友或女性朋友）对购买决策有重要影响，20%的人说有一些影响，仅有 19%的人说没有影响。[38]

为了解更多女性在购买决策中所起的作用，美国百思买公司成立了一个名为

“妇女领导论坛”（Women's Leadership Forums）的女性职员和顾客的松散团体，这些女性职员和顾客在全美各地定期会面。这个团体举行的讨论会有助于识别消费决策过程中女性的观点。例如，百思买很清楚其大部分顾客都是男性，但是女性不愿意在百思买购物的原因，对于百思买来说仍是个谜。一种来自“妇女领导论坛”的观点认为妇女不喜欢百思买的商品摆放方式，尤其是大家电的摆放方式。女性顾客发现百思买喜欢将大量的电器简单地排成行，一排排显得冰冷而乏味。“妇女领导论坛”提出的解决方法是将百思买的展示厅重新设计成像厨房那样。随着越来越多的妇女愿意在现今环境更舒适的展示厅中购买[39]，百思买的电器销售收入也得到了提升。

在产业市场上，公司中有几个人牵涉到购买决策中是很正常的，这个现象有时被定义为购买决策的多方影响。韦伯斯特（Webster）和温德（Wind）对此的定义是：参与购买决策的一系列人和对购买决策的结果负有责任的人，称为**采购中心**（buying centers）。[40]由于每个人在组织中的地位不同，采购中心有6种不同的角色[41]：

1. 使用者。指组织中使用产品或服务的成员。在许多场合中，使用者首先提出购买建议并协助确定产品规格。

2. 影响者。指影响购买决策的人。他们常协助确定产品规格，并提供方案评价的情报信息。作为影响者，技术人员尤为重要。

3. 决定者。指有权决定产品要求或供应商的人。

4. 批准者。指有权批准决定者或购买者所提出行动方案的人。

5. 购买者。指有权选择供应商并安排购买条件的人。购买者可以帮助确定产品规格，但主要任务是选择卖主和交易谈判。在较复杂的购买过程中，购买者可能也包括高层管理人员，他们一起参加交易谈判。

6. 守门者。指有权阻止销售员与采购中心成员接触的人。例如，采购代理人、接待员和电话接线员可以阻止推销员与用户或决策者接触。

消费品和工业品两个市场面临的任务是，仔细评价谁与制定购买决策相关，以便能更好地将有影响力的一方定为目标。[42]渠道管理者在这方面的作用是弄清计划的或现有的渠道结构是否会阻碍或促进公司与购买决策中有影响的一方接触。遗憾的是，没有一个明确的方法能达到这一目的。尽管如此，还是存在用于分析渠道结构与检验影响购买决策方能力的三种可用方法。

首先，正如前面章节中所指出的，渠道越长，制造商能行使的控制程序就越松散，制造商对渠道成员是否正在同购买决策中比较有影响力的一方打交道的监管能力也越低。例如，如果某种产品需要通过一个4层的渠道（制造商→批发商→零售商→消费者），制造商只能运用微乎其微的直接控制，确保零售商的销售人员在销售时面对的是正确的人员。或者，在产业市场上，通过销售代理和行业分销商销售产品的制造商，只能以有限的能力确保渠道成员的销售人员正在拜访最合适的购买决策者。

其次，从第一种方法中可以看出，渠道成员每一层次上的分销密度越大，制造商监管渠道成员销售情况的能力就越低。[43]如果同一层次上存在的可选分销商较少，那么渠道成员误导并影响购买决策所造成的后果更加难以发现和改变。

最后，比起规模较小、影响力较弱的小型渠道成员企业，规模较大、影响力较强的渠道成员（如百思买）很难受到制造商的影响。举例来说，如果一家电器制造商为了赢得更多女性消费者的青睐而打算让百思买改变商品摆放战略，需要认识到要使一家大型零售商轻易做出迅速改变是不太可能的。

除了上述三种方法，渠道管理者还可以在选择渠道成员时通过准确分析，来确保渠道结构能够触及购买决策的影响者。在决定选择渠道成员之前，通过考察潜在成员管理能力和销售人员的能力，辨清谁将是购买决策的影响者，那么这方面随后可能产生的问题将随之减少。尽管这不能作为选择渠道成员的具体标准来明确阐述（见第 7 章），但它已包含了销售实力和管理能力这两个标准。

本章小结

市场（顾客）因素是渠道战略和结构的主要决定因素，归根结底，营销渠道应该反映消费者的所想所需。简而言之，营销渠道必须是以顾客为中心，并能反映顾客获取产品和服务的方式、时间和地点，以及购买决策的决定者和购买行为的实施者。因此，市场变量在渠道设计决策中具有重要的基础性作用。渠道管理者应尝试分析市场，以期通过渠道设计获得持续竞争优势，进而提供比竞争者更好的服务。

在渠道设计中对市场有效分析的过程中，本章使用了一个包含有 4 个基本维度的框架体系，这就是：（1）市场地理位置，它解决市场的地理方位以及与生产商或制造商的距离问题；（2）市场规模，指既定市场上的购买者数量；（3）市场密度，即每单位地理面积上购买者的数量；（4）市场行为，它可再细分为 4 个子维度，购买时间、地点、方式以及购买者。

渠道管理者应当努力弄清楚这些维度和子维度是如何在各个市场运作和帮助制定渠道结构计划的，以使公司有效率、有效果地为这些市场服务，他们还应该对这些维度的变化保持高度敏感，如果有必要，可以对渠道结构进行适当的调整以适应这些变化。

复习题

1. 第 6 章中阐述了市场变量的类型，本章中阐述了市场变量对渠道设计具有基础性的重要作用。试解释为什么起到这种作用。

2. 在进行渠道设计时，市场变量应先于其他变量接受检测吗？

3. 本章中使用了一个 4 维度的框架体系分析市场与渠道设计战略的关系，试定义每个维度。

4. 本章中指出市场地理位置要服从于变化，为什么渠道管理者应该关注这些变化？

5. 如果信息表明市场规模正在扩大，渠道管理者应该考虑什么问题？

6. 什么是有效聚集？它如何与市场密度相关？这种关系会像看上去那样简单明了吗？

7. 本章中把市场行为维度分为 4 个子维度，试定义每个维度。

8. 考虑到买方实施购买的地点，渠道管理者面临的主要问题有哪些？

9. 识别你所熟悉的消费者（或产业购买者）购买产品方式的变化形式，追踪这些变化可能对渠道结构的影响。

10. 对渠道管理者来说，谁参与了购买决策可能是一个重要的子维度。在何种情况下才能凸显上述重要性？

思考题

1. 有一句谚语可将营销的概念提早 100 年：“顾客就是上帝。”这句话的意思是：商家要牢记，它们从事商业的唯一原因是要服务于顾客，因为没有顾客就不会有商业。这一表达很少与营销渠道设计相联系，然而，从长远看，难道不是顾客决定营销渠道最终发展的结构吗？

你是否同意上述观点？举出你支持或反对的理由。

2. 截至21世纪的第一个十年，订购有线电视业务的美国消费者数量出现了明显的下滑。仅2010年第三季度，就有约12万消费者停用有线电视业务，而且这一下滑趋势越来越明显。行业观察家称这一现象为“停掉有线电视服务”（cord-cutting）。Hulu公司、沃尔特·迪士尼公司、全美广播公司（NBC）、环球唱片公司（Universal）以及Netflix公司等提供的在线业务，使得人们的消费习惯从有线业务转变为在线业务，这促成了“停掉有线电视服务”现象的发生。这些公司不仅每月收费低于传统的有线业务公司，而且提供的在线业务似乎更符合现代消费者的生活方式。

你认为在家庭娱乐业务方面，发生有线业务向在线业务巨大转变的原因是什么？

3. 截至21世纪的第一个十年，反垃圾食品运动已开始在美国盛行起来。其中，尤为引人关注的是校园里自动售货机出售垃圾食品的现象。咸味零食、糖果以及汽水很容易从机器中买到，这在一定程度上诱使学生购买垃圾食品。既然校园里的自动售货机出售垃圾食品取得了良好的业绩，如果用其出售更健康的食品，是否会有同样的效果呢？美国新罕布什尔州伦敦德里市的有机酸奶制造商Stonyfield公司通过在新英格兰高中校园放置出售健康食品的自动售货机，试图为这一问题寻找答案。Stonyfield公司认为健康零食的吸引力以及自动售货机的便捷性，将使得学生像购买垃圾食品那样购买健康食品。

你认为自动售货机出售健康食品可以像出售垃圾食品那样吸引学生吗？为什么？

4. 机场算得上一个真正零售的地方，至少通过观察最近的发展动态，每一个人都能得出这样的印象。布鲁明戴尔是在机场开设分支机构的几个主要零售商之一，当时它在纽约的JFK国际机场开设了一家服装礼品精品店。现在，著名的玩具零售商FAO Schwartz也开设了机场分店，麦当劳和汉堡王也正染指机场，全美大量的其他零售商也趋之若鹜。

这有什么意义吗？就这种发展趋势所隐含的相关市场维度进行论述。

5. 戈雅食品公司（Goya Foods Inc.）主要为美国的超市生产和销售西班牙食品，特别是西班牙人群聚集的市场。该公司位于新泽西州的锡考克斯，近年来销售稳步增长。戈雅公司销售的产品差异非常大，涵盖了诸如西班牙橄榄油、大豆、加勒比果汁、饮料、甜点等众多的食品，该公司在超市中采用公司货架的战略，即戈雅将各种不同的食品展示在一个地方，而不是根据品类进行展示。戈雅之所以这样做是因为其食品中间商认为这样能与店铺管理者密切合作，并且与消费者购物相一致。有些人认为戈雅的战略损失了关联市场，即购买特定商品的顾客没有机会将戈雅的商品与竞争者的商品相比较，但是戈雅坚持这样做，因为它认为这种店中店战略非常好，不需要支付店铺的商品货架费。

如果戈雅的大部分商品像其声称的那样是高质量和高价值的，那么将这些商品分散到各个地方是否要比集中在一起带来更多的销售？请讨论。

6. 几十年来，沃尔玛、百思买、家得宝、史泰博以及塔吉特等大型零售企业都建立了越来越大的店面，扩大了商品种类并降低了销售价格进而吸引更多的消费者，但是近年来，消费者通常没有充裕的购物时间，并且在线购物的便捷性也使得消费者可以轻松地找到大量商品。相比之下，当消费者在大型零售店进行购物时，往往感到很失望，因为他们很难找到所需的商品，尤其不能找到购物单上的所有商品。沃尔玛进行的一项研究表明，每位消费者在沃尔玛的平均购物时间为21分钟，但仅能找到7～10种购物单上的商品。大型零售商更多的担心来自于将来消费者对于购物便捷性和有效性的需求将可能削弱大型零售商渠道的发展。

你认为大型零售企业的好日子快要结束

了吗？为什么？

7. 阿维吉特·莫汉（Avijit Mohan）对三个百货店经营他从印度进口的系列黄铜产品的拙劣工作感到不安："它们只是让店员尴尬地站在那里，似乎这些产品是顾客一时冲动就想购买的廉价的小饰品。难道没有意识到，它们需要知识渊博的销售人员来推销吗？这些销售人员应该展示商品的每一个完美的细微之处，包括艺术性的镌刻以及手工雕琢。"莫汉无精打采地对妻子说："有人建议选用一流的零售商来销售这些产品，但它们看起来对此一无所知。"

莫汉的批评是公平的吗？根据消费者的购买方式、百货商店的局限性和莫汉销售这种产品所选择的渠道结构进行讨论。

注释

1. Lawrence G. Friedman, *Go To Market Strategy*, (Oxford: Butterworth-Heinemann, 2012); for an insightful study related to this point, see Thomas L. Baker, Penny M. Simpson and Judy A. Siguaw, "The Impact of Suppliers' Perceptions of Reseller Market Orientation on Key Relationship Constructs," *Journal of the Academy of Marketing Science* (Winter 1999): 50–77.
2. Matthew Garrahan, "Viewers Pull Plug on Cable TV," *Financial Times*, November 18, 2010: 17.
3. Timothy W. Martin, "Retailers Jocky to Market Swine-Flu Shots," *Wall Street Journal*, December 29, 2009: B1, B6.
4. Larry Kelly and Kyle Allen, "Crossing the Great Channel Divide," *Retailing Issues Letter* vol. 18, no. 2007: 1–6.
5. Thea Durfee and George Chen, "Should We E-?" *Journal of Business Strategy* (February 2002): 14–17.
6. Louis P. Bucklin, *Competition and Evolution in the Distributive Trades*, (Englewood Cliffs, N.J.: Prentice-Hall, 1972), pp. 17–18.
7. For an article that does provide insight into these and similar questions, see David J. Reibstein and Paul W. Farris, "Market Share and Distribution: A Generalization, a Speculation and Some Implications," *Marketing Science* vol. 14, no. 2 (1995): 190–202.
8. Gwendolyn Bounds, "Small Dairies Profit from a Resurgence of Home Deliveries," *Wall Street Journal*, May 15, 2007: B4.
9. Revis Cox, "Consumer Convenience and the Retail Structure of Cities," *Journal of Marketing* 23 (April 1959): 359–362; and Louis P. Bucklin, *A Theory of Distribution Channel Structure*, (Berkeley: University of California Press, 1966), 45.
10. Bucklin, *A Theory of Distribution Channel Structure*, 45.
11. For two excellent background works on Japanese marketing channels, see Yoshihiro Tajma, "Japan's Markets and Distribution System," *Journal of Marketing Channels* (Fall 1994): 3–16; and Michael R. Czinkota and Jon Woronoff, *Japan's Market: The Distribution System*, (New York: Praeger, 1986).
12. Boryana Dimitrova and Bert Rosenbloom, "Standardization Versus Adaptation in Global Markets: Is Channel Strategy Different?" *Journal of Marketing Channels* (April-June 2010): 157–176.
13. Chiquan Guo, "Competing in High-Growth Markets: The Case of E-Commerce," *Business Horizons* (March/April 2002): 77–83.
14. "Favorite U.S. Online Shopping Hours: Working Hours," (November 17, 2010). http://www.cybersource.com/news_ad_events/view.php?page_id=1524
15. For a related discussion, see: Finbarr O'Neill, "The Auto Industry's Comeback," *Wall Street Journal*, July 30, 2009: A17.
16. For a fascinating discussion related to the changing retailing scene and the social changes underlying them, see Stacy L. Wood, "Future Fantasies: A Social Change Perspective of Retailing in the 21st Century," *Journal of Retailing* 78 (2002): 78–83.
17. See for example: Utpal M. Dholakia, Barbara F. Kahn, Randy Reeves, Aric Rindfleisch, David Stewart and Earl Taylor, "Consumer Behavior in a Mulitchannel, Multimedia Retailing Environment," *Journal of Interactive Marketing* vol. 24 (2010): 86–95.
18. For a related discussion, see G. Roy Funkhouser and Richard Parker, "The Consumer Cost Matrix: A New Tool for Product, Service and Distribution Channel Design," *Journal of Consumer Marketing* (Summer 1986): 35–42.
19. Bert Rosenbloom, *Retail Marketing*, (New York: Random House, 1981), pp. 319–320.
20. Bert Rosenbloom, "The Trade Area Mix and Retailing Mix: A Retail Strategy Matrix," *Journal of Marketing* 40 (October 1976): 63–64.
21. U.S. Census Bureau "E-Stats," (May 27, 2010): 1–8. www.census.gov/estats
22. Jessie E. Vascellaro and Sam Schechner, "Slow Fade-Out for Video Stores," *Wall Street Journal*, September 30, 2010: A6.
23. Miguel Butillo, "Wal-Mart Plans Small, Urban Stores," *Wall Street Journal*, October 14, 2010: B1, B2.

24. Mathew Boyle, "Coaxing Patients Out of the Drugstore," *BusinessWeek*, July 27, 2009,: 58.
25. For an excellent study related to this issue, see: Rajasree K. Rajamma and Lou E. Pelton, "An Empirical Investigation of Consumers' Procurement of Pharmaceutical Products via Online Retail Channels," *Psychology and Marketing* (October 2009): 865–887.
26. Rachel Dodes, "Tony Retailers Hope Outlets Fuel Sales," *Wall Street Journal*, August 9, 2010: B7.
27. See for example: Ruby Roy Dholakia, Miao Zhao and Nikhilesh Dholakia, "Multichannel Retailing: A Case Study of Early Experiences," *Journal of Interactive Marketing* (Spring 2008): 63–74.
28. "Integrating Multiple Channels," *Chain Store Age* (August 2001): 24A.
29. Wendy Zellner, "Warehouse Clubs: When the Going Gets Tough," *Business Week*, July 16, 2002: 60.
30. Stephanie Anderson Forrest, "Don't Tell Kohl's There's a Slowdown," *Business Week* February 12, 2001: 62.
31. Bert Rosenbloom, "From Merchants to Marketers: Trends in U.S. Retailing for Europe to Watch," *Thexis* (Spring 2001): 8–11.
32. For an outstanding analysis of the role played by different forms of competition on channel structure, see Chip E. Miller, James Reardon and Denny McCorkle, "The Effects of Competition on Retail Structure: An Examination of Intratype, Intertype and Intercategory Competition," *Journal of Marketing* (October 1999): 107–120.
33. Joseph P. Guiltinan, "Planned and Evolutionary Changes in Distribution Channels," *Journal of Retailing* (Summer 1974): 79–91.
34. See, for example, E. W. Boatwright, J. Steven Kelly and William Haueisen, "Off-Price and Outlet Malls: A Profile of 'Heavy' Shoppers," *Proceedings of the Annual Educators' Conference of the American Marketing Association*, eds. Gary Frazier et al. (Chicago: American Marketing Association, 1988), pp. 237–241.
35. Ellen Byron, "Seeing Store Shelves Through Senior Eyes," *Wall Street Journal*, September 14, 2009: B1, B2.
36. Cecilie Rohwedder, "Tesco Studies Hard for U.S. Debut," *Wall Street Journal*, June 28, 2007: B1, B2.
37. Stephen Baker, "The Web Knows What You Want," *BusinessWeek*, July 27, 2009: 46–49.
38. Ronald D. Michman, "The Male Queue at the Checkout Counter," *Business Horizons* (May-June 1986): 51–55; Julie Flaherty "To Start a Men's Line, A Pitch to Women," *New York Times*, August 4, 2002: BU 5; for a fascinating study of consumer purchasing behavior for this product category in a foreign environment (Turkey), see Muge Arslan and Ercan Gegez, "Consumer Behavior in the Purchase of Men's Shirts: A Focus Group Research in the Turkish Market," paper presented at the *European Institute of Retailing and Services Science Annual Conference*, Heidelberg, Germany (August 16-19, 2002).
39. Miguel Bustillo and Mary Ellen Lloyd, "Best Buy Seeks Female Shoppers," *Wall Street Journal*, June 16, 2010: B5.
40. Frederick E. Webster, Jr. and Yoram Wind, *Organizational Buying Behavior*, (Englewood Cliffs, N.J.: Prentice Hall, 1972), 6.
41. Philip Kotler, *Marketing Management, Analysis, Planning, Implementation and Control*, 6th ed. (Englewood Cliffs, N.J.: Prentice-Hall, 1988), 213.
42. For an in-depth analysis related to this issue among industrial buyers, see Elizabeth J. Wilson, Gary L. Lilien and David T. Wilson, "Developing and Testing a Contingency Paradigm of Group Choice in Organizational Buying," *Journal of Marketing Research* (November 1991): 452–466.
43. For an article related to this issue, see Daniel C. Smith and Jan P. Owens, "Knowledge of Customers' Customers as a Basis of Sales Force Differentiation," *Journal of Personal Selling and Sales Management* (Summer 1995): 1–14.

第 III 篇 营销渠道的管理

第9章 激励渠道成员

学习目标

学习本章之后，你应该能够：

1. 理解营销渠道中渠道管理和激励管理的定义；
2. 了解渠道管理决策与渠道设计决策的区别；
3. 熟悉激励渠道成员的基本框架；
4. 知晓获取渠道成员需求和问题的主要手段；
5. 掌握为渠道成员提供支持的基本过程；
6. 知晓隐含在为渠道成员提供支持的3种过程中的关系的基本区别；
7. 知晓通过有效地运用权力在渠道中行使领导职能的要求；
8. 了解渠道管理者所能获得的对渠道控制程度的限制。

渠道焦点

星巴克与卡夫食品的分销联盟似乎很快停止运行了

星巴克因遍布全球的数千家咖啡店而闻名于世，但它也是一家重要的袋装咖啡产品的制造商，这些产品主要通过超市来出售。事实上，星巴克的袋装咖啡产品业务在过去的12年里有着巨大的增长，从1998年的5 000万美元增长到2010年的5亿美元。

1998年以来，星巴克通过与卡夫食品的战略合作实现了袋装咖啡在百货店上架。原因是什么？在拓展零售终端方面，卡夫食品拥有分销网络和专业优势，这正是星巴克所需要的。战略联盟建立之后，卡夫食品可以从袋装咖啡的零售获得收入，同时支付星巴克销售佣金。

现在，星巴克想退出与卡夫食品的战略联盟，理由是卡夫食品违反了战略联盟的条款，例如，没有做到良好的商店展示，在制定销售规划中将星巴克排除在外。

星巴克认为，即使咖啡店的发展慢下来，袋装咖啡仍然有稳定的增长潜力。星巴克希望通过解除与卡夫食品的联盟来获得更多的控制权和更多利润，而不是继续这一联盟。然而棘手的问题是，星巴克没有自己的到达零售商店的分销网络。因而，星巴克要么重新建立销售能力，要么收购卡夫食品或其他公司的现有销售网络，从而实现袋装咖啡业务的正常运行。

资料来源：Based on John Jannarone, "Starbucks May Spill Kraft's Coffee," *Wall Street Journal* (November 29, 2010): C8.

在本书的第Ⅱ篇，我们首先讨论了在营销渠道中使用战略的必要性（第5章），然后给出了一个渠道设计过程的范例，即通过对与渠道设计有关的目标市场的拓展分析来选择渠道成员（第6章、第7章和第8章）。

本章开始，我们假定渠道成员已经建立了能够有力且有效地服务于目标市场的渠道结构。在这一点上，渠道管理者需要强调这种潜能的实现。[1]因此，管理营销渠道成为关注的焦点。**渠道管理**（channel management）可以定义为：在完成企业分销目标的过程中为确保渠道成员的合作而对现有渠道进行的管理。关于这一定义，应当特别注意三点：

1. 渠道管理是对现有渠道的管理。也就是说，我们假定渠道结构已经建立（或已经形成），所有的渠道成员也已经选定，因此，渠道设计决策被看作与渠道管理决策相分离。实际上，这一定义有时还比较模糊，比如把渠道管理决策误认为是渠道设计决策。例如，用来确保某些渠道成员合作的价格刺激（渠道管理决策）可能不起作用，因为这会导致管理人员考虑改用其他类型的渠道成员（渠道设计决策）。也许渠道设计决策和渠道管理决策的区别可以这样理解：前者与"建立"渠道有关，后者则是要"管理"已经建立的渠道。

2. 要注意确保渠道成员之间的合作。这一点的含义是：渠道成员不能自动地合作[2]，需要通过管理行为来确保合作。[3]如果一个生产商希望不通过管理就可以和渠道成员进行大量的合作，那就没有管理，这只不过是一种侥幸心理。

3. 我们在第6章对渠道设计决策进行了讨论，而分销目标这一术语与渠道管理同样相关。分销目标是对营销组合中的分销在实现企业总体营销目标时预期所要发挥的作用的陈述。渠道管理中，谨慎地描述分销目标是指导渠道管理所必需的。[4]显然，对渠道管理者来说，如果不知道目标是什么，便很难搞清楚渠道管理所追求的方向。[5]

在本章中，我们将要考察渠道管理最基础、最重要的一个方面——激励渠道成员。[6]在渠道管理中，**激励**（motivation）指的是为完成分销目标，生产商所采取的促使渠道成员高度合作的行为。我们将围绕渠道管理中**激励管理**（motivation management）所涉及的三个基本方面进行讨论，这三个方面是：

1. 找出渠道成员的需求与问题。
2. 针对渠道成员的需求和问题提供支持。
3. 通过有效地使用权力进行领导。

找出渠道成员的需求与问题

在渠道管理者能够有效地激励渠道成员之前，必须努力弄清楚渠道成员想从渠道关系中得到什么。[7]渠道成员可能会发现，其需求和所面临的问题同生产商大不相同。[8]麦克维伊（McVey）指出了以下几点不同：

1. 渠道成员不认为自己是生产商所培养的渠道链中被雇用的环节。

2. 渠道成员首先且最重要的是把自己视为顾客的购买代理，其次才是供应商的销售代理，其兴趣在于销售顾客所愿意购买的所有产品。

3. 渠道成员把所提供的所有产品看作一个产品系列，这一系列产品是其销售给顾客的产品集合，渠道成员应把销售重点放在获得产品系列的订单上，而不是单个产品。

4. 除非给予一些激励，否则渠道成员不会保留所卖品牌产品的单独销售记录。这些记录作为信息，对生产商来说在产品开发、定价、包装或促销计划等方面可能是有用的，但被埋藏在渠道成员的记录库中，有时甚至被渠道成员故意从供应商那里截留下来。[9]

麦克维伊的见解中隐含着渠道成员的需求和遇到的问题，这些问题通常都是制造商所忽略或者不敏感的。让我们看看克莱斯勒集团（Chrysler Group LLC）2009 年下半年破产重组后，其经销商的情况。没有新的车型上市，经济不景气，而且质量受到质疑，经销商的士气一直很低落。很多经销商，如果不是绝大多数，感觉变成了汽车经销商俱乐部的弃儿。一位不愿透露姓名的威斯康星州经销商指出[10]：

> 人们走过我的商店，似乎我不存在
> 在这个行当里，形象决定一切
> 而这就是我能够做到的
> 帮助在哪里？

这位经销商和他的大多数同行所需要的帮助就是克莱斯勒集团的核心宣传计划——针对每况愈下的情况，重塑克莱斯勒汽车形象的宣传计划。经销商想要的就是一个类似通用汽车所做的宣传活动。通用汽车最近也经历了破产重组，在宣传中，通用汽车首席执行官小爱德华 · 惠塔克（Edward E. Whitacre，Jr.）出现在通用汽车的车间，满脸自信，描绘通用汽车的复兴。[11]但是，克莱斯勒公司并没有这样的修复形象的宣传计划。

这个案例说明了渠道管理者需要对渠道成员的需求相当敏感。在这个高度竞争的环境中，在扩大生产、不断发展的同时，必须有可行且高效的方法来了解渠道成员面对的困难。[12]即使克莱斯勒集团认为未上市新车的广告战略是很完善的，但是仍然可以将工作做得更好，理解经销商的困难，多做些努力以使经销商能够为其耐心付出获得回报。

了解渠道成员需求和问题的途径

所有的营销渠道都有信息流程，这些信息流程成为渠道中的正式和非正式沟通系统的一部分[13]（见第 1 章“营销渠道中的流程”）。图 9—1 描绘了典型的渠道沟通系统的主要组成部分。

近些年出现的诸如 Facebook、Twitter 以及 LinkedIn 等社交网络提供了大量有关渠道成员的意见、态度和行为方面的信息，这些信息之前是从未有过的。[14]尽管社交网络沟通流程中存在大量有潜在价值的信息，但是这些信息缺乏相应的结构和关注点，无法很好地反映渠道成员的需求和问题，因此，渠道管理者不能单纯地依靠从现有的渠道沟通系统中正式的信息流程，来获取有关渠道成员需求和问题的准确、及时的信息。[15]一般来讲，要了解渠道成员的需求和问题就需要超出现有的正式沟通系统的局限，充分利用以下 4 个补充过程中的一个或所有过程：（1）生产商对渠道成员进

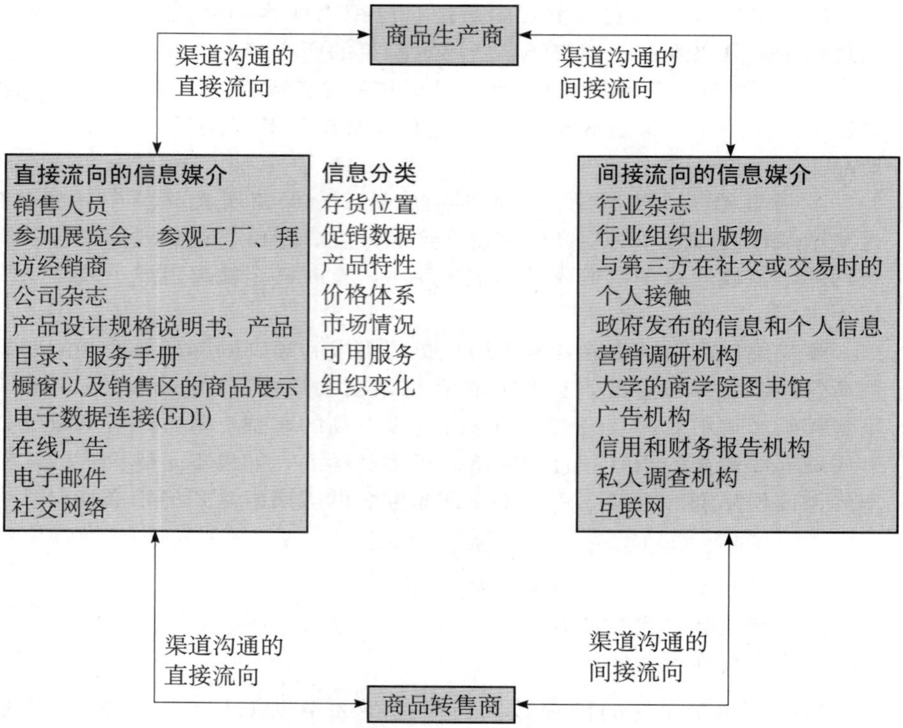

图 9—1　渠道沟通系统模型

资料来源：Reprinted from *Business Horizons*，11（December 1969），Walter Gross，"Profitable Listening for Manufacturers and Dealers：How to Use a Communication System，" p. 39. Copyright© 1968，with permission from Elsevier.

行的调查研究；（2）外部人员对渠道成员的调查研究；（3）营销渠道审计；（4）分销商咨询理事会。

对渠道成员的调查研究

尽管生产商通过接触最终顾客进行调查研究已经成为一种司空见惯的现象，可以借此了解顾客需要的产品类型、顾客品牌偏好、顾客购买行为类型和其他一些类型的信息，但是对渠道成员的需求和问题的调查研究则是很少见的。事实上，大多数生产商，甚至包括大型且成熟的生产商，根本没有做过这类研究。估计数据表明，生产商花费在对渠道成员的研究上的预算不到1%[16]，这实在令人遗憾，因为有时调查研究可能是发现渠道成员细微或隐藏的需求和问题的唯一途径。[17]乐泰公司（Loctite）就是一个很好的例子。乐泰是一家著名的生产胶带和密封胶产品的生产商，其产品用于许多不同的行业。公司的大部分产品通过批发商销售，批发商再将这些产品销售给零售商及商业和工业客户。在产品销售中，乐泰同其分销商矛盾重重，公司认为，分销商不关心产品线的销售，因为分销商的销售人员在向顾客推销产品时从不携带乐泰的产品样品，而分销商则认为乐泰公司对它们请求给予销售支持的需要漠不关心，因为它们感到销售人员不能正确使用产品样品。乐泰相信，样品是一种非常好的销售辅助手段，却被分销商搁置在一旁。最终，当乐泰公司决定对分销商使用销售辅助手段时的需求和问题进行调查研究时，这一矛盾才得以解决。调查研究结果揭示了分销商未能使用乐泰样品的一个简单的理由：乐泰公司产品样品的设计仅适合用公文包携带，但是乐泰公司的大多数分销商的销售人员根本不带公文包。了解到这一情况之后，乐泰对样品重新进行设计，缩小了样品，使之可以装在销售人员的口袋里，问题迎刃而解。[18]

正如该例所示，某一类型的需求和问题尽管简单，但也许并非都是显而易见的。在这种情况下，生产商发起的调查研究能够有效地解决问题。

外部人员的调查研究

为了得到完整且没有偏见的有关渠道成员的需求和问题的资料，有时有必要通过渠道成员之外的第三方来设计和执行调查研究工作。下面的例子[19]说明了如何去做。

一个大众服装生产商做了一项为时已晚的成本极高的调查，发现用在零售商店的通道终端的展示品太大了，店铺经理说，这只能放在仓库里，或干脆抛弃。不幸的是，在犯了这个代价昂贵、令人尴尬的错误之后，生产商才开始通过外部调查公司进行关于零售商空间分配规划的研究，以便为未来的店铺展示品的设计奠定基础。

某大型酒类产品生产商一直在依靠自己的销售人员去调查批发商的效率，但是调查结果与实际销售数据以及零售商的反馈相矛盾。后来通过第三方调查公司与零售商深层次接触来了解它们对批发商的看法，生产商才获得了有关批发商业绩的更真实的描述。这一调查结果导致了生产商重组其营销渠道。

某纤维生产商通过商业广告向百货商店和超市零售商宣传其粗纤维产品。尽管花费了大量的资金，商业广告的有效性却令人怀疑。最后，该生产商请一家独立的营销调研公司对使用纤维的前 75 家大型连锁店和生产企业的购买者及经营者进行了访问调查。调查结果不仅说明了改善广告宣传对购买者会产生更深刻的影响，还表明广告目标尚有许多需要改进的地方。

正如这些例子所揭示的，使用外部人员对渠道成员的需求和问题进行调查研究，提供了更好的客观性保证。此外，对那些没有营销调研部门或者营销调研能力有限的生产商来说，可以使用外部调研公司为生产商提供一定水平的专家意见，这在其组织内部是无法得到的。

营销渠道审计

在进行定期会计审计时，渠道管理者能够进行定期**营销渠道审计**（marketing channel audit）。[20]这一过程的重点应当是收集信息，包括渠道成员如何了解生产商的营销计划及其组成部分，关系中哪些环节是坚固的，哪些环节是脆弱的，生产商期待怎样做才能使渠道关系是可行且最令人满意的。例如，生产商想从渠道成员那里收集以下方面的数据：

1. 价格政策、利润率和津贴。
2. 产品线的延伸和特点。
3. 新产品和通过促销带来的销售进展。
4. 服务政策和程序，如发票、订购日期、运输、仓储及其他。
5. 销售人员在客户服务方面的业绩。

此外，营销审计应该详细地识别和定义生产商和批发商或生产商和零售商关系中的相关问题。例如，卡兰托内（Calantone）和加森海姆（Gassenheimer）列出了一个最广泛存在的渠道问题的清单[21]，并以办公家具行业为基础，进行了大量调查研究。调查结果如表 9—1 所示，具体问题分成 6 个大的方面，可以发现，这 6 个方面在生产商和分销商之间的关系中非常关键。所列出的基本方面和问题，尽管并不意味着广泛适用于所有的渠道审计，但确实为计划和进行具体的渠道审计提供了详尽的清单。[22]

表 9—1　　营销渠道审计中考虑的一般范围和具体问题

1. 生产商绩效
所允诺的基本生产线上或库存商品的订货周期的长短
生产商在履行所承诺的交货日期方面的情况
生产商的推销人员参与顾客需求和项目投标的可能性
与所涉及的价格范围相关的产品整体生产和完工质量
在延长的时间框架下系统产品的连续性
生产商向地区销售商提供的国内销售补贴费
基本生产线上或库存商品的供应率
适合具体情况的信贷政策的灵活性
延迟送货的提前通知
先进的订货方法
生产商销售代表对支持请求的及时响应
生产商在预测和执行合同或订单的交货日期方面的准确性
在设备管理方面生产商制定的正式培训计划
产品的整体美感和设计
对与订购和运输有关的投诉采取的行动
根据产品订单迅速提供服务的能力
价格的竞争性
生产商提供的存货管理建议和支持
生产商提供的最新的当前的价格数据、产品规格和促销材料
生产商对分销商销售人员制定的正式销售培训计划
所提供产品的种类
生产商对特殊装运说明的执行程度
履行订单的准确性
销售人员售后服务追踪
对从下订单到订单处理细节的关注
生产商对紧急或特殊需求的反应
生产商计算机化（CAD）的规划设计服务和辅助的可获性
2. 分销商对自主决策的渴望
出售给顾客的产品的利润率
年度最小销量配额
选择或拓宽生产商关注的产品线
接受和采用生产商生产或要求的新产品或新生产线
销售大量新产品时生产商的自主或主动参与程度
从竞争的生产商那里选择产品线的能力或自由
为销售人员培训销售技巧和账户管理所使用的程序和方法
3. 生产商影响分销商决策的渴望
出售给顾客的产品的利润率
年度最小销量配额
选择或拓宽生产商关注的产品线
接受和采用生产商生产或要求的新产品或新生产线
销售大量新产品时生产商的自主或主动参与程度
分销商样品陈列室的大小、投资规模及外观
为销售人员发展销售技巧和账户管理所使用的程序和方法
从竞争的生产商那里选择产品线的能力或自由
在生产商授权或默许的销售区域之外销售其产品的能力或自由

续前表

4. 生产商对影响决策的权力的使用
出售给顾客的产品的利润率
年度最小销量配额
选择或拓宽生产商关注的产品线
接受和采用生产商生产或要求的新产品或新生产线
销售大量新产品时生产商的自主或主动参与程度
分销商样品陈列室的大小、投资规模及外观
从竞争的生产商那里选择产品线的能力或自由
为销售人员发展销售技巧和账户管理所使用的程序和方法
在生产商授权或默许的销售领域之外销售其产品的能力或自由
所使用的订单录入和信息沟通的方法
5. 分销商让渡给生产商的控制权
出售给顾客的产品的利润率
年度最小销量配额
选择或拓宽生产商关注的产品线
接受和采用生产商生产或要求的新产品或新生产线
销售大量新产品时生产商的自主或主动参与程度
从竞争的生产商那里选择产品线的能力或自由
在生产商授权或默许的销售领域之外销售其产品的能力或自由
6. 分销商对合作关系的满意程度
生产商的产品线所创造的利润
生产商的地方办事处和总部的整体态度
生产商的地方销售代表的整体销售支持和关系
通过生产商地方销售代表所获得的新产品营销机会
延伸生产商产品线所带来的销售增长潜力
生产商在帮助分销商完成目标的过程中表现出来的兴趣和关注
生产商做出的继续执行整体营销计划的承诺
生产商为顾客提供的整体服务水平

资料来源：Adapted from Roger J. Calantone and Jule B. Gassenheimer, "Overcoming Basic Problems between Manufacturers and Distributors," *Industrial Marketing Management* 20 (1991): 218 - 219, Copyright 1991, with Permission from Elsevier.

另外需要注意的一点是相互参照。在理论上，具体的营销渠道审计中的任何一个方面和问题，都与渠道成员的类型、渠道成员的地理位置、所能达到的销售量水平以及其他一些有关的变量相互关联。

最后，要使渠道审计更有效，就必须定期和有规律地进行。只有抓住趋势和形势，才有可能追踪持续的、扩散的和范围不断扩大的问题。[23]如果审计工作是定期进行的，紧急问题就能够及时被发现。

分销商咨询理事会

识别渠道成员的需求和问题的另一个有效的方法是设立分销商咨询理事会某些情况下也指经销商咨询委员会或者渠道成员委员会。该理事会应由生产商高层管理人员和渠道成员主要负责人代表组成。高层管理人员可能由营销副总裁、销售总经理和其他高层销售管理人员组成。分销商成员应由占分销商总数5%～10%的代表组成。咨询人员总数应当有一个限制，要使出席的人员能够完全参与并能相互交换意见。在设立一个分销商咨询理事会时，通常的惯例是设立联合主席，一个由分销商团体成员选出，另一个由生产商销售部门的高级主管担任。

使用分销商咨询理事会有三个重要的好处[24]：

1. 它为渠道成员提供识别能力。分销商或经销商希望在制定影响其利益的计划方面有选择权，因此，如果渠道成员参与了计划的制定，就会更加理解和支持生产商的行为，这给了分销商一种知情人的感觉，增强了它们的安全感，极大地提高了对生产商利益的识别能力。

2. 它提供了识别和讨论相互的需求和问题的手段，这些需求和问题不能从正规渠道沟通的信息流程中获得。

3. 它导致渠道沟通的全面改进，反过来又帮助生产商了解更多的渠道成员的需求和问题。

世界上最大的啤酒生产商安海斯-布希公司，通过一个分销商咨询理事会调查分销商对该公司发起的有争议的渠道战略行动的态度。啤酒分销商提供了关于它们对安海斯-布希公司的“100%的分享观念”的新计划的看法，该计划旨在让分销商仅仅关心安海斯-布希公司的产品，降低对竞争对手产品的关心程度。安海斯-布希公司认识到，分销商对新渠道战略特性的领悟是大相径庭的，特别是，许多分销商对于失去销售能给它们带来丰厚利润的安海斯-布希公司竞争对手的“手工啤酒”的机会而感到心烦意乱。当它们通过咨询代表得知，“100%的分享观念”计划是在自愿基础上执行的，而不是一种硬性指令时，它们的一些担心得到了缓解。当分销商获知它们会被激励而不是被强迫去参与时，很多分销商就会从一个全新的合作角度来看待这一计划。[25]

卡特彼勒公司是工业用推土机行业的“领头羊”，它为我们提供了企业通过分销商咨询理事会获得经销商关于其自身的需求和问题的更广泛意见的另外一个案例。例如，在一次咨询会议上，经销商提出了平地机的设计缺陷：该平地机的一个盖子放置得太低，可能会撞到顾客的脑袋，这会给经销商带来严重的损害。同时会议提出，经销商应当更好地为其顾客提供迅速、高质量的服务，实际上，无论卡特彼勒的反应多么迅速，订购某一常用零部件也很难避免出现延误，经销商一致认为，今后应该储存全线产品，包括相对低成本的电池和风扇皮带。[26]

无论产品是啤酒[27]还是工业用推土机，在分销商咨询理事会上面对面的交流和协商都为洞察渠道成员的需求和问题提供了一个有价值的方法。

向渠道成员提供支持

对渠道成员的支持指的是生产商帮助渠道成员满足需求和解决问题。这样的支持如果能够正确应用，有助于创建一个具有高度积极性的渠道成员团体。[28]

遗憾的是，对渠道成员的支持更多的是非组织的和临时的。当渠道成员表现出缺乏积极性时，它们就会得到激励，例如价格刺激、广告补贴、经销商竞争，甚至是生产商所做的一次鼓励性的讲话等。[29]如果它们在某一特定领域出了问题，生产商就试图“平息”，并希望该问题至少在较短的一段时期内不再重复发生。[30]大约在40多年前，麦卡蒙（McCammon）就曾对这种渠道成员激励方法的不足做了深刻的剖析，今天在许多场合下它仍然适用：

> 很多（生产商制定的）计划，包括草率的贸易交易、缺乏创新的经销商竞争和未经调查的折扣体系……这些对待分销商计划的传统态度是一种奢侈行为，是

再也不能轻易采用的。[31]

正如麦卡蒙所提到的，最近的研究也显示[32]，在存在跨组织的环境下，为获得一个高积极性的渠道成员合作团队，需要进行周密的计划。[33]向渠道成员提供支持的方案通常可以分为三种类型：（1）**合作**（cooperative）；（2）**伙伴关系或战略联盟**（partnership or strategic alliance）；（3）**分销规划**（distribution programming）。尽管这三种方案都强调周密的计划，但其复杂程度和广泛性却大不相同。合作是向渠道成员提供支持的最简单的、最不全面的方法；分销规划的复杂性和广泛性最高；伙伴关系或战略联盟通常居于二者之间。

合作

在批发、零售环节，生产商和渠道成员之间的合作方案是用来刺激传统、松散地结合在一起的渠道成员的一种最常用方法。合作方案的类型多种多样，仅受生产商创造力的限制。[34]所使用的每一种方案以及具体的安排和特征，随行业的不同而变化各异。例如，对出售消费品的零售商，如超市、杂货店、超级市场，提供共同合作的广告的补贴、支付内部展示费用或赠券处理补贴。在批发环节，销售人员竞争和培训计划的使用非常普遍，特别是对那些销售工业品的批发商。[35]为渠道成员提供帮助的任何一个合作方案，都必须在无歧视原则的基础上提供给同一级别的所有渠道成员，以免违反《罗宾逊-帕特曼法》（见第 3 章）。

从生产商的观点看，所有这些合作方案的基本理论，都是论述生产商提供合作方案时给予产品促销的激励，以使渠道成员加倍努力。然而，这样做并不一定总能成功，很多时候所使用的具体合作方案不能满足渠道成员的需要，或者设计和执行情况很糟。

两个典型的案例说明了合作方案的主要特征，其中一个是失败的合作方案，另一个是成功的合作方案。第一个案例是一家著名的大型消费品生产商李维·斯特劳斯公司（简称 Levi's，李维斯），第二个案例则是一家规模小得多的工业品生产商沃纳电力制动器及离合器公司（Warner Electric）。

李维斯公司的合作方案涉及合作广告费的支付问题。这个方案乍看起来简单明了，为了回报零售商为李维斯所做的特色广告，公司将与零售商平均分担广告费用。为了获得与李维斯共同分担费用的资格，零售商不得不向李维斯提交它们在报社或电视台所做广告的广告费率表，这就使郊区和偏远地区的大批小报和广告传单等重要的零售商广告媒体被淘汰出局。此外，为了参与这一方案，零售商必须填写一份非常长的表格，李维斯公司的一位主要竞争者相当兴奋地说："这需要有一位费城的律师帮助填写。"赞成该方案的那些零售商，有很多提出了自己的合作请求，但由于没有遵循李维斯所制定的精确步骤，导致李维斯不肯付款。[36]

李维斯公司拙劣的合作付费广告方案，反映了两个普遍存在的问题，它们不仅存在于合作付费广告方案中，在其他合作方案中也有可能遇到：（1）李维斯没有对使用合作付费广告的零售商的需求给予足够的重视。对很多零售商来说，小的地方性报纸和分发传单等都是非常重要的广告形式，由于该合作方案排除了对这些广告的补偿，李维斯忽略了零售商重要的广告需求。（2）制定如此复杂和难以理解的协议，说明李维斯对零售商存在的问题缺乏敏感性，特别是零售商在激烈的竞争环境中日复一日地经营业务，会越来越忧心忡忡。对于复杂的、墨守成规的合作付费广告方案，零售商感到十分头痛，而且李维斯拒绝兑现零售商的申请，理由是它们没有遵守"合作规则”，这表明李维斯对零售商缺乏信任。

现在我们把目光转向一个构思严谨、执行有效的合作方案的例子，看一看沃纳电力制动器及离合器公司为刺激其行业分销商所制定的方案。[37]在经济衰退时期，沃纳公司采取了销售竞争形式的合作方案，这一方案称为“Sweep”方案（Sell Warner—Earn Extra Profit，销售沃纳——赚取额外利润），目的是让其分销商将产品销售给竞争企业的顾客。

分销商销售人员每从沃纳公司的竞争对手那里赢得一个顾客，就会从沃纳公司那里得到一笔10～50美元不等的奖金。分销商销售人员每开发一个新顾客并对其完成1 000美元以上的销售额，将获得5%的奖励。沃纳公司为这一竞赛提供免费存货。获得“Sweep”奖金的可能性是以销售人员开发的顾客数量和完成的销售额为依据的。第一名获胜者将获得2.5万美元的奖金，第二名将获得1万美元。

这一活动从7月中旬持续到12月。由于书面工作很少，规则也很简单，所有符合这一要求的人员都获得了适当的奖励。5个月的活动吸引了沃纳所有分销商的参与，开发的新顾客超过750位，新业务的潜在收益超过500万美元。这一活动也转移了分销商对经济衰退的注意力，使它们能集中精力进行销售。

同李维斯的方案相比，沃纳的方案反映了一个好的合作方案应该具备的最起码的特点，即应以渠道成员的需求和问题为中心，在经济衰退的困难时期，提供众人欢迎的销售刺激和货币奖励，同时方案应该简单明了，没有复杂的规则和需要遵循的程序。最后，该方案传达了清晰的互利感，因为即使该方案是不加掩饰地被设计用来推销某一特定生产商的产品，它仍然向参与的分销商提供了直接、有形的回报。

伙伴关系或战略联盟

最近几年，有些术语，如分销伙伴、渠道伙伴、经销商伙伴和战略联盟，以越来越高的频率出现在营销渠道著作[38]和行业刊物中。[39]这些术语指的是一种渠道关系，它超出了传统的生产商和渠道成员之间非正式的、不确定的相互关系。**伙伴关系**（partnerships）或**战略联盟**（strategic alliances）强调在生产商和渠道成员之间建立一种持续的、相互支持的关系[40]，并为提供一个更高积极性的团队、网络系统或渠道伙伴联盟而努力。[41]传统的“我们和他们对立”的心理，被一种有效的伙伴关系或战略联盟中的“我们”这种新的合作观念所取代。约翰逊在描述渠道中公司之间的关系时，认为渠道成员间形成战略联盟的过程是：

> 在最基本的层次上，当公司之间的关系变得很重要时，战略联盟就开始形成了。在公司的战略图景中，其他公司也扮演着重要的角色，因此其他公司的成功与公司有清晰的、被认可的利益关系。[42]

例如，家得宝公司与LG电子有限公司（LG Electronics Inc.）的渠道伙伴关系。[43]21世纪第一个十年的中期，家得宝努力大幅提高其大件电器的市场渗透率，以期在与劳氏公司以及西尔斯（Sears）的竞争中获得更大的成功，而劳氏公司以及西尔斯则拥有销售大件电器的丰富经验。家得宝认为快速配送对于这类产品的影响更大，因此，家得宝希望渠道合作方LG电子有限公司能够支持其在快速配送方面的战略，尤其是家得宝计划向客户承诺如果客户在家得宝订购了LG电器，那么公司将在48小时内送货上门。为了满足这一特殊的配送需求，LG公司耗资数千万美元在全美多个地区建立了仓库、全国联网的计算机网络及呼叫中心。六个月后，LG公司已经能够满足家得宝48小时送货上门的服务需求。

另一个有关渠道伙伴关系与战略联盟的案例是戴尔公司的“注册合作伙伴计划”。21世纪第一个十年的中期，戴尔公司做出了一个战略渠道设计决策，即通过中间商增加直接分销渠道，此时便产生了“注册合作伙伴计划”。[44]作为年销售戴尔产品总额达到90亿美元的交换条件，戴尔的注册合作伙伴可以使用戴尔的商标，并可得到更有力的售后服务支持、融资选择、进入戴尔合作伙伴网站进行网上订购的权限、行业发展白皮书、一整套有关营销的综合材料以及戴尔的其他各种支持。

营销渠道中的伙伴关系（或战略联盟）并不是一个全新的概念，实际上这种关系在某些营销渠道中已经存在了几十年。例如，百得公司从20世纪60年代中期就开始在其强大的工具事业部使用这样的方法。此外，30多年前，韦伯斯特（Webster）在对行业分销商的一项重要研究中论述了大量的分销商和生产商的关系，将其作为这种伙伴关系方法的一种表述。[45]韦伯斯特所观察的伙伴关系，从术语的法律意义上来说，不是伙伴关系，而是一种描述渠道成员之间支持关系的方法，这种方法以渠道成员在渠道中的相互作用的精细框架作为基础。他如此描述：

> 伙伴关系思想存在的实质是，当生产商向分销商寻求帮助时，它不会放弃有效营销的自身责任，也不会企盼分销商对所有建议均做出积极的响应，而是承担使分销商更有效率的新责任——产品开发项目、仔细定价、促销支持、技术援助、售后服务，以及对分销商的销售和管理人员的培训计划。[46]

韦伯斯特指出了在渠道成员之间建立伙伴关系的三个基本阶段：

1. 如果事情还没有开始，生产商应该在产品的可获得性、技术支持、定价和其他一些相关方面做出明确的政策性陈述。如果事情已经开始，就渠道成员被期待完成的任务和做完后能得到的回报来说，应当对渠道成员的作用做精确的定义。

2. 就现有分销商承担作用的能力进行评估。本章前面所讨论的决定渠道成员需求和问题的方法，同样可以用来评估渠道成员的优势和劣势。生产商应该特别注意，在某些方面通过制定具体的方案来帮助分销商克服一些弱点。例如，如果一个分销商的销售人员培训不足，生产商应该制定一项计划，用以提高分销商销售人员的技能。如果一个特定的渠道成员在控制存货上有问题，生产商应该尽量提供这一领域的专家援助。总之，生产商的支持计划应该十分清楚，并且明确地以分销商最迫切的需求为中心。[47]

3. 生产商应该持续地评价指导其自身的或同渠道成员关系的政策的正确性。面对急剧变化的环境（参见第3章），没有一套渠道政策能保持恒久不变。[48]

在更广泛的行业内，越来越多地出现了旨在建立更高积极性的渠道成员的伙伴关系或战略联盟。零售环节强调紧密的工作关系，例如宝洁公司在沃尔玛位于阿肯色州本顿维尔的总部设立长期的现场工作人员，以便同沃尔玛的高层管理人员维持紧密联系。宝洁公司和沃尔玛已经在消费品行业建立了广为传颂的战略联盟关系。在沃尔玛所有的7 500家商店中，通过使用复杂的电子数据交换（electronic data interchange，EDI）系统，确保了宝洁公司产品的及时供应。

就在不久前，阿多波（Adobor）和麦克马伦（McMullen）使用了“电子联盟”（e-alliances）这一词语来描述作为电子商务战略一部分的战略联盟形式。[50]他们认为，由于电子商务环境的动态性和多变性，渠道成员需要格外谨慎地对待诸如明确定义的退出战略、短期的承诺、互相信任的迅速改进、管理工作的便捷化等问题，表9—2列出了在电子联盟中需要提到的这类问题。我们以一家处于领导地位的厨房和浴室用高级水龙头的制造商莫恩（Moen）作为电子联盟的范例。莫恩正在不断扩展与其供应商和零售商共同建立的电子联盟，莫恩50%的产品通过该联盟销售。莫恩通过互联网而不是传真或者传统的信件来实现与几十家供应商在工程设计上的合作，从而将产品的研发生产周期从24个月减少到16个月。通过互联网与零售商共享订单、库存和销售方面的数据，莫恩使渠道中的供应方和销售方成功地协调起来。莫恩希望实现的不仅是高效率和高速度，还有订单错误率的大幅度降低。如果零售商使用传真下订单，错误率会高达40%。[51]在工业行业中，前面多次提到的卡特彼勒，多年来以与分销商建立良好关系而著称。[52]在名为《卡特彼勒全球业务经营管理原则宝典》（*Caterpillar Code of Worldwide Business Conduct and Operating Principles*）的小册子中，卡特彼勒以几小段简洁的文字概括了它的运作哲学：

与经销商的关系

卡特彼勒的经销商经常被描述成世界上最大的分销体系之一，是公司营销力量的源泉。我们的目的是：不管去哪里，只要有满意的结果或者能够得到满意的结果，就保留所有的经销商。我们寻求同这些经销商保持紧密、持久的关系。

我们以公司遍及世界的网络系统为支柱，提供给经销商广泛的协助，确保对卡特彼勒产品高质量的支持。

卡特彼勒经销商协议体现了我们对公平竞争实践的一种承诺，反映了销售卡特彼勒产品的诸多国家的风俗和法律状况，在这样的协议下，我们的职责是接受道德的监督。[53]

表9—2　　建立电子联盟的方针

维度	电子联盟管理方针
目标	● 明确的目标会使电子联盟相对容易管理 ● 电子联盟应当专注于某些具体项目 ● 单一、明确的目的将会非常有用
利益保护	● 预先规定的契约应当清晰明确，覆盖范围要尽可能广 ● 合同应当指明双方的责任和相应的权利 ● 主要的所有者应当具有主要的权力 ● 共同管理是控制的一种方法，但会让组织结构复杂化，管理联盟的难度会比单个成员做出大部分决定大得多，在这种情况下，必须决定控制和决策如何为各方共享
信任	● 信任是重要的，但是环境的不确定性和时间压力意味着对某成员或者迅速信任，或者永远不会信任 ● 在任务绩效中体现出来的能力和可靠性对于迅速增强信任感十分重要 ● 合资有助于培养信任感
多重关系	● 选择联盟时，尽量将风险最小化，将利润最大化 ● 用组织形式来分散风险，在多个联盟中将非正式的形式和更一体化的形式混用来分散风险 ● 既与一些早已建立的公司结盟又与一些新兴的公司结盟是分散风险、保护自身利益的方法
退出战略	● 明确定义退出战略，在不稳定的环境中，它可以提供最好的保护 ● 要考虑任何一个成员选择退出联盟之后的情形 ● 要考虑联盟解散之后资产和负债如何处理 ● 考虑将来发生争执时的解决机制 ● 考虑如果联盟终止会对你的公司有多大的影响

续前表

维度	电子联盟管理方针
结构	● 设计简单是一个优点 ● 利用联盟结构降低项目和组织的复杂程度 ● 联盟具有明确的目标会非常有用 ● 使联盟的目标与合作伙伴的目标互补
承诺	● 单一的、连续的或者偶然的关系都比宽泛的关系要好 ● 从环境的不稳定性考虑，短期的承诺似乎要优越一些 ● 努力完成各个阶段的不同项目

资料来源：Reprinted from *Business Horizons*（March-April 2002），Henry Adobor and Ronald S. McMullen, "Strategic Partnering in E-Commerce：Guidelines for Managing Alliances," p. 75. Copyright © 2002, with permission from Elsevier.

爱丽公司（Rust-Oleum）同时销售消费品和工业品，是又一个在处理同经销商的关系中强调伙伴关系的例子。爱丽公司特别擅长于制定以经销商的需求和敏感性为基础的规划，同时辅之以公司尽其所能刺激分销商的合作计划，其利润分享的合作伙伴方案，就是支持渠道成员的一个很好的例子。该方案提供延期支付、特殊广告津贴，以及其他一些支持手段，帮助分销商减轻存货负担并持续提高利润。

渠道伙伴或战略联盟可能包括“本垒打”，比如生产商通过 EDI 与渠道成员直接连接起来，就像宝洁、沃尔玛、爱丽或者卡特彼勒那样；也可能包括“滚地球”，即对渠道成员需求和问题的大量细节予以关注，例如美国铝业公司正确贴包装标签，以满足渠道成员的要求。这就像打棒球一样，胜利常常包括本垒打、一垒打和比赛的其他许多因素，赢得渠道伙伴关系或战略联盟也是如此。

分销规划

为获得一个高度积极的渠道团队而使用的最综合的方法是**分销规划**（distribution programming）。实际上，由于分销规划处理了渠道关系的各个方面，所以除了伙伴关系和战略联盟以外，它是让人更满意的一种方法。麦卡蒙最先提出了分销规划的概念，并将其定义为：为促进产品在渠道中分销而使用的一系列综合的政策。[55]

该方法的实质是开发一条有计划、专业化管理的渠道。分销规划是把生产商和渠道成员二者的需求结合在一起的联结点。如果做得好，就能提供给所有的渠道成员垂直一体化的好处，同时允许它们保持独立业务公司的地位。例如，汽车制造商宝马公司与其独立的经销商一同创立了分销规划方法以满足零售商要销售大量二手宝马车的需要。[56]由于租赁而不是购买新型高档轿车成为一种潮流，所以在 2～3 年租约期满之后，就会产生大量的旧款二手车。就宝马车而言，如何高效率地销售出如此大量的二手车并且有利可图是它和经销商面临的挑战。宝马公司的办法是推出“有保”（certified preowned）二手车活动，这是一个考虑周详而且执行彻底的回收二手车的方案，宝马公司、经销商和消费者都非常满意。从宝马公司每年花费 2 000 万美元在电视上为活动做广告，到经销商为此做的特殊财务安排，对每辆车性能一丝不苟的检查，还有为消费者提供 6 年（或者 10 万英里里程）的质量保证，活动中每一个细节都被事先考虑到并得到了很好的解决。因此，宝马公司的经销商根本不需要殚精竭虑地考虑如何卖掉租约期满的二手车，因为宝马推出的分销规划已经将战略和战术的每一个细节都考虑到了。

制定一个综合的分销规划的第一步是生产商要分析营销目标，以及为达到这样的目标需要从渠道成员那里得到的支持的类型和水平。[57]此外，生产商必须弄清楚渠道成员所在领域的需求和问题（见前面章节介绍的方法）。表9—3概括了分析生产商和渠道成员所应包括的主要方面。

表9—3　　分销规划的指导框架

生产商的营销目标
建立在仔细分析的基础上：
企业能力
竞争
需求
成本—数量关系
法律因素
零售商能力，包括：
销售额和销售量
市场份额
管理费用
投资回报率
顾客态度、偏好、愿意购买的程度
生产商的渠道要求
实现市场目标需要的零售商支持，包括：
偿债能力比率
展示区的数量和位置
存货投资的水平和组成
服务能力和标准
广告、促销和人员推销支持
市场开发活动
零售商的要求
对所要求的支持的预期补偿：
管理期望
交易优先权
财务目标：
存货周转率
投资回报率
总毛利（金额和百分比）
管理费用（金额和百分比）
单位价值存货的毛利和管理费用
单位空间的毛利和管理费用
非财务目标
分销政策
价格让步
财务援助
保护条款

资料来源：From *Vertical Marketing Systems*, ed. Louis P. Bucklin, p.33. Scott, Foresman, 1970. Copyright © Lousi P. Bucklin. All rights reserved. Reproduced by permission.

完成这一分析后，具体的渠道政策也就形成了。许多生产商也可以使用其他可能的渠道政策，这取决于所涉及的行业类型、渠道成员性质和渠道过去的做法。实际上，所有可能得到的政策选择可以分为以下三大类：

1. 那些为渠道成员提供价格让步的。

2. 那些提供资金支持的。

3. 那些为渠道成员提供某种类型保护的。

表 9—4 列出了每一类中较常遇到的大量的政策选择。

表 9—4　　渠道政策选择举例

Ⅰ. 价格让步	存货控制规划
A. 折扣结构：	目录和销售促销文字
商业折扣（功能折扣）	培训计划
数量折扣	货架摆放计划
现金折扣	广告组合
预期补贴	管理咨询服务
免税商品	商品销售规划
预付运费	销售佣金
新产品、展示和广告补贴（无业绩要求）	技术援助
季节性折扣	支付销售人员和展示人员薪水
零担货运（mixed carload）优惠	促销和广告补贴（有业绩要求）
直接代发货（drop shipping）优惠	**Ⅱ. 资金支持**
交易契约	A. 合同贷款协议：
B. 折扣替代：	定期贷款
展示材料	存货水平计划
贴标签前商品	应付票据融资
设备设施分期付款资金融通	代理协议
租用和票据担保方案	B. 存货保护：
应收账款融资	寄售
B. 展期：	代销
月底展期	自由退货条款
季节性展期	回扣计划
已收货展期	再订购保障
延迟交付日	销售保障支持
延期	维持现货库存和快速送货
Ⅲ. 保护条款	C. 区域保护：
A. 价格保护：	选择性分销
贴标签前商品	排他性经销
“特许”价格	

资料来源：From *Vertical Marketing Systems*, ed. Louis P. Bucklin, p. 33. Scott, Foresman, 1970. Copyright © Lousi P. Bucklin. All rights reserved. Reproduced by permission.

利用表 9—4 所示的大量可能的渠道政策选择，以及生产商的营销目标分析及渠道成员考虑的需求和问题，就可以为渠道成员拟订有计划的商品销售协议，这样的协议可以概括如表 9—5 所示。

表 9—5　　有计划的商品销售协议纲要

1. 销售目标

a. 计划的销售额

b. 计划的初始加成率

c. 计划的减少额，包括预计的减价、缺货以及折扣

d. 计划总毛利

e. 计划的费用率（可选项）

f. 计划的利润率（可选项）

续前表

2. 存货计划
a. 计划的存货周转率
b. 计划的商品分类，包括基本库存量制度和标准库存量制度
c. 格式化的"不出货"列表
d. 预期的促销组合和日常销售
3. 商品展示计划
a. 推荐的店铺设备
b. 场地分配计划
c. 可视的销售计划
d. 需要的促销资料，包括售卖点展示、消费者文献和价格标签
4. 个人销售计划
a. 推荐的销售展示
b. 销售培训计划
c. 特殊的激励方案，包括"魅力"评选、销售人员竞争和有关的活动
5. 广告和促销计划
a. 广告和促销预算
b. 媒体安排
c. 主要活动和促销的主题
d. 特殊销售事件
6. 职责和到期日
a. 与计划有关的供应商职责
b. 与计划有关的零售商职责

资料来源：From *Vertical Marketing Systems*, ed. Louis P. Bucklin, p. 33. Scott, Foresman, 1970.

在家具和家庭装饰品行业领先的生产商伊森·艾伦家具公司（Ethan Allen），是强调使用分销规划支持渠道成员的一个很好的例子。伊森公司的零售网络包括全美和另外几个国家的大约300个商店，其中大约一半商店为公司所有，其余的则是独立零售商。除了所有权不同外，实际上公司所有的商店和独立零售商在战略和运营上几乎没有差别。伊森·艾伦公司的独立零售商所有的管理和营销战略以及运营计划都是由伊森·艾伦公司精心做出的，以适合家庭家具的销售。伊森·艾伦公司的方案明确说明零售商不能经营其他生产商的竞争产品。多年来，伊森·艾伦公司生产的所有家具式样几乎都保持不变，而且大多是非成套的零售商品，为的是消费者日后能再添加其他家具。商店的内外部形象，从建筑式样到陈列方式，从灯光到展架，都是由伊森·艾伦公司亲自管理的，甚至家具的销售方式都是由公司规划的。这种销售方式通常是由商店的"设计人员"到消费者家中进行拜访（伊森·艾伦公司不使用"销售人员"这一术语），这些人员帮助消费者根据其准备的装饰方案选择家具和配件。多数的广告、特殊活动、促销和销售，也是由伊森·艾伦公司而不是由独立的零售商制定和管理的。公司还把零售商的销售人员（即设计人员）送到伊森·艾伦大学（Ethan Allen College）去学习，学校里安排了一系列特殊的培训课程，学生们不仅学习家庭装饰技巧，而且学习伊森·艾伦的办事方法。设计这一计划，是要在伊森·艾伦及其独立零售商之间建立一种团队工作意识，借此培养长期的合作关系，进行对经济衰退和竞争者价格大战不太敏感的重复销售。

这种寻求渠道成员支持的分销规划方法，已经为伊森·艾伦公司在激烈竞争的家具市场开辟了一个富有特色的领域。尽管价格竞争在家庭装饰行业非常普遍，但伊森·艾伦公司所拥有的不进行价格竞争的零售商能够在获得超过平均水平的毛利和净利的同时，在质量、服务和顾客支持上开展竞争。

分销规划也是许多特许经营渠道内常用的方法，特别是在服务领域。[58]例如，快餐业中的麦当劳，旅店业中的假日酒店（Holiday Inn），房地产业中的 21 世纪（Century 21），都为激励其特许渠道成员而大量使用分销规划。实际上，在经营中最细小的方面都提前为特许经销商做了规划。例如，麦当劳明确规定了连锁店的餐厅应该如何设计，并且详细地说明了其内部可以有什么，不可以有什么（例如明确禁止使用自动售货机和电话）。假日酒店也制定了严格的政策和标准，要求每个特许经营者为旅客提供住宿服务时要达到规定的水准。21 世纪公司也有一套服务的规则和方法，销售房地产的工作必须由其授权的独立机构完成。在正式的特许经营合同的框架内制定这样严格的分销规划，形成了紧密结合、高度控制的分销形式。这样的安排比合伙的方法效果更好，有更高层次的领导者（特许授予人）和跟随者（特许经营者）。本书在第 16 章特许经营营销渠道中将对这一问题进行探讨。

激励渠道成员的领导力

渠道管理者尽管已经开发了一个非常完善的系统，以了解渠道成员的需求和问题，而且通过多种方式来支持渠道成员，但是控制工作仍必须通过有效的领导实施，而这种有效的领导是建立在持续获得良好激励的渠道成员团队的基础之上的。[59]

对渠道管理者来说，要实现全部控制几乎是不可能的，不管其领导意图的基础多么强大。[60]只有在管理者能丝毫不差地预测出与渠道有关的所有问题，并且总能达到希望的结果时，这种全部控制状态才可能实现。一般来说，在组织之间需要相互联系的营销渠道中，这种全部控制状态在现实情况下是不可能达到的。40 多年前，利特尔（Little）扼要地解释了在组织相互联系的环境中获得高水平控制和领导可能面临的挑战：

> 因为企业与企业之间是松散分布的，所以集中控制的优势在很大程度上是不存在的。缺乏单一所有权或紧密的合同协议，意味着不存在源自正式权力（高级的和低级的）的利益。奖励和惩罚制度也不明确，很难发挥作用。同时，整个系统的总体计划失调，使总体系统努力最大化的前景也变得模糊了。与正式组织相比，渠道中各个成员企业对共同目标知之甚少也是有可能的。[61]

正如利特尔所指出的，营销渠道中组织的这种相互关系使得获得强有力的领导更加困难，就算是在高度控制的渠道中，例如以契约性承诺或分销规划为基础的渠道，利特尔所讨论的伴随组织间相互关系体系而来的特定环境条件也不会完全消失。因此，即使像特许经营渠道这类正式结成的或契约性的渠道，虽然具有更强的领导控制，但是组织之间的领导控制水平也通常不都在一个水平上。[62]这并不意味着渠道管理者不能实施高水平的领导来激励其渠道成员。[63]我们仅仅是想指出，在这样的努力中，管理者将面临一系列十分困难的问题。然而，即使在困难的营销渠道背景下，对于渠道成员有效的领导也能产生很好的成果。

世界上最大的生产路由器、交换机以及集音频、视频、数据、安全系统于一体的计算机网络产品的高科技企业思科系统公司（Cisco Systems），是世界上最大的互联网产品制造商，它所实施的有奖渠道管理项目使得企业在渠道成员激励方面显示出重要的领导作用。[64]为了满足成千上万的终端客户需求，思科公司采用了多种营销渠道，其中最重要的营销渠道是被称为“增值转售商”（value-add channel resellers，VARs）的渠道，该销售渠道年销售收入超过 300 亿美元。VARs 主要由具备优秀转售能力的渠道成员组成。此外，VARs 紧密联系客户，能够了解客户的互联网需求，并整合硬件和软件，为解决客户问题提供定制化的解决方案。当第三方能够提供比思科公司的产品性能更好、更具经济性的产品时，VARs 通常会选择第三方的产品。同时，VARs 除了能够提供规划援助、设计、安装、支持、远程监控之外，还能提供互联网管理支持。

VARs 渠道成员能够为终端客户提供额外的高价值服务，但是主要依靠销售规模的激励制度不能有效地激励 VARs 渠道成员。这是为什么？原因在于典型的依靠销售规模的激励制度使得渠道成员销售制造商的产品越多，VARs 享受的折扣越高，但不包括 VARs 为终端客户提供大量高价值服务所付出的额外努力和所花费用。

思科系统公司对 VARs 渠道的管理方法很早就认识到依靠销售规模的激励制度所存在的不足。到 21 世纪早期，思科公司领导实施了新的激励机制，是在不管渠道成员销售多少思科产品的情况下，只要渠道成员拥有为终端客户提供高价值服务的能力，思科公司都能为其提供均等报酬，尤其是思科公司将交易中不同的增值行为作为激励补偿的基础，而不是根据思科产品转售总量来确定报酬的多少。

为了使得该价值基础模式能够有效运转，思科公司实施了范围广而重点突出的领导，包括开办思科认证培训项目，并根据不同衡量标准建立绩效目标，这些衡量标准包括终端用户的满意度、VARs 投资水平以及 VARs 盈利水平。

如前所述，思科卓越的渠道领导已经收获了几个行业大奖，包括连续八年在“年度报告”（Annual Report Card，ARC）排名中名列前茅，并获得同年度 CRN（*Computer Reseller News*）杂志评选的渠道冠军，或许最重要的荣誉是微软公司也采用了不少思科公司的渠道管理模式。

本章小结

虽然营销渠道经过精心设计，在分销任务的分配方面达到了令人很满意的水平，但渠道成员之间高度的合作关系却不是一件自然而然的事。渠道管理是必需的，即管理现有的渠道，以确保渠道成员之间达成合作，从而实现企业的分销目标。

渠道管理最基本的内容是激励渠道成员有效率、有效果地完成任务。

为了成功地激励渠道成员，管理者必须处理渠道中激励管理的三个重要方面：（1）了解渠道成员的需求和问题；（2）制定规划，为它们提供支持并且帮助它们处理特定的问题；（3）实施领导职能。

发现渠道成员的需求和问题不是一个偶然的举动。管理者不能指望单纯依靠现有的渠道沟通系统获取关于渠道成员需求和问题的所有相关信息。有时，管理者必须注意正式渠道信息流程以外的信息，来获取必要的数据。一般可以使用如下方法：（1）企业对渠道成员的调查研究；（2）外部人员的调查研究，以确保客观性；（3）定期的营销渠道审计；（4）分销商咨询理事会。

一旦渠道管理者掌握了渠道成员需求和问题的必要信息，就必须制定能满足渠道成员需求的支持性方案，以帮助它们解决问题。优秀的支持性方案需要精密计划，仅向渠道成员提供专门的、局部的或权宜之计的方法，越来越不能被渠道成员接受。

向渠道成员提供支持的计划方法通常可分为三种：（1）合作；（2）伙伴关系或战略联盟；（3）分销规划。

合作是为渠道成员提供支持的方法中复杂性和综合性最低的方法。一般情况下，生产商和渠道成员都会同意一系列合作性活动，如合作付费广告、促销津贴或激励计划。如果生产商提供的合作方案是以满足渠道成员的需求和问题为目标的，并且是精心计划和管理的，它就能成为激励渠道成员的有效方法。

伙伴关系（或战略联盟）概念是渠道成员激励中较为复杂、综合的方法。从本质上说，伙伴关系或战略联盟是建立在生产商和渠道成员相互作用时细微差异的基础上，也就是说，生产商期望从渠道成员那里获得承诺，渠道成员期望从生产商那里获得支持。建立这样一种关系的基本思想是，生产商和渠道成员相互支持，以便在分销产品的过程中产生结构清晰的团队努力。如果制定和执行得很好，伙伴或战略联盟方法能为激励渠道成员提供一个良好的基础。

最后，分销规划是渠道成员激励方法中最复杂和最综合的。分销规划为营销渠道管理提供了一个综合的计划，不仅包括研究生产商和渠道成员关系的关键方面，而且包含针对这些关键方面制定的综合性渠道管理计划。通常这种计划是由生产商制定和管理的，但批发和零售环节上的渠道成员也可以制定和管理分销规划方案。

不管渠道管理者使用哪一种方法激励渠道成员，如果想使激励方案有效且可行，必须实施连续的领导。要实施这样的领导职能，管理者必须记住，一定要正确处理营销渠道中组织布局所带来的几个挑战：（1）渠道体系中的组织松散化；（2）渠道成员逃避集中管理的倾向；（3）单一所有权的缺乏；（4）没有高级—低级关系的明确划分。

复习题

1. 讨论渠道管理和渠道设计之间的区别。

2. 即使营销渠道是经过精心设计的，在分销任务的分配方面已达到令人很满意的水平，但渠道成员之间高度的合作关系却不是一件自然而然的事。试讨论这一观点。

3. 渠道管理者可以通过一个有效的信息流程，了解渠道成员的需求和问题。你是否同意？试讨论。

4. 典型的渠道沟通系统中渠道成员产生互动的主要原因是什么？

5. 本章中谈到了调查渠道成员需求和问题的四种方法，试讨论各种方法的主要特征。

6. 比较激励渠道成员的合作、伙伴关系或战略联盟以及分销规划三种方法的主要特点。

7. 讨论传统的营销渠道和具有分销规划的营销渠道之间的区别。

8. 讨论用于渠道成员激励的领导力这一概念。

9. 讨论渠道管理者试图运用领导力来激励组织间存在互动的渠道成员时所面临的挑战。

10. 思科公司案例中哪些特定的方面显示了在渠道成员激励过程中的有效领导？

思考题

1. 施坦威父子公司（Steinway & Sons）生产世界最好的钢琴长达一个多世纪。施坦威公司通过不到75家精挑细选的经销商在全美销售钢琴。施坦威公司的钢琴质量是无可挑剔的，但是有一段时期，它的渠道管理却不具有这么高的质量。施坦威公司没有充分认识到经销商的问题，这些问题包括低利润、库存周转慢、向演奏者提供钢琴的高成本（理应是经销商都想做的生意）。实际上，施坦威公司的关注点是促使经销商增加库存、提高展示场地的档次、雇用更多的销售人员。施坦威公司应对制造商与经销商沟通不足问题的方法是，派董事长和总经理长达半年亲自调研经销商的需求和问题。

你如何看待施坦威公司了解渠道成员的需求和问题的方法？是否有更好的办法？施坦威公司的方法在其他公司是否可行？为什么。

2. 无所不在的比克（Bic）剃须刀、香烟打火机以及圆珠笔，在全美10万家以上的超市、杂货店和超级市场出售，即比克公司一直依赖于大批的大型市场出售这些产品。

比克公司能和10万个销售这些产品的零售商都成为伙伴吗？为什么？

3. 哈雷-戴维森公司（Harley-Davidson Inc.）是举世公认的经营得最好的公司之一，其生产的著名摩托车常被摩托车爱好者昵称为“公猪”（Hogs）。在20世纪90年代，哈雷的摩托车经常处于脱销的状态，因此哈雷的600多家独立经销商到哈雷的工厂进货时几乎从不犹豫，买价也常常高于标价，但是到2001年，正值哈雷-戴维森公司创办100周年之时，因为经济萧条，情况开始慢慢发生变化。经销商店里的摩托车不再热销了，事实上，即使一些摩托车已经开始实质性地打折，全国经销商的库存仍然在增长。不过，即使在终端销售放缓的情况下，哈雷-戴维森公司的年销售额增长还是超过了25%。这怎么可能呢？因为哈雷-戴维森公司将成批的摩托车仍然按照预订卖给经销商，就好像是自己在卖给消费者一样。许多经销商非常不满公司的这种举动，称之为“渠道阻塞”——将超过消费者需求的库存转嫁给经销商而造成销售额增长的假象。

指责哈雷-戴维森公司的经销商是不是“爱哭的孩子”？与经销商的渠道伙伴关系只能是那种“不可共患难”的吗？请对此进行评论。

4. 玛丽·鲁滨逊（Mary Robinson）是一家著名的男式衬衫生产商的营销副总裁，她花了3个月的时间准备新的全棉易护理衬衫生产线的促销活动。这项活动强调了一个不同寻常的购买点装置：与真人一样大小的穿着一件真正衬衫的硬纸板人像。生产商期望百货店和专卖店使用这种展示，使新生产线特色化，以吸引顾客的注意。这一活动现在已持续了6个星期，她正急切地等待公司的营销调研部门定于今天下午提交的报告。她认为这一活动会受到赞赏，然而实际上大多数零售商认为这一活动是一场灾难，特别是和真人一样大小的硬纸板人像根本没有地方陈列，即使有地方陈列，他们也认为这样做很愚蠢。

玛丽能确信那天下午递交到她的办公桌上的调查报告会完全而准确地转达零售商的意见吗？试讨论。

5. 几十年来，麦当劳一直被公认为快餐行业的领袖，它的特许经营体系事实上一直让其他快餐连锁店羡慕不已，但是在21世纪的开端，从20世纪90年代末就面临的问题开始进一步恶化，不但损害了麦当劳原来令人羡慕的声誉，而且开始打击其盈利能力。同一家店铺的销售额下降了10%，净利润则下降得更多。讽刺的是，麦当劳正遭遇麻烦的一个主要原因来自于当初一项试图改善产品的举动。麦当劳和它的许多加盟店在厨房技术上投入了巨资，使得餐厅可以根据订单为每个顾客制作食物，这比以前事先加工好食物要更加新鲜、更加美味，但是这项麦当劳称为“为您定做”的新举措提供服务的速度实在是太慢了。当员工因为没有及时满足顾客的需要而感到沮丧时，不满情绪在员工与顾客之间爆炸式地传播开来，而且当员工被不满的顾客投诉时还觉得自己被苛刻对待了。麦当劳宣称，加盟店没有很好地学会如何运用这一新的厨房技术，加盟店却说新技术本身就存在缺陷，设计也不合理。

你认为到底发生了什么事情？麦当劳真的了解其加盟店的需求与困难吗？支持这种试图提供更好产品的努力的驱动因素被误导了吗？请讨论。

6. 美国通用电信公司（GTE）的西尔韦尼亚（Sylvania）照明事业部发起了“显赫伙伴”计划，旨在帮助其2 200家分销商找到特别适合西尔韦尼亚产品的细分市场。一个名为西尔韦尼亚资源（Sylvania Source）的数据库提供了各个企业的名称、地址和电话号码的详细信息，同时还有掌管订购照明产品的负责人姓名、顾客每年的购买量、每一位顾客所拥有的照明设备的数量。西尔韦尼亚和经销商一起进行自己设计的“移动照明”的巡回演出，借此向顾客提供有关照明设备用法的教育节目。所有这些有关西尔韦尼亚的“技术为了更好地照明”的信息，由分销商向最终用户传达。西尔韦尼亚声称，经销商全心全意地拥护双方的伙伴关系，并且激励它们成为西尔韦尼亚产品更优秀的营销者。

你为什么认为西尔韦尼亚的伙伴关系方案是有效的？从经销商的需求和问题的立场出发进行讨论。伙伴计划意味着西尔韦尼亚的领导是有效的吗？请解释。

7. 美国电影地区公司（FilmDistrict）是一家新成立的电影制片、发行公司，它与Netflix公司合作，将新上映几个月的电影在网上发行。通过订立协议，美国电影地区公司将新电影独家授权给Netflix公司，而不是付费电视频道。行业观察家认为，这种新的模式反映了电影业渠道的改变，从影院、家庭电视、收费电视频道向在线观看转变。Netflix公司与相对论传媒公司（Relativity Media）也有类似的协议，相对论传媒公司投资了享有盛誉的功夫电影《斗士》（*The Fighter*）。

如果电影分销渠道正在经历快速、巨大的变化，电影地区公司与Netflix公司的合作方式对其他电影公司管理分销渠道是否有意义呢？

8. 丰田汽车公司审慎地为其雷克萨斯豪华汽车开拓渠道和选择经销商，在开拓渠道时对细节问题的关注同以往公司开拓汽车市场时一样。实际上，对经销权设定标准包括很多细节性的问题，如为门把手的设计制定规范和对特许经销商在挡风玻璃上使用用于装饰的米纸的要求。看起来似乎每件事情都是经过仔细计划的，以至于连雷克萨斯汽车的经销似乎也应当由公司自己来做。

就渠道管理的需要和渠道成员激励，对上述情况进行评论。

注释

1. For an excellent overview and analysis of the major themes underlying channel management, see Gary L. Frazier, "Organizing and Managing Channels of Distribution," *Journal of the Academy of Marketing Science* (Spring 1999): 226–240.
2. For a related discussion, see: Margarida Duarte and Gary Davies, "Trust as a Mediator of Channel Power," *Journal of Marketing Channels* (Vol. 11, nos. 2/3 2004): 77–102; Jan B. Heide, "Interorganizational Governance in Marketing Channels," *Journal of Marketing* (January 1994): 71–85.
3. Melina Parker, Kerrie Bridson, and Jody Evans, "Motivations for Developing Direct Trade Relationships," *International Journal of Retail & Distribution Management* (Vol. 34, no. 2/3 2006): 121–134; Steven J. Skinner, Julie B. Gassenheimer, and Scott W. Kelley, "Cooperation in Supplier–Dealer Relations," *Journal of Retailing* (Summer 1992): 174–193; Deborah Salmond and Robert Spekman, "Collaboration as a Mode of Managing Long-Term Buyer–Seller Relationships," in *Proceedings of the Annual Educators' Conference of the American Marketing Association*, eds. Terrence Shimp et al. (Chicago: American Marketing Association, 1986), 162–166; and William T. Ross, "Managing Marketing Channel Relationships," Working Paper No. 85–106 (Cambridge, Mass: Marketing Science Institute, July 1985): 1–17.
4. Julie G. Gassenheimer, Roger J. Calantone, and Joseph I. Scully, "Supplier Involvement and Dealer Satisfaction: Implications for Enhancing Channel Relationships," *Journal of Business and Industrial Marketing* 10, no. 2 f(1995): 7–19.
5. Janice M. Payan and John R. Nevin, "Influence Strategy Efficacy in Supplier–Distributor Relationships," *Journal of Business Research* (Vol. 59, 2006): 457–467; Richard Lee Miller, William F. Lewis, and L. Paul Merenski, "A Value Exchange Model for the Channel of Distribution: Implications for Management and Research," *Journal of the Academy of Marketing Science* (Fall 1985): 2–4.
6. Lester E. Goodman and Paul A. Dion, "The Determinants of Commitment in the Distributor–Manufacturer Relationship," *Industrial Marketing Management* 30 (2001): 287–300.
7. For a related discussion, see Nermine Eyuboglu, "Securing Marketing Support from Channel Members: Insights from an Empirical Study," in *Proceedings of the Sixth Bi-Annual World Marketing Congress*, eds. M. Joseph Sirgy, Kenneth D. Bahn, and Tunc Erem (Blacksburg, Va.: Academy of Marketing Science, 1993), 140–145; David Shipley, "What British Distributors Dislike about Manufacturers," *Industrial Marketing Management* (May 1987): 153–162; and Patrick L. Shul, Taylor E. Little Jr, and William M. Pride, "Channel Climate: Its Impact on Channel Members' Satisfaction," *Journal of Retailing* (Summer 1985): 9–38.
8. James A. Narus, N. Mohan Reddy, and George L. Pinchak, "Key Problems Facing Industrial Distributors," *Industrial Marketing Management* (August 1984): 139–147; and James C. Anderson and James A. Narus "A Model of the Distributor's Perspective of Distributor–Manufacturer Working Relationships," *Journal of Marketing* 48 (Fall 1984): 62–74.
9. Phillip McVey, "Are Channels of Distribution What the Textbooks Say?" *Journal of Marketing* 24 (January 1960): 61–65.
10. Jeff Bennett, "Chrysler Ads Aim to Rebuild Image," *Wall Street Journal* (June 9, 2010): B1.
11. John D. Stoll, "GM Plans a Return to Car Leasing," *Wall Street Journal* (July 29, 2010): B1.
12. For a related discussion, see Judy A. Siguaw, Penny M. Simpson, and Thomas L. Baker, "Effects of Supplier Market Orientation on Distributor Market Orientation and the Channel Relationship: The Distributor Perspective," *Journal of Marketing* (July 1998): 99–111.
13. See Kenneth A. Hunt and Cathy Hartman, "Attribution Theory in Channels of Distribution: Extensions and Applications," in *Developments in Marketing Science Proceedings of the Annual Conference of the Academy of Marketing Science*, ed. Kenneth D. Bahn (Academy of Marketing Science, 1988), 465–469; and Gary L. Frazier and Jagdish N. Sheth, "An Attitude-Behavior Framework for Distribution Channel Management," *Journal of Marketing* 49 (Summer 1985): 38–48.
14. For an excellent analysis of the socio-psychological factors underlying channel relationships see: W. Bruce Wrenn and John J. Withey, "Modes of Social Interaction Between Organizations: A Social-Psychological Explanation of Relationships Between Channel Dyads," *Journal of Marketing Channels* (Vol. 11, no. 4, 2004): 43–59.
15. For a related discussion, see J. Thomas M. Hult, Ann-Christine M. Hult, and Bryan A. Lukas, "Creating Shared Vision in the Marketing Channel Network," *Journal of Marketing Channels* 5, no. 3/4; (1996): 1–18.
16. Gerald Meyers, "Trade Buyers Are Influential but Underresearched," *Marketing News* (February 1, 1988): 12.
17. See for example: Joseph F. Kovar, "VARs to Dell: Good Start, Now Here's What We Want," *AVAYA* (May 18, 2007): 1–4.
18. Ellen M. Kleinberg, "Improving Distributor Relations: Communications Solves Most Problems," *Industrial Marketing* (February 1981): 72.

19. Meyers, "Trade Buyers Are Influential but Underresearched," 120.

20. Revis Cox, Thomas F. Schutte, and Kendrik S. Few, "Toward the Analysis of Trade Channel Perception," in *Combined Proceedings 1971 Spring and Fall Conference of the American Marketing Association*, ed. Fred C. Allvine (Chicago: American Marketing Association, 1972), 189–193.

21. Roger J. Calantone and Jule B. Gassenheimer, "Overcoming Basic Problems between Manufacturers and Distributors," *Industrial Marketing Management* 20 (1991): 215–221.

22. For perspective on a type of marketing channel audit referred to as "Relationship Appraisal," see Stuart A. Hanmen-Lloyd, "Relationship Appraisal: A Route to Improved Reseller Channel Performance," *Industrial Marketing Management* 25 (1996): 173–185.

23. For an in-depth analysis of issues that might emerge, particularly in the context of opportunistic behavior by channel members, see Kenneth H. Wathne and Jan B. Heide, "Opportunism in Interfirm Relationships: Forms, Outcomes, and Solutions," *Journal of Marketing* (October 2000): 36–51.

24. Gene L. Bego, "Joint Benefits of a Distributor Council," in *Building a Sound Distributor Organization* (New York: National Industrial Conference Board, 1964), 44–49.

25. Maxim Lenderman, "Mind Games: Anheuser-Busch Wants Its Wholesaler's Whole Attention," *Beverage World* (September 1996): 70–74.

26. Donald V. Fites, "Make Your Dealers Your Partners," *Harvard Business Review* (March–April 1996): 84–95.

27. For a very interesting study involving channel relationships in the brewing industry, see Lynne D. Richardson and Robert A. Robicheaux, "Supplier's Desire to Influence Related to Perceived Use of Power and Performance," *Journal of Business Research* 25 (1992): 243–250.

28. Other crucial factors can affect such an outcome, however; see Kirti Sawhney Celly and Gary L. Frazier, " Outcome-Based and Behavior-Based Coordination Effects in Channel Relationships," *Journal of Marketing Research* (May 1996): 200–210.

29. Sholnn Freeman, "Chrysler's Chief Takes to the Road to Rev Up Dealers," *Wall Street Journal* (November 12, 2003): B2.

30. See, for example, Janet E. Keith, Donald W. Jackson, Jr., and Lawrence A. Crosby, "Effects of Alternative Types of Influence Strategies under Different Channel Dependency Structures," *Journal of Marketing* 54 (July 1990): 30–41; Erin Anderson, Leonard M. Lodish, and Barton A. Weitz, "Resource Allocation Behavior in Conventional Channels," *Journal of Marketing Research* (February 1987): 85–97; J. Joseph Cronin, Jr., and Michael H. Morris, "Satisfying Customer Expectations: The Effect on Conflict and Repurchase Intentions in Industrial Marketing Channels," *Journal of the Academy of Marketing Science* (Winter 1989): 41–49; and Gary L. Frazier and John O. Summers, "Interfirm Influence Strategies and Their Application within Distribution Channels," *Journal of Marketing* 48 (Summer 1984): 43–55.

31. Bert C. McCammon, Jr., "Perspectives of Distribution Programming," in *Vertical Marketing Systems*, ed. Louis P. Bucklin (Glenview, Ill.: Scott, Foresman, 1970), 32.

32. See for example: Stefan Wuyts and Inge Geyskens, "The Formation of Buyer–Supplier Relationships: Detailed Contract Drafting and Close Partners Selection," *Journal of Marketing* (October 2005): 103–117; Ignacio Rodriguez del Bosque Rodriguez, Jesus Callado Agudo, and Hector San Martin Gutierrez, "Determinants of Economic and Social Satisfaction in Manufacturer–Distributor Relationships," *Industrial Marketing Management* (Vol. 35 2006): 666–675.

33. See, for example, Bruce J. Walker, Janet E. Keith, and Donald W. Jackson, Jr., "The Channels Manager: Now, Soon, or Never?" *Journal of the Academy of Marketing Science* (Summer 1985): 82–96; Reinhard H. Schmidt and Gerd Wagner, "Risk Distribution and Bonding Mechanisms in Industrial Marketing," *Journal of Business Research* 13 (1985): 421–433; James R. Moore and Donald W. Eckrich, "Marketing Channels from a Manufacturer's Perspective: Are They Really Managed?" in *Marketing: 1776–1976 and Beyond*, ed. Kenneth L. Bernhardt (Chicago: American Marketing Association, 1976), 248–255; and Philip B. Schary and Boris W. Becker, "Distribution as a Decision System," in *Combined Proceedings*, 1972 Spring and Fall Conference of the American Marketing Association, eds. Boris W. Becker and Helmut Becker (Chicago: American Marketing Association, 1973), 310–314.

34. John Fine, "Bargain—Rate Buzz," *Business Week* (February 9, 2009): 65–66.

35. For a related discussion, see James E. Zemanek, Jr., "Manufacturer Influence versus Manufacturer Salesperson Influence over the Industrial Distributor," *Industrial Marketing Management* 26 (1997): 59–66.

36. "Levi Strauss: A Touch of Fashion—and a Dash of Humility," *Business Week* (October 24, 1983): 85, 88.

37. Cynthia R. Milsap, "Conquering the Distributor Incentive Blues," *Business Marketing* (November 1985): 122–125.4.

38. See, for example, Henry Adobor and Ronald S. McMullen, "Strategic Partnering in E-Commerce: Guidelines for Managing Alliances," *Business Horizons* (March–April 2002): 67–76; Louis P. Bucklin and Sanjit Sengupta, "Organizing Successful Co-Marketing Alliances," *Journal of Marketing* 57 (April 1993): 32–46; Bill Dowling, "How to Form Lasting Partnerships," *Industrial Distribution* (June 15, 1992): 75; Bert Rosenbloom, "Motivating Your International Channel Partners," *Business Horizons* (March–April 1990):

53–57; James C. Anderson and James A. Narus, "A Model of Distributor Firm and Manufacturer Firm Working Partnerships," *Journal of Marketing* 54 (January 1990): 42–58; Rajagopalan Sethuraman, James C. Anderson, and James A. Narus, "Partnership Advantage and Its Determinants in Distributor and Manufacturer Working Relationships," *Journal of Business Research* 17 (1988): 327–347; and N. Mohan Reddy and Michael P. Marvin, "Developing a Manufacturer–Distributor Information Partnership," *Industrial Marketing Management* 15 (1986): 157–163.

39. "Apple's Big Partner: iPhone and Wal-Mart," *Business Week* (January 12, 2009): 6; "To Boost Buying Power, Wal-Mart Woos Partners," *Bloomberg Businessweek* (October 11-17, 2010): 36; Mary Ellen Lloyd, "Radio Shack, Verizon Link Up at Sam's Club," *Wall Street Journal* (October 7, 2009): B5B.
40. For an insightful analysis of relationships, partnership, and strategic alliances, see Ashwin W. Joshi, "Long-term Relationships, Partnershps, and Strategic Alliances: A Contingency Theory of Relationship Marketing," *Journal of Marketing Channels* 4 no. 3 (1995): 75–94.
41. For an excellent in-depth research study related to this point, see Erin Anderson and Barton Weitz, "The Use of Pledges to Build and Sustain Commitment in Distribution Channels," *Journal of Marketing Research* 29 (February 1992): 18–24; Also, for an excellent discussion of strategic alliances as a competitive advantage, see James E. Ricks, "Benefits of Domestic Vertical and Horizontal Strategic Alliances," *Journal of Business and Industrial Marketing* 8 no. 4 (1993): 52–57.
42. Jean L. Johnson, "Strategic Integration in Industrial Distribution Channels: Managing the Interfirm Relationship as a Strategic Asset," *Journal of the Academy of Marketing Science* (Winter 1999): 5.
43. Moon Ihlwan and Brian Grow, "Red-Hot White Goods," *Business Week* (October 30, 2006): 48.
44. "Dell Announces Channel Program Details," http//www.phonesplusmag.com/ (Posted on: 12/05/2007).
45. Frederick E. Webster, Jr., "The Role of the Industrial Distributor," *Journal of Marketing* 40 (July 1976): 10–16.
46. Webster, "The Role of the Industrial Distributor," 15.
47. Bert Rosenbloom, "Motivating Independent Distribution Channel Members," *Industrial Marketing Management* (August 1978): 275–281.
48. For an excellent empirical study of environment as one of the key factors affecting supplier/distributor relationships, see Kirti Sawhney Celly and Gary L. Frazier, " Outcome-Based and Behavior-Based Coordination Efforts in Channel Relationships," *Journal of Marketing Research* (May 1996): 200–210.
49. Frank K. Sonnenberg, "Partnering: Entering the Age of Cooperation," *Journal of Business Strategy* (May–June 1992): 51–52.
50. Adobor and McMullen, "Strategic Partnering in E-Commerce," 67.
51. Faith Keenan, "Opening the Spigot," *Business Week@biz* (June 4, 2001): EB17–EB20.
52. Martin Gierke, "Caterpillar Dealer Identity: Customer Loyalty and an Extraordinary Partnership," *Design Management Review* (Winter 2006): 55–61.
53. *Caterpillar Code of Worldwide Business Conduct and Operating Principles*, (Peoria, Ill: Caterpillar Inc. 1992), 6.
54. McCammon, "Perspectives in Distribution Programming," 43.
55. Joseph B. White, "Certified Used Cars Star in BMW Ads," *Wall Street Journal* (February 12, 2002): B9.
56. For a related discussion, see Keysuk Kim, "On the Effects of Customer Conditions on Distributor Commitment and Supplier Commitment in Industrial Channels of Distribution," *Journal of Business Research* 51 (2001): 87–99.
57. See for example: Thomas Burkle and Thorsten Posselt, "Franchising as a Plural System: A Risk-Based Explanation," *Journal of Retailing* (Vol. 84, no. 1, 2008): 39–47.
58. For three excellent analyses of leadership and control in marketing channels, see Retha A. Price, "An Investigation of Path-Goal Leadership Theory in Marketing Channels," *Journal of Retailing* (Fall 1991): 339–361; Timothy R. Barnett and Danny R. Arnold, "Justification and Application of Path-Goal Contingency Leadership Theory to Marketing Channel Leadership," *Journal of Business Research* 19 (1989): 283–292; and John B. English and Danny R. Arnold, "An Overview of Channel Control and Control Antecedents," in *Proceedings of the Winter Educators' Conference of the American Marketing Association*, ed. Russel A. Belk (Chicago: American Marketing Association, 1987), 301–306.
59. Adel I. El-Ansary and Robert A. Robicheaux, "A Theory of Channel Control: Revisited," *Journal of Marketing* 38 (January 1974): 2.
60. Robert W. Little, "The Marketing Channel: Who Should Lead This Extra-Corporate Organization," *Journal of Marketing* 34 (January 1970): 32.
61. For a related discussion, see Patrick L. Shul, "An investigation of Path-Goal Leadership Theory and Its Impact on Intrachannel Conflict and Satisfaction," *Journal of the Academy of Marketing Science* (Winter 1987): 42–52.
62. For some alternative approaches to exercising leadership in the channel, see Rajiv Mehta, Trina Larsen, and Bert Rosenbloom, "The Influence of Leadership Style on Co-operation in Channels of Distribution," *International Journal of Physical Ditribution & Logistics Management* 26, no. 6 (1996): 32–59.
63. The material related to Cisco Systems in this section is based on: Kirthi Kalyanam and Surinder Brar, "From Volume to Value: Managing the Value-Add Reseller Channel at Cisco Systems," *California Management Review* (Fall 2009): 94–119.

第10章 渠道管理中的产品问题

学习目标

学习本章之后，你应该能够：

1. 理解作为渠道管理资源的营销组合变量的概念；
2. 认识到在产品管理和渠道管理之间存在许多潜在的联系；
3. 识别新产品计划和渠道管理之间最基本的联系；
4. 懂得渠道管理中产品生命周期每一阶段的含义；
5. 知晓战略性产品管理和渠道管理之间的关系；
6. 识别如何进行产品差异化、产品定位、产品线拓展与收缩、前向延伸和后向延伸，以及与渠道管理有关的产品品牌战略；
7. 正确评价营销渠道在提供产品服务中的作用。

渠道焦点

亚马逊能够让制造商减少其收缩膜包装产品的数量吗?

在消费品中，用收缩膜包装已经成为一种普遍的现象，其中有些包装像防弹盔甲一样硬，除非用包装切割器、刀子或重型剪刀，才能将透明的塑料膜逐层剥开，甚至用上这些工具，要从坚硬的塑料包装中拿出产品仍然是困难而且危险的。事实上，每年都有 6 000 多人在打开这些坚硬的塑料包装时受伤而到医院就诊。此外，雪上加霜的是，这些硬塑料以及软塑料都对环境造成了危害。在美国，送往垃圾填埋场的垃圾中约 15%来自于产品包装，而这些废弃物（包括硬的和软的包装）中的塑料部分经过 600 年才能降解。

作为一家巨型零售商，亚马逊决定利用其影响力促使其供应商在使用塑料包装方面做出一些改变。亚马逊的影响力不仅来自于其规模，即每年 350 亿美元的销售额，而且来自于其百万在线消费者的反馈。许多消费者都曾向亚马逊非常明确地投诉过在打开产品包装（尤其是硬塑料包装）时所遇到的问题。对于这些消费者投诉，亚马逊已经与诸如宝洁、飞利浦等多家供应商进行了分享，而且计划拓宽与其他制造商的信息分享渠道。

在消费者的支持下，亚马逊已经对制造商的产品计划和开发决策（产品如何包装）施加了重要影响，并且计划继续施加影响。总之，亚马逊给其供应商传递了这样一个信号：要么减少收缩膜包装的数量，要么面临在亚马逊平台上萎缩的货架空间！

资料来源：Based on “Scuttle Shrink-Wrap,” *Philadelphia Inquirer*, September 11, 2010: A8.

第 9 章讨论了渠道管理中的一个基本因素——渠道成员激励，渠道管理还包括对现有的渠道加以管理，以确保渠道成员之间合作，实现公司的分销目标，而不仅限于激励管理。即使是一个经过全面、认真计划的激励方案，也不能完全保证一个高度合作团队中的渠道管理者能以最高水平的效率和效益进行管理。一般来说，想达到最高水平的效率和效益的渠道管理者，必须擅长于利用营销组合的各种因素去促进渠道管理。正如第 5 章中我们在讨论渠道战略时指出的，渠道管理者需要发挥公司产品、价格、促销以及物流变量的最大效用以保证渠道成员之间的合作。[1]在这种情况下，营销组合变量被视为一种资源，这种资源如何使用将影响渠道成员的绩效——或者促进、或者阻碍绩效的实现。当然，渠道管理者愿意通过营销组合获得经常使用的渠道模式，然而，要想做到这一点，渠道管理者就需要理解其他的营销组合变量是如何与渠道变量相互作用的，以及这些相互作用对渠道管理来说隐含了什么问题。渠道管理者能够更好地协调营销组合的 4 个方面以取得协同效应来满足顾客的需求。近年来，协同效应频繁出现在商业活动中，将协同效应用在渠道管理中是再恰当不过的。事实上，对于渠道管理者来说，所有工作的根本在于高效地管理营销渠道。实际上，这意味着渠道管理者应时常想着这样的问题：我如何综合营销组合的这些战略组成成分，才能在营销渠道管理中创造最大的优势？

本章我们将讨论产品变量和渠道变量之间的某些联系，以及对渠道管理的意义。接下来的第 11 章和第 12 章将讨论与渠道管理相联系的价格和促销，第 13 章将考察物流与渠道管理的联系。

产品管理和渠道管理之间存在着许多潜在的联系。[2]尽管本章不可能全部讨论这些联系，但是我们将通过讨论大量的实例，提出一些更加基本的关系和含义的总的观念。在本章中，我们的目的不是详尽地介绍存货（存货是产品与渠道管理的交界点），而是想唤起渠道管理者的一种意识，去仔细考虑产品决策是如何影响渠道管理决策的。

这里提出的讨论和实例，是围绕着产品管理的三个主要方面安排的：

1. 新产品计划和开发。
2. 产品生命周期。
3. 战略性产品管理。

新产品计划与渠道管理

事实上，对于所有服务于消费品和工业品市场的生产商和制造商来说，新产品开发都是其必然面临的挑战。新技术的出现、消费者偏好的改变和竞争，都导致了对新产品的需要。[3]然而，新产品开发的成功率是很低的。生产消费品的公司每年要推出 45 000 多种新产品，其中 75%的产品在不到两年的时间内失败，尽管在此期间对这些产品做了大量的全国性广告。[4]此外，很多超过 2 年的产品在其导入市场 5 年之内也会遭到失败。因此，对于一些公司来说，90%的新产品失败率是很平常的事。考虑到这种情况，如果制造商希望明显地降低产品的高失败率，就需要做更周密的新产品计划和开发工作。

新产品要想成功，取决于很多因素，如创新性和新产品自身的特征、价格、促销的有效性[5]、消费者的需求状况、竞争因素、时间的安排和其他一些因素。除了这些因素之外，还取决于新产品从其独立的渠道成员那里获得的支持的程度。[6]没有渠道成员的高度合作，新产品要想得到市场的认可，困难会很大。[7]因此，对于渠道管理者来说，分析新产品计划和开发过程中可能隐含的渠道问题是极其重要的。[8]这种分析的焦点应该集中在为了使产品的市场开发成功，在设计和开发阶段可以做些什么，以促进渠道成员之间更高程度的合作。[9]尽管渠道管理者需要考虑的问题很多，这些问题取决于行业的类型和所涉及的特定环境，但是在广阔的渠道范围内，下面的5个问题极为重要：

1. 渠道成员能够为新产品计划提供什么投入？
2. 已经做了什么来确保新产品能够被渠道成员接受？
3. 新产品是当前渠道成员需要的产品吗？
4. 为使渠道成员能够有效地销售新产品，有必要准备一些特殊的教育和培训工作吗？
5. 产品会导致渠道成员产生特殊问题吗？

鼓励渠道成员参与新产品计划

提高渠道成员对新产品关心和接受程度常用的方法之一是让它们参与新产品计划，这种参与可能采取的形式有：在新产品计划中的概念创意阶段征求它们对新产品的想法，在市场试验阶段从选择的渠道成员那里获得反馈等。以汉高黏合剂公司（Henkel Consumer Adhesives），著名的宽幅胶带（Duck Tape）的最大生产商为例，它从渠道成员那里接受了关于新产品的良好建议。[10]在这个案例中，渠道成员是强大的沃尔玛，世界上最大的零售商，多年来它一直销售汉高的“香子兰”（Plain Vanilla）胶带。沃尔玛注意到很多孩子都是为了他们的滑板或者其他运动器材才来购买胶带的，而且总是听到孩子们想要有漂亮色彩的胶带。很多大的生产商例如宝洁都要沃尔玛向它们的新产品提意见，因此沃尔玛也把这一信息反馈给了汉高。汉高立即开始建设一条彩色胶带生产线。这些彩色胶带取得了巨大的成功，为沃尔玛和汉高都带来了大笔的利润。

渠道成员参与这些新产品计划，并不一定必须涉及产品本身，甚至是产品非常重要的特点。实际上，参与某些对产品规格或包装的改变，也许是加强渠道成员合作所必需的。例如，大量的消费品制造商已经对仓储俱乐部如山姆会员店和好事多提出的建议做出反应，这些建议认为，产品应以特定的规模进行多样化包装，以更好地适应仓储俱乐部采用的经营战略。因此，正如在本章开头“渠道焦点”中所指出的，大型渠道成员亚马逊非常明确地提出，希望制造商更多采用便于消费者使用的、有利于环境的包装形式。

然而，从渠道成员那里寻求对新产品的投入，需要制造商能够让它们知晓有关的新产品计划。由于竞争的原因，很多制造商对其新产品计划很敏感，不愿意把这些计划泄露给渠道成员，直到新产品推出的最后时刻才告诉它们。在许多案例中，这种保密行为被证明是正当的，但是如果考虑到一些竞争性的因素则不需要保密，通过从渠道成员那里寻求投入并与它们共享新产品计划，制造商不会有什么损失，反而会受益颇多。渠道成员参与新产品的开发，则更可能对新产品提供热情的支持。

促使渠道成员接受新产品

对于一个想获得成功的新产品来说，它必须能被最终用户接受，不管是产业用户还是最终消费者。同时，成功也取决于渠道成员对新产品的接受程度，而产品正是经过这些渠道成员到达最终用户的。[11]

渠道成员对于产品怎样出售、是否易于储存和展示感兴趣，更重要的是，它们关心产品能否带来利润，而最终用户最关心的是如何使用产品实现其功能。[12]

首先看一下产品的销路问题，这里的主要因素是渠道成员的认知。具体地说，它们必须相信能够出售这些产品，否则就不会有热情去经营。以近来发生在食品行业的事情为例，这个行业现在唯一可以称为优秀的新产品的就是有机食品，这个种类的产品销量正急剧上升。[13]从新鲜的水果和蔬菜到早餐吃的谷物，甚至调味番茄酱，每一样没有化学肥料、人造原料以及任何添加剂的有机食品都存在着巨大的消费需求。传统的食品年销售额增加几乎不到 1%，而许多有机食品的销量增加都在 20%或者更高。身为美国有机食品零售业龙头的 Whole Foods 超市正在为有机食品准备越来越多的货架空间。但是，有机食品还只是在 Whole Foods 超市以及克罗格和西夫韦等零售巨头超市的有机食品分部销售，而大的食品生产商例如通用磨坊食品公司、桂格麦片公司、卡夫食品公司以及亨氏公司（H. J. Heinz Co.）并没有开始生产有机食品，相反，大多数的有机食品是由一些小型的、不知名的生产商生产的，例如伊甸食品（Eden Foods）、奇幻食品（Fantastic Foods）、纯粹食品（Purity Foods）、升月公司（Rising Moon）、小行星食品公司（Small Planet Foods）等，这些公司生产的有机食品应有尽有、包罗万象，从有机苹果到有机南瓜，食品种类包括饮料、面包、谷类、面、汤和冷冻食品。为什么生产和销售有机食品的都是小公司而不是大公司呢？两个字：信任。零售商不相信那些在产品中滥用人造原料和添加剂的大型传统食品生产商会严格按照规定生产出为消费者所接受的产品。[14]

为了让渠道成员接受新产品，便利的储存和陈列就显得比以前更重要了，因为越来越多的新产品正在为争夺货架空间而竞争。[15]图 10—1 展示了日本农场新开发的方

图 10—1 易于储存和展示的方形西瓜

形西瓜，就是一个极好的例子，通过使零售商更加便利有效地储存和展示这种笨重的水果，生产商占据了零售商的货架空间。基于相同的目的但应用于完全不同的产品，宝洁公司为其象牙牌（Ivory）洗发水重新设计了包装瓶，由原来的泪珠形改为高筒形，在交易和储存成本上每箱为零售商节约了 29 美分。宝洁公司还把它的品客牌（Pringles）薯片重新装在超大型罐子里，以此取代了原来包在塑料袋里占用更大空间的 2 个小罐子，这样每箱能为零售商节约 90 多美分。因此，即使是大型制造商（如宝洁，其多年来的形象是对零售商十分傲慢和严厉），也对渠道成员的储存和陈列要求予以更多的关注。

最后，对于新产品对渠道成员潜在利润的重要性不能言过其实，零售商已经被消费者几乎不买的商品（每年超过 2 万种）彻底击败。在个人健康和家用产品上，普惠集团（Paine Webber Group）调查数据显示：85%的销售额是由不到 8%的产品创造的。复杂的产品线和价格也是零售商十分头疼的问题，因为它们必须弄清楚，多少产品值得实行特价、给回扣或打折。例如，安盛咨询公司（Anderson Consulting）研究发现，复杂化产生的结果是，38%的商品发货单（特价销售最普遍）中存在着错误，真是令人难以置信！[16]经历了这些以后，零售商越来越疑虑重重，甚至对制造商释放的吹嘘其新产品潜在利润高的烟雾怒不可遏。结果，制造商向零售商隐瞒某些情况，或者让非盈利产品浑水摸鱼的机会越来越少了。零售商，范围更广阔一点也包括批发商，认识到自己销售的真正唯一的资产是货架空间[17]，因此它们不能再允许这个宝贵的空间被不断增长的非盈利产品所侵占。

使新产品适合渠道成员的品种组合

任何特定的渠道成员所销售的产品的特定搭配称为**品种组合**（assortment）。超市、百货商店、木料堆置场、管件供应批发商等储存的全部产品，组成了它们所经营并进行销售的产品品种组合。因此，一个渠道成员的品种组合类似于制造商的**产品组合**（product mix），即制造商所生产的所有产品。

制造商每开发一种新产品，就会增加它的产品组合。因此，在新产品的开发期间，必须从生产和营销两方面考虑新产品能否很好地适合产品组合。简言之，制造商可能要评估其生产能力能否有效地生产产品并开展营销活动。这种评估在营销方面要考虑的一个主要因素是，现有的渠道成员是否认为新产品适合加入到它们的品种组合之中。

近年来，制造商产品的增加对渠道成员管理其品种组合提出了极大的挑战。几十年来，制造商不仅习惯于开发不同的产品，而且习惯于将其受欢迎的产品进行改进以保持其品牌的可见度和占据渠道成员的货架空间。大量制造商采取增加品种战略，这在食品和消费品行业中最为常见。2008 年在一个常规型食品零售商的货架上有大约 47 000 种产品，其中 50%以上都是 1996 年后增加的。在消费品的产品目录中，新产品（包括性能和规格改变）到 2008 年飞涨到 47 113 种，与十年前相比新产品增加了两倍多。[18]因此，零售商的品种组合充斥着大量产品。例如，一个常规的塔吉特百货商店就有 88 种潘婷洗发水、护发素和定型类产品！在巨欧超市（Jewel supermarket），几打牙膏排列在货架上，单高露洁一个品牌，产品就包括护齿、增白、炫白、超白、氧泡增白和全效增白等，其中一些还有好几个规格！在巨欧超市的饼干货架上，不止一打品种的奥利奥饼干排列在货架上。[19]甚至在服装业，著名品牌巴宝莉（Burberry）也未能避免产品增加，针对其著名的防水大衣，巴宝莉每年推出 6 000

种不同的成衣产品![20]

这样的产品增加给越来越多的零售商造成不便且无效的品种组合。很明显，从品种组合管理来说，少即是多，一些主要零售商有意识地、协调性地删减商品，使其品种组合规模易于管理，不仅可以减少存货和管理成本，还可以简化消费者的决定过程。[21]例如，沃尔格林公司把胶水品种从 25 种减少到 11 种，沃尔玛超市把 24 种不同卷尺减少到 4 种，克罗格公司正在测试减少 30%的早餐麦片品种，甚至巴宝莉也决定把不同产品的数目从 6 000 种减少到 4 200 种，近乎 1/3。

零售商对制造商产品增加的抵制看起来并不是暂时现象，而是大势所趋。强大的零售商常常控制着渠道，致力于无情地削减成本，提高效率。[22]此外，零售商不再作为制造商的销售代理，而是作为客户的购买代理，听从客户而不是制造商的指示，决定着什么产品该加入其品种组合，什么产品该从其品种组合中剔除。可预见的将是零售商的品种组合管理更多地从产品增加倾斜到产品减少。制造商和其他供应商不能忽视零售商这种品种组合管理的迫切立场，因此，新产品，特别是那些通过现有产品的改变伪装成的新产品，必须克服更大的障碍才能加入零售商的品种组合。

对渠道成员进行新产品培训

为了能够成功地销售新产品，制造商要对渠道成员进行必要的、特殊的教育培训，这已不再是一件稀罕事。当然，这种特殊教育的类型和水平，会因所涉及的行业类型不同及产品技术的复杂程度不一样而有所差别。例如，一台相当复杂的工业设备，制造商需要花费大量的时间向学员讲授产品的使用方法和具体特点，而要想准确地展示说明一种简单的消费品，也许只需要几分钟的时间。在这两种极端的例子之外，有许多不同的新产品培训要求，渠道管理者在开发新产品时，应当对可能的培训要求进行研究。这种工作是值得的，这使得他们对渠道成员需要的培训方案能够先制定计划，而不是在产品上了货架之后才不得不匆忙地拼凑一个。

让我们看看跑鞋制造商海德运动用品公司（Hyde Athletic Industries）面临的情况，海德公司生产的产品叫作索科尼·爵士 300（Saucony Jazz 300），这是一种极轻的跑鞋，许多妇女开始喜欢穿舒适的跑鞋坐公共汽车上下班，因而这种鞋在女性消费者中开拓了一批忠诚的追随者。同时，海德公司却从来没有向零售商说明这种鞋的好处，它始终是一种“模糊产品”，仅在有限的几家商店出售。之后，《消费者报告》（*Consumer Reports*）做了一次排名，该鞋在总体质量和使用上名列第一，超过了知名的强大竞争者如耐克（Nike）、锐步（Reebok）和 Etonic（一种高尔夫球鞋品牌）。此外，由于售价低于 70 美元，这种美国生产的运动鞋被《消费者报告》评为“最佳选购鞋”。文章引起了公众极大的关注，使得以前嘲笑这一不知名品牌的主要的体育用品经销商开始注意它。当精明的消费者手持杂志涌入商店要买索科尼·爵士 300 时，需求量急剧增长，不幸的是，《消费者报告》的文章给产品带来的销售增长从根本上说只像流星一般短暂，面对耐克以及其他一些知名品牌的大量广告，索科尼·爵士 300 很快就被人们遗忘了。建立在《消费者报告》文章所创造的激励之上的零售商培训计划，是所有知识渊博的观察家都认为海德公司要保证索科尼·爵士 300 继续成功以及开发未来产品所必需的，因为《消费者报告》不能用来做广告，应该对零售商的销售人员进行培训，让他们告诉消费者产品的质量情况。简言之，这是一个不需要花费太多的心思去培训销售人员就可以长期使海德产品摆在零售商货架上的方法。

确保新产品是完美的

没有哪一个渠道成员会喜欢销售一种可能给自己带来麻烦的新产品。[23]这种情形适用于产品的种种问题，不管是产品在渠道成员的仓库里就可能出现的问题，还是在产品出售给消费者之后出现的问题。在接受给自己带来麻烦的新产品之前，大多数渠道成员已经有大量的经营问题需要处理。例如，家得宝这家美国最大的家居产品连锁店，急需从制造商那里获得关于新产品的很琐碎的细节。家得宝坚持认为，一些轻型固定装置和燃气烤肉架的制造商应该重新编写装配和使用指南，因为它发现这些使用指南实在是难以读懂。还有人建议，制造商应在体积庞大、难以处理的物品上贴上带条形码的标签，比如贴在胶合板和木制定缝销钉上，以方便储存和用户检查。

2001年秋季，当捷豹汽车公司（Jaguar Cars Ltd.，福特汽车的一个子公司）将它的X系列的新型捷豹汽车推向美国市场时，遇到了一个关于新产品的更有破坏性、更重要的问题。这款价格3万美元的“Baby Jag”在高档车中只属于入门级水平，是为了与梅赛德斯-奔驰C系以及宝马3系的车竞争，后两款车型也同属于入门级高档车的范围。福特期望X系列的车型会增加捷豹汽车的销量，因而生产了大量的X系列汽车（在2001年大约生产了9万辆）并采用了便宜得多的蒙迪欧（Mondeo）系列的汽车底盘。这一太过激进的战略不仅给福特的捷豹汽车公司，而且给其经销商带来了两个严重的后果：（1）大量过剩的“Baby Jag”汽车损害了捷豹汽车独一无二的整体形象，这对于那些依靠捷豹汽车高档车形象与其他品牌竞争的经销商，必然会有强烈反响；（2）为了将产品迅速推向市场，福特忽略了产品的质量，结果是产品维修成本大幅上升，2001年美国最有影响力的汽车质量调查机构J. D. Power & Associates所做的调查中，捷豹汽车的得分下降了17分。将来，不仅是X系列的车型，所有的捷豹汽车销售时都会因为不光彩的名声和产品质量的瑕疵而受到影响。不幸的是，捷豹汽车的经销商也不能逃脱因为福特在X系列车上所犯的战略错误而带来的恶果。

正如这些例子所揭示的，新产品出现的问题的范围，可能从给渠道成员储存和销售产品带来巨大困难，如家得宝一例，直到更严重甚至是很危险的过失。任何可能的缺陷都会破坏经销商（如福特X系列车一例中的经销商）赖以吸引顾客的品牌形象。

尽管避免新产品可能出现的所有问题是不可能的，但是在制定新产品计划时小心谨慎，就能帮助制造商在产品通过渠道到达顾客手中之前发现产品的缺陷。显而易见，避免这些问题的发生，对于保持一个强大、高度激励的渠道成员团队来说是至关重要的。[24]

产品生命周期与渠道管理

产品生命周期（product life cycle，PLC）是一个描述产品经历的各个阶段的模型。许多营销著作中对PLC概念已经做过广泛的讨论，基本的营销教材中几乎都包括这部分内容[25]，因此，在这里我们不再详细地讨论基本的PLC概念。不过，我们还是会简要地回顾一下产品生命周期的4个阶段，以便为即将讨论的产品生命周期在渠道管理中的意义提供一个更加鲜明的关注焦点。

图 10—2 是一个典型的产品生命周期模型的曲线。如图所示，一般来说产品都要遵循一条曲线，这条曲线可分为 4 个基本阶段：导入期、成长期、成熟期和衰退期。(1) 导入期。由于产品开始在市场上寻求立足点，所以是一个缓慢增长的时期，这一时期由于产品在市场上的导入费用比较高，所以根本无利可图或利润非常低。(2) 成长期。以迅速增长的市场接受度和相对高的利润为标志，这一阶段销售和利润曲线走势颇为陡峭。(3) 成熟期。以递减（曲线的倾斜度比较平坦）的销售增长为特征，因为市场已趋于饱和。利润达到最大后开始下降，这是因为要花费巨大的销售费用以便同其他产品进行竞争。(4) 衰退期。产品销售绝对下降，利润骤跌到零，出现了衰退。

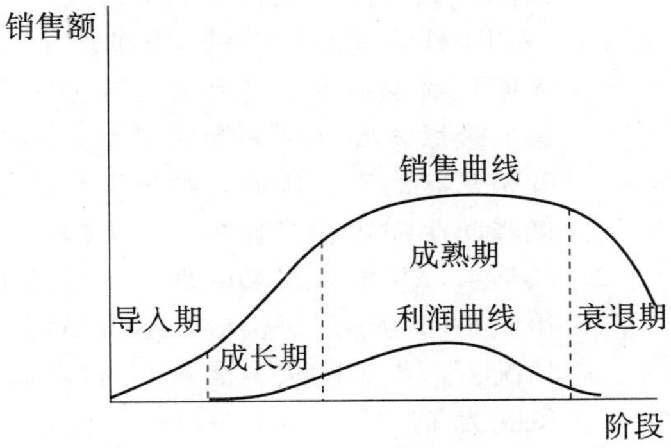

图 10—2　产品生命周期

并非所有的产品都要经历这样的生命周期，有很多例外和变化。此外，产品生命周期的阶段也不一定像图 10—2 所示的那样清晰可辨，产品完成其生命周期的时间也有所不同，有的是 1 年之内，有的则要几十年。

尽管有这么多的变化，作为制造商在不同的阶段营销战略的基本分析框架，PLC 还是大有作用的。由于本章主题是渠道变量，所以我们的重点在于讨论产品生命周期的各个阶段对渠道管理的战略意义。图 10—3 分别列出了 4 个阶段主要的渠道管理意义，我们对每一阶段都将详细讨论。

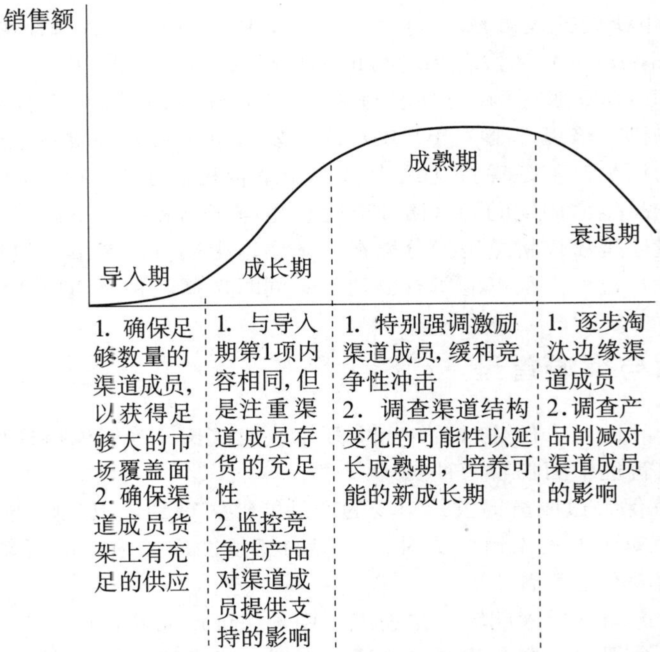

图 10—3　产品生命周期阶段与它们在渠道管理中的含义

导入期与渠道管理

在导入期，为推出一种新产品，必须要加强促销工作，这通常意味着要为广告和其他形式的促销支付巨大的开支。然而，如果产品在最后购买时不容易买到，所有这一切工作都将是徒劳的。因此，在导入期，确保渠道成员为产品提供足够大的市场覆盖面，对渠道管理者来说是至关重要的一环。[26]这绝不是一项简单的工作，在产品销售的最后阶段必须为提供足够大的市场覆盖面进行大量的计划和协调。计划和协调失败是常有的事。例如，纳贝斯克食品公司严重低估了其SnackWell食品生产线上一种低脂肪小甜饼和薄脆饼干的需求，其“魔鬼食品”小甜饼蛋糕（Devil's Food Cookie Cakes），从打入市场的那一刻起就极度短缺，从东海岸到西海岸，超市经营者都不能得到足够的小甜饼供应，纳贝斯克只好在尽可能多的超市分配其有限的货源。在许多情况下，由于购买者涌入商店抢购，少量的来货在运到商店几小时甚至几十分钟之内就卖光了。

有人会说，在这个例子中，纳贝斯克面临的是一个“良好”的问题，因为消费者对小甜饼的需求大大超过了供给，因此，它要做的就是生产更多的小甜饼，以便让每个消费者高兴。不幸的是，生产“魔鬼食品”小甜饼蛋糕所涉及的技术非常复杂，需要花费大量的时间安装附加的生产设备，才能进行大规模生产，同时，很多超市对缺货产生了不满，因为顾客对它们表示不满，产品货架大部分时间是空的。如果不能在合理的时间内大量增加供给来改变这种状况，这种受短缺困扰的产品的市场导入就会削弱一个可能成功产品的灿烂前程。

对于可以数字化并通过网络进行传播的产品，比如书籍，在产品的导入阶段可以借助网络极大地确保其足够的市场覆盖来满足顾客需求。一个典型的例子是著名作家约翰·格里沙姆（John Grisham）的最新小说《忏悔》（*The Confession*），这本小说在2010年秋天进入市场时同时采用了纸质书和电子书两种形式。出版社蓝登书屋（Random House）和作者都对结果感到高兴：第一周，电子书销量为70 000册，纸质书为200 000册。[27]在亚马逊网站上，Kindle版本的电子书实际上比纸质书在第一周内要畅销。格里沙姆一开始反对同时发售电子书和纸质书，担心电子书渠道会蚕食纸质书的销量，但是现在他认为二者相结合提高了市场覆盖率，增加了书籍的总销量。在产品生命周期的导入阶段同时提供电子书和纸质书以提升市场覆盖面究竟会增加总销量还是仅仅将总销量分摊在两个渠道中还有待考察，但是当可以选择发售电子版书籍时，近期内很可能所有公司都会同时选择两种渠道以使销量最大化。

成长期与渠道管理

当产品进入成长期以后，市场开始快速成长。为了保持这种成长的持续性，管理者在渠道管理中面临着两种挑战：

1. 确保渠道成员提供给市场的产品能够买得到，以免阻碍成长。

2. 认真地监控渠道成员对其分销的竞争性产品采取的行动，密切关注企图闯入该渠道的潜在竞争者。

随着产品从导入期转入快速成长期，保证产品能在市场上买得到已成为越来越难处理的一个问题。这个问题对于通过大量的批发商和零售商销售消费品的情况尤其突出。能否有效地解决这个问题，决定着在维持市场对产品的接受方面是成功还是失败。勒克（Luck）在几十年前的观察，今天看来甚至更有意义：

> 批发商和零售商对所分销产品的市场开发能否成功，起着十分重要的作用。在货架外观、产品脱销、陈列以及其他经销商支持方面，相对较小的变化都会产生有利或不利的结果。[28]

处理这个问题的基本方法是：当产品在渠道中转移时监控产品流程。然而，要做到有效地监控，必须有正式、系统的报告程序。尽管有些制造商能够开发自己的报告系统（即依赖销售分析数据、地区销售人员的报告和自己调研部门所做的估计），但越来越多的企业正在转向由独立的专业营销调研机构来提供这类信息，如 AC 尼尔森、SymphonyIRI 集团和其他公司。[29]

第二个问题，即监控渠道成员对其分销的竞争对手产品采取的行动同监控自己的产品有着同等的重要性。产品在成长期所表现出来的高销售量，肯定会引起急于“分一杯羹”的竞争对手的注意。在大多数情况下，这些竞争者的产品能在制造商的渠道成员的货架上获得一席之地。结果是，为维持本公司产品的成长，就要争取渠道成员的支持，制造商必须与对手进行竞争。在典型的产品生命周期的分销中，莱维特（Levitt）认为，在成长期处理这种竞争的关键在于预测竞争性行为，并在产品生命周期的前一阶段就计划出适当的战略。他说：

> 在产品生命周期的每一阶段，每一个管理决策必须考虑下一阶段的竞争需求。因此，在市场成长阶段做出制定一个强有力的品牌策略的决策，可能会帮助这一品牌远离以后激烈的价格竞争；在市场开发（导入）阶段制定保护分销商的政策，也许会推动市场成长阶段的销售点促销。[30]

拉尔夫·劳伦是一家著名的制造商，它非常熟悉如何在竞争者不断的冲击下依然将自己的产品保持在零售商货架上。[31]拉尔夫·劳伦面对不同层次的零售商提供不同的品牌，从而成功地保持着自己的主导地位，这些品牌包括从拉尔夫·劳伦最奢侈、最高价的采用“Black Label”标志、以 250 美元一件的衬衫和 3 000美元一件的小山羊皮夹克为代表的品牌一直到包括在折扣零售店（比如科尔士）销售的 30 美元一件的男士衬衫在内的年轻人的品牌。打着“American Living”这一商标的服饰甚至更为便宜，在杰西潘尼商店就可以买到，而“Polo by Ralph Lauren”这一中上品牌则在梅西百货、布鲁明戴尔、Lord & Taylor 等商店出售。拉尔夫·劳伦还提供其他几个品牌如 RRL、RLX、Polo Sport 和 Rugby。尽管从“Black Label”到“American Living”的产品价格差异很大，但所有的品牌都享有一个奢侈品牌的形象，以至于所有层次的零售商都无法抗拒。因此，虽然竞争对手如 Calvin Klein、Jones of New York 以及其他零售商自有品牌一直都在想方设法将拉尔夫·劳伦的商品挤下货架，但目前它们几乎没有什么成果。零售商为拉尔夫·劳伦的产品保留了很大的货架空间，并不是因为它们认为拉尔夫先生是一个很有趣的人，而是因为其高端和低端产品都能够承载一种奢侈品牌的形象，吸引顾客走进商店，并且年复一年地重复购买。这种对产品的持续管理使拉尔夫·劳伦始终走在竞争者的前面，在过去的 40 年内一直保持着增长！

成熟期与渠道管理

成熟期缓慢增长和饱和状态的特征，表明了渠道管理的两个战略重点：

1. 应该特别强调，要确保产品让渠道成员称心如意。

2. 渠道结构的可能变化，特别是选择不同类型的渠道成员，应该在衰退期到来之前提前进行，这样才有可能创造一个新的成长期。

面临缓慢的增长或接近于饱和状态，很多渠道成员的产品销售量及资金周转率将下降。作为一种反应，它们会减少或完全停止订购产品。一些渠道成员会进行特价销售或清仓甩卖，以尽快处理掉这些产品，防止没有人要的产品积压在手里。为了缓和渠道成员的这种行为所带来的严重后果，管理者必须采取行动，使产品对渠道成员有吸引力。最直接的策略是增加有潜在利润的产品，并降低分销中的风险，如特殊的贸易折扣、广告津贴、特殊包装经营折扣和一些丰厚的回报政策等。当然，必须考虑这种权宜之计是否有利可图，是否符合制造商的长期利益。

成熟期的一个内容更广泛、更长期的渠道战略是改变分销渠道结构。在某些情况下，这样会产生新的成长期。这里有一个“浣丽冷洗精”（Woolite）的例子。多年来，这种冷洗精只在百货商店出售，后来，制造商美国家庭用品公司（American Home Products）把这种产品引入食品店出售，开始了大规模市场营销的先河。其他什么都没有改变，“浣丽冷洗精”还是同样的产品、同样的包装、同样的产品特点，而1年之后销售量增长了2倍。原因是什么呢？消费者发现，通过新的渠道购买“浣丽冷洗精”更容易、更方便，于是开始大量采购。

尽管在成熟期渠道管理者不应该轻易改变产品的营销渠道，但是对这种可能性进行调查还是值得的。实际上，考虑到近年来在线渠道的广泛接受度，把成熟产品输出到在线渠道上，可以增加的产品寿命，甚至培育新的增长。Kiwi 鞋油，一个沉寂的有上百年历史的老品牌，在新千年到来后决定将其产品不仅在自有网站上，而且通过其他大量在线销售商推出后，这种事情确实发生了。[32] 在网络渠道高度曝光的帮助下，销售实质上已经停滞的 Kiwi 产品以每年 4%以上的速度增长，到 2007 年达到 3.1 亿美元的销售额。

衰退期与渠道管理

有时我们会阻止一种剧烈的改变，但当产品处于衰退期时，总体衰亡通常总是会来临的。[33] 在这种情况下，渠道管理者应该关注渠道中所隐含的两个问题：

1. 边缘商店应该迅速淘汰以防止利润进一步被侵蚀吗？

2. 衰退的产品会引起部分现有渠道成员的逆向反应吗？

有时，一种产品已经到了衰退期，大量的渠道成员仍然在经营它，不过，其中大部分都是小规模经营，通常订购非常少量的产品，大规模经营这种产品的多数渠道成员已经放弃了该产品，这就使得管理者只能通过剩下的少量高成本渠道来分销产品，从而进一步侵蚀了已经恶化的利润。此时，渠道管理者应该认真考虑，这种非常少量的销售是否应该停止。从根本上说，这就需要权衡每一个销售终端产生的收入和服务成本，以便进行分析。这一过程将在第 14 章详细讨论。

第二个问题是，制造商减少衰退期产品的生产时，渠道成员可能产生逆向反应。亚历山大（Alexander）在他的一篇经典文章里曾对此做过讨论，他说：

> 产品通常与营销过程联结在一起，产品组合里另一种产品的出现，会对现有产品的销售起促进作用。当淘汰一种产品时，这种行为会迫使一位原来从本公司购买全部或大部分他所需要的产品的消费者，转向其他的供应商去购买这种产

品，同时也会转移其他的一部分或全部需要。因此，制造商保留产品组合中的非盈利产品有时是非常明智的，为的是保持高盈利产品的销售量，但这种做法不应是不做分析就盲目进行的。[34]

不幸的是，进行这种分析的过程并不十分清晰。尽管如此，亚历山大还是大致地描述了用在这种分析中的基本指导方针：

当这种营销的相互依赖性存在于一个产品淘汰的问题中时，决策的制定者应该去努力发现：消费者中谁购买了这种"病入膏肓"的产品（衰退期的产品）？他们还购买了组合中的其他什么产品？购买了多少数量？他们贡献了多少利润……

……有人已经做了营销调研去寻找消费者购买的可盈利产品与"病入膏肓"的产品之间的关联程度。尽管结果可能不是非常准确，但是他们也许可以提出一个有关连锁惠顾情形的重要性顺序的思路。[35]

近年来，产品处于衰退期的明显例子有软盘、CD、打字机、涂改液、35 毫米照相机、胶卷、固定电话和拨号上网设备。即使这些产品销量急剧下降，但仍然有大量消费者，因为这样或那样的原因需要购买它们。因此，渠道管理者并不能完全放弃那些使消费者可以购买到这类产品的渠道。

战略性产品管理与渠道管理

产品线的战略性管理实际上是所有制造商都会面临的一种挑战。没有哪一种产品线可以不必管理而总是保持固定不变。当然，为了保持生存能力和可盈利性，产品线也不能固定不变。

成功的产品战略取决于诸多因素，如质量、创新、产品自身的技术复杂性、监控产品线的管理者的能力、公司是否有经济能力和积极性提供执行产品战略所需的促销支持，以及若干其他因素。这些其他因素之一，也是常常被人们忽略的因素之一，是渠道成员在执行产品战略中所起的作用。[36]由于大多数制造商并不是直接销售产品给最终用户，因此，在一定意义上，它们不得不要求渠道成员执行其制定的产品战略。可以说，制造商产品战略的成功，至少在一定程度上（有时是很大程度）取决于渠道成员执行制造商产品战略的有效性。下面我们将讨论几种不同的产品战略，目的是研究产品战略与渠道管理之间的联系。

产品差异化与渠道管理

产品差异化（product differentiation）可能是使用最广泛的产品战略。实际上，产品差异化意味着制造商试图描述一种或多种竞争性的产品是有差别的产品，这样消费者就更渴望去购买，甚至愿意以更高的价格购买。

产品差异化并不一定必须是实体特征的差异。创造产品差异可以通过为产品起不同的名字、差别化的包装、使用一定的广告诉求手段、在不同的商店进行销售或者这些因素的某些组合来实现。创造差异化产品的真正关键在于使消费者觉察到产品的重要差别。只要消费者能觉察到产品的重要差别，该产品与另外一种产品在外形上是否相同就不那么重要了；相反，如果消费者没有觉察到这样的一种差别，那么产品就算在外形上有差别，也没有什么重大的意义。因此，产品差异化与其说是在外形上使产品存在差异性，倒不如说是让消费者能看到这样一种差异。

传递这种差异化的任务，不一定总是属于制造商的，渠道成员也常被要求帮助创造一个有差别的产品概念。出售产品的商店类型、产品陈列和出售的方法以及所提供的服务，对创造产品差异化非常重要。[37]例如，厨房炊具制造商奥克莱德（All-Clad Metalcrafters）制造世界上最精致、最昂贵的炊具，在宾夕法尼亚的卡农斯堡生产的一个10英寸的煎锅售价就达到了125美元，一个顶级的汤锅价格超过400美元。[38]这些炊具都采用专利技术，以非常高的标准进行生产，生产时会将铝、铜等几种不同的金属与不锈钢在一起融合，以便得到适宜的导热性能、耐久性和美观性。奥克莱德的产品定位于那些对炊具有特别要求的顾客，产品不只是功能出色，而且摆放在厨房里要赏心悦目、与众不同。奥克莱德通过布鲁明戴尔百货商店和威廉姆斯-索拿马公司（Williams-Sonoma）这些不打折的高档零售商店销售。奥克莱德将这种渠道战略称为撇脂战略——只通过高档商店销售，特别注意避免通过中档商店（如科尔士）或者折扣店（如塔吉特或者沃尔玛）进行销售，即使这些连锁折扣店增长迅速、主导着市场，奥克莱德仍然坚持认为，奥克莱德如此辛苦才建立起的品牌、样式和专一性方面的特色，如果产品出现在不符合自身特色的地方，那么很快会损害到产品的差异化战略。

虽然奥克莱德通过零售商执行其厨房炊具的差异化方面非常成功，但美泰克（Maytag）以同样的做法出售其洗碗机却不那么奏效。美泰克的洗涤设备形象良好，试图以比竞争对手更好的质量为基础，使自己的洗碗机差异化。根据《消费者报告》所做的客观测试，美泰克的洗碗机优于竞争品牌。美泰克的洗碗机由公司自己设计并获得专利，被《消费者报告》排名在洗碗机的首位。然而，美泰克洗碗机的外形同其竞争对手的产品外形没有太大差别，竞争对手的产品成本却大大低于美泰克。实际上，美泰克的洗碗机更像是竞争产品线的低端产品。要想使美泰克产品差异化战略起作用，就应该通过广告和特价销售，使消费者得知美泰克产品优秀的内在品质。不幸的是，美泰克简单地认为，其洗碗机的优良质量会被消费者认知，因而在零售渠道没有对洗碗机做自我推销。可惜消费者并没有产生这种认知，因为美泰克没有妥善地制定渠道管理计划来支持产品战略，广告攻势不强，不能通过宣传其洗碗机的优点创造一种优质产品的形象。不过，美泰克最大的缺点是不肯做任何努力去培训或引导零售商的销售人员同消费者交流洗碗机的质量情况，而没有这些零售商做“拉拉队长”，美泰克在众多的洗碗机中便完全是另一番面孔。

在执行产品差异化战略上，奥克莱德的成功和美泰克的失败是两种值得讨论、可直接用于渠道管理的不同方法。奥克莱德选择了自己所需要的具有一定实力使其厨房炊具特殊化的零售商，然后确保它们能以一种增强产品吸引力的方式提供和陈列产品。美泰克则不太关注提供强有力的广告支持或培训，不屑于引导零售商的销售人员为其优秀的产品质量提供有力的支持。

渠道管理对产品差异化战略的两个启示可以从前面的论述中得出：（1）当产品差异化战略受到正在销售产品的人员影响时，渠道管理者应该试图选择和帮助发掘适合产品形象的渠道成员；（2）当产品差异化战略受到产品以何种零售方式进行销售的影响时，管理者应该向零售商提供正确地展示产品所需的支持和帮助。

产品定位与渠道管理

产品定位（product positioning）是另一种广泛应用的产品战略。产品定位是指制造商试图以一种与竞争产品相对立的方式来使消费者认知自己的产品。如果这一过程能够完成，产品就能在消费者的脑海里形成一种定位，即它是当前使用的产品的替代产品。例如，皮埃尔水源（Source Perrier）是法国皮埃尔（Perrier）瓶装矿泉水的制造商，它在美国市场上定位于酒类和软饮料的替代品；橘子汁生产商发起了大规模的促销活动，把橘子汁定位为软饮料的替代产品；奶品行业也发起了类似的活动，旨在把牛奶定位为很多其他软饮料的替代产品；七喜（7-UP）则试图把其产品定位为可乐饮品的替代产品。这种定位战略不仅限于饮料，也可广泛应用于其他产品种类，如从口嚼烟草（chewing tobacco，作为烟草的替代品）到移动住宅（固定住宅的替代品）。

正如产品差异化一样，产品定位也要以特定的产品品牌为中心，这样就有可能与产品品牌联系在一起。宝马汽车和运动型饮料佳得乐的成功的产品定位，可以证明品牌名称的功效和产品实体的属性有同样的作用。

尽管成功的产品定位策略取决于很多因素，但商店销售产品的类型、产品陈列和促销的方式是非常重要的。皮埃尔公司定位于软饮料的替代产品，使得产品在超市销售时必然与大量的软饮料陈列在同一类货架上。然而，获得和保持超市的货架空间绝不是自然而然的事，皮埃尔不得不制定一个渠道管理计划，招募全美独立的瓶装软饮料和啤酒分销商，把皮埃尔矿泉水分销到超市，先进行陈列，当产品畅销时，再不断向市场补货。没有大量分销方法和渠道产品定位策略，皮埃尔矿泉水也许只能维持以前的状况，即作为一种定位模糊、昂贵的矿泉水，在少数美食商店的阴暗角落里出售。现在皮埃尔公司的渠道战略不仅促进了自己产品的巨大增长，而且在全美的超市里作为一种新型的、销售额达数十亿美元的瓶装矿泉水，扮演着重要角色。

星巴克的速溶咖啡 Via 的巨大成功就是一个展示渠道战略应与产品战略保持一致从而成功实施产品定位战略的绝佳例子。2009 年 9 月 Via 在美国与加拿大的星巴克店铺中全面铺开。[39] 多年以来，喝咖啡的人们认为相比现磨的咖啡，速溶咖啡是一种次级的产品。速溶咖啡给人的印象是：在超市中出售，购买者不懂咖啡，他们仅仅寻求低价格，并不在意口感。结果，当星巴克试图将其 Via 速溶咖啡定位为高品质产品（如图 10—4 所示，星巴克打出的 Via 广告词为“和我们的现磨咖啡一样美味的速溶咖啡”）时遇到了很大的挑战。那么星巴克怎么实现 Via 的成功呢？首先，星巴克只在自己的店铺中销售 Via，这一举动立即为 Via 速溶咖啡创造了一种“光晕效应”，并立即为 Via 创造了可信性。毕竟星巴克声称自己销售世界上最好的咖啡，它应该不会提供一种不能达到星巴克质量标准的产品，否则会对星巴克的声誉和品牌价值造成影响。其次，星巴克在店铺中为顾客准备了“味觉挑战”。从 2009 年 10 月 2 日至 2009 年 10 月 5 日，光临星巴克的顾客都可以参加星巴克的味觉挑战，无论他们的感觉如何，都可获赠一杯免费的咖啡。事实上，星巴克使用这一手段将速溶咖啡喂到顾客的嘴里。最后，星巴克对店铺中的咖啡师进行培训，让他们对 Via 作出积极的评价，将 Via 作为顾客在不能前往星巴克店时也能享受星巴克咖啡的一种产品进行推销，从而巩固了广告中的标题（见图 10—4）。在 Via 引入市场之后，星巴克同一店铺销量在几个季度内首次显著增长，而增长几乎完全得益于 Via 带来的额外销售收入。

星巴克成功的产品定位战略很大程度上依赖于充分利用其零售店渠道快速高效地创造了对速溶咖啡的新认识。星巴克选择了将速溶咖啡与其现磨的手工咖啡一起在店铺中销售这一大胆且风险较高的方式而不是选择超市这一逻辑上合理的渠道。

图 10—4　星巴克速溶咖啡报纸广告

产品线拓展和收缩战略与渠道管理

有一段时间，大多数制造商发现拓展或收缩产品线是必要的。[40]实际上，它们通常会同时采取两种做法：一是增加产品；二是放弃已进入产品衰退期或销售情况太差而无法继续销售的产品。

在同渠道成员打交道的过程中，这种**产品线拓展和收缩战略**（product line expansion and pruning strategies）会产生一些问题，因为很难在产品线上找到一种让所有渠道成员都满意的完美的产品组合。[41]产品线拓展时，一些渠道成员可能会抱怨，产品组合使其库存成本增加了，销售工作也复杂了；当有些产品收缩时，另一些渠道成员（或者仍旧是抱怨产品线拓展的那些渠道成员）可能会抱怨那些不再生产的产品，因为它们还有大批购买这些产品的顾客。

下面的一些数字在考虑到产品线拓展时会有指导作用：

● 宝洁公司的“海飞丝”洗发水有31个品种，佳洁士（Crest）牙膏有52个不同的品种；

● 消费品生产厂家每年会新增5万个新品种；

● 纳贝斯克的焙烤类产品有 8 000 个品种；

● 在一个典型的超市里，47 000 个品类中有 25%的产品销售额还不如某个单一的品类。

研究表明，如果产品线拓展得让消费者眼花缭乱[42]，使渠道成员储存产品更麻烦，那么这不但不会使销量上升，反而会使销量递减。

因此，站在渠道管理的角度，产品线拓展和收缩战略需要制造商获得渠道成员对于重塑产品线的支持。此外，由于渠道成员（特别是大型零售商）越来越重视**品类管理**（category management），把产品种类当作业务单元进行管理，逐个商店地检视产品种类是否合适，以便更准确地满足消费者需求，渠道成员对制造商满足它们正确的产品组合的要求比以前更加迫切。[43]尽管没有简单明确的方法来获得正确的产品组合和满足渠道成员越来越高的要求，但是在处理产品线拓展或收缩战略与渠道战略之间的关系时，有几点还是值得考虑的：（1）尽管很明显，制造商是其自身产品线的管理者，可以根据其自身的最佳利益而自由改变产品线，但是尽可能地考虑所有渠道成员的看法还是很重要的，通常这仅需要比征求关于未来产品线拓展或收缩的主要理由多做一点工作。（2）制造商应该努力向渠道成员说明未来的产品线拓展和收缩战略的根本原因。由于渠道成员对于这种说明不能完全满意，所以需要花费较长的时间，消除对于这种行为的疑惑和神秘感。（3）制造商应该努力提前通知渠道成员关于产品线上的重大变化，让它们有充足的时间为这种变化做好准备。

后向延伸、前向延伸与渠道管理

与产品线拓展和收缩战略紧密相关的战略是后向延伸或前向延伸战略。**后向延伸**（trading down）是在原有产品组合的基础上，增加更低价格的产品或产品线；**前向延伸**（trading up）从根本上来说是相反的，指为产品线增加产品，这些产品比产品线上的其他产品昂贵得多。后向延伸旨在通过产品吸引低端市场，而前向延伸意味着制造商企图使用产品战略吸引高端市场。相应地，后向延伸和前向延伸也经常用来分别指进入低端市场和高端市场。

后向延伸和前向延伸是高风险的战略，因为它们可能反映了与公司经营主业的较大偏离。制造商可能面临的问题是：（1）不甚了解的新市场；（2）以前没有遇到过的新竞争者；（3）新的渠道成员或现有渠道成员的新问题。本章的重点是论述与产品战略有关的渠道管理中所隐含的问题，因此我们将关注第三个问题。基本上有两个方面的问题需要考虑。

第一个，也是最基本的问题是，现有的渠道成员能否提供足够大的高端和低端细分市场覆盖面？这个细分市场是前向延伸或后向延伸产品所瞄准的。如果渠道成员做不到这一点，就必须增加新的渠道成员或者改变渠道的基本设计。这恰恰就是李维·斯特劳斯公司将其牛仔裤产品中的低端品牌 Signature 推向市场，实行后向延伸战略时所面对的问题。[44]为了实现较大的市场占有率以支持该品牌新增加的生产线，李维·斯特劳斯公司决定让沃尔玛作为自己的主要分销商，因为沃尔玛可以让李维·斯特劳斯公司接触到大量正在寻找著名品牌的低端产品的消费者。李维·斯特劳斯公司相信这一渠道战略对于新产品取得巨大的市场渗透力是非常关键的。李维·斯特劳斯公司原来通过百货店和专卖店销售经典品牌“Red Tab”牛仔裤的渠道策略与公司当前成功实施后向延伸的低端产品战略之间并没有重叠的市场。

制造商实施前向延伸或后向延伸时面临的第二个渠道管理问题，是比第一个问题更不易察觉但也许更困难的问题。它可以表述如下：渠道成员对在市场上成功地出售制造商的前向延伸或后向延伸的产品充满信心吗？不管是在批发还是零售层次上，渠道成员都在脑海里形成了一种概念，即特定的制造商是同其产品类型联系在一起的。当某个被认为是“优质、可靠、中等价位的”产品的制造商突然推出一种更昂贵或者更便宜的产品时，渠道成员可能会对其前向延伸或后向延伸战略产生疑问：制造商是否超越了自己的生产能力？或者它是否真正知道自己正在做些什么？例如，当皇家器具制造公司（Royal Appliance Manufacturing Company）对其“灰尘克星”牌（Dirt Devil）真空吸尘器实施前向延伸战略时，大型零售商沃尔玛就产生了这样的想法。原来的产品是一种带旋转刷子的轻型手提式真空吸尘器，已经取得了巨大的成功。售价40美元的这种小型的红色、效力更大的真空吸尘器，几乎占满了零售商的货架，但是只过了不到2年，该公司就决定增加一种更加昂贵的直立型“灰尘克星”产品，其售价为139美元。现在这种产品同其他直立型产品，包括那些消费者广泛认可的、主导直立型真空吸尘器市场的生产商胡佛公司（Hoover Company）生产的产品，形成了直接竞争。不难理解，零售商对皇家器具制造公司同胡佛公司竞争取胜的概率表示怀疑。起先，皇家器具制造公司大量的广告帮助其高价的“灰尘克星”在市场上站稳了脚跟，但是139美元的“灰尘克星”刚被市场认可，皇家器具制造公司又推出了另一款99美元的立式产品，结果侵占了高价产品的销量，损害了零售商的利益。这使得早就抱有疑虑的零售商确信皇家器具制造公司是极没有头脑的，而且零售商不相信该公司的前向延伸产品战略有助于改变高价立式“灰尘克星”的不理想的销量。实际上，这种高价立式“灰尘克星”也从未取得过原有产品所取得的成功。

产品品牌战略与渠道管理

考虑**产品品牌战略**（product brand strategies）时，多数制造商有几种可能的选择，它们可以这样销售自己的产品：（1）冠以一个全国品牌；（2）冠以几个全国品牌（家族品牌）；（3）采用自有品牌；（4）冠以全国和自有两种品牌。除了这四种办法之外，制造商还可以有进一步的选择。例如，使用全国品牌的制造商，可以让其品牌中的特定产品线和型号的产品通过特定类型的渠道成员进行销售。例如，固特异公司对大型经销商如沃尔玛和小型独立经销商提供不同型号的轮胎让其销售，为的是这些渠道成员相互之间不会产生直接的竞争。

这些选择中的任何一种，都可能在某个时候给渠道管理带来问题。[45]可是第四种选择，即冠以全国和自有两种品牌进行销售，给渠道管理带来了最难解决的问题，因为当制造商销售这两种品牌的产品时，会导致渠道成员之间的直接竞争。换句话说，最终用户可以选择购买制造商品牌（全国品牌）或渠道成员品牌（自有品牌）的产品，而二者都是同一制造商生产的。例如，惠而浦（Whirlpool）在其品牌名称下通过独立的分销商和经销商来进行销售，而它又是西尔斯自有品牌家电产品“楷模”（Kenmore）的主要供应商。博登（Borden）是最大的全国品牌Cremora咖啡奶精制造商之一，斯科特纸业（Scott Paper）是全国品牌Viva纸巾的第二大生产商，联合碳化物公司（Union Carbide）的“快乐包”（Glad Bags）是全国领导品牌，它们都为自有的或者无名的贴牌厂商生产其他款式的上述产品。在各个行业内，大量的消费品制造商使用类似的品牌战略。实际上，当全国品牌制造商企图利用过剩的生产能力并且与那些由非全国品牌制造商为大型连锁零售店生产的自有品牌产品进行竞争时，这种双重分销或多种营销战略就越来越常见。

如果竞争太直接，由这种双重的全国品牌和自有品牌产品战略所产生的制造商和渠道成员之间的竞争，可能会带来双方之间严重的竞争问题。例如，这里有一个使用自己的全国品牌和许多自有品牌进行销售的著名的酒品制造商的例子，其最主要的渠道成员之一——纽约大型酒品连锁店，同时销售制造商的全国品牌产品及其自有品牌产品，尽管这两种品牌的产品都来自同一个酒厂，但是自有品牌的销售量大大低于全国品牌。由于越来越多的消费者认识到在这种情况下产品是一样的，所以他们开始更经常购买自有品牌，而较少购买全国品牌。实际上，只有在临近圣诞节，消费者需要购买酒品作为礼品时，全国品牌的销量才会增加。被广泛接受的自有品牌酒品对制造商形成了一个“怪圈”，对其全国品牌产品的长期生存造成了负面影响，使得制造商陷入了一种尴尬的境地。[46]

当制造商采取一种既追求全国品牌，又追求自有品牌的战略时，它必须预先估计到，在其全国品牌和自有品牌之间过度的竞争可能产生竞争问题，它所采取的战略必须能很好地解决这一难题，至少，制造商应该设法预见到采用全国品牌和自有品牌进行销售时，可能出现的分销情况。例如，在很多情况下，同一个分销商或经销商会同时销售某一产品的全国品牌和自有品牌吗？销售全国品牌和自有品牌的分销商或经销商会在同一个地区市场上竞争吗？如果出现了这些问题，分销商或经销商可能会做出怎样的反应？

在实施这种双重的全国品牌和自有品牌战略之前，对这些渠道问题必须给予重视，制造商需要建立明晰的渠道管理政策，用以指导双重品牌战略。[47]这样的政策有：(1) 不再同时出售全国品牌和自有品牌的产品给同一渠道成员；(2) 在不同的地理区域分别销售全国品牌和自有品牌产品；(3) 在实体形态上尽量保持产品差异化，这样即使前面的两条政策不可行，全国品牌和自有品牌之间的直接竞争也会最小化。[48]

产品服务战略与渠道管理

很多消费品和工业品在售出之后需要提供服务，这些产品的制造商应该为售后服务做好准备，或者直接由工厂提供，或者通过它们自己的服务中心网络、渠道成员和授权的独立服务中心提供，或者通过上述组织的结合来提供。[49]

不幸的是，除了诸如 STIHL 公司之类的几个著名公司外，作为渠道管理战略性问题的产品服务工作，往往被制造商忽略，特别是消费品的制造商。在产品战略计划中，服务被降到次要地位，甚至更糟的是，服务已经被看作产品管理中事后才能想到的事情或较小的细节问题。难怪消费者对于各种消费品，从汽车到计算机软件的售后服务的可获得性和质量，经常表现出极大的不满。

如此低劣的服务，不仅反映了产品管理中的缺陷，而且反映了渠道管理中的缺陷。因为营销渠道工作不仅要使最终用户能得到产品，还要能得到必要的服务。能够提供有效益且有效率的产品配送的营销渠道，如果不能提供产品服务，就不能算是完全有效益或有效率的渠道。

要使渠道能提供优质的产品服务，制造商就必须把产品服务的问题看作产品管理和渠道管理中最基本的战略问题。实际上，如果制造商在渠道中能开发强有力的服务能力，产品的吸引力就会因为良好的服务而大大增强。例如，雷克萨斯汽车公司（在第 5 章讨论了其总体渠道战略）就因为对其高档轿车的消费者提供优质的服务而建立了良好的声誉。消费者不但可以方便、快速地在雷克萨斯授权的经销商那里约到服务，而且经销商对贷款购车的消费者免收手续费。更重要的是，雷克萨斯经销商的服务部门对消费者的满意度十分在意而且敏感。如果顾客注意到汽车内部某个仪表有一处细微且不易察觉的划痕，雷克萨斯极有可能授权经销商更换整个仪表。即使有一个轻微得很难听到的杂音打扰了消费者，经销商的技术人员无论花多少时间都要将它消除掉。雷克萨斯的经销商网络所强调的优质服务现在已经成为其产品不可分割的一部分。因而，雷克萨斯拥有的品牌形象是由产品优异的质量和雷克萨斯经销商提供的完美服务共同支撑起来的。

获得这样的渠道成员支持并不是一件很容易的事。在提供服务时，强烈期望从渠道成员那里获得合作的制造商，一定要向渠道成员讲清楚：服务是产品整体战略的重要组成部分，而且在服务方案中必须为渠道成员提供激励。

本章小结

有效的渠道管理需要渠道管理者知晓渠道管理应如何与其他营销组合变量进行协调——产品、价格、促销和物流。管理者应该把公司在每一营销组合领域中的战略视为用来改善公司的渠道管理战略的资源。

本章第一个战略性联系讨论的是产品管理与渠道管理。当产品管理与渠道管理相互联系时，需要考虑产品管理的三个基本方面：（1）新产品计划；（2）产品生命周期；（3）战略性产品管理。

关于新产品计划，管理者应该关心的基本渠道管理问题有：（1）鼓励渠道成员参与新产品计划；（2）促使渠道成员接受新产品；（3）使新产品适合渠道成员的品种组合；（4）为促进新产品的销售，对渠道成员进行培训；（5）确保新产品尽可能完美。关注或关心这些问题，对于提高新产品成功的可能性大有裨益。

如果想有效地进行渠道管理，延长产品的生命周期，管理者必须理解渠道管理中的产品生命周期所隐含的问题：（1）在产品生命周期的导入期，管理者必须保证发展大量的渠道成员，以获得足够大的市场覆盖面；（2）产品转入成长期之后，必须加强渠道成员覆盖面的充分性，小心地监控竞争性产品对渠道成员的影响；（3）当产品从成长期进入成熟期时，要特别强调激励渠道成员，帮助减少竞争性产品的影响，要对能改变渠道结构以延长成熟期或有助于创造一个新的成长期的可能性进行调查研究；（4）当产品进入衰退期时，要淘汰不重要的渠道成员，并且调查制造商产品线上产量的削减所带来的影响。

为了保证产品线能在市场上继续生存下去或者具有可盈利性，战略性管理几乎是所有的制造商都面临的一项任务。一些基本战略可以通过产品的战略性管理来实现。对多数制造商而言，其中最重要的一些战略有：（1）产品差异化战略；（2）产品定位战略；（3）产品线拓展和收缩战略；（4）后向延伸和前向延伸战略；（5）产品品牌战略；（6）产品服务战略。渠道管理者必须理解这些产品战略和渠道管理战略之间的关系，并且努力以渠道管理支持产品战略成功实施。

复习题

1. 产品、价格、促销和物流可能被渠道管理者视为有助于确保高层次渠道成员合作的资源。对这一观点进行讨论。

2. 试述一种新产品在获得市场认可的过程中争取渠道成员支持的重要性。

3. 诱导渠道成员参与制造商的产品计划和开发过程是可行的吗？可能产生什么样的问题？

4. 让新产品适合渠道成员的品种组合有时会成为一个问题，什么时候这种问题会产生？

5. 试述产品生命周期阶段及每一阶段对渠道管理所具有的含义。

6. 在什么情况下，一个看似简单的产品收缩决策可能会使部分渠道成员产生逆向反应？

7. 讨论战略性产品管理和渠道管理之间的相互关系，这些关系中哪一个比其他更重要？请解释。

8. 解释执行产品差异化和产品定位战略中渠道管理的作用。

9. 实施产品线拓展和收缩战略、后向延伸和前向延伸战略以及同时使用全国和自有两种品牌战略时，渠道管理中可能产生什么问题？

10. 讨论营销渠道在售后服务中的作用。

思考题

1. 随着亚马逊 Kindle 电子书的广泛使用，图书出版商面临着一个困难的渠道决策：它们应该同时引入传统的纸质书和电子书还是等纸质书在传统渠道有了一定销量之后再引入电子书？在出版前任副总统候选人萨拉·佩林（Sarah Palin）的名为《流浪：一种美国生活》的书时，出版商哈珀柯林斯（HarperCollins）采用了延迟战略。该出版商选择在纸质书上市一个多月后发行电子书版本，在 11 月中旬，该出版商就印刷了 150 万册纸质书在书店和网络上销售，电子书则直到 12 月 26 日，圣诞节后的第二天才面市。显然，哈珀柯林斯担心电子书蚕食纸质书的销量。

你认为哈珀柯林斯的渠道决策正确吗？为什么？如果不正确，为什么？

2. RadioShack 在世界各地拥有 6 500 多个基站，多年来一直试图挣脱其过时的、不入流的技术形象。RadioShack 被精通技术的消费者看成一个购买诸如适配器和电缆等大杂烩类电子产品的地方，而不是购买智能手机的地方，但是到了 21 世纪的第一个十年的后半期，RadioShack 在广告中把自己称作“The Shack”，竟然颇具争议地开始卖起高科技、时尚的标志性产品——苹果手机，而一向在销售其产品资格方面严苛选择的苹果公司竟然决定让 RadioShack 销售其手机。

你认为苹果为什么会选择 RadioShack 作为其手机渠道成员？你认为产品生命周期对苹果的决策有影响吗？

3. Toddler University 是一个制造儿童鞋的制鞋公司。该公司从白手起家发展到销售额超过 2 500 万美元。根据一些行业观察家的看法，Toddler University 成功的秘密是能极大地降低零售商存货的独特产品设计。一般儿童鞋有 11 种号码和 5 种宽度，因此，零售商就要为每一款鞋库存 55 双鞋，但是 Toddler University 申请了一项专利，使用在一种宽度的鞋内加入 5 种不同宽度的鞋嵌件，这样极大地降低了零售商的存货需求。

根据你所知道的产品战略和渠道管理战略之间联系的相关内容，对这一新的发展进行评论。

4. 宝洁对自有品牌的发展极为关注，甚至采取了不凡之举：对那些销售冠以自有品牌的产品，同时又大量销售宝洁产品的渠道成员提起诉讼。引起争议的 F&M 分销公司经营着上百家杂货店。宝洁声称，F&M 的自有品牌商品的设计和包装，看起来同其著名品牌产品诸如潘婷、海飞丝、秘密（Secret）、自信（Sure）及诺克希玛（Noxema）几乎完全一样。宝洁不仅要求 F&M 停止销售这些假冒的自有品牌产品，而且要求赔偿。宝洁以前曾对自有品牌的模仿者提起过类似的诉讼，但这些案件的对象是自有品牌产品的制造商，而不是其产品的分销商。行业分析家认为对自己的渠道成员起诉风险很大，因为渠道成员被通过自己销售产品的宝洁公司起诉后，就不再可能是销售宝洁产品的热情经销商了。

就自有品牌与全国品牌的竞争和独立分

销商的作用来说，这个案例中下一步将会发生什么事情？你认为宝洁公司对其渠道成员提起诉讼是明智之举吗？解释为什么是或者不是。

5．售价50～200美元，甚至更为昂贵的太阳镜曾风行一时。雷朋（Ray-Ban）这种昂贵的太阳镜流行时尚的领导者之一，受到大量其他制造商的攻击，如奥克利公司（Oakley Inc.）专门为滑雪者、摩托车驾驶员、水上运动爱好者、篮球运动员生产昂贵的太阳镜及护目镜，价格为85～190美元不等。像这样的品种之多和价格之高，反映了一种产品定位战略，即把太阳镜从一种生活必需品转化成一种重要的与迎合高档消费、适合体育运动、富有魅力的生活方式相关的时尚产品。

在成功地实施这种太阳镜的新产品定位战略中，零售商起了什么样的作用？试讨论。

6．即使是著名的、标志性的《财富》500强公司，有时也会生产缺陷产品，导致在数千家零售商的货架上终结。这种情况曾发生在强生公司（Johnson & Johnson）——一家世界领先的专利药品制造商。2009年强生公司从零售商货架上召回其大量著名的成功产品，诸如吗丁林、泰诺、苯海拉明、碳酸二羟铝钠、阿司匹林等，消费者抱怨这些药品有一种发霉的气味，会导致恶心、腹痛或腹泻。

甚至是最大、最有声誉的像强生公司这样的公司有时也会生产缺陷产品，影响到通往消费者的零售渠道，那么渠道成员应该把这些事件看作不可避免的吗？讨论之。

7．在超市销售的自有品牌产品的价格普遍比全国品牌低10%～20%，而实现的利润却比全国品牌高10%～15%，因此，超市喜欢自有品牌产品。近年来出现了一种趋势，即超市升级其自有品牌，同高价的全国品牌在质量上进行更直接的竞争。例如，几家超市已经开发了自己的类似德芙（Dove）的高价冰淇淋。一些观察家认为，自有品牌产品的前向延伸会削弱其吸引力。

你同意否？请解释。

注释

1. For a related discussion, see Boonghee Yoo, Naveen Donthu and Sungho Lee, "An Examination of Selected Marketing Mix Elements and Brand Equity," *Journal of the Academy of Marketing Science* (Spring 2000): 195–211.
2. See, for example, J. Miguel Villas-Boas, "Product Line Design for a Distribution Channel," *Marketing Science* 17, no. 2 (1998): 156–169.
3. For an excellent article on this issue, see Gerald G. Udell and Linda S. Pettijohn, "A Retailer's View of Industrial Innovation: An Interview with David Glass, CEO of Wal-Mart Stores Inc.," *Journal of Product Innovation Management* 8 (1991): 231–239.
4. For a related discussion, see: Barry Berman, "Products, Products Everywhere," *MIT Sloan Management Review* (August 2010): 1–3.
5. Wujin Chu, "Demand Signaling and Screening in Channels of Distribution," *Marketing Science* (Fall 1992): 327–347.
6. See, for example: R. Nicholas Gerlich, Rockney G. Walters and Oliver P. Heil, "Factors Affecting Retailer Acceptance of New Packaged Goods," *Journal of Food Products Marketing* (September 1994): 65–92.
7. Lan Luo, P.K. Kannan and Brian T. Ratchford, "New Product Development Under Channel Acceptance," *Marketing Science* (March-April 2007): 149–163.
8. For an analysis of how early or pioneer products fare against later entrants with new products, see: Frank H. Alpert, Michael A. Kamins and John L. Graham, "An Examination of Reseller Buyer Attitudes toward Order of Brand Entry," *Journal of Marketing* (July 1992): 25–37.
9. Eilene Zimmerman, "Getting Your Product Onto Retail Shelves," *New York Times*, October 21, 2010: B8; Elizabeth J. Wilson and Arch G. Woodside, "Marketing New Products with Distributors," *Industrial Marketing Management* 21 (1992): 15–21.
10. Ellen Neuborne, "The World's Largest Focus Group," *Business 2.0* (October 2002): 58–59.
11. For an insightful analysis related to this point, see: Frederick E. Webster, Jr., "Understanding the Relationships Among Brands, Consumers and Resellers," *Journal of the Academy of Marketing Science* (Winter 2000): 17–23.

12. For a related discussion, see: Vithala R. Rao and Edward W. McLaughlin, "Modeling the Decision to Add New Products by Channel Intermediaries," *Journal of Marketing* 53 (January 1989): 80–88.
13. Tom Craig, "Health Food Is No Longer a 4-Letter Word," *Retailing Today*, October 7, 2002: 15.
14. Kevin Helliker, "In Natural Foods, A Big Name's No Big Help," *Wall Street Journal*, June 7, 2002: B1, B4.
15. Betsy McKay, "Thinking Inside the Box Helps Soda Makers Boost Sales," *Wall Street Journal*, August 2, 2002: B1, B3.
16. Zachary Schiller, Greg Burns and Karen Lowry Miller, "Make It Simple," *Wall Street Journal*, September 9, 1996: 98.
17. Simon Harper, Amit Kapoor, John Potter and Laura Thompson, "The Missing Metric: Measuring Shelf Space Profitability," Booz Allen Hamilton, *Perspective Report* 2007: 1–5.
18. Ilan Brat, Ellen Byron and Ann Zimmerman, "Retailers Cut Back on Variety, Once the Spice of Marketing," *Wall Street Journal*, June 26, 2009: A1, A12.
19. Brat, Byron and Zimmerman, "Retailers Cut Back on Variety," A12.
20. Cecilie Rohwedder, "Burberry CEO Retrenches: Fewer Items, Faster Delivery," *Wall Street Journal*, May 24, 2007: B1, B3.
21. For an excellent study of how retailer assortment decisions affect consumers, see: D. Eric Boyd and Kenneth D. Baha, "When Do Large Product Assortments Benefit Consumers? An Information Processing Perspective," *Journal of Retailing* co. 85, no. 3 2009: 288–297.
22. Fabio Musso, "Innovation in Marketing Channels," *SYMPHONYA* vol. no. 1 (2010): 4–7.
23. See, for example: Sharon Terlep and Mariko Sanchanta, "Focus Now Turns to Toyota's Fix," *Wall Street Journal*, February 2, 2010: B1, B2.
24. For two excellent articles on product liability as it affects channel members, see: David Griffith, James Kenderdine and Fred Morgan, "Intermediate Sellers: Wholesalers Liability for Defective Products," *Journal of Marketing Channels* 3 (1993): 47–71; and Karl A. Boedecker and Fred W. Morgan, "The Channel Implications of Product Liability Developments," *Journal of Retailing* (Winter 1980): 59–72.
25. See, for example: Louis E. Boone and David L. Kurtz, *Contemporary Marketing* 14 edition. Cengage Learning 2009.
26. See, for example: Nickolas Nickolaus, "Marketing New Products with Industrial Distributors," *Industrial Marketing Management* 19 (1990): 287–299.
27. Jeffrey A. Trachtenberg, "Same Day E-Book Sales Propel Grisham's Thriller," *Wall Street Journal*, November 9, 2010: B10.
28. David J. Luck, "Interfaces of a Product Manager," *Journal of Marketing* 33 (October 1969): 33.
29. "The Nielsen Co.," *Marketing News*, August 15, 2008: H6–H9; for some alternative monitoring procedures, see: V. Kanti Prasad, Wayne R. Casper and Robert J. Schiefter, "Alternatives to the Traditional Retail Stores Audit: A Field Study," *Journal of Marketing* 48 (Winter 1984): 54–61.
30. Theodore Levitt, "Exploit the Product Life Cycle," *Harvard Business Review* (November-December 1965): 91.
31. Teri Agins, "Polo's High-Stakes Balancing Act," *Wall Street Journal*, May 31, 2007: B1, B5.
32. Julie Jargon, "Kiwi Goes Beyond Shine in Effort to Step Up Sales," *Wall Street Journal*, December 20, 2007: B1, B2.
33. For an excellent discussion of the product deletion process, see George J. Avlontis, "Product Elimination Decision Making: Does Formality Matter?" *Journal of Marketing* 49 (Winter 1985): 41–52.
34. R. S. Alexander, "The Death and Burial of 'Sick' Products," *Journal of Marketing* 28 (April 1964): 5. See also: Joseph P. Guiltinan, "Risk-Aversive Pricing Policies: Problems and Alternatives," *Journal of Marketing* 40 (January 1976): 11.
35. Alexander, "Death and Burial of 'Sick' Products," 5–6.
36. Bert Rosenbloom, "Better Product Strategy through Alert Channel Management," *Journal of Consumer Marketing* (Fall 1984): 71–80.
37. For a related discussion, see: John A. Quelch, "Marketing the Premium Product," *Business Horizons* (May-June 1987): 38–45.
38. Timothy Aeppel, "Cookware Heavyweights," *Wall Street Journal*, June 21, 2002: B1, B4.
39. Julie Jargon, "Starbucks Growth Revives, Perked by Via," *Wall Street Journal*, January 21, 2010: B7.
40. See: Avlonitis, "Product Elimination Decision Making," 41–45.
41. For a related discussion, see: Pallavi Gogoi, "Why Avon is Going Hollywood," *Business Week*, July 28, 2008: 58.
42. See, for example: Peter Boatwright and Joseph C. Nunes, "Reducing Assortment: An Attribute-Based Approach," *Journal of Marketing* (July 2001): 50–63.
43. Suman Basuroy, Murali K. Mantrala and Rockney G. Walters, "The Impact of Category Management on Retail Prices and Performance: Theory and Evidence," *Journal of Marketing* (October 2001): 16–32.
44. Emily Scardino, "Wal-Mart Tapped to Host Levi's Coming Out Party," *Retailing Today*, November 11, 2002: 1, 11.
45. See, for example: Phillip Parker, "Befriending the Private Label," *Harvard Business Review* (February 2006): 61–62; Steve Hamm, "Rivals Say HP is Using Hardball Tactics," *Business Week*, February 19, 2007: 48–49.
46. Robert E. Weigand, "Fit Products and Channels to Your Market," *Harvard Business Review* (January-February 1977): 104.
47. Monica Gomez Suarez, "Shelf Space Assigned to Store and National Brands," *International Journal of Retail & Distribution Management* vol. 33, no. 1 (2005):

858–878.

48. For a related analysis, see: Javier Oubina, Natalia Rubio and Maria Jesus Yague, "Strategic Management of Store Brands: An Analysis from the Manufacturer's Perspective," *International Journal of Retail & Distribution Management* vol. 34, no. 10 (2006): 742–760.

49. For one of the most comprehensive approaches manufacturers can use to address the product service issue, see: Edward Feitzinger and Hau L. Lee, "Mass Customization at Hewlett-Packard: The Power of Postponement," *Harvard Business Review* (January-February 1997): 116–121.

第 11 章

渠道管理中的定价问题

学习目标

学习本章之后，你应该能够：

1. 了解营销渠道管理中定价问题的重要性；
2. 理解渠道价格结构的“构造”及其在渠道定价战略中的影响；
3. 认识渠道管理者在影响企业定价战略中的作用；
4. 了解制定有效的渠道价格的 8 项基本指导原则；
5. 知道这些原则并非渠道定价战略的灵丹妙药；
6. 识别渠道定价战略中一些可能重复发生的最基本的问题。

渠道焦点

配备有强大的应用程序的智能手机将控制渠道定价战略吗？

当我们进入 21 世纪的第二个十年，将由谁来控制渠道定价战略？是声名在外的制造商，还是遍布全球的批发商，抑或是强大无比的零售商？实际上，这些都不是！看起来消费者在其中起到了部分作用，尤其是那些有智能手机的消费者，他们装在智能手机上的应用程序无论何时何地都可以提供透明的商品价格。一个 25 岁的消费者，在百思买商店购物时用他带有 TheFind 应用程序的安卓手机开始行动起来。在确定了要把那款售价为 184.85 美元的 Garmin 全球定位系统（GPS）送给女朋友作为礼物后，他不是把商品拿下货架放到购物车里，而是拿出了他的安卓手机，下载了 TheFind 应用软件，输入那款 GPS 的型号，立即对比了百思买商店和其他零售商的售价。结果在几秒钟之内，他就知道了网址为 Amazon.com 的网上商店能够提供售价为 106.75 美元的同样商品，而且免税、免运费。于是他就站在毗邻 Garmin 展示点的百思买商店的走道里从 Amazon.com 上订购了那款 GPS。

这位消费者对 TheFind 应用程序的使用再普通不过了，事实上，那个软件在刚开发出来的仅仅四个星期内就被下载了 40 万次。一个有些相似的应用程序 RedLaser，可以通过手机相机扫描条形码来进行价格对比，在开发出来的仅一年多时间里就被下载了 600 万次。

因此，随着越来越多的消费者使用这些应用程序在采购点进行价格对比，采购点可能因为没有发生多少采购行为而变成一个“伪称”，换个说法，只要消费者使用有价格对比功能的智能手机程序，“采购点”就变成了消费者搜寻最优惠价格的地方。

资料来源：Based on Miguel Bustillo and Ann Zimmerman, “Phone-Wielding Shoppers Strike Fear into Retailers,” *Wall Street Journal*, December 16, 2010: A1, A19.

高层营销主管人员经研究发现，相对于其他战略性营销决策领域，如新产品引进、促销、改变分销方式，他们更关心定价决策。这种关心并不令人感到惊讶，因为同其他任何一种营销组合变量相比，价格总是被认为同公司利润有着更直接的联系。[1]

不过，令人奇怪的是，相对于大多数其他的营销因素而言，关注定价的营销著作却比较少，即使关注了定价战略也是因为它和公司的最终目标市场有关。定价战略由于同渠道管理有关，公众给予的关注就更少了。[2]然而，在定价战略和渠道管理之间存在着很多潜在的联系[3]，我们将在本章对此进行讨论。在研究这些具体的联系之前，熟悉渠道定价的基本结构或框架是很重要的，因为本章所讨论的所有渠道定价的问题，或多或少都与定价结构有关。

渠道定价结构框架

营销渠道中的定价问题可比作“分馅饼”，即渠道中每一层次的参与者都能获得总价格的一部分（总价格是由最终消费者支付的），足以弥补其成本并得到令人满意的利润。为了说明这一点，请看图11—1，这是一套标价10美元的吉他琴弦的渠道定价结构。图11—1中列出了每一个渠道参与者的成本、索要的价格及毛利。这一结构是以对消费者实行按标价25%的折扣销售、对零售商实行按标价50%的折扣销售、对批发商实行按标价的66%的折扣销售为基础的。这样消费者能以7.5美元、零售商能以5美元、批发商能以3.4美元的价格购得吉他琴弦。假设生产商生产吉他琴弦的成本是2.5美元。消费者支付的7.5美元最终价格（获得了吉他琴弦标价25%的折扣）是建立在以下的假设之上：最有可能的是，零售商必须以这样的折扣销售产品，目的是适应当地的竞争情况。

图11—1的右侧列出了用美元标出的毛利，实际上它代表着每一个渠道参与者提供服务获得的报酬。例如零售商得到的2.5美元，是它为使专业或业余演奏者方便地买到吉他琴弦所做出的必不可少的分销工作而得到的报酬。批发商所获得的1.6美元，是其完成让零售商以相对较小的批量进货的分销工作而得到的报酬。最后，生产商得到的0.9美元，应该是它完成让批发商以较大的批量进货的分销工作而得到的报酬。表11—1总结了图11—1中给出的资金数据，同时给出了各个渠道参与者的毛利率。

图11—1和表11—1中列出的交易折扣和毛利率，是这一行业和这种产品的典型数据。当然，对其他行业和产品来说，这些数据会发生变化，但从本质上说，它们的基本概念是相同的，即每个渠道参与者都希望获得一种既能提供足够的毛利以弥补其成本，又有利可图的价格。这样不管是经营吉他琴弦还是个人电脑，如果所得利润能够弥补储存的成本，销售有利可图的话，渠道成员就会只经营一种产品。尽管这个结

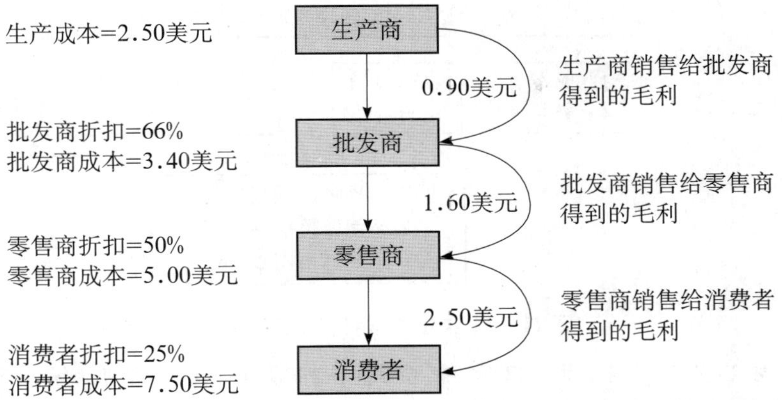

图 11—1　一套标价 10 美元的吉他琴弦的渠道定价结构框架

表 11—1　　一套标价 10 美元的吉他琴弦的渠道定价结构

渠道参与者	价格数据				
	交易折扣	成本（美元）	加价（美元）	基于销售价格的毛利率	基于成本的毛利率
生产商		2.50	0.90	(1) 26.5%	(2) 36.0%
批发商	66%	3.40	1.60	(3) 32.0%	(4) 47.1%
零售商	50%	5.00	2.50	(5) 33.3%	(6) 50.0%
消费者	25%	7.50			

注：零售折扣是由零售商基于竞争条件提供的（严格地说，这不是正式的交易折扣）。
(1) 加价/对批发商的销售价格（批发商的成本）=0.9/3.4=26.5%。
(2) 加价/生产商的生产成本=0.9/2.5=36.0%。
(3) 加价/对零售商的销售价格（零售商的成本）=1.6/5.0=32.0%。
(4) 加价/批发商的成本=1.6/3.4=47.1%。
(5) 加价/对消费者的销售价格（消费者的成本）=2.5/7.5=33.3%。
(6) 加价/零售商的成本=2.5/5.0=50.0%。

论也许不能在任何时间适用于所有的产品，但它肯定是适用于大多数情况下的大多数产品的。

制定定价战略时，生产商的渠道管理者必须了解渠道价格的“黄金法则”。这一法则可以叙述如下：

> 定价决策仅以市场、内部成本和竞争因素为基础是远远不够的。对于拥有独立渠道成员的那些公司来说，明确地分析定价决策如何影响渠道成员，是制定定价战略的一个重要组成部分。

因此，定价决策对渠道成员的行为有重要影响。具体地说，如果渠道成员认为生产商的价格同它们的利益一致，它们就可能提供更高水平的合作[4]；如果生产商的定价决策缺乏对渠道成员需求的认识，或者与它们的需求相悖，合作的水平就会降低，甚至会发生冲突。因此，在制定定价决策方面，渠道管理者面临的主要挑战便是制定促进渠道成员合作，使冲突最小化的定价战略。由于在定价决策中需要考虑渠道问题，渠道管理者必须在生产商的定价决策中发挥作用。

图 11—2 有助于说明这一作用。如图 11—2 所示，渠道管理者的注意力都放在与制定定价决策相关的渠道分析上了，换句话说，渠道管理者必须分析和考虑定价决策中所隐含的渠道问题。以生产商制定的某一产品削价决策为例，渠道成员可能对这一决策产生不同的反应，其中一些可能是积极的，另一些则可能与生产商的观点相反。

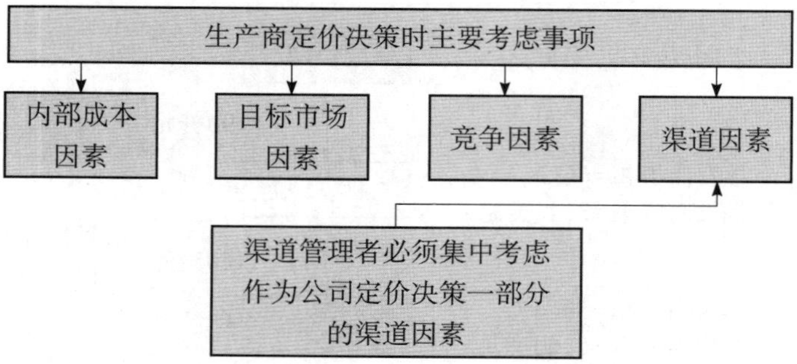

图 11—2　渠道管理者在生产商定价决策中的作用

麦当劳在各分店测试对各种规格软饮料都以一美元销售的统一定价战略，这种定价战略对于麦当劳各加盟店原来对大杯饮料以 1.39 美元销售实质上就是削价。[5]麦当劳相信其削价战略如果能够被加盟店执行，将会带来积极效果。麦当劳研究认为“一美元的软饮料统一定价战略”会吸引大量新的消费者，这些消费者不仅有来自快餐竞争者的，还有来自像 7-11 这样的连锁便利店的。特许经营者也相信这种削价战略会增加店铺销售量，当然也会促进其他单品的销售量。麦当劳进一步认为由于软饮料估计有高达约 90%的毛利，削价将不会损害加盟店的盈利能力。但是大多数加盟店并不认可麦当劳的积极观点，相反，它们担心软饮料折扣会破坏它们的既定战略，即用高毛利食品弥补诸如麦当劳一美元“超值系列”的低毛利食品；一些加盟店也认为软饮料的折扣会削减麦当劳 McCafe 咖啡饮料的销量，此外，也有大量对于竞争者反应的担心，特别是如果其他快餐竞争者也采取相似的削价会最终降低软饮料的毛利。

调查渠道成员的看法并对渠道成员的工作进行评估，这就是渠道管理者的工作。实际上，这种评估工作不应该作为一项有特别的、可分离的项目进行。也就是说，对生产商现有的或建议的定价战略如何影响渠道成员行为的评估，通常都是作为第 9 章所讨论的渠道成员的需求和问题的总体评估中的一个部分。同渠道成员的需求有矛盾的定价战略，应当在分销商咨询理事会上提出来，作为渠道成员调查或营销渠道审计的一部分，或者作为一个定期的渠道沟通流程的反馈。由于定价战略在影响渠道成员合作方面具有十分重要的地位，渠道管理者应该对渠道成员对定价战略的看法保持敏感，或者予以特别关注。在任何时候，管理者都应当将渠道成员对定价问题的看法当作生产商定价决策过程中不可缺少的一部分。[6]如果能做到这一点，定价决策实施后可能出现的问题便可以事先预料到，并有可能避免。[7]了解了定价战略和渠道管理的联系之后，现在我们把注意力转向解决定价问题的一些具体指导原则上，以及渠道管理中所隐含的问题。

制定有效的渠道定价战略的指导原则

在本章提出的原则为如何制定定价战略开出了一些普遍性的处方，这些定价战略有助于促进渠道成员的合作，并使冲突最小化。[8]显而易见，即使是小心翼翼地遵循这些原则，也不能确保达到这样的结果。实际上，一定会有许多特定的环境和情况是其中某些原则不能适用或与之无关的。然而，这些原则还是值得我们去仔细研究，因为它们确实提供了一个基本的框架，并为包括渠道分析在内的定价决策设定了基准点。这些指导原则如下：

1. 每一个有效率的分销商必须获得超过单位经营成本的单位边际利润。

2. 每一层次的分销商的利润率应按照分销商履行职能的成本的大致比例而变化。

3. 在垂直链（渠道各层次）上的所有点，索要的价格必须同具有可比性的竞争品牌索要的价格一致。

4. 特殊的定价安排（与履行的一般职能不同或与正常商品流程不同）应该随相应的资金安排的变化而变化。

5. 任何类型的分销商所允许获得的利润率必须符合惯用的标准，除非能提出一个背离标准的强有力的理由。

6. 渠道链上个别款式和风格的产品的利润率变动是可容许、可预计的，但必须围绕常规的商业利润率波动。

7. 价格结构应该包括按主要价格点供应的产品（假如存在这样的价格点）。

8. 生产商的价格结构必须反映个别产品吸引力的变化。

我们将会对每一条原则的某些细节进行讨论。

利润率

显然，渠道成员需要的利润率应该超过其经营成本。表 11—2 和表 11—3 给出了零售商和批发商的利润率及其他经营数据。这些指导原则经常不会被严格遵守，例如为了丰富花色品种或被用作特殊促销活动的产品，比如为招揽顾客而削价出售的商品，这些就是例外情况，而不是原则本身的问题。正如我们前面所述（见图 11—1 和表 11—1），渠道成员通常不会经营，至少不会满腔热情地去支持收益不足以弥补成本、无利润可言的产品，特别是从长远看更不会如此。实际上，生产商如果对优秀的渠道成员指手画脚，最终也将失去渠道成员对它们的支持。长期以来感到生产商没有给其充分利润率的渠道成员，可能会寻找其他的供应商，或者建立和创设自有品牌。[9]

表 11—2　　**零售商的利润率及其他经营数据**（%）

零售商的类型	毛利率	经营费用率	税后净利润率
百货商店	39.6	36.6	1.3
药店	25.8	23.8	1.3
燃油	16.5	14.2	2.1
家具	46.0	45.5	0.7
加油站	9.5	8.3	1.2
食品杂货店	37.9	33.5	3.2
家用电器	33.5	30.8	2.9
酒类	24.9	20.6	3.6
流动售货点	30.3	32.5	1.9
运动产品	36.5	33.6	0.7
自动售货机	47.0	44.7	1.6

资料来源：Compiled from *Annual Statement Studies*（Robert Morris Associates，2010）.

表 11—3　　批发商的利润率及其他经营数据（%）

批发商的类型	毛利率	经营费用率	税后净利润率
化工品	20.6	16.4	9.2
乳品	18.2	15.1	2.7
药品	33.9	26.4	5.5
冷冻食品	15.3	12.8	1.7
家具	28.2	27.6	−0.2
谷物	9.4	6.5	3.0
杂货	18.3	16.1	2.5
珠宝	29.3	28.4	−0.3
石油产品	6.8	5.2	1.4
运动产品	28.9	25.0	1.7
烟草和烟草产品	11.2	6.8	3.7
葡萄酒、烈性酒和啤酒	25.6	20.6	4.6

资料来源：Compiled from *Annual Statement Studies*（Robert Morris Associates，2010）.

在典型的营销渠道的价格分析中，沃肖（Warshaw）强调了这样一种主张，即认为生产商实际上是通过它们所提供的利润来"购买"分销服务。如果这些利润同中间商所追求的不一致，从长期来看，生产商就不能在竞争的环境中购买到后者的服务。沃肖的观点如下：

> 把这一问题看作一种购买分销服务，这在制定有效的定价政策中很有用……购买分销服务的概念强调了这样一个事实，即为获得渠道支持所支付的价格，不仅要反映渠道中进行的营销工作，而且要反映渠道经营所在的竞争环境。[10]

因此，渠道管理者应该经常检查渠道成员的利润结构，看一下利润能否令其满意。在影响渠道成员对现有利润结构的看法中，对竞争环境的变化应予以特别重视。

分销商的不同级别

在理想状况下，渠道管理者愿意设定利润率标准，这样可以根据不同级别的渠道成员所执行的不同职能，直接按比例做出改变。[11]然而，实际上，没有多少生产商有能力利用成本会计数据来直接依据这一原则设定利润率标准。批发商和零售商及各种代理机构的利润率是由行业的传统惯例决定的，例外情况仅对那些最有实力的生产商适用。此外，应该对不同级别的渠道成员所能得到的利润进行定期检查，如果有保证的话，可以进行渐进的改变。奥克森费尔特（Qxenfeldt）建议应该在检查中提出下面的问题：

1. 渠道成员有存货吗？
2. 它们是大量购买还是少量购买？
3. 它们提供维修服务吗？
4. 它们为顾客提供信息吗？
5. 它们提供运输吗？
6. 它们帮助培训客户的销售人员吗？

当然，还应该提出其他一些问题。定期检查与利润率有关的渠道成员的服务时最重要的一点是，在渠道成员具体的级别排序中，是否存在一些引起纠纷的严重的不公平因素？例如，像家得宝和劳氏这样的大型家庭用品零售商，对于制造商的产品，都要求并期望能够获得比批发商更低的价格，因此，家得宝、劳氏以及其他的大型家庭用品连锁零售商名义上是零售商，实际上进行的是大批量购买，其履行的好比是一个批发商的职能，包括仓储、订单处理以及将货物运送到各个商店。除了名称上不同，它们既是大型批发商同时也是零售商。结果，这些大型零售商，感觉比许多批发商更有权获得批发折扣。实际上，对当前给予它们的折扣，零售商极为不满，甚至已经到了可能打算一起要求降低折扣的程度。

竞争者的品牌

渠道成员经营竞争者的品牌产品可得到的利润率差别，应该维持在可容忍的限度内。如果用利润率（不能用高销售量来衡量）作为比较标准，一个特定的生产商的品牌与其他相关的品牌相比明显处于不利地位，渠道成员就不会投入太多的精力去促销该品牌产品。

渠道成员在试图应用这一原则时面临的实际问题是：什么水平的利润率差别处在可容忍的限度内？不幸的是，对这个问题没有直接的答案，在某些情况下，利润率的巨大变化很大程度上是可以接受的，但在另外的情况下却不能接受。一方面，在消费电子产品市场中站稳脚跟的生产商（如索尼），依赖大量的广告和销售促进，建立了较强的消费者偏好，并在渠道中引导着产品销售，因此，在零售层面上，零售商所做的地方性广告和强有力的人员推销，对于达到产品（如索尼）的高销量，反而不那么重要了，因此相应地给予零售商较低的利润率也是可行的。另一方面，小型专业化的生产商，如马格纳沃克斯（Magnavox），把其分销工作集中于少数几个经过精心挑选、有进取心的零售商身上，这些零售商通过大量的地方性广告和人员推销来吸引消费者，处于这种情况的生产商，必须为其零售商提供较高的利润率，以弥补与积极的销售努力相联系的更高的成本。

对公司应该提供什么样的支持并希望从渠道成员那里获得何种水平的支持，渠道管理者应该在其自身和竞争品牌之间权衡利润率差别。如果生产商和渠道成员间关系的建立是为了有效地竞争，那么应该根据竞争者的情况检查利润率的差别。

特殊定价安排

生产商提供给渠道成员的特殊定价安排有多种形式，包括高折扣、减免货款、免费商品、提高数量折扣以及其他。当然，这些特殊定价安排背后的目的都是在特殊促销期内刺激生产商产品销量的提升。然而，近年来这些特殊价格促销根据渠道成员的期望变成了一种规范，渠道成员逐渐认为这些价格促销不再是"特殊的"或暂时的，而是常态的，这样一来，渠道成员期望生产商定期且持续地提供特殊定价安排。

从生产商的观点来看，这些渠道成员的期望不仅会产生渠道定价问题，如果不间断的价格削减与品牌联系起来，还会破坏品牌价值。这正是当迪亚吉欧（Diageo PLC）针对其著名酒类品牌采取更有侵略性的定价政策时所面临的实际问题。[12] 当时迪亚吉欧对其最畅销的产品之一，摩根船长的鹦鹉湾朗姆酒（Captain Morgan Parrot

Bay Rum），提供了价格促销和减免货款以提高分销商和零售商的销售量，并显著压低畅销朗姆酒的终端价格，但是其竞争对手 Patron Spirits 国际公司，Patron 龙舌兰酒的制造者，却避免了这种价格削减的发生，时任该公司 CEO 的约翰·麦克唐奈（John McDonell）对此说道：

> 主要供应商决定了那些将要成为主要交易对象的消费者和零售商。[13]

渠道管理者在提供特殊定价政策时面临着困难的权衡，当经济下滑时，可能需要侵略性的定价，这也是促使迪亚吉欧制定侵略性定价政策的原因，但是这种特殊定价安排如果太频繁，渠道成员可能会认为这种安排是顺理成章的，正如上面所指出的，频繁的价格削减会破坏著名产品的品牌价值，甚至是对于像摩根船长朗姆酒（Captain Morgan Rum）这样的畅销产品。

利润率的惯用标准

奥克森费尔特指出，渠道成员的一般倾向是希望利润率符合普遍接受的标准：

> 在大多数交易中，分销商开始把特定的利润率看作正常、公平和适当的，即便它们销售的大多数产品都不能达到该利润率水平……虽然惯用的利润率水平在市场上不见得都能实现，但它能极强地影响分销商对生产商提供的产品线的反应。不能提供给分销商公认的惯用利润率水平，可能会使之产生严重的不满，导致分销商对某一品牌产品只给予有限的销售支持。[14]

渠道成员之间对其认为是正常、公平、适当的利润率的坚定的约定，使得生产商很难偏离惯用的利润率结构，不过这并不意味着生产商必须像奴隶一样遵守这一标准。正如以前章节所指出的，即使渠道成员认为很公平，出现例外也是有可能的。可是，生产商认为是合情合理的事情，在渠道成员看来则可能不同。[15]渠道管理者的任务就是努力向渠道成员解释清楚偏离标准的任何一项利润率的变化。尽管这样并不能确保每一个渠道成员都会支持这种改变，但生产商至少已经向它们传达了采取这一举措的原因。以固特异轮胎公司为例，在得知其主要的分销商向一些小分销商低价供货（低于固特异给小分销商的价格）之后，该公司决定提高对这些主要分销商的价格。由于原来固特异给主要分销商的价格非常低，分销商常常从固特异那里大量进货，然后转手卖给小分销商，即使算上运输费用，提供给小分销商的价格仍然低于小分销商直接从固特异的进货价格。价格提高之后，许多大分销商为了表示其不满而削减了订单，但固特异坚持这么做。通过缩小对主要分销商和小型分销商供货价格的差距，固特异每个轮胎的利润上升了，因此它并不打算改变其新的定价策略。分销商注意到，固特异的涨价对于限制那些大分销商与其争夺小分销商是非常必要的。[16]

不同款式产品的利润率变化

产品线上产品的不同款式和风格所引起的利润率变化是普遍存在的。生产商经常生产多种产品，其目的主要是与零售商建立起贸易往来，或将其作为批发领域内“投石问路”的产品。这些产品（通常指**促销产品**（promotional products））一般是产品线上价格最低的，以及能为生产商和渠道成员带来相对较低利润率的产品。幸运的是，只要让渠道成员确信优惠期间进行促销的价值，它们大多会愿意接受销售这种产品带来的较低利润率。例如，汽车生产商经常宣传不同车型的低价位“简装”（stripped-down）版。随后的策略是在经销商的展厅里进行销售，随着销售量的增长，经销商将有更多的机会去说服潜在购买者去购买更高价位的车型或者“简装”促销车型的选配件，销售高价位车型和增加选配件的“简装”促销车型的利润率是相当高的。

从渠道成员的角度看，很难认为那些明显低于标准水平，且并非促销品的产品的利润率水平是合理的，因而渠道成员不可能有激情来推销这些产品。实际上，在产品线上的所谓“陈货”，其中很大比例可能是那些只能给渠道成员带来低利润率并缺乏促销诉求力的商品。因此，作为一般规则，渠道管理者应该试图去影响产品线的定价，以便只要有可能，就使用低利润率产品达到促销的目的。

价格点

价格点（price points）通常是在零售层面上消费者所习惯的商品的特定价格，消费者期望能够在这个价位上买到某种商品。某种情况下，某个价格点是如此牢固以至于消费者总是期望在这个价位上买到商品。价格点能以极低的单位价值存在，诸如麦当劳的“超值系列”、一美元的吉士汉堡和其相应的竞争商品——汉堡王的小皇堡，价格点也能以奢侈产品的极高单位价值存在，如超过75 000美元的梅赛德斯-奔驰 S 系列、宝马 7 系列、捷豹 XJ 等，还有在上述两个极端之间的诸如不到 500 美元的轻便电脑[17]，不到 10 美元的畅销电子书，或者不到 1 000 美元的 46 寸平板电视。由于通货膨胀和技术进步，价格点随着时间的推移会向上或向下变动，通货膨胀会使一杯咖啡的价格点急剧上升，而电子科技的进步使个人电脑、平板电视等消费性电子产品的价格点急剧下降。渠道管理者需要知道渠道成员期望以何种价格点销售产品，这有助于确保有这样的产品提供给渠道成员。没有适合在受欢迎的价格点上销售的产品会损害渠道成员的销售量，不论产品是在快餐店销售的一美元的吉士汉堡，还是在享有声望的汽车经销店销售的80 000美元的豪华轿车。事实上，宝马公司制定的核心战略就是确保其经销商在尖端汽车的各个价格点上均有车型可以销售，从一般豪华的 100 系列和 300 系列到售价达到六位数的超豪华 800 系列汽车均有售。

产品差异

在一个既定的产品线内，当生产商为不同类型的产品制定价格时，必须慎重对待产品特征差异和价格差异的关系。[18]如果价格差异不是基于明显的或重大的产品特征差异，渠道成员在销售时就会十分困难。例如，一个经营同一条产品线上的 5 种不同类型网球拍的体育用品零售商，情愿销售有特定特征的产品，该特征使得售货员可以向顾客解释价格的差异。例如，如果价格为 100 美元和 150 美元的两种不同款式的产品特征不很明显，零售商可能会考虑是否应销售较低价格的那种款式的产品。生产商从渠道成员识别能力的角度来考虑产品定价时，只要稍微细心一些，就能够防止这类价格问题的出现。

渠道定价中的其他问题

上面讨论的渠道定价的 8 项指导原则解决了较大范围内的价格问题。然而，管理者还会遇到其他一些需要具体和特别关注的定价问题。在本章的剩余部分，我们将讨论其中的 6 个重要问题。

在渠道定价中实施控制

正如本章前面所提到的，要保证生产商的定价战略有效地实施，通常需要渠道成员的支持与合作，但是也正如我们在本书中所指出的，渠道成员有自己的想法并自主行事，在涉及定价时尤其如此。在营销组合的所有因素中，渠道成员特别把定价看作自己能做主的领域。[19]它们对生产商言听计从，例如产品应该如何生产、促销甚至分销，但是谈到价格，渠道成员就会认为自己懂得最多，应该自主地运用自己的定价战略。[20]只要生产商的定价战略没有侵犯到渠道成员的定价自由，双方就会相安无事，但只要生产商企图对渠道成员的定价战略实施控制，渠道成员就会认为生产商超出了其正当的权力范围。

可是，从生产商的角度看，最重要的一些定价战略可能恰好要求对渠道成员的定价政策进行某种程度的控制。[21]例如，一个生产商通过定价战略来维持产品的质量形象，因而不愿意渠道成员大幅度降价。或者，某个生产商相信（实际上许多生产商已经这样做了）稳定的价格符合公司和渠道成员的长远利益，因为降价会导致价格竞争，对生产商和渠道成员都有害。自从所谓的公平贸易法被废除以来，即使生产商对于渠道成员向顾客索要的商品售价进行完全控制的行为触犯了反垄断法（见第 3 章），仍有很多生产商努力想影响渠道成员，促使渠道成员遵循它们的定价政策。在试图对定价政策实施控制的过程中，生产商为了在实施定价政策中不致疏远同渠道成员的关系，同时又能在反垄断法允许的范围内行事，它们将面临很多棘手的任务。毫无疑问，这一点不容易做到，例如新泰莱鞋业公司（Stride Rite Corporation）在一起反垄断案中支付了 700 万美元后发现这样做很困难。这个案子源于该鞋业公司企图强迫零售商以建议零售价出售其 6 种 Keds 牌女式运动鞋，如果零售商不遵照其定价政策，则停止供货或减少供货。

当生产商企图对营销渠道实施定价控制时，虽没有灵丹妙药去解决新泰莱鞋业公司所遇到的问题，但仍可提出几条指导性措施：

1. 任何控制渠道成员定价政策的强迫方法应立即废除。控制的做法不仅可能加大疏远渠道成员的可能性，而且可能触犯法律。

2. 生产商侵犯渠道成员定价政策，只有当生产商认为这关系到它的重大长期战略利益时才可以这样做。不是在关键的情形下，不应采用或实施这样的定价战略。

3. 如果生产商的确感觉到对渠道成员的定价政策有必要实施控制，应该采取“友好地劝说”这样的方式。斯科特公司（Scotts Mirical-Gro）影响渠道成员定价政策的经验说明了这种方法。斯科特公司是一家草坪维护产品的生产商，它有一项长期稳定的政策，使零售商能维持生产商的建议价格。这家公司希望所有的零售商都能遵循这一政策。斯科特公司并没有采用强迫的方法，它通过劝说零售商，说明建议零售价符合它们的长期利益，从而达到它的价格目标。公司解释说，公司的建议零售价使零售商能获得满意的利润，去补偿它们提供的高水平服务，这是很有必要的。这种高水平的服务包括由斯科特提供充足的存货和品种搭配、足够的安全库存、对需要草坪维护的客户的高度个性化服务和关心。斯科特公司的方法是为它的定价战略找一个充分的理由，同时让经销商决定是否遵循斯科特公司的定价策略（斯科特公司对大型折扣商店仅出售某些产品，而保留其他一些产品，这些产品仅通过主要以服务为导向的独立零售商销售，以避免潜在的定价问题）。

改变定价政策

生产商经常遇到的另一个重大的渠道定价问题是：如何妥善处理渠道成员对其定价政策和相关的销售条款发生重大改变时做出的反应。基本上可以肯定，当生产商感觉有必要对定价政策和相关的销售条款做出重大改变时，那么这种改变就会到来。生产商改变定价政策的需要源于成本的压力、竞争的因素，或者生产商无法控制的其他外部环境因素的变化。[22]不管这些因素来自何方，生产商定价政策上的重大改变肯定会影响渠道成员。

通常渠道成员听到关于定价政策或销售条款发生重大变化时，它们都会非常不安。渠道成员已习惯于同采用某种专门的固定模式的定价政策的生产商打交道，这种定价政策已经以大致相同的模式存在了相当长的时间。事实上，渠道成员自己的定价战略与生产商现在的定价政策是密切相关的。[23]因此，对现状的任何一种改变都会引起关注，特别是当生产商改变定价政策的目的是强化渠道定价政策和相关的销售条款时。

宝洁公司的定价战略变化为我们提供了一个很好的例子。宝洁决定向零售商销售产品时提供较少的“特别”折扣，取而代之的是提供一个长期不变的优惠批发价，这样零售商每天都可以向消费者提供低价位的宝洁产品，而不是一次又一次地开始或终止促销，损害消费者的品牌忠诚度，变相地鼓励消费者从一个货架踱到另一个货架，去寻找提供折扣最多的商品。同时，宝洁公司还希望借此消除以前伴随着定价战略产生的需求高峰和低谷，因为它们给生产和分销计划带来了混乱。可是零售商对宝洁改变定价战略的反应不一，一些人表示欢迎，另一些人则认为这一定价战略限制了他们促销和交易的灵活性，甚至会减少他们的利润。芝加哥大学的研究表明，零售商的考虑或许更有道理，因为这一研究的结果显示，每天提供低价产品的零售商所获得的利润不及使用传统促销定价战略的同行丰厚。如果进一步的研究仍反映了这种状况，零售商的经验证明天天低价战略带来的是低收益，那么宝洁和其他推动零售商采取这一战略的生产商或许只好面对大批心存怨气的零售商，这些零售商可能更希望推销那些仍然使用传统的定价战略的竞争者的商品。[24]

服装业的发展表明了生产商对渠道成员销售条款的改变是如何增加渠道中的紧张气氛的。在这个行业内存在问题的销售条款是**降价赔偿金**（markdown money），本质上，降价赔偿金是由服装制造商支付给零售商（通常是百货商店）的，用以抵消零售商未能以全价销售商品所带来的损失。生产商和百货商店协商确定这些特定条款，譬如生产商支付给零售商用以抵消价格削减的降价赔偿金数目和赔偿时间，有时协议是口头的而没有写入合同，但是降价赔偿金的基本概念是相同的，即零售商期望生产商承担由于商品降价给零售商造成的大部分损失。该惯例在服装业存在了数十年，近年来，一些服装生产商，诸如尼克·米勒公司（Nicole Miller）拒绝支付降价赔偿金，另一个服装生产商迈克尔·科尔斯（Michael Kors）提出了一个数百万美元的诉讼，宣称降价赔偿金是有失公允的。[25]这种对存在数十年旧规的挑战把服装业带入混乱，别的服装生产商，例如 Jones Apparel 公司、Liz Claiborne 公司、Tommy Hilfiger 公司和拉尔夫·劳伦公司，则对于在降价赔偿金不确定情况下和百货商店的关系处理感到困惑。一方面，所有的生产商都想把它们的新产品尽可能多地推进大型零售商店里，通过支付巨额降价赔偿金，使零售风险降低，零售商愿意库存更多生产商的产品，然而，由于尼克·米勒公司拒绝支付降价赔偿金，而迈克尔·科尔斯公司则提出诉讼，都使降价赔偿金未来的可行性陷入危险境地。

从渠道管理视角来看，已存在数十年的销售条款，其未来的不确定性确实令人不安，有关降价赔偿金这样的销售条款或者别的销售条款，比如退货特权、付款安排或提供运输等，无论是否会发生改变，渠道管理者都需要确定旧有的经营方式是否会继续，新的条款能否并应该提出。

通过渠道实施涨价

生产商提高价格是不可避免的，在通货膨胀时期，这种情形变得更加频繁，而且增加得更快。只要渠道中每一位成员都能把这一由生产商发动的涨价转嫁给下一位成员，并最终转嫁给消费者，这一问题的解决便不再令人头疼，但是如果这种涨价不能全部转嫁，渠道成员便不得不通过降低利润率消化一部分或全部提高的价格，此时这一问题就变得十分突出。以日本汽车制造业为例，21 世纪的第一个十年，由于日元对美元汇率升高，日本车的经销商被迫消化更高的批发成本或提高售价，而提高售价反过来在高度竞争的美国汽车市场上影响了销量。同样在这个时期，由于快速增加的商品流转过程导致更高的批发价格，许多大型超市也面临着相同的状况[26]，超市也不得不提价或自行吸收部分成本。在超高度竞争的饰品零售市场，许多超市都认为除了自行吸收大部分高成本外别无选择，即使这触及了它们的底线，也无法转嫁给消费者。毋庸讳言，超市对于食品生产商不是分担而是简单地把消化高成本的负担转嫁给零售商非常不满。

除了不能转嫁价格增长造成的直接资金困难外，另一个问题是每个渠道成员都把责任推给下一层成员。不幸的是，在对可以缓和由涨价带来的消极影响的其他可能方法或战略给予充分考虑之前，生产商便开始简单机械地推动涨价的转嫁了。缓和涨价的消极影响的方法或战略包含以下内容：

1. 在转嫁涨价之前，生产商应该慎重地考虑，执行涨价计划与最大可能地维持现有价格相比，长期和短期中隐含着哪些问题？可能存在这样的情况：渠道成员的忠诚和维持所带来的长期利益，大大抵消了生产商为维持价格而对短期利润造成的不利影响。大多数日本的汽车生产商确实希望通过消化由日元升值带来的成本增加，维持原来的价格，但是在不严重损害长期利润的前提下，这样做越来越难了。

2. 如果转嫁涨价是不可避免的，生产商应该尽一切可能降低涨价给渠道成员造成的消极影响。这正是百威英博公司（Anheuser-Busch InBev）所做的，作为著名的啤酒生产商，该公司在 2008 年经济大衰退后的 2009 年提高了其在美国的啤酒售价，其售价上涨了 4%以上，但在那时终端消费者价格却下降了 2.1%，这使零售商非常不安，因为它们相信如果转嫁涨价给终端消费者，它们的销量将会大幅度下滑。为了帮助零售商抵消涨价损失和支持零售商的销售，百威英博公司针对其一部分产品提供了减免货款，针对其低价品牌引入了更多的特殊促销。[27]

此外还有其他一些相关价格战略可以用来消除给渠道成员带来的消极影响，如提供资金援助、更自由的支付方式或特殊交易（比如允许渠道成员在涨价生效前购买）。

3. 生产商可以通过改变其他营销组合要素的战略，尤其是产品战略，抵消涨价带来的损失。例如可以改进产品，这样至少渠道成员可以向消费者解释，涨价是基于产品价值的增加。当然，也可以降低产品的质量（并不是指真正的质量缺陷，而是指减少产品的某一功能或附件但不削弱产品的吸引力和绩效）[28]，以较低的价格出售这样的“简装版”的产品或许比以高价出售“发烧友版”的产品更加可取。此外，尽管存在很大争议，抵消涨价损失的产品战略还有减少产品分量。例如，原来 1 磅的产品，减少为 14 盎司。近年来，许多食品和包装产品的生产商都采用此战略来替代涨价。

双重渠道定价

如果生产商采用双重渠道结构，同样的产品一方面直接销售给终端客户，一方面通过独立的渠道成员销售，那么就需要更仔细地审视定价战略。[29]

尽管生产商把产品直接销售给终端客户似乎与独立的渠道成员存在竞争，但这并不奇怪。网络渠道近年的快速发展给生产商直接面对消费者提供了一个主要渠道。[30] 网络渠道出现前，一直以来生产商虽然也直接销售给消费者，但其售价从不低于其独立渠道成员索取的价格，甚至当终端客户想直接向生产商购买时，如果生产商直接售价高于独立渠道成员价格那会更好。通过直接渠道的高定价，生产商处于与零售商的竞争劣势。无论是几十年前只能通过邮购或上门推销的直接渠道，还是今天这种高科技的网络和移动渠道，这种直接渠道定价战略都被强势执行。[31] 然而，当前也有生产商以低于其渠道成员价格直接销售给终端客户，这不仅会损害渠道关系，而且是自掘坟墓。渠道成员本来就对生产商以同样价格或高价自设直接渠道颇有怨言，如果生产商又以低价销售，那么渠道成员可能会通过尽可能快地放弃其产品以发泄怒气。

因此，渠道管理者需要确保在制定多重渠道定价战略时不致损害渠道成员的销量和潜在利益。

在渠道中运用价格激励

生产商经常把定价战略作为一种促销工具，有很多方法可以用来实施这一战略，如特价销售、季节折扣、回扣[32]、降价、赠券、买一赠一以及其他一些方式。当然，促销价格是为了促进某种促销产品的销售，提高它的市场份额。[33] 在生产商的消费品中，价格促销，尤其是优惠和赠券，是极为常见的，以至于消费者已把它们视为不论何时购买产品都应享受的权利。在线赠券的泛滥则使消费者进一步期望无论购买任何产品都提供赠券。

然而，渠道成员并不像消费者那样对价格促销战略表现出极大的热情。零售商，尤其是超市、杂货店和超级大卖场，常常为处理以下事务感到头疼和厌烦：大量的赠券、降价商品放上货架时必须清楚地标明，以及由于不同生产商给予的特殊价格而带来的大量细节问题。因此，从生产商的角度看，在实施价格促销时能否获得零售商的大力支持，可能是一个问题。

如果我们把价格促销做得尽可能简单易懂，渠道成员就可以花最少的时间和精力参与这件事。[34] 然而，隐藏在许多价格促销下的突出问题是，消费者和零售商（批发商）的价格弹性不同。换句话说，消费者和零售商对降价的反应或许会有着显著的不同。[35] 消费者认为很有吸引力的降价，在零售商的眼中或许只是无谓的努力和风险

（例如必须购买更多的存货）。一块肥皂降价几分钱，或许就足以刺激消费者的购买欲，但是提供给零售商这样的价格激励，或许不足以激励它们全身心地投入这一价格促销之中。对零售商来说，几分钱的额外毛利并不足以补偿仓库的高存货和相关成本，以及为这种促销而准备的额外展示和货架。因此，零售商总是以一半的热情参与这种促销，特别是在执行促销的关键环节，例如提供附加的展示空间，在货架的显著位置摆放产品，以及在广告中对产品特征进行描述。由于零售商不积极参与，生产商就不能达到价格促销战略的完美效果，而且很多零售商和批发商喜欢通过**购买期货**（forward buying）的方式充分享受生产商促销带来的好处。在这种情况下，渠道成员大量购买促销打折的产品，却只把其中的一部分以促销价格卖给消费者，其余的部分则存于仓库之中以待促销结束后以正常的价格出售。这种做法使生产商的促销目的大打折扣，它们原本假定渠道成员会将全部打折产品卖给消费者，以增加产品的销售量和市场份额。

渠道成员从生产商价格促销中获得利润这一问题的解决，始于生产商认识到消费者和零售商在价格弹性上存在着差异，价格促销战略必须设计得既能引起消费者的注意，又能充分激发零售商的兴趣。生产商或许充分考虑了在价格促销中应当给予多大的价格激励才能刺激消费者的需求，同时，为了在促销中获得零售商的大力支持，它们需要付出同样的努力，以便确定应当给予零售商何种程度的价格激励。[36]有时，即便生产商付出了同样的努力，在激烈竞争的市场中，零售商和批发商还是会充分利用价格促销实现自己的利润最大化，而不管能否为生产商和最终消费者带来好处。

最小化灰色市场与搭便车

两个最可能影响生产商名牌产品定价政策或战略的问题，就是灰色市场和与之相关的搭便车现象。

灰色市场（gray market）是指未授权的经销商或零售商以较低的价格出售名牌产品。[37]有时这些产品来源于海外生产商如日本或欧洲的企业，有时则是由国内生产商为了在海外销售而生产的，或者是国外的公司生产的。不论是哪种情况，如果未经授权的零售商和分销商在美国境内销售这些产品，它们便构成了灰色市场的一部分。[38]在灰色市场上销售的产品，范围非常广，包括宝马汽车、奢华服装及配饰、个人电脑、尼康照相机、金霸王电池，甚至世界上最畅销的鸦片香水（Opium）。[39]

搭便车（free riding）是一个用来描述分销商和经销商行为的术语，是指它们以极低的价格把产品出售给消费者，但是极少提供服务。借助于那些销售价格高但提供全面服务的经销商或分销商所提供的服务，例如产品信息提供、销售辅助和售后服务等，以更低价格销售的折扣商就可以搭便车了。例如，一位想购买尼康P7000型照相机的消费者可能会到提供全面服务的尼康经销商那里看一看并触摸和试用产品，此后，到了实际购买阶段，消费者可能去折扣商那里以极低的价格购买或者通过邮购购买，有时甚至在网上购买。在这种情况下，提供全面服务的经销商未能实现销售，却提供了所有的服务，帮助提供低价位的经销商实现了销售，提供低价位的经销商从提供全面服务的经销商那里获得了搭便车的机会。

灰色市场和搭便车现象是相关的。通常搭便车者销售的产品也是灰色市场上的产品，尽管事实并非总是如此。

灰色市场和搭便车都与生产商生产的有关产品密切相关，如果这些做法广泛传播，就足以弱化生产商管理其营销渠道的能力。具体地说，如果受到非授权的分销商、销售灰色产品的经销商，甚至是正在甩卖产品的授权经销商的冲击，提供某种服务水平（这种服务水平当然是生产商在销售产品时要求的）的授权渠道成员将会非常不高兴。这些不高兴的渠道成员，一部分会放弃该产品，转而去寻找其他受灰色市场和搭便车者影响较少的生产商，另一部分就会像踢球一样对产品进行报复，比如为了达到销售竞争者产品的目的，散布诽谤产品的言论，还有一些渠道成员则求助于“如果你不能击败他们，就加入他们”的解决方法，自己也成为灰色市场售卖者或搭便车者。

渠道成员对灰色市场和搭便车的任何一种反应或者所有的反应，都与生产商的长期利益不符，实际上可能危害极大。不幸的是，对于与灰色市场或搭便车有关的问题，没有明确或简单的解决办法。生产商为渠道成员指定销售价格，这是一种非法的行为（见第 3 章），当然，生产商也无法对非授权的分销商和经销商的价格实施控制管理。为了避免产品进入灰色市场，生产商可以停止把产品销售给那些转售给非授权分销商或经销商的渠道成员，但是在全世界如此多的国家制造和分销产品，即使采取这种强有力的措施，在多数情况下也仅能起到有限的作用。[40]因此，至少从短期来看，面对灰色市场和搭便车，生产商维持产品价格的企图可能只会取得有限的成功。从长期来看，严格控制那些以选择性分销（见第 5 章、第 6 章和第 7 章）和购买者偏好（例如对更多服务的渴望）为特征的渠道设计决策，有助于限制灰色市场和搭便车者数量的增长。[41]

本章小结

定价战略应该结合内部成本、目标市场、竞争和渠道分析确定。然而，渠道分析通常在生产商的定价战略中受到的关注最少，有时甚至完全被忽视。这真是一种不幸，因为定价战略对渠道成员的行为有巨大的影响。具体地说，如果渠道成员觉察到生产商的定价战略同其自身利益是一致的，它们就更可能提供更高水平的合作。如果生产商的定价战略反映出对渠道成员的需求认识不足，或者与其需求相悖，就会导致更低水平的合作，甚至产生冲突。因此，渠道管理者在定价中面临的主要挑战是努力制定一种能促进渠道成员合作和使冲突最小化的定价战略。

渠道管理者需要熟悉渠道价格的具体构成，以了解每一个渠道成员在完成自身渠道任务时需要得到的适当补偿。事实上，渠道管理者是在购买渠道成员的分销服务。

在制定定价战略的过程中，生产商应该对以下 8 项指导原则予以特别关注：（1）渠道成员得到的利润率应该足以弥补成本并提供合理的利润；（2）提供给不同级别的渠道成员的利润率，大体上应该按它们所履行的职能比例进行分配；（3）渠道成员从生产商的产品中所获得的利润，应该能竞争得过从竞争性品牌那里得到的利润；（4）导致所提供服务水平升高或下降的生产商对渠道成员的特殊定价安排，应该反映在渠道成员可获得的利润中；（5）无论在什么时候，生产商都应该尽量符合交易中利润率的惯用标准；（6）生产商不同款式、风格的产品的利润率变化不能太离谱，通常不能同交易中惯用的利润率标准相差太远；（7）如果存在批发和/或零售水平的价格点，就应该识别出它们，让产品价格符合这些价格点；（8）在任何时候，生产商对其产品线上不同产品所做的价格改变，都应该同产品特点的可见到的或可识别的差异结合起来，以帮助渠道成员进行有效的销售工作。

本章也讨论了生产商经常会遇到的 6 个主要的定价方面的问题：（1）处理渠道中的价格控制。一般来说，如果生产商企图对渠道成员的定价政策实施控制，应尽量避免使用压制的方法，最好是使用“友好地劝说”的方法，这一方法允许渠道成员自己决定是否愿意遵循生产商的定价政策。（2）处理重大的定价政策变化对渠道成员行为的影响。

在任何情况下，生产商在改变定价政策之前，应该预测渠道成员对这些变化可能做出的反应。（3）通过渠道转嫁涨价。当渠道成员不能将价格的提高转嫁出去时，它们必须自己消化吸收。这不仅导致了某些情况下渠道成员严重的资金困难，而且造成了大量的不满。生产商应该尽更大努力去考虑其他选择或战略，以便缓和涨价对渠道成员的消极影响。（4）渠道定价中涉及价格激励的运用。有些激励对消费者需求产生强烈的刺激，但由于消费者的价格弹性与渠道成员并不是一致的，因此，渠道成员对价格促销的反应也许并不强烈。生产商要想获得渠道成员的大力支持，就必须使得对渠道成员的价格激励与对消费者的价格激励保持同等的吸引力。（5）双重渠道定价问题。生产商直接销售时，应该采用相等或高于渠道成员的定价。（6）灰色市场和搭便车给生产商的定价战略带来了问题。尽管对这些问题没有简单、立刻见效的答案，但从长远的观点看，严格控制那些以选择性分销和购买者偏好为特征的渠道设计决策，可以限制灰色市场和搭便车者数量的增长。

复习题

1. 制定定价战略时考虑的基本因素是市场变化、内部成本和竞争力量，你同意否？请解释。

2. 渠道管理者在形成生产商的定价战略过程中所起的作用是什么？

3. 解释当应用渠道定价战略时“购买分销服务”的概念。

4. 不同层次的渠道成员、竞争品牌及生产商和渠道成员之间的特殊定价安排如何影响定价战略？

5. 利润率惯用的标准是什么意思？这一概念如何影响渠道定价战略？

6. 讨论涉及渠道价格的问题，解释产品线上不同款式、价格点和产品变化所带来的利润率变化。

7. 讨论与生产商试图在渠道中运用价格控制有关的问题，生产商应该如何处理这些问题？

8. 为什么生产商定价政策和销售条款的变化能给渠道成员带来灾难？生产商如何缓解这些变化的负面影响？

9. 讨论当生产商考虑向渠道转嫁涨价时可以采用的一些替代性战略。

10. 同渠道成员相比，面对生产商发起的价格激励，消费者可能有不同的反应。产生这些不同反应的基本因素是什么？

11. 为什么参与灰色市场对很多分销商和经销商很有吸引力？

12. 搭便车尽管对一些类型的经销商有利，但会给生产商、提供全面服务的经销商，甚至是消费者带来损害，你同意否？请解释。

思考题

1. 苹果公司的CEO史蒂夫·乔布斯曾经说过这样一番话：我们不知道如何制造出低于500美元又不沦为一堆垃圾的电脑。乔布斯对于500美元以下的个人电脑的蔑视反映了这样的观念：价格不是产品开发的驱动因素。根据这一观念，苹果采用高定价来与其提供优质创新产品的声望保持一致，因此，即使苹果分销商强烈要求苹果提供较低价位的电脑（像其他产品一样）以在苹果流失的价格点上竞争，苹果也可能会坚决拒绝。

根据苹果渠道战略评论苹果的定价战略。

2. 仲夏，一位体育用品批发商的销售代表拜访了一家体育用品零售商。该销售代表非常喜欢其公司经营的一家大生产商生产的健身器械。他现身说法，花了大约20分钟展示图片、传单和目录。后来，店主握住他的手问：“你的报价底线是多少？销售它我能赚多少钱？一般来说，我们对这类产品的报价要削减50%。从你的目录中我看到大部分产品都提供折扣，但是这里的市场竞争非常激烈，商店像疯了一样对这种商品实行打折，我需要 35%的毛利来支付经营费用并赚取一些利润。我怎么能相信这种商品是符合我的要求的？”

你对店主的反应怎么看？评论他对毛利所说的一番话。

3. 亚马逊是世界上最大的电子书销售商，它以 9.99 美元的固定价格销售畅销新书，不论该书作者的名声和受欢迎程度，也不论出版商的威望。一些出版商对其定价战略略有微词，它们相信随着时间的流逝 9.99 美元的售价将成为消费者对新书价值感知的上限。如果消费者相信来自知名作家和顶尖出版商的新书只值 9.99 美元，出版商自己定价的能力将被完全破坏。在 2010 年初，五家出版商，包括麦克米伦（Macmillan，最大且最有声望的图书出版商之一），拒绝通过亚马逊的渠道供应电子书，而是通过苹果的 iPad 销售其新书，苹果允许出版商自行设定价格，因此有些通过该渠道销售的电子书定价为 14.99 美元。

你认为谁应该在营销渠道控制电子书的定价，为什么？

4. 蒂娜·安德森（Tina Anderson）在当地购物中心的一家提供各种服务的照机器材商店内，与懂行的销售人员谈论不同照相机的优缺点，比较它们各自的特色，还试着操作感觉一下这些照相机。她最终决定要买一款美能达自动相机，但是她没有直接在店里购买，而是离开了店铺。途中，她路过一家星巴克店，进去后买了一杯咖啡，并用 iPhone 手机找到销售那款相机的一家价格最低且免费送货的经销商并下了订单。3 天后，UPS（美国联合包裹服务公司）将照相机送到了她家里。蒂娜非常高兴——她节省了 60 美元，买到了她在店铺里试过的一模一样的那款相机。至于网上的经销商是否被授权销售美能达照相机，蒂娜对此毫不在乎。

分别从蒂娜·安德森、店铺、在线经销商以及生产商的角度讨论这一现象。

5. 百威英博和米勒康胜两家公司控制美国啤酒市场约 80%的份额，这两家公司的大部分啤酒销售都是通过独立的啤酒分销商完成的，由分销商再销售给零售商、餐馆和酒吧。其中安海斯-布希公司在开展一项降低成本项目后不久就于 2008 年被比利时啤酒酿造商 InBev 收购。在其降低成本项目中关键的一项是削减分销商毛利，当时安海斯-布希公司的分销商每销售一箱百威啤酒到零售渠道中就可获利 1 美元，而米勒康胜公司的分销商获利却是 0.85 美元。如果能够缩减这 15 美分的毛利差距，安海斯-布希公司估计每年可节省 2 亿美元，但是安海斯-布希公司的许多分销商都与其有着数十年的关系，当然很不乐意削减毛利。

百威英博公司应该削减分销商毛利吗？为什么，如果不应该，又为什么？

注释

1. See: David Shipley and Elizabeth Bourdon, “Distributor Pricing in Very Competitive Markets,” *Industrial Marketing Management* (1990): 215–224; and William B. Wagner, “Changing Industrial Buyer-Seller Pricing Concerns,” *Industrial Marketing Management* (1981): 109–117.
2. Some notable exceptions include: Cenk Kocas and Jonathan D. Bohlman, “Segmented Switches and Retailer Pricing Strategies,” *Journal of Marketing* (May 2008): 124–142; Rajeev K. Tyagi, “Do Strategic Conclusions Depend on How Price is Defined in Models of Distribution Channels?” *Journal of Marketing Research* (May 2005): 228–232; Garesh Iyer, “Coordinating Channels Under Price and Nonprice Competition,” *Marketing Science* 17, no. 4 (1998): 338–355; S. Chan Choi, “Price Competition in a Duopoly Common Retailer Channel,” *Journal of Retailing* 72, no. 2 (1996): 117–134; Charles A. Ingene and Mark E. Parry, “Coordination and Manufacturer Profit Maximization: The Multiple Retailer Channel,” *Journal of Retailing* 71, no. 2 (1995): 129–151; and Rockney G. Walters and Scott B. MacKenzie, “A Structural Equations Analysis of the Impact of Price Promotions on Store Performance,” *Journal of Marketing Research* (February 1988): 51–63.
3. See, for example: Sudheer Gupta and Richard Loulou, “Process Innovation, Product Differentiation and Channel Structure: Strategic Incentives in a Duopoly,”

Marketing Science 17, no. 4 (1998): 301–316; and Gerald E. Smith, Meera P. Venkatraman and Lawrence H. Wortzel, "Strategic Marketing Fit in Manufacturer-Retailer Relationships: Price Leaders versus Merchandise Differentiators," *Journal of Retailing* 71, no. 3 (1995): 297–315.

4. For a related discussion, see: Wujin Chu and Preyas S. Desai, "Channel Coordination Mechanisms for Customer Satisfaction," *Marketing Science* 14, no. 4 (1995): 343–359.
5. Paul Ziobro, "McDonald's Bets Pricing At $1 Will Heat Up Summer Sales," *Wall Street Journal*, March 18, 2010: B6.
6. For another approach in which the sales force might be utilized for this purpose, see: P. Ronald Stephenson, William L. Cron and Gary L. Frazier, "Delegating Pricing Authority to Sales Force: The Effects on Sales and Profit Performance," *Journal of Marketing* (Spring 1979): 21–28.
7. For a related discussion, see: Christopher Farrell and Zachary Schiller, "Stuck, How Companies Cope When They Can't Raise Prices," *BusinessWeek*, November 15, 1993: 146–155.
8. Alfred R. Oxenfeldt, *Pricing Strategies* (New York: AMACOM, a division of American Management Association, 1975), 140.
9. For a related discussion, see Robert Berner and Stephanie Anderson, "Wal-Mart is Eating Everybody's Lunch," *BusinessWeek*, April 15, 2002: 43.
10. Martin R. Warshaw, "Pricing to Gain Wholesalers' Selling Support," *Journal of Marketing* (July 1962): 50–51.
11. Sumee Choi and Anna S. Mattila, "Perceived Fairness of Price Differences Across Channels: The Moderating Role of Price Frame and Norm Perceptions," *Journal of Marketing Theory and Practice* (Winter 2009): 27–47; Joseph P. Guiltinan, "The Price Bundling of Services: A Normative Framework," *Journal of Marketing* (April 1987): 74–85.
12. David Kesmodel, "Liquor Discounts Become Bad Habit for Spirit Makers," *Wall Street Journal*, February 25, 2010: B1.
13. Kesmodel, "Liquor Discounts Become Bad Habit," B1.
14. Oxenfeldt, *Pricing Strategies*, 144.
15. Bert Rosenbloom and Paul R. Warshaw, "Perceptions of Wholesaler Functional Role Prescriptions in Marketing Channels," *European Journal of Marketing* no. 2 (1989): 31–46.
16. Timothy Aeppel, "After Cost Cutting Companies Turn Toward Price Rises," *Wall Street Journal*, September 18, 2002: A1, A12.
17. For a related discussion, see: Stephan Wildstrom, "The Stubborn Luxury of Apple," *BusinessWeek*, November 23, 2009: 82.
18. Oxenfeldt, *Pricing Strategies*, 145.
19. See the discussion in Chapter 4 on decision domain disagreements as a cause of conflict.
20. For an insightful article related to the issue of which channel member should make pricing decisions, see: Jospeh Kamen, "Price Filtering: Restricting Price Deals to Those Least Likely to Buy Without Them," *Journal of Consumer Marketing* (Summer 1989): 37–43.
21. For a related discussion, see: Rajiv K. Sinha, Fernando S. Machado and Collin Sellman, "Don't Think Twice, It's All Right: Music of Piracy and Pricing in a DRM-Free Environment," *Journal of Marketing* (March 2010): 40–54.
22. See, for example, Kent B.Monroe and Adris A. Zoltners, "Pricing the Product Line During Periods of Scarcity," *Journal of Marketing* (Summer 1979): 49–49.
23. For a related discussion, see: David Shipley and Leslie Davies, "The Role and Burden Allocation of Credit in Distribution Channels," *Journal of Marketing Channels* (1991): 3–22.
24. For an excellent, in-depth study related to this issue, see Kusum L. Ailawadi, Donald R. Lehmann and Scott A. Neslin, "Market Response to a Major Policy Change in the Marketing Mix: Learning from Procter & Gamble's Value Pricing Strategy," *Journal of Marketing* (January 2001): 44–61.
25. Ellen Byron and Teri Agins, "Probing Price Tags," *Wall Street Journal*, May 13, 2005: B1, B2.
26. Cecillie Rohwedder, Aaron O. Patrick and Timothy W. Martin, "Big Grocer Pulls Unilever Items Over Pricing," *Wall Street Journal*, February 11, 2009: B1, B5.
27. Dean Foust, "Looks Like a Beer Brawl," *BusinessWeek*, July 28, 2008: 52; David Kesmodel, "Beer Makes Plain More Price Boosts," *Wall Street Journal*, August 26, 2009: B1.
28. See, for example: "Microsoft's Aggressive New Pricing Strategy," *BusinessWeek*, July 27, 2009: 51.
29. For an in-depth analysis of this pricing strategy, see: Ruiliang Yan, "Pricing Strategy for Companies with Mixed Online and Traditional Retailing Distribution Markets," *Journal of Product and Brand Management* vol. 17, no. 1 (2008): 48–56.
30. Bert Rosenbloom, "Multi-Channel Strategy in Business-to-Business Markets: Prospects and Problems," *Industrial Marketing Management* (January 2007): 4–9.
31. Kyle Cattani and Hans Sebastian, "When Manufacturers Go Retail," *Sloan Management Review* (Winter 2006): 8–10.
32. See, for example: "Sholnn Freeman and Joseph B. White, "GM to Roll Out Cash-Rebate Sales Drive," *Wall Street Journal*, January 3, 2002: A3.
33. For an excellent study of how such special price deals operate to increase consumer purchases, see: Robert C. Blattberg, Gary D. Eppen and Joshua Lieberman, "A Theoretical and Empirical Evaluation of Price Deals for Consumer Non-durables," *Journal of Marketing* (Winter 1981): 116–129.
34. For a related discussion, see: Amy Merrick, "Retailers Try to Get Leg Up on Markdowns with New Software,"

Wall Street Journal, August 7, 2001: A1, A6.

35. For an article related to price elasticities, see: Gerard J. Tellis, "The Price Elasticity of Selective Demand: A Meta-Analysis of Econometric Models of Sales," *Journal of Marketing Research* (November 1988): 331–341.

36. See, for example: Justin Scheck, "H-P Wields Clout to Undercut PC Rivals," *Wall Street Journal*, September 24, 2009: B1.

37. For a thorough background article on the gray market, see: James Cross, James Stephans and Robert E. Benjamin, "Gray Markets: A Legal Review and Public Policy Perspective," *Journal of Public Policy and Marketing* (1990): 183–194.

38. See Larry S. Lowe and Kevin McCrohan, "Gray Markets in the United States," *Journal of Consumer Marketing* (Winter 1988): 41–45.

39. Dale F. Duhan and Mary Jane Sheffet, "Gray Markets and the Legal Status of Parallel Importation," *Journal of Marketing* (July 1988): 75–83; and James M. Maskulka and Melissa O'Neal, "Gray Market Consumers: New Channel Captains?" in *Proceedings of the Winter Educators' Conference of the American Marketing Association*, eds. Russel Belk et al. (Chicago: American Marketing Association, 1987), 1–4.

40. For some additional perspectives on dealing with the gray market, see Larry S. Lowe and Kevin F. McCrohan, "Minimize the Impact of the Gray Market," *Journal of Business Strategy* (November–December 1989): 47–50.

41. Mary Jane Sheffet and Debra L. Scammon, "Resale Price Maintenance: Is It Safe to Suggest Retail Prices?" *Journal of Marketing* (Fall 1985): 89–90.

第12章 营销渠道中的促销

学习目标

学习本章之后，你应该能够：

1. 认识分销商（渠道成员）的支持是生产商促销组合的主要工具之一；
2. 明白拉式和推式两种促销战略之间的区别；
3. 意识到推式促销战略比拉式促销战略使用更频繁，同时也花费了更多的资金；
4. 把通过渠道成员进行的促销视为一种主要的渠道战略，而不是仅将其看作促使渠道成员销售更多产品的战术行为；
5. 了解推式促销研究的主要成果；
6. 熟悉需要渠道成员支持的基本推式促销方法；
7. 了解 4 种温和的推式促销战略；
8. 了解各种不同的促销战略在取得渠道成员支持方面的优势和劣势。

渠道焦点

对于蜜丝佛陀，增长的关键在于减少美国零售货架空间

对，作为化妆品行业一个传奇品牌，蜜丝佛陀（Max Factor）决定离开美国零售商的货架寻求海外市场，特别是英格兰和俄罗斯，其货架空间尚有空余。蜜丝佛陀1991 年被宝洁收购，其每年 12 亿美元销售额的大部分都来自国外零售商。蜜丝佛陀品牌的产品虽然仍占据着美国约 8 000 家零售商的货架，但其货架空间已被宝洁另一个化妆品系列封面女郎（Cover Girl）严重挤占，封面女郎牌化妆品在美国有 50 000 家零售商在售。2010 年后，蜜丝佛陀在美国零售店快速消失，为什么会这样？美国零售商的货架空间基本都不大，不足以放置宝洁两种化妆品品牌，而且零售商巨头们都在削减成本，控制产品增加以避免占据已经显得杂乱的通道，因此不愿意给蜜丝佛陀产品更多的货架空间，除非宝洁能提供大量的促销刺激，但宝洁不愿意把大量促销资金投到大卖场、超市和药店来为蜜丝佛陀品牌开展促销。最近，宝洁形成这样一个政策：在强大的全国性广告帮助下摒弃贸易促销，建立长期品牌资产，提高品牌价值。基于此，宝洁为蜜丝佛陀品牌选择了零售商力量和要求相对较弱和较少的海外市场，这无疑具有战略意义。宝洁有能力通过品牌建设使蜜丝佛陀化妆品在消费者心目中形成强势品牌，而不是向主要零售商提供持续的特殊交易和购买活动。

因此，有时少即是多，无论是用更少的化妆品画出更漂亮的脸蛋，还是以更少的贸易促销使产品更有利可图。

资料来源：Based on Ellen Byron, "Max Factor Kisses America Goodbye," *Wall Street Journal* (June 5, 2009): B1.

本书前面两章介绍了营销组合的两个组成部分：产品战略和定价战略，它们都同渠道管理有关。本章我们将重点讨论营销组合的第三个组成部分——促销战略，它也同渠道管理相关。

近年来，**促销**（promotion）一词已经成为指代商业组织和其他组织发起的所有说服型沟通活动的简称。这些活动包括广告、人员销售、公关、销售促进、赞助以及在购买点的沟通活动，还包括近年越来越风行的通过 Facebook 或 Twitter 社交网络来推销产品和服务。一些作者使用了**整合营销传播**（integrated marketing communications）[1]来指代在协作努力取得最大促销效果中使用几个或者所有的工具。例如，绝对伏特加（Absolut Vodka）不但在杂志上大做广告，也在 Facebook 上进行广告宣传，在 Facebook 上超级明星周杰伦（既是说唱歌手又是商人）是绝对伏特加的代言人。在 YouTube 上播放的周杰伦的微型纪录片以及在酒品商店里面展示的吸引人的产品资料完成了整合促销努力的过程。

绝大多数的产品和服务并不是针对最终消费者的，因此由生产商（制造商）、加盟者和服务提供商发起的促销活动需要渠道成员的支持才能获得成功。[2]甚至对于那些整合了广告、人员销售、销售促进和公关的最复杂的促销活动，也只有在渠道成员紧密的合作与坚持到底之后才能取得成功。[3]然而，正如我们在本书中始终提到的，尽管生产商应该控制产品的销售方式，但因为渠道成员是独立于生产商的，所以当渠道成员有能力决定产品如何销售时，生产商的控制力就会大为减弱。因此，生产商的总体促销战略是否有效，取决于生产商能否保证独立的渠道成员在产品促销方面肯于配合。[4]

某些生产商几乎全部依靠对其目标市场进行广告宣传这种促销形式，通过这种方式"拉动"产品销售，从而间接地保证渠道成员的合作。生产商所依靠的**拉式战略**（pull strategy）就是要创造消费者（或产业用户）对于产品的巨大需求。出于明显的利己主义动机，渠道成员会主动地促销生产商的产品。[5]

从长期看，拉式战略有许多益处，但是在很多情况下，它并不能确保强大的渠道成员的促销支持。生产商需要更直接地与渠道成员一起工作，以获得强大可靠的渠道成员促销支持。[6]这种通过渠道进行的促销，就是**推式战略**（push strategy），它需要生产商和渠道成员更直接地参与。[7]虽然推式战略这个词已经得到广泛认同，但它实际上是一个错误用词，因为它暗含着生产商强迫渠道成员将促销规划"吞下肚子里"的意思。其实，推式战略的真实含义是生产商和渠道成员在制定和实施促销战略时共同努力与合作。[8]从这个意义上说，生产商并非强迫渠道成员促销自己的产品，而是寻求它们的参与和合作，以使促销战略更为有效，使生产商和渠道成员共同受益。[9]图 12—1 展示了促销战略中推式和拉式这两种不同的战略。

二者之间并不存在固有的矛盾，事实上，它们可以非常成功地同时运用。例如，有许多公司，像凯洛格（Kellogg）、可口可乐、卡夫和金宝汤公司（Campbell Soup），在这两种类型的方法上均投入大量资金。[10]除了某些企业如宝洁公司，大量削减了其在推式促销上的投入（这也引发了广泛争论）（参见本章开头的例子），企业总的趋势是将促销的重点放在推而不是拉上。[11]在批发商和零售商的规模变大、

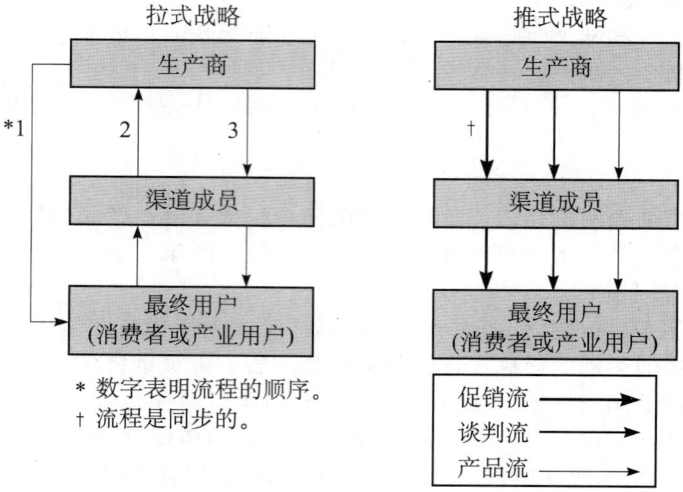

图 12—1　拉式和推式促销战略比较

权力不断增大的情况下（见第 2 章），这种趋势的出现就不值得大惊小怪了。事实上，研究表明，用于促销的每 1 美元中就有 50 美分是用于推式促销。[12]此外，每年仅在食品杂货行业，就有 1.5 万种新产品争相上架，而货架上只有容纳其中 5%的产品的空间。不仅如此，为了提高成功的概率，生产商被迫在推式促销上花费更多的资金，让其产品对于零售商富有吸引力。显而易见，零售商（在很大程度上是批发渠道成员）是不愿意仅仅被视为一种渠道的，大生产商通过采用大量的全国性广告，就可以使自己通过这条渠道将它们的产品平稳顺利地销售给最终顾客。

本章我们将讨论以推式为重点的多种促销战略，这种方法要求渠道成员的实际参与。促销战略的成功，很大程度上受渠道管理者确保渠道成员在实施这些战略时合作程度的影响。[13]

营销渠道中的推式促销战略

在促销生产商的产品时，采用的大量推式促销策略都需要渠道成员的参与。在讨论这一点之前，我们应当重新回到第 9 章讨论过的一个要点：激励渠道成员。一般情况下，任何需要渠道成员合作的营销组合战略都不应是随意安排、孤立且一成不变的。当渠道成员变成生产商总的渠道成员需求支持计划的一部分时，包含渠道成员自身的战略可能更容易被它们接受。[14]从这个意义上讲，在本书前面部分（特别是第 9 章）所讲的分销规划与伙伴关系和战略联盟，就显得非常有价值。简而言之，如果生产商期望渠道成员在促销产品时给予合作，它们就应该采用总体手段对渠道成员提供支持。近 20 年来对推式促销方式的研究，为此提供了充分的实证支持。[15]

促销战略的重点在于生产商采取何种形式的推式方法，但无论何种形式，这些方法都需要渠道成员的支持。获得支持可以采用多种形式，这些形式可以归为以下 7

类：共同付费广告、促销折扣、通道费、展示和销售支持、店内促销、竞争和激励，以及特殊的促销交易和销售活动。

共同付费广告

生产商给予渠道成员的促销支持中，最为常见的一种是共同付费广告。[16]例如，据《广告时代》估计：2009 年的一个季度内，要通过沃尔玛销售产品，生产商就要在共同付费广告方面支付近 1 亿美元给沃尔玛，同样一个季度内别的大型零售商诸如塔吉特、沃尔格林、CVS 也收到生产商支付的数百万美元。[17]

共同付费广告可以采取很多种形式，最普通的一种是在考虑了零售商从生产商购买的商品量的情况下，确定一定的百分比，如以 50∶50 的比例分担费用。例如，某个渠道成员从生产商那里购买了 10 万美元的产品，如果这笔交易的最大津贴是 3%，对于零售商来说，可能的广告费用就应该是 3 000 美元。

生产商大多希望能够对共同付费广告活动的部分或全部实行某种控制。一般情况下，广告形式的提出，甚至是在报纸、杂志或广播媒体上所做的整个广告的全部准备活动，都是由生产商完成的。

对于生产商来说，共同付费广告促销战略的有效性很大程度上取决于渠道成员的支持水平。渠道成员应该：（1）备有广告产品的足够存货；（2）提供恰当的现场展示；（3）在需要的情况下提供人员销售支持。要想得到这种支持，就需要生产商对合作项目进行有效管理。[18]缺乏这种管理，渠道成员就不会很好地跟随并会采取一些错误的行动，这种情况是非常普遍的。很多年来，零售商经常采用这样一种手法，它们以当地较低水平的价格买下报纸版面，却以较高的价格向生产商索取商定份额的款项，自己从中渔利。事实上，我们也知道，有些零售商（尤其是百货公司）通过这种抬高价格的方法让生产商支付了全部的广告费用。

在食品零售商队伍中，滥用资金的行为非常普遍。在这些零售商当中，共同付费广告的资金（一般称为“例行折扣”）有时并未完全用于生产商产品的广告，而是直接变成了零售商的利润，甚至用于零售商为自有品牌的产品做广告。为了避免这种情况的出现，一些生产商制定了一些正式的共同付费广告计划，并仔细地对其进行管理，以保证提供给渠道成员的共同付费广告资金得到了恰当有效的使用。

生产商必须进行有效的管理，以避免滥用情况的出现，保证在共同付费广告项目中渠道成员的合作。不过渠道管理者也必须对渠道成员在这种促销支持方式中关心的问题保持敏感。特别是渠道成员经常感到，生产商希望它们采用的广告并未针对生产商特定产品的促销重点，也不能吸引顾客光顾。如果情况真的是这样，渠道成员就不愿意支持这个项目，就会对自己的滥用行为心安理得。

促销折扣

用于促销折扣的最典型的方式是向渠道成员直接支付现金，或者购买一定比例的特定产品。给予折扣的目的是鼓励零售商购买更多的产品，给这些产品以更好的货架位置，在楼层中或通道尽头进行展示或者其他类似的促销行为。近年来，生产商向零售商提供的促销折扣急剧上升，不仅因为强大的零售商更加难缠，还因为大零售商，特别是食品和消费包装产品（CPG）零售商，意识到消费者由于 2007—2008 年“经济大衰退”的影响对采购的迫切感。因此，零售商期望生产商提供丰富的促销刺激以传递给消费者，当然这花费巨大，据麦肯锡公司（McKinsey & Company）估计，这种折扣大约相当于销售额的5%。[19]促销折扣的成本是如此之高，使许多生产商都通过自己或外界咨询组织诸如SymphonyIRIGroup进行了研究，以便判断自己花在争取零售商合作和追随方面的资金是否值得。专业研究机构如SymphonyIRIGroup开发了一系列复杂的方法来测量各种促销行为的影响[20]，但这些测量都发生在事后。如果生产商想在事先采取一些行动，增强渠道成员的支持与追随，就需要采取必要的行动（如我们在本章前面基于研究所指出的），确保促销折扣计划与渠道成员的要求一致。[21]

这也一直是柯蒂斯-伯恩斯食品公司（Curtice-Burns Foods，Inc.）与食品产业其他巨人们的竞争哲学。柯蒂斯-伯恩斯公司一直将重点放在促销折扣上，而不是那些花费更大的全国性广告上，它一直确信自己的促销项目对渠道成员有益。例如，柯蒂斯-伯恩斯在超级市场里促销其馅饼原料时，不仅向超级市场提供促销折扣，而且又向前迈进了一步，它的店内展示也有超级市场自有品牌的烘烤调料，这样就给了零售商一个提高销售额与利润的机会。在采用促销折扣时所付出的这些特殊努力，有助于确保渠道成员对于促销活动的支持。事实上，在这样一个包含着私心的陈腐老套的促销领域中，一些富有想象力的举措往往能取得出奇制胜的效果。

通道费（进场费）

通道费（slotting fees）或者**货位津贴**（slotting allowances）是指生产商（以现金或者商品形式）支付给渠道成员，尤其是零售商的费用，希望它们能够接受、展示和支持生产商的新产品。[22]

虽然通道费是另一种形式的促销折扣，但我们要将它作为一个单独的类别来讨论，因为在营销渠道中它已经成为一个非常重要而又备受争议的促销形式。在日用百货行业，通道费是最普遍的，生产商为这种形式的促销每年要支付90亿美元。通道费在其他行业也正变得越来越流行，例如非处方药、家装建材、汽车零件、书籍、杂志、香烟和服装。[23]

通道费是促销中最具争议的一种形式，因为生产商和零售商在这个问题上的看法有相当大的差异。生产商认为，零售商通过强迫自己支付大量的费用才能将商品摆上货架，从而增强了零售商的力量，而且许多生产商认为通道费具有歧视性，尤其是对小型生产商，它们没有支付高昂费用的本钱。相反，零售商认为，通道费是弥补它们接受的新产品有可能卖得不好的风险，也是对它们努力推动新产品销售所做努力的一种回报。随着争论的持续，通道费开始成为产品能否卖得好的一个提前预示，原因是生产商不会为"瘦狗"类产品支付高额的通道费。然而，布卢姆（Bloom）、冈拉克（Gundlach）和坎农（Cannon）进行的一项包括800名管理者（包括日用品生产商、零售商和批发商）的调查研究表明，生产商和零售商都不认为通道费就是产品销售状况的指示器。[24]

关于通道费的争论激烈到引来国会议员、美国联邦贸易委员会（Federal Trade Commission，FTC）以及美国审计总署（General Accounting Office，GAO）的关注，它们正在调查这一激进的促销手段是否触犯了法律，在一些案例中通道费是否构成了非法贿赂。还有一些评论家认为通道费导致消费者购买产品价格的增高，因为生产商会将预期的通道费计算在新产品的成本之中。[25]支持通道费的人则持相反的意见，他们认为交给零售商的通道费通过商品低价格的形式实际上让利给了消费者。[26]但是，在前面提到的布卢姆、冈拉克和坎农进行的研究中，消费者和生产商都不相信通道费导致了商品零售价格的降低。

从渠道管理者（尤其是日用百货产品生产商的渠道管理者）的角度看，通道费应该被看作一个当前不可消除的客观存在。[27]如本章前面所说的那样，通道费已经蔓延到其他产品种类，这种扩大的趋势会随着零售商变得更大、更强而且持续下去。通道费可能会成为零售巨头们在许多交易中要求促销补贴的主要形式。当强大的零售商对销售生产商的新产品要求高额的通道费时，渠道管理者应该做些什么呢？布卢姆、冈拉克和坎农承认生产商和零售商在通道费这一问题上存在着严重的冲突，并根据他们的研究提出了一些具体而积极的建议，这些建议有助于培养在通道费使用上的合作：

> （在通道费上的）冲突可以通过（生产商和零售商）共同赞助一些研究来解决，这些研究包括通道费的以下影响因素：(1) 生产商和零售商的关系；(2) 零售商分类；(3) 生产商对于营销预算的分配；(4) 生产商的分销决策；(5) 商品到达市场的能力……在这个话题上交互沟通有助于双方更好地了解对方的观点。[28]

结果，渠道管理者可以找到公平处理通道费的办法，而不是希望通道费会取消或者硬着头皮接受它，这样可以创造出更多的双赢而不是单赢关系。[29]

展示和销售支持

展示和销售支持有各种形式，包括特殊支架、货架、平台、标志、宣传套件和专门设计的或大或小的店铺展示，还包括互动式电子设备，以便零售商与进店顾客互动来促进销售。这些展示和销售支持在商业上常常称为 POP（point-of-purchase，采购点）展示。每年有数十亿美元花费在 POP 展示上，其中很大一部分都是生产商为零售商开发配备的，目的是推动零售商利用 POP 材料促进销售。

展示和销售支持可能有效性很高[30]，但在更多情况下，生产商很难驱使零售商使用这些材料。[31]因此，通常需要使用促销折扣形式的特殊刺激，来促使零售商使用它们。其原因在于：零售商会遇到大量的这类物品，有时它们甚至可能不打开就将其丢弃。例如，每周在任何给定时间，超级市场所面对的促销品平均有 1 000 种，而它们仅有能力将其中的 50 种放置在通道尽头。除了这种过量的问题之外，另一个问题是生产商来不及向渠道成员展示这种产品的有用性。在生产商与渠道成员之间，对于这些产品作用的认识存在着巨大的差异。因此，渠道管理者必须弄清楚这些销售支持与展示是否有用，或者它们是不是一种累赘，不能起到有益的作用。

图 12—2 展示的是汉纳斯（Hannas），一家蜡烛生产商生产的 Evergreen & Ivy 产品系列，其展示布局经过了深思熟虑，设计得很好，这种布局主要是用于在百货商店、专卖店、大卖场、连锁杂货店以及超市展示。这种布局有几个特点，受到零售渠道成员的喜爱，提高了它被有效使用的可能性：(1) 它可以用于销售蜡烛的任何一家零售店；(2) 它可以容纳很多不同大小的产品，展示的产品种类丰富，也不用经常将货物搬上货架，并且使所有产品可以保持一种吸引人的摆放展示；(3) 一旦出现空的货架，很容易发现；(4) 它在保持良好的视觉效果的同时又节约了占地面积；(5) 这种布局会激励零售商销售 Evergreen & Ivy 系列的所有产品，因为它是将所有产品看作一个整体平台而设计的，就像是在整个商店大环境下的一个“小商店”。

甚至是最有效的店面展示都必须迎合因经济环境的改变而改变的消费者行为模式。例如在 2007—2008 年“经济大衰退”时期和之后不久，据一个在店面展示方面

图 12—2　一个设计得很好的店内展示

资料来源：Courtesy，Hanna's Candle Co.

高度专业化公司 Envirosell 研究发现，有几种购物者行为的改变与店面展示息息相关[32]：

1. 购物者花费在商店通道上的时间平均增加了约 20%。
2. 购物者花费更多时间仔细研读标签。
3. 购物者更频繁地把商品丢弃在商店其他地方，而不是带到结账台上。
4. 购物者停在店面展示前时看起来在更认真地选择，特别是针对高价商品。

Envirosell 的 CEO 兼创建者帕科·昂德希尔（Paco Underhill）相信零售展示和 POP 材料随着购物者需求的改变而改变才是最有效的促销。Envirosell 指出 Whole

Foods 超市的“和购物者谈话”的店面展示就是一个展示适应于购物者的很好的例子。例如，在鲜鱼区里红甘蓝和彩虹甜菜的上面挂着大标志“为什么购买有机食品”，以宣传吃有机鱼的益处；在生产部，“多么可爱”的标志直接贴在俄罗斯香蕉形小土豆上。昂德希尔是这样解释这些展示的合理之处的[33]：

> （有机鱼标志）使购物者觉得他们正在买有价值的商品，或者也许正在做正直之事。（俄罗斯香蕉形小土豆）比爱达荷土豆更昂贵，土豆上的标志使购物者愿意购买更高价的东西或尝试新事物。

因此，在当前这个时代，真正的人员销售这种促销方式实质上已经在零售店内消失，展示和销售支持这种促销方式能够在购物者行为显著改变的情况下与购物者联系起来，显得比以前更不可或缺，生产商和其他供应商如果希望零售商更具热情地销售其产品，就应该更加关注开发更多有效的展示和销售支持。

店内促销

绝大多数的店内促销都是短期行为，其作用是激发顾客对生产商产品的额外兴趣。一些作为生产商形象代言人的名人，例如名厨埃默里尔·拉加斯（Emeril Lagasse）到零售店里举办美食烹饪展示来宣传奥克莱德的炊具，德瑞克·基特（Derek Jeter）现身零售商店宣传耐克的产品都是较为流行的店内促销范例。[34]

有些促销尽力变得不同寻常且具有戏剧性。例如，可口可乐公司曾经进行过一次至今仍然非常有名的店内促销，极富想象力，极其激动人心。堪萨斯城一位著名的音乐节目主持人被“埋”在一家超级市场堆成小山一样的可口可乐公司产品中间，不停地喊着：“买我出去！”几个小时后，这家店就变得拥挤不堪，而那位主持人最终也自由了，可口可乐取得了其历史上最突出的一次成功促销。

一种较为文雅的店内促销近几年较为流行，这就是**“衣箱秀”**（trunk show），它常被一些较好的服装、鞋类和珠宝生产商采用。正如名字所显示的一样，生产商会带着一大“箱”它们最新和最好的产品来到零售店，一个“欢乐之夜”晚会是这种促销活动的组成部分，它使顾客深深处在一种购买的气氛之中，这种形式常常非常成功。例如，位于纽约城的世界上最大的男士服装零售商巴尼斯（Barneys），就曾为奥克斯福德服装（Oxford Clothes）这家久负盛名的男士服装生产商举行过“衣箱秀”。

另外一种也属于店内促销（现场促销）的形式正变得流行起来，就是试用样品——一个规模有 12 亿美元并且还在不断增长的形式。[35]样品经常在那些能够让产品最具吸引力的场合分发而不是只在店内分发。例如，巴利斯健康俱乐部公司（Bally's Fitness Clubs）分发多芬（Dove）沐浴露、除臭剂、毛巾等产品；爽健公司（Dr. Scholl's）向芝加哥马拉松比赛的参赛者分发气泡治疗护垫；当气温超过 90 华氏度时，星巴克在纽约联合广场分发其冷冻星冰乐咖啡。行业专家指出，这种注重分发时的环境的试用样品将会越来越普及，因为它更有集中效果，更有影响力，而那种只在超市搭个台子就开始分发试用样品的做法已经不够了。史蒂夫·西金格（Steve Sickinger），太阳风集团（Sunflow Group）的销售副总裁，认为今天的市场需要更富有想象力：

> 传统的分发（试用品）方式已经过时。你越聪明，就越有可能到达特定的目标客户群。[36]

无论采用什么形式的店内促销，无论是低级的还是高级的，渠道管理者最关注的是零售商能否从中获益。如果零售商不能通过它增加直接销售、提高利润率或者增强店铺的识别率，它们是不会热情洋溢地去配合生产商进行店内促销活动的。因此，在为一次店内促销做计划时，首先应当考虑它能否为零售商带来潜在利益。

当生产商努力让其产品进入零售商店并站住脚时，店内促销的作用应该得到进一步提升。这种趋势的一个标志是专业公司的出现，它专门组织店内样品展示。

竞争和激励

生产商给予渠道成员的竞争和激励是另一种流行的促销形式，它可以用来激发渠道成员销售生产商产品的积极性。同其他形式的推式促销一样，竞争和激励可以采用多种形式，可以充分发挥你的想象力。一个典型的竞争实例便是苹果电脑公司，它向其销售量最大的销售员提供一辆珍珠白色的保时捷汽车（Porsche）让他使用1年，另外还给他额外的3 000美元，用以支付汽油费和其他开支。苹果电脑公司在竞争中使用的激励形式是汽车和现金。激励的范围非常广，包括各种商品、旅游，甚至是美味牛排。

有时把竞争和激励与某些地方、州、全国甚至国际事件联系起来，其效果会更加显著。3M公司在进行一项对销售其职业健康与安全产品（从12美分的一次性防毒面罩到500美元一件的安全服）的产业分销商的激励活动时，使用了“奥运会”这个名称，奖品小到印有奥运会标志的T恤衫，大到旅游奖励。使用奥运会这样的大事件，可以增强竞争和激励对于渠道成员的销售人员的作用，提高他们的积极性。这些事件能够增强其自豪感与精神动力，比如与奥运会比赛相关的竞争精神和爱国主义精神。

竞争和激励应该谨慎使用，因为它们对于管理者来说，是最容易引起渠道成员恶意和冲突的一种促销支持。这是因为某些竞争和激励可能会使渠道成员产生一些不良行为，这些行为对于渠道成员来说存在潜在的危害性。例如，生产商可能向销售量最高的销售人员提供一系列出国旅游的机会，而这些人员是批发商或零售商雇用的。生产商为了推销某些特定产品，也可能直接向渠道成员的销售人员提供**推销资金**（push money，PM），从渠道成员的角度看，这些或其他类似的行为与它们自己的目标相抵触，特别是那些长期形成了向顾客提供他们需要的商品的信誉的批发商和零售商，更不希望销售人员向顾客施加压力，让他们购买可能不需要的产品，而自己从中获利。

在规划竞争和激励项目时，生产商应当想方设法弄清楚渠道成员对于这种形式的促销活动的态度，这样可以避免潜在的冲突，这正是需要花费精力的地方。

特殊的促销交易和销售活动

特殊的促销交易和销售活动包含了所有类型的项目，由很多种推式促销组成。例如，给予渠道成员折扣以鼓励它们销售更多的产品；给顾客一些优惠以鼓励他们大量购买；一定比例、一定金额的货款免除；扣点反馈；赠券；奖励和额外赠予等。这些种类的商业促销在杂货店和药品领域特别流行，最近在图书、唱片和时装领域也开始流行。

促销交易和销售活动可以涵盖前面讨论过的6种促销战略中的一种或多种。例如，促销一种谷类产品时，可以向零售商提供一定的促销折扣，要求它们将这种产品放在店内显要的位置进行特别展示。

最近几年，促销交易和销售活动使用得非常频繁。例如，大约有 60%的超级市场的销售都有促销交易项目，在软饮料产品中，这个比例达到了 90%。

特殊的促销交易和销售活动的广泛使用，并不意味着绝大多数的生产商完全认同它，相反，实际上存在着很多疑虑，怀疑其作为一种促销工具的价值。[37]正如我们在本章前面部分介绍的那样，这些种类的商业交易可能产生的后果是：(1) 侵蚀顾客的品牌忠诚；(2) 导致渠道成员之间形成单纯的买卖关系；(3) 不能将促销的好处完全传递给顾客；(4) 鼓励将促销商品转售给其他的零售商和批发商，而不是打折后出售给消费者。今天，令生产商更为焦虑的是，特殊促销交易引发了争夺渠道成员货架空间的更为激烈的竞争。生产商发现为了迎合竞争需要，保持货架空间，它们需要在交易中提供越来越多的激励。[38]最让人心烦的是，由于特殊促销交易和销售活动引起了成本上升，为满足渠道成员的要求，“赌注”在不断加大，与此同时，生产商的成本也不断上升。

然而，建立在特殊促销交易和销售活动上的这种“文化”，已经成为消费品渠道中的一种规则。在这种文化的影响下，生产商诱使零售商和批发商购买在一定时期内远远超过它们一般销售量的产品，这种文化因而也称为**交易负担**（trade loading）、**超前购买**（forward buying）或**渠道堵塞**（channel stuffing）。结果是，在任何给定的时间，都有 750 亿～1 000 亿美元的商品处在渠道中，或在零售商和批发商的仓库里，或在卡车和火车上。由交易负担引发的过量存货使得分销过程变慢，一件产品从工厂到达零售货架的时间平均为 84 天。据估计只有 30%的促销折扣以低价格的形式传递给了顾客，其余的 70%中 35%由于无效率而流失，另外 35%则直接进了零售商和批发商的腰包。[39]图 12—3 展示了促销交易（包括交易负担）中的典型情况。

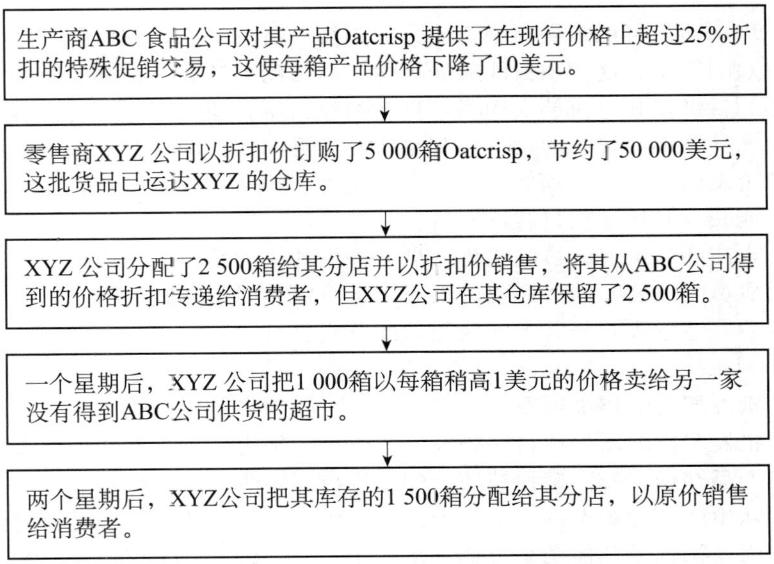

图 12—3　促销交易（包括交易负担）引起的渠道成员行为

不幸的是，对于促销交易产生的问题迄今没有一种简便的解决方式。正如我们在本章前面内容及本书的前面部分所指出的，零售商和批发商正在变得更加强大，它们在特殊促销交易和销售活动中变得更加咄咄逼人，它们希望也有能力得到非常有利的条款。生产商如宝洁，正试图将重点转移到广告上，以便树立品牌，建立顾客的品牌忠诚，以逃离这种交易重压，但其面临的挑战非常艰巨。近些年，社交网络的出现，特别是Facebook和Twitter，通过生产商和消费者更直接的联系，帮助生产商抵制零售巨头对更多特殊促销交易的不断要求。例如，卡夫食品公司在Facebook上为其三种畅销产品小麦薄饼干、奥利奥曲奇、水晶灯调味饮料开发了特别的广告活动。[40]百事可乐公司为其激浪软饮料开发了特殊的Facebook广告活动[41]，宝洁则为其玉兰油护肤产品、汰渍洗衣粉和象牙皂在YouTube、Twitter和Facebook上设计活动。[42]所有这些生产商都相信借由社交网络与消费者直接沟通有助于提高其品牌价值，培育品牌忠诚。对于价格导向的零售商，它们的促销理念是促使消费者购买在给定时间内与其有特殊促销交易的任何品牌产品，因此牢固的品牌忠诚可以有效地解决这一问题。

渠道中“温和”的推式促销战略

以上讨论的7种促销战略非常直接、强烈，毫不掩饰地要渠道成员推销特定生产商而不是其竞争者的产品，这些战略一点也不晦涩和小心翼翼。

其他的促销战略，虽然其目的仍是要渠道成员推销特定生产商的产品，但是采取了更为温和、迂回的方式，我们称为“温和”的推式促销。在这些促销方式中，最为重要的是培训项目、指定配额、使命销售和商品展示会。

培训项目

培训项目可用来提高渠道成员的销售人员的绩效，它可能是建立渠道成员合作的最有效的策略。这种项目能够显示生产商帮助渠道成员在其需要的领域中进行改善的决心。就批发和零售层次而言，日常的经营压力使得它们没有太多的精力进行促销培训，尤其是那些较小的批发商和零售商更是如此。即使对那些较大的有自己的培训项目的批发商和零售商而言，生产商对它们提供的帮助，也可以作为一种有价值的补充，能减少其培训项目成本。

生产商为渠道成员的销售人员所提供的培训项目要想取得成效，就必须能够满足渠道成员的需要，同时还要以渠道成员可以接受的方式进行，因为在批发和零售层次存在着一些重大差异，下面我们就此分别进行讨论。

批发层次的培训项目

批发层次的培训项目应瞄准三个方面，努力满足批发商销售人员的需求：（1）生产商产品知识；（2）销售技巧；（3）拜访顾客时的说服技巧。

从生产商的观点看，第一个方面是再明显不过的了，但是有时由于过分强调第一个方面，牺牲了其他两个方面。事实上，一些组织将其75%～100%的预算放在产品知识的培训上，其他方面并未涉及。

应当把更多的注意力放在销售技巧这个方面，不过，说服顾客这方面可能也需要更多的关注。培训项目主要包括下述技能的培训：倾听技巧、建立信任和舒缓紧张的技巧、反馈技巧、向比较固执的顾客销售的技巧、维护良好形象的技巧、何时和如何推销特色和/或优惠的技巧。这些培训项目很适合受训人员的基本目标（花费更少的时间宣传生产商产品的优点），这也许就意味着通过这些培训项目，将会使生产商更有效地实现获得分销商支持的目标。

零售层次的培训项目

以零售商的销售人员为目标进行的培训，应主要针对那些需要大量个人销售支持的产品，以自我服务为主的商店一般不需要销售培训。

零售层次的销售培训涉及的领域基本上与批发层次的前两个方面一致：（1）产品知识；（2）销售技巧。第三个方面即劝说，虽然也存在，但所受限制较多。零售商的销售人员提供给顾客的主要是产品使用方面的咨询，当然不会包括顾客如何促销产品和提供管理支持的内容。

在零售层次，拙劣的个人销售几乎已成为历史，其原因很多，不能在此一一列举。当然，由于不恰当的生产商培训项目引起的低质量的零售，不应受到过多责备，在这方面，零售商应负更多的责任。不过，生产商针对一些特定的目标提供培训支持有助于提高零售商销售人员的绩效。例如，麦肯锡公司对消费性电子产品商店的销售人员研究发现，销售人员在 86% 的时间里都不能完成销售，没有几个销售人员熟悉或遵照四步典型销售步骤，即：（1）开场；（2）询问需求；（3）展示证明；（4）成交。[43]麦肯锡相信不管是消费性电子产品商店还是其他类型商店培训零售店销售人员，使他们学会上述基本销售步骤是高度可行并具有高盈利性的。为什么？因为麦肯锡的研究表明 40%左右的消费者走进商店时尚未有购买意向，这些购物者极具被销售人员说服的可能。一个受过良好培训的销售队伍不仅能确保这些走进商店的消费者成为真正的购物者，而且有机会促使顾客选择更高定价的、更具有盈利性的商品，更能够把相关产品卖给顾客。因此，生产商如果想要更有能力的零售销售人员来帮助销售产品，就应该认真考虑在零售培训项目上提供帮助和支持。

指定配额

生产商规定渠道成员在一定期间内的销售量称为**销售配额**（sales quotas），这也被认为是一种促销战略。生产商在指定配额以后，可以对那些达到或超过目标的渠道成员予以奖励，以达到激励的目的。国内的汽车行业使用销售配额较多，销售量达到汽车生产商指定配额的经销商，将会得到销售额一定比例金额的返还。这是一笔很大的款项，对经销商在此期间的盈利状况会产生非常大的影响。

销售配额如果使用得当，将会是一种获得渠道成员促销支持的有效工具。恰当使用配额的关键在于其展示给渠道成员的具体内容和方式。如果它显示出强迫的意味，就会引发恶意对抗而不是支持（例如，生产商不同渠道成员商量而自行制定配额，并将其定为必须实现的目标）。此外，如果生产商的产品线并非渠道成员产品组合的重要组成部分，渠道成员是不会重视配额的。如果配额是与渠道成员一起制定的，并能提供渠道成员领域的潜在销售信息，销售配额将会起到培育渠道成员支持的积极作用。

百得公司在其消费品部门中设定配额时，就采用了后一种形式。年初为主要的批发商指定销售配额，这些配额与百得公司的营销部门针对该领域所进行的营销调研的结果密切相关。配额送交分销商，征求它们的同意，这样分销商与百得公司的区域销售管理之间的一切分歧都得到了解决。

使命销售

使命销售（missionary selling）刚开始使用时是用来描绘下述行为的：生产商的销售人员受命去说服分销商销售该生产商的新产品，他们试图将分销商从竞争者的产品那里拉过来，改为销售他们的产品，因此他们称为“使命销售员”。今天，这个词用来指那些由生产商派到渠道成员那里帮助销售的销售人员。

在消费品领域，使命销售员（有时称为“派遣人员”）需要从事下述工作：

- 检查批发商和零售商的存货水平。
- 拜访零售商，向其展示新产品。
- 帮助准备橱窗和店内展示。
- 回答批发商和零售商的问题，并提供意见和培训。
- 推销好的创意。
- 接受商品订单。

除了上面列出的任务之外，多年以来，在化妆品和香水行业，生产商的销售人员还被直接作为零售商自己的销售人员的补充。近年来，服装行业也兴起了这种做法，Liz Claiborne 公司、Evan Picone 公司和 J. H. Collectibles 公司，都非常愿意让自己的销售人员帮助零售商从事销售。例如，Liz Claiborne 公司将自己的销售人员派到许多百货公司中去；Evan Picone 公司计划将其“轮换”人员即拜访零售店的销售人员数量增加 1 倍。这些生产商宣称，自从派出了它们自己的销售人员后，所在店的销售额提高了 20%～40%。

在 B2B 市场上，使命销售人员也是一种有价值的工具。除上述活动，他们还参加下列活动：

- 培训分销商的销售人员。
- 根据分销商销售人员的请求，协助其开展销售活动。
- 从最终顾客那里接受新产品的原始订单。
- 提供技术支持。
- 帮助分销商的销售人员完成交易，尤其是那些所需的技术知识范围超出了分销商销售人员水平的交易。

正如本章所讨论的其他任何一种促销战略一样，在建立渠道成员促销支持方面，使用使命销售也是一把双刃剑。从积极的一面说，当渠道成员缺乏生产商指派任务所需的能力，或者渠道成员渴望这种类型的帮助时，使命销售是一种有用的促销战略。

从消极的一面说，使用使命销售人员存在着一些问题：(1) 它非常昂贵，尤其是在 B2B 市场。因为它需要受过高等教育、特殊培训的销售队伍，他们通常是工程师并且有硕士学位，他们也是收入最高的销售人员。即使在零售部门，使命销售也会增加费用。(2) 使命销售会引起渠道中的冲突，尤其当使命销售人员履行渠道成员的某些职责时，冲突就会发生。例如，渠道成员会认为这意味着生产商想越过它，于是就会减少给予生产商的促销支持。(3) 一些渠道成员认为，使命销售人员非常令人讨厌，因为他们占据了自己的销售人员太多的时间，当使用使命销售人员的生产商的产品只占渠道成员产品组合的很小一部分时，情况更是如此。

由于存在这些潜在的问题，渠道管理者认识到，必须特别注意渠道成员对使命销售人员的态度。如果这些人引起了渠道成员的对抗而不是促销合作的增强，代价就太高了。

商品展示会

商品展示会通常是由一些协会组织的年度盛会，尤其是在一些特殊的行业，包括从玩具到重工业设备这些产业。一些商品展示会可能只包括生产商、批发商或者零售商，但是绝大多数展示会都包括渠道所有这三个层次的代表，再加上生产商的各种代表、代理、经纪商和执行代理。对于任何生产商、批发商或者零售商来说，参加商品展示会的焦点都放在展位上。在这里，企业可以向所有人展示其产品并传达促销信息，也包括媒体人士，他们通常也会参加这种展示会。

参加商品展示会的主要目标（除去达成交易之外）是取得对企业产品尤其是新产品最大的关注和最广泛的认同，从而增强相关公众对企业的认同和尊重。例如，对一个通过批发商和零售商销售其产品的音乐器材生产商来说，在展示会上，它不仅要使那些已经在销售其产品的批发商和零售商留下印象，而且要影响那些现在还没有但将来可能接受其产品的参会人员。

从生产商的角度看，将商品展示会作为一种促销手段来激励渠道成员，可能是非常有价值的。首先，它提供了一个机会，可以向现有的和新的渠道成员（在展会上数目很大）销售大量产品。如果不是因为商品展示会具有煽动性，它们可能就不会购买。其次，它提供了一个面对面向渠道成员展示新的产品、战略和促销项目的机会。再次，它提供了一个与渠道成员进行社会交往的机会，这种交往在日常的业务联系中不大可能发生。例如，生产商可能派出一些高层人士出席展会，在此期间与销售其产品的批发商和/或零售商交谈。最后，从长期渠道促销战略来看可能是最重要的，即生产商在展会上显示出来的巨大影响，尤其是当其光芒压倒了竞争者时，将会使销售其产品的渠道成员产生一种自豪感和归属感，渠道成员会因此将自己视为领导行业的成功团队中的一员。由此产生的结果是形成一个更为自豪和坚定的渠道成员团队，从而使生产商取得区别于其他企业的长期优势。

本章小结

生产商执行其总体促销计划需要获得渠道成员的销售支持。虽然有一些生产商认为，它们可以仅仅依靠对其目标市场的促销，便能使得顾客通过渠道来“拉”它们的产品，但是在大多数情况下，这样做是不够的。直接参与或者说“推”，即由生产商进行的、得到渠道成员支持的一种促销，是有效与可行的促销计划所必需的。因为渠道成员是独立于生产商的，所以当产品如何促销的决定权握在渠道成员手中时，生产商所能施加的影响力就会大为减弱。因而，生产商必须严格地对包含了渠道成员的促销战略进行管理，以确保渠道成员在推销生产商的产品时给予高度合作。

研究表明，仅仅提供金钱激励是不能确保渠道成员给予有效的促销合作的，进一步说，生产商需要仔细地评估渠道成员的复杂需求，并努力将其结合到推式促销中去，使之成为企业整体渠道促销战略的一部分。

包含了渠道成员的推式促销战略可以分为以下 7 个种类：(1) 共同付费广告；(2) 促销折扣；(3) 通道费；(4) 展示和销售支持；(5) 店内促销；(6) 竞争和激励；(7) 特殊促销交易和销售活动。

除了这 7 种比较直接的推式促销战略外，还有一些较为温和的战略，它们是：(1) 培训项目；(2) 指定配额；(3) 使命销售；(4) 商品展示会。

培训项目在批发渠道成员中的使用，比在零售渠道成员中更为常见。在这两种情况下，培训项目都不应变成特定生产商产品的“销售表演场”，名副其实的培训项目不仅能够帮助渠道成员销售特定生产商的更多产品，而且有助于提高它们的整体绩效。

销售配额经常被生产商用来作为提高渠道成员销售积极性的一种工具。成功地使用销售配额的关键在于以一种建设性和告知性的方式，而不是以一种强制性的方式来提出配额。

生产商的使命销售人员促使渠道成员将注意力集中到生产商的产品上，并在销售中协助渠道成员。如果使用使命销售，使命销售人员不要占用渠道成员太多的时间，也不要将渠道成员的销售人员分配在其他产品上的时间转移太多，则使命销售人员的工作就会非常有效率。

商品展示会使得生产商有机会展示自己的产品和企业的实力，同时也有机会与渠道成员交流，并在销售其产品的渠道成员中培育一种自豪感。

复习题

1. 解释将分销渠道中的分销商的销售支持作为执行促销战略的一种主要工具的基本理由。

2. 为什么生产商的总体促销战略的成功很大程度上依赖于渠道成员的合作？

3. 无论生产商采用何种特定的促销战略，如果这些战略是渠道成员支持总体项目的一部分，就更有可能取得较高程度的渠道成员合作。讨论这种说法。

4. 分别从生产商和渠道成员的观点讨论下述促销战略的优点和缺点：（1）共同付费广告；（2）促销折扣；（3）通道费；（4）展示和销售支持；（5）店内促销；（6）竞争和激励；（7）特殊促销交易和销售活动。

5. 因为生产商为渠道成员的销售人员提供培训的主要目的是使他们给予该生产商的产品以更多的关注，所以生产商应该将培训项目设计得对其产品更具有“商业性”。讨论这种说法的含义。

6. 强制力是否应该成为指定渠道成员销售配额的基础？

7. 在何种情况下，使命销售人员会在渠道中引起冲突而不是合作？

8. 讨论利用商品展示会作为一种取得渠道成员支持的基本方法的理由。

思考题

1. 2010 年 11 月，作为第二大家装建材零售商，劳氏公司利用 Facebook 开展了一个感恩节后黑色星期五促销活动，选择几种单品以令人难以置信的低价（大多是 90%折扣）销售，高折扣的商品通过 Facebook 针对劳氏的粉丝们公布，并限制在劳氏的网站上购买这几种单品的前 100 名顾客可以享受折扣。劳氏相信通过 Facebook 开展这种新式“优惠”可以活跃气氛，进而刺激劳氏粉丝的增加。这些粉丝通过 Facebook 与零售商保持常规持续的互动，将使双方建立一种真正的关系，而不仅仅是零售商与客户的买卖关系，基于此，劳氏希望与这些粉丝们不仅保持沟通而且使他们成为劳氏的忠诚客户。

如果你是劳氏用 Facebook 促销单品的生产商，对于其 Facebook 促销战略你会担心什么？你认为这种担心合乎情理吗？请对此进行讨论。

2. “我不能让这些人采用他们认为应该采用的方法，来突出我们这种新的鲜面食产品的特点。”艾丽斯·德马科（Alice DeMarco）说道。她是一家介入正在表现出增长趋势的新鲜冷冻食品领域的大型生产商的产品部经理。鲜面食产品是公司的主要产品，公司希望通过它来建立新鲜食品部门。德马科所说的“这些人”是指一家地方性连锁超市的分店经理。他们没有使用经过精心准备的体现这种鲜面食产品特点的展示，而是把这些面食同鸡蛋和牛奶一起堆放在冰柜里。在绝大多数店里，这种情况已经持续了 5 个星期。这种新的鲜面食产品线的销售很不尽如人意。德马科把这种不尽如人意的结果归咎于零售商促销支持的缺乏。

从推式促销需要取得渠道成员支持和追随的角度讨论上述情况。

3. 通过百货公司销售的化妆品占到了 1 700亿美元市场销售额的 1/3。其主要原因可能也是最主要的原因是在面对来自大量经销商、超级市场和连锁零售店的激烈竞争时，百货公司在销售化妆品方面使用了训练有素的销售人员（化妆师），这些人可以为顾客提供个人建议和注意事项，同样的方法对范围更广的产品促销仍然有用吗？特别是零售层次面临着大量放弃人员销售而转向自我服务销售的长期趋势时，仍然有用吗？请对此进行讨论。

4. 推式促销不仅仅局限于超级市场或雪佛兰（Chevrolet）经销商。一些生产“高雅”产品的“高雅”的生产商也采用推式促销方法。例如，施坦威父子公司是一家拥有 150 年历史的钢琴生产商，多年来它一直执行这样一项政策：向一些顶尖的音乐厅、音乐学校和录音制作室免费赠送钢琴，以促销自己的产品。不久后，雅马哈（Yamaha）这家日本企业也采用了类似的促销方式。对于施坦威公司来说，这有点咄咄逼人，但它的反应显得一点也不“清高”，它告诉经销商不要参加雅马哈的促销活动，它还取消了一家大型经销商的特许经营权，以杀鸡儆猴。

从“温和”促销的概念出发，讨论上述事件。从促销的本质和目的的角度看，是否真正存在“温和”促销？

5. 在地毯行业，生产商几乎每天都在对零售商进行促销活动，这使得某个生产商要用促销活动来引起零售商的兴趣非常困难。因此，当全美最大的地毯商之一的莫霍克工业公司（Mohawk Industries）开始对其“杜邦无污渍”地毯进行一项促销活动时，就直接瞄准零售店里的销售人员。为了引起他们的注意，莫霍克公司制作了一张名为“淘金莫霍克”的光碟以及一张解释这项活动细节的宣传画，对达到不同销量业绩的零售商给予免费旅游或者奖品——典型的促销招数。对于这项促销活动的反响异乎寻常的强烈。莫霍克公司相信是这张光碟和宣传画带来的特殊效果，使得这个本来寻常的促销活动大放异彩。许多销售人员在看了一眼宣传画之后就忍不住要看看这张光碟，一旦他们开始这么做，莫霍克公司就把他们锁定为“目标”了。

讨论在对渠道成员制定销售竞赛和激励目标以引起他们积极参与这一过程中面对的挑战。

6. 阿里斯·伊索托那公司（Aris Isotoner）是莎莉公司的一家子公司，是世界上最大的手套生产商，它是第一个将手套引入拳击的公司。它使用的伸缩织物，使得其绝大多数产品具有“同一种型号适合不同尺寸”的特点，这使得它在行业内成了独一无二的生产商。最能显示这家公司不凡之处的是，它在 5 个星期内完成了全年销售量的 75%——从感恩节到圣诞节的短短 5 个星期！该公司从经验中认识到，现场展示是将不太明显的销售机会变成现实的关键，因为在这 5 周里，商店里人流最大，人们的购买欲望也最高。因此，阿里斯·伊索托那公司将其促销重点主要放在设计现场展示上，并要求其零售商也这样做。例如，它最新的展示装置，每组价值 200 美元，使用的都是中性色调，以适应任何一个零售商的陈设。

大多数情况下，零售环境都对 POP 展示怀有敌意，但是阿里斯·伊索托那公司在使用 POP 展示作为其主要的促销工具方面却取得了巨大的成功，你认为这是为什么？

7. 吉列作为宝洁的一个分支，现在开发了一个名为“uArt”的苹果手机应用程序。这个应用程序能使消费者上传一张自己的照片，然后用吉列刮胡刀（在 iPhone 上你的手指显示为刮胡刀）刮胡子，在 iPhone 上会产生多种面部胡须样式，看到不同的形象。吉列相信通过这个有娱乐性但也有用的应用程序，能够接近客户和潜在客户，因此这个程序不仅是个让客户感到愉快的有趣应用程序，而且是吉列促销组合的一个必要部分，以更好地迎合它的客户群尤其是年轻客户。

你赞成吉列的定位吗？为什么，如果不，又为什么？吉列的 iPhone 应用促销战略可以怎样影响销售吉列的零售商？

注释

1. Terence A. Shimp, *Advertising Promotion and Other Aspects of Integrated Marketing Communications* 7th ed. Mason, Ohio: South-Western/Cengage Learning 2010.
2. See for example: Flora F. Gu, Namwoon Kim, David K. Tse, and Danny T. Wang, "Managing Distributors' Changing Motivations Over the Course of a Joint Program," *Journal of Marketing* (September 2010): 32–47.
3. Sang Yong Kim and Richard Staelin, "Manufacturer Allowances and Retailer Pass-Through Rates in a Competitive Environment," *Marketing Science* 18, no. 1 (1999): 59–76.
4. For a related study, see: Norris Bruce, Preyas S. Desai, and Richard Staelin, "The Better They Are, the More They Give: Trade Promotions of Consumer Durables," *Journal of Marketing Research* (February 2005): 54–66.
5. For an analysis that models aspects of the pull promotional process, see Eitan Gerstner and James D. Hess, "Pull Promotions and Channels Coordination," *Marketing Science* (Winter 1995): 43–60.
6. Kasum Ailawadi, Paul W. Farris, and Ervin Shames, "Trade Promotion: Essential to Selling Through Resellers," *Sloan Management Review* (No. 1, 1999): 83–92.
7. Michael Levy, John Webster, and Roger A. Kerin, "Formulating Push Marketing Strategies: A Method and Application," *Journal of Marketing* (Winter 1983): 25–34; and Michael Levy and George W. Jones, "The Effect on Sales of Changes in a Push Marketing Strategy in a Marketing Channel Context," *Journal of the Academy of Marketing Science* (Winter 1984): 85–88.
8. For a related discussion, see James R. Brown and Sherman A. Timmins, "Substructural Dimensions of Interorganizational Relations in Marketing Channels," *Journal of the Academy of Marketing Science* (Summer 1981): 168–169.
9. For some insightful background on this relationship, see Donald R. Glover, "Distributor Attitudes toward Manufacturer-Sponsored Promotions," *Industrial Marketing Management* (1991): 241–249.
10. Robert Berner, "Can Procter & Gamble Clean Up Its Act?" *Business Week* (March 12, 2000): 80–83.
11. For a related discussion see: David Kesmodel, "To Trump Small Brewers, Beer Makers Get Crafty," *Wall Street Journal* (October 26, 2007): B1, B3.
12. *Cox Direct 20th Annual Survey of Promotional Practices* (Largo, Florida: Cox Direct, 2000), 40.
13. For an excellent article that deals with the key psychological dimensions underlying this relationship, see Nermin Eyuboglu and Andreas Buja, "Dynamics of Channel Negotiations: Contention and Reciprocity," *Psychology and Marketing* (February 1993): 47–65.
14. Miguel I. Gomez, Vithala R. Rao, and Edward W. McLaughlin, "Empirical Analysis of Budget and Allocation of Trade Promotions in the U.S. Supermarket Industry," *Journal of Marketing Research* (August 2007): 410–424.
15. Xavier Dreze and David R. Bell, "Creating Win-Win Trade Promotions: Theory and Empirical Analysis of Scan-Back Trade Deals," *Marketing Science* (Winter 2003): 16–39; Kasum L. Ailawadi, "The Retail Power-Performance Conundrum: What Have We Learned?" *Journal of Retailing* (Autumn 2001): 299–318; Jack J. Kasulis, Fred W. Morgan, David E. Griffiths, and James M. Kenderdine, "Managing Trade Promotions in the Context of Market Power," *Journal of the Academy of Marketing Science* (Summer 1999): 320–332; Phillip Nerrillo and Dawn Iocobucci, "Trade Promotions, a Call for a More Rational Approach," *Business Horizons* (July-August 1995): 75–76; Ajay Bhasin, Roger Dickinson, Christine G. Hauri, and William A. Robinson, "Promotion Investments That Keep Paying Off," *Journal of Consumer Marketing* (Winter 1989): 31–36; Ronald C. Curhan and Robert J. Kopp, "Obtaining Retailer Support for Trade Deals: Key Success Factors," *Journal of Advertising Research* (December 1987-January 1988): 51–60.
16. For an excellent article dealing with key issues in cooperative advertising, see Sydney Roslow, Henry A. Laskey, and J. A. F. Nicholls, "Enigma of Cooperative Advertising," *Journal of Business and Industrial Marketing* 8, no. 2 (1993): 70–79.
17. Jack Neff, "Wal-Mart Ups the Ante with Brand Co-op Ads—In More Ways Than One," *Advertising Age* (November 30, 2009): 1–3.
18. For a related discussion, see Debbie Howell "Popularity of Ethnic Cuisine Improves Positioning at Mass," *DSN Retailing Today* (July 7, 2002): 21.
19. Tanja Randery, Bill Caesar, and Mike Longman, "Achieving Channel Excellence," McKinsey & Company Marketing Practice Report (June 2002): 3.
20. See for example: "The Next Generation of Shopper Marketing" *Time and Trend Report*. SymphonyIRIGroup 2010.
21. Rockney G. Walters, "An Empirical Investigation into Retailer Response to Manufacturer Trade Promotions," *Journal of Retailing* (Summer 1989): 253–272.
22. For an excellent background, overview and analysis of slotting fees see: Gregory T. Gundlach, "Slotting Fees—Fees Charged by Grocery Retailers for Shelf Space: Are They Stifling Competition?" Statement made before the California State Senate Standing Committee on Business,

Professions and Economic Development (February 9, 2005): 1–12.

23. Paul N. Bloom, Gregory T. Gundlach, and Joseph P. Cannon, "Slotting Allowances and Fees: Schools of Thought and Views of Practicing Managers," *Journal of Marketing* (April 2000): 92.
24. Bloom, Gundlach, and Cannon, "Slotting Fees," 92–108.
25. John L. Stanton, "Slotting Allowances: Short Term Gains and Long-Term Negative Effects on Retailers and Consumers," *International Journal of Retail & Distribution Management* Vol. 34, No. 3, 2006: 187–197.
26. For a related analysis that views slotting fees as a form of shelf space "insurance" paid to the retailer that can improve efficiency, see: Timothy J. Richards and Paul M. Patterson, "Slotting Allowances as Real Options: An Alternative Explanation," *Journal of Business* Vol. 77, No. 2 (2004): 675–696.
27. For an insightful analysis of the role of slotting fees, see J. Chris White, Lisa C. Troy, and R. Nicholas Gerlich, "The Role of Slotting Fees and Introductory Allowances in Retail Buyers' New Product Acceptance Decisions," *Journal of the Academy of Marketing Science* (Spring 2000): 291–298.
28. Bloom, Gundlach, and Cannon, "Slotting Allowances and Fees," 106.
29. Richards and Patterson, "Slotting Allowances as Real Options:" 691–693.
30. In fact, research has shown that even in the absence of consumer price incentives, in-store promotion can be effective; see J. Jeffrey Unman and Leigh McAllister, "A Retailer Promotion Policy Model Considering Promotion Signal Sensitivity," *Marketing Science* (Fall 1993): 339–356.
31. See, for example, Coy Ouwarkerk, William Verbeke, Heinz Hovingh, and Ed Peelen, "Retailers' and Manufacturers' Perceptions of the Temporary Display," *Journal of Marketing Channels* 6, no. 1 (1997): 1–16.
32. Susan Berfield, "Getting the Most Out of Every Shopper," *Business Week* (January 9, 2000): 45–46.
33. Berfield, "Getting the Most Out of Every Shopper," 46.
34. Stanley Holmes and Christine Tierney, "How Nike Got Its Game Back," *Business Week* (November 4, 2002): 129–131.
35. Geoffrey A. Fowler, "When Free Samples Became Saviors," *Wall Street Journal* (August 14, 2001): B1, B4.
36. Fowler, "When Free Samples Became Saviors," B1.
37. Jack J. Kasulis, Fred W. Morgan, David E. Griffith, and James M. Kenderdine, "Managing Trade Promotions in the Context of Market Power," *Journal of the Academy of Marketing Science* (Summer 1999): 320–332.
38. See for example: Ann Zimmerman and Anita Raghavan, "Special Deals for Distributors Draw Scrutiny," *Wall Street Journal* (November 7, 2003): B1, B5.
39. Dean Foust, "Coke: The Cost of Babying Bottlers," *Business Week* (December 9, 2002): 93–94.
40. Sara Ines Calderon, "Kraft Foods Focuses Messaging on Facebook," *Inside Facebook* (July 5, 2010): 1–6.
41. Christopher Heine, "Mountain Dew, J.C. Penney Run Display Ads with Facebook," *Click Z* (October 15, 2010): 1.
42. Dan Sewell, "Procter & Gamble Embraces Social Media for Promotion," *Greenbay Press* Gazatte.com (December 17, 2010): 1–2, http://www/greenbaypressgazatte.com/fdcp/?
43. Josh Leibowotz, "Rediscovering the Art of Selling," *McKinsey Quarterly* (October 2010): 117–119.

第13章 物流与渠道管理

学习目标

学习本章之后，你应该能够：

1. 熟悉物流或实体配送的定义；
2. 了解近年来的物流供应链管理的重点；
3. 认识企业中物流的作用；
4. 理解应用于物流中的系统概念和总成本方法；
5. 了解物流系统的主要组成部分；
6. 认识到物流系统的产出是良好的顾客服务；
7. 了解物流管理和渠道管理之间的区别；
8. 了解渠道管理和物流管理的4个主要交叉领域。

渠道焦点

谁说物流不可以时尚

其实并不是Zara，而是西班牙时尚服饰专业链不久将会取代Gap成为世界上最大的服饰零售商。Zara认为物流是一件很时尚的事情，因为没有公司创新性的和强有力的物流系统支持，Zara不可能在它的全球所有零售店实现实时（up-to-the-minute）时尚。事实上，Zara对物流的管理是如此之强，设计方案从模板到成型产品再到运送到世界各个专卖店只需要两周左右的时间。这种快捷方式使得Zara成为几乎所有其他主流服装产业链的敌人，而且这个世界级的零售商似乎总能比它的竞争者设计出更新的款式，从不用担心款式落后而去进行打折销售。

Zara是怎么做到的呢？答案就是：物流，物流，物流。Zara的商业模式以最快和最新潮为核心，Zara的物流系统必须是超级快速和灵活的从而使核心竞争力得到体现，对物流的重视渗透在公司文化的各个方面。店长被训练来管理和把握时尚走向，然后每天都要及时向分区主管报告当天的情况。Zara超过一半的货物是在相对成本较高的地区生产的，如西班牙、葡萄牙、墨西哥，而并没有把生产安置在成本较低的亚洲，但是通过这样做，Zara节省了大部分时间和运输成本。Zara的生产工厂按照准时（just-in-time，JIT）库存系统来运作，这是和丰田公司共同开发的，后者是世界领先的JIT运作企业，因此，库存成本大大减小。所有的仓库都安置在西班牙，这就省去了在其他国家找仓库的成本费用。那么 Zara 的供货周期呢？欧洲市场只需要 24 小时就可到货，而美国和亚洲市场的送达时间不超过 48 小时。这样快速的送货周期是通过航空运输实现的。空运更加昂贵，但是库存成本很低，而且不用担心大量囤积过时商品的风险。

Zara 一直以来就以时尚运作而著称，也正是这种把物流和时尚联系起来的运作方式使得 Zara 的门店商品显得更加时尚和引人注目。

资料来源：Baseed on：Kerry Capell，"Zara Thrives By Breaking All the Rules，" *Businessweek*，October 20，2008：66.

在本章中，我们将重点讨论培育渠道成员的第 4 种重要要素——一个效率与效果并重的物流系统。**物流**（logistics）通常又称为**实体配送**（physical distribution，PD），有很多种定义，但绝大多数都与科特勒的定义不谋而合，即"原料和最终产品从产地向使用地点流动，满足顾客需要并生成利润，对此实物流动过程的计划、执行和控制就是物流"。[1]最近几年，通过形成伙伴关系和战略联盟以增强与渠道成员合作的方式逐渐受到人们关注（见第 9 章）。**供应链管理**（supply chain management）这个术语使用得非常频繁，它用来描绘下面这样一个系统：它强调密切合作和总体性的跨组织管理，以集中渠道中不同企业的物流运营过程。[2]在本章中，我们不会对传统的物流方式与供应链管理方法之间的区别进行详细阐述。总而言之，在本书中，无论我们使用的术语是实体配送、物流，还是供应链管理[3]，总的原则都是要通过有效的跨组织管理，建立渠道成员之间的密切合作。[4]

有关物流的论述在很多基础营销教材[5]中都能找到。对于这个题目详尽和深入的探讨，在很多物流管理的专著中也能发现。[6]在这里，我们主要讨论物流管理和渠道管理之间的一些重要的交叉领域。如果渠道管理者想影响生产商的物流战略，以便能够培育渠道成员的合作而非对抗，他们就需要了解这些交叉领域。[7]现在，我们将首先回顾一下物流的几个基本方面：渠道管理中物流的作用，物流系统、成本和构成部分，如作为物流系统产出的顾客服务。

物流的作用

即使是设计和管理得最精确的渠道，也必须依靠物流才能真正使顾客得到产品。对于顾客满意度来说至关重要的时间和地点，在很大程度上也取决于物流。正确数量的正确产品，在正确的时间向正确的地点移动，这是经常听到的对物流的描述，而不仅仅是诱人的措辞，事实上，这正是营销渠道中物流作用的本质。

在正确的时间、正确的地点、提供正确数量的产品，并不是一种简单的、费用很少的工作。由于大众消费品市场有着许多差异巨大的顾客细分市场，同时又跨越了广大的地理区域，所以物流工作变得很复杂，而且费用巨大。实际上，这个领域变得如此复杂和尖端，以至于在过去的 10 年里，一个数以十亿美元计的产业——**第三方物流提供商**（third-party logistics providers）已经出现。[8]这类企业代替生产商或其他渠道成员完成绝大部分或全部物流工作。[9]一些物流方面的专家，如战略配送公司（Strategic Distribution Inc.，SDI）这样的企业，其核心业务是维护、维修和运营供应（maintenance，repair and operating supplies，MRO），它能比雇用它的企业以更低的成本提供更好的服务。SDI 公司在它的网站上是这样向其顾客描述它的物流服务的：

> 我们的最终目的是帮助你在你的供应链的上下游节约成本，但是我们的重点集中在解决方案上，而不是产品。我们向你提供技术和程序从而使你具备管理的能力。我们通过整齐堆叠的工作命令、数以百计的供应商和数以千计的SKU（库存单位）深入挖掘MRO的细节，从而找到任何可能的机会帮助你节省成本。[10]

虽然在美国所有企业产生的16万亿美元的物流费用中，第三方物流提供商所占的比例不足8%，但它们在迅速地成长为一个主要产业（见图13—1）。全世界物流企业在2009年的总收入突破了5 070亿美元，更令人惊喜的是，全世界的企业和组织在2009年花费在物流方面的费用预计要超过66万亿美元。[11]

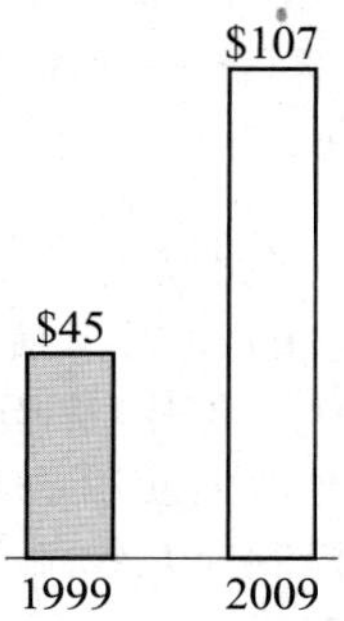

图13—1　1999—2009年第三方物流提供商总收入增长（单位：10亿美元）

资料来源：Armstrong Associates, Inc.：http://www.3plogistics.com/3p-lmarketglobal.htm；"True Partnership Working with Your 3PL." *Modern Materials Handling* (August 2002)：L4.

因此，物流是一个涉及所有企业的巨型产业，这个重要的营销要素受到越来越多的重视不足为奇。为了应对这种挑战，食品行业最近几年里做了大量的努力，企图改进食品从农场分销到消费者的物流情况，所采取的举措在行业中称为**有效消费者响应**（efficient consumer response，ECR），通过供应链上所有企业的通力合作，为消费者创造更好的服务和更多的价值。该行业希望通过ECR在物流方面每年削减300亿美元以上的成本，创造一种消费者以较低价格购买，食品行业的所有渠道成员获得更多利润的双赢局面。食品行业在贯彻ECR方面已经取得巨大进步，更令人振奋的是，ECR概念正在扩展到其他许多行业。[12]

因此，物流（在正确的时间、正确的地点向顾客提供正确数量的正确产品（无论是以新的、更令人振奋的词汇，例如"供应链管理"和"有效消费者响应"出现，还是以传统的词汇"物流"出现））在渠道管理中无疑起着至关重要的作用。

物流系统、成本和构成部分

第二次世界大战以前，物流主要与运输相关，因此，其仅仅局限于装运和接收产品所包含的一系列行动，而且没有引起管理方面的注意。在第二次世界大战中，军事方面的物流有了进一步的发展。战时需要将大量物资运送到欧洲和太平洋战场上，在此过程中，物流显示了巨大的作用，为赢得战争做出了巨大贡献。值得注意的是，与物流问题相关的**系统概念**（systems concept）出现了，人们将更过的注意力放在了物流过程中各种各样的要素以及它们之间的关系上。一些因素，如运输、货物处理、存货控制、仓储和产品包装等，不再被认为是独立的、互不关联的，而是互相影响的系统的组成部分，因此，影响一个构成部分的决策和行为对物流系统的其他部分也有了意义。例如，将一定数量的供应物资从A点运送到B点的更快的运输，可能会引起B点较低水平的存货要求，继而引发需要的仓储空间的减少。或者与这个过程相反，一种较慢的将产品从 A 点运送到 B 点的运输模式，可能意味着 B 点需要更多的存货和更大的仓储空间，因为再次供应的速度慢了。

将物流概念视为一个系统是现代物流管理的基础。[13] 简而言之，从事物流管理的人在努力寻找基本的物流构成部分（运输、货物处理、订单处理、存货控制、仓储和包装）的最佳组合，以满足为顾客服务的需要。

在赚取利润这样一种企业背景下，在大多数企业中，物流管理者也试图使用**总成本方法**（total cost approach），以便以最低的成本取得期望水平的客户服务。这个概念是系统概念的逻辑延伸，因为它不是分别计算单个构成部分的成本，而是将其视为一个整体来计算成本，寻求总成本最小化。因此，在设计一个物流系统时，企业必须审视每个构成部分的成本和它如何影响其他构成部分。例如，从 A 点到 B 点的更快模式的运输，可能会引起运输成本的提高，但是因为在 B 点需要的存货水平和仓储水平较低（因为更快速的运输模式会使得再次供应更加快速），存货成本和仓储成本也会较低。这些节省的费用之和，可能比增加的运输费用多得多。因此，从物流系统的总成本的观点看，虽然更快速度的运输模式会造成运输费用的增加，但是物流总成本降低了。

用于物流管理的系统概念和总成本方法的使用见图 13—2。该图列出了这个系统所有相关的基本构成部分。以系统概念和总成本方法作为指导原则，将这些部分结合起来，能够以最低的成本向顾客提供所需类型和水平的服务。之所以能做到这一点，是因为物流系统已经成为一个整体。[14]

我们将简要地描述物流系统的每一个构成部分。

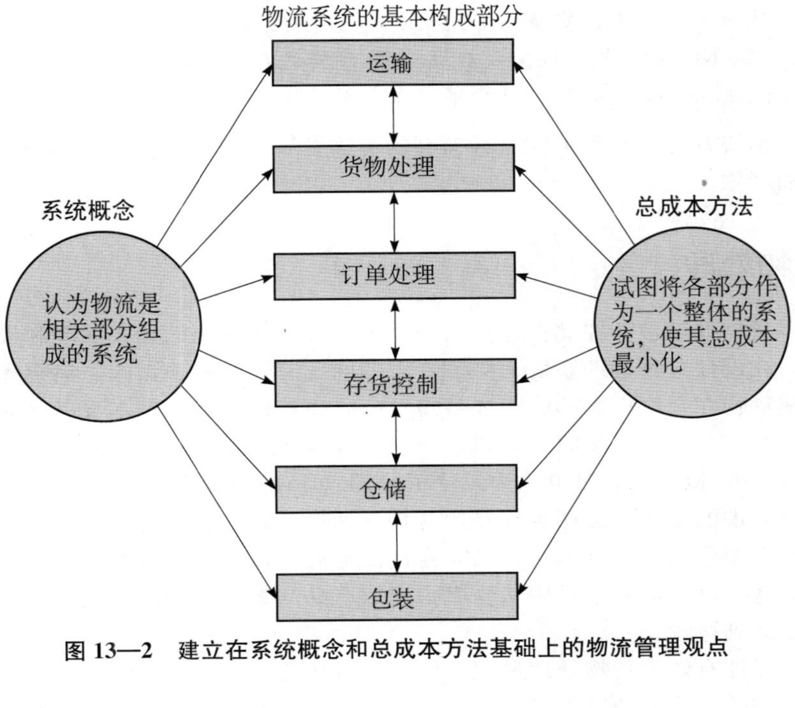

图 13—2　建立在系统概念和总成本方法基础上的物流管理观点

运输

运输是任何一个物流系统最基本、影响最显而易见的必要构成部分。显然，在任何情况下，当达成一项交易时，总是需要将实物形态的产品从一个地方运送到另一个地方，因此，运输常常是占物流总成本最高比例的构成部分。控制或者减少物流成本已经成为物流行业的头等大事。事实上，在竭尽全力减少运输成本方面，世界上最大的货物运输公司UPS已经对运输过程的每一步都进行了研究。在各项减少成本的措施中，UPS首创性地在研究基础上提出了一项措施，那就是告诉它的卡车司机在开车时尽可能选择右转的线路而避免左转的线路，原因是UPS的研究认为右转比左转更节省时间。[15]

从物流管理的观点看，企业所面临的压倒一切的问题是选择理想的运输方式，以满足为顾客服务的要求。这是一项非常复杂的技术性的工作，因为有太多的事情需要考虑。比如，企业使用自有的还是非自有的运输工具？[16]各种可能的速度之间存在什么区别？可以提供何种特别的运输服务？各种运送者或运送方式的可靠程度如何？竞争者使用的是何种运输方式？此外，如果应用了系统概念和总成本方法，物流管理者还必须考虑构成部分如何相互作用并影响物流的总成本。[17]进行上述决策，不仅需要物流系统方面的专业知识和技巧，还需要相关产业知识和最新的技术知识。[18]例如，兰德·麦克纳利（Rand McNally）提供一种名为MileMaker®的信息服务，描述如下：

> MileMaker®能为商用卡车货运市场提供标准的行业费率评定和设计线路运输方案。该软件安装有“家用物品运输管理局”（Household Goods Carriers' Bureau，HHG）的地理导航（Mileage Guide）数据的唯一的电子版，它能够给承运商提供一致、精确的里程数，这样就简化了费率商议过程，从而能更快、更容易地分析运输费率，减少与电子评定费率有关的成本，理顺审计程序。MileMaker®软件还有实际里程数计算的功能（Practical Miles），它能计算出两点之间的最短距离，从而能够估计到达的时间。[19]

物流管理者必须关注这种类型的运输发展，并能够灵活自如地运用它们，以提高运输绩效。

货物处理

货物处理包括在储存地点对产品进行安放和移动的相关活动和设备。必须指出的是，在设计货物处理系统时必须考虑的问题有：（1）在接收、储存和装运货物时，如何使货物在仓库中移动的距离最短？（2）应该使用何种技术设备（如传送带、起重机和叉车）？（3）在接收、处理、装运时如何更有效地使用劳动力？例如，**直接转拨**（cross-docking）有时也称为无停留分销（flow-through distribution），极大地提高了货物处理的效率。使用直接转拨这种方法时，用卡车运来的产品不会储存在仓库里，而是立即用来执行订单。产品非常快捷地通过接收码头装上卡车之后，立即运送到商店，这一过程消除了稍后从仓库中提取产品的需要。简而言之，产品流动表现为直接从装运到接收。

设计有效的货物处理过程（例如直接转拨），需要极高的技术和娴熟的工程分析，只有如此，才能开发出富有效率的系统。这就不可避免地需要远远超出本书范围的特殊知识和技能，这也是留给货物处理系统设计专家的工作。我们在此需要指出的是，货物处理对于物流系统来说是一个至关重要的部分。例如，宝洁公司的一项研究表明，直接转拨可以使分销商每次的搬运成本减少2/3，使分销商每次向商店运送产品的平均成本（60～70美分）节省35～45美分。[20]

订单处理

顾客订单处理最初被认为是物流中一项不起眼的工作和例行公事，做好它不需要大量的思考。实际上，订单处理往往是物流的一个关键构成部分，开发有效的订单处理系统远非例行公事。

物流中订单处理的重要性取决于它与**订货周期时间**（order cycle time）的联系，订货周期时间是指从订单生成到客户收到所订货物之间的时间间隔。如果订单处理缓慢无效率，就有可能极大地延缓订单周期时间，甚至会提高运输成本，因为在这种情况下，需要一种更快模式的运输来弥补延误的订单处理时间。

订单处理事实上是大量的计划、资本投入和人员培训的结果。当每天都会收到数以千计的订单时，准确而迅速地处理这些订单就成了一项极富挑战性的工作，这种情况在很多大型企业中非常普遍。例如，世界上最大的 B2B 设备和材料分销商 W. W. 格兰杰公司（W. W. Grainger），它在全球 153 个国家拥有超过 180 万个商业和工业客户、承包人和机构客户。格兰杰公司仅在美国就有 600 个大型的分销中心，负责分发 90 多万种不同的产品，都通过其定期的产品目录或者互联网来销售。格兰杰每天会通过电话、传真或者互联网接收到超过 11.5 万份个人订单。[21] 为了准确、高效地管理数量如此巨大的订单，公司开发了一个完美的卫星交换系统，通过这个系统将其所有分销商都连接在一起，并允许客户登录公司网站，了解距离他们最近的分销商的地址。在很多情况下，格兰杰公司的订单处理效率高到订单生成的当天就可以完成处理和配送。在格兰杰整个分销网络里面实现这种高效、迅速的订单处理对于格兰杰的核心使命（向美国和国外的超过 100 万的顾客迅速、可靠地提供可用的产品）十分重要。

计划、设计和管理这样一个复杂的订单处理系统，绝不是简单的例行公事。在包含了药品和外科设备在内的 75 万种不同产品的医疗用品产业，开发一个现代化的订单处理系统极为不易，因为对于所有不同的产品来说，根本没有一种标准化的命名方式，混乱引起大量的错误和无数次的退货。[22]

存货控制

存货控制是指企业试图保有能够满足顾客需求的最低水平的存货。这是一场所有企业都面临的永远不会结束的战斗，也是至关重要的一环。存货成本（包括财务成本、保险、储存和货物遗失、损坏、被盗）平均每年大概相当于存货价值的 25%。对于某些特殊类型的商品，例如易损耗商品和时令商品而言，这个比例还要高得多。然而，如果不能保有适当的存货，以便及时和持续地满足顾客需求，一个企业不可能在所在的行业中生存下去。

企业期望的理想状况是，尽可能最低水平的存货和每次大批量的订货。因为订购次数越少，订购成本就越小。[23] 不幸的是，这两个目标之间存在冲突。平均存货运输成本与存货水平成正比，而订购量越大，则订购成本越低。因此，必须在这两种成本之间找到一个最佳的结合点，这个点通常称为**经济订购批量**（economic order quantity，EOQ），在该点上总成本（存货运输成本加订购成本）最低（如图 13—3 所示）。正如图 13—3 所示，物流管理者需要不断地思考如何平衡存货运输成本和订购成本，从而使得总成本最低。

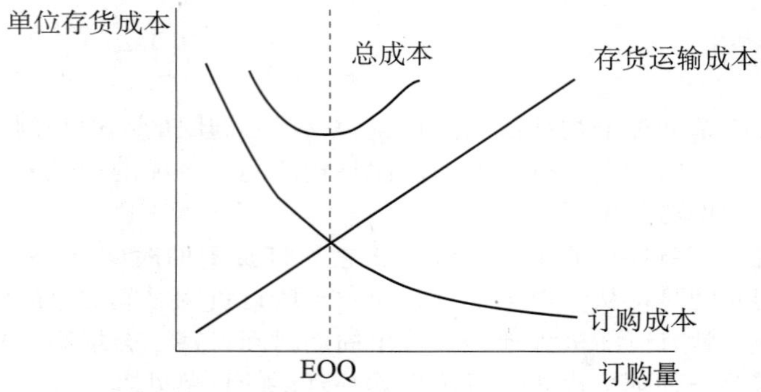

图 13—3 经济订购批量（EQQ）模型

在存货控制方面做得非常出色的企业是康宁消费品公司（Corning Consumer Products），它是康宁公司（Corning）的下属企业。对于顾客购买特征的预测变得如此困难，尤其是在圣诞节期间，这就使得如何设计 Corelle 餐具及如何确定确切的产量成了一个大问题。为了解决这个问题，康宁公司开发了一个复杂的存货控制系统，这个系统的一个主要特征是在从零售商那里得到最新的销售数据之前，康宁公司对大部分的 Corelle 餐具不做装饰。这个系统的启用使得康宁公司避免了一次灾难性的失误，那是在一家巨型的零售连锁店推出了一种特殊的 12 件套的餐具后，当时以计算机运作的预测模型（存货控制系统的重要构成部分）预计，这次促销是一次失败。康宁公司立即警告另外的一家零售商，让它取消 16 万套这种餐具的订单，然后，未装饰的餐具被装饰成另外一种更为流行的样式装运出去，所有这一切都发生在不到 2 周的时间内。康宁公司希望这个新的存货控制系统能够将其存货停留在仓库里的时间减少一半，以大大提高其利润水平。

减少存货成本的战斗是所有企业包括世界上最大和最有经验的公司也不能避免的事情。沃尔玛的案例正是如此。沃尔玛被业界公认为零售业巨头，是高技术的库存管理领袖，但是近来沃尔玛也遇到了库存管理的问题：其 2010 年第四季度库存比预想的高出了 11 个百分点。是什么造成了沃尔玛库存的膨胀呢？专家分析认为，沃尔玛过于自信地预判它的商店销量会大幅提升，而实际上这个销量减少了 1.8 个百分点，这个预判失误导致沃尔玛库存增加相当大的比例。[24]

仓储

仓储或物流系统中的储存过程与产品在准备售出之前的产品保存有关。从真正的意义上说，仓储可能是物流系统中较为复杂的构成部分，因为在很多情况下，选择仓储方式需要考虑很多非常重要的环节，每个环节都非常复杂，都难以应付。其中最主要的是：（1）仓库设施的地点；（2）仓库数量；（3）单个仓库的规模；（4）包括布置和内部系统在内的仓库设计；（5）所有权问题。

对上述任何一个问题的讨论都超出了本书的范围。此外，在任何一方面做出正确的决策，都需要仔细的分析和计划，也许还需要如选址分析、房地产、运营研究和工业工程等方面的专家意见，以作为物流管理的有效补充。我们之所以说仓储是物流系统的一个重要构成部分，是因为它与企业提高顾客服务的能力密切相关。例如，随着作为一种购物模式的互联网的发展，只购买单件产品的交易越来越多，这就使得单件发运越来越普遍，这与传统的大宗产品运输全然不同。此外，顾客还期望这些单件产品能够快速地发送到他们手中。仓储行业的专家认为，互联网购买者需求的增加会提高而不是降低对仓储的要求。为什么呢？因为绝大多数互联网零售商仅仅是站在“零售前沿”，而没有任何存货。它们主要依靠数量巨大的位置优良、富有效率的仓库，包括自己的或者第三方的仓库，以便提供产品，满足互联网购买者的需求。然而，就像在本章开始的“渠道焦点”中所指出的那样，如果网上销售的增长没有规划，很容易导致库存超出仓储的能力。这种过量，无论仓库是自建的还是买来的，或者只是租来的，都会带来不必要的巨额营运费用，这会损害企业盈利能力，甚至威胁企业的生存。

然而就算是传统的陆地配送，良好仓储的重要性依然不能忽略。惠而浦（Whirlpool，美国电子电气公司）在用老仓库、车站、旧厂房配送中心和几个临时的房屋来处理超量的电子货物长达几十年之后，终于相信了仓储的重要性。零售商往往需要等上 5～10 天才能收到订单货物。2006 年惠而浦终于启动了一个耗时 4 年、花费 6 亿美元的项目来升级它的仓储设施。惠而浦用 10 个新的区域配送中心代替了原来的 41 个已经过期的老仓库。结果是，零售商现在可以在 48～72 小时内收到订货。尽管惠而浦每年减少了价值 2.5 亿美元的平均库存，但是配送效率的提升为惠而浦每年至少节省了 1 亿美元的库存费用。[25]

包装

包装及与产品包装相关的成本，是与物流系统相关的构成部分，因为包装可以影响物流系统的其他部分，反之亦然。运输方式会影响包装及包装成本，例如，空运通常会使包装成本降低，因为空运时产品损坏的风险比使用卡车和火车时大为降低。货物处理与订单处理程序及其成本也可能受到包装的影响，因为设计较好的包装有助于提高这些物流系统构成部分的效率，有效的包装还可以通过减少产品损坏来削减存货成本。此外，如果包装设计在空间上富有效率，就可以节省仓库空间和相应的成本。

在此又要再次提到，对于这些问题的详细讨论超出了本书的范围。包装设计是工业设计领域中一个高度专业化的领域。比如惠而浦公司，为了减少由于运送货物过程中发生的货物磕碰所造成的每年上百万美元的损失，它启动了一个主要产品的包装重新设计行动。公司在美国和印度组织了一个工程师团队，给他们提供了价值 40 万美元的超级计算机，研究是否有可能设计一种包装，使得大型器具在运送过程中发生的磕碰现象大量减少。惠而浦公司希望的结果是在这个项目上每花 1 美元就能帮助公司节省 3 美元。[26]

在此要说明的是，包装不仅仅是用来实现产品差异化和吸引顾客注意力的促销工具，它在物流中有着自己的一席之地，对物流系统的效果和效率有着巨大的影响。[27]实际上，如果产品有着吸引人的、独一无二的包装，能够做到易于搬运和放置，并且只占用渠道成员货架的最小空间，那么它就更富有魅力。

物流系统的产出：顾客服务和竞争优势

约翰逊等人（Johnson et al.）对于物流中顾客服务的含义和重要性做了简洁

的描述：

> 顾客服务是这样一些活动的组合：履行订单，让顾客高兴，让顾客觉得这是一家很容易与之做生意的组织。[28]

很多年来，物流研究者和实践者都对物流系统所能提供的种种服务进行了大量思考[29]，人们还试图定义和列举这些服务，并以物流专家提供的**服务标准**（service standards）来测量其绩效。赫斯克特（Heskett）、加尔斯科瓦斯基（Galskowsky）和艾维（Ivie）着重指出了下列9条物流服务的标准：

1. 从收到订单到照单发运的时间间隔；
2. 订货数量和品种限制；
3. 缺货产品的百分比；
4. 准确履行订单的百分比；
5. 在收到订单的给定期限内履行订单的百分比；
6. 订单履行的百分比；
7. 顾客所订购的产品完好无损地运达的百分比；
8. 订货周期时间（从发出订单到照单送达的时间间隔）；
9. 订货的容易程度及灵活性。[30]

物流服务的这些标准经常以某种形式表示，这样生产商的真实绩效就可以参照这些标准衡量。例如，第1条标准从收到订单到照单发运的时间间隔可以设置为在24小时内处理收到的所有订单的90%。这样对于收到的100张订单，生产商必须在24小时内处理90张订单并发运，才能达到这个标准。列出的第2条服务标准可以以产品的某种最低数量的形式出现。如果是多种产品，若不对各种产品都设置最低数量的话，就可以对其总量进行一定的限制。再比如，对于钢铁产品，可能会要求同时订购多种口径钢铁的订单最小总量是2吨，这样一来，对于一个想要一次订购好几种口径钢铁的客户来说，必须要使所订购的这些不同口径的钢铁的总量达到这个最低标准才可以下单。第3条标准，即缺货产品的百分比，通常用一定时期内不能用存货满足的订单百分比的形式表示。如果一个生产商想满足95%的订购产品，它的缺货产品的比率就不能超过5%，这时该生产商才能达到标准。其他的6种服务标准也可以用类似的形式表示并付诸实施。

拉伦德（LaLonde）用6种要素[31]来描述顾客服务：

1. 产品可得性；
2. 订货周期时间；
3. 分销系统的灵活性；
4. 分销系统信息；
5. 分销系统故障；
6. 售后产品支持。

最后，鲍尔索克斯（Bowersox）和克洛斯（Closs）将他们说的“基本服务能力”（basic service capability）分为三个类别：（1）可得性；（2）运营绩效；（3）可靠性。表13—1列出了这几种服务能力的标准。

表 13—1　　构成基本服务能力的物流服务标准

基本服务能力	主要描述	度量指标
可得性	当客户有需求时有足够的库存	缺货率 补货率 完成的订单数目
运营绩效	物流系统的预期绩效	速度 一致性 灵活性 故障恢复
可靠性	实现计划的库存可得性和绩效	度量变量① 度量单位② 度量基数③

①应用于物流服务系统的变量。

②可以记录的物理单位，如件数、单元数、重量等。

③集合的水平，例如整个系统、产品线、客户部等。

资料来源：With kind permission from Springer Sciencet Business Media：*Journal of the Academy of Marketing Science*，excerpted from "Physical Distribution Service：A Fundamental Marketing Concept?"，Winter 1989，p. 55，John T. Mentzer，Roger Gomes，and Robert F. Krapfel. Jr.

不管物流系统提供的是何种服务，对其做出评价的标准不是有多少或哪个企业提供了最多的服务，而是提供的服务能否满足顾客的真正需求。[33] 如果企业的物流系统仅仅提供了一堆顾客认为没有什么价值却费用高昂的服务，那么真正的产出就根本不是顾客服务，而是一些没有意义的无用功。

最近，凯琴等人（Ketchen et al.）认为物流系统的产出或者供应链的目标不应该仅仅是优越的客户服务，应该把物流和供应链管理看作企业竞争战略的一个核心维度。简而言之，物流和供应链管理应该作为一个核心战略为企业创造差异化竞争优势。凯琴等人把这种更加战略化的供应链管理视角叫做“最有价值供应链”。[34] 他们列出了与供应链管理有关的 8 个项目，来和“传统供应链”作对比，表 13—2 列出了这个对比。这个表还包含了一些如何从传统供应链向最有价值供应链转变的建议和已经采用了“最有价值供应链”概念的公司的例子。

尽管把公司的战略竞争优势只简单地建立在优越的供应链管理的基础上这种做法不一定适合所有公司，但“最有价值供应链”概念确实起到了强调物流重要性的作用，并且至少对于一些公司而言，它意味着物流系统的产出不仅可以用优越的顾客服务来衡量，还可以用公司战略的有效性来衡量。

表 13—2　　从传统供应链到最有价值供应链

项目	传统供应链	最有价值供应链	从传统向最有价值转变的关键步骤	典型公司例子
供应链管理办法	供应链支持战略：确保货物和服务的流通	公司应该综合供应链管理、快速灵活、调整能力和联盟来创造竞争优势	高层管理者应该把供应链管理看作战略武器而不是一个成本中心	Zara 通过快速的产品开发和配送始终保持着与前沿时尚同步或创造着时尚
敏捷性/灵活性	一般化的对变化的调整能力	很强的对变化的预测和调整能力	高管必须设计一种明确的方法来管理缓冲费用	Raytheon 公司把服务公司和高管办公室设立在主要客户的旁边

续前表

项目	传统供应链	最有价值供应链	从传统向最有价值转变的关键步骤	典型公司例子
适应能力	通过不连续的供应链来管理效率	通过管理有重叠的供应链来保证客户服务	高管必须愿意接受附加的重叠费用	基于客户需求，Computer Science 公司把一些库存放在顾客仓库，而另一些则放在偏远的中心仓库
结盟	供应链成员有时被迫在自身利益和供应链利益之间进行取舍	供应链的利益总是和成员利益高度一致	高管必须从供应链层面来看待问题，而不是单个公司层面	当一个供应商的建议拯救了 R. R. Donnelly 公司时，公司和它的这个供应商分享了由于这个建议而节省下来的钱
战略资源	在后期才让供应商参与产品的研发	在一开始就让供应商一同参与产品研发，并全程参与	资源管理者必须采取一种全面的、大处着眼的视角来看待自己的角色	航空航天企业如 Northrup Grumman 在政府提出计划制造新的航天飞机之前就已经开始和它的合作伙伴研发新的航天飞机了
物流管理	仅把物流看作运输系统	把物流看作战略性存货机制	在配送系统的速度、质量、成本和灵活性各要素之间找到最佳平衡点	戴尔公司把配送变革为越过零售商和分销商把商品直接送到消费者手中
供应链信息系统	参与者在货物发出之时或之后获得数据	参与者在货物发送之前就获得数据信息	信息系统必须使得数据信息在供应链的各个参与者之间都能够得到共享，同时又保护每一个公司的私有信息	沃尔玛用卫星技术、无线射频识别技术和全球定位系统来跟踪货物的实时状态
关系管理	中等水平的成功是关系与任务匹配	非常有效的匹配关系与任务	清楚地意识到大多数的供应链管理应该通过合约来管理而不是巴结有钱人	Wendy 公司仔细地筛选了它的 225 个供应商并从中只选取了不到 40 个作为它的候选合作伙伴

资料来源：Reprinted from *Bussiness Horizons*，V. 51，David J. Ketchen，Jr.，William Rebarick，G. Thomas，M. Hult，and David Meyer，“Best Value Supply Chains：A Key Competitive Weapon for the 21st Century，” p. 238，Copyright © 2008，with permission from Elsevier.

物流和渠道管理之间的 4 个关键交叉领域

在本书第 1 章中，我们曾经讨论过渠道战略和管理与物流管理之间的联系。我们指出，物流管理是更广意义上的渠道管理的分支，换句话说，渠道管理是分销战略中比物流管理含义更广、更复杂的一个要素。渠道管理和所有主要的渠道流程（产品流程、谈判流程、信息流程和促销流程）的管理相关，而物流则主要与产品流程发生联系。我们在第 1 章中也指出，物流管理和渠道管理联系紧密并相互依存[35]，因为一个设计精确且运行良好的渠道，离不开在正确的时间、正确的地点，以正确的数量流向渠道成员和最终目标市场的富有效率的产品流程。简单地说，渠道管理和物流管理共同实现有效的分销。渠道管理和物流管理共同发生作用需要良好的协调，尤其是在渠道管理和物流管理发生交叉的下述 4 个关键领域：

1. 明确渠道成员需要的各种物流服务标准。
2. 确保生产商设计的物流规划符合渠道成员的服务标准。
3. 使渠道成员接受物流规划。
4. 物流规划实施以后，对其结果进行监控。

明确物流服务标准

通常情况下，生产商提供的服务标准越高，成本也就越高。虽然设计良好的物流系统和现代化的技术可以使成本受到控制，但是要完全避免由高标准服务所带来的高成本，通常是不可能的。

生产商可以间接地通过产品价格弥补这些成本，或者以服务费用的形式将其转嫁给渠道成员，但是在任何一种情况下，向渠道成员提供它们不想要的或者超出其需求的过高标准的物流服务，几乎都是不可能的。超出渠道成员需求的任何类型和水平的物流服务，都只会增加渠道成员的成本，而不会带给它们需要的任何好处。因此，在定义物流服务标准时，渠道管理者所面临的关键问题是准确地确定渠道成员希望的物流服务的类型和水平。为了有效地处理这个问题，在生产商开发物流程序之前，渠道管理者需要获知渠道成员的想法，弄清它们需要何种物流服务标准。

不幸的是，管理者经常不能真正、客观地从物流服务标准出发，去了解顾客需要什么，却总是认为自己了解这一切。这就像鲍尔索克斯指出的：

> 所有的高层管理者都“觉得”自己知道顾客需要什么，但是只有不到 1/5 的企业建立了严格的物流服务标准，或者系统地消化反馈以改善运营状况。[36]

正如鲍尔索克斯所言，只有不到 20%的企业试图系统地找出顾客的物流服务标准要求，在学术上，对实现这一点的方法和程序的讨论已持续了多年。

40 多年以前，哈钦森（Hutchinson）和斯托尔（Stolle）建议通过调查研究确定渠道成员正在寻求何种物流服务标准[37]，例如，它们是否想缩短订货周期时间？是否需要联机订购的 EDI 系统？是否需要订购程序的高度灵活性，或者是其他的特殊物流服务？这些调查可以帮助渠道管理者弄清渠道成员是否愿意为改善了的物流服务付费（例如大额订单或较高价格）。最后，调查可以从渠道成员那里得到竞争者的物流服务水平的信息，这些数据将有助于明确物流服务标准，以取得竞争优势。

近年来，通过大量的研究，在了解何种物流服务标准对顾客较为重要的方法上取得了非常大的进展，其中较为知名的是由宾斯托克（Bienstock）、门泽尔和伯德（Bird）开发的一种方法，该方法提供了一种管理方法，这种管理方法包含着一套用以评价对物流服务质量感受的有效、可信、可行的测量工具。[38]这种研究建立在广泛的工业用户采样的基础上，其中包括生产商、政府机构、保健企业、批发商、电信公司和其他一些工业用户。通过对这些组织的深入调查，了解工业用户是如何感受物流服务质量的，终于发现了三个特别关键的因素：产品发送的及时性、产品的可得性和产品状况，它们极大地影响了采购经理对物流服务质量的感受。在这三个因素当中，及时性是最重要的因素，因此，现代的生产商就有了一些关于工业用户寻求何种物流服务或者**实体配送服务质量**（physical distribution service quality，PDSQ）的经验性结论。此外，在此项研究中所使用的调查表，也可以为企业在设计其用来评价 PDSQ 的问卷时提供有价值的指导。

最后，类似于调查渠道成员或者项目期望回报，这种在第 9 章中谈到的探求渠道成员的需求和问题的方法可以拿来使用。在这种情况下，渠道成员关于物流服务标准的期望可以被采纳，并通过大家共同的努力来找出渠道成员在各个领域的需求和问题而不只是物流领域。

总体来说，物流服务的标准不能只是基于制造商的角度来考虑，渠道成员的立场也应该照顾到。如果我们这样做了，那么物流服务的这一套标准就会真正反映渠道成员的实际需求，而不是制造商想当然的、主观认为的渠道商的需求。由于渠道成员在某种程度上为物流服务付了钱，所以它们至少应该有话语权来表明它们需要什么。

物流规划评价

物流规划既可以作为一个单独的内容提供给渠道成员，也可以作为生产商对渠道成员总体需求支持计划的一个主要部分提供给它们。如果是后者，物流规划就会成为渠道伙伴关系或者战略联盟的一块基石[39]，或者将会在一个复杂的分销规划协议（见第 9 章）中发挥重要作用。

在实际操作中，对该规划的设计应由物流领域的专家完成，这些专家可以是生产商的内部人员，也可以是外部咨询机构，如加尔咨询集团（Garr Consulting Group）这种类型的组织拥有设计复杂的现代物流系统所需的足够宽广的专业技能。然而，渠道成员仍需要参与其中，以确保规划真正符合渠道成员的服务需求。幸运的是，这并不需要很高的物流设计方面的技术知识，只需要渠道管理者对物流系统的目标有一个清楚的认识。简言之，渠道管理者的工作是确保专家所设计的规划是渠道成员真正需要的。实际上，采用了最新和最先进技术的物流规划不能满足渠道成员需要的可能性确实存在，如果真是这样，就不可能得到渠道成员的支持。

这里有一个发生在吉列公司的典型案例。吉列是世界上销量最大的安全剃须刀和剃须刀片品牌。吉列公司曾经面临一系列举步维艰的转变，其中包括实施多元化，以进入领域宽广的个人清洁用品市场，将其分销渠道从药品和烟草连锁店向其他行业转移，以及面临竞争者推出不锈刀片的挑战。吉列希望通过向自己数以千计的渠道成员提供物流服务，将重点放在新型刀片的快速分销上，以实现一次“飞跃”。设计用来达到这个目标的物流规划依靠的是最快的运输方式——空运。可是，以空运为基础的物流服务成本太高，吉列公司的一些渠道成员对这种高成本及相应的较低的利润空间感到不满，吉列迅速放弃了这个规划，改为采用成本较低的地面运输。

对物流系统不充分的评价在产业市场有可能导致非常严重的问题，那些所谓的“杀手级应用软件”（用于协调供应链的高科技软件）并没有达到其当初吹嘘的愿景目标时更是如此。旭电公司（Solectron），世界上最大的电子代工制造商就是一个很好的例子。[40]在 21 世纪初，许多旭电公司的主要客户，包括思科、爱立信和朗讯，都预测无线电话和网络设备的需求将会有巨大增长。旭电公司没有认真考虑这些大有前途的预言，而是坚持开足马力生产原有的电子产品，因为它从大客户那里得到了订货的许诺。旭电公司将这些大客户看作其战略性渠道伙伴，认为它们会承担供应链中任何剩余的库存。但是没过多久，原来预期会大幅度增长的产品的销量急剧下跌，旭电公司的客户都大幅削减了订单，但是对于旭电公司来说，已经从其 4 000 个供应商那里订购了材料和零部件，现在已经不可能终止订单了。结果呢？旭电公司囤积了超过 50 亿美元的多余库存。面对错误的预期，刚刚安装好的复杂的供应链应用程序没有丝毫作用。事实上，用电脑紧密联系起来的供应链在库存累计上反而引起"多米诺骨牌效应"，因为充斥整个供应链的都是不准确的预测。

因此，无论一个物流系统看起来如何激动人心，技术如何先进，一定不要忘了冷静地估计一下它实际会发挥（或者不能发挥）什么作用，以及有错误发生时会导致什么情况。

使渠道成员接受物流规划

不管生产商认为其物流规划如何好，还必须让渠道成员认识到该规划的价值。[41] 斯图尔特（Stewart）在对这个问题的启发性讨论中简要地说明了他的观点：

> 警惕！在（实体）配送上的变革必须适合公司顾客（渠道成员）。变革会增加成本，如果它只对生产商有益，不能向顾客提供相应的益处，它就会比那些向顾客提供利益以促使其改变的变革更难以推行。[42]

斯图尔特还指出，如果生产商在试图推销物流规划时强调一些诱人的东西，将会更有说服力。下面是其中的三项内容[43]：

1. 强调新的物流规划会使缺货事件减少成为可能；
2. 强调新的物流规划将会满足渠道成员减少存货的愿望；
3. 强调新的物流规划可以增加生产商对渠道成员的支持。

缺货率最小化

改进后的物流系统使得缺货率最小化，可以使得渠道成员失去销售机会的情况减少。沃尔玛由于在减少缺货产品数量方面的狂热而成为一段传奇。事实上，它在减少缺货方面的成功，对其过去几十年里异乎寻常的成功起了主要作用。凡是希望通过沃尔玛销售其产品的生产商都知道，它们必须满足沃尔玛在保持其货架满架方面的严格标准。因此，如果一家生产商能够让渠道成员确信，新的物流系统将会真正帮助它们达到这个目标，规划就很可能会被热情地接受。实际上，减少缺货可能是向渠道成员提供的最有吸引力的一项内容，因为它是一个基本的要素。我们在前面提到的加尔咨询集团这家领先的物流咨询机构，就曾在其商业杂志广告中提到缺货问题，为的是引起客户的注意，并推销加尔进行物流系统再造以减少缺货方面的价值（见图 13—4）。

当然，物流规划必须能真正达到所承诺的目标。对于一个物流规划的虚假、误导或夸张的承诺，不是在系统投入运营时就消失了，就是会引起渠道成员的抵触，绝不会使得合作加强，无论渠道管理者对再造物流系统的好处有多高的热情，他都不应该向渠道成员过分推销。

联机订购安排和 EDI 是兑现所承诺利益的极好例子，这些系统已经得到广泛使用，它们引起了传统订购过程的一次革命，并大大减少了缺货现象。不需要填制订单、打电话、等待确认，渠道成员只需在一台计算机终端上输入订单，订单几乎在同

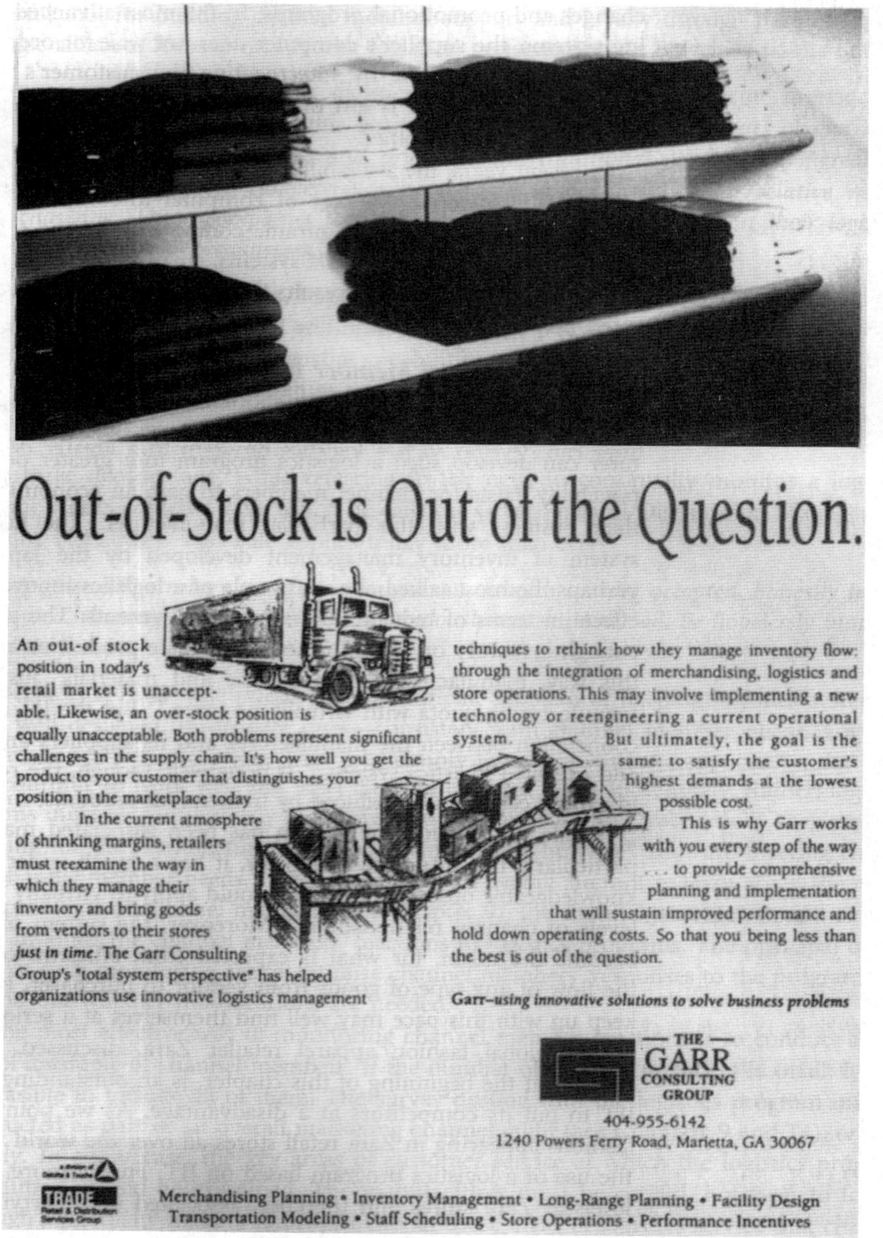

图 13—4　加尔咨询公司强调减少缺货的价值的商业杂志广告

资料来源：Courtesy of the Garr Consulting Group，Marrietta，Georgia.

一时间通过电子传输进入生产商的计算机系统。订单同时还需要通过具有分时（time-sharing）能力的第三方认证。订单可以存储在这样一个“电子邮箱系统”中，直到生产商的计算机准备好接受它们。生产商一收到订单，马上就从存货中选出产品，准备好发运文件，通知运输产品，并签发发货单和提货单。绝大多数系统也可以对发货单进行调整，确认订单，提供装运意见，提出新产品信息，提示价格改变和促销项目。在大多数先进的联机订购系统中，供应商的计算机并非等着顾客的订单到来，而是主动采取行动，“询问”顾客的计算机以核查存货水平，如果顾客某种产品的数量少了，供应商的计算机就会自动地为顾客准备好订单。

近年来，互联网和计算机网络化的普及使得通过计算机订货的成本持续下降。小型公司可以利用桌面电脑和互联网取得那些过去需要相当昂贵和专业的 EDI 设备才可以达到的效果，再不用投资购买大型机和专业的程序以及对人员培训。

减少渠道成员存货需要

一个设计良好的响应性物流规划，对渠道成员来说意味着订货周期的缩短，这也就意味着渠道成员可以备有较少的存货。生产商在开发一个物流规划时，如果在这方面比竞争者做得更好，对于渠道成员来说，就存在着与该生产商做更多的交易以取得经济优势的可能性。由日本汽车工业开发的**准时**（JIT）系统这种存货管理方法，可能是人们议论最多的物流革新典范，它在削减存货需求方面有着显著的作用（见本章开始部分的“渠道焦点”）。JIT 系统的原则是拥有能满足当前生产需要的存货，而不再储备物资。通过这种方法，生产商收到的零件和原料“正好”满足生产商当天的生产定额，真正做到了没有剩余。[44] JIT 方法需要生产商同其供应商的无间合作，以及设计和运行良好的物流系统。[45] 如果做得很好，将会取得令人惊讶的结果：存货成本将会大大降低，有时甚至会超过 50%。

虽然 JIT 一直主要与生产商特别是汽车行业的生产商相关，但实际上有着更广阔的潜在用途。知识丰富的观察家相信，它实际上可以应用于任何产业中任何类型和水平的渠道关系。[46] 此外，这种系统将会为有效的物流系统奠定基础，甚至是设定标准，使它在任何类型的产品流程中表现完美。凡是不能跟上这个潮流的组织，将会使自己陷于一种严重的竞争劣势。

增强生产商与渠道成员的关系

一个设计精良的旨在改善渠道成员服务的物流规划是生产商关注并协助渠道成员取得成功的最明显的信号之一。在向渠道成员展示一项物流规划时，生产商应将重点放在使渠道成员确信该项目将能帮助它们（渠道成员）取得更大的成功。从这个角度讲，新近提出来的物流规划将会是一种用来构造渠道成员支持的潜在营销工具。事实上，物流管理在增强渠道成员的总体营销绩效方面的作用越来越重要，它向那些将物流管理用于这个目的的生产商提供了一种构建渠道成员支持和忠诚的越来越强有力的工具。这主要是通过以超人一等的物流绩效为目标的伙伴关系和战略联盟实现的。正如鲍尔索克斯所指出的：

> 对于那些对物流伙伴关系感到满意的公司来说，一个最主要的原因是它们将这种关系视为营销战略的一个重要部分。产品、促销和价格是传统的竞争要素，时间和地点方面的能力则处在较次要的位置。然而，这种思维正在改变。这些公司正在形成联盟以发掘它们的物流能力，努力使自己避免处于劣势。[47]

就像上面所指出的，改善的物流管理可以作为一种战略营销工具发挥巨大的潜能。如果生产商能够延伸其物流能力，就能帮助渠道成员也提高物流和营销能力。

物流系统监控

在持续地查看或监控一个物流系统方面，威克斯（Weeks）提出了一项规则，他称之为大实体配送管理悖论（great physical distribution management paradox，GP-DMP）。这个规则更适合今天运用：

> 对于任何给定的实体配送战略，尽管对其进行了仔细思考、全心接受、忠实贯彻、全面纠错和细心维护，它在5年之后也会变得完全不合时宜。[48]

虽然威克斯的GPDMP规则不一定完全应验，但它确实指出了那些即使是设计精良的、最新式的物流系统想要同渠道成员的需要保持一致所面临的巨大困难。非常明显，在物流系统付诸使用以后，我们不能简单地听之任之，希望它会一直运行良好，并无限地满足渠道成员需求。物流系统必须受到持续的监控，不仅要求其在生产商这一方运行良好，同样重要的是，它也能满足渠道成员不断变化的需求。[49]因此，作为从总体上了解渠道成员需求和问题的一部分（参见第9章），渠道管理者应当持续地注意渠道成员对物流规划的反应。这种监控的主要目的是评价渠道成员对于物流规划的反应，以找出是否有需要修改的地方。

对渠道成员的反应进行监控的最有效的方法是对一部分渠道成员进行调查。如果渠道成员的数目非常少，也可以把它们都包括进来。与物流规划相关的调查可以单独进行，也可以作为总体渠道审计的一部分进行。在这两种情况下，都应该对物流规划所瞄准的客户服务关键领域进行审查。在发现某些渠道成员感觉不满意的物流服务领域后，生产商必须认真对待，立即采取行动。通过针对渠道成员对这些物流调查的反应的研究，我们发现，如果渠道成员在指出了不足之后，没有看到期待中的改进措施，它们对生产商物流规划的满意度就会大大降低。[50]

从某种意义上讲，物流调查可能是打开了“潘多拉之盒”（Pandora's box），它使得渠道成员关注生产商的物流规划，并对其缺点变得十分敏感。要想成功地关上这个盒子，生产商必须让渠道成员知道，它会采取及时有效的措施，克服物流规划的所有缺点。如果生产商将自己的物流规划视为总体营销规划的一个有机组成部分，它就更有可能采取上述行动。

本章小结

物流或其同义词实体配送，是指对原料和最终产品向使用地点流动以满足顾客需要并生成利润过程的计划、执行和控制。近年来，供应链管理常常用来形容物流系统，它的特征是：渠道成员之间通过伙伴关系和战略联盟进行密切合作，以提高效率，降低渠道中实体配送的总成本。

物流的基本作用是在正确的时间和正确的地点提供正确数量的正确产品。无论从其普遍性还是从其费用来说，物流都是一个非常大的领域，每年的物流费用达6.4万亿美元之多。

任何一个物流系统都包括下列6个基本构成部分：（1）运输；（2）货物处理；（3）订单处理；（4）存货控制；（5）仓储；（6）包装。现代的物流管理观念建立在系统概念和总成本方法的基础之上。这种观念强调各个构成部分之间的相互联系和所有构成部分总的成本。物流系统的产出应该是以顾客需要为目标的有效率的服务。

渠道管理和物流管理至少在4个领域发生交叉：（1）明确渠道成员物流服务标准；（2）确保提出的物流规划符合这些标准；（3）使渠道成员接受物流规划；（4）在物流规划实施以后对其进行监控，以保证它持续地满足渠道成员的服务需要。

针对第1个交叉领域而言，管理所面临的主要问题是精确地判断渠道成员希望得到何种类型和水平的物流服务。使用一个独立的调查或者将其作为了解渠道成员需求和问题（见第9章）的总体调查的一部分，都是解决这个问题的有效方法。

第2个交叉领域要求从渠道成员的利益出发对物流服务规划进行仔细的分析，以察看它能否真正满足渠道成员的需要。许多从生产商观点来看非常现代化和精密的物流系统，可能在渠道成员眼中不一定合适。

第3个交叉领域，生产商所面临的主要

任务是使渠道成员确信物流规划的价值，从而在执行物流规划时予以合作和支持。无论生产商认为其物流规划多么好，还必须让渠道成员确信其价值。生产商要能够使得渠道成员确信该物流规划有助于：(1) 尽可能减少缺货率；(2) 减少渠道成员存货需要；(3) 通过一种有利于渠道成员的方式增强生产商与渠道成员的关系——生产商有一系列潜在的诱人条件，能使渠道成员接受物流系统（当然，物流系统必须能真正兑现这些承诺）。

第 4 个交叉领域是对已付诸使用的物流系统进行监控。无论系统设计和运行得多么好，经过一段时间以后，渠道成员变化了的问题和需求都会使得该物流系统漏洞百出。物流规划的缺陷会危及系统的有效性，尤其重要的是，这些缺陷甚至会损害生产商和渠道成员之间的关系。仔细的监控有助于及早发现缺陷。

复习题

1. 物流不是简单意义上的向顾客运送产品。请对此做出解释。

2. 讨论传统的物流方法和近来的供应链管理之间的主要区别。

3. 物流在渠道中最重要的作用是什么？请解释。

4. 讨论应用于物流管理的系统概念和总成本方法。

5. 简要描述物流系统的基本构成部分。

6. 什么是衡量物流系统产出的关键问题？它与物流服务标准之间的关系如何？

7. 讨论渠道管理和物流管理之间的联系，是否存在一个方面比其他方面更重要的情况？

8. 辨别和讨论渠道管理与物流管理交叉的 4 个主要领域。

9. 为什么对于渠道成员来说，定义物流服务标准既是一个渠道管理问题，也是一个物流管理问题？

10. 渠道管理者应该在为渠道成员设计物流规划中扮演何种角色？

11. 为什么必须使渠道成员接受所提出的物流规划？应使用何种“诱饵”？

12. 联机订购系统和 EDI 在提高订购效率方面有巨大潜力，不加批判地接受这一观点是否存在危险？试讨论。

13. 探讨 JIT 存货系统如何工作，为什么这种进步可能会对物流和渠道管理产生深远影响？

14. 物流规划近年来采用了许多与计算机相关的技术进步成果，其中的一些物流系统至少在文字上被非常乐观地描绘。从渠道成员所提出的对物流规划的期望和这些期望如何在这些规划制定后影响该规划的评价着手，讨论上述观点的含义。

思考题

1. 巴诺公司（Barnes & Noble）在 2009 年 10 月中旬推出了它的电子图书阅读器——Nook。没过几天，Nook 就成为巴诺公司最畅销的产品。事实上，由于产品卖得太好了，公司宣布顾客最快只能在 1 月的第一个礼拜才能收到产品，因此，想把 Nook 当圣诞礼物的顾客将会很失望。巴诺公司解释缺货的原因为公司没有料想到产品有如此销量，暂时不能满足假日礼物的需要。

巴诺公司的存货短缺是供应链管理的问题吗？为什么。

2. 东岸汽车供应公司（East Coast Auto Supply）是一家位于新英格兰区域的汽车零件分销商，其维修用的汽车零部件存货中很大一部分来自洛杉矶的一家批发商。这家批发商从亚洲一些劳动力成本较低的国家进口这些零部件。东岸汽车供应公司的大部分货物都通过卡车从批发商那里运来，通常需要花费一周到 10 天的时间。某天，一位空运公司的销售代表前来拜访，企图向其推销空运业务。东岸公司的所有者乔思 · 梅尼德斯（José Menedez）不等销售代表发表长篇大论，就直奔底线，询问销售代表空运一吨货物的成本是多少。在知道成本后，梅尼德斯笑着对这位空运代表说："你走吧！"原来，它比东岸公司卡车运输成本高出2倍以上。

梅尼德斯是否过于着急把这位销售代表"扔"出办公室了？请解释原因。

3. 过去，美国的捷豹汽车经销商至少要等上一周才能从英国收到零部件。以前，捷豹总公司将这些零部件以大批量的形式运到美国的一间仓库，在这里将它们分批重新包装，然后运给各个不同的经销商。现在，通过与联邦快递合作，捷豹采用了一种新的物流系统，它能将这个过程缩短4天。在这个新系统中，经销商直接从英国的捷豹公司订购零部件，然后由联邦快递将其空运过来，从发出订单到经销商收到产品将不超过3天。

捷豹公司物流系统的改变对客户服务会产生怎样的影响，也可能会增加成本，试对此进行评论。

4. 直接转拨或无停留分销，免除了在仓库中的储存以及相应的提货过程，能极大地降低劳动力成本和存货成本。这个概念非常简单，不是将商品卸下来放进仓库，而是将它们直接运离卸货码头，装上卡车，再将其运到最终目的地，没有什么多余的费用。

直接转拨是否真的如此简单？可能存在什么因素使这个本来非常简单的概念变得复杂而难以执行？

5. 天木兰公司（Timberland）是世界上最著名的休闲鞋和运动鞋生产商。多年来，该公司的物流系统的设计都是用来适应大型订单的，优先满足那些大批量购买的大型百货公司和零售连锁店，但市场报告指出，有越来越多的顾客在小型零售店和鞋帽商店购买天木兰的鞋子。对此，天木兰所面临的困难就是如何向大批的少量订货的小型零售商提供服务，同时保证高效率和较低的订单处理成本。为了应对这个挑战，天木兰发现有必要对其物流系统进行再造，使用现代化的扫描设备控制存货，跟踪产品及自动处理各种文本工作。

这种情况是否反映了渠道管理和物流管理之间的交叉？请解释。

6. OfficeMax公司旗下有900多家店铺，年销售额接近100亿美元，是三大办公用品公司。位居第一、第三位的分别是史泰博和欧迪办公（Office Depot）。比起它的竞争对手，即使超级办公用品店铺有同样或者更好的位置，同样或者更好的商品和价格，同样友善亲切、工作称职的员工，它在物流方面的效率，尤其是库存管理这方面还是落后于其竞争对手。在公司成立的20年里，几乎都是让生产商将货物直接配送到每个店铺，这导致订单规模不够，运输费用和订单处理费用偏高，而且最糟糕的是，由于生产商距离较远而导致经常缺货。超级办公用品公司的反应是修建了三个大型的配送中心，所有的供应商都将产品运送到那里，由配送中心再对公司900家店铺进行配送。这样95%的商品在进入店铺之前都会经过这三个配送中心。

讨论产品在这两步流动中所体现的物流原理：从生产商到配送中心然后再到店铺。直觉上在配送过程中多了一个环节会使效率更低而不是更高，是这样吗？请讨论。

7. 沃尔玛正在向它的所有供应商提出一个提案：沃尔玛希望用它自己的卡车从制造商那里直接把货物运输到沃尔玛的超市。简而言之，沃尔玛的卡车队伍将会替代制造商的车队。沃尔玛相信这样做的好处是可以使它的制造商更加专心做好本职工作——制造商品，而不是管理物流系统。拥有6 500辆卡车和50 000辆拖车的沃尔玛相信它有能力实现这个物流计划。

你认为沃尔玛的物流计划是一个好主意吗？为什么

8. Farouk Systems公司是一家生产头发护理产品的制造商（例如发蜡、洗发水、染发剂），公司的年销售额超过10亿美元，产品远销100多个国家。公司长久以来的问题是，尽管它的顾客遍布世界各地，但它的生产全部是在美国得克萨斯州休斯敦的一个大型工厂完成的。公司在中国生产过一些产品，但是随即在中国停产以此来巩固它在休斯敦的生产基地。公司相信，在本国生产不仅可以保证产品质量，也可以比在海外生产大大降低库存成本。

你同意 Farouk 的战略做法吗？你能举出一个只有本国生产基地而产品却销往上百个国家的公司的例子吗？

注释

1. Philip Kotler, *Marketing Management Analysis, Planning, Implementation, and Control*, 9th ed. (Upper Saddle River, N.J.: Prentice-Hall, 1997), 591.
2. See, for example: John T. Mentzer, Theodore P. Stark and Terry L. Esper, "Supply Chain Management and Its Relationship to Logistics, Marketing, Production, and Operations Management," *Journal of Business Logistics* 29, no. 1 (2008): 31–46; Rakesh Niraj, Mahendra Gupta and Chakravarthi Narasimhan, "Customer Profitability in a Supply Chain," *Journal of Marketing* (July 2001): 1–16; George Balabanis, "Antecedents of Cooperation, Conflict, and Relationship Longevity in an International Trade Intermediary's Supply Chain," *Journal of Global Marketing* 12, no. 2 (1998): 25–46; Tom Davis, "Effective Supply Chain Management," *Sloan Management Review* (Summer 1993): 35–46; and Joseph R. Carter and Bruce G. Ferrin, "The Impact of Transportation Costs on Supply Chain Management" *Journal of Business Logistics* 16, no. 1 (1995): 189–212.
3. Philip Kotler, *Marketing Management*, 11th ed. (Upper Saddle River, N.J.: Prentice-Hall 2003), 551.
4. The term *supply chain management* is often used to describe the entire distribution process from raw materials to final customer. Here the term is used in the narrower sense of distribution of finished products from manufacturer to final customers, but with an emphasis on interfirm cooperation, efficiency and cost reduction. Jospeh L. Cavinato, "A Total Cost/Value Model for Supply Chain Competitiveness," *Journal of Business Logistics* 13, no. 2 (1992): 285–301.
5. See, for example: Louis E. Boone and David L. Kurtz, *Contemporary Marketing*, 14th ed. Chapter 13. (South-Western, 2010).
6. See, for example: John J. Coyle, C. John Langley, Brian Gibson, Robert A. Novak and Edward J. Bardi, *Supply Chain Management: A Logistics Perspective*, 8th ed. (South-Western, 2009).
7. For a related discussion, see: Martin Hingley,"Relationship Development in the UK Fresh Product Supply Chain," *Journal of Marketing Channels* 12, no. 1 (2004): 27–50.
8. Brian D. Neureuther and George Kenyon, "Mitigating Supply Chain Vulnerability," *Journal of Marketing Channels* (July-September 2009): 245–263; Kathryn E. Stecke and Sanjay Kumar, "Sources of Supply Chain Disruptions, Factors That Breed Vulnerability and Mitigating Strategies," *Journal of Marketing Channels* (July-September 2009): 193–226.
9. "A True Partnership: Working with Your 3PL," *Moden Materials Handling* (August 2002): L3–L12.
10. "*SDI: The Power to Cut Costs Up and Down Your MRO Supply Chain*," http://www.sdi.com/company/company_index.html.
11. Armstrong Associates Inc. Web site, "*Global 3PL Market Size Estimates*," Armstrong Associates Inc.: http://www.3plogistics.com/3PLmarketGlobal.htm.
12. See, for example: Ritu Lohtia, "Frank" Tian Xie and Ramesh Subramaniam, "Efficient Consumer Response in Japan Industry Concerns, Current Status, Benefits, and Barriers to Implementation," *Journal of Business Research* 57 (2004): 306–311.
13. Nikolaos Papavassiliou, Emilios Archontoulis, Dheeraj Sharma and Annie Liu, "Total System Integration and Distribution Channels: An Exploratory Investigation of a Market Setting in Greece," *Journal of Marketing Channels* 13, no. 2 (2005): 29–50.
14. For an excellent example of the implementation of these concepts, see: John J. Burbridge, Jr., "The Implementation of a Distribution Plan: A Case Study," *International Journal of Physical Distribution and Materials Management* 1 (1987): 28–38.
15. Mary Jane Credeur, "Squeezing More Green Out of Brown," *Bloomburg Business Week* (September 20-26, 2010): 43.
16. Chris Burrett, Carol Wolf, and Mathew Boyle, "Why Walmart Wants to Take the Driver's Seat," *Bloomburg Business Week*, May 31-June 6, 2010: 17–18.
17. See, for example: Rick Brooks, "Package Carriers Deliver Bad News to Shippers: Heap of Higher Fees," *Wall Street Journal*, January 3, 2002: B1, B3.
18. See, for example: "Transportation Upgrade Boots Productivity," *Grocery Distribution* (September/October 1997): 28–32.
19. Rand McNally Software, http://trucking.randmcnally.com/rmc/tdm/products/MileMaker/tdmMMIndex.jsp?BV_Ses.
20. Carol Casper, "Flow-Through: Mirage or Reality?" *Food Logistics* (October/November 1997): 44–58.
21. http://pressroom.graomger.com/phoenix.zhtml?c=194987?+p=irol-factsheet (2/28/2011).
22. Rhonda L. Rundle, "Hospital Cost Cutters Push Use of Scanners to Track Inventories," *Wall Street Journal*, June 10, 1997: A1, A8.
23. For a related discussion, see: Yan Dong, Venkatesh Shankar and Martin Dresner, "Efficient Replenishment in the Distribution Channel," *Journal of Retailing* 83, no. 3 (2007): 253–278.
24. Miguel Bustillo, "Walmart's Slump Persists," *Wall Street Journal*, February 23, 2011: B3.

25. Joe Barrett, "Whirlpool Cleans Up Its Delivery Act," *Wall Street Journal*, September 23, 2009: B1, B2.

26. Ilan Brat, "As Costs Rise, Whirlpool Makes a Dent in Dings," *Wall Street Journal*, July 30, 2007: B1, B2.

27. See, for example: Diana Twede and Robb Clark, "Supply Chain Issues in Reusable Packaging," *Journal of Marketing Channels* 12, no. 1 (2004): 7–26.

28. James C. Johnson, Donald F. Wood, Daniel L. Wardlow and Paul R. Murphy, Jr., *Contemporary Logistics*, 7th ed. (Upper Saddle River, N.J.: Prentice-Hall, 1998), 108.

29. See, for example: Arnold Malz and Elliot Malz, "Customer Service in the Distributor Channel—Empirical Findings," *Journal of Business Logistics* 19, no. 2 (1998): 103–129; and Patricia J. Daugherty, Theodore P. Stank and Alexander E. Ellinger, "Leveraging Logistics Service on Market Share," *Journal of Business Logistics* 19, no. 2 (1998): 35–49.

30. James L. Heskett, Nicholas A. Galskowsky and Robert M. Ivie, *Business Logistics*, 2nd ed. (New York: Ronald Press, 1973), 250–251. For a more comprehensive and thorough discussion of logistics service, see Martin Christopher, Philip Schary and Tage Skjott-Larsen, *Customer Service and Distribution Strategy*, (New York: Wiley, 1979).

31. Bernard J. LaLonde, *The Distribution Handbook* (New York: Free Press, 1985), 244.

32. For a related discussion, see: Carol C. Bienstock, John T Mentzer and Monroe Murphy Bird, "Measuring Physica Distribution Service Quality," *Journal of the Academy oj Marketing Science* (Winter 1997): 31–44.

33. David J. Ketchen, Jr., William Rebarick, G. Thomas Hul and David Meyer, "Best Value Supply Chains: A Key Competitive Weapon for the 21st Century," *Business Horizons* 51 (2008): 235–243.

34. Alexander E. Ellinger, Scott B. Keller and John P. Hensen, "Bridging the Divide between Logistics and Marketing: Facilitating Collaborative Behavior," *Journal of Business Logistics* 27, no. 2 (2006): 1–27.

35. Donald J. Bowersox, "The Strategic Benefit of Logistics Alliances," *Harvard Business Review* (July-August 1990): 40.

36. William M. Hutchinson and John F. Stolle, "How to Manage Customer Service," *Harvard Business Review* (November-December 1968): 85–96.

37. Beinstock, Mentzer, and Bird, "Measuring Physical Distribution Service Quality," 31–44.

38. For an insightful article related to this topic, see Walfried Lassar and Walter Zinn, "Informal Channel Relationships in Logistics," *Journal of Business Logistics* 16, no. 1 (1995): 81–106.

39. Pete Engardio, "Why the Supply Chain Broke Down," *BusinessWeek*, March 19, 2000: 41.

40. For a related discussion, see: Daniel C. Bello, Ritu Lohtia and Vanita Sangtani, "An Institutional Analysis of Supply Chain Innovations in Global Marketing Channels," *Industrial Marketing Management* 33 (2004): 57–64.

41. Wendell M. Stewart, "Physical Distribution: Key to Improved Volume and Profits," *Journal of Marketing* (January 1965): 70.

42. Stewart, "Physical Distribution," 68.

43. Faye W. Gilbert, Joyce A. Young and Charles R. O'Neal, "Buyer-Seller Relationships in Just-in-Time Purchasing Environments," *Journal of Business Research* 29 (1994): 111–120.

44. Steve McDaniel, Joseph G. Ornsby and Alicia B. Gresham, "The Effects of JIT on Distribution," *Industrial Marketing Management* (1992): 145–149.

45. L. Joseph Rosenberg and David P. Campbell, "Just-in-Time Inventory Control: A Subset of Channel Management," *Journal of the Academy of Marketing Science* (Summer 1985): 124–133.

46. Bowersox, "The Strategic Benefits of Logistics Alliances," 40.

47. Jonathan Weeks, "Planning for Physical Distribution," *Long Range Planning* (June 1977): 65.

48. For a related discussion, see Rick Brooks, "Air Shippers Hurt by Penny-Pinchers, Better Ground Service," *Wall Street Journal* (July 15, 2002): B1, B6

49. William D. Perreault, Jr., and Frederick A. Russ, "Physical Distribution Service in Industrial Purchase Decision," *Journal of Marketing* (April 1976): 10.

第14章 渠道成员绩效评价

学习目标

学习本章之后，你应该能够：

1. 认识渠道成员绩效评价的重要性；
2. 熟悉限制评价频率与范围的因素；
3. 理解绩效评价与日常跟踪监控的区别；
4. 懂得渠道成员绩效审计的基本形式；
5. 清楚渠道成员绩效审计中所使用的主要评价标准；
6. 知道应用绩效评价标准的3种基本方法；
7. 意识到正确的行为有时对提高渠道成员的绩效是很有必要的，这些行为对于渠道成员最终绩效的实现也是非常可取的。

渠道焦点

如果经销商不合格，它们会收到John Deere的信件而不是拖拉机

John Deere是全世界知名的拖拉机和其他农场设备制造商。Deere & Co. 是John Deere的绿色拖拉机生产商，始建于1837年，当时John Deere发明的新型的犁地工具革新了美国农业，今天，这家公司是一家年收入超过260亿美元的巨型企业。

Deere & Co. 通过其将近3 000家独立经销商销售拖拉机和农用设备。这些经销商各种各样，有的规模很大而且有多个经销店，年销售额超过1亿美元，而有的非常小，仅有一个门店，年销售额只有500万美元。许多经销商已经买John Deere的产品长达几十年，并且它们都因为能够帮助John Deere成长为强大的生产企业而感到自豪。事实上，经销商把自己看做John Deere大家庭的一部分并不为奇。

公司的CEO罗伯特·莱恩（Robert Lane），从前的银行家，却有不同的看法：我们总是把John Deere比作一个大家庭，但事实上我们并不是。我们其实是一个高效的团队，如果一些人（经销商）不努力前进，那么他将不再属于这个团队。

想要持续待在高效的团队里面，经销商不仅要完成目标任务，而且必须有能力为顾客提供技术支持服务，要有较高的物流配送能力以保证顾客需要产品时能及时送到。

不幸的是，并不是所有的经销商都能够达到这些要求，因此，这些经销商就不会再收到 John Deere 发来的拖拉机，而是一封解约信。

资料来源：Based on I lan Brat and Timothy Aeppel, "Why Deere is Weeding Out Dealers Even as Farms Boom," *Wall Street Journal*, August 14, 2007: A1, A10.

从长期看，对员工绩效不进行定期评价仍能成功地运营下去且经营良好的公司实际上是不存在的。这种情况同样适用于公司的渠道成员，因为公司能否成功地实现目标，很大程度上取决于公司的独立的渠道成员绩效的好坏。[1]因此，对渠道成员绩效的评价，就如同对公司内员工工作情况的评价一样重要。唯一的不同之处是，在渠道成员的评价中，渠道管理者处理的是独立经营的公司而不是员工，而且评价程序的设定是组织之间的而不是组织内部的。

本章我们将讨论在组织之间设立渠道的过程中，渠道成员的绩效评价问题。我们的重点是找出有关绩效评价的适当标准，以及这些标准在渠道成员绩效评价过程中的应用。

在开始这项工作之前，我们将简要地讨论有关渠道成员绩效评价的两个重要背景问题：一是影响评价范围和频率的因素；二是监控渠道成员绩效与综合绩效评价的区别。

影响评价范围和频率的因素

有四个重要因素影响着渠道成员绩效评价的范围和频率，它们是：（1）制造商对渠道成员的控制程度；（2）渠道成员的相对重要性；（3）产品的性质；（4）渠道成员的数量。[2]

控制程度

制造商对其渠道成员的控制程度，在决定评价的范围和频率时起着重要的作用。如果这种控制是建立在与渠道成员强有力的合同协议制约的基础上[3]，制造商就处于这样一种情况：它可以要求渠道成员向它提供其运营状况各方面的资料（有时包括主要负责人的个人财务状况），而且那些产品认同度高或具有支配性市场份额的制造商，还能对渠道成员产生巨大的杠杆作用，这使得制造商在要求和获取渠道成员绩效资料方面容易得多，这些资料使得它们有可能做出一个比较综合的评价。

建立在合同承诺基础上的制造商，如果其产品缺乏强烈的市场认同和较强的渠道控制，它们对渠道成员只能施加较少的影响。同时，在一些渠道成员看来，制造商特定的品牌产品对它们来说并非十分重要，因为这些产品在渠道成员的销售额中可能仅占一个很小的比例，因此，它们不大可能花费很多时间，不厌其烦地向制造商提供进行整体渠道成员评价所需要的综合绩效资料。

渠道成员的相对重要性

对于通过渠道成员销售其全部产品的制造商来说，它们对渠道成员的评价显得比那些较少依赖渠道成员的制造商要全面得多。这是因为这类公司在市场领域的成功，很大程度上直接依赖于渠道成员的绩效。[4]例如，对于一个由分销商和经销商销售其全部产品的大型器械制造商来说，由于渠道成员向它提供了通往最终市场的唯一入口，它就更可能对渠道成员进行详尽的评价。对于一个主要依靠自己公司所属的零售商店来销售其大部分产品的制造商来说，由于它仅仅依赖独立的商店实现自己很少的一部分销售额，所以它只会对其分销商进行粗略的评价。

产品的性质

一般情况下，产品越复杂，评价的范围越广，反之亦然。例如，对于一个大批量生产低单位价值产品的制造商来说，由于它的产品只需要较少的售后服务，就可能只把常用销售资料作为对渠道成员评价的基本资料。对于一个经营一种需要高度售后服务、昂贵且复杂的机器设备的渠道成员来讲，制造商有可能用与最终目标市场满意度相关的广泛评价标准来进行细致的评价。对于高单位价值的产品来讲，每一份订单的得失，对制造商来说都是非常重要的。在这种情况下，制造商就有可能对渠道成员进行仔细的评价，特别是在丢掉一个订单的时候。

渠道成员的数量

对于使用密集性分销的制造商来说，对渠道成员的评价绝不是粗略地看一下现有的销售数字。[5]一些制造商发现，如果因为一些渠道成员的销售数字不正常而无法做出一个全面彻底的评价时，就有必要采用一种例外的评估方法。

在另一个极端，使用高选择性分销的制造商发现，与渠道成员的密切合作关系，使它们能获得更为广泛的资料，这些资料使得它们能进行非常综合的绩效评价。[6]

绩效评价与日常监控

佩格勒姆对制造商使用的渠道成员评价方法进行了创新性的研究。在他的研究中，他识别出两种基本的评价方法：

> 尽管在实践中这两种方法不是划分得十分清楚，但是在制造商参与评价的过程中，两种不同的分销商评价却是很明显的：(1) 用来支持管理人员对于维持分销商现行运营情况控制的评价，当然，这是在公司产品销售范围内进行的；(2) 用来向管理者提供有关每个分销商运营管理状况的积极、客观的全面绩效评价。[7]

第一种类型的评价，基本上是对渠道成员绩效的一种常规、日常的监控，它几乎绝对地建立在销售标准之上。对渠道成员来讲，反映在标准销售分析报告中的销售单据（例如扫描数据），能够提供这种评价所需的基本信息。

佩格勒姆是这样描述第二种类型的渠道成员评价的：

> 第二种类型的评价很少与分销商执行的公司销售计划的短期导向相关，它更多地关注对分销商的全面评价，使得各个分销商要么能与制造商的理想相符，要么符合制造商为销售点设立的标准。[8]

第二种方法是一个广泛得多、综合得多的评价程序。通常它除了含有销售额标准以外，还包括许多其他标准。[9]举个例子，知名的油漆生产商 Glidden 的大部分涂料是通过大型家居零售商家得宝来销售的，但是最近几年，公司的销量和市场份额急剧下降。Glidden 的市场高管说，Glidden 现在只是勉强维持而已。[10]为了重新获得生机，公司全面深入地审查了它的市场策略包括深入地评价了它的分销渠道。在评审过程中，Glidden 发现了一个微小却非常关键的瑕疵。当消费者在购物通道闲逛时，他们被公司放置在家得宝的大量的两平方英寸的纷繁的色彩样片吓到了，他们不知道如何选择而走开了。Glidden 是怎么解决的呢？Glidden 重新设计了它的网站，允许顾客在网站上模拟涂刷房间，顾客可以在去实体店购买之前从容地做出选择。取代了在家得宝中通过色彩样片来帮顾客选择颜色，Glidden 通过它的网站提前给顾客做好设计，结果非常显著，Glidden 在家得宝的销售量上涨了 50%。[11]

这种评价方法正是我们在本章中所要讨论的。为了把这种评价方法与对渠道成员销售绩效的日常监控清楚地区分开来，我们把这种比较综合的评价方法称为渠道成员绩效审计。

渠道成员绩效审计

渠道成员绩效审计（channel member performance audit）是对渠道成员绩效的一种定期、综合的回顾。[12]这种审计可能对批发领域或零售领域中的一个、几个或全部渠道成员进行。审计的频率是不断变化的，但一年当中对一个渠道成员的审计一般不会多于一次。

渠道成员绩效审计主要由三个步骤组成：（1）建立渠道成员绩效评价的标准；（2）以这些评价绩效的标准为基础，定期评价渠道成员的绩效；（3）提出纠正措施以减少渠道成员的不恰当行为。图 14—1 提供了一个渠道成员绩效审计总体方法的图示，至于审计的过程，我们将在本章的其余部分进行讨论。

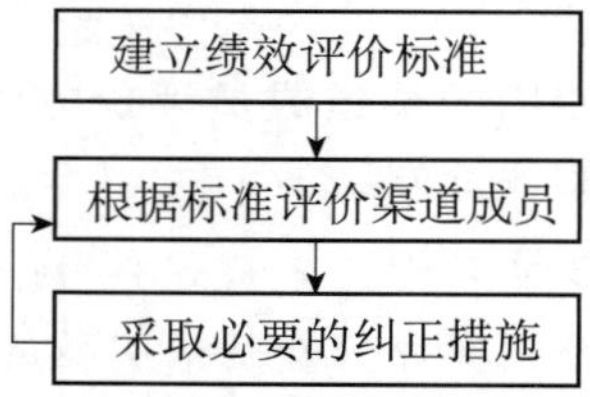

图 14—1　渠道成员绩效审计

建立评价标准

在衡量渠道成员绩效方面有许多可用的标准。例如，由斯普里格斯（Spriggs）对重型卡车行业所做的一项研究中，用了 34 项标准来评价经销商的绩效。[13]这些标准如表 14—1 所示。大多数制造商使用了如下的一种组合：渠道成员的销售绩效、渠道成员维持的存货、渠道成员的销售能力、渠道成员的态度、渠道成员面临的竞争和渠道成员的总体成长前景。[14]

表 14—1　　对重型卡车行业渠道成员的绩效研究所使用的绩效标准

结果指标	行为标准
1. 销售额（美元），全部经销商	17. 服务部门
2. 利润，全部经销商	18. 保修索赔处理
3. 销售利润	19. 建筑物/设备
4. 存货周转率	20. 办公室系统
5. 市场份额	21. 员工激励计划
6. 顾客满意度	22. 交易区覆盖率
7. 销售费用	23. 产品知识/销售人员
8. 投资回报率	24. 销售技巧/销售人员
9. 存货费用	25. 经销商财务计划
10. 总体顾客服务水平	26. 经销商经营计划
11. 每种产品类型的销售数量（单位）	27. 广告或促销计划
12. 每个销售人员的销售额（美元）	28. 顾客投诉数量
13. 配额定量（美元）	29. 买方信贷管理
14. 供应商利润	30. 销售预测——精确数
15. 每种产品类型的销售额（美元）	31. 销售访问——总数量
16. 每一产品类型的利润	32. 拜访——当前顾客
	33. 拜访——非顾客
	34. 产品演示数量

资料来源：Adapted from Mark T. Spriggs, "A Framework for More Valid Measures of Channel Member Performance," *Journal of Retailing* 70, no. 4 (1994): 335.

销售绩效

在评价渠道成员绩效的标准中，销售绩效无疑是最重要和最常用的指标。的确，如果对渠道成员的销售绩效指标仍嫌不够重要，那就没有其他更重要的标准了。

在审查渠道成员销售绩效的过程中，渠道管理者应对以下两点仔细地加以区分和辨别：(1) 制造商对渠道成员所实现的销售额；(2) 渠道成员所经销的制造商的产品对渠道成员的顾客所实现的销售额。这两点不一定相同。事实上，在某一给定的时期，二者可能存在实质性的差异。仅当产品循环特别快时，如易腐坏产品的制造商对渠道成员的销售额，才为渠道成员的现有销售量提供了一个可靠的衡量标准。在任何可能的情况下，渠道管理者都应试图获取渠道成员所经销的制造商产品对渠道成员的顾客实现的销售额方面的资料。制造商得到这种信息的能力主要取决于它对渠道成员所能施加的控制的力度。在渠道成员签订特许经营合同的渠道中，由于有特许经营合同的存在，制造商可以在获得这种信息方面有一种合法的权利。例如，在美国，7-11店的特许经销商南方公司，要求在它需要的任何时候得到有关它的特许经营商店的销售信息。[15]

在传统的松散型的合作渠道中，制造商获取销售数据的能力就比较有限。在这种情况下，制造商必须以对渠道成员的销售数据作为渠道成员当前销售额的最好的近似值。

不管使用这两种销售数据中的哪一种，渠道管理者都必须从以下几个方面评价销售数据：(1) 渠道成员的当前销售额与历史销售额的比较；(2) 某一渠道成员与其他渠道成员销售额的交叉比较；(3) 渠道成员销售额与预定配额的比较（如果配额已指定）。

在进行历史比较的情况下，渠道管理者既需要总体数字，又需要某一特定产品的具体数字——当然是在这些数据可获得的情况下。这些数据越详细越好，因为按产品进行描述的数据越详细，就越能帮助渠道管理者为它们的产品找到合适的销售方式。

渠道成员之间销售额的对比，也是渠道成员绩效评价的一个非常重要的衡量标准，它在解释一小部分渠道成员如何实现了一个很大比例的销售额的情况时，通常是非常适用的。一个经常引用的比例是：大约20%的渠道成员实现了80%～85%的销售额。图14—2就展示了这种比例模式。相对于绩效水平较低的渠道成员所实现的销售额而言，这种模式经常导致不成比例的高水平的营销成本，同时也给制造商的利润预期带来负面影响。建立在常规基础之上的渠道成员销售绩效交叉比较，有助于比较容易地揭示这些负面效应。[16]

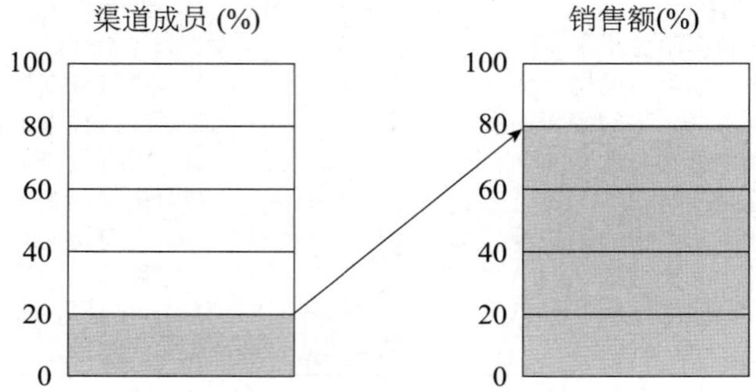

图14—2 少数渠道成员实现了销售额的主要部分

最后，如果制造商已经为渠道成员设定了销售配额，它就应该在与这个额度进行比较的情况下评价渠道成员的实际销售绩效。如果产品的销售已经达到这个额度，对渠道成员在每个品类方面的绩效也应该随之进行检查。在对渠道成员的销售绩效与销售配额进行比较时，渠道管理者不应该只看到比率本身，还应该根据其他渠道成员实现销售配额的情况，对这个比率加以考虑。如果对大部分渠道成员来说，这个额度的完成率普遍较低，就证明这可能是一个高得脱离实际的销售配额，而非一个较差的渠道成员绩效。

存货的维持

维持适当水平的存货，是渠道成员绩效的另一个重要指标。实际上，制造商希望渠道成员能够满足它们之间达成的原始协议中详细规定的存货储备要求。[17]这些协议中有一些是相当正式的，在制造商与渠道成员之间签订的经销或分销合同中存货要求也体现得非常明确。一个单独的存货要求计划，往往是根据对该地区的销售潜力的估计，由制造商和渠道成员共同制定出来的。然后，期望渠道成员能够遵守这项协议，依据这项协议对渠道成员进行评价。如果渠道成员违背协议，经常被制造商视为非常严重的问题。

即使有关渠道成员的存货协议没有在原始合同中确定下来，存货的维持对于评价来说仍是一个重要的标准。在缺少正式合同的情况下，制造商很少有相应的对策去制裁那些在本地区绩效不佳的渠道成员。因此，如果制造商把存货维持作为评价渠道成员绩效的一个很重要的标准，在渠道设计的选择阶段，就应该与渠道成员签订涉及该项目的正式合同。当然，许多小型的和不太具有支配力的制造商，缺乏使潜在渠道成员同意其严格的存货储存要求的能力。

渠道成员在实际控制所应维持的存货水平时，可能很简单，也可能很困难。对于那些只在批发的层面上与较少数量的渠道成员打交道的制造商来说，现场销售人员的常规销售访问，通常就能实现对渠道成员存货水平的检查。对于那些通过大量的批发和/或零售渠道成员来实现其销售的制造商（例如消费性包装产品制造商）来说，这项工作可能就困难得多，可能需要利用外部的市场调查公司，提供一种具体的存货监控服务，这类公司有 A. C. 尼尔森公司（A. C. Nielsen Company）。无论是由制造商自己实施对渠道成员存货的控制，还是由一个外部专业公司完成这项工作，它们最起码应该考虑表 14—2 中所列出的那些与存货有关的问题。

表 14—2　　评价渠道成员存货绩效的关键问题

1. 渠道成员的存货总水平是多少？
2. 存货占用了多少货架或空间？
3. 竞争者的存货相对占用多少货架或空间？
4. 某一特定产品的数量和份额是多少？
5. 这些数字与渠道成员预计购买的相应的竞争产品相比如何？
6. 存货和存货设施状况如何？
7. 陈货有多少？已经为消除陈货采取了什么措施？
8. 渠道成员的存货控制和保管系统是否充分？

销售能力

渠道成员的总体销售绩效是它们销售能力的大体反映。许多制造商认为，通过评价渠道成员的销售人员，比较直接地评价其销售能力，是很值得做的一项工作，这对于那些处于批发层次的渠道成员尤其有价值。如果能获得渠道成员的各个销售人员的销售记录，制造商就有了一个极好的信息源。这些个人销售记录使制造商能够了解销售行为的特征，并且能够对每一个渠道成员进行总体销售能力的评分，这可以用于以后的渠道成员的交叉对比。然而，这样的信息获取本身往往就是一个问题，因为许多渠道成员并不想向制造商提供这些信息，或者不愿为此大费周折。[18]

假定渠道成员愿意提供这些信息，制造商也应该特别注意以下因素：(1) 渠道成员为销售制造商产品安排的销售人员的数量；(2) 渠道成员的销售人员的技术知识和能力；(3) 销售人员对制造商产品的兴趣。

渠道成员愿意委派来负责制造商产品的销售人员的数量，可以直接反映制造商产品对顾客的普及程度和市场覆盖程度。

技术知识和能力通常按照从优到差的标准进行评定。然而，一些制造商接受渠道成员的要求，将使用额外销售时间的多少作为渠道成员技术知识和能力的替代衡量标准，对此进行评分。要求的额外帮助越多，技能水平越差，反之亦然，这是一种负相关的关系。无论采用什么方法，最有用的资料来源于对随时间而改变的行为模式的资料。如果渠道成员的销售人员表现出在技术知识方面的能力正在逐渐变弱，最终就会从将来比较差的销售绩效数据中反映出来。

关于销售人员的兴趣，制造商可对此加以衡量的标准包括：(1) 参加制造商赞助的学校、讨论会和教学活动的次数；(2) 来自渠道成员顾客的报告；(3) 制造商现场销售人员的意见等。渠道成员的销售人员如果对某些方面的兴趣呈现下降趋势，这可能就是渠道成员的高层管理者对这些方面不太感兴趣的一个很好的反映。如果真的出现了这种情况，将来渠道成员的绩效一定会更差。

顾客服务和技术支持能力

对于需要大量客户服务和技术支持的渠道商来说，具有这种能力将会是评价它们的重要标准。就像本章一开始的“渠道焦点”中说的那样，Deere & Co. 把为顾客提供服务和技术支持的能力作为一项重要的评价经销商的标准[19]，也就是说不能达到这项要求的经销商就会被终止合约。Deere 这么做的道理是什么呢？Deere 的终端客户大部分都从事农业生产，他们需要一周 7 天、每天 24 小时依靠拖拉机和农用设备在这个激烈的行业竞争，只有承诺掌握新技术并且维持高效供应链和有能力快速响应客户需求的经销商，才能到达 Deere 的高效期望。

渠道成员的态度

将渠道成员对制造商及其产品所持的欢迎态度作为最终能够影响销售绩效的因素的重要性是不容低估的。[20]不幸的是，在实践中，对于渠道成员的态度通常没有进行评价，除非它们的销售绩效不太令人满意。正如佩格勒姆在对渠道成员绩效评价的开拓性研究中指出的：

> 只要分销商的销售状况良好，在其兴趣和合作情况均处于可接受水平的前提下，对态度本身就很少有密切的检查。只有当分销商的绩效达不到供应商所期望的水准时，供应商才会想到去深入地探察引起这种不良迹象的态度因素。[21]

此种渠道成员态度评价方法的问题在于：这些态度问题只有在已经表现为较差的销售数据时，才可能被提出来。为了在渠道成员的态度影响绩效之前就提前发现这些消极的渠道成员态度，对态度应独立于销售数据进行评价。所有有关获知渠道成员需求与问题的方法，已经在第 9 章进行过讨论，例如，制造商利用自己的调查部门或外部的调查公司，也可能是渠道审计和分销商咨询理事会所进行的正式调查研究，这些都是评价渠道成员态度的有效方法。最后，虽然不及比较正式的方法那样令人满意，但渠道管理者仍能利用来自销售人员和“小道消息”的非正式反馈信息，对渠道成员的态度进行跟踪。

竞争

在评价渠道成员的绩效时，渠道管理者应当考虑两种类型的竞争：（1）来自其他渠道成员的竞争；（2）来自制造商自己的渠道成员所支持的其他产品的竞争。

对渠道成员绩效（相对于来自同一地区或同一商业区域的其他渠道成员竞争的绩效）进行评价有两个目的：

1. 它有助于对渠道成员的绩效进行深入考察。也就是说，通过观察某一特定的渠道成员如何参与竞争，其他的绩效标准才变得更有意义。例如，某一特定的渠道成员可能已被评定为在销售方面的绩效较差，然而，如果事实证明，该地区以竞争残酷而著称，渠道成员的绩效就可能被视为另一种情况。的确，在这种环境下，该渠道成员的绩效可能被认为是相当不错的。事实上，一些制造商不辞辛劳地对那些面对特殊竞争的渠道成员予以特殊支持。

2. 在制造商决定通过增加新的渠道成员来扩大覆盖区域或替换现有的渠道成员时，这种比较性信息是非常有用的。有关竞争者绩效的精确而详细的资料是很难获得的，但制造商的销售人员或销售管理人员可以提供一般信息和排名数据。大多数情况下，这些信息的获取只能通过制造商的销售人员、区域销售经理或其他销售管理人员，把制造商在特定市场的渠道成员的竞争者按重要性一一列举出来。

第二种类型的竞争源自制造商自己的渠道成员所经营的竞争产品。对这种类型的竞争也必须仔细地加以评价。评价的主要问题当然是渠道成员相对于竞争者而言为制造商的产品提供的相关支持。如果渠道成员给予制造商的竞争者以太多的支持，而对制造商的产品支持太少，这一般都会反映在制造商评价的其他绩效标准，特别是销售额标准上。然而，在渠道成员将重点转向竞争者的产品和由此导致销售额数字下降之间，往往有一个时滞。通过捕捉这种变化，在渠道成员的这种行动在最终的销售额数字中反映出来之前，渠道管理者就会处于比较有利的位置，从而能采取适当的措施来加以制止。

总体成长前景

这个最后的标准集中在对渠道成员绩效的未来期望上。在进行这种类型的评价时，制造商应该回答的基本问题如表 14—3 所示。在定期的评价中，评价大多数或全部渠道成员的成长前景的问题见表 14—3。渠道管理者将对整个渠道体系获得一个比较有价值的总体印象，这将为确定下年度的销售目标，特别是规划渠道成员在公司将来的营销策略中的作用，提供非常有用的信息。

表 14—3　评价渠道成员成长前景的关键问题

1. 渠道成员过去的绩效是否表明生产商产品的实际销售额与渠道成员所在的区域、地区或贸易区的计划销售额一致？
2. 渠道成员的总体绩效能达到其区域内经营活动的一般水平吗？
3. 渠道成员的组织是否扩张，或是否有在设施、投资、存货维持和质量水平方面做出改进的迹象？
4. 渠道成员的员工是否不仅数量增长，而且变得更加专业？
5. 渠道成员作为生产商在该区域的代理，可能会因管理、年龄、健康或继任安排而陷入危险状态吗？
6. 渠道成员具备适应性和总体能力，足以面对该区域可能发生的市场膨胀吗？
7. 渠道成员如何预期自己的中长期发展前景？

资料来源：Compiled from Roger Pegram, *Selecting and Evaluating Distributors*, Business Policy Study No. 116 (New York: National Industrial Conference Board, 1965), 127 - 128.

其他标准

虽然刚刚讨论的 7 个标准是最经常使用的，并且提供了制造商所需要的大部分评价信息，但在一些情况下，还有另外几个标准也可以采用（见表 14—1），这些指标中最重要的是渠道成员的财务状况[22]、它们的声誉和渠道成员提供给顾客的服务质量。

在选择渠道成员时，渠道成员的财务状况通常会被认真地加以考虑。如果渠道成员付款一直都比较快，通常就没有必要进行进一步的评价。然而，在面对不断变化的经济和竞争状况时，渠道成员的财务状况可能发生重大变化。一些制造商努力对其成员的财务状况做一些定期的检查，以便对那些今后可能给制造商带来不利影响的财务状况恶化提高警觉。

在选择渠道成员之前，对渠道成员的声誉和品质也要进行认真的考虑。[23]然而，变化随时都有可能发生，特别是在所有权方面已经发生了变化，或者渠道成员的运营政策已经发生重大变化的情况下。如果个别渠道成员已经发生了这样的变化，对于制造商来说，及时调查一下这些渠道成员的声誉是否已有了实质性的变化，是一种很明智的做法。通过与渠道成员的一些顾客进行交谈，即可有效地做到这一点。

渠道成员的服务质量将最终反映在其销售绩效中。[24]如果它们的服务不够充分，从长远来讲，它们的顾客就会选择别的供应商。从短期来讲，渠道成员服务水准的下降，可能不会显示在销售绩效数据里，因为渠道成员的顾客或许尚未发现其他可供选择的供给来源。如果怀疑个别渠道成员在为顾客提供的服务水准方面有下滑倾向，制造商就应该在这样的问题表现为渠道成员销售绩效下降之前，对此加以调查。

对于一些特定的产品，尤其是零售商销售的奢侈品，实体店设施的质量将是评价这些零售商的重要标准。一般来讲，奢侈品生产商都希望它的渠道成员能够提供一种大气的、与产品质量相称的高端格调。例如，福特公司的林肯分部希望它的经销能够将它们的展示厅和服务质量升级，以此来塑造一种和雷克萨斯、宝马还有奔驰公司一样的高端形象。福特相信拥有高端经销商对林肯新型豪车的发布将是至关重要的。那些不能满足林肯要求的经销商将会面临被林肯抛弃的危险。[25]

最后，另外一个或许更微妙的评价因素近年来被考虑进评价标准（至少出现在更多的关于渠道成员评价的学术研究中），这就是渠道成员满意度。这一标准一直被认为是属于**关系型满意**（social satisfaction），而不是渠道成员希望从渠道关系中得到的**经济型满意**（economic satisfaction）。正如杰斯肯斯（Geyskens）和斯迪恩坎普（Steenkamp）指出的那样，经济型满意和关系型满意可能是相联系的：明白经济型满意和关系型满意的区别是至关重要的，因为渠道成员的活动可能使合作伙伴在产生经济型满意的同时破坏了关系型满意，或者正好相反。

关系型满意与渠道成员之间的人际关系和相互影响有关；经济型满意则是更直接地“一毛一分”地算账，表14—4列出了二者的对比。[26]

表14—4　渠道成员经济型满意和关系型满意各自的表现

经济型满意	关系型满意
1. 在我的销售领域，与该供应商的关系带给我丰厚的利润和市场主导者的地位	1. 在我公司与该供应商的工作关系中充满了敌对的感觉
2. 我可以凭借与该供应商的关系而得到折扣，这很有吸引力	2. 这个供应商很有技巧地表达了它的批评意见
3. 供应商的产品由于质量好而受到消费者欢迎，我很乐意销售它的产品	3. 我公司与该供应商之间互相尊重
4. 这个供应商的营销策略使我的工作更有效率	4. 该供应商对我隐瞒了那些我本应该知道的事情
5. 供应商向我提供了高水平的营销支持	5. 该供应商拒绝对它的政策做出解释

资料来源：Adapted from Inge Geyskens and Jan-Benedict E. M. Steenkamp, "Economic and Social Satisfaction: Measurement and Relevance to Marketing Channel Relationships," *Journal of Retailing* 76, no. 1 (2000): 21.

应用绩效标准

在建立了一套渠道成员绩效的评价标准之后，渠道管理者应该根据这些标准对渠道成员加以评价。基本上有三种方法可供使用：（1）使用一个或多个标准进行独立的评价；（2）对总体绩效进行多重标准非正式组合的定性评价；（3）运用多重标准的正式组合对总体绩效进行定量评价。

独立的绩效评价

独立的绩效评价是用前面讨论过的一个或多个标准来衡量渠道成员的绩效，但还没有试图以这些标准进行总体绩效衡量，不论是正式的还是非正式的组合。

这种方法经常在如下场合使用：要么渠道成员数目特别大（这种情况往往是制造商使用密集性分销的方式），要么是所使用的评价标准仅限于销售绩效、存货维持和可能的销售能力。这种对渠道成员评价的方法在表14—5中有清楚的描述。

表 14—5 独立应用标准评价渠道成员的绩效

标准	通常使用的绩效评价指标	组合指标程序
销售绩效	总销售额 一段时间的销售额增长 实际销售额/销售配额	在标准类别内或之间不采取措施去组合绩效评价指标
存货维持	市场份额 平均存货维持 存货/销售额 存货周转率	
销售能力	销售人员总数 负责生产商产品的销售人员数量	

如表 14—5 所示，用来评价绩效的指标被独立地加以使用，因此，在使用这种方法时，对于渠道成员的绩效评价无非就是根据相关标准对渠道成员绩效进行检查。这种方法的主要优点是，只要能收集到评价渠道成员绩效的必要资料，这种评价就会变得简单而迅速。

然而，这种方法的一个很大的不足之处是，这种独立的评价方法对总体绩效缺乏深入的洞察，在渠道成员的绩效相对于衡量标准显得不稳定时，这种缺点表现得尤其明显。例如，对于一个渠道成员来说，它很可能显示出很好的销售绩效，但与此同时，却有一个很低的存货/销售额比率，这或许意味着渠道成员能以较低水准的存货获得较高的销售量。事实上，渠道成员或许正把制造商当作一个“仓库”，即通过许多小订单购买，并且保持尽可能少的存货。这种情况在短期内或许是可接受的，但从长期看，这种渠道成员行为造成的损害，要么会随着该地区竞争行为的加剧而以较低的销售额显现，要么以制造商付出不同寻常的高成本体现。

非正式组合的多重标准

多重标准方法反映了独立绩效标准评价的一个进步，这种方法试图把各种标准组合起来，对渠道成员进行总体评价。各种绩效标准在各个种类的标准之间和内部进行组合，然而，这种组合只是非正式的、定性的，分配给每个绩效标准的重要性或权重都不清晰，而且没有对正式的总体绩效进行定量计算。这种方法在图 14—3 中做了描述，也有人称这种方法为“黑箱”类型。

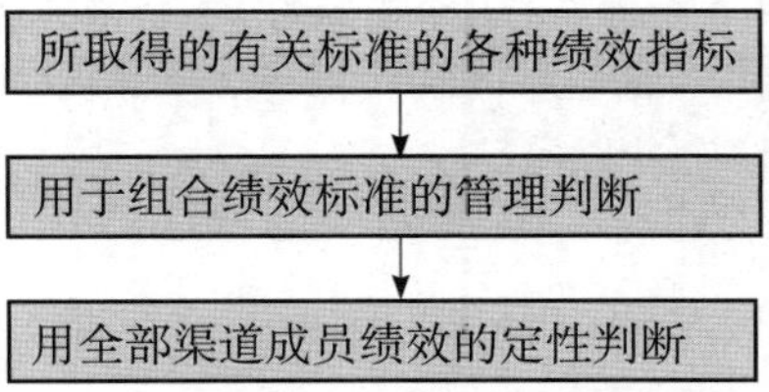

图 14—3 使用非正式组合的多重标准评价渠道成员绩效

这种渠道成员绩效评价方法的最大优点是它的简单性和灵活性。说它简单，是不必再采用正式的程序，对各种各样的绩效衡量标准进行组合，渠道管理者可以分配权重，并根据来自经验的主观判断“添加”权重；说它灵活，是因为分配给每个标准的权重能反映这些标准正在变化的相对重要性。

然而，这种方法存在三个主要的问题：（1）绩效评分时的妥协。一个渠道成员就某些标准而言可能已经做得很好，但就其他标准而言，却做得不是这么好，由于缺乏对每一个标准进行正式分配权重的程序，就可能使总体绩效评分有很大的主观性。（2）关系很密切的问题。在渠道成员之间进行绩效比较，对每一个渠道成员来讲，如果分配给每一个标准的相对权重不一样，在渠道成员之间进行绩效评分的比较就是不公正的。（3）这种方法仍不能提供一个反映总体绩效的定量指标。

正式组合的多重标准

一个使用多重标准的正式评分系统，能够使渠道管理者对每一个渠道成员进行定量的总体绩效评分，然后可以根据这个总体绩效评分，对渠道成员进行评价。[27]这种方法由以下5步组成：

1. 决定评价标准及相关的绩效指标。
2. 给每一个标准分配权重，以反映它们的相对重要性。
3. 就每一个评价标准对每一个被评价的渠道成员进行0～10分的评分。
4. 每一个标准的得分与其权重相乘，得出加权标准评分。
5. 这些加权标准评分加总后，生成了对每一个渠道成员都适用的总体绩效评分（指标）。

这种方法在表14—6中做了说明。

表14—6　　评价渠道成员绩效的加权标准法

标准	标准权重（A）	标准分值（B）											加权分值（A×B）
		0	1	2	3	4	5	6	7	8	9	10	
1. 销售绩效	0.50								√				3.50
2. 存货维持	0.20						√						1.00
3. 销售能力	0.15							√					0.90
4. 态度	0.10					√							0.40
5. 成长前景	0.05				√								0.15
	1.00							总体绩效评分					5.95

如果多个绩效指标用来反映每一个标准，就可以对每一个指标赋予权重，并且对每一个指标进行评分。对每一个标准的得分进行加总，就可以得到一个总体绩效评分。表14—7就销售绩效标准演示了这种方法。表中共使用4种绩效指标，销售绩效标准得到了3.05分的加权分值。

表14—7　　使用每个标准的几个指标的加权标准方法评价渠道成员绩效

标准和相关的绩效指标	标准权重（A）	分值（B）											加权分值（A×B）
		0	1	2	3	4	5	6	7	8	9	10	
1. 销售绩效													
a. 总销售额	0.20							√					1.20
b. 销售增长	0.15								√				1.05
c. 实际销售/销售配额	0.10				√								0.40
d. 市场份额	0.05									√			0.40
销售绩效的总分值													3.05
其他标准的总分值													XX
总体绩效评分													XX

这种方法的主要优点是：一方面，对每一个标准赋予的权重及相关的绩效指标变得异常清晰，从而可以获得一个总体绩效的定量指标，这样非正式组合方法的主要缺陷就得到了解决。另一方面，同时使用几个标准和各个标准的几个绩效指标，又会显得很累赘，但是由这种方法得到的总体绩效指标，可以使渠道管理者以多种有用的方式来分析渠道成员的总体绩效。例如，对每个渠道成员的总体绩效得分都能够像在表 14—8 中所示的那样进行评分或排序，或者如表 14—9 所示进行频率分布。

表 14—8　　使用加权标准方法对 10 个渠道成员的假设评定

渠道成员	总体绩效评分	名次
A	6.72	1
B	6.31	2
C	6.00	3
D	5.95	4
E	5.20	5
F	4.97	6
G	4.25	7
H	3.87	8
I	3.01	9
J	2.56	10

表 14—9　　500 个渠道成员的总体绩效评分的假定频率分布

总体绩效评分排列分类	渠道成员数量
8～10 分（包括 8 分）*	40
6～8 分（包括 6 分）	63
4～6 分（包括 4 分）	234
2～4 分（包括 2 分）	111
低于 2 分	52
合计	500

＊最高可能的总评分。

依据渠道管理者信息的需要，还有一些汇总这些总评分的方法。例如，渠道管理者可能对平均数、中位数、众数很感兴趣，也可能对根据渠道成员的规模、销售类型（批发商或零售商）及地理区域对总体评分进行区间划分和/或交叉制表很感兴趣。[28]

提出纠正措施

一般情况下，制造商应该尽力向那些尚未达到最低绩效水平的渠道成员提出纠正措施，以提高和改善它们的绩效。取消这些渠道成员的资格只能作为不得已的措施。[29]

如果希望渠道成员重新焕发生机，而不是将其扫地出门，在考虑纠正措施时，渠道管理者应当努力查明为什么这些渠道成员运营得这么差。[30]然而，要做到这一点，就必须付出特殊的努力，去了解运行较差的渠道成员的需求与问题，以便找出失败的原因。这可能涉及从对这部分渠道成员的基本管理不够到制造商对渠道成员支持不充分等诸多问题。的确，两类问题都可能存在。[31]为了发现这些问题，渠道管理者必须仔细地分析渠道成员的需求和问题。我们在第 9 章对此进行过讨论，这里我们只需要简要地概括几个要点：（1）渠道管理者仅靠被动地等待信息，是不可能期望得到有关渠道成员需求与问题的足够信息的。渠道管理者必须开发具体实际的方法，积极收集有关渠道成员需求与问题的信息。[32]诸如建立一个正式的渠道沟通网络，进行渠道审计，建立分销商咨询理事会，利用外部机构实施调查等（所有这些我们在第9章都讨论过），都是可以考虑的方法。[33]（2）渠道成员支持计划必须适应渠道成员的需求和问题。例如，个别渠道成员较差的绩效可能源于对销售队伍的培训很拙劣。如果是这种情况，由制造商开发的任何使其重焕生机的计划的主要方面，都应该强调渠道成员的销售人员的培训问题。（3）制造商必须熟练地运用权力进行领导（参见第4章和第9章）。对于一个绩效很差的渠道成员，在改善其绩效的纠正计划的前后过程中，应十分谨慎地使用纠正权力，即使它能够很快地产生短期效果。（4）如果渠道管理者期望获得渠道成员对纠正计划的积极反应，必须理解在渠道的各组织间所设置的限制（参见第9章）。如果这些要点都被认真地遵循，对绩效差的渠道成员进行的纠正计划成功的可能性就会相当大。

本章小结

企业利用独立的渠道成员来为其目标市场服务，并且依赖其渠道成员的高绩效，因此，渠道成员绩效评价是渠道管理的一个非常重要的部分。

渠道成员绩效评价的范围和频率受到以下四个因素的影响：（1）制造商对渠道成员的控制程度；（2）渠道成员的相对重要性；（3）产品的性质；（4）所涉及的渠道成员数量。

对渠道成员的评价可以在每天常规评价的基础上进行，这种评价主要由对渠道成员销售的监控构成。要全面、有效地评价渠道成员，渠道管理者必须做到不仅监控日常绩效，而且要定期地对渠道成员进行绩效审计。这样的审计由以下三个基本过程组成：（1）建立适当的绩效评价标准；（2）运用这些标准去衡量实际绩效；（3）提出纠正措施，以减少绩效水平低下的渠道成员的数量。

有许多可用于评价渠道成员绩效的标准，最基本和最重要的是以下标准：（1）渠道成员对其顾客所实现的销售绩效；（2）渠道成员维持存货的水平；（3）渠道成员的销售能力；（4）渠道成员的态度；（5）渠道成员对待竞争性产品和竞争者的方式；（6）渠道成员总体成长前景。

用于评价渠道成员绩效的这些标准，可以通过三种方式应用：（1）就一个或多个标准进行独立的绩效评价；（2）非正式组合的多重标准；（3）正式组合的多重标准。独立的绩效评价是指根据一个或多个标准来衡量渠道成员的绩效，但是未曾试图对这些绩效衡量标准进行组合——无论是正式的还是非正式的，以实现总体的绩效衡量。非正式组合的多重标准方法，标志着独立评价基础上的一个进步，因为它已试图对多种标准进行组合，进而对有关渠道成员的绩效形成总体的评价。然而，这种对各种绩效衡量标准的组合，仅仅是以一种非正式的和定性的方式进行的。最后，正式组合的多重标准方法通过一个权重分配程序，将各个标准组合在一起，从而得到渠道成员绩效的总体定量指标，这是衡量渠道成员绩效的最高级方法。

纠正措施应该针对那些尚未达到最低绩效水平的渠道成员采用。为了有效地使用纠正措施，渠道管理者应当努力找出造成不良绩效的渠道成员的问题，并且努力帮助渠道成员去解决这些问题。

复习题

1. 解释渠道成员评价为什么与公司内部员工评价是（或不是）一样重要的。

2. 讨论影响渠道成员绩效评价范围与频率的主要因素。

3. 讨论渠道成员绩效评价与对渠道成员绩效日常监控的区别，在实践中这种区别总是很清楚吗？试解释为什么。

4. 在一个特定的时期里，对渠道成员的销售额衡量是这个时期渠道成员销售状况典型的良好衡量标准吗？试讨论。

5. 渠道管理者应尽力获取哪种类型的销售数据来衡量销售绩效呢？这些资料提供了哪些种类的信息？

6. 为什么渠道管理者应该关注渠道成员未能履行存货储备要求的问题？

7. 对渠道成员销售能力唯一的衡量标准是其销售制造商产品实现的销售额，你是否同意这个观点？试讨论。

8. 讨论把渠道成员的态度作为评价渠道成员绩效的一个标准的基本原理。

9. 在评价渠道成员总体成长前景的过程中，渠道管理者应回答哪些问题？

10. 讨论运用绩效评价标准来衡量渠道成员绩效的三种方法的优缺点。

思考题

1. 麦达斯公司（Midas Inc.）以修理汽车消声器而著名，通过全美几百家经销商提供公司的产品和服务。虽然麦达斯公司也提供诸如安装刹车、维修悬吊系统等服务，但是消声器业务还是占了公司销售收入的主要部分，主要是因为麦达斯公司为其消声器提供了终身质保。购买了该公司消声器的消费者发现，其产品的任何问题甚至包括产品已经使用坏了，都可以在麦达斯公司经销商那里免费得到更换。一直以来，麦达斯公司都秉持这样的信誉原则：只要经销商口头上说因为质保而替换出去了多少产品就可以算数。但是，麦达斯公司想把规则变得更严一点：需要经销商将替换下来的消声器交给麦达斯公司以便于公司了解这些产品到底是因为本身有缺陷还是使用坏了的。经销商竭力反对这一改变，因为它们认为这种改变会限制它们与消费者打交道时的灵活性，进而损害与消费者的良好关系。

你认为是什么原因引起麦达斯公司政策的改变？你认为新的政策会影响经销商的行为吗？如果会，为什么？

2. 假日酒店（Holiday Inn）隶属于洲际酒店集团（Inter Continental Hotel Group），最近它终止了和 700 家特许经营商的合作。据假日酒店说，这些特许经营商没有达到假日酒店的最低标准。合作的这些年，这些特许经营商没有按规定进行整修和设备升级，比如床上用品、浴室设施和其他的一些能提升假日酒店级别的设备。许多特许经营商觉得假日酒店的这种严格要求和严厉的强制措施使它们感到很不愉快。还有一些经营商认为和假日酒店已经合作了几十年，假日酒店对它们的消极评判是不公平的。

你认为假日酒店的做法公平吗？请从特许经营商的角度来讨论假日酒店的做法，以及从假日酒店的角度来回应经营商的说法。

3. 南方公司的 7-11 连锁店主要由独立的特许经营商组成。虽然这些特许经营商是独立的商店，南方公司每天仍旧能得到这些经营者所有详细的运营数据，那些不合乎南方公司绩效标准的经营商，在接到通知后的 72 小时内将被扫地出门。

你认为南方公司为什么能对 7-11 特许经营商行使这么强的控制力呢？

4. 百得公司的工业用品分部要求其分销商利用它们的存货工具和设施维持一定种类和数量的存货，这些存货应该能够与它们所服务的市场需求相一致，并且能够为顾客提供高水准的服务，由分销商承担储存产品的确切种类与数量，以分销商与相应的百得公司的销售代表签订的一项协议为基础。

讨论百得公司的存货方法。你认为在确保渠道成员服从方面会存在什么问题？

5. 由于涉及许多因素，这些因素可能随时间而变化，所以应用绩效标准是很困难的，并且一些绩效标准的应用对于不同环境中特定的渠道成员应当有所区别。

在存在这些困难的情况下，还可能有一个真正公平与平等的绩效标准来评价渠道成员的绩效吗？

注释

1. Mark T. Spriggs, "A Framework for More Valid Measures of Channel Member Performance," *Journal of Retailing* vol. 70, No. 4 (1994): 327–343; E. Raymond Corey, Frank V. Cespedes and V. Kasturi Rangan, *Going to Market* (Boston: Harvard Business School Press, 1989), pp. 94–96.
2. Roger Pegram, *Selecting and Evaluating Distributors* (New York: Industrial Conference Board, 1965), pp. 103–104.
3. For a related discussion, see: Kersi D. Antia and Gary L. Frazier, "The Severity of Contract Enforcement in Interfirm Channel Relationships," *Journal of Marketing* (October 2001): 67–88.
4. For an excellent study of such dependency in relation to performance in franchised channels, see: M. Christine Lewis and Douglas M. Lambert, "A Model of Channel Member Performance, Dependence, and Satisfaction," *Journal of Retailing* (Summer 1991): 202–225.
5. J. Joseph Cronin, Jr. and Scott Kelley, "An Investigation of the Impact of Marketing Strategies in Determining Retail Profit Performance," in *Marketing: The Next Decade*, eds. D. M. Klein and A. E. Smith, *Proceedings of the Southern Marketing Association* (1985): 251–254.
6. See Manohar U. Kalwani and Narakesari Narayandas, "Long-Term Manufacturer-Supplier Relationships: Do They Pay Off for Supplier Firms?" *Journal of Marketing* (January 1995): 1–16.
7. Pegram, *Selecting and Evaluating Distributors*, 109.
8. Pegram, *Selecting and Evaluating Distributors*.
9. For a related discussion, see: Jacques Bughin, Amy Guggenheim and Marc Singer, "How Poor Metrics Undermine Digital Marketing," *McKinsey Quarterly* vol. 1 (2009): 106–107.
10. Hilary Masell Oswald, "Brand Remodel," *Marketing News*, (March 30, 2011): 8.
11. Oswald, "Brand Remodel," 8.
12. For related discussions, see: Michael C. Mayo, "A Framework for Evaluating Performance in Channels of Distribution," in *Marketing in an Environment of Change*, ed. Robert L. King, *Proceedings of the Southern Marketing Association* (1986): 207–210. See also: William G. Brown and E. D. Reiten, "Auditing Distribution Channels," *Journal of Marketing* (July 1978): 38–41; and Peter R. Dickson, "Distributor Portfolio Analysis and the Channel Dependence Matrix: New Techniques for Understanding and Managing the Channel," *Journal of Marketing* (Summer 1983): 35–44.
13. Spriggs, "A Framework for More Valid Measures of Channel Member Performance," pp. 327–340.
14. Pegram, *Selecting and Evaluating Distributors*, pp. 109–125.
15. Norihike Shirouzu and John Bognell, "7-Eleven Operators Resist Systems to Monitor Managers," *Wall Street Journal*, June 16, 1997: B1, B3.
16. For a related discussion, see: Tim Young, "How to Cook Up a Successful Sales Channel," *X-Sells*, February, 17, 2005, http://www.techmor.com/ManagingthePartner Relationship.htm: 1–3.
17. For a view of the relationship from the channel member's perspective, see: Joel Dreyfuss, "Shaping Up Your Suppliers," *Fortune*, April 10, 1989: 116–122.
18. See, for example: James L. Haverty, "The Information Flow and Its Impact Upon Channel Performance in the Food Industry," in *Developments in Marketing Science*, ed. N. Malholtra (Miami, Fla.: Academy of Marketing Science, 1986), pp. 6–11.
19. Ilan Brat and Timothy Aeppel, "Why Deere is Weeding Out Dealers Even as Farms Boom," *Wall Street Journal*, August 14, 2007: A1, A10.
20. For a related discussion, see: Robert A. Ping, Jr., "Does Satisfaction Moderate the Association between Alternative Attractiveness and Exit Intention in a Marketing Channel?" *Journal of the Academy of Marketing Science* 22, no. 4 (1994): 364–371.
21. Pegram, *Selecting and Evaluating Distributors*, 123.
22. Gwen Moran, "When Money is Due," *Entrepreneur* (March 2011): 68.
23. See, for example: Cyndee Miller, "Nordstrom Is Tops in Survey," *Marketing News*, February 15, 1993: 12.
24. "Empire Builders," *Businessweek.com*, May 14, 2001: EB28.
25. Matthew Dolan and Jeff Bennett, "Lincoln Dealers Will Shrink," *Wall Street Journal*, October 6, 2010: B3.
26. Inge Geyskens and Jan-Benedict E. M. Steenkamp, "Economic and Social Satisfaction: Measurement and Relevance to Marketing Channel Relationships," *Journal of Retailing* 76, no. 1 (2000): 11–12.
27. This approach is adapted from the Weighted Factor Score Method. See Philip Kotler, *Marketing Decision Making: A Model Building Approach* (New York: Hold, Rinehart & Winston, 1968), pp. 293–294.
28. For additional perspective on the weighted factor score approach to channel member evaluation, see: John W. Cebrowski, "Managing Expectations to Enhance Distribution Program Success," *Journal of Business and Industrial Marketing* 9, no. 1 (1994): 17–23.
29. For a somewhat contrary viewpoint to this recommendation, see: Robert A. Ping, Jr., "Unexplored Antecedents of Exiting in a Marketing Channel," *Journal of Retailing* 75, no. 2 (1999): 218–241.
30. See, for example: Robert A. Ping Jr., "Exploring Antecedents

of Exiting a Marketing Channel," *Journal of Retailing* (Summer 1999): 218–241; Robert Ping and F. Robert Dwyer, "Relationship Termination in Marketing Channels," eds. Gary Frazier et al. *Proceedings of the Educators' Conference of the American Marketing Association* (Chicago: American Marketing Association, 1988), 245–250.

31. Paul D. Ellis, "Factors Affecting the Termination Propensity of Inter-firm Relationships," *European Journal of Marketing* vol. 40, no. 11/12 (2006): 1169–1177.

32. For an illustrative example, see: "Retailers Rank Supplier Services," *Lawn and Garden Marketing* (January 1987): 8–11.

33. Patricia E. Moody, "Customer Supplier Integration: Why Being an Excellent Customer Counts," *Business Horizons* (July–August 1992): 52–57.

第 IV 篇

营销渠道中的其他问题

第15章 电子营销渠道

学习目标

学习本章之后，你应该能够：

1. 认识到电子营销渠道已经成为事实；
2. 理解并能界定电子营销渠道的含义；
3. 明确通过互联网收集信息和基于互联网的交互式购物之间的区别；
4. 认识到电子营销渠道能在渠道结构中同时产生非中间化和再中间化；
5. 认识到互联网在产品流动和订单履行方面的局限性；
6. 熟悉电子营销渠道的发展与趋势；
7. 清楚电子营销渠道的优势与劣势；
8. 认识到电子营销渠道在6个主要渠道决策领域的关键应用。

渠道焦点

当电子渠道遇上传统渠道

L. L. Bean是一个典型的固守传统的零售商，从丝光棉布和鸭形靴，再到纸张类和重视个性化服务，这个有98年历史的公司好像是矗立在技术革命大海上的一座堡垒。

但是，情况并不总和表面看见的一样，事实上，L. L. Bean已经蜕变成一个非常有技术含量的零售商，它利用移动互联网在线出售商品，并且把新技术与它的传统零售渠道相融合。当然，公司负责客户满意的副总裁特里·萨顿（Terry Sutton）很自豪，如果我们用“协同效应”这个词来描绘高新技术渠道和传统高接触（high-touch）渠道的结合，这个词确实是合适的。公司网站把网络订单做得像亚马逊一样直观，包裹跟踪是一项实时艺术，顾客还能够对所有产品打分和审查。更好的是，这个精密的电子商务渠道被L. L. Bean的交互界面大大增强了作用。所有在线购物的消费者可以和购物中心的一位专业工作人员通过即时聊天软件进行交流，或者互发邮件，或者如果他们喜欢的话，可以通过一个“点击呼叫”按钮，在两分钟之内联系上L. L. Bean的一位员工来获取更多的信息。

2010年L. L. Bean的网络销售收入第一次超过了通过传统目录销售所得的收入。

通过在线订购，顾客得到了真实世界和网络世界的最好的服务——快速便捷和专业化的、友好的专家咨询服务支持。

L. L. Bean 的传统渠道和电子渠道融合得好像是它的衬衫搭配丝光棉裤一样好。

资料来源：Based on：Michael Arndt，"L. L. Bean Follows Its Shoppers to the Web，" *Bloomberg Business Week*（March 1，2010）：43.

在本书前几章，我们已经谈到过技术在很多方面都会影响营销渠道，显然，技术，特别是与电脑、互联网相关的技术，已经对营销渠道的设计和管理产生了重大影响。随着21世纪的开始，互联网技术的作用将会越来越大。[1]尽管20世纪90年代后期大部分比较激进的预言说，以互联网为基础的电子商务将会"改变一切"，但是在线销售取代几乎所有的实体购物场所没有成为现实（也许永远不会实现）。[2]在线销售对很多人来说已经成为现实。互联网现在已成为一种主流的营销渠道，虽然网购没有取代商店和邮购，但是和它们并存也成为客户的一个选择。[3]

另外，利用智能手机或者其他设备来进行网络购物在近几年已经非常普遍。[4]这种**移动商务**（mobile commerce 或 m-commerce）仍然处在婴儿期，但是预期会快速地成长，因为消费者越来越感觉到它的好处。另一种电子渠道出现在社交网络上，例如 Facebook、Twitter、MySpace、LinkedIn 和其他很多社交网站。虽然社交网络这种电子营销渠道还不受重视，但是已经有人在上面买卖商品了，而且确信将来会有更多人在这上面交易。[5]

本章我们将探讨出现的电子营销渠道，特别是探讨电子营销渠道的含义、结构、发展和趋势，以及这种新型渠道模式的优点和不足。最后我们将考察电子营销渠道对渠道战略和管理的影响。

电子营销渠道的定义

随着新技术的涌现，产生了很多新术语，事实上，这些术语经常是以整套词汇的形式出现的。此外，所运用的各种术语可能没有精确的定义，经常被不同的机构赋予不同的含义。[6]

这种情况也出现在作为本章标题的术语——"电子营销渠道"上。另外一些出现在营销文献、流行的商业出版物和实践中的类似的术语还有：电子商务、万维网（World Wide Web）交易、互联网商务或者互联网购物、在线购物、电子市场购物或者在电子集市购物、网站购物、在虚拟店铺和大厅进行虚拟购物、电子分销，或者在互联网普及前仅仅进行传统的交互式购物，即通过电视购物。不单这些，随着最近移动营销渠道的出现和电子购物渠道进入社交网络，更多关于电子营销渠道的词汇和事物出现，例如移动电子商务、移动商务，社会商务（s-commerce）社会关系营销以及 Facebook（f-commerce 商务）。这一清单虽然很长，但绝不是全部，很多其他术语、变相的说法，或者上述术语的组合，都可以添加到这一清单中去。毋庸置疑，过多的术语和用法导致了混乱，因此，尽管由于电子营销尚处于"初始"阶段，我们不可能做出一个非常精确和细致的定义，但是我们仍然想尽可能地将电子营销渠道表述清楚。我们在此所使用到的术语**电子营销渠道**（electronic marketing channels）可以定义为：

利用互联网得到产品和服务，从而使目标市场能够利用计算机或其他可行的技术购物，并通过交互式电子方式完成购买交易。

为了明确该定义，需要注意以下几点：

1. 定义中所用到的词语“得到”，并不是说通过互联网实际拥有商品，虽然有些商品和服务，诸如印刷品和音乐，可以数字化，从而可以通过互联网“分销”[7]，但是大多数产品和服务不可能通过互联网传递。[8]正如我们在本章后面将要看到的那样，互联网作为营销渠道的一种形式是非常重要的，这是非常明显却常常被忽视的事实。

2. 我们使用“其他可行的技术”一词，包括不通过普遍存在的电脑进入网络的方法，例如，通过网络电视机和个人数字助理，如掌上电脑。

3. 通过“交互式电子方式”完成交易，通常指的是仅仅利用互联网作为一种电子邮购目录实现网上交易，因此，客户在公司的网站上浏览企业的产品后，还要打电话或到商店去购买那些产品，所有这些传统渠道中所产生的变革是，销售者的产品是出现在计算机屏幕上，而不是以印刷的形式出现。顾客只需在销售商的网站上注册，而不是在打电话订购或到商店购买商品之前翻阅商品目录、杂志或报纸。

电子营销渠道的结构

在很多文章中，电子营销渠道被描述为全新的分销渠道，是一种完全不同的事物，它深刻地重塑了营销渠道结构。[9]有些学者认为，电子营销渠道敲响了“中间商”的丧钟。毕竟，当全世界的生产商和消费者都能通过互联网直接相互连接时，所有的零售商、批发商、中间商等的存在就成了问题。[10]

这种关于渠道结构将会发生重大变革的预言，在多大程度上是虚假的，又有多少是建立在现实基础上的？为了深入地探讨该问题，我们需要在以下三个主要方面深入探讨渠道结构：

1. 非中间化与再中间化；
2. 信息流程与产品流程；
3. 虚拟渠道结构与常规渠道结构。

非中间化与再中间化

在本书第 1 章中，我们将渠道结构定义为“被分派一系列分销任务的渠道成员”，这类分销任务的分配通常包括零售商和批发商，以及营销渠道中帮助生产商和最终客户履行所有的分销职能，以便捷地提供商品和服务的中间商。

正如前面所指出的那样，互联网提供了利用电子形式直接连接生产者和最终用户的能力。现在有很多人探讨渠道媒体变革的问题，事实上现在已经出现了一种新的描述这种过程的术语——**非中间化**（disintermediation）。[11]根据非中间化的概念，中间商现在已经变成多余的，因为即使是最小的生产者，也能在电子市场中与大规模的顾客进行接触，它们所需要做的，仅仅是建立一个与大型跨国企业看上去一样好的网站。因此，成千上万登录互联网的顾客可以搜寻他们所需要的产品，与生产商直接接触，用电子方式进行交易。在这种情形下谁还会需要中间商呢？因此，非中间化的冷酷现实是无法避免的。

但是，现实与非中间化的理论并不一致。事实上，一些广为人知并被经常提起的认为非中间化将会成为趋势的网络企业，恰恰反映出了**再中间化**（reintermediation）的情况——转换、改变或者增加新的渠道中间商。[12]

亚马逊可以说是世界上最著名的电子商务公司，而它恰恰就是中间商。实际上，它是一个零售商，顾客通过互联网而不是商店或邮购来购买它的商品。亚马逊从大量的制造商（还有一些批发商）那里购买图书、CD、玩具、消费性电子产品、家用高档产品和其他的许多产品，然后用自己的仓库储存，并通过互联网再卖给最终的消费者。对这种渠道的描述显示在图15—1中。正如图中所显示的那样，非中间化在一定程度上是指零售商从渠道中能够去除，生产商直接将产品卖给消费者，但是这种情况并没有出现，相反，实际发生的却是以在线零售商（如亚马逊）的形式进行再中间化并不断增加，在一定程度上取代了传统的商店和目录零售商，成为营销渠道里另一种形式的中间商。

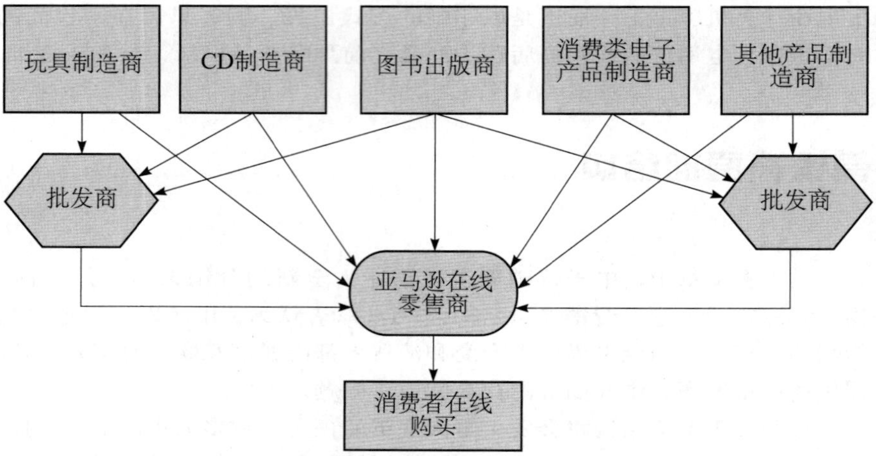

图15—1　亚马逊在电子营销渠道中作为网络中间商

现在我们考虑，另一个世界上最大、最著名的通过互联网“销售”汽车的电子商务公司——Autobytel。[13]消费者是否真的会通过互联网购买汽车呢？事实上，他们仍然通过常规的汽车经销商购买汽车，与此同时将Autobytel公司和类似的公司作为汽车经销商和消费者之间的中介。因此，从渠道结构的观点看，利用互联网购买汽车是另外一种形式的再中间化而不是非中间化，这反映在图15—2中。在互联网渠道中，像Autobytel公司这样的中间商出现在汽车经销商和消费者之间，虽然中间商并不实际拥有汽车或者实际处理这些商品，但它仍然是渠道的一部分，因为它促进了商品从供货方（汽车经销商）到购买方（消费者）的转移，并完成交易。

当消费者浏览Autobytel公司的网页收集汽车或经销商的信息时，他们并不直接为此服务支付费用，相反，经销商为满足消费者浏览Autobytel公司网页、获取参考信息要每月支付费用，然后，经销商以最优惠的价格通过电子邮件、电话、传真或者常规的书面形式与消费者签订合同。

无论是消费者还是汽车经销商都喜欢这种渠道安排。汽车购买者能借助互联网了解大量的信息，并对经销商进行选择，而经销商可以借此获得大量的顾客数据，并且因为减少了广告成本和销售委托金而降低了销售成本。

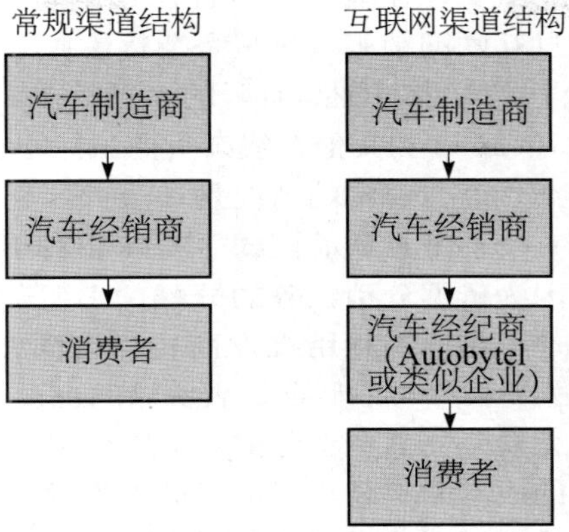

图 15—2 汽车销售的常规渠道结构与互联网渠道结构

总之，Autobytel 在营销渠道中的角色就是一个例子，是再中间化而不是非中间化。事实上，在这种情形中再中间化意味着渠道的延伸而不是简缩，因为在另一个层面上说，Autobytel 加进了渠道结构中。

最后，我们考虑一下 Peapod 公司的情况，它是在线销售杂货的先行者。[14]在线购买者通过浏览 Peapod 公司的网页，能够订购到超过 8 000 种杂货商品和其他商品。在接收到消费者的在线订单后，Peapod 公司将订单发送给与之有合作协议关系的超市，Peapod 公司的采购人员在那些超市中购买杂货，这些产品被直接配送到顾客手中。Peapod 并不直接从生产商那里拿货，取而代之的是，Peapod 大批地从它自己的仓库拿货，这些货物购买自超市、Stop & Shop 以及巨人公司（Giant）这些和 Peapod 建立了战略联盟的超市企业，因此，这些超市实际上是 Peapod 和生产商之间的批发商。100 美元以下的订单顾客支付 9.95 美元的运费，100 美元及以上的订单顾客支付 6.95 美元的运费，Peapod 公司享有所有这些费用和佣金，超市则从所形成的额外销售中获益。

这里再次体现了基于互联网的电子营销渠道结构是延长了渠道而不是缩短了渠道，图 5—13 反映了这种模式。

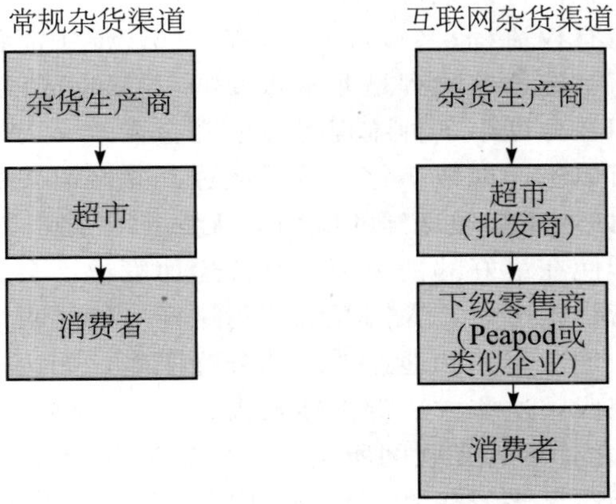

图 15—3 杂货行业中常规渠道与互联网渠道

正如我们所看到的那样，事实上，Peapod 公司成为超市与消费者之间的另外一层零售商，因此，Peapod 公司要比前面所谈到的 Autobytel 公司那样的中间商角色运行得好些，因为它实实在在地处理和运输物质商品。

迄今为止，通过互联网销售杂货只是杂货销售额中很小的一部分，20 世纪 80 年代后期，Peapod 公司的经营范围是有限的，它只在 12 个州的人口稠密地区经营，服务于 35 万名顾客。Peapod 和其他在线杂货商虽然也在不断增长，但可能永远也不会赶上渠道中的商店杂货商。现实的情况是，杂货行业中现有的电子营销渠道是在传统渠道结构中增加了一个环节，从而削弱了超市相对于它所替代的小型零售店的效率。为什么会这样呢？因为依据分销任务的分配，小型杂货店实际上在 Peapod 公司中再次出现，它如同其他小型店铺利用批发商一样以同样的方式在利用超市，甚至 Peapod 公司所提供的送货服务与小型杂货店所做的也没有什么区别。这样一来就会产生高额的配送成本，尤其是当消费者分散在美国许多偏远的郊区时。这种向散布的顾客配送相对小额订单的成本非常高。当由于员工收货、取货、送货而发生的成本添加到订单成本中，而不是通过消费者自己在超市购买产品而省掉这些成本时，这些成本就会被禁止产生。杂货产品微薄的利润就算是加上运费也不能抵消这些成本。

非中间化与再中间化——判定

即使以上三个例子都表明基于互联网的电子营销渠道的出现导致了渠道延长，而不是渠道缩短，也不能表明再中间化是有效的，或者说，电子营销渠道一定会促进再中间化而不是非中间化。毕竟，渠道非中间化的例子也有很多。例如，在旅行行业，大量的传统旅行代理商已经消失（非中间化），但是这种非中间化是由再中间化完成的，也即出现了网上旅行代理商，如 Priceline. com、Hotwire、Drbitz、Travelocity、Expedia 等。

从长远看，互联网是否会促进非中间化而不是再中间化，或者反之呢？这需要拭目以待。[15]然而，我们现在可以说的是，互联网技术无论会变得如何复杂，或者如何大肆宣扬，它都不可能废止渠道结构中的经济规律：执行分销任务时的绩效最终是由所形成的渠道结构决定的。下一节我们将深入探讨这个问题。

信息流程与产品流程

在第 1 章，我们曾讨论过发生在营销渠道中的 5 种流程：（1）产品流程；（2）谈判流程；（3）所有权流程；（4）信息流程；（5）促销流程。在考察互联网对营销渠道结构的影响时，牢记这些流程是非常重要的，特别是互联网在后面 4 种流程中具有非常高的效率，但在处理第 1 种流程时几乎完全无效。为什么？因为后面 4 种流程所包含的电子信息可以迅速地数字化，然后通过互联网以飞快的速度传递，但是产品流程（也包括很多诸如汽车修理这样的服务）无法数字化，因此，处理起来很慢，常常需要人工处理，即使在最好的情况下，其传递速度也不会超过飞机的飞行速度。当互联网运用于电子营销渠道时，人们经常疏忽这样一种局限性：产品流程不可能通过互联网实现。因而，创造时间和地点效用的分配职能，如运输、储存和订单处理，就必须通过其他方法完成，这些方法常常涉及人、仓库、移动式装配车、托盘、卡车、火车或飞机。[16]简言之，尽管互联网所实现的信息流程速度非常惊人，买方和卖方之间实际交易的完成仍然大多发生在“传统的”方式中。如前面我们所列举的亚马逊的例子，互联网有效地对企业销售的图书进行了信息传递和促销，而谈判流程至少从消费者的角度来看，是在同意企业所列价格的基础上借助互联网进行，而且当消费者下订单时通过互联网实现所有权的转移，这时图书的所有权以电子形式实现了变更。要使实际的图书送达消费者手中，还是需要很多仓储、搬运、装运和配送职能。[17]事实上，亚马逊有超过 31 000 名员工，他们中的大部分都是在参与完成必需的实物配送工作，而且一到圣诞节假期，亚马逊会雇用 15 000 名临时员工，绝大部分是进行分拣、包装和装运工作以确保产品能到达世界各地的消费者手中。[18]

我们从以上论述中可以得出结论，基于互联网的电子营销渠道是不“完整”的营销渠道，因为它不能处理关键的产品流程。不过，其他的所有流程都是建立在产品流程基础之上的，显然，在缺乏产品流程的情况下，不会存在对其他流程的需求。

互联网在营销渠道中所固有的局限性，意味着它在产品和服务的分销过程中所起的作用是有限的。

虚拟渠道结构与常规渠道结构

在提供满足顾客需求的渠道结构方面，电子营销渠道有哪些局限性呢？特别是建立在互联网之上的虚拟渠道结构是否会替代物质渠道结构，诸如店铺和购物商场这种常规渠道结构中的组成部分呢？

也许，对于某些细分市场顾客而言，答案是肯定的，而对于另外一些顾客，答案又是否定的，或者对于相同的细分市场顾客，不同的产品和服务的答案也不一样。例如，很多利用 Autobytel 公司或类似在线经纪商的汽车经销商相信，大多数顾客仍然愿意拜访经销商的店铺亲自试车，以“嗅到皮革的气味”，感触汽车的内饰。很多消费者，虽然从亚马逊网站在线购买图书，但仍然喜欢去巴诺这样的书店翻阅展示架上的图书，感受书店的氛围，品尝热牛奶咖啡。甚至，热衷于使用 Peapod 网上购物的顾客，也喜欢到超市中挑选和直接购买商品。此外，大量消费者日常所需要的商品和服务不可能全部通过电子营销渠道这种虚拟的结构来得到满足，如理发、汽车加油、服装清洗、购买汉堡包，或者在购买服装之前试穿。

因此，我们可以有根据地说，在可预见的将来，消费者对实体店铺的需求而不是虚拟店铺、虚拟商场或虚拟服务设施的要求，将保证渠道结构的主要部分仍然由实体部件构成，而不是网址。同时，一些事情也是很明显的，正如我们在本书中时而指出的那样，消费者想要的是尽可能多的市场渠道的选择，不是非此即彼的二选一式的选择。[19]因此，渠道管理者需要提供一种多样化的渠道结构来囊括现实和虚拟[20]，并且就像我们早前指出的一样，即便只在虚拟或者网络渠道内，消费者也期待可以有更多方式，比如使用智能手机来进行移动商务[21]，再比如一些消费者期待在社交网络上可以有电子渠道进行购物，比如 Facebook、MySpace 和 Twitter。

电子营销渠道的发展与趋势

通过电子营销渠道的在线购物增长巨大，从 21 世纪初的 250 亿美元增长到 2010 年的 1 750 亿美元。[22]更厉害的是，如表 15—1 所示，互联网购物预期到 2015 年将会继续增长到 2 790 亿美元。虽然到 2015 年在线购物的增长速度会从 2010 年的 12.1% 下降到 7.7%，但是销售总量的增长仍然是传统渠道的预计销量增长的三倍多。这个非常高的增长速度将会使在线零售额在整个零售业的销售额中的比重大大提升。这个趋势在表 15—2 里有描绘，表 15—2 显示在线销售额在整个零售业销售额中所占比例由 2009 年的 8%上升到 2015 年的 11%，这代表了在这六年的时间里 24%的总增长。

表 15—1　　2009—2015 年在线零售销售额

年份	在线销售额（10亿美元）	增长百分比（%）
2009	157	
2010	176	12.1
2011	197*	11.9
2012	218*	10.7
2013	240*	10.1
2014	259*	7.9
2015	279*	7.7

*预计。

资料来源：Compiled from Forrester Research data.

表 15—2　　2009—2015 年在线零售销售额占零售业总销售额的比例

年份	在线零售销售额占零售业总销售额的百分比（%）
2009	8.0
2010	8.0
2011	9.0*
2012	10.0*
2013	10.0*
2014	11.0*
2015	11.0*

*预计。

资料来源：Compiled from Forrester Research data.

网上销售的商品种类也是丰富多样的。例如表 15—3 显示了最近几年最流行的主要在线购物商品。可以看到，销量最高的产品种类有服饰、配饰、鞋、珠宝，接下来的是电脑硬件和软件。销售额估计将会达到百亿美元以上的还有图书、音像产品、消费类电子产品、杂货以及宠物食品。

表 15—3　　2009—2012 年几种产品的在线零售销售额

产品种类	总销售额（10亿美元）			
	2009	2010	2011*	2012*
电脑软硬件	28.9	30.8	32.6	34.1
消费类电子产品	11.5	12.8	14.2	15.5
图书、音像产品	12.3	13.4	14.4	15.3
票务	7.2	7.7	8.1	8.6
保健产品	6.3	7.2	8.2	9.1
服饰、配饰、鞋子、珠宝	31.1	34.4	37.6	40.7
杂货和宠物食品	10.9	12.8	14.8	16.8
玩具和游戏	6.5	6.8	7.0	7.9
运动品	3.1	3.4	3.7	3.9
花卉和礼品	5.4	5.9	6.4	6.8
办公用品	5.7	6.3	6.6	7.1

*预计。

资料来源：Compiled from Forrester Research data.

另一种掌握在线销售情况的方法是看一看有过网上购物的家庭的数量和百分比。表 15—4 显示了截止到 2009 年差不多 5 300 万家庭曾有过网上购物，这个数字占到所有有上网能力家庭总数的 2/3 还多。这个已经很高的数字预期到 2012 年会适度增长到 5 530 万，所占比例达到 67.8%。

表 15—4　　2009—2012 年使用过在线购物方式的家庭

年份	有网络的家庭（百万）	曾上网购物的家庭（百万）	上网购物家庭的百分比（%）
2009	78.0	52.7	67.6
2010	79.1	53.6	67.8
2011*	80.5	54.6	67.8
2012*	81.6	55.3	67.8

*预计。

资料来源：Compiled from *DMA 2010 Statistical Fact Book*. New York：Direct Marketing Association，2009.

在线购物渠道可以被所有年龄层和不同收入水平的消费者利用，如表 15—5 和表 15—6 所示，但是不同的年龄和收入水平消费特点有本质的区别。如表 15—5 所示，在线购物的消费者中占比例最大（30%）的一个群体是年龄在 18～32 岁的消费人群，而比例最小的一个群体是年龄在 73 岁及以上的消费人群。表 15—5 进一步揭示了一个年龄和在线购物之间的反比例关系，即年龄越大，在线购物的比例越小。这条规律看起来支持了这样一个观念，那就是年轻人相比老年人而言，更善于用高技术的电子购物渠道来进行购物。

表 15—5　　2009 年在线购物的不同年龄层次

年龄层次	百分比（%）
18～32 岁	30
33～44 岁	23
45～54 岁	22
55～63 岁	13
64～72 岁	7
73 岁及以上	5
总和	100

资料来源：Compiled from Pew Research Center data 2010.

表 15—6　　2010 年在线购物消费者的收入水平

收入水平	百分比（%）
50 000 美元以下	23
50 000～99 999 美元	42
100 000 美元以上	35
总计	100

资料来源：Compiled from State of the U. S. Online Retail Economy in Q4 2010，comScore Inc.（February 2011）：11.

从收入方面来看，表 15—6 显示在线购物的消费者之中收入在 50 000～99 999美元的消费者所占比例最大，占比例最小的是收入在 50 000 美元以下的消费者。与年龄和在线购物的关系不同，收入与在线购物之间的关系并不明显。尽管在 50 000～99 999美元收入区间，收入与在线之间看起来有一些正相关关系，但是当收入超过100 000美元时，在线购物的群体数量呈明显下降趋势。因此，在 100 000 美元这个门槛之后，收入和在线购物的关系呈现相反的关系。对于这一现象还没有很明确的解释。看起来在线购物对于高收入的消费者来说时间成本太高，以至于他们不倾向于把宝贵的时间用在网络购物上。对于低收入群体而言（收入小于 5 万美元），在线购物的比例较小的原因可能是拥有电脑的人数不多，家庭网络的网速不够快以及可支配收入太少。

总而言之，网络购物的销售额已经有数千亿美元，将来还会更强有力地增长，网络购物对所有年龄层和收入水平的群体适用，我们相信，通过互联网这个电子渠道购物的方式一定会成为一个主流的、可行的并且被广大消费者接受的购物方式。[23]

移动的电子渠道

移动商务在先前的内容中出现过几次，它是指能够使消费者在任何地方或者在行进中也能很方便地进行购物的电子营销渠道。这种移动购物能力已经存在了 20 年，自从笔记本电脑出现后，消费者就具有了这种随身携带的进行移动购物的能力，至少在理论上是这样。近十年内智能手机的出现使得人们对移动购物的兴趣越来越浓厚。移动电话的极大的便携性、方便性和多功能性给予消费者一个可以在任何地方或者行进中进行网络购物的平台。同时，从卖方想要满足消费者各种产品和服务需求的角度出发，智能手机技术提供了这种随时随地定位消费者的电子渠道。[24]越来越多的消费者开始不只使用智能手机来购物，他们还会研究产品，寻找优惠券以及对比价格。

尽管通过智能手机进行的移动商务业务的销售额到 2010 年已经达到了 20 亿美元，也只占到当年所有在线购物销售额的 1%，但是增长很强劲。2010 年的销售额比 2009 年翻了一番，而且是 2008 年移动在线购物销售额的 5 倍。未来的移动购物销售预期会继续增长，但不会再像 2008—2010 年那样增长得那么强劲。

如表 15—7 所示，移动商务的产品类型主要集中在少数几类产品上，最多的是手机数码产品，但是随着越来越多的消费者感受到移动商务的便捷与高效，消费者通过移动商务所购买的产品类型会越来越多。

表 15—7　　消费者利用智能手机进行在线购物的产品类型

产品	用智能手机购买产品的购物者百分比（%）
移动电话数码产品	58
消费类电子产品	51
电脑和相关设备	37
图书	36
服装	31
珠宝和手表	20
其他	6

资料来源：Compiled from *DMA* 2010 *Statistical Fact Book*. New York：Dink Marketing Association，2010，p. 101.

根据 A. C. 尼尔森公司的研究，在 2009 年只有 7%的智能手机用户进行过移动网络购物。这个低渗透水平可以视为一种积极的信号，因为这说明移动互联网购物仍然有很大的增长空间。同时，低使用率也说明在移动商务渠道充分发挥潜力之前，仍然有许多和智能手机有关的问题和障碍需要解决。表 15—8 给出了消费者不使用移动商务的一些原因，这说明一些障碍仍然挡在移动商务渠道的发展道路上。

表 15—8　　不用智能手机网购的原因

原因	百分比（%）
购买过程太花时间	38
交易很难完成	28
产品很难找到	17
担心信用卡的安全问题	15
其他	24

资料来源：Compiled from *DMA* 2010 *statistical Fact Book*. New York：Direct Marketing Association，2010，p. 101.

总而言之，基于智能手机的移动商务这种电子营销渠道已然是一种建立起来的市场营销渠道。虽然目前的销售量很小，并且只局限于几种产品类型，但它的潜力是巨大的。随着智能手机的渗透水平提升，并且智能手机用户克服了使用智能手机进行网购的障碍，相信在不远的将来移动商务将成为一个主流的消费渠道。

社交网络的电子渠道

社交网络在第 3 章提到过，在美国和世界其他多个国家已经成为一种主流的普遍的推动力量。[25] 到 2009 年，几乎一半以上的美国人有 Facebook 或者 MySpace 账号，在 18～33岁的年轻人当中，3/4 的人注册了 Facebook 或 MySpace 账号（见表 15—9）。

表 15—9　　社交网络用户统计量

人口特征	有 Facebook 或 MySpace 账号的百分比（%）
18～33 岁	74
34～44 岁	47
45～54 岁	41
55 岁及以上	24
性别	
男	45
女	52
教育背景	
高中及以下	40
大学	55
大学本科以上	42
所有美国人	48

资料来源：Compiled from *DMA* 2010 *Statistical Fact Book*. New York：Direct Marketing Association，2010.

到目前为止，大部分消费者利用社交网络比如 Facebook、MysPace、Twitter 以及其他很多高技术含量的媒介网站来分享他们的想法、观点和活动，还有一系列的应用程序可以玩，如表15—10所示。从表15—10中可以看出，只有18%的18～24岁青年声称使用过社交网络进行购物，这说明那些已经大量在网络上开展的生意应该认真考虑增加移动互联功能到这些社交网络上去。有些网站已经这样做了。比如，Delta航空公司，它允许顾客在自己的Facebook页面上通过Delta的一个卖票窗口买票，而不用登录Delta的主页面。到目前为止，Delta是唯一一家在Facebook上提供电子渠道并且为大家所接受的航空公司。事实上，随着大量的大生意或者小生意都开始使用社交网络来接触顾客，可想而知下一步就是在社交网络里提供一个可以真正卖出产品和服务的电子销售渠道。[26]在不久的未来，社交网络里布满电子营销渠道将会是这些网络的一个显著特征。

表15—10　　18～24岁用户在社交网络上使用的应用程序

应用程序	百分比（%）
照片	89
游戏	53
娱乐	51
新闻	32
天气	29
旅行	27
运动	22
购物	18
食品	14
其他	53

资料来源：Natalie Zmuda，“An App for That，Too：How Mobile is Changing Shopping，” Advertising Age（March 1，2010）. Copyright © 2010 by Crain Communications. Reproduced by permission.

电子营销渠道的优势与劣势

前面介绍的数据表明，迄今为止，顾客在电子营销渠道里的参与是实质性的，持续的增长是可能的，但是不会像几年前预言的那样飞速增长。接下来我们将考察一下基于电子营销渠道的在线购物的主要优势和劣势。

电子营销渠道的优势

经常提及的基于互联网的电子营销渠道的5种优势如下：

1. 全球范围；
2. 便利/迅速的交易流程；
3. 信息处理的有效性和弹性；
4. 基于数据的管理和关系能力；
5. 更低的销售和分销成本。

全球范围

将基于互联网的电子营销渠道说成是通过互联网在全球范围内购物是非常恰当的，因为这种高技术渠道结构确实为拥有个人电脑的很多国家的消费者提供了一种进入互联网访问任何供货方的网站、订购所需产品和服务的能力。同样的，地域范围对销售者也同样有用。事实上，即便是一个很小的刚起步的公司也可以通过建立网站从全球搜索自己的客户。

因此，从市场的需求和供给两方面看，电子营销渠道以其他渠道所不可能拥有的便利和快捷，提供了一种全球扩展的潜力，至少买卖双方之间的信息流程肯定如此。[27]

便利/迅速的交易流程

从互联网购物的一些实证调研看，正如本章前面介绍的那样，便利是消费者通过互联网购物的最重要的原因。[28]与消费者在零售店铺购物这种形式（经常表现为驱车前往店铺和商场、停车、步入、寻求销售帮助、排队结账和完成交易）相比，我们说电子营销渠道能为消费者提供更多的便利还是合理的。这种情况尤其凸显在社交网络的购物活动中。显然，智能手机和其他可以在任何地方和任何地点进行网上购物的掌上电子设备为消费者提供了极大的便利，并且一边玩社交网络一边网上购物的能力更是为顾客提升了便利性。[29]就连一些传统知名公司像 Brooks Brother、雅芳（Avon），还有之前提到过的 Delta 航空公司都意识到了在流行的社交网络 Facebook 上为顾客提供电子营销渠道，为顾客提供便利的潜力。

信息处理的有效性和弹性

从消费者和卖方两方面看，电子营销渠道在效率和弹性方面具有巨大的潜力。卖方向消费者所提供的最明显的信息优势是互联网上各种各样的商品信息，消费者可以访问成千上万的网址，这些网址通常以非常吸引人、实用的形式为顾客提供大量信息（见表 15—11）。

表 15—11　网络工具和一些搜索交易的网站（2009 年）

网络工具和网站	百分比（%）
搜索引擎	59
礼券网站	29
价格对比网站	27
E-mail 业务通信	25
广告	24
淘宝网站	14
购物型社交网络	5
博客	5
价格保护网站	4
降价提醒工具栏	2
其他	11
以上任何一种	86

资料来源：Coupiled from *DMA* 2010 *Statistical Fact Book*. New York：Direct Marketing Association 2010.

供货方建立网站、顾客访问网站、良好的商品可视化和分类能力为产品信息的运用提供了巨大的弹性。[30]例如，如果说顾客对低盐汤感兴趣，或者对某些商品特性感到厌烦，或者想以低于500美元的价格购买去巴黎的飞机票，他就可以及时获得在线销售者或服务提供商所提供的这类信息。

从更高的层次上看，商品的高度可视化和分类连同高度的交互活动都可能通过电子营销渠道来实现。[31]例如，Land's End在它的网站上提供了一个业务叫作"My Virtual Model™"（我的虚拟模特），利用这种技术，客户可以通过提供适合于自己的模型的指标来定制一个3D模型，并运用于自己的"个人虚拟模特"中。根据Land's End的技术，能产生客户自己的镜像，这样客户就可以利用它来"试穿"各种衣服，看看自己穿上后怎么样，这些形象可以存储起来，供以后参考使用，同时，还可以在"我的虚拟模特"的网站中链接的其他卖衣服的网站上使用，也能通过电子邮件发送给自己的朋友和家人。[32]

基于数据的管理和关系能力

电子营销渠道的技术能帮助企业确定目标顾客，同时也能够帮助企业识别细小的市场，甚至是识别具有相同需求的小群体顾客中的更细小的细分市场。[33]此外，基于互联网的网上购物使卖方可以对每一位顾客实现**一对一营销**（one-to-one-marketing）。[34]互联网的另一个潜在优势是，它能追踪顾客浏览企业的网页，与顾客之间进行持续的对话，并长期保持关系。这种记录顾客访问网址的标记，用互联网的语言称为"cookies"，这种标记如果与顾客以前的购买记录、登录或者对网上调查的反馈等地理和心理数据结合起来，就会成为一种非常有用的营销工具。[35]通过向对企业产品和服务感兴趣的顾客发送电子邮件，就可以建立持续的电子对话或交易关系。当然，这种顾客目标定位和关系建立必须在审慎选择的基础上进行，以避免大量的互联网信件"拥挤"到顾客信箱里，这种不被接受的信件用互联网术语称为"垃圾邮件"。[36]

更低的销售和分销成本

从理论上讲，电子营销渠道的运用能减少销售和分销成本，使分销任务的实施比起通过传统渠道效率更高。例如，如果互联网能比电视、杂志广告或者销售人员面对面的沟通以更低的成本提供信息，那么销售成本就能够削减。如果把互联网作为营销渠道能使企业将库存集中在单个店铺，从而以更低的成本处理和运输所订商品，而不是将库存分散在大量的零售店铺，那么电子营销渠道就可以削减分销成本。

我们需要再次强调的是，运用电子营销渠道所产生的成本削减不一定就是通过非中间化"排除中间商"的结果。正如我们在本章前面所谈到的那样，电子营销渠道在某种场合增加了渠道结构中的中间商，而不是削减了中间商。真正的问题是：组织的渠道结构如何组成？是常规渠道还是电子渠道？能否以低成本履行顾客所要求的分销任务？

虽然电子营销渠道作为削减销售和分销成本的途径要优于常规渠道在实践中还没有明确地证实，但是我们可以通过观察某些已经实现了成本节约的领先企业的情况，来明了电子营销渠道削减销售和分销成本的潜力。例如，有些利用互联网销售汽车的汽车经销商已经节约了很多广告费和销售佣金。[37]如Wine. com这样的网上零售商，主要是通过互联网销售葡萄酒（见图15—4），它只用互联网向全球消费者销售葡萄酒实现了销售和分销成本的削减。也许迄今为止通过互联网销售来削减销售和分销成本最为成功的事例是戴尔计算机公司，该公司通过互联网销售，每天的销售额超过 5 000万美元，而且比其他运用常规营销渠道销售产品的企业花费的成本要低得多，戴尔因为高效率地运用互联网（以及其他直销渠道）而削减了销售和分销成本，获得了超额利润。

图 15—4 Wine. com 网站的主页

电子营销渠道的劣势

我们可以指出电子营销渠道的 4 个劣势：

1. 与实际产品之间无接触以及所有权让渡的拖延；
2. 物流的实现不够快速和高效率；
3. 互联网买卖双方的零散、混乱和障碍；
4. 商场购物的非购买动机没有得到关注。

与实际产品之间无接触以及所有权让渡的拖延

在理论上，几乎所有的产品和服务都可以通过互联网销售，但在现实中这是值得怀疑的。尽管电子营销渠道具有高科技的特性，但是它仍然也有着与邮购渠道这类低科技渠道同样的不足，即消费者与实际产品没有直接接触，他们不能看到、触摸到、感觉到、嗅到或试用互联网上销售的实际产品。[38]此外，网上销售的产品无法展示和试验，而这一要求对于汽车、音响设备、运动产品以及其他很多对顾客接触要求很高的产品来讲是非常重要的。进一步看，作为商场购物整体一部分的购物氛围在电子营销渠道中消失了，最后，购买商品而得到的瞬间满意以及立刻拥有，在电子营销渠道中也是不存在。

一个世纪以来，上面探讨的劣势也深刻地影响着邮购销售渠道，限制了邮购销售额的增长。目前，邮购销售额在美国全部商品销售额中所占的比例不到5%。虽然电子营销渠道为家庭购物提供了一种新技术，使得计算机屏幕和键盘代替了邮购目录和电话，但是这种技术仍然无法克服顾客与实际产品不能直接接触以及不能立刻拥有产品而带来的问题。

订单履行和物流的拖延

我们在本章前面提到过订单履行和物流方面的问题，现在我们不想在这里非常详细地讨论。从根本上说，我们需要牢记，互联网是处理和传递电子信息，而不是物质产品，因此，订单履行和物流仍然必须得到执行。库存、仓储、分拣、订单处理、包装以及运输等职能并不因为消费者是利用互联网来购买产品，不是通过电话购物或邮购而消失。此外，对于小额订单的处理和运输，大多数情况下是逐一进行，无论是从订单处理还是运输的角度看，都是非常昂贵的。在产品单位价值较低的情况下，这种成本常常占据了商品零售价格中相当大的一部分。

因此，除了那些可以通过电子途径“运送”的产品（主要是音乐需要、文字材料、车票和机票、住宿预订以及财务投资），大多数产品和服务的运送需要互联网所不能提供的物流能力。特德洛（Tedlow）每当提到电子营销渠道物流方面的问题时，就坦诚、简洁地指出：“物流问题常常被交互式家庭购物的狂热者巧妙地处理掉了，购物者必须实际拥有他们购买的商品，这又是如何实现的呢？”[39]

确实，是如何实现的呢？如果电子营销渠道已经实现了最大的潜力，无论如何，更多的关注点应当集中在“古老的细节”上，即来自物流的挑战。

互联网的零散、混乱和障碍

由于从生产商到零售商各渠道层次成千上万的销售者都在互联网上建立了自己的网站，且仍有很多企业正在这样做，网络的混乱成了虚拟空间的一个现实问题。从需求/消费者的角度来看，就算是有强大的搜索引擎（如雅虎、谷歌、Bing、Ask）和特定的消费搜索引擎（如 Shopping. com、TheFind 等）的帮助，消费者仍然面临着更加迷惑的选择。大海捞针似的选择对大部分人来说都是困难和具有挑战性的，只有少数技术高超和富有经验的网购者可以应对。

从供应/卖方的角度来看，从大量的购物网站或社交网站中脱颖而出是非常困难的，只有少数非常大的电商才能被人们认可和使用。[40]更严重的是，大电商由于资金雄厚，似乎可以永久占据搜索引擎的显著位置。因此，尽管小网站可以通过网页平台和社交网络相对容易和便宜地接触到全世界的顾客，但是想要被线上消费者记住并认可，可以说更是一个营销的问题，而不是技术问题。

忽视了个人和社会性购物动机

在发表于 30 多年前的一篇题为“人们为什么要购物?”的经典论文中，陶伯（Tauber）提出了一些有见地的观点。[41]他发现人们去商场并不仅仅是购物，购物的愿望仅仅是个人和团体去商场的一系列复杂动机中的一部分。个人去商场购物的动机包括扮演购物者角色的需要、在单调的日常生活中寻找乐趣、自我满足、了解商品动态、锻炼以及寻求感官刺激等。社会性购物的动机包括取得家庭之外的社会经验、与其他有类似兴趣的人进行沟通、窥视群体吸引力、地位和权威，以及某些购物者希望体验讨价还价的乐趣等。

此后的一些研究结论以及几十年来所积累的大量经验，验证了陶伯的研究发现，这些研究发现的重要性在于：对于新的销售方式和技术而言，以无法满足这些其他的个人和社会性动机为代价为消费者提供更佳的便利。事实上，30 多年前陶伯所说的一句话，也许可以作为对电子营销渠道的一种预言：

> 如果商场购物过程为消费者提供的利益超越了产品本身，那么试图减少商场购物的零售创新活动（自动售货机、邮购销售或家庭配送）在某些商品领域就可能出现一种可怕的前景。[42]

当然，陶伯并没有说互联网就是这种“零售创新”。假如当时互联网已经存在，他肯定会提到互联网也属于这种情况，因为他对其他基于便利购物方式的分析也同样适用于互联网购物，那就是这些方式没有能满足消费者在商场购物的大多数动机。

电子营销渠道战略和管理的应用

在第 5 章中，我们探讨过很多企业以及几乎所有的生产商为实现分销目标而必须强调的 6 种战略分销决策。电子营销渠道虽然为营销渠道体系带来了令人振奋的新技术，但是它未能从根本上改变这 6 个决策领域。渠道管理者在基于互联网的营销渠道出现之前，仍然必须考虑这些问题，可是现在需要考虑的问题更多，因为渠道管理者需要在已经考虑的问题的基础上把电子营销渠道加进去。

下面我们将简要地探讨这些问题，即在 6 个决策领域中需要考虑的有关电子营销渠道的问题。我们这样做的目的不在于扩展其应用领域，这是因为电子营销渠道的新内容，如果不能说大部分至少是很多方面还未能认识到，因此，我们的讨论仅限于提出在 6 个渠道决策领域中一些相关问题的应用。

企业的目标和战略以及电子营销渠道

在决定企业整体目标和战略中应当发挥什么作用的问题上，电子营销渠道无疑扩展了企业渠道选择的范围，但是这种新渠道也使战略规划和决策过程变得更加复杂，因为它实现了企业整体全新的营销方式。

或许渠道管理者需要思考的一个根本问题是，是否基于互联网的渠道从本质上影响了企业分销战略中优先安排的决策。例如，如果一个企业认为将互联网作为向顾客提供的唯一渠道，使企业成为“纯粹”的网络销售者，能够取得巨大的成功，那么很明显，在分销战略中网络渠道将被给予极大的优先权。本章前面多次提到的亚马逊网站就是一个典型，对于该企业来讲，获得持续竞争优势的一个重要基础就是将互联网作为它赢得顾客的渠道。

当然，在企业的整体目标和战略中，分销战略和电子营销渠道是否要发挥关键性的作用，这是企业管理者才能确定的事情。对于很多企业而言，分销战略和电子营销渠道并没有被视为发挥了关键作用，但是可以明确的是，随着进入 21 世纪，任何企业都不能忽视这个问题。

营销组合中电子营销渠道的作用

将营销组合中的 4P 进行整合，即产品、价格、促销和渠道，以满足目标市场的需要，无论有没有互联网这都是现代营销管理的重要内容，但是基于互联网的电子营销渠道可能改变营销组合的方式，尤其是第 4 个 P，即渠道，可能对于越来越多的企业来讲，这要比其他 3 个要素发挥的作用更大。为什么？因为互联网所具备的传递信息的巨大能力，削弱了其他 3 个 P 在取得持续竞争优势的力量。如果互联网所提供的信息流程能达到理想的状态，即经济学家所称的“完全信息”状态，那么对于企业来讲基于顾客对产品特性无知基础上的产品差异化将变得日益困难。如果价格信息在互联网上广为传播，消费者会在 Facebook 和 Twitter 上分享价格信息，则没有企业会拥有定价优势，因为顾客知道所有的价格情况。[43]此外，对于营销组合中的促销而言，消费者会通过社交网络分享信息，这会削弱促销的效力。为什么？因为消费者之间分享的信息比企业发布的信息更具可信性。简而言之，消费者之间分享的关于产品和服务的信息比企业向消费者提供的促销信息更可信。

渠道设计与电子营销渠道

第 6 章所谈到的设计新渠道或修正既定渠道的 7 个步骤，并没有因为电子营销渠道的出现而有根本的改变。然而，电子营销渠道却使渠道管理者面临着基于互联网的其他渠道选择。[44]这尤其与第 1 步“识别渠道设计决策的需要”、第 4 步“开发可选择的渠道结构”以及第 6 步“选择‘最佳’渠道结构”相关。例如，渠道管理者可能会发现大的细分市场的顾客会在一些领导型的社交网络上——Facebook、MySpace、Twitter、LinkedIn——很活跃。有了这个信息，渠道管理者就会慎重考虑要不要在这些社交网络上建立自己的电子渠道网页，他们会考虑自己的公司是如 IBM 一般的巨型企业，利用互联网销售电脑，还是如一个小的刚起步的公司，必须当下就考虑在渠道组合里建设电子渠道。事实上，正如我们已经多次谈到过的一样，顾客需要更多的渠道选择，因为如今顾客的消费行为都不是一维的，他们需要满足其特定需求、氛围和状态的各种要求。[45]一位喜欢在实体店购物以便可以看到或试穿的顾客，可能由于时间的压力转而在网上购买。一位喜欢网上购物的顾客可能在节假日到商场闲逛[46]，看中了商品后转而在智能手机上购买。另一位消费者，在壁炉前悠闲地与爱人喝着酒，手指轻轻一点，就会在手机上订购一件商品。再有，一位躺在沙滩上的消费者可能想要一副太阳镜，于是他使用智能手机访问了雷朋的 Facebook 主页，得到一些有关太阳镜的信息，当他知道可以在那上面直接购买到心仪的太阳镜时，他就会很高兴，在他把这些信息分享给朋友们以后，他就在雷朋的 Facebook 网页上购买了这副眼镜。

因此，渠道管理者的挑战是给进行“渠道冲浪”的消费者提供所需要的任何渠道或者渠道组合，这样的话，发展高效的多渠道营销战略将成为渠道设计的重要任务。

同样的争论也发生在工业品或者企业对企业市场中，在那里，越来越多的公司需要供应商能提供以互联网为基础的渠道。

渠道成员选择与电子营销渠道

渠道成员选择决策的关键在于：对于大多数生产商/制造商而言，尽管使用了互联网，渠道成员的选择仍然是一项重大的决策。

首先，在本章早先关于非中间化和再中间化的讨论表明，电子营销渠道未必一定会导致渠道中间商的数目减少，而且事实恰恰相反，在电子营销渠道当中会出现更多的中间商。因此，有必要谨慎地选择未来的渠道合作伙伴，它们仍旧是渠道决策当中重要的一个部分。本书多次谈到在新的多渠道营销环境下，传统的营销渠道将同电子渠道并存，因此，渠道管理者将仍旧面对选择传统渠道成员的抉择。为了避免同传统渠道成员之间发生矛盾（因为它们觉得电子营销渠道会夺走它们的生意），渠道成员选择的决定会变得更为复杂，因此，这个问题在渠道设计阶段必须要仔细、全面地考虑。

渠道管理与电子营销渠道

关于电子营销渠道在渠道管理中的应用，我们需要牢记的是渠道管理不是电子营销渠道的结果，而是更具挑战性、更复杂的活动。支撑电子营销渠道的互联网技术，并不意味着它能使渠道管理变得更简单和“自动化”，激励渠道成员、建立合作、管理冲突、协调营销组合以适应企业的分销目标等基本决策问题仍然需要渠道管理者全部关注。事实上，互联网出现后需要更多地关注渠道管理，这是因为在多数情况下，电子营销渠道只是众多营销渠道结构中的一种，而不是唯一的渠道，因此，渠道管理者不仅必须管理常规的渠道，以使这些熟悉的渠道能产生较高的经营绩效，同时也需要管理新型的、不太熟悉的、经营绩效较低的电子营销渠道。[47]

绩效评价与电子营销渠道

电子营销渠道（包括 m-commerce 和 s-commerce（社交网络上的销售））已经被广为接受，对于其渠道成员绩效评价的原则，在第 14 章中讨论过的核心评价标准仍然是适用的。一些评价标准，包括渠道成员销售额、销售增长额、库存水平、顾客服务能力、态度、利润空间[48]，还有其他很多标准都可用来度量电子营销渠道的渠道成员绩效。早前的一些说法比较夸张，有的说互联网改变一切，还有的说传统的“砖块加水泥”的评价方法已经过时了，都将被新的网络或电子商务评价标准如眼球经济、点击率替代等。虽然新的评价方法更能适应新的消费现状，但并不是说老的评价标准就完全没有用了。例如，测量进入传统零售商店顾客数量的门店客流量可能被点击率取代，但是它们的核心概念是一样的，它们都是一种测量顾客访问量的标准。

进一步深入探讨网络消费的新测量标准和方法超出了本章的范围，表15—12给出了一个简要的电子商务核心评价标准的总结。

表15—12　十种电子商务网站的评价标准

1. 新顾客转换率。很少有电商把新进入顾客与回头客的光顾率做一个区分。当你做了区分以后，你就可以清楚地了解到有多少顾客是由搜索引擎和其他广告引入到网站。
2. 回头客转换率。并不是所有人在初次访问网站时就会购买产品，因此最好是让他们再次访问你的网站。通过分析回头客转换率，你将会知道网站需要做哪些改善。
3. 每次访问打开的网页数。顾客每次访问打开的网页数能反映你的网站在多大程度上吸引了顾客。持续增长的网页打开数说明你的网站非常有趣，顾客愿意花更多的时间来浏览它，但是一个高的网页打开数也可能说明产品购买程序或浏览设置得太烦琐。
4. 每单产品数。如果你的网站有一个根据产品特征来推荐消费者增加订单产品数的功能，那么你就更有可能从跟踪记录每一笔订单的产品数获益。
5. 平均订单价值。平均订单价值可能因为所处行业的不同而大相径庭，因此最好是随着时间的变化来检测平均订单价值的变化。
6. 返回点击率。当访问者访问你的网站时，刚到达网站就马上返回，只点击了一次，并不多点，那么返回就发生了。高返回点击率可能是由于过长的登录时间、不相关的内容、网页设计不够有吸引力造成的。确保监管好对你的网站比较重要的一些页面的返回点击率，包括主页和任何搜索引擎的登录站点。
7. 登录时间。像前面提到的一样，过长的登录时间会使得返回率大大增加。你可以使用WebSiteOptimization.com网站提供的一种免费工具来监管你的网页登录时间。
8. 资源来源。谷歌把网站访问的来源分为三类：直接访问（通过键入网址）、搜索引擎访问（SEO和PPC）、相关链接（其他与你链接的网页）。显然，每一种来源的访问量一定会非常不一样，随着你的网站品牌的提升，你会看到更多的来自直接访问的资源。
9. 每年每个顾客的消费额。计算给定时期内单个顾客的订单总额。这项标准给出了一个很好的参照，你可以用此来决定对网络营销投资多少钱。
10. 购物车/付款放弃比率。衡量在购物的每一步，顾客放弃订单的比率。例如，有多少人是在增加了一个产品后放弃的？多少人是在进入物流和个人信息填写环节放弃的？多少人是在填写信用卡信息时放弃的？太高的放弃率说明了付款结账环节存在严重的问题。

资料来源：Justin Palmer，"10 Metrics Every eCommerce Site Should Monitor." Palmer Web Marketing，2010. Copyright ©2010 by Palmer Web Marketing. Reproduced by permission.

要提醒渠道成员注意，不论是何种渠道、何种技术，渠道管理者都应该将注意力放在与渠道或者渠道组合相关的评价标准上，以便运用这些评价标准来更好地完成评价目标。如果某种渠道评价既涉及电子商务的如购物车/付款放弃比率，又涉及"砖块加水泥"的评价标准，那么这些评价标准都应该被选用，不论它是新的标准，还是所谓的旧的、过时的标准。

本章小结

电子营销渠道（包括移动商务和社交网络）已经变成了消费者购物和公司销售的主流渠道。10年前有预言说"互联网改变一切"，虽然取代实体店和商场并没有完全成真，但是网络渠道已经作为一个有生命力的渠道并肩站在了传统渠道旁。

基于互联网的电子营销渠道在20世纪90年代后期成为了一种现实，而且有些观测家预言，进入 21 世纪后，这种营销渠道将成为一种主要的营销渠道。

随着电子营销渠道的发展，消费者和销售者必须会使用互联网互动并完成交易。尽管很多人预言电子营销渠道将会使渠道结构中去掉很多中间商（非中间化），因为在互联网面前，中间商的存在是多余的，但是这种情况迄今并没有发生。事实上，有大量电子营销渠道的实例证明，电子营销渠道在渠道结构中增加了中间环节（再中间化），这种模式显得比非中间化电子营销渠道更为普遍。为什么会这样呢？因为虽然互联网技术功能强大，但是经济规律并没有废除。渠道中所出现的中间商的数量和种类，是由与谁或者什么样的渠道成员合作才能最富有成效地履行分销职责来决定的。

消费者在线购物金额从 20 世纪 90 年代中期的零起点，到 2010 年末增长到 1 750 亿美元，大约占全社会零售总额的 8%。数百万人已经通过在线购物的方式去购买各种各样的产品。在线销售额的增长预期在未来几年中会超过传统零售渠道销售额，而移动商务和社交网络商务会增长得更快。

电子营销渠道的优势包括：（1）全球范围；（2）便利/迅速的交易流程；（3）信息处理的有效性和弹性；（4）基于数据的管理和关系能力；（5）更低的销售和分销成本。

电子营销渠道的劣势包括：（1）与实际产品之间无接触以及所有权让渡的拖延；（2）物流的实现不够快速和高效率；（3）互联网的零散、混乱和障碍；（4）商场购物的非购买动机没有得到关注。

电子商务的出现对营销渠道战略和管理的主要决策领域都会产生影响，但是并没有改变决策本身。网络渠道和传统渠道能够并存，意味着渠道管理者当下必须处理来自新的多渠道营销环境下日益增加的复杂性和新的挑战。

复习题

1. 如何理解“互联网改变一切”？

2. 界定电子营销渠道的定义和关键内容，并讨论电子营销渠道的基本含义和关键点。

3. 消费者利用互联网购买产品和服务是否就意味着他在使用电子营销渠道？请加以解释。

4. 解释再中间化和非中间化的概念。

5. 电子营销渠道的发展是否一定产生非中间化？请加以解释。

6. 为什么有些知名企业利用互联网作为营销渠道延长了渠道结构？

7. 探讨营销渠道中的 5 种流程，这些与利用互联网作为电子营销渠道有什么关系？

8. 从顾客需求的角度看，虚拟渠道结构是否会替代实际的渠道结构？请加以解释。

9. 基于本章所列举的调查数据，电子营销渠道对消费者产生影响的主要方面和发展趋势有哪些？

10. 电子营销渠道的主要优势是什么？

11. 电子营销渠道的主要劣势是什么？

12. 讨论电子营销渠道在渠道决策中的主要影响。

13. 电子营销渠道是否从根本上改变了营销渠道战略和管理？请进行讨论。

思考题

1. 21 世纪互联网将成千上万的生产商与消费者联系在了一起，因此，削弱了对中间商的需要。如果消费者都能上网购物，而所有的生产商都建有网站，使地球上每个角落的消费者都可以自由浏览，谁还会需要中间商呢？购物商场、店铺以及现有渠道结构中的实体购物场所将会荒废，它们将成为20世纪的遗物。

你同意上述观点吗？请进行讨论。

2. 网络渠道为消费者提供了7/24的在任何时间和任何地点购买喜爱产品的可能，但是网络渠道也会给消费者造成一种紧迫的购买错觉——要么快买，要么就会失去机会。这种“立刻购买不然就失去机会”的紧迫感来自网络背后快速销货的理念，货物被打很高的折扣出售，但只在很短的一段时间内供应。快速销货理念看起来尤其对那些高端时尚品牌有吸引力，因为这些品牌在实体零售店很少打折。这种商业模式是一些电商的主要手段，如HauteLook、Gilt Group和RueLaLa，这种手段也开始向高端的奢侈品牌蔓延，例如Saks、Neiman Marcus Group还有诺德斯特龙。

你认为这种快速销货方式只是一种短期手段还是一种可行的长期的电子营销方式？为什么。

3. 欧迪办公用品公司是拥有1 000家超市以及通过邮购供货的巨大的办公用品供应企业，现在欧迪公司向消费者提供网上购物，公司网站提供的商品几乎覆盖了其店铺销售的全部办公用品，并且如果订单超过50美元，它将对大部分美国国内的消费者提供免费的隔天送达服务，同时它可以提供订单查询和定制，考虑了单个客户的历史产品购买模式，这些都是欧迪公司基于互联网渠道的特点。

欧迪公司的多渠道优势是什么？它有什么劣势吗？

4. 移动互联网购物的一个潜在的优势是卖方可以定位距离它们较近的客户，这种能力是基于智能手机的跟踪定位技术。例如，如果一个消费者在史泰博办公用品商店附近，那么一条特价消息将会自动发给这位顾客，比如复印机和纸张。这种技术是一些刚开创的公司发明的，比如ShopKick、Where、Loopt，还有一些很厉害的公司如AT&T。尽管对于任何一个拥有智能手机的用户都是可用的，但是短信只会发送到签订了协议的顾客手机上。

你认为这种移动互联网模式对消费者和商家都是非常重要的一种渠道方式吗？为什么。

5. 美泰克公司是世界公认的著名的洗衣机和洗碗机的生产商，其品牌认知度和品牌无形资产在消费品中属于世界一流。每月有40万名消费者浏览美泰克的网站，但是令人意外的是，美泰克公司并没有通过它的网站销售产品，而是利用1万家独立的零售商店销售其产品。消费者可以通过网站浏览公司的产品，并且获得他们感兴趣的产品的具体信息，他们甚至可以把产品放进购物篮中，但是不能通过网络完成购买。公司网站会根据消费者居住的地点，建议一个最近的购物商店。然后经销商与消费者可以在网上完成交易，或者消费者亲自去商店购物。美泰克公司对这样的安排很满意，在它看来，这样既能使经销商满意，又能保证配送成本最低。

你对美泰克公司的电子营销渠道战略有什么看法？美泰克公司因为没有直接向众多浏览公司网页的消费者销售产品而错失良机了吗？请讨论。

6. 1-800 Flowers. com网站几乎是社交网络出现的第一天就出现在Facebook上。这家花店零售商利用Facebook与它的顾客保持联系，并用它来建立一个与顾客和潜在顾客的论坛。2009年1-800 Flowers. com增加了一个购物按钮使得顾客可以在Facebook上就能够购买到产品而不用离开Facebook。1-800 Flowers. com相信植入一个电子营销渠道为顾客在网上买花提供了便利，继而为顾客创造了价值。

你看到了这种在社交网络里增加电子营销渠道的负面影响吗？请讨论。

注释

1. Erick Schonfeld, "Forrester: Online Retail Sales Will Grow to $250 Billion by 2014," http://techchrunch.com/2010/03/08/forrester-forecast-online-retail-sales-will-grow-to-250-billion-by-2014/ (4/8/2011).
2. For in-depth background on this topic see: David E. Williams, "The Evolution of e-tailing," *International Review of Retail Distribution and Consumer Research* (July 2009): 219–249.
3. Devon S. Johnson, "Beyond Trail: Consumer Assimilation of Electronic Channels," *Journal of Interactive Marketing* (Spring 2008): 28–44.
4. Olga Kharif, "M-commerce's Big Moment," *Bloomberg Business Week* (October 11, 2009): 101–102.
5. See for example: Paula Andruss, "Social Shopping," *Marketing News* (January 2, 2011): 11, 21.
6. Pallab Paul, "Marketing on the Internet," *Journal of Consumer Marketing* 13, no. 4 (1996): 27–39.
7. Michelle Kung and Geoffrey A. Fowler, "Warner Likes Facebook Rentals," *Wall Street Journal* (March 9, 2011): B4.
8. For an excellent discussion related to this point, see Steven E. Salkin, "Debunking the Myths of the Internet," *Warehousing Management* (October 1997): 29–32.
9. See, for example, Richard W. Oliver, "The Seven Laws of E-Commerce Strategy," *Journal of Business Strategy* (September-October 2000): 8–10.
10. Joshua D. Libresco, "Internet Commerce Threatens Intermediaries," *Marketing News* (November 24, 1997): 11; Robert Benjamin and Rolf Wigand, "Electronic Markets and Virtual Value Chains on the Information Superhighway," *Sloan Management Review* (Winter 1995): 62–72; Debra Spar and Jeffrey J. Bussgang, "The Net," *Harvard Business Review* (May–June 1996): 125–133.
11. See, for example, David Bank, "Middlemen Find Ways to Survive Cyberspace Shopping," *Wall Street Journal* (December 12, 1996): B6.
12. Philip Anderson and Erin Anderson, "The New E-Commerce Intermediaries," *MIT Sloan Management Review* (Summer 2002): 53–62.
13. Autobytel/.com:http://www.autobytal.com/
14. PEAPOD LLC Corporate Fact Sheet, http://www.peapod.com/corpiafo/companyFachSheet.jhtm/.
15. See for example: Nanette Byrnes, "More Chicks at the Bricks," *Business Week* (December 17, 2007): 50–52.
16. Salkin, "Debunking the Myths," 30.
17. Robert D. Hof, "Amazon: We've Never Said We Had to Do It All," *Business Week* (October 15, 2001): 53.
18. Emily Fredrix, "Amazon.com to Hire Thousands to Fill Orders," http:finance.yahoo.com/news/Amazon-to-hire-thousands-apf-407345135.html?x=0 (11/13/2010).
19. For a related discussion see: Amit Basu and Steve Muylle, "How to Plan E-Business Initiatives in Established Companies," *MIT Sloan Management Review* (Fall 2007): 28–36
20. Tony Hsieh, "Getting a Foothold Online," *Wall Street Journal* (June 7, 2010): A17.
21. Natalie Zmuda, "An App for That, Too: How Mobile is Changing Shopping," *Advertising Age* (March 1, 2010): 1–4.
22. Scott Morrison and Geoffrey A. Fowler, "EBay Pushes into Amazon Turf," *Wall Street Journal* (April 29, 2011): B1.
23. For an in-depth analyses related to this topic see: V. Kumar and Rajkumar Venkatesan, "Who Are the Multichannel Shoppers and How Do They Perform? Correlates of Multichannel Shopping Behavior," *Journal of Interactive Marketing* (Spring 2005): 44–62.
24. Brad Stone, "The Retailer's Clever Little Helper," *Bloomberg Business Week* (August 30, 2010): 31–32.
25. Andreas M. Kaplan and Michael Haenlein, "Users of the World Unite! The Challenges and Opportunities of Social Media," *Business Horizons* Vol. 53 (2010): 59–68.
26. See for example: Brad Stone, "Sell Your Friends," *Bloomberg Business Week* (October 3, 2010): 64–68.
27. Christopher Grosso, "What's Working Online," *McKinsey Quarterly* Issue 3 (2005): 18–20.
28. "The Consumer Online," *Stores* (January 1998, Sec. 2): 8.
29. Sarah Shannon and Olga Kharif, "Flipping Friends into Customers," *Bloomberg Business Week* (February 21, 2010): 22–23.
30. Joseph Alba, John Lynch, Barton Weitz, Chris Janiszewski, Richard Lutz, Alan Sawyer, and Stacy Wood, "Interactive Home Shopping: Consumer, Retailer, and Manufacturer Incentives to Participate in Electronic Marketplaces," *Journal of Marketing* (July 1997): 38–53.
31. Karen M. Kroll, "E-Shoppers Make a Memory with Customization Feature," *Stores* (December 2002): 62–63.
32. For another version of this type of online customization, see "Brooks Brothers Body Scan," *Business 2.0* (January 23, 2001): 24.
33. See for example: Jane Porter, "Bargain Bin Luxe Online," *Business Week* (November 3, 2008): 55.
34. Aaron Grossman, "One-to-One: Net Marketing Opportunities Can Heighten Customer Loyalty, Satisfaction," *Marketing News* (January 19, 1998): 13.
35. Jessica E. Vascellaro, "Online Retailers Are Watching You," *Wall Street Journal* (November 28, 2006): D1, D3.
36. Kenneth Leung, "Marketing with Electronic Mail Without Spam," *Marketing News* (January 18, 1998): 11.
37. Kevin Helliker, "Americans Renew Their Love for Cars—Online," *Wall Street Journal* (August 27, 2009): D1., D6.

38. For an excellent and in-depth analysis related to these issues see: Rajasree K. Rajamma, Audhesh K. Paswan, and Muhammed M. Hossain, "Why Do Shoppers Abandon Shopping Carts? Perceived Waiting Time, Risk, and Transaction Inconvenience," *Journal of Product and Brand Management* Vol. 18, No. 3 (200):188–197.

39. Richard S. Tedlow, "Roadkill on the Information Superhighway," *Harvard Business Review* (November–December 1996): 165.

40. For related discussion see: Elisabeth A. Sullivan, "Virtually Satisfied Easily Navigable Web sites that Deliver the Sought-After Info Win With Consumers," *Marketing News* (October 15, 2008): 8.

41. Edward M. Tauber, "Why Do People Shop?" *Journal of Marketing* (October 1972): 46–49.

42. Tauber, "Why Do People Shop," 49.

43. For an in-depth discussion related to these issues see: Dhruv Grewal, Ramkumar Janakiraman, Kirthi Kallyanam, P. K. Kannam, Brian Ratchford, Reo Song, and Stephen Tolerico, "Strategic Online and Offline Retail Pricing: A Review and Research Agenda," *Journal of Interactive Marketing* Vol. 24 (2010): v138–154.

44. For an excellent analysis of whether adding an Internet channel option adds value to the firm, see Inge Geyskens, Katrijin Gielens, and Marnik G. Dekimpe, "The Market Valuation of Internet Channel Additions," *Journal of Marketing* (April 2002): 102–119.

45. Linda C. Ireland, "Channel Integration Strategies," *Target Marketing* (September 2002): 34–43.

46. For a different view see: Ann Zimmerman, "Gift Shoppers Flocked to the Web," *Wall Street Journal* (December 24, 2010): B1, B2.

47. For a related discussion, see Eugene H. Fram, "E-Commerce Survivors: Finding Value Amid Broken Dreams," *Business Horizons* (July-August 2003): 15–20.

48. Julia Angwin, "Latest Dot-Com Fad Is a Bit Old-Fashioned: It's Called Profitability," *Wall Street Journal* (August 14, 2001): A1, A6.

第16章 特许经营渠道

学习目标

学习本章之后，你应该能够：

1. 认识到特许经营是一种特殊营销渠道；
2. 熟悉一些关于特许经营的重要术语；
3. 认识到特许经营渠道的范围和重要性；
4. 理解特许经营渠道的基本原理；
5. 了解特许经营渠道的不足之处；
6. 分别从特许商和受许商的角度理解特许经营渠道的原理和不足之处；
7. 明确特许经营渠道的渠道管理启示。

渠道焦点

对特许商来说是件好事，但对受许商来说是件坏事

特许商及特许经营渠道中各成员应该携手合作，创造对特许商和受许商来说双赢的结果。特许商的大部分收入来自特许权使用费——由受许商支付给特许商的费用，该费用为受许商销售额的一定百分比。也就是说，受许商的销售收入越高，特许商收到的特许权使用费就越多。因此，是否特许商和受许商都应该对这样的安排感到满意？特许商有帮助受许商提高销售额的动力，因为这样它们会得到更高的特许权使用费，并且只有当受许商销售额增加，它们支付的特许权使用费才会更高。

但是，现实世界中特许经营并没有这么简单。受许商更多关注特许商怎样帮助它们实现更高的销售额。如果特许商的策略涉及一些受许商认为会损害其利润的行为，受许商会非常不满。这正是汉堡王在2008年时发生的情况，正值经济大萧条时期，汉堡王作为特许商让受许商将双层芝士汉堡的价格降低到1美元，因为汉堡王认为双层芝士汉堡1美元的价格对人们来说是“正合我意”，这样便可以刺激萧条经济下的销售；它还认为特价的汉堡会吸引顾客，同时顾客还会购买一些薯条和软饮料等利润更高的商品。但是，很多受许商并不这样认为，它们认为1美元的双层芝士汉堡并不能帮助招揽顾客并增加其他商品的销售额，而是损害利润并造成损失的产品。

2009年11月，汉堡王全国特许经营商协会代表许多心怀不满的受许商提起了诉讼，但是被联邦地区法庭驳回，因为特许商，也就是汉堡王有自行决定权来制定竞争市场战略，即使受许商认为这些战略会损害它们的利润。毫无疑问，汉堡王的受许商对这样的裁定并不满意并向法院提出重新审议的请求。这个案子至今还未判决。

不管这个案子最后的结果如何，使广大顾客受益的1美元双层芝士汉堡令许多汉堡王的受许商尝尽苦头。

资料来源：Based on Richard Gibson, "Franchisee v. Franchisor," *Wall Street Journal* (February 14, 2011): R3.

特许经营渠道

在前面的章节中，我们研究了各种各样的渠道战略、设计、管理和评价等，我们还讨论了核心的营销渠道概念，营销渠道所处环境以及营销渠道的运行过程。在上一章，我们还对新兴并迅速发展的电子营销渠道进行了讨论。

在本章中，我们将注意力转移到更宽广的营销渠道领域，关注另一个重要的并且不断发展的渠道类型——**特许经营渠道**（franchise marketing channels）。

尽管特许经营渠道与电子营销渠道相比并不是一种新的渠道，但特许经营渠道已经发挥着巨大的和不断增长的作用，为数以百万计的消费者便捷地提供产品和服务。[1]特许经营渠道是一种特殊类型的营销渠道，它往往在渠道成员关系本质和渠道运行等方面与传统的渠道有显著的差异。[2]随着本章内容的不断深入，这些差异会很明显地呈现出来。本章主要围绕以下主题展开：

- 特许经营渠道的概念和术语；
- 特许经营渠道的范围和重要性；
- 特许经营渠道的基本原理；
- 特许经营渠道的不足之处；
- 特许经营渠道的渠道管理启示。

特许经营渠道的概念和术语

正如前文所述，特许经营的分销渠道是一种特殊类型的营销渠道，有一些专门的概念和术语来定义和描述该渠道的各个方面。[3]清楚地理解这些概念和术语非常重要，因为从非常现实的意义来说，它们是特许经营的语言。这些概念和术语在下面讨论。

特许

从最一般的意义上来讲，**特许**（franchise）是两个独立个体之间的法律协议，其中一个当事方授予对方出售商标产品或服务的权利。拥有商标产品或服务的个体是特许商，被授予出售商标产品或服务权利的一方为受许商。有两种不同类型的特许：**产品分销特许**（product distribution franchise）和**经营模式特许**（business format franchise）。[4]

产品分销特许经营

这种类型的特许经营代表了特许经营的原始概念，即特许商将其商标产品（或服务）的销售权授予受许商，这样受许商就有销售特许商产品或服务的权利。对于这种类型的特许经营权，特许商向受许商提供相对较少的管理和营销支持。从本质上讲，正如产品分销特许经营这个术语所示，受许商除了得到销售特许商产品的权利以外别无其他。产品分销特许经营主要运用于汽车、石油和软饮料的分销渠道。例如，通用汽车、福特、克莱斯勒和大多数外国汽车制造商将产品分销特许经营权授予独立的汽车经销商出售自己的汽车。埃克森美孚公司和其他主要的石油公司以及可口可乐和百事可乐公司使用相同的方式，通过独立的服务站和装瓶商出售自己的产品。

经营模式特许经营

对于这种类型的特许经营，特许商不仅授权受许商销售其注册商标产品和服务，同时还提供受许商完整的经营系统和模式，通常包括培训、市场营销战略、标志、促销管理系统、财务控制程序、质量控制标准，以及其他任何建立和管理特许经营所需的业务。通常情况下，经营模式的内容会详细地记录下来，提供给受许商的形式可以是长达几百页的操作手册。特许商和受许商之间密切的工作关系及经常性的沟通也通常是经营模式特许经营的一部分。[5]这种类型的特许经营在各种特许分销渠道中很常见（见表 16—1）。

表 16—1 列举不同行业中采用特许经营渠道的公司

汽车	阿姆科公司（Aamco）
	Meineke 平价消音器
	Midas 国际公司
便利店	APlus
	全家便利店（Family Mart）
	7-11
医疗及美容	Cost Cutters Family Hair Care
	Jenny Craig 国际公司
	The Zoo Health Club
住宿	Aloha 酒店
	Budget 酒店
	万豪酒店
清洁和维护	Furniture Medic
	Merry Maids
	Service Master
房地产	21 世纪不动产（Century 21）
	Caldwell Banker
	RE/MAX International
餐饮	麦当劳
	必胜客
	塔可钟
零售	Athlete's Foot
	GNC Radio Shack

近年来，人们已经习惯于将经营模式特许经营视为特许经营，因为它是目前较常见的特许经营类型。因此，除非另有说明，本章中谈到特许经营时，我们指的是经营模式特许经营。

特许经营渠道结构

特许商和受许商之间的协议通常有两种结构：**单店特许经营**（single-unit franchise）和**多店特许经营**（multi-unit franchise）。

单店特许经营

对于这种类型的结构，特许商授予受许商拥有并经营一个店面的权利。这是最常见也是最简单的特许经营结构。如果受许商成功地经营一个店面后决定购买一个或更多店面，仍然被认为是单店特许经营结构，只是单店数量增加。

多店特许经营

在这种结构中，在二者关系建立之初，特许商授予受许商拥有经营多于一个店面的权利。这种多店特许经营结构可以通过区域发展特许经营和主要特许经营协议来达成。[6]区域发展特许经营中，受许商被授予在一个特定的时间段和特定的地理区域内经营多于一个店面的权利。例如，商业服务受许商同意在协议签订之日三年内，在洛杉矶市经营六个店面。

多店特许经营结构是建立在主要特许经营协议的基础上的，它与地区发展特许经营相比给受许商提供了更多的权利和灵活性。[7]在这种结构中主要的受许商除了拥有在特定的区域内经营一定数量的店面的权利外，还有将这个特许权卖给该特定区域内其他受许商的权利，这些受许商通常称作**二级受许商**（sub-franchisees）。主要受许商也可能承担一些应由特许商完成的任务，如提供培训和管理支持，作为回报主要受许商会得到由二级受许商支付的特许加盟费和特许权使用费。

特许经营

特许经营虽然通常作为一个行业或一种经营类型，实际上是一种分销方法，利用特许经营营销渠道给顾客提供产品特别是服务。正如前文所述，在经营模式特许经营基础上的营销渠道中，特许商和受许商之间的法律关系远远超出了仅仅销售产品或服务的关系。因此，特许经营营销渠道与传统渠道相比连接得更紧密，并且渠道成员之间的关系更加广泛和包容。[8]在本章后面，我们将会看到，特许经营营销渠道对特许商和受许商来说既有优点又有缺点。此外，特许经营营销渠道双方关系更为紧密的特点给管理者带来了挑战，与组织松散的传统渠道有所不同。[9]

特许经营加盟费

特许经营加盟费是受许商签署特许经营合同时支付给特许商的费用，是典型的一次性支付的固定费用。根据特许经营不同的类型，此费用可从几千美元到 100 万美元或以上。特许经营加盟费并不一定是为特许经营所需实物资产而支付。通常情况下，该费用或其很大一部分是“付费参与”的费用，来补偿特许商提供给受许商使用其经营模式的权利。

特许权使用费

大多数受许商在其持有特许经营权的期间，需要持续地向特许商定期支付费用。[10]通常情况下，此费用由特许商根据受许商的销售额设定，不过情况并非总是如此。在某些情况下，无论受许商的销售额为多少，特许权使用费可能是由受许商支付的固定金额。如果特许权使用费是基于销售额的，受许商支付给特许商的特许权使用费与其销售额成正比。虽然采用销售额百分比的方法支付特许权使用费有利于调整受许商收益变化，但固定金额支付方法可以在特许商收到的费用以及受许商支付的费用方面给双方提供更大的确定性。

特许经营渠道的范围和重要性

特许经营渠道在美国的分销系统中发挥着重要作用。21 世纪第一个十年中期，以美元计算的特许经营渠道总产值达到每年约 8 810 亿美元，占美国私营部门总产值的 4.4%。特许经营分销系统是由超过 909 000 个特许经营业务机构构成，提供超过 1 100 万个就业岗位，占私营部门劳动力的 8.1%。由特许经营渠道产生的工资数额高达 2 790 亿美元，占美国的所有私营部门工资总额的 5.3%。[11]表 16—2 分别罗列了产品分销特许经营和经营模式特许经营渠道的其他指标的相关数据。

表 16—2　　特许分销渠道指标（2005 年）

	产品分销特许经营	经营模式特许经营	合计
销售额（亿美元）	2 156（24.5%）	6 653（75.7%）	8 809
企业（家）	135 817（14.9%）	773 436（85.1%）	909 253
就业岗位（个）	2 011 938（18.2%）	9 017 267（81.8%）	11 029 205
工资（亿美元）	717（25.7%）	2 069（74.3%）	2 786

资料来源：Compiled from：“The Economic Impact of Franchised Businesses，” International Franchise Association Educational Foundation：White Paper (January 31，2008)：3.

特许经营的分销渠道普遍分布在广泛的业务范围之中。例如，表 16—3 显示了在 10 个不同行业中经营模式特许经营的销售额和特许经营机构数量。

表 16—3　　10 个行业中经营模式特许经营的销售额和企业数量（2005 年）

行业	销售额（10 亿美元）	企业数量
汽车	25.3	35 616
企业服务	151.0	193 063
商业及住宅服务	32.9	54 495
食品（零售）	47.0	61 039
租赁	48.0	30 014
个人服务	96.1	76 824
快餐店	152.1	167 578
房地产	26.2	33 900
零售产品和服务	36.5	78 621
饭店	50.4	42 285
合计	665.6	773 435

资料来源：Compiled from："The Economic Impact of Franchised Businesses，" International Franchise Association Educational Foundation：White Paper（January 31，2008）：4-6.

另一种获得特许经营的范围和重要性的方式就是比较其他主要经济部门与特许经营企业所提供的就业机会。该比较在图 16—1 显示，如图所示，由特许经营企业提供的 11 029 000 个就业机会明显多于位列第二的耐用消费品制造行业提供的8 955 000 个就业机会，并远远高于其他主要经济部门提供的就业机会数量。

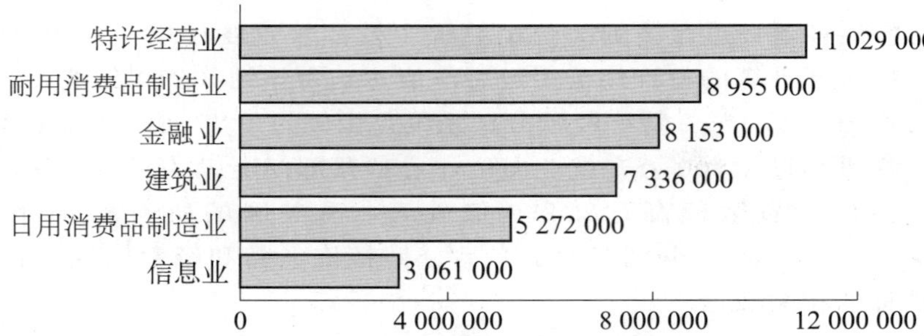

图 16—1　主要经济部门提供的就业机会

资料来源：*Compiled from：Matthew Shay，"Economic Impact of Franchised Businesses：Volume 2. IFA Franchising（March 12，2008）：2. www.buildingopportunities.com."*

特许经营和特许经营渠道持续不断地快速发展。2010 年据美国商务部估计，美国每两项业务中就有一个是在特许经营系统下运作的。此外，不同类型的特许经营广度也在持续增加，涉及 300 多种特许经营业务。特许经营的规模和范围不断增长的态势预期将持续下去。事实上，在 21 世纪的第二个十年伊始，在工作日中，每 5 分钟就有一个新的特许经营店开业！[12]

特许经营渠道的基本原理

从特许商的角度来看，通过特许经营渠道分销主要有三个原因：(1) 资本优势；(2) 降低分销成本的潜在可能；(3) 因特许经营而提高管理动机水平的可能性。[13]

资本优势通常被认为是采用特许经营渠道分销的最重要的原因，通过特许经营获取资金对企业所有权的稀释程度没有向公众出售股票的股权融资程度深。此外，它不涉及债务，不会使企业因借钱而承受过重的负担。因此，许多特许经营公司将它们的受许商支付的初始费用作为营运资金的主要来源。通过出售特许经营权而获得的资金给特许商使用资金提供了更高的灵活性并且可以迅速地完成资本积累。[14]例如，特许商可以将从受许商那里获得的资金用于全国性广告、加盟商培训和其他地区的业务操作。如果企业选择通过借款或出售股票获得资金，在使用资金时，特定的条款会限制企业管理决策的自主决定权。

特许经营渠道有降低分销成本的潜在可能，这对那些分销渠道是由公司自有网点构成的公司来说非常重要。如果一个公司依靠自有网点或商店组成分销渠道，那么无论销量多少，它都要承担过高的固定费用。维持不同地区的企业自有网点运营的大量费用只能由该公司全部承担。然而，通过使用特许经营渠道，渠道成员将承担此成本，同时还要为销售该公司的产品或服务的权利而支付费用，该费用是根据受许商的总销售量而支付的，并不考虑受许商是否盈利。[15]

至于管理动机，受许商作为独立的业务个体可能比受薪员工更努力工作来开发自己的市场。此外，受许商往往比公司的雇员更有取得成就的动力，因为他作为一个当地商人的个人形象非常重要。

对潜在受许商来说，特许经营有几个重要的吸引力。第一，特许经营会降低开展一项业务的不确定性。据推测，特许商提供的特定的经营方式已成功地通过测试。第二，在许多情况下，特许商所提供的著名商标的产品或服务，很可能在广大顾客中已经有了很高的接受度。第三，如表 16—4 所示，许多特许商向受许商提供初始及持续的支持，包括选址、市场调查、产品促销、操作手册、广告、会计等。事实上，特许商提供的广泛服务经常是受许商愿意购买特许经营权的主要原因。[16]第四，在许多情况下，特许经营可以使一个个体开展某项业务，该业务如果由个人独自开创将会非常昂贵。作为一个声誉较好的特许经营系统的一员，可以使个体直接从特许商处得到财务支持，或者使个体处于一个更好的位置以获得其他资源的资金保障。最后，一些潜在的受许商决定加入特许经营组织是因为在一个相对短的时间内得到足够的回报的可能性往往比企业独立运营更高。[17]

表 16—4　　特许商对受许商的初始投资和持续投资举例

初始投资	持续投资
设施的设计及安装	广告
受许商员工培训	会计
受许商融资	集中采购
租赁谈判	场地管理
管理培训	受许商员工培训
市场调研及选址	集体保险计划
操作手册	市场调研
	推销和宣传材料
	质量监控检查

特许经营的这些优势，使它成为企业家青睐的选择，企业家在结构化的系统中要开展自己的业务，特许经营提高了成功的机会，这使得特许经营对那些因企业裁员而失去工作的高管和经理来说特别有吸引力。

特许经营渠道的不足之处

尽管特许经营营销渠道同传统的营销渠道相比可以给特许商和受许商带来更多的效益，但特许经营营销渠道也存在一些不足之处。接下来我们将分别站在特许商和受许商的角度进行讨论。

对特许商的不足之处

特许商寻求开发和运营的特许经营营销渠道与传统渠道相比，至少面临三种潜在的负面风险：

首先，特许经营渠道会限制特许商经营的灵活性，正如前面所讨论的，现代经营模式特许经营的本质是将程序化的经营模型或模式授予受许商，业务领域从广告到管理系统、培训和其他一切特许经营要件。虽然经营模式特许经营会降低受许商经营的灵活性，但是人们有时会忽略它也会减少特许商经营的灵活性。特许商建立并发展业务模式，然后将其出售给受许商，受许商期望随着时间的推移特许商业务能够维持相对稳定。[18]换句话说，受许商通过支付加盟费和不断缴纳特许经营使用费买入特许商的经营概念和模式，作为回报，受许商期望特许商会保持当初它们签署协议的经营模式。如果特许商的经营模式发生变更，可能会对受许商造成负面影响，受许商会认为它们不仅有权知道，还有否决变化的权利。例如，本章开头提到的特许经营渠道案例中所述，当特许商汉堡王推出了一美元双层芝士汉堡时，许多汉堡王受许商认为汉堡王的该行为背离了原始的合作模式，即允许受许商而不是特许商来设定产品价格[19]，结果，许多汉堡王的受许商（由全国特许经营商协会支持）[20]，坚持认为一美元的双层芝士汉堡使它们遭受了损失，于是提起了诉讼，以防止特许商汉堡王偏离其协议的原有条款。特许商认为是为适应不断变化的市场或竞争环境所需的战略弹性在受许商看来却是特许商偏离原始协议的无根据的行为，这就造成了二者之间的矛盾。

其次，从特许商的角度来看，特许经营渠道潜在的不足之处是受许商的期望过高。与传统渠道成员相比，特许经营渠道成员对从特许商处得到支持和帮助的期望更高。[21]受许商对特许商的高期望也成为经营模式特许经营的“必然的部分”。毕竟，受许商这样想是有理由的，它们认为既然特许商收取了巨额加盟费和特许经营使用费，那么提供的经营模式就应该是有价值的，因此，受许商期望从特许商那里得到一些重要的回报是合理的[22]，但是也不应该对特许商有太多的期望，尤其是期望它们会对成功运营做出承诺和保证。虽然很少有特许商明确地对受许商提供这样的保证，但是这并不妨碍受许商有不切实际的期望。事实上，众多受许商对特许商的诉讼都源于“误解”对特许商的期望。[23]

最后，从特许商的角度来看，特许经营渠道的另一个潜在的缺点是对特许商的监管审查力度加大。特许商受联邦和各州法律的制约，要求特许商提供潜在的受许商的详细信息包括特许经营本质以及二者之间关系的信息披露。[24]联邦贸易委员会要求特许商必须提供**《统一特许经营要约公告》**（Uniform Franchise Offering Circular，UFOC）给潜在的受许商，该文件给受许商提供了一些特许商的详细信息，包括以下内容：

- 财务报表；
- 核心员工资格认证；
- 特许经营管理经验；
- 特许经营加盟费和使用费；
- 市场独占权；
- 特许商对受许商的责任；
- 系统内其他受许商的合同信息；
- 实际特许协议复印件。

14 个州要求特许商在开展特许经营业务之前注册 UFOC。此外，UFOC 执行所谓的“10 天法则”，这意味着在特许商收到 UFOC 后，需要经过 10 个营业日的“冷却期”才能签订特许经营协议。

除了 UFOC 外，所有特许商和受许商通常由一个叫做**特许经营协议**（franchise agreement）的合同联系在一起。此文件通常包括以下条款：

- 商标权使用；
- 区域范围；
- 权利和义务；
- 标准、程序、培训、支持、广告等；
- 特许权使用期限；
- 特许商或受许商所需支付的费用；
- 权利终止和转让。

因此，相对于组织松散的传统渠道，特许经营渠道的监管环境更加严格。对于那些寻求有充分自由开发和管理营销渠道的公司，特许经营渠道可能无法满足它们的需求。

对于受许商的不足之处

从受许商的角度来看，特许经营渠道往往存在三种下行风险：

首先，特许经营会限制受许商的独立性。许多特许商都喜欢说，特许经营提供了“不仅仅靠自己开展自己的业务”的机会。虽然这句话抓住了参与特许经营的主要正面本质，但它也暗示了特许经营的主要缺点——缺乏独立性。经营模式特许经营预先打包并程序化的本质使给偏离特许商规定的程序非常小的空间。如果受许商想要用自己的方式做事，特许经营渠道没有给它们这样做的余地。因此，对于那些有企业家精神，并且富有创新精神和独立意识的潜在受许商，成为现代经营模式特许经营渠道成员不仅不会令他们满意，反而会令其失望。[25]

其次，特许经营渠道中对受许商的另一个潜在的不足之处是支付其总收入一定百分比的特许权使用费的义务。只要特许经营协议有效就需要持续履行该义务，不管受许商是否盈利。那些利润有限甚至没有利润的受许商会怨恨这个无情的要求，因为即使在经济不景气时它们也要持续地向特许商支付特许权使用费。事实上，一些受许商可能会认为它们之所以不盈利正是因为它们不得不向特许商支付过高的特许权使用费，而且雪上加霜的是，特许商也可能要求受许商缴纳其收入的一定百分比以支付特许商的广告费用[26]，这可能造成受许商对特许商更加反感。因此，对于那些想对自己努力获取的收益的分配和使用进行控制的渠道成员来说，特许经营渠道也许不是一个适合的经营方式。

最后，对特许经营分销渠道中的受许商来说，第三个潜在的问题可以描述为负的光环效应。一个受许商可能是一个包含数十、数百甚至上千的受许商的大系统的一部分，特许商的形象和声誉影响经营渠道中的每一个受许商。如果几个或甚至只有一个特许经营系统成员产生了负面宣传效应，那么系统中所有的受许商都将受到影响。举个例子，如果在洛杉矶郊区的特许经营快餐店遇到了食物中毒问题，并由雅虎报道了该事件，这样的负面宣传效应会破坏所有受许商的形象和声誉。此外，有时可能特许商是负面宣传的对象，但是也会对受许商造成伤害。这就是塔可钟曾遭遇的情况，当时它陷入了消费者权益集体诉讼案件，它被指责虚假宣传炸玉米饼馅料中纯牛肉的含量。虽然最终证明该指控是假的，但塔可钟还是不得不花费数百万美元来进行宣传和公关以努力消除该诉讼造成的负面影响。这起诉讼在很短的时间内就被撤消了，不过，我们可能永远都无法知道塔可钟的受许商在这起诽谤事件中受到的负面影响有多么严重。

特许经营渠道的渠道管理启示

我们在本章开头已经指出，特许经营渠道仅仅是一个特定类型的营销渠道，在特许经营渠道中的参与者通过一个具有法律效力的合同密切地联系在一起，并且特许商已经将战略、运营以及特许营销渠道各成员的活动全面地规划好了。特许商给受许商制定的战略和战术会影响特许经营渠道的参与者之间的关系，而影响的方式与传统的渠道多少有所不同，这种差异会给特许经营渠道的管理以启示。接下来的部分我们将探讨渠道管理的启示。

渠道设计和特许经营渠道

在设计营销渠道的过程中，渠道经理寻求发展一个可以高度控制的渠道，几乎可以肯定的是，他们会考虑将特许经营作为选择之一。当然，这个命题存在这样一个假设，即在给定涉及的行业和/或所提供的产品和服务的情况下经营模式特许经营渠道将是一个合理的渠道选择。例如，如果一个公司销售重型工业机械，目标市场主要是制造商，那么经营模式特许经营就不太可能是一个现实的或可行的渠道选项。或者，举另一个极端的例子，大众消费品制造商如宝洁公司是不会考虑使用特许经营渠道，而是应用大规模的超市网络、杂货店、大型商场来供给世界各地的消费者其各大品牌产品。然而，宝洁公司决定使用特许经营渠道来开展若干服务型业务，利用两个宝洁公司最知名的品牌——清洁先生（Mr. Clean）和汰渍。清洁先生作为清洁先生洗车行（Mr. Clean Car Wash）的特许经营的名字，汰渍作为汰渍干洗店（Tide Dry Cleaners）特许经营的名字（见图16—2和图16—3）。宝洁公司创立了其全资子公司Agile Pursuits Franchising公司，使用特许经营的渠道模式开展全新的服务型业务以保持对渠道成员较高程度的控制。受许商提供汽车清洗和干洗服务，这些服务都隶属于宝洁公司的世界著名品牌（清洁先生和汰渍）之下，该公司希望通过高度控制服务质量来保持并提高这些著名品牌的价值。

无论一个企业是一个大型的全球性企业，如宝洁公司，还是规模较小的制造商或供应商，都必须考虑渠道的设计和控制之间的关系。虽然设计一个垂直整合的渠道可以实现最高水平的控制，该渠道中所有的商店或其他与客户接触的网点，都由该公司所有并亲自经营，但是在许多情况下，无论在经济上还是操作层面上，这都是不可行的。另外，本章前面讨论过，建立一个庞大的国内或全球的全资商店网络所需的资本成本可能会让人望而却步。此外，我们还指出，由公司员工管理的门店与由独立的企业经营的门店相比，可能会缺乏建立和维持业务的积极性。因此渠道管理者所追求的渠道设计策略，旨在建立一个控制程度高，但仍然依赖于独立的干劲十足的渠道成员，渠道管理者几乎总是不得不考虑特许经营渠道。

图 16—2　宝洁招募清洁先生洗车行受许商的广告

资料来源：Courtesy of Procter & Gamble. Used by permission.

特许经营渠道的成员选择

在特许经营的分销渠道中，渠道成员的选择对特许商来说是一种特殊的，甚至是自相矛盾的挑战。具体而言，特许商希望未来的受许商拥有高度积极性和企业家精神，但是并不过于独立和富有创造性以至于它们用自己的方式做事而不是用特许商的方式。自主性和创造性，这通常被视为积极并可取的企业家人格特质，实际上可以破坏特许经营的商业模式。为什么呢？由于特许经营渠道的成功依赖于受许商严格地遵从特许商开发的程序和经营模式，如果加盟商偏离规定的模式，其结果往往是消极的，而不是积极的。虽然特许商的经营模式并不完美，但通常是汇集了大量的思考、规划和经验而形成的，善意的、具有独立思想的受许商对经营模式所做的改变，虽然可能有一些优点，但仍然需要经过特许商的仔细审核，看受许商的新想法与已经建立的模式是否相悖。如果特许商没有迅速回应或者没有对该想法表示拥护，那些提出想法的独立并富有创造性的受许商有可能会认为特许商做事缓慢，工作奉行官僚主义，从而变得沮丧甚至愤怒。

图 16—3　宝洁招募汰渍干洗店受许商的广告

资料来源：Courtesy of Procter & Gamble. Used by permission.

因此，特许商在选择受许商时，一方面需要考虑受许商的独立性和创造性，另一方面要考虑其服从总体经营模式的能力，做好二者之间的权衡。幸运的是，有相当数量的潜在受许商可以很好地掌握二者之间的平衡，它们能够独自运营自己的公司以体现其独立性，并且它们会在特许商规定的经营模式范畴内进行创新。寻找并招募能够掌握好这种平衡的潜在受许商意味着特许商在选择过程中需要投入大量的时间和精力。一些特许商已经自己开发出心理个性配置文件，以确定理想的受许商，其他特许商则依靠外部顾问在选择过程中给予帮助。[27]

总之，通常的客观硬件标准包括财务实力和经验，而选择具有成为成功的受许商的能力的特许经营渠道成员的标准已经超越了通常的标准，包括适合特许经营模式的心理和人格特征。

受许商激励

对特许经营渠道成员的激励与传统渠道的成员激励或多或少有所不同。正如第9章中指出，渠道成员的激励包括三个基本阶段：（1）找出渠道成员的需求与问题；

(2) 针对渠道成员的需求和问题提供支持；(3) 通过有效地使用权力进行领导。

虽然这个基本框架对特许经营渠道成员的激励仍然有效，但是因为经营模式特许经营程序化的特点，其激励的重点和核心有所改变。特别是，传统的渠道中通常使用合作和伙伴方法来支持和帮助渠道成员（见第9章），但在特许经营渠道中作用不大。相反，用程序化方法来给渠道成员提供支持和帮助是多数特许经营渠道的选择。此外，在特许经营渠道中，不仅明确规定特许商的领导作用，而且领导的强度往往比传统渠道要高。[28]

总之，特许商的程序（业务模式）为受许商激励提供了基础，因为它明确了整体概念、战略和运作程序，如果受许商能够很好地遵守就会增加特许经营成功的机会。因此，特许商的领导作用大部分体现在说服受许商遵循计划，并监督其执行。[29]这似乎是特许商向受许商的单向关照，但并不意味着特许商应该对受许商的需求和问题特别敏感，也不意味着它们应该不去努力发现受许商的需求和问题，相反，了解受许商面临的问题和挑战仍然是很重要的，但同传统的渠道相比，特许商对受许商反馈的反应缺乏弹性并且关注较少，这是因为特许商的反应受限于程序化的经营模式和特许经营协议，该协议定义了特许经营的性质以及特许商和受许商之间的关系。

因此，在特许经营渠道中，特许商为了更好地应对受许商面临的不断变化的需求和问题需要调整自己的政策，但调整的自由度同传统渠道相比要低。承担激励特许经营渠道成员任务的渠道经理需要意识到当他们处理受许商的需求和问题时会受到系统约束。举个例子，特许商可能会抱怨程序化的经营模式的某些规定。例如，要求它们遵循一定的会计程序或契约义务，如受许商支付特许商的特许权使用费率。即使特许商了解到了抱怨和不满，也不太可能迅速改变政策、战略和合同义务以满足那些不满的受许商的需求。虽然不敏感的特许商会忽略受许商的担忧或需求，但如果受许商的要求违背甚至妨害经营模式或合同协议，那么特许商除了诚实地指出该经营模式和特许经营合同的局限性外别无选择。受许商对这个结果可能不满意，但如果特许商仍采用原始的经营模式和特许经营合同却做出了不会实现的承诺，受许商会更不满。

特许经营渠道中的营销组合管理

在第10～13章中，我们研究了一些营销组合中渠道管理和战略变量之间的相互作用，这些战略变量包括：产品战略、价格战略、促销战略和物流战略。我们讨论的基本主题是渠道管理者应该尝试管理公司的营销渠道，使公司的营销组合中的其他变量有助于支持和加强渠道策略，而不是削弱它。在特许经营渠道中，渠道管理的这个主题仍然适用。然而，由于现代特许经营的性质指明，实际上受许商在法律上有义务去遵循程序化的模式中预先打包好的营销组合，所以特许经营渠道的营销组合的管理至少在程度上与传统渠道不同。具体而言，它往往是易变性差且缺乏弹性。当然，特许经营渠道中的产品、定价、促销及物流战略可以随着时间而改变，但不像传统渠道中那样容易和迅速。例如，考虑一下托马斯·塞尔吉奥（Thomas Sergio）发生了什么事，他是一个叫做“葡萄酒”的高档酒馆特许经营连锁的受许商，他想提供给顾客低于特许商规定的15美元/杯的价格，特许商并没有强制要求15美元/杯的价格，因为“葡萄酒”公司的经营模式中产品和定价战略建立在精品酒和溢价的基础之上。[30]当然，如果渠道中足够多的受许商都像托马斯·塞尔吉奥那样遇到了这个问题，特许商可能会愿意调整产品和定价战略，但并不会轻易并迅速地做出改变。在“葡萄酒”的案例中，特许商认为引入低价酒会破坏其高档的特许经营形象。

再想想奎兹诺斯（Quiznos）的情况，一个三明治店特许经营商，它的经营模式是将其定位于比赛百味更著名和更大的连锁经营企业。为了支持更高一层定位策略，奎兹诺斯将其三明治的定价高于赛百味，但是在2008年的大萧条时，客户想要的是更低的价格。为应对大萧条，奎兹诺斯推出4美元的“鱼雷土司”和3美元的“子弹土司”，以及一种5美元的三明治、汤和沙拉套餐，但这并没能拯救它的上百个受许商，因为在衰退的经济环境中，它们缺少生存下来所需的产品和价格。[31]奎兹诺斯确实重新制定其营销组合以更好地支持它的受许商，但速度还不够快，无法满足退出行业的以及剩余的4 000家受许商的需求，无论是否公平，它们认为正是奎兹诺斯在改变产品和价格策略以更好地支持受许商时的迟缓行动使它们遭受利润的损失。

总之，在特许经营渠道中管理营销组合使渠道管理者陷入两难的困境：一方面，他想快速地采取能够帮助受许商的产品、价格、促销和物流战略；另一方面，渠道管理者的行动又受到相对固定的特许经营业务模式的制约。[32]虽然这个两难的问题没有合适的答案，渠道管理者的一个明智的做法是在管理营销组合以帮助受许商时要有所创新，前提是这种行动不会破坏特许经营模式的核心要素。

评价特许经营绩效

在第14章中，我们详细地研究了渠道成员绩效的评价方式，我们注意到四个因素影响评价的范围和频率：

- 控制程度；
- 渠道成员的重要性；
- 产品性质；
- 渠道成员数量。

在特许经营渠道中，前两个因素起重要作用。关于第一个因素，控制程度，特许商对受许商的控制水平普遍较高，这使特许商能够要求受许商定期提供绩效数据。像7-11便利店，受许商必须每天向特许商提供详细的财务数据。[33]特许商往往要求受许商允许它们现场勘察受许商的工作是否符合标准，包括设备洁度、维护以及是否有足够的工作人员，是否遵守规定的工作时间，员工培训程序，以及许多其他的标准。在大多数情况下，特许商查看特许经营绩效和实行现场评估的权利在特许经营协议中有所规定。特许经营渠道中，合同规定的特许商强制查看受许商经营绩效信息与传统渠道形成了鲜明对比，传统的渠道成员没有提供绩效数据并允许现场参观的义务。

如果管理得当，特许商从受许商那里得到有保证的、详细的、定期的绩效信息以实行高度控制对双方都是有利的。对于特许商来说，受许商迅速并定期地提供绩效信息可以增加透明度和及时性，以便提供早期预警，及时采取行动纠正。对于受许商来说，特许商有权使用它们的绩效信息，这可以激励它们坚持特许商规定的绩效标准。如果合同中没有这样的要求，它们遵守绩效标准的程度就会降低。为了得到令人满意的结果，绩效评估过程需要以不具威胁性和不唐突的方式进行。[34]如果受许商没有达到预期绩效，特许商不应该把重点放在如何处罚上，而应该着重强调绩效信息的价值，因为提供充足的绩效信息对提高绩效有帮助。

现在我们来看影响评价范围和频率的第二个因素——特许经营渠道成员的重要性。因为受许商是特许商收入的唯一来源，并且提供所有的顾客接触点，所以每一个加盟商都是很重要的。显然大规模的受许商可能会被看作更重要的收入来源，但这并不会改变一个事实，即所有的受许商都需要支付特许权使用费，这也构成了特许商的收入流。此外，每个加盟商无论规模大小，都是特许商的“代言人”。[35]也就是说，是受许商将特许商的产品或服务提供给顾客，如果任何一个受许商没有达到预期绩效，那么特许经营的形象和品牌价值将严重受损。从长远来看，这可能比受许商产生了收入更重要，因为受损的特许经营品牌，最终将面临较低的增长机会，同时会减少未来的收入和利润。[36]因此，每个受许商对特许商来说都至关重要，这使特许商不得不特别关注特许经营绩效评价。

本章小结

特许经营营销渠道虽然只是一个特定类型的营销渠道，但是面临着不同于传统渠道的问题和挑战。特别是经营模式特许经营渠道，远远超出了原始的特许经营概念，即拥有销售某一特定品牌产品或服务的权利。在经营模式特许经营中，特许商不仅授予受许商销售产品或服务的权利，并且规定了开发和经营业务的整个程序，可能会包括：建筑设计、营销策略、管理流程、培训、会计制度以及许多其他成分。

特许经营有自己的“语言”，包括特许经营、产品分销特许经营、经营模式特许经营、单店特许经营、多店特许经营、特许经营加盟费、特许权使用费、特许经营协议、《统一特许经营要约公告》等术语。为了避免混淆，渠道管理者熟悉这些基本的特许经营概念和术语是非常重要的。

特许经营的营销渠道在美国（和世界各地的许多其他国家）的分销系统中发挥了重大作用。在美国，特许经营渠道的销售额接近 9 000 亿美元，并且有超过 900 000 家特许经营企业参与到该系统中，同时特许经营渠道提供了超过 1 100 万个就业岗位。

特许经营营销渠道建立在几个重要的因素基础上。从特许商的角度来看，这些因素包括：（1）资本优势；（2）降低分销成本的潜在可能；（3）受许商的高水平的管理动机。从受许商的角度来看，包括：（1）减少不确定性；（2）提供知名商标的产品或服务；（3）得到特许商的协助和服务；（4）降低进入成本；（5）提供更快的盈利机会。

特许经营渠道也有一些潜在不足之处。对于特许经营商来说，包括：（1）灵活性有限；（2）受许商期望过高；（3）监管力度加大。对于受许商来说，包括：（1）独立性有限；（2）持续向特许商支付特许权使用费；（3）可能产生负光环效应。

特许经营渠道的特殊性质对渠道管理有重要意义。在渠道设计阶段，特许经营渠道给渠道管理者提供了高水平控制的机会。在渠道成员选择过程中，渠道管理者面临着选择既有很高的积极性，但又不会用特许商规定的方式做事情的受许商的矛盾。在特许经营渠道成员激励方面，渠道管理者在处理受许商的需求和问题时面临特许经营业务模式相对固定的本质的制约。在营销组合管理过程中，营销组合预先打包的性质限制了渠道管理者面对受许商不断变化的条件的快速反应能力。最后，关于受许商绩效评价，特许经营合同赋予特许商对受许商进行高度控制的权利，同时，受许商的重要性使渠道管理者十分重视获取受许商的绩效信息。

复习题

1. 特许经营渠道只是一种特殊的营销渠道。讨论这个说法。

2. 产品分销特许经营和经营模式特许经营之间的区别是什么？

3. 分别讨论单店特许经营和多店特许经营的渠道结构。

4. 特许经营加盟费和特许权使用费是一样的费用吗？讨论一下。

5. 特许经营渠道在销售额、工作机会和工资方面的重要性如何？

6. 讨论特许经营渠道在美国的发展前景。

7. 分别从特许商和受许商的角度讨论特许经营的基本原理。

8. 特许经营渠道存在不足之处吗？从特许商和受许商的角度来看不足之处分别是什么？

9. 在设计营销渠道时，渠道管理者需要考虑哪些特许经营渠道的重要含义？

10. 讨论在选择特许经营渠道的潜在渠道成员时面临的悖论。

11. 与传统的渠道相比，特许经营渠道成员激励有何不同？

12. 激励渠道成员的三种基本方法中，哪种方法最适合特许经营渠道？为什么？

13. 讨论一下在特许经营渠道中管理营销组合时，渠道经理是如何受到制约的。

14. 影响渠道成员绩效评价的关键因素是什么？

15. 渠道经理在对特许经营渠道成员的绩效进行评价时，应注意什么？

思考题

1. 美国实耐宝工具公司（Snap-on Tools）是经营模式特许经营的独家特许商，它的受许商将高品质的工具和设备销售给专业技术人员。受许商将工具和设备运送到技术人员的工作地，这样技术人员就不用花费时间去购买工具和设备了。该经营模式的特点之一是实耐宝规定受许商的库存种类和水平。实耐宝公司称，它拥有丰富的知识和经验，以保证每个受许商都有最佳的存货组合。然而，很多受许商认为它们服务的地区是多样化的，并且客户需求不同，因此，如果它们依靠实耐宝来规定库存，它们可能会因为卖不出去存货而导致存货囤积。这一关于特许经营存货的控制权的争执造成了双方的冲突，导致一些受许商对特许商提起诉讼。分别从特许商和受许商的角度讨论库存确定问题。你是否认为规定受许商的库存组合是经营模式的重要组成部分？

2. 7-11 公司经营着世界上最大的便利店零售特许经营业务。在 7-11 便利店 80 年的经营中，在世界各地有数以千计的 7-11 店，并宣称它拥有一眼就可认出的世界驰名商标。7-11 还声称可以提供给潜在受许商一个拥有真正的社区企业的机会。7-11 认为，其订货系统、销售终端扫描系统和其他技术可以使受许商销售反映当地顾客的需求和喜好的产品。因此，顾客随时走进当地商店时，特许商都可以提供给他们想要的产品。7-11 还承诺，为受许商准备初始和持续的培训、财政支持、工资服务、一个星期两次的咨询服务和其他支持。7-11 的模式是否与我们经常在特许经营中听到的“特许经营可以让你开始自己的业务，但不是由你自己来做”的说法一致？讨论一下。

3. 美国联邦贸易委员会在它出版的一本名为“购买特许经营权消费指南”的宣传册中指出：当人们购买特许经营权时，他们往往倾向于出售有知名度的商品和服务的特许商。联邦贸易委员会还表示，潜在的受许商应该期望获得可以帮助它们成功的培训和支持。随后，该机构又提出了如下警告：“但是，购买特许经营权和所有其他投资一样，没有成功的保证。”虽然不能保证成功，与传统的业务模式相比，特许经营能够给受许商带来哪些优势呢？

4. 约瑟·费尔南德斯（Jose Fernandez）最近成为墨盒世界公司（Cartridge World）特许经营的受许商，墨盒世界公司专注于销售打印机墨盒和传真机墨盒。约瑟很高兴成为墨盒世界公司特许经营（世界上最大的墨粉更换特许经营）的受许商之一，墨盒世界公司特许经营拥有 1 700 个受许商。他已支付给墨盒世界 30 000 美元特许权使用费，投资了近 14 万美元启动该特许经营业务，他有信心未来将是非常美好的。墨盒世界公司的业务已经开展了 15 年，在这段时间里，墨盒世界公司拥有很多受许商这个事实使他觉得自己成为强大组织的一部分。此外，他还认为，对打印机墨盒的需求是永远存在的，因为打印机总要更换墨盒的。约瑟唯一真正关心的是他必须支付给墨盒世界公司占其销售额 6%的特许经营权使用费。来自其他墨盒更换特许经营商的竞争越来越激烈，Cartridge Depot 和 Rapid Refill 正不断发展壮大，一些大品牌墨盒制造商如惠普也越来越咄咄逼人。约瑟想知道从长期来看，如果激烈的价格竞争压榨他的利润，他是否需要一直支付 6%的特许经营使用费。墨盒世界公司该如何解决约瑟的顾虑？墨盒世界公司应对的能力有局限性吗？请解释。

5. H&R Block 公司是目前世界上最大的税务筹划服务特许商，拥有超过 4 500 名受许商。启动成本从约 35 000 美元至100 000美元不等，并且没有特许权加盟费，但是特许权使用费占受许商收入的 30%，这是所有特许经营业务中费率最高的。H&R Block 的受许商不允许在家中，甚至在报亭、商店中或购物中心经营，它们必须有独立的店铺或办公室来经营业务。受许商接受 H&R Block 公司提供的大量培训，这些培训以 H&R Block 公司半个世纪以来开发的专业技术和系统为基础。H&R Block 的特许权使用费特别高吗？为什么？分别从特许商给受许商提供什么，受许商提供的服务性质以及受许商应对特许商履行哪些义务这些方面进行讨论。

注释

1. Julie Bennett, "By the Numbers," *Entrepreneur* (January 2001): 114.
2. For a related discussion see: Jacques Boulay, "The Role of Contract, Information Systems and Norms in the Governance of Franchise Systems," *International Journal of Retail and Distribution Management* Vol. 38, No. 9 (2010): 662–676.
3. See for example: "Frequently Asked Questions about Franchising," International Franchise Association Report: http://www.franchise.org/taq.aspx (11/17/10): 19.
4. Barbara Beshel, "An Introduction to Franchising," Pepsico. Foundation; The Money Institute http://themoneyinstitute2000.com: 1–5.
5. Anna Watson and Richard Johnson, "Managing the Franchisor-Franchisee Relationship: A Relationship Marketing Perspective," *Journal of Marketing Channels*, (January-March 2010): 51–68.
6. Anne Marie Doherty and Nicholas Alexander, "Power and Control in International Retail Franchising," *European Journal of Marketing*, Vol 40, No. 11/12 (2006): 1292–1316.
7. Dildar Hussain and Josef Windspanger, "Multi-Unit Ownership Strategy in Franchising: Development of an Integrated Model," *Journal of Marketing Channels*, (January-March 2010): 3–32; Patrick J. Kaufmann, Naveen Donthu, Charles M. Brooks, "An Illustrative Application of Multi-Unit Franchise Expansion in a Local Retail Market," *Journal of Marketing Channels* Vol. 14, No. 4 (2007): 85–106.
8. Richard Gibson, "The Franchise Decision," *Wall Street Journal* (May 11, 2009): R9.
9. Surinder Tikoo, "Franchisor Use of Influence and Conflict in a Business Format Franchise System," *International Journal of Retail & Distribution Management* Vol. 33m No.5 (2005): 329–342.
10. For an excellent analysis of franchisee failure see: Steven R. Holmberg and Kathryn Boe Morgan, "Retail Marketing Channel Franchise Failure: A Strategic Management Perspective and Longitudinal Analysis," *Journal of Marketing Channels* Vol. 11, No. 2/3 (2004): 55–76.
11. "The Economic Impact of Franchised Businesses," Vol. II While Paper prepared by Price Waterhouse Coopers for the International Franchise Association Education Foundation (January 31, 2008): 1–6.
12. For related discussions see: John F. Preble and Richard C. Hoffman, "Strategies for Business Format Franchisors to Expand into Global Markets," *Journal of Marketing Channels*, Vol. 13, No. 3 (2006): 29–50; Anne Marie Doherty, "Support Mechanisms in International Retail Franchise Networks," *International Journal of Retail & Distribution Management*, Vol. 35, No. 10 (2007): 781–802.
13. Patrick McGuire, "Franchise Distribution Report No. 523, New York: The Conference Board, 1971: 2–3.
14. Anna Watson, "Small Business Growth Through Franchising: A Qualitative Investigation," *Journal of Marketing Channels*, Vol. 15, No. 1 (2008): 3–20.
15. For a related discussion see: Marko Grunhagen, Richard L. Flight, and David J. Boggs, "Franchising During Times of Economic Recession: A Longitudinal Analysis of Automotive Service Franchises," *Journal of Marketing Channels*, (January-March 2011): 57–77.
16. Tarique Hossain, "Franchisor's Cumulative Franchising

Experience and Its Impact on Franchising Management Strategies," *Journal of Marketing Channels*, Vol. 15, No. 1, (2008): 43–69.

17. For related studies see: John E. Clarkin, "Channel Changes: An Examination of Ownership Changes in Franchise Firms," *Journal of Marketing Channels*, Vol. 15, No. 1, (2008): 23–42; Jeffrey S. Bracker and John N. Pearson, "The Input of Franchising on the Financial Performance of Small Firms," *Journal of the Academy of Marketing Science* (Winter 1986): 10–17.
18. Yu-An, Ian Phau, and Raymond W.K. Chen, "Conceptualizing the Franchise System Quality (SSQ) Matrix: An Exploratory Study," *Journal of Marketing Channels* Vol. 14, No. 4 (2007): 41–64.
19. Richard Gibson, "Have It Whose Way?" *Wall Street Journal* (May 17, 2010): R6, R7.
20. For an excellent analysis of franchisee associations see: Benjamin Lawrence and Patrick J. Kaufmann, "Franchisee Associations: Strategic Focus or Response to Franchisor Opportunism," *Journal of Marketing Channels* (April-June 2010): 137–156.
21. Stephen Bennett, Lorelle Frazer, and Scott Weaven, "What Prospective Franchisees Are Seeking," *Journal of Marketing Channels* (January-March 2010): 69–87.
22. Elisabeth A. Sullivan, "Going the Distance," *Marketing News* (July 30, 2009): 8.
23. For a related discussion see: Victoria Bordonaba-Juste and Yolanda Polo-Redondo, "The Effect of Relationship Marketing Strategy on Franchise Channels: Evidence from Spanish Franchisees," *Journal of Marketing Channels* Vol. 15, No. 1 (2008): 71–91.
24. See for example: Frank H. Wadsworth and K. Chris Cox, "Identifying Risky Franchises," *Journal of Marketing Channels* (January-March 2011): 43–55.
25. See for example: Emily Maltby, "Want to Buy a Franchise? The Requirements Went Up," *Wall Street Journal* (November 15, 2010): R9.
26. Richard Gibson, "Curves Closes Clubs as Stamina Runs Out," *Wall Street Journal* (July 7, 2007): B1, B2.
27. "Testing Psyches of Future Franchisees," *Wall Street Journal* (May 20, 1988): 27.
28. For another perspective on this issue see: Darin W. White, "The Impact of Marketing Strategy Creation Style on the Formation of a Climate of Trust in a Retail Franchise Setting," *European Journal of Marketing* Vol. 44, No. 1/2 (2010): 162–179.
29. See for example: Richard Gibson, "Package Deal," *Wall Street Journal* (May 8, 2008): R13.
30. Rob Johnson, "Dreams Come True or Not," *Wall Street Journal* (May 16, 2011): R6.
31. Michael Arndt, "Damn! Torpedoes Get Quiznos Back on Track" *Bloomberg Business Week* (January 25, 2010): 54–55.
32. For a related discussion see: Raymond Flandez, "A Look at High-Performance Franchisees," *Wall Street Journal* (February 12, 2008): B5.
33. Norrihiko Shirouzu and John Bognell, "7-Eleven Operators Resist System to Monitor Managers," *Wall Street Journal* (June 16, 1997): B3.
34. Chiharu Ishida and James R. Brown, "The Crowding Out Effects of Monitoring in Franchise Relationships: The Mediating Role of Relational Solidarity," *Journal of Marketing Channels* (January-March 2011): 19–41.
35. Anna-Louise Jackson, "Chicago Franchise Systems," *Marketing News* (February 28, 2009): 8.
36. For a related discussion see: Julian Ming-Sung Cheng, Julia Ying-Chao Lin, Hill H-J Tu and Nina S-H Wu, "Toward a Stage Model of International Franchise System Development: The Experience of Firms from Taiwan," *Journal of Marketing Channels* Vol. 14, No. 4 (2007): 65–83.

第 17 章

服务营销渠道

学习目标

学习本章之后，你应该能够：

1. 认识服务作为美国经济快速增长的一个重要组成部分的重要性；
2. 意识到产品营销与服务营销的基本目标是一致的；
3. 理解服务区别于产品的 5 个特征；
4. 了解如何借助营销渠道使服务有形化；
5. 知道服务的不可分割性与难以标准化给渠道设计与管理带来的问题；
6. 提高对某些服务中顾客参与需要的敏感程度；
7. 了解服务的易逝性如何影响渠道的战略、设计与管理；
8. 熟悉服务营销渠道的一些其他特征，进一步认识服务与营销渠道的关系。

渠道焦点

超市中的牙科服务

超市在过去的半个世纪中一直在营销渠道中扮演着重要的角色，实现全世界发达国家顾客对于食品的可得性的要求。近年来，超市增添了许多新的商品类别如烹饪用具、电灯泡、杂志、贺卡等，以及其他一些能抵消杂货的较低利润与实现对空间有效利用的商品。有些超市甚至还增加了服务项目，如银行的一些服务等。特别是英国的零售巨头森宝利（Sainsbury's）通过在曼彻斯特的一家超市中提供牙科服务，将超市的多样化更大大地往前推进了一步。这一举措还在试行阶段，如果通过超市渠道提供的牙科服务发展良好，森宝利计划在全英国至少 50 家超市中开设牙科诊室。

曼彻斯特超市中的牙科诊所由当地的牙医经营，并在超市的营业时间包括晚间和周末向顾客提供服务，它收取的费用和英国国家健康中心的费用相当，甚至更低。例如，一次牙科检查要收费 29 美元。

森宝利并不认为通过超市这种营销渠道提供牙科服务是件滑稽的事，相反，这会使顾客看牙医变得更加方便。在超市设一个牙科诊室会不会使顾客在购物车里少放一些含糖的商品呢？这个可能性很小，因为英国人素以爱好甜食而著称。因此，如果顾客因为在购物车里放太多甜食会使牙齿负担更重的话，他们现在不用走很远就能找到一个牙医了！

资料来源：Based on Ali McConnon, "Root Canal? Try Aisle Five," *Business Week* (October 13, 2008): 16.

提供给消费者的服务种类表面上是多种多样的，从脑部手术到擦鞋。[1]在这两极之间有旅馆、汽车修理店、理发师、房屋粉刷匠、银行家、演员、保险代理公司，以及其他成百上千种的服务。

近年来，人们大量关注服务业，是由于服务业已成为经济的一个主要组成部分。[2]美国经济中的服务业是制造业规模的2倍还要多。此外，服务业占据了美国国民生产总值的2/3，雇用员工数占私营部门员工数的4/5以上。[3]

随着服务业的壮大和其重要性不断增大，人们对服务营销如此关注也就不足为奇了。[4]任何提供服务的组织和个人，如果提供的服务以满足消费者需求为目标，能最大化地吸引顾客，就会有较大可能取得成功。就满足消费者需求和吸引消费者这两个基本目标来说，服务营销与产品营销是一样的。然而，由于服务与产品的几个显著区别，在服务营销中使用的方法和强调的重点通常是不同的。[5]不同点主要体现在营销组合的4个基本战略中，即产品战略、定价战略、促销战略及分销战略。[6]

当然，本书的重点在营销组合的分销部分，因此，本章将集中讨论分销在服务营销中的作用。讨论完服务与产品的不同特征后，我们将讨论营销渠道战略设计及管理如何与服务的每个特征相关联，并就服务与营销渠道的关系做一些展望。

服务的特征

在有关服务营销的著作中，通常强调服务区别于产品的5个特征：（1）服务的无形性；（2）服务与提供者的不可分割性；（3）服务标准化的困难性；（4）服务中顾客的高度参与；（5）服务的易逝性。

服务的无形性

通常服务相对于实物产品来讲缺少有形性。汽车作为有形产品，消费者可以看到、触摸到、乘坐和驾驶，而消费者无法忽视的服务，如汽车保险和发动机的调整，就不具备类似的有形性。对于某一款特定的汽车，消费者很可能比对汽车保险和发动机的调整有更加明确的印象和偏好。此外，从生产者的观点来看，根据产品的特性、款式、工作特性来区别不同品牌的汽车，比区分汽车保险与发动机调整服务要容易得多。款式、可视特征及工作特性对服务产品的生产者的有用性，远不如对有形产品生产者明显。

服务的不可分割性

生产商生产的产品，不管是大型喷气式客机还是牙签，其物理实体一旦生产出来，就独立于生产商而存在。在某种实际意义上，产品有其自身的“寿命”和“品质”，潜在消费者可以完全不依赖于其生产商而对这种属性做出评价。相反，大多数的服务不可避免地依赖于服务的提供者，并且生产出来的这种服务不能以物理实体的形态存在。如牙科医生提供的服务，是特定的牙科医生经过训练和获取技能后的直接产物，这种工作不能独立于牙科医生而存在。房屋粉刷匠、飞行员、律师以及婚姻咨询专家同样如此。尽管他们当中提供的一些服务具有一定的有形性，如牙齿填充物、房屋涂料等，但同制造产品的工人相比，所有这些提供的服务仍然较密切地依赖于服务的提供者。[7]

服务标准化的困难性

发达工业社会产品制造的主要特点是高度标准化：消费者购买某一制造商的产品，并认为该产品同其他成千甚至上百万个制造商同型号的产品无区别。

然而，在服务产品的生产中，取得类似于批量生产的标准化程度很困难。因为如我们前面所指出的，如此多的服务不可避免地密切依赖于服务的提供者，在服务产品中，与人的要素相关的可变性要比制造产品中多得多。事实上，即使是同一个人，在一个小时内提供的服务也会呈现不稳定性。例如，一个美发师可能在一个小时内为3～4人理发，理发的质量取决于美发师的情绪和注意力集中度。适度的高标准化对于常规服务和简单服务或许是可能的，如捷飞络（Jiffy Lube）倡导的快速加油或自动洗车业主要依赖于机器而不是人，而高级服务如医疗保健、法律咨询、计算机系统的设计与维护以及所有其他大量依赖于人类技能的服务，即使并非完全不可能，也很难达到与制造产品同样的标准化程度。

顾客参与服务

除了定制化产品，对于产品的特性，消费者作为个体并不起决定作用。消费者购买一罐金宝鸡肉汤面并没有指定产品的特性。实质上，消费者参与的仅是产品的消费而不是生产。

相反，消费者对于一项服务生产的参与要比产品制造多。例如，一个会计师事务所提供的服务通常要根据顾客对于服务的需要广泛地进行投入。即使是快餐店提供的服务也会有选择的余地，如顾客要购买的汉堡包是否需要洋葱、芥末、莴苣、番茄和泡菜。

服务的易逝性

服务不能先于顾客需求或根据对顾客需求的预测事先生产出来，并储存到被购买。如果在拥有 6 万个座位的露天大型运动场举行的摇滚音乐会只售出了 5 万张门票，则 1 万张未售出的门票不能保存到下次再售出，这 1 万张未售出的门票就永远都无法售出了。[8]同样，未售出的航班座位、旅馆房间、电影或电视节目开始时的广告时段甚至比蔬菜、水果、前卫时尚商品等特殊商品还要容易消逝，如果采取措施，后者可以短时间内储存，即使不是最佳状态或最新款式也可能有残值，但是这些未售出的服务甚至连几分钟也无法储存，其残值为零。

渠道管理中服务特征的含义

刚刚讨论过的服务的特性不是简单的理论上的差异，相反，在许多方面，这些特性对营销管理的许多方面有显著意义，包括渠道管理特别是渠道战略的形成、渠道的设计、渠道的管理，以及渠道人员的绩效评价。[9]

本部分将讨论 5 个服务特性各自对渠道管理的重要意义。我们的目的不是试图穷尽列举，而是提供一些描述性的例证，鼓励对服务特性与营销渠道管理的本质关系产生一定的敏感性。[10]

无形性与渠道管理

我们在前面已经指出，服务的无形性使其较实体产品更难区分，为了成功地区别于竞争者，销售管理者要更加具有想象力。从营销组合的观点来看，服务产品的生产者试图利用产品战略使服务有形化，即试图将服务同某种形象或物体相联系，使服务更具体化。Allstate 保险公司的双手图像和广告语“You're in good hands with Allstate”，就是试图将保险公司提供的保险服务有形化。旅馆为顾客提供的肥皂和擦鞋布，就是一种试图用物体表现其对顾客的每一个需要的无微不至的关怀。价格和促销同样被用来以物质的形式展现服务，服务的高价位传达着质量，广告可以帮助潜在顾客以比较有形的方式识别服务。例如，整形外科医生的广告，会用完美的形象向人们暗示他们将向新顾客提供同样的服务。

由于顾客直接接触和体验营销渠道提供的服务，服务是如何真正地提供给顾客的（即服务营销渠道）能够为服务的有形化提供最直接、最基本的基础，从而能够创造一个与竞争者的服务显著区别的基础。[11]以万豪（Marriott）家庭旅馆为例，万豪公司的这一事业部专门提供长期住宿，从 5 天至 6 个月甚至更长。公司负责人认为，销售这种服务的关键是提供一种不同于传统旅馆惯于提供的那种两三天住宿的服务，尤其是这种舒适的家庭氛围使顾客感觉他们是“生活”在这里，而不是“投宿”在这里。为了达到这个目的，该部门设计了多种服务来培养这种在家的感觉。例如，所有的客房都设计成配有家具的几个房间，包括沙发和座椅，而不是仅仅配有床的单人间或双人间，这种客房甚至比豪华饭店提供的空间还要多 20%。所有客房都有全套厨房设施，包括锅、盆和盘子，房客可以像在家里一样做饭。家庭旅馆甚至提供杂货采购服务，房客可以在清晨将购物单交给前台，傍晚回来就会看到东西已经放在厨房货架上或冰箱里。为了更具有家庭氛围，许多客房还设有壁炉。除了所有这些“在家”的舒适感觉，万豪家庭旅馆也为商务人士在每个房间准备了高速网络服务和所有酒店都具备的商务中心。

显然，家庭旅馆部门已经意识到，通过关注服务如何在营销渠道的终端传递给顾客，从而为顾客创造有形利益的重要性。

不可分割性与渠道管理

由于服务不能独立于提供者而存在，服务及其渠道本质上是不可分离的。当顾客到汽车服务站加油、去银行存钱或去干洗店洗衣，他们与渠道的相互作用就是提供服务的过程。营销渠道与顾客接触的各个方面就是服务质量的反映。

这包括许多因素。例如，重要的物质设备包括通道、停车场、外部标志、建筑外观、内部装饰、灯光、气温控制、固定设施、清洁度。例如，一个旅馆交通便利、停车方便、拥有精心修剪过的草坪、内设高档的地毯与家具、配有间接照明设施并且十分清洁，与之对应的另一个旅馆，则是交通不便、车位少、外部环境恶劣、内部环境给人非常脏的感觉，顾客对这两家旅馆提供的服务的质量感觉就会十分不同。

或许比物质设备更重要的因素是直接与顾客接触的人员。如果豪华旅馆的工作人员知识浅薄、表现冷漠、对顾客非常麻木，其物质设备最初给顾客的美好印象很快就会被破坏掉；相反，即使是一个简朴的旅馆也会因工作人员衣着恰当、态度和蔼、知识渊博而增强顾客好感。当然，最好的状况是物质设备和人员都以最佳状态体现公司的服务质量。

不能过分强调物质与人的因素的重要性。在消费者与服务提供者接触时，从消费者感受的立场，服务和渠道是同一件事情。[12]当旅行者需要排长队办理登机手续，如果机舱脏乱、机组乘务员态度恶劣，即使广告宣传的服务质量再好，也无法抵消这种切身经历的负面影响。[13]

因此，在通过营销渠道使消费者享受到服务时，服务与提供者的不可分割性意味着，服务提供者没有生产商拥有的有效的“安全网”。如果渠道运作不好，服务将不能完好地传递给消费者。[14]

标准化困难性与渠道管理

任何一个具备一定服务能力并能满足其目标消费者的服务提供者，都愿意在其所有部门的任何时点重复其服务。假日酒店的口号很好地捕捉到这一理念：“最好的惊喜就是没有惊喜”，即其目标是使世界各地的假日酒店提供同样质量水平的服务，这样消费者能够得到一致的服务，将不会因不同酒店提供的服务不同而感到惊讶。假日酒店为其服务制定了一系列标准，并要求所有成员酒店遵守。

尽管在服务标准化中获得绝对的完美是理论上的目标，在现实中是不存在的，组织依然能够试图最大可能地保持一致性以至少能接近理想状态。对于提供服务的企业集团来说，当集团中的企业拥有独立的所有权时，如同特许经营企业，它通过有效的渠道管理达到标准化服务的完美理想状态。然而，使每一个独立的企业传递质量一致的服务，类似于产品生产商试图使其所有分销渠道都竭尽全力支持、销售其产品，这是对产品营销的巨大挑战，由于人力要素在提供服务时的高度参与，在服务营销领域中更是如此。即使特许商能够要求受许商在全国各地，甚至是世界各地设立一模一样的商店，但要使所有受许商的销售行为保持一致也是非常困难的。一些受许商或许实力较强，不同的受许商的销售动力或强或弱，一些受许商或许同特许商就企业如何经营持有不同的观点，这些分歧在向消费者提供服务时会形成一定帮助或阻碍，这要取决于特许商和受许商之间标准的统一。

顾客参与和渠道管理

尽管不是对所有服务都适用，但是许多服务确实需要一定程度的顾客参与。明显的例子如理发师、健身房、税收管理员、居室装修工、卫生保健师提供的服务，他们的服务通常需要顾客一定的参与才能成功完成。

为提供这些或其他需要顾客参与的服务所设计的渠道，应当促进顾客的参与。例如，精明的美容店为顾客提供大量镜子，以便顾客能够看到自己头发修剪的过程，美发师努力地征求顾客意见，了解他们对发型的要求。现代健身俱乐部通常采取量身定制方式，全面测试每个顾客的健康状况，用计算机为顾客设计体重与有氧运动计划来改善顾客的健康状况。在卫生保健领域，如健康点公司（Healthpoint Technologies）为顾客开发了一种能够在他们购物、锻炼和工作时提供基础保健服务的设备。一种叫Vita-Stat（见图17—1）的仪器，能够提供精确的血压、体重和其他健康信息如心率和30天的平均血压读数等。这类仪器可以设在诸如工作场所、健身中心、政府机构、超市和药店等场所中，能使顾客在没有工作人员帮助的情况下自己进行检测，并获取健康相关数据。这种通过电子设备向公众提供基础保健服务的方式完全依赖于用户和机器互动的能力。[15] Vita-Stat易于理解的说明和出色的设计使自助健康诊断在某些基础健康领域具有极大的灵活性。这类仪器并不意味着可以代替接受过职业培训的医疗保健专家的工作，但是它们被广泛接受的事实确实表明，消费者能够并且愿意参与到被提供的服务中去。为传递某一特定服务设计渠道的渠道管理者不应当忽视这种参与的意愿。

90555 模型

Vita-Stat 的 90555 模型是一个血压、体重和健康信息中心

健康追踪

- 具备数据存储能力，实现读数的信息化追踪。
- 通过保密识别和PIN码，存储达20条读数。
- 内置式打印机可以进行硬拷贝记录。

信息丰富

- 可测量血压、心率和体重。
- 可计算30天的平均血压。
- 可查阅关于高血压、节食、体重和锻炼等健康话题。

使用界面友好

- 全彩色交互式显示屏，以图表形式展示高血压情况。
- 为轮椅使用者提供摆动式锁座。
- 所有测量均可坐着完成。

Vita-Stat 的血压监控模型是为满足能够在喧闹环境中使用而设计的，主要用在工作场所的健康中心、诊所、医院的外展项目、军队的休闲中心和政府机构中。

图17—1　自助健康诊断服务渠道中的 Vita-Stat 设备

服务的易逝性与渠道管理

服务的易逝性对渠道管理的主要影响是十分直接的：渠道设计应当使服务出现在目标市场的有限时间内实现其销售的最大化。如同前面所讲，这是由于对绝大多数的服务产品来讲，未售出的服务不能储存起来以后销售。最大的风险是在开发服务渠道时的标语过度夸张——无论是航班上的座位、医院的病床，还是音乐会门票或者与美容师、牙医的约见。简而言之，所设计的渠道必须尽可能有效地提供给那些渴望获得服务的人。当然，实现这一目的所需要的特定的渠道结构因所提供的服务的特性

不同而有所不同。例如，尽管通过互联网销售机票迅速发展，定期航线仍然在渠道结构中大量运用独立的旅行社，使其服务最大限度地传递给旅游群体。即使航线和酒店行业都充分强调通过互联网直接售票或向顾客提供预订服务，它们仍然大量使用一些间接的渠道，从而最大限度地增加销售。网上旅行代理机构如 Priceline. com、Hotwire、Orbitz、Expedia、Travelocity 和众多的其他机构选择通过间接渠道最大化地接触顾客，甚至一些“过时的”基于店面的旅行机构仍然在航线和酒店行业的渠道中扮演着重要角色。[16]在更广泛层面的旅游休闲行业中，包括航空公司、酒店、邮轮和其他旅游承办商，经常采用的是包括网络和传统旅游代理机构的多重渠道。对于商务出行，网络和传统旅游代理机构在 B2B 的渠道中也有一定参与。事实上，在最近几年，许多实体机构已经被网络旅游代理机构取代。如 ORBITZ 的一个分支 ORBITZ FOR BUSINESS，通过网络渠道为商务旅游市场提供了一系列相关的服务。

服务营销渠道的其他特征

接下来的讨论将集中于如何识别服务的关键区别特征，以及这些差异对渠道管理的基本意义。

现在我们把注意力放在服务营销的一些补充特征上，尽管这些特征或许不像我们前面讨论的 5 个特征那么具有普遍性，但它们对于服务营销渠道的开发与运作仍然是重要的。

短渠道

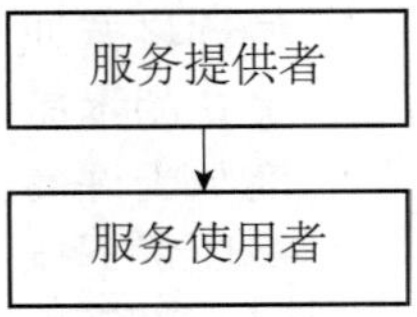

图 17—2　服务渠道典型的渠道结构长度

通常来说，服务营销渠道要比产品渠道短。如图 17—2 所示，在许多情况下，服务渠道是从服务提供者直接到消费者。事实上，这种渠道结构在广泛的服务领域中，对大多数独立的小型服务提供者来说非常典型。外科医生、牙医、律师、会计、理发师、汽车修理工、建筑师、修鞋匠、干洗店员以及其他大量独立的职业者和商人采用图 17—2 中所示的这种渠道结构。

由于这种直接渠道结构中缺少中间商，本书讨论的与组织内部管理相关的渠道管理问题没有出现。[17]直接结构不需要从长度、密度、每一层次的中间商类型方面设计适当的渠道（见第 6 章），不需要选择中间商（见第 7 章），不需要激励中间商有效地工作和销售产品（见第 9 章）。然而，所有与渠道设计有关的目标市场问题都要考虑（见第 8 章）。这些问题包括服务设施的位置（市场地理位置），什么规模的服务设施才能满足顾客需求（市场规模），一定的服务范围内消费者数量是否充足（市场密度），以及何时、何地、如何、谁将使用这些服务（市场行为）。生产商设计的渠道通常在批发、零售环节利用中间商，服务提供者实际上既是生产商又是零售商，不得不自己解决这些问题。[18]因此，独立的服务提供者仍然必须在零售环节设计渠道，以使其服务方便快捷地到达目标市场。[19]

提供多种服务的大规模服务提供者或许用短渠道结构提供服务，尽管它们可能有许多销售通道，尤其是当服务提供者自己拥有店铺时。另外，与独立中间商的内部组织管理有关的问题不在考虑之内。例如，嘉信理财集团（Charles Schwab）作为美国最大的、最有名的贴现经纪行，拥有超过300家公司制零售经纪事务所，分布在美国、波多黎各和伦敦各主要市场。这些事务所里的人员都是嘉信理财公司的雇员，直接受总公司的管理与监督，因此不需要内部组织管理。然而类似于小型服务提供者，拥有多个子公司的大规模服务提供者仍然面临与满足目标市场需求有关的渠道设计问题。[20]在一个大规模组织里，服务于许多不同的市场定位，比起单个服务提供者，这当然将是更加复杂的任务，但是在概念上没有区别。例如，在嘉信理财公司的例子中，尽管这些事务所都是嘉信理财公司所有，它们能否为顾客提供高质量的服务仍然是一个挑战。此外，通过协调不同的渠道从而扩大与顾客的接触也需要仔细考虑。顾客能够走进嘉信理财的任意一家事务所，通过电话和公司代表对话，登录嘉信理财的网站，甚至通过iPhone或安卓智能手机使用嘉信理财最新的移动商务渠道。[21]不论客户选择使用哪一种渠道，保证每个渠道中良好的客户体验和渠道之间的“无缝对接”，仍然需要嘉信理财公司有效地管理渠道。

特许经营渠道

当利用有独立中间商的渠道提供服务时，通常是指特许经营渠道（见第16章）。特许经营渠道的特征是特许商与受许商之间紧密的商业关系，不仅包括产品、服务、商标，还包括企业营销战略、培训、商品管理、操作手册与标准、质量控制以及持续的双向沟通。这种特许渠道广泛存在于服务领域，包括房地产销售、汽车修理、住宿、娱乐、教育服务、餐饮、干洗、企业服务甚至医院。[22]

企业特许经营的形式在许多营销渠道的广泛运用并不值得惊奇，这表明人们试图解决我们前面所提到的服务的5个主要特征之一的标准化的困难性问题。通过将企业特许经营方式作为渠道关系的潜在基础，服务提供者有可能获得大组织所具有的规模经济效益，同时具有独立经营企业所具有的企业家动力与精神，还可以获得使独立的特许经营业主提供的服务形成标准化经营所必要的控制权。[23]事实上，现代企业特许经营的本质，是特许商提供的关于企业运营的完整框架和一整套规范。因此，当特许商与受许商签约时，所期望得到的不是以受许商的方式提供服务，而是在特许商的严格监督下按照正式的特许合同的要求，以特许商的方式经营。

事实上，特许经营提供了一个在成员企业拥有独立所有权的服务企业集团内克服服务标准化难题的有力工具。[24]正如前面所指出的，现实生活中在各成员企业之间形成理想中的服务的完全标准化是不可能的，即使是采用最严格的特许经营协议和管理，特许商也不能完全控制由于人的差异性和环境的不断变化所形成的不一致性。[25]但是，对于一个试图提供所有服务的大规模经营企业，特许经营或许为其提供了保持高质量服务的一致性的最好机会。

定制化服务

按照消费者的个性化需求制造产品，在消费品市场甚至工业品市场上都是不多见的。尽管有众多的例外，但绝大多数的产品都不是定制的，而是为满足相对较大的细分市场进行的批量生产。即使是可供选择，如挑选汽车的颜色和样式，也是在已有的选项范围内进行的受一定限制的选择。

然而，许多服务也提供了高度的定制化，高度定制化服务的举例如表17—1所示。表17—1中所列的许多服务，为顾客提供独特的服务是可能的。

表 17—1 高度定制化服务举例

法律服务
卫生保健/外科手术
建筑设计
高管猎头
房地产销售
出租车服务
发型设计
室内给排水/空调设施
教育（家庭教师）
电话服务
旅馆服务
零售银行
高档餐馆服务

资料来源：Based on Christopher H. Lovelock, *Services Marketing* (Englewood Cliffs, N. J.: Prentice-Hall, 1984), 56.

对一些服务高度定制化的需求使渠道的设计和运营更加困难，这通常要通过标准化、程序以及不断反复的过程来有效地进行。提供定制化服务所需要的主要变化或细微差别，要求个人计划、额外努力和经常的变革，所有这些都使系统运行速度减慢，最终可能会影响核心的企业模式。例如，凯悦法律服务公司（Hyatt Legal Services）是一家致力于通过不同渠道提供大众法律服务的公司，通过对其商业模式进行特许，凯悦吸纳了众多被授予人，并在全国各地的购物中心开了一系列事务所，专门解决日常法律事务（如普通遗嘱、协议离婚）并收取较低的费用。仅仅在几年之后，凯悦就被迫关闭了其大部分购物中心中的特许事务所，并被迫削减成一个名为“凯悦法律计划”（Hyatt Legal Plans）的网络律师联合会。[26] 为什么凯悦向大众市场提供法律服务的这宗特许渠道战略失败了？严格意义上的经营模式特许经营对于法律服务来说并不适用，因为它偏离了渠道设计时所考虑的标准化和规律化原则。因此，当出现了更加复杂的法律情形时，凯悦并不能很好地进行处理，尽管可能费用会更高一些。利用遍布全国的独立的法律事务所非正式联合经营的新型结构，使“凯悦法律计划”能够以低成本向顾客提供法律服务时，保持高度的灵活性。

因此，对于要求高度定制化的服务来讲，由当地独立的服务提供者组成的小规模渠道可能会继续发挥主要作用。

渠道流程

我们在第 1 章已经指出，产品营销渠道由一系列的流程组成，最明显的流程是产品本身的实体流程，但是对于绝大多数的服务来讲，不存在产品的实体流程。通过渠道输送服务的流程是信息流程、谈判流程和促销流程。因此，渠道设计与管理中与产品流程相关的变量（如产品的体积与重量、单位价值与技术含量（见第 6 章））不需要再做考虑，从而大大简化了营销渠道的设计与管理，因为在很多情况下，信息、谈判、促销流程可以用电子技术处理。然而，渠道管理者必须认清的事实是，尽管有些服务可以通过电子渠道提供，但并不意味着它们应该被这样提供。尽管基本上一切都可以被电子化并通过台式电脑或笔记本电脑、平板电脑或手机提供给消费者，但渠道管理者不能忽视这样一个事实，即消费者对于市场的偏好最终决定了渠道结构。音乐下载、电子书、流媒体点播视频、网上银行以及其他一些基于技术的创新在近几年来迅速发展，均得益于消费者对于这种电子渠道的认可和选择。很多服务不包含产品实体流程的事实并不意味着渠道管理者应该自动转向电子渠道，从而实现消费者服务的可得性。许多消费者在某些服务上，仍然更偏爱“过时的”、以人为导向的渠道。[27]例如，美国运通公司（American Express）最近的一项调查显示，90%的消费者在需要客户服务时仍然更倾向于在电话中和人进行交流。[28]

本章小结

美国经济社会提供了多种多样的服务。服务业的规模是制造业的2倍还要多，换句话说，经济社会的产出是越来越多的服务而不是产品。

最近几年，营销学越来越多地关注服务营销，这是因为同产品一样，服务必须同消费者需求保持一致，以最大限度地满足其需要。然而，服务营销的方法与重点通常不同于产品营销。这些不同通常来自于公认的服务区别于产品的几个特征，它们是：（1）服务的无形性；（2）服务与提供服务者的不可分割性；（3）服务标准化的困难性；（4）服务的顾客高度参与；（5）服务的易逝性。

从营销管理的一般观点来看，营销的这些特征影响营销组合的4个主要战略的管理。事实上，对于渠道战略和管理在分销中的重要性，通常甚至比营销组合的其他部分都重要，因为服务与服务提供者在渠道的终端直接连接在一起。从消费者角度来看，服务与服务提供者通常被视为一个整体，是一体的。因此，使服务通过设计与管理完好的营销渠道，在消费者需要的时间便捷、有效地送达消费者要求的地点，对服务营销人员是至关重要的。

在熟悉服务这5个特征的同时，渠道管理者还应当了解有关服务的其他几个重要意义，包括较短渠道对渠道管理的影响、特许经营的广泛应用、一些服务的较高定制化和服务缺少产品实体流程。

复习题

1. 为什么最近几年服务营销越来越受到关注？

2. 产品与服务的哪些基本营销目标是相同的？

3. 对比服务与产品，简要讨论服务公认的5个特征。

4. 营销渠道在服务的有形化中能为服务提供者提供什么帮助？这如何与营销组合的其他战略相结合？

5. 服务与其提供者的不可分割性使服务营销相对产品营销更加容易还是困难？

6. 结合渠道设计与管理，讨论服务的标准化问题。

7. 如果完全可能，在服务营销渠道的设计与管理中应当避免消费者参与提供服务吗？试讨论。

8. 试解释服务的易逝性对渠道设计的主要影响。

9. 利用短渠道分销服务通常使营销渠道设计更加复杂还是简单？为什么？

10. 讨论特许经营形式在一致性、标准化基础上提供服务的作用。

11. 对服务的定制化需求是如何降低大规模渠道的效率与成本优势的？

12. 同制造商设计的营销渠道相比，缺少产品实体流程使服务营销渠道的设计与管理发生了变化吗？请解释。

思考题

1. 各种规模的企业都开始通过各式社交网络、即时通讯工具和手机短信来更好地处理顾客的服务需求。美国运通公司最近的一项调查显示，90%的消费者仍然希望他们的需求能够通过“过时的”电话方式传递给客户服务代表。

为什么客户在能够享受到各种新技术的同时，仍然对过时的基于电话系统的服务渠道情有独钟？请讨论。

2. 医生上门看病是一种几乎快要消失的医疗服务方式，但似乎开始有恢复的势头。西雅图一家叫做 Carewa 的医疗企业开始对享受微软的医疗保险项目的员工提供上门治疗服务。微软认为这种上门看病项目非常经济，因为医生出诊的花费只有 150 美元，是普通的急诊室看病的 1/10。同时，由于很多急诊室是为紧急情况设立的，而诸如耳朵感染和流感此类的不会危及性命的病痛就显得不那么急迫，因此出诊项目正好是一种补充。此外，医生上门看病能够在病人熟悉的环境中进行，为病人提供更有价值的治疗，同时病人也不会因为去急诊室而传播各种病菌。

你认为这种“上门”的服务方式会成为一种重要的趋势吗？为什么？

3. “开放餐桌”网站（OpenTable. com）拥有 1. 3 万家合作的饭店，是网上预订饭店的领先者。每通过网站成功预订一人，饭店将向“开放餐桌”网站支付 1 美元。如果预订是通过饭店自己的网站实现的，“开放餐桌”网站将向饭店网站收取每人 25 美分的费用。通过在“开放餐桌”网站上进行预订，顾客可以通过积分兑换成优惠券进行消费。这种在“开放餐桌”网站和饭店之间看似简单的合作却产生了不少问题，如有些顾客说，如果他们是通过“开放餐桌”网站预订的饭店，不仅会产生额外消费，而且得到的服务也非常差。“开放餐桌”网站对这些说法予以否认。

为什么饭店将对“开放餐桌”网站预订产生的不满情绪转移给顾客？请讨论。

4. 乔治·米歇尔（George Mitchell）在一个周四的下午来到一家有名的航空公司的售票处，这家航空公司最近刚刚开展了一项吸引顾客的广告活动：“看一看我们是多么出色”。为了在周五上午九点会见一位客户，米歇尔需要更改航班的时间，他排长队等了 20 分钟，但售票员对此无动于衷。经过艰难的交涉，他终于购买到了早一点的机票。当他来到登机口时，被告知飞机将晚点一个多小时。最后，他终于登上了飞机并坐在了商务舱的座位上。米歇尔打算休息一会儿，但是他无法放松，因为头等舱里几个随父母一起旅行的小孩在哭闹（米歇尔猜测他们是航空俱乐部积分奖励的免费旅行）。商务舱的机组乘务员躲在一旁不露面，米歇尔低声地评论他确实看到了该航班是多么“出色”。

就服务提供者在营销渠道终端传递服务的作用，对米歇尔的经历进行评论。

5. 自动柜员机（ATM）和网上银行为顾客提供了有价值的服务方案，顾客减少了在传统的银行机构亲自与出纳员面对面办理业务的过程。简而言之，这种新技术被设想会大大减少银行出纳员与分支机构的数量，但是事实并非如此。1995—2005 年间，银行分支机构的数量从 50 000 个增加到 70 000 个，增加了 40%。分支机构出纳员的数量在这 10 年中也增加了同样的比例，尽管同时期银行企业的数量从 10 000 个减少到 8 000个。

你对此的看法是什么？你认为为什么如此多的顾客仍需要“旧式”的银行分支机构和出纳员？请讨论。

注释

1. See for example: Willa Plank, "One-Way Car Rentals," *Wall Street Journal* (October 14, 2010): D4.
2. Leonard L. Berry, *On Great Service: A Framework for Action* (New York: The Free Press, 1995); and Christopher H. Lovelock, *Service Marketing, Text, Cases and Readings*, 2nd ed. (Englewood Cliffs, N.J.: Prentice-Hall, 1993).
3. Justin Lahart, "Service Sector Expand," *Wall Street Journal* (October 6, 2010): A4.
4. See Raymond P. Fisk, Stephen W. Brown, and Mary Jo Bitner, "Tracking the Evolution of the Services Marketing Literature," *Journal of Retailing* (Spring 1993): 61–103; Sak Onkvisit and John J. Shaw, "Service Marketing: Image, Branding, and Competition," *Business Horizons* (January-February 1989): 13–18; Betsy D. Gelb, Samuel V. Smith, and Gabriel M. Gelb, "Service Marketing Lessons from the Professionals," *Business Horizons* (September-October 1988): 29–34; and J. Patrick Kelly and William R. George, "Strategic Management Issues for the Retailing of Services," *Journal of Retailing* (Summer 1982): 26–43.
5. Leonard L. Berry, "Services Marketing Is Different," in Christopher H. Lovelock, *Services Marketing* (Englewood Cliffs, N.J.: Prentice-Hall, 1984), 29–37.
6. For a related discussion see: Caroline Wiertz, Ko de Ruyter, Cherie Keen, and Sandra Streukens, "Cooperating for Service Excellence in Multichannel Service Systems: An Empirical Assessment," *Journal of Business Research* Vol. 57 (2004): 424–436.
7. For a related discussion, see Syed Saad Andeleeb and Amiya K. Basu, "Technical Complexity and Consumer Knowledge as Moderators of Service Quality Evaluation in the Automobile Service Industry," *Journal of Retailing* 70, 4 (1994): 367–381.
8. Ethan Smith, "Promoter Crowds Ticketmaster," *Wall Street Journal* (February 3, 2011): B1.
9. See, for example, Donald H. Light, "A Guide for New Distribution Channel Strategies for Service Firms," *Journal of Business Strategy* (Summer 1986): 56–64; Stephen J. Gould, "Macrodynamic Trends in Health Care: A Distribution and Retailing Perspective," *Health Care Management Review* (Spring 1988): 15–22; and Charles W. Lamb Jr., and John L. Crompton, "Distribution Decisions for Public Services," *Journal of the Academy of Marketing Science* (Summer 1985): 107–122.
10. For an excellent study related to this point, see Rajiv P. Dant, James R. Lumpkin, and Mohammed Y.A. Rawwas, "Sources of Generalized Versus Issue-Specific Dis/Satisfaction in Service Channels of Distribution: A Review and Comparative Investigation," *Journal of Business Research* 42 (May 1998): 7–23.
11. For a related discussion see: Ronald Grove, "Hulu's Tough Choices," *Business Week* (December 7, 2009): 28.
12. For an excellent discussion related to this issue see: Zhi Wang and Stuart Horsburgh, "Linking Network Coherence to Service Performance: Modeling Airline Strategic Alliances," *Journal of Marketing Channels* Vol. 14, No. 3 (2009): 51–79.
13. Holman W. Jenkins Jr., "The Airlines Discover Content," *Wall Street Journal* (January 21, 2011): A11.
14. See for example: Bruce Schoenfeld, "A Different Kind of Connection," *Entrepreneur* (June 2011): 24.
15. http://www.medscreening.com/vitastat.html (May 25, 2011).
16. Tom Belden, "A Return Trip to Travel Agents," *Philadelphia Enquirer* (July 10, 2007): D1, D6.
17. For a very interesting analysis of a novel service channel that *does* use intermediaries see: Joyce A. Young, "The IndyCar Series: A Marketing Channels Perspective," *International Journal of Sport Management and Marketing* Vol. 8, No. 1/2 (2010): 57–72.
18. For a related discussion, see Gregory D. Upah, "Mass Marketing in Service Retailing: A Review and Synthesis of Major Methods," *Journal of Retailing* (Fall 1980): 59–76.
19. Pamela D. Morrison and John H. Roberts, "Matching Electronic Distribution Channels to Product Characteristics: The Role of Congruence in Consideration Set Formation," *Journal of Business Research* 41, 3 (1998): 223–229.
20. See: Rajasree K. Rajamma, "Services Purchased at Brick and Mortar Versus Online Stores, and Shopping Motivation," *Journal of Services Marketing* Vol. 21, No. 3 (2007): 200–212.
21. For a related discussion see: Amy Feldman, "Buddy, Can You E-Mail Me 100 Bucks?" *Business Week* (November 23, 2009): 68.
22. Julie Bennett, "Dry Cleaning to Dog Walking: Franchises Help People Transform Their Lives," *Wall Street Journal* (February 11, 2002): B7.
23. For an excellent discussion related to this point, see James C. Cross and Bruce J. Walker, "Service Marketing and Franchising: A Practical Business Marriage," *Business Horizons* (November-December 1987): 50–58.
24. Ownership patterns tend to change over time, however. See Francine Lafontaine and Patrick J. Kaufmann, "The Evolution of Ownership Patterns in Franchise Systems," *Journal of Retailing* 70, 2 (1994): 97–113.
25. Patricia M. Doney, James M. Barry and Russell Abratt, "Trust Determinants and Outcomes in Global B2B Services," *European Journal of Marketing* Vol. 41, No. 9/10 (2007): 1096–1116.

26. http://www.legalplans.com/brisk.html (May 27, 2011).

27. Irene C.L. Ng, "Establishing a Service Channel: A Transaction Cost Analysis of a Channel Contract Between a Cruise Line and a Tour Operator," *Journal of Services Marketing* Vol. 21, No. 1 (2007): 4–14.

28. Joe Light, "With Customer Service, Real Person Trumps Text," *Wall Street Journal* (April 25, 2011): B7.

第18章 国际营销渠道展望

学习目标

学习本章之后，你应该能够：

1. 认识到从国际的角度考虑营销渠道的必要性；
2. 对国际营销渠道运营更广泛、更复杂的环境有一个评价；
3. 熟悉影响国际营销渠道的环境因素；
4. 理解影响国际营销渠道的行为因素；
5. 知道如何从国际的角度实现对营销渠道的设计；
6. 认识各种与国际营销渠道有关的渠道结构；
7. 知道从国际的角度激励渠道成员的重要因素；
8. 认识到在国际营销渠道中发挥领导职能往往比在国内营销渠道中更加困难。

渠道焦点

凯迪拉克要成为中国汽车渠道中的凯迪拉克

在20世纪前75年里，凯迪拉克的名字就代表着世界级的质量。事实上，“凯迪拉克”可以与高质量同名，这个名字可以应用于任何产品或服务，最知名的冰箱就是“冰箱中的凯迪拉克”，或者最知名的旅馆就是“旅馆中的凯迪拉克”等。在20世纪的最后25年里，凯迪拉克汽车的质量有所下滑，而与质量相关的名称也贬值了，但是在21世纪的前10年，凯迪拉克出现了回升的趋势。凯迪拉克汽车将不仅再现辉煌时期的凯迪拉克所代表的质量，同时还将再一次成为质量的代称。

通用汽车公司通过开发一流的汽车渠道，依靠凯迪拉克这个品牌的重生，与在中国的奥迪、宝马、奔驰这些品牌相抗衡。通用汽车公司认为用凯迪拉克3%的市场份额抢占欧洲三个品牌共77%的市场份额，仅仅靠同等质量的汽车是无法实现的。凯迪拉克还需要世界最好的汽车经销商，它们能够不断吸引中国的豪华汽车购买者，而这正是凯迪拉克与中国大陆39个经销商开展的合作。展示厅敞开优雅的充满设计感的玻璃门来迎接参观者。黑色大理石的吧台上提供上等的雪茄和名酒。豪华的VIP房间里配备了皮质沙发，迷你的展览厅和放映厅展示着凯迪拉克长达110年的历史。一位44岁的企业家在参观北京的凯迪拉克经销店时，对凯迪拉克SLS直降65 000美元印象深刻。他说："这里的一切都让我感觉到自己是 VIP。这里的陈设和其他品牌完全不同，这里是纯正的美国范儿。"

通过在"汽车经销商中的凯迪拉克"经销凯迪拉克，通用汽车公司坚信有越来越多的企业家会购买凯迪拉克。

资料来源：Based on Dexter Roberts, "Cadillac Floors It in China," *Business Week* (June 4, 2007): 52.

国内市场的缓慢增长、激烈的国际竞争状况都使进行国际运营的需要成为越来越多的美国企业不可逃避的现实。[1]因而，作为市场营销组合的关键要素之一，渠道战略需要越来越多地关注渠道管理的国际方面。[2]

在本章，我们将分析前面讨论过的一些关键的渠道问题，我们将从国际的角度来考虑这些问题。我们的目的不是提供广泛而详细的有关国际方面的渠道管理的内容，因为这已经超出了本章讨论的范围，而且关于这个问题，优秀的国际市场营销文献已经进行了更加深入有效的分析。[3]我们的讨论将限制在强调如果公司的市场营销渠道扩展到国际市场，那么公司的渠道管理者应该考虑的关键因素。希望这能有助于深入了解渠道管理中的国际渠道部分，并有助于在面临国际渠道决策时获取更多的知识。

我们将从国际角度集中讨论下列问题：

1. 国际渠道管理的环境；
2. 国际渠道中的行为；
3. 设计国际渠道；
4. 激励国际渠道成员。

国际渠道管理的环境

我们在第 3 章讨论过市场营销渠道中存在的所有形成外部不可控因素的环境。讨论的环境变量主要有经济、竞争、社会文化、技术和法律。渠道被视为**开放的系统**(open system)，而系统通过改变其组成部分的结构和程序去适应环境，并与环境建立联系。

从国际的角度来看，所有这些概念仍然适用，唯一不同的是，当渠道扩展到国际市场时，公司不仅需要使自己的渠道适应国内的环境，还要适应国外的环境。[4]此时企业面临的环境问题变得更为复杂。结果，即使渠道管理和渠道战略的基本概念没有变化，渠道管理者在处理国际渠道问题时还是将面临未知的、更复杂的因素。[5]

为了在国外环境中成功地开发和管理渠道，渠道管理者需要了解和掌握这些国家的不同之处，并且知道这些区别将如何影响渠道战略。[6]显然，我们不可能赘述这些国家的区别，我们所能做的就是列举几个关于一些国家的环境因素的例子，来说明它们是如何影响市场营销渠道的。我们的讨论将围绕第 3 章讨论过的环境变量的 5 个主要方面展开。

经济变量与国际渠道

所有在国内环境中出现的经济现象，都会在国际环境中出现。事实上，这些变化会更加戏剧化。例如，20 世纪 90 年代末，发生在美国的高通货膨胀，意味着所有的商品价格每年增长超过 3%，而在亚洲、东欧和南美，2 位数的通货膨胀水平十分普遍。

通常当美国发生经济衰退时，许多国家也发生经济衰退，尤其是西欧和亚洲，往往这些国家的经济衰退甚至更加严重。在美国一些行业领域（如食品、消费类电子产品、服装和汽油等）中出现紧缩，在亚洲的许多国家和地区（如印度尼西亚、马来西亚、泰国、韩国，尤其是日本）会发生更大规模的紧缩。

当美元对外国货币升值或贬值时，汇率的浮动会对美国企业在国际市场上的战略有极大的影响。美元升值使本国的产品在外国市场上的竞争力减弱，而美元贬值会使美国的产品在国际市场上更有吸引力，因为这使美国的产品对于外国消费者来说更便宜。[7]

例如，21 世纪早期，好几年持续走高的美元对欧元汇率开始下跌，原来 0.85 美元兑换 1 欧元，到 2000 年是 1 美元，到 2011 年是 1.45 美元。

很多经济学家和美国出口商品到欧洲的制造商认为美元的贬值有积极的效应，他们相信这将使美国产品在欧洲市场上更便宜，还可以限制欧洲向美国的出口，因为美元的贬值使欧洲的商品更贵。

由于这些经济变量能够影响营销组合中的所有因素，国外渠道战略会出现更多的问题，因为与国外渠道成员的关系会受到这些变化的影响。[8]

竞争环境与国际渠道

在美国，国内的竞争结构与国外的竞争结构有很大的区别。美国自由市场不如其他高度发达的西方国家中的自由市场发达，而在许多欠发达国家中，自由和开放的竞争很少。[9]因此，渠道结构肯定受制于不同国家竞争结构的差异。

让我们看看柯达在将其 Ektaprint 复印机产品线推广到欧洲市场上时是如何解决这个问题的。柯达的欧洲市场营销区域包括一个拥有 18 个国家和有着不同文化、不同风俗、不同货币的 4 亿人口的区域。柯达的目标市场在所有的欧洲国家都被定义为“中高档办公用复印机市场区域”，但是似乎其他企业也都在竞争同样的市场——其他的知名企业如美国 IBM 和施乐，以及欧洲和日本的企业，这在 18 个国家中形成了高度复杂的竞争结构。

为了处理这种复杂的竞争结构，柯达建立了 13 家独立的市场营销公司，每一家公司的管理和市场营销渠道都是为其所服务的地区特殊设计的。这些独立的管理和渠道系统使柯达在面临各种竞争时牢固地确立了自己的位置，这些独立的管理和渠道系统使柯达有可能在不同的国外市场上有效地提供产品和顾客服务。

社会文化环境与国际渠道

国际市场营销中一个很重要的事实是不同国家之间社会文化的差异。[10]文化价值、行为准则、思维方式和感性认识在世界各地极为不同。国际市场营销学的一个重要部分便是启发国际市场营销管理者认识这种差别。不幸的是，美国大大小小的企业都存在许多错误或失误，在还没有理解它们所面对的社会文化的差别之前，就冒险进入国际市场。[11]

虽然社会文化变量会影响营销组合中的所有变量，但是由于渠道变量比其他变量包含更多的人际和组织间的联系，所以渠道变量尤其敏感。因此，在开发国际渠道关系的过程中，企业必须格外注意社会文化方面的差异。[12] 例如，著名的冰淇淋生产商本 & 杰里在进入俄罗斯市场后就意识到这一点。本 & 杰里公司计划通过特许经营的方式与当地投资人合作，在几个城市开店。两国不同的商业文化让他们备感意外：美国人强调高效和结果导向，而俄罗斯人明显激励不足且不追求效率。因此，本 & 杰里公司必须处理很多文化差异带来的问题，例如漠视对商店的及时补货的原则，根深蒂固的对顾客的不友好，甚至存在与组织犯罪有关联的垄断经销商，这些和本 & 杰里公司在美国所推行的公正、诚实的企业文化很不一致。本 & 杰里公司为此花了 4 年时间对俄罗斯的业务进行重组，最终获得盈利。

技术环境与国际渠道

在国际环境中，技术水平和技术变化速度是又一个影响渠道战略的因素。[13] 在有些国家，特别是在亚洲、拉美和非洲的欠发达国家，交通和通信技术相对落后，而在西欧和日本等较发达国家，技术通常跟美国相当，甚至超过美国。例如日本的 Seven & I Holdings 公司——控股 7-11 的日本公司，在其日本的 13 000 家店中使用计算机信息系统管理分销与商品销售，成为该领域的世界领导者。Seven & I Holdings 公司运用计算机化的商店运营支持系统，并通过总部的中心计算机将其订单发送给它的供应商。该公司准确地为它的所有店铺制定配货计划，帮助供应商降低了送货的频率并减少了成本。在这样精确的计划下，就要求供应商能够按照 Seven & I Holdings 公司的计划，在确定的时间将确定数量的货物送到该公司。如果没有按照计划进行送货，则供应商应该对由于没有送货引起的 Seven & I Holdings 公司的机会成本的损失给予赔偿。这样先进的技术给供应商带来了巨大的压力去发展它们自己的技术以适应 Seven & I Holdings 公司严格的要求。无论是国内的公司还是国外的公司，只要做不到这些，就不可能继续同 Seven & I Holdings 公司合作。领导性的零售商如美国的沃尔玛和家得宝，都通过强迫供应商的技术能够适应这些零售巨人供应的要求而提高了供应商的门槛，其他许多外国的零售商和分销商也都是如此。

法律政治环境与国际渠道

由于法律环境影响着美国国内的渠道战略，我们在第 3 章用一定篇幅讨论了法律环境的问题。在国际环境下，美国企业要想在国外寻求建立分销渠道，就会面临一系列复杂繁重的政府规章和政策性压力。这些规章会使一些为了保护分销而进行的最简单的安排变得复杂而困难。明显的法律因素，如关税、进口限制、配额以及其他的政府管制等，影响外国产品在这些国家的销售仅仅是冰山一角，高度特殊、模糊甚至完全奇怪的规章和禁令，使在外国销售十分困难。

在这一点上，日本是个例子。[14] 在日本，规则和规章有时甚至没有书面形式，这是美国老虎机的生产商国际游戏科技公司（International Game Technologies，IGT）在向日本销售其产品时发现的。[15] IGT 的老虎机占领了大部分的国际市场，但是在日本市场却没有一点销售量，而这个市场占世界市场的 2/3。IGT 公司竭力要全面进军日本市场，但是当它发现根本找不到日本有关游戏机的任何规章和明确的规定时碰了壁。跟美国以及其他发达国家不同，在日本没有这样的正式的书面规定，而是由日本的国家政策委员会根据非正式的、没有明确列出的理解来决定什么产品是可以接受的，因此没有人完全知道规则是什么，以及日本当局到底会接受什么样的产品。IGT公司不得不在它可以试探性进入市场前，不下20次地整理它的老虎机说明书以看看它的产品能否被日本当局接受。一旦它的产品通过了检验，IGT公司还必须一次又一次地修改其制图板，以符合严格的标准。IGT公司花费了1年的时间来修改机器，最终开始尝试在日本的市场上出售老虎机。

这样的政府行为（研究日本经济现象的资深学者认为，由于日本政策的压力使日本企业感觉受到进口的威胁）对建立日本的销售商与美国的生产商之间的牢固关系几乎没有帮助。[16]世界其他国家也存在类似的情况。因此，一个企业如果想在外国建立有效的渠道，就必须认真考察每个国家的法律环境，以判断各种各样的法律规章是如何影响渠道战略的。[17]

国际渠道中的行为

我们在第4章中讨论了行为维度在营销渠道系统中所扮演的重要角色。为了避免负面冲突，有效地使用权力和积极地建立良好的联系，渠道管理者必须理解渠道中的行为方面。在国际渠道中的行为方面比在国内渠道中更重要，因为许多国家的文化模式通常更强调个人关系，而美国却不是。[18]例如，在日本和中国，与渠道中的成员建立个人关系甚至是朋友关系的能力，对于在批发和零售环节中得到渠道成员的支持是至关重要的。

Bose公司的经历给了我们很好的例子。Bose公司以生产优良品质和技术先进的扬声器而闻名于全美国。Bose公司为了进行国际销售，试图打入日本市场，其结果是灾难性的，3年时间内虽然付出了巨大的努力，但该公司在日本只卖出了不到100套扬声器设备，最终别无选择，只能退出日本市场。其中的原因是什么？几年之后，反思失败的原因，公司的创业人阿马·博斯（Amar Bose）认识到，关键问题在于公司的营销人员没有同日本的销售人员建立紧密的私人关系。最终，Bose公司意识到日本社会是一个以紧密的人际关系为导向的社会，人际关系是商务活动中非常重要的因素，如果不能通过以前学校的关系或者家庭、朋友关系建立这种人际关系，就只能通过长时间的社交和晚间的喝酒较量来发展这种人际关系。

Bose公司的出口销售人员没有花费必要的时间，面对面地使日本销售人员确信Bose公司独特的直接/反射音箱技术（即它不但让声波直接传给听者，而且将从墙壁上反射的声波也传到听者耳中）。由于不认同（或许有些不信任没有建立应有的社会关系的公司），日本销售商通过自己卸除这个设备中的一个关键部件来改善声音效果，这使Bose音响效果工程师所描述的应有的声音效果变得很差。回想起来，这也难怪日本的高保真音响爱好者没有购买这种产品。

由于对日本市场营销渠道的行为方面缺乏了解，导致在日本市场上没有建立有效的销售并不只有Bose公司。[19]大量的美国企业因为同样的问题在日本和其他国家都失败了。因此，无论企业试图在美国、日本还是世界上其他国家设计和管理渠道，考虑渠道关系的行为方面的需要都是很重要的，在一些国家，如日本，这一点尤其重要。

设计国际渠道

尽管本书前面主要是基于国内背景讨论的，第 6 章和第 7 章讨论的分销渠道的设计（7 个步骤的渠道设计模式）同样适用于国际环境。

第 1 步，确认渠道设计决策的必要性，可以从国内与国际展望的角度进行观察。[20]例如，如果企业为其产品寻找新的市场（面临渠道设计决策的一般原因），而新市场位于美国或国外，在这种情况下，企业为了进入市场可能要设计一个全新的渠道或对现存的渠道进行改进。[21]

第 2 步，设定分销目标，同样适用于国内与国际环境。如果企业的分销目标强调进入国外市场，则渠道设计需要反映这一情况。[22]

第 3 步，销售任务的说明，也同样适用于国内与国际渠道设计决策。在任何一种情况下，企业必须仔细检查需要完成的任务种类，以成功地完成企业的分销目标。[23]

第 4 步，形成可供选择的渠道结构，如果考虑国际环境，这一步骤需要做些改变。这是因为，如果渠道仅仅是为国内销售而设计的，则需要为国际销售考虑一套不同的渠道结构方案，二者通常是不相关的。这些渠道结构方案由企业寻求进入国际市场的具体方法所决定，从试图偶然或临时的出口到在国外大量生产与销售。[24]图 18—1 描述了各种方案。我们重点讨论与国内（美国）市场的产品有关的方案。国外生产涉及公司战略，已超出了渠道设计讨论的范围。

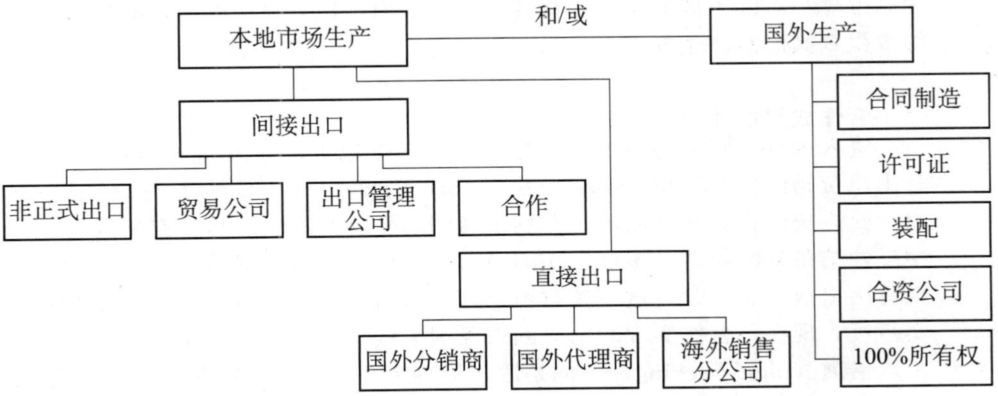

图 18—1 进入国外市场的选择方案

资料来源：Adapted from International Marketing, 3rd ed., by Vern Terpstra (Hinsdale, Ill.: Dryden Press, 1983), 320. Copyright 1983 by Vern Terpstra. Reproduced by permission from the author

间接出口

间接出口是指产品在国外市场销售，但是企业在组织内部没有设专门部门或没有进入国际市场的明确战略。事实上，这种企业是一个出口部分产品的国内企业。下面主要讨论这类企业的 4 种最常见的出口方法。

非正式出口

这类企业仅仅想要开始在国外销售产品，可能会不时地出口少量产品。事实上，这类企业甚至还没有完全意识到它的部分产品已销往国外，国内的老主顾，尤其是在工业品市场，可能会在美国购买其产品，然后运往它们在国外的部门。其他国家的主动订购，其中很多可能是在线订购，也被视为这种类型出口的一部分。在这个水平上的出口很少考虑到其他国际渠道。

贸易公司

国外贸易公司是指从事世界贸易的典型的、实力雄厚的国际大组织。大型的贸易公司如三菱，坐落于日本，但是众多主要的贸易公司位于欧洲。[25]

由于贸易公司规模大且能进入世界市场，它们能够为美国企业快速办理其他国家的报关手续；又因为贸易公司的规模大与实力雄厚，美国企业并不能影响自己的产品如何被贸易公司售出，因此，通过贸易公司进入国际市场成为顺理成章的途径。

贸易中介

这类企业有时也称为**出口管理公司**（export management companies），其本质是国内批发商或生产商的代理，专门从事国外销售。

据估计，在美国有 2 000～2 500 家这种企业，每年的出口额占美国出口总额的10%。如表 18—1 所示，一些是商品批发商以贸易中介的名义经营商品，另外一些是代理性质，它们不拥有商品实物而只是销售商品以及处理商品出口国外的技术问题，还有许多为贸易提供贷款。对于那些不满足于偶尔或通过贸易公司出口商品，而是试图高度参与国际市场的企业，在其未在企业内部建立专门的出口部门时，贸易中介能够提供令其满意的选择。

合作或借道协议

进入国外市场的另一个方法是 2 个或 2 个以上的企业进行合作。在《韦伯-波默林出口贸易法》（Webb-Pomerene Export Trade Act）下，为了提高国外市场的竞争力，允许美国企业联合而不必受制于《谢尔曼反垄断法》与《克莱顿法》（见第 3 章）中反勾结条款的规定，该规定在国内市场上仍然有效。尽管自 1918 年通过《韦伯-波默林出口贸易法》时，这一条款就已经存在，但韦伯-波默林协会从来就没有真正地实行过。现在，合作实现的出口额占美国出口总额的不到 2%。

借道（piggybacking）一词是用于形容为了进入国外市场的两个企业之间进行合作的一种特殊形式。**运送人**（carrier）是指已经从事出口的企业。**借道人**（rider）是指利用运送人的国际化专业知识和能力进入外国市场的企业。这种借道协议，如果设计合理，能够提供给借道人一个利用较少的资本进入国外市场的机会，而运送人则能得到满意的产品进行销售。

直接出口

直接出口（direct exporting）一词用于国际营销学中，是指制造商自己直接从事出口而不是委托给别人。在直接出口条件下，诸如联系市场、开展市场调研、物流管理、准备出口文件、定价之类的工作以及其他的一些活动主要由制造商自己的出口部门承担。[26]表 18—1 列出了出口营销组合的要素。

表 18—1 出口营销组合要素

A. 促销支持	33. 决定何种市场销售何种产品
1. 当地广告	34. 一般产品管理
2. 保护性广告	**G. 财务支持**
3. 直接邮寄广告	35. 计划、资金预算与报告
4. 商品说明书	36. 财务基本计划
5. 贸易展示	37. 大型设备租赁
6. 示范商品	38. 发票开具与收回
7. 印刷品	39. 信贷审核
B. 直接销售	40. 审计
8. 直接向顾客销售	41. 一般销售会计
9. 维持销售队伍	**H. 技术支持**
10. 向销售代理提供佣金	42. 生产规格
C. 营销服务和销售服务支持	43. 特定市场机械设计
11. 市场调研	44. 质量控制
12. 年度产品目录	45. 产品检验
13. 产品销售预算	46. 提供零配件
14. 即时询价	47. 培训服务人员
15. 技术销售援助	**I. 包装支持**
16. 储存服务	48. 出口包装
17. 为代理商提供新产品信息和断货产品	49. 各种产品的包装种类与规格条款
18. 培训代理商销售人员	50. 出口标签
19. 普通顾客服务	**J. 装运支持**
20. 索赔与处理	51. 充足的运输与销售支持
21. 保修服务	52. 订货程序
22. 母公司为子公司提供服务	53. 出口准备
23. 定期销售报告	54. 内陆运输
24. 一般竞争性人才	55. 国外运输
D. 价格支持	56. 卸货费用
25. 定价	**K. 其他支持**
26. 价格明细与费用分配表	57. 数据处理
27. 竞争商品的价格信息	58. 系统设计
E. 存货支持	59. 保险
28. 维持存货	60. 法律服务
29. 存货周转防止损失	61. 税款分析
30. 仓储	62. 外币折算
F. 产品管理支持	63. 经营数据的度量换算
31. 为出口市场开发新产品	
32. 为每个市场选择合适的产品	

资料来源：James R. Basche. Jr.，*Export Marketing Services and Costs*（New York：The Conference Board，1971），4.

即使生产商大量参与表 18—1 列出的国际营销活动，仍然需要国外的分销商或代理商协助组织内部的出口部门。进一步来讲，即使是生产商设立了自己的国外营销机构，仍然需要利用分销商和代理商实现国外销售目标。[27]

国外经销商

同国内经销商一样，国外经销商是独立的业主，它们通常拥有所经营的产品的所有权。同国内情形一样，它们或许想要以自己的方式而不是生产商的方式经营。生产商控制分销商销售其产品方式的能力，在国内和国际市场上都是至关重要的问题。在许多情况下，地理距离及与外国分销商生意往来中文化沟通的差异，使得在国际环境下控制分销商更加困难，更富有挑战性。[28]

现代科技，尤其是互联网和电子邮件、手机甚至是传真机能够使非常小的美国生产商同世界各地的分销商的交流都变得更加容易和有效。这种低成本技术的可获得性加上外国分销商的能力，导致小生产商出口的实际增长。在 2000—2008 年间，美国制造商的出口从 7 820 亿美元增加到 1.3 万亿美元，增长了近 65%。[29]

国外代理商

海外或国外代理商同样是独立的企业，但是它们不拥有所经营的产品的所有权，并不拥有商品实体，但是它们能够从事或者组织从事表 18—1 所列出的绝大多数国际市场活动。

国外营销机构

当生产商在国外设立自己的销售机构时，该机构能够从事表 18—1 所列出的绝大多数甚至所有国际市场活动，它拥有成熟的国外销售子公司。这种方式比利用经销商或代理商所要求的授权更大、投资更多，但是由于子公司从属于生产商，控制程度就比较高。

选择合适的结构

确定哪种方案对国外销售效果最好，类似于渠道设计模式的第 5 步和第 6 步（见第 6 章）。企业必须评估所有的相关因素（步骤 5），然后利用一些方法做出决策（步骤 6）。

尽管需要考虑的 6 类基本变量（市场、产品、公司、中间商、环境和行为）对于国内、国际渠道战略是一样的，但是具体的因素分析与环境可能大大不同。例如，我们在前面章节中已经指出，环境与行为因素随国家的不同而不同。[30]另外一个例子是中间商种类的不同。在美国，生产商需要考虑的批发商、零售商、各种代理中间商的组合，与其想要进入英国、法国、日本、澳大利亚或其他国家市场时要考虑的中间商（国外经销商）组合完全不同。简单地讲，在评估供选择的国际渠道结构时，将所需要考虑的特定因素与环境背景笼统化是不可能的，这种评估只能具体情况具体分析。

国际营销渠道结构的具体选择（步骤 6）必须在对具体情况进行分析的基础上进行，本书第 6 章讨论的任何一种方法都可以用来帮助这一过程。实际中，正如国内渠道选择一样，启发判断法是选择国际渠道最普遍运用的方法。

最后，渠道设计的第 7 个也是最后一个步骤（选择渠道成员），如果使用国外经销商的话也同样适用于国际背景。[31]寻找未来分销商的 3 步骤过程，运用选择标准决定它们的适合性和确保未来的分销商成为渠道成员，仅在具体情况下不同。例如，美国企业在美国市场上寻求渠道成员时，或许仅在其销售人员力所能及的领域内，或仅仅利用一本电话号码簿来寻找，而如果它在新近开拓的东欧市场如匈牙利、捷克共和国、波兰或俄罗斯以及中国[32]寻找国外渠道成员就会需要付出更多的努力。

关于选择标准，同选择国内分销商没有普遍适用的准则一样，对选择国际分销商也是一样。也就是说，选择标准视国家与具体情形的不同而不同。不过，本书第 7 章列出的常用标准可以作为制定具体的国内、国际选择标准的总体指导。

最后，为确保预期的渠道成员真正成为渠道成员，无论是国内还是国外，都必须建立在互利互惠准则的基础上，尽管国内与国际渠道成员相比，建立这种关系的具体细节不同。例如，在波兰，供应商将为预期的零售商提供帮助，直到它们掌握基本的商品零售运作。[33]

激励国际渠道成员

在第 9 章我们将激励定义为生产商为实现销售目标而培育渠道成员协作精神所采取的措施。我们讨论激励管理中的三个基本方面：（1）找出渠道成员的需求与问题；（2）为渠道成员的需求与问题提供支持；（3）有效使用权力给予领导。

这种激励管理的方法同样适用于国际环境。[34]试图通过国外渠道成员完成销售任务的美国企业需要了解：渠道成员的需求与问题是什么？需要提供什么样的支持？以及如何有效运用权力进行控制与领导？因此，渠道成员的激励在国内与国际环境下是相同的，但是显著不同的是这种方法在不同的环境下如何运用，激励国外的渠道成员更加困难。[35]

找出国外渠道成员的需求与问题

自认为对国内的渠道成员的需求与问题了如指掌的国内生产商，往往在向国外市场投资时才会感到后悔莫及。由于国家不同，批发、零售层次的国外渠道成员的需求和问题会明显不同于那些生产商平常所接触的国内渠道成员。[36]

最常见的差异之一是国外渠道成员的规模。按照美国的标准，许多国外的批发商与零售商的规模都非常小。这主要出现在不发达国家，但也存在于高度发达的国家，如日本和意大利。[37]在文化差异明显的国际环境中，美国的大生产商在与相对规模较小的渠道成员打交道时都经历过因目标不同和交流困难带来的突出问题（见第 4 章）。[38]例如，国外许多小批发商与零售商无意于成长和扩大，它们在销售生产商的产品时缺少勤奋与进取精神。从美国生产商的观点来看，这种渠道成员可能被视为懒惰的，而事实上它们仅仅是根据自己的目标来运营，而并没有把为发展而努力进取作为优先考虑的问题。

一方面，许多批发和零售环节的国外渠道成员同美国国内相比，财力严重不足，它们可能只能储备有限的产品种类，可能希望采取寄售的方式，且要求长达 10 个月甚至 1 年的赊销付款期，这种情况在日本很常见。事实上，国外的渠道成员不仅不能为生产商提供融资，相反，许多渠道成员或许需要生产商的大量财务援助。

另一方面，大多数的欧洲国家情况恰恰相反。零售商，尤其是那些经营时令商品的零售商独立融资来储备大量商品。这些零售商通常希望跟国外生产商保持正常交易关系。[39]它们是在准时（JIT）商品交货与电子数据交换（EDI）技术基础上形成的不受控制的伙伴与战略联盟关系，这在美国越来越普遍。

关于国外批发商和零售商的另外一个问题是它们的高成本结构。高成本可能是小规模经营的结果，高人工费用是由于政府所颁布的最低工资法（如澳大利亚和新西兰），或者是由于效率低下的管理。为了弥补成本，它们可能会追求非常高的利润，有时会高达 200%，这种高额利润的需要会严重影响生产商产品的竞争力。

国外批发商和零售商面临的另外一个问题是它们可能会完全处在当权政府的操纵之下，这在某些拉丁美洲国家就是一个重要的问题。这种状况下，如果出现政权变更，分销商或者零售商可能会失去许多从事经营的优势。[40]还有一个问题是，美国生产商在与国外渠道成员交易时，可能会面临许多不同的需求与问题，为了理解这些需求与问题，美国企业必须十分谨慎，竭尽全力了解国外渠道成员。除第9章讨论过的了解渠道成员的需求与问题的所有方法外，重要管理人员对主要国外分销商的定期个人访问也应当考虑在内，以便他们能够直接看到企业渠道成员面临的问题与需求。

支持国外渠道成员

本书第9章讨论的向国内渠道成员提供支持的方法，可以从三个层次理解。合作的方法是生产商与渠道成员之间最缺乏理解和最疏远的关系。伙伴关系与战略联盟是建立在生产商与渠道成员相互承担义务基础上的彼此理解与比较亲密的一种方式。[41]分销规划是最相互理解与最紧密的结合，是生产商给予渠道成员详细、专业的指导。除了诸如麦当劳、必胜客和其他快餐店采取的特许经营，以及一些主要的连锁旅馆如希尔顿（Hilton）、凯悦（Hyatt），在国际渠道中分销规划中的紧密关系不如在美国普遍，更常见的是伙伴关系或战略联盟。[42]地理上的分离与文化环境的差异，使得通过独立的国外销售渠道来销售产品的渠道结构的分销规划更加困难。类似于分销规划的协议在许可证贸易和合资经营中确实存在（见图18—1），但是这已经超出了我们的讨论范围。

尽管生产商为国外渠道成员提供的特别支持项目，应当建立在对国外销售商或经销商的需求与问题进行详细分析的基础之上[43]，但国际营销学的权威人士认为下面几个因素在世界上许多国家都是至关重要的：（1）足够的利润；（2）区域保护政策；（3）广告支持；（4）财务援助；（5）销售与服务培训；（6）企业咨询；（7）市场调研；（8）佣金销售。[44]

提供足够的利润这一需求在国内与渠道成员交涉时已经提到。[45]如我们前面提到过的，考虑到许多小规模国外销售商面临的成本结构，为它们经营的产品提供丰厚的盈利更加重要，但是这就要求美国生产商就什么是公平合理的利润来改变它们的观点。就许多国外销售商的标准来看，批发商20%～30%的利润率是不够的，而生产商可能会认为这已经超出了美国销售商的一般水平。

区域保护甚至是区域专营的担保，是许多销售商在国内市场上所追求的，在国外市场上更加诱人。由于绝大多数国外销售商的资金十分有限，如果在同一区域、同一消费群体存在其他销售商，它们将不愿冒险去经营、销售生产商的产品。

给予国外销售商和经销商广告支持是又一种重要的援助形式。由于拥有雄厚的资金与广告运用的经验，美国大公司相对于其他国家本土的企业在提供广告支持上占有优势。美国企业巨子，如惠而浦公司为其电器、雅诗兰黛（Estée Lauder）为其化妆品和李维斯为其牛仔裤所做的大量经验丰富的广告，为销售它们产品的国外渠道成员提供了巨大优势。

前面提到，许多国外销售商的资金十分有限，从美国标准看，一些销售商甚至资金短缺。因此，提供财务援助，尤其是以延展信用期的形式提供援助，总是受到欢迎。在许多国家，赊销付款条件如60天或90天，可能会被认为是短于正常的赊销付款期限的，而在美国被看作是延展信用。对那些认为自己提供了慷慨信用的美国企业，在做此决策时必须谨慎采用东道国的观点。

为了建立国外销售合作关系，企业（特别是跨国公司）可以采用销售与服务培训、企业咨询及市场调研的方式。如特佩斯特劳（Terpstra）所指出的：

> 跨国公司的规模与经验给予它们使用其他方式获取销售商合作的优势，如销售与服务培训、企业咨询服务及协助市场调研。在多个国家经营的企业能够在任何市场上利用其经验帮助销售商。在培养职业培训人员，或者为来自不同国家的销售人员设立集中化培训中心时，可以获得规模效益。大多数国内企业则不具备这种优势。[46]

推式销售提供了与国外渠道成员保持联系并帮助它们更加有效地销售商品的途径（见第 12 章）。例如，特佩斯特劳说，箭牌公司在欧洲利用推式销售抵挡住了欧洲人的低价竞争。推式销售人员通常会使零售商确信其高利润来自于知名品牌箭牌，而不是低价但不出名的欧洲品牌。[47]

领导国外营销渠道

从对渠道成员提供指导和取得一定程度控制的角度来讲，无论是国内还是国际市场，领导都是必要的。[48]但是，在国际舞台上实施这种领导要比在国内困难得多。[49]在本章我们已多次指出，环境、文化差异及许多其他因素使得国际渠道的管理比国内渠道的管理要复杂，特别是对于国际渠道成员的领导。国外分销商和经销商同其美国同行一样是独立的企业。[50]但是，国外的分销商和经销商在自己国家特有的贸易惯例、风俗习惯、文化规范及法律体系基础上运营。[51]因此，控制国外渠道成员的行为有时就会充满困难。[52]例如，对于本应在国外市场销售的生产商的产品，国外渠道成员将其转手至国内进行“灰色交易”的难题。韦甘德（Weigand）认为，与从事这种灰色交易的渠道成员进行交易的最有效的补救方法是终止该渠道，但是韦甘德进一步指出，生产商这种行为的自由，在不同的国家有很大的不同：

> 生产商在一些国家选择销售商和控制它们的销售时必须十分谨慎，终止一个背信弃义的中间商的成本几乎接近一个无效战略的成本。众所周知波多黎各的立法保护其本地的经销商，使许多生产商宁可向该国进行直接销售，而在许多亚洲国家进行终止却相当简单。[53]

在一些国家，批发商、零售商以及各类代理商、经纪人以特有的方式经营了几百年甚至几千年。“暴发户”似的美国企业尝试向其指出一种新的方向，最好的情况是被忽视，而最差的情况是引起憎恶。因此，美国企业任何试图控制国外销售商的行为都应将这种因素考虑在内。

这里提到的控制并不意味着美国生产商通过国外分销商销售商品时不能对其有任何的领导。有效的领导是可能的，但是领导的方法不得不明显区别于国内渠道。大生产商与相对较小的销售商或经销商之间的合作在美国十分普遍，但是非人际的、企业对企业之间的关系，通常不如在其他国家的那种更加人际化的、参与型的关系有效。[54]例如，一项关于生产商和国外分销商关系的研究发现，最好的安排有如下特点：

1. 国外生产商对国外分销商作用与例行程序的规定并不严格，而是由分销商在市场上适应环境的变化；

2. 营销战略决策由生产商和销售商共同制定，而不是由生产商强加于销售商；

3. 通过个人拜访、电话和信件进行生产商和国外分销商之间密切的人际接触。[55]

尽管这些因素不是广泛适用的，也不是与国外分销商成功交易的模板，但它们确实表明，美国企业在试图影响国外分销商行为时，不能简单地照搬国内运用的方法。[56]必须多加注意渠道关系中潜在的一个国家的风俗习惯。[57]在谈到中东国家时，斯特恩（Stern）和艾-安萨利（El-Ansary）指出：

> 中东的代理商与分销商为几千年形成的商业风俗所影响。营销对它们来讲，就是守着产品等待消费者。商人的普遍态度是：不是他们卖而是消费者买。在美国和欧洲激励代理商和分销商的“胡萝卜加大棒”哲学在中东行不通。如果过程复杂且时间长，则财务激励不能有效促使分销商努力地销售产品。如果分销商今天赚到了钱，它们就没有特别的动力去赚取更多。[58]

所有这些情形都表明，一个试图在东欧领导分销商的企业，必须留意分销商做生意的方式。通过金钱刺激让分销商为生产商积极努力地分销商品是不起作用的。无论是在中东，还是在地球上的其他区域，生产商都应当熟知影响该国渠道成员行为的风俗习惯，这样才能找到有效的领导方式。

本章小结

在当今市场全球化、竞争全球化的社会里，越来越多的企业都在考虑国际营销的问题。渠道战略作为营销组合的主要组成部分之一，将需要更加关注渠道管理的国际化方向。

国际化渠道运营的环境比国内环境复杂，因为涉及许多不同的国家与文化，为了在国际环境中成功地开发与管理渠道，渠道管理者需要意识到和弄清楚国家的差异以及这些差异是如何影响渠道战略的。这包括各种主要的环境因素，如一个国家的经济形势、竞争因素、社会文化力量、科技发展以及政治法律的约束，等等。

对营销渠道中行为过程的理解，在国际与国内环境中是同样重要的。事实上，国际渠道中渠道系统的行为方面甚至更加重要，因为很多国家的文化模式比美国更加强调私人间的关系。因此，对如何避免渠道冲突、如何在国际渠道中运用权力、如何促进渠道沟通的有效性的理解，在成功的国际销售中是至关重要的。

国际渠道的设计同第 6 章和第 7 章讨论的国内渠道设计一样，都遵循 7 步骤模式，但是由于涉及不同的国外渠道结构，步骤 4（开发可供选择的渠道结构）有所不同。如果企业渠道结构是建立在间接出口的基础上，组织内部没有专门从事国际营销的部门，可供选择的渠道是偶然出口、贸易公司、出口管理公司或者合作或借道。如果企业选择直接出口而不是将大多数国际营销活动委托给他人，可供选择的渠道主要有国外经销商、国外代理商、国外营销机构或者上述三种方式的结合。

如果企业决定使用国外分销商、代理商或经销商，将面临着激励它们有效销售商品的挑战。这在国内环境中是一项困难的工作，在国际环境中就更加困难。这是因为生产商与国外分销商之间有更大的距离，这种距离既包括地理上的，也包括文化上的。生产商需要尽力去找出渠道成员面临的需求与问题，提供相应的支持，并在熟知渠道成员所处社会的风俗习惯基础上进行领导与控制，这在国际渠道管理中尤其重要。

复习题

1. 讨论使得越来越多的美国企业考虑国际营销问题的几个主要因素。

2. 你是否认为当企业进入国外市场时，渠道管理的基本概念与方法都发生了显著变化？试解释。

3. 没有人尤其是渠道管理者，能够完全

了解企业渠道将要拓展到的国外环境的情形。如果这句话是正确的，关于国外环境他们能够了解到什么？

4. 经济、竞争、社会文化、技术、政治、法律等环境因素在全球发挥作用。举例说明除美国外的任何国家上述因素中的任意三种因素的变化。

5. “贸易与社会关系无法结合。”这句话在美国之外的环境如何体现？试讨论。

6. “努力工作，将事情做得又好又快是公认的美德”，就世界各地的文化讨论这种说法。

7. 简要讨论第6章提到的渠道设计模式在国际营销渠道设计中的运用。

8. 解释直接出口与间接出口的区别。

9. 对国外渠道成员进行的激励方式本质上同国内一样。试就基本理论与实际方法、程序进行对比，分析这种说法。

10. 为什么在国外渠道中进行领导与控制比在国内通常要困难？

思考题

1. 唐恩都乐公司（Dunkin' Donuts）1996年通过俄罗斯的特许加盟店进入俄罗斯市场，但经过三年持续的亏损后，唐恩都乐公司在1999年退出了俄罗斯市场。主要的问题之一是唐恩都乐公司无法控制它的加盟店。例如，一家加盟店竟然在出售甜甜圈和咖啡的同时还卖肉派和酒水！2010年春天，唐恩都乐公司再一次尝试通过特许加盟渠道回到俄罗斯市场。在莫斯科，有20家加盟店营业了。在最初尝试进入俄罗斯市场却遭遇加盟店的控制失败之后，唐恩都乐公司认为它学到了非常重要的一课：关注那些了解俄罗斯人需求的加盟店。事实上，大多数俄罗斯人都不知道甜甜圈是什么，他们喜欢奶油树莓果酱糕点和其他特别的烘焙食品。为了赢得俄罗斯市场，即便唐恩都乐公司要确保加盟店的质量和一致性，在研发产品时，唐恩都乐公司还是会聆听加盟商的建议。

你是否认为唐恩都乐公司能够在对俄罗斯的加盟店实施严格控制的同时，又能够在产品开发时听取它们的建议？

2. 戴尔公司在进入中国市场的同时，决定用间接的零售商店来增强它的直销模式。两种台式机和两种笔记本电脑都会以低价格和根据新兴市场的特殊设计，不仅将在北京、上海这些大城市，还将在其他一些小城市的共2 700家国美和苏宁电器城中进行销售。戴尔坚信中国的市场正在快速成长，传统的直销模式将不能与中国快速增长的个人电脑需求相匹配。通过依靠中国的零售商，戴尔希望吸引更多的中国消费者，让他们购买戴尔的电脑。

你同意戴尔的战略吗？原因是什么？这个战略有可能会遇到什么陷阱？

3. 伊森·艾伦公司是美国主要的家具生产商之一，它想重构它在日本的营销渠道。最初，伊森·艾伦通过百货公司销售产品，百货公司从当地的日本分销商处购买家具。百货公司提供给伊森·艾伦家具非常小的摆放空间，并且由于百货公司经营费用高以及当地销售商分掉部分利润，对其产品采取高价位。在新的营销渠道中，伊森·艾伦将直接向大的日本专业零售店 Otsuka Kagu Ltd. 销售商品，该店将为伊森·艾伦提供达1.2万平方英尺的空间，这是它在典型的百货公司摆放面积的3倍。此外，该空间将以店中店的形式为伊森·艾伦家具创建显著标志。伊森·艾伦将为这个新渠道投入更多的资金、付出更多的努力，它希望能长期盈利。

美国企业经常抱怨日本市场实际上是关闭的，而日本认为美国企业目光短浅，不愿在时间和金钱上对在日本销售的产品进行投资。结合该情况，讨论伊森·艾伦为进一步进入日本市场建立的新营销渠道。

4. 在印度市场，可口可乐公司没有建立起一个很好的营销渠道。作为主打产品，可口可乐在印度市场的占有率仅为15%，远远低于其竞争对手百事可乐的25%。可口可乐在大部分国家的市场中都是处于行业领导的地位，在印度却是例外。印度拥有超过10

亿的人口，较大的中产阶级群体，天气也很热，这都说明有巨大的市场潜力。可口可乐现在面临着三个问题：（1）它要从国外运进大量的原材料，因此要承担很重的关税，导致价格没有竞争力；（2）落后的瓶装厂效率低下，产品质量不稳定；（3）公司没有投入大量资本建设渠道，也没有为遍布全国的大大小小的分销商提供广告和促销支持。

你认为类似可口可乐这样一个处于市场领导地位且营销能力非常强的大企业，为什么在印度这样的发展中国家建立一个强有力的营销渠道很不顺利？试讨论。

5. “我们需要拓展市场基础，”一家大型啤酒酿造厂的营销副总裁在出席一次战略计划会议时说，“我们在美国的销售增长率在过去5年中下降了，或许我们需要依赖国际市场的销售来维持我们的销售增长率。”

“我不知道，”公司总裁回答道，“我们确实擅长在美国的营销，我们熟悉营销中的全部细节。如果我们走向国外，我们需要重新学习一整套新的营销技术。”

该总裁说需要重新学习一整套新的营销技术是什么意思？请解释。

6. 宝洁公司是世界上最大的零售消费品制造商，曾经努力地在国际市场销售其产品，但是即使这一营销巨子投入巨额资金与国际分销商打交道，它也遇到了麻烦。例如，在墨西哥，宝洁公司在洗涤剂市场的成长受到当地法律的限制，该国法律要求在墨西哥建立洗涤剂工厂，则墨西哥公司要占多数股权。

讨论在这种情形下，企业寻求在美国制造产品，然后把它们销售到海外可能会有的限制。

7. 海外私人投资公司（Overseas Private Investment Corp.，OPIC.gov）、globalEDGE公司（globalEDGE.msu.edu），CountryWatch公司（CountryWatch.com）是三家网站，它们提供关于跨国营销渠道的设计和管理的相关信息。OPIC.gov是美国政府性质的代理，主要是帮助美国企业进入新兴市场。global EDGE网站是由密歇根州立大学的国际商务中心建立的，它提供的业务很广泛，包括国家统计、培训模块以及关于跨国经营主题的博客。CountryWatch网站是由休斯敦的CountryWatch公司创建的，它免费提供国家档案，以及经济和政治方面的数据，但是要获得更多特殊的、详细的信息则需要付费。

浏览这三家网站，然后简要描述它们是如何提供那些与国际营销渠道设计和管理相关的信息的。

注释

1. Elisabeth A. Sullivan, “The International Advantage,” *Marketing News* (April 15, 2009): 9; Eugene H. Fram and Riad A. Ajami, “International Distributors and the Role of U.S. Top Management,” *Journal of Business and Industrial Marketing* 9, 4 (1994): 33–41.

2. Steve Hamm, “The Back Roads to IT Growth,” *Business Week* (August 6, 2007): 78; see, for example, Aviv Shoham, Gregory M. Rose, and Fredric Kroff, “International Channels of Distribution and the Role of Centralization,” *Journal of Global Marketing* 13, 1 (1999): 87–103; James Wills, A. Coskun Samli, and Laurence Jacobs, “Developing Global Products and Marketing Strategies: A Construct and Research Agenda,” *Journal of the Academy of Marketing Science* (Winter 1991): 1–10.

3. Michael R. Czinkota and Ilkka A. Ronkainen, *International Marketing*, 5th ed. (Fort Worth, Tex: Dryden Press, 1999); Vern Terpstra and Ravi Sarathy, *International Marketing*, 6th ed. (Fort Worth, Tex: Dryden Press, 1994); Warren J. Keegan, *Global Marketing Management*, 5th ed. (Englewood Cliffs, N.J.: Prentice-Hall 1995).

4. Peter Child, “Lessons from a Global Retailer: An Interview with the President of Carrefour China,” *McKinsey Quarterly* Special Edition (2006): 70–81; Bert Rosenbloom, Trina Larsen, and Rajiv Mehta, “Global Marketing Channels and the Standardization Controversy,” *Journal of Global Marketing* 11, 1 (1997): 49–64.

5. For a related discussion see: Aviv Shoham, Maja Makovec, Vesna Virant, and Ayalla Ruvio, “International Standardization of Channel Management and Its Behavioral and Performance Outcomes,” *Journal of International Marketing* Vol. 16, No. 2, (2008): 120–151;

see, for example, David Arnold, "Seven Rules of International Distribution," *Harvard Business Review* (November-December 2000): 131–137.

6. See for example: Emanuel Yujuico and Betsy D. Gelb, "Better Marketing to Developing Countries: Why and How," *Business Horizons* Vol. 53 (2010): 501–509; Saul Klein, Gary L. Frazier, and Victor J. Roth, "A Transaction Cost Analysis Model of Channel Integration in International Markets," *Journal of Marketing Research* (May 1990): 195–208.
7. See for example: Dexter Roberts, "Behind Caterpillar's Big Scoop in China," *Business Week* (December 22, 2008): 58.
8. For a related discussion, see Luis V. Dominguez and Walter Zinn, "International Supplier Characteristics Associated with Successful Long-Term Buyer/Seller Relationships," *Journal of Business Logistics* 15, 2 (1994): 63–87.
9. See, for example, Jeanne Whalen, "Russian Market Is Looking Friendlier to Retailers Making Moves into Moscow," *Wall Street Journal* (August 13, 2001): A B7.
10. See, for example, Ahmed A. Ahmed and Ahmed A. Al-Motawa, "Communication and Related Channel Phenomena in International Markets: The Saudi Car-Market," *Journal of Global Marketing* 10, 3 (1997): 67–81; Robert E. Weigand, "Daitenhol Japan's Clogged Distribution System," *Asian Wall Street Journal* (November 2, 1989): 10.
11. See for example: Carlos Niezen and Julio Rodriguez "Distribution Lessons from Mom and Pop," *Harvard Business Review* (April 2008): 23–24.
12. For a related discussion, see Aviv Shoham, Gregory M. Rose, and Fredric Kroff, "Conflict in International Channels of Distribution," *Journal of Global Marketing* 11, 2 (1997): 5–22.
13. A. Coskun Samli, James R. Wills, Jr. and Paul Herbig, "The Information Superhighway Goes International: Implications for Industrial Sales Transactions," *Industrial Marketing Management* 26 (1997): 51–58.
14. For an excellent background article on Japan's distribution system, see Arich Goldman, "Japan's Distribution System: Institutional Structure, Internal Political Economy, and Modernization," *Journal of Retailing* (Summer 1991): 154–183.
15. Jacob M. Schlesinger, "A Slot-Machine Maker Trying to Sell in Japan Hits Countless Barriers," *Wall Street Journal* (May 11, 1993): A1, A8.
16. For two excellent related articles, see Michael R. Czinkota, "Distribution in Japan: Problems and Changes," *Columbia Journal of World Business* (Fall 1985): 65–71; and Robert H. Hacker, "Avoiding Export Failure in Japan," *Journal of Business Strategy* (Spring 1985): 31–34.
17. For an article that did *not* find evidence of discrimination against foreign products in Japan, see Norm Borin, Cynthia Van Vranken, and Paul W. Farris, "A Pilot Test of Discrimination in the Japanese Distribution System," *Journal of Retailing* (Spring 1991): 93–106.
18. Gregory M. Rose and Aviv Shoham, "Interorganizational Task and Emotional Conflict with International Channels of Distribution," *Journal of Business Research* Vol. 57 (2004): 942–958; Jean L. Johnson and Peter V. Raven, "Relationship, Quality, Satisfaction, and Performance in Export Marketing Channels," *Journal of Marketing Channels* 5, 3/4 (1996): 19–48; Peter Raven, Patriya Tansuhaj, and Jim McCullough, "Effects of Power in Export Channels," *Journal of Global Marketing* 7, 2 (1993): 97–116.
19. See for example: Nicola Calicchio, Tracy Francis, and Alastair Ramsay, "How Big Retailers Can Serve Brazil's Mass-Market Shoppers," *McKinsey Quarterly* Special Edition (2007): 51–57; Meeyoung Song, "How to Sell in Korea? Marketers Count the Ways," *Wall Street Journal* (August 24, 2001): A6.
20. For a related discussion, see Daniel C. Bello, Li Zhang, and Harash J. Sachdev, "The Quasi-Integrated Export Marketing Channel," *Journal of Marketing Channels* 5, 1 (1996): 59–90.
21. For an excellent article that discusses the importance of marketing channels in gaining success for products in foreign markets, see S. Tamer Cavusgil and V.H. Kirpalani, "Introducing Products into Export Markets: Success Factors," *Journal of Business Research* 27 (1993): 1–15.
22. Pankoj Ghemawat, "Distance Still Matters: The Hard Reality of Global Expansion," *Harvard Business Review* (September 2001): 137–147.
23. See for example: Kathy Sandler, "Apple Adds Second iPhone Seller in U.K.," *Wall Street Journal* (September 2, 2009): B8.
24. Saeed Samiee and Peter G. P. Walters, "Segmenting Corporate Exporting Activities: Sporadic versus Regular Exporters," *Journal of the Academy of Marketing Science* (Spring 1991): 93–104.
25. V.H. Kirpalani, *International Marketing* (New York: Random House, 1985), 78–79.
26. Mary Anne Raymond, Jonghoon Kim, and Alan T. Shao, "Export Strategy and Performance: Comparison of Exports in a Developing Market and an Emerging Market," *Journal of Global Marketing* 15, 2 (2001): 5–27.
27. See for example: Ellen Byron, "P&G's Global Target: Shelves of Tiny Stores," *Wall Street Journal* (July 16, 2007): A1, A10.
28. Ahmed A. Ahmed, "Channel Control in International Markets," *European Journal of Marketing* (1977): 327–334.
29. *Statistical Abstract of the United States 2010,* 129th edition, Washington, D.C., U.S. Census Bureau: 786.
30. See, for example, Ghozi M. Habib and John J. Burnett,

"An Assessment of Channel Behavior in an Alternative Structural Arrangement: The International Joint Venture," *International Marketing Review* 6 (1989): 7–21.

31. Andre Beaujanot Q., Larry Lockshin, and Pascale Quester, "Distribution Business Characteristics, Buyer/Seller Relationship and Market Orientation: An Empirical Study of the Australian Wine Export Industry," *Journal of Marketing Channels* Vol. 12, No.1 (2004): 79–100; S. Tamar Cavusgil, Poh-Lin Yeoh, and Michel Mitri, "Selecting Foreign Distributors: An Export Systems Approach," *Industrial Marketing Management* 24 (1995): 297–304.
32. David Murphy and David Lague, "As China's Car Market Takes Off the Party Grows a Bit Crowded," *Wall Street Journal* (July 3, 2002): A9.
33. For a related discussion see: Alejandro Diaz, Jorge A. Lacayo, and Luis Salcedo, "Selling to Mom-and-Pop Stores in Latin America," *McKinsey Quarterly* Special Edition (2007): 71–81.
34. Bert Rosenbloom, "Motivating Your International Channel Partner," *Business Horizons* (March-April 1990): 53–57.
35. For an in-depth analysis and empirical study of this proposition as it applies to an industrial product channel in India, see Gary L. Frazier, James D. Gill, and Sudhir H. Kale, "Dealer Dependence Levels and Reciprocal Actions in a Channel of Distribution in a Developing Country," *Journal of Marketing* (January 1989): 50–69.
36. For a discussion of how this might apply in Australia, see B. Ramaseshan and Leyland F. Pitt, "Major Industrial Distribution Issues Facing Managers in Australia," *Industrial Marketing Management* 19 (1990): 225–234.
37. See for example: William J. Holstein, "Why Wall-Mart Can't Find Happiness in Japan," *Fortune* (August 6, 2007): 73–78; Rustan Kosenko and Don Rathz, "The Japanese Channels of Distribution: Difficult but Not Insurmountable," in *Proceedings of the Annual Educators' Conference of the American Marketing Association*, eds. Gary Frazier et al. (Chicago: American Marketing Association, 1988), 233–236.
38. See, for example, Soumava Banbdyopadhyay and Robert H. Robicheaux, "Dealer Satisfaction Through Relationship Marketing Across Cultures," *Journal of Marketing Channels* 6, 2 (1997): 35–55.
39. For a related discussion see: Michael Arndt, "Urban Outfitters' Grow-Slow Strategy," *Bloomberg Business Week* (March 1, 2010): 56.
40. Dionysis Skarmeas, Constantine S. Katsikeas, Stavroula Spyropoulou, and Esmail Salehi-Sangari, "Market and Supplier Characteristics Driving Distributor Relationship Quality in International Marketing Channels of Industrial Products," *Industrial Marketing Management* Vol. 57 (2008): 23–36.
41. Rajiv Mehta, Trina Larsen, Bert Rosenbloom, and Joseph Ganitsky, "The Impact of Cultural Differences in U.S. Business-to-Business Export Marketing Channel Strategic Alliances," *Industrial Marketing Management* (February 2006): 156–165.
42. Dogan Eroglu and Ugar Yavas, "Determinants of Satisfaction with Partnership in International Joint Ventures: A Channels Perspective," *Journal of Marketing Channels* 5, 2 (1996): 63–80; James R. Lowry, "A Partnering Approach to Mass Merchandising in Russia," *Business Horizons* (July-August 1995): 28–31.
43. See, for example, Saul Klein and Victor J. Roth, "Satisfaction with International Marketing Channels," *Journal of the Academy of Marketing Science* (Winter 1993): 39–44.
44. Terpstra and Sarathy, *International Marketing*, 6th ed., 388–391.
45. Bert Rosenbloom and Trina L. Larsen, "How Foreign Firms View Their U.S. Distributors," *Industrial Marketing Management* 21 (1992): 93–101.
46. Terpstra and Sarathy, *International Marketing*, 6th ed., 390.
47. Terpstra and Sarathy, *International Marketing*, 6th ed., 391.
48. Bert Rosenbloom, Rajiv Mehta, Trina Larsen, and Michael Pearson, " Leadership Styles, Culture and Cooperation in Global Marketing Channels," *Journal of Shopping Center Research* (Fall 1997): 95–116.
49. For a discussion related to how this issue might affect international franchised channels, see Gordon Storholm and Sreedhar Kavi, "Impediments to International Franchising in the Business Format Sector," *Journal of Marketing Channels* (1992): 81–95.
50. Carl Arthur Solberg, "Product Complexity and Cultural Distance Effects on Managing International Distributor Relationships: A Contingency Approach," *Journal of International Marketing*, Vol. 16, No. 3, (2008): 57–83.
51. See, for example, Douglass G. Norvell and Robert Morey, "Ethnodomination in the Channels of Distribution of Third World Nations," *Journal of the Academy of Marketing Science* (Summer 1983): 204–215.
52. Rajiv Mehta, Trina Larsen, and Bert Rosenbloom, "The Influence of Leadership Styles on Co-operation in Channels of Distribution," *International Journal of Physical Distribution & Logistics Management* 26, 6 (1996): 32–59.
53. Robert E. Weigand, "Parallel Import Channels—Options for Preserving Territorial Integrity," *Columbia Journal of World Business* (Spring 1991): 59.
54. Bert Rosenbloom and Trina L. Larsen, "Communications in International Business-to-Business Marketing Channels," *Industrial Marketing Management* (April 2003): 1–7.
55. Philip J. Rosson and I. David Ford, "Manufacturer-Distributor Relations and Export Performance," Paper presented at the Academy of International Business, New Orleans, October 1980.

56. See, for example, Daniel C. Bello and David I. Gilliland, "The Effect of Output Controls, Process Controls, and Flexibility on Export Channel Performance," *Journal of Marketing* (January 1997): 22–38.

57 Boryana Dimatrova and Bert Rosenbloom, "Standardization Versus Adaptation in Global Markets: Is Channel Strategy Different?," *Journal of Marketing Channels* (April-June 2010): 157–176; Bert Rosenbloom and Trina L. Larsen, "International Channels of Distribution and the Role of Comparative Marketing Analysis," *Journal of Global Marketing* 4 (1991): 39–54.

58. Louis W. Stern and Adel I. Al-Ansary, *Marketing Channels*, 2nd ed. (Englewood Cliffs, N.J.: Prentice-Hall 1982), 537.

第 V 篇 案例

案例1

杰西潘尼公司——用 Facebook 作为营销渠道

近几年来，社交网络诸如 Facebook、Twitter、MySpace 和 LinkedIn 等发展迅速，特别是 Facebook，2001—2010 年十年间，约有超过 6 亿用户注册了 Facebook，美国 18～33 岁的青少年中约有 75%注册了 Facebook 或 MySpace（见表 1）。

表 1　社交网络用户年龄分布

年龄	拥有 Facebook 或 MySpace 账户的比例
18～33 岁	74%
34～44 岁	47%
45～54 岁	41%
55 岁及以上	24%

资料来源：Compiled from *DMA* 2010 *Statistical Fact Book*. New York：Direct Marketing Association 2010.

对大多数人来说，尤其是青少年，社交网络就是一个高科技的沟通平台。在这里，人们可以和家人及朋友交流、分享照片、玩游戏、浏览视频等，还可以参加一系列有趣的活动（见表 2）。

表 2　18～24 岁人群社交网络活动排名

活动	百分比
照片分享	89%
游戏	53%
娱乐活动	51%
新闻	32%
天气	29%
旅行	27%
运动	22%
购物	18%
美食	14%
其他活动	53%

资料来源：Compiled from *DMA* 2010 *Statistical Fact Book*. New York. Direct Marketing Association 2010：p. 111.

在社交网络上所有活动中排名第一位的是“照片分享”，占89%，尽管“购物”在所有活动中只占18%，排名第八位，但这也说明了年轻人已经开始使用社交网站进行购物，社交网络成为一种营销渠道。已经有一些知名企业注意到了社交网络的巨大潜力[1]，如拥有193年历史的零售商布克兄弟（Brooks Brothers）在其Facebook主页上建立了关于电子商务的部分，使得顾客可以不用离开网页就能订购到丰富的商品（见图1）。

图1　布克兄弟公司的Facebook营销网站

其他比较成熟的网络营销渠道有1-800-Flowers.com（见图2）和达美航空（Delta Airlines），后者也拥有它的Facebook主页，即“达美售票柜台”（Delta Ticket Counter）（见图3）。[2]然而，目前最雄心勃勃和具有竞争力的成功将Facebook作为营销渠道的例子是传统全国连锁店——杰西潘尼（JCPenney）。[3]

图 2　1-800-Flowers 的 Facebook 营销网站

杰西潘尼的 Facebook 营销渠道

杰西潘尼公司已经成立了一个多世纪，作为一个备受尊敬的零售商，公司却并未像亚马逊那样被认为是一个高科技的领军企业。然而，这种观念需要转变，因为杰西潘尼公司通过在 Facebook 主页上提供了所有商品的目录而跻身该领域成为主要的零售商。顾客之前需要在杰西潘尼的网站上进行购物，而现在可以不用离开杰西潘尼的 Facebook 页面，就可以直接买到需要的商品（见图 4）。此外，顾客还可以在 Facebook 上添加他们关于商品的推荐和评论，这些信息都会传达给他们的亲戚朋友。杰西潘尼的 Facebook 已经有了 13 万粉丝，并在不断增长，这种新型的基于 Facebook 的电子商务营销渠道成为公司的主要利润增长点。[4]

图3　达美航空公司的Facebook营销网站（售票柜台）

杰西潘尼公司的电子活动领导者汤姆·尼尔森（Tom Nelson）认为公司的新型网络营销渠道将比其他销售渠道带给公司更多的益处。尼尔森相信，这种Facebook电子商务将“和实体店一样，鼓励社会整合和用户参与”。[5]换句话说，这种社交网络特有的交流、分享和对话方式将给杰西潘尼带来与客户更加紧密的联系。

社交网络营销渠道的意义

杰西潘尼的这些创新举动不仅为其他公司树立了榜样，更多的是揭示了社交网络作为网络营销渠道的意义，同时将对网络营销渠道和其他各种渠道，甚至整个分销活动产生一定影响。[6]这些意义将在接下来进行讨论。

社交网络营销渠道有什么不同吗？

这种能够使顾客不用离开社交网络的页面再去登录其他网站进行购物的方式，不仅提供了极大的方便，更实现了一种与众不同的购物环境。当人们访问购物网站时，

图 4　杰西潘尼公司的 Facebook 营销网站

他们只是为了能够快速地买到想要的商品，但人们浏览诸如 Facebook 此类的社交网站时，他们不仅仅是为了购物（见表 1），因此，这种社交网络用户的思维模式和情绪通常与在传统的购物时是不同的。电子商务在过去近 20 年中常被用来描述从这种单纯的商务网站上进行购物的活动，现在有了“社交购物”（S-commerce）甚至是“脸谱购物”（F-commerce），使得网上购物成为逛社交网站的一种“副产品”。这种前所未有的环境可能会影响到消费者的观念，从而影响到他们在这些社交网站上想要购买的产品。

消费者能否接受这种社交网络营销渠道?

近年来不断兴起的社交网络使得全球几百万人每天、每时、每刻都能够保持联系并互相交流。正如“社交”一词的含义，通过 Facebook、Twitter、MySpace、LinkedIn 以及其他此类网站实现了社交功能，而非与他人的商务交流或经济活动。尽管各种规模的公司用社交网站与其顾客或潜在顾客进行交流，社交网站本身想要强调的仍然更多的是“社交”而非“商务”。因此，这些被细分的顾客是否会曲解将电子商务渠道嵌入社交网站的意图，他们是否会忽视这实际上是一个积极的发展呢？

这种社交网络营销渠道适合所有人吗？

建立比较成熟的社交网络营销渠道仍然是一种比较新鲜的营销渠道战略，支持技术已经比较可行，且成本将大幅度下降。很明显，几乎每个公司都有自己可用的社交网站，其中已经包含了公司的大部分信息，当然也可以建立自己的社交网站营销渠道。这种手段看起来没什么不同，因为每个人都可以实现，然而当顾客对于他们访问的每家网站都提出“社交购物”或“脸谱购物”的要求时，这种营销渠道战略带来的利润是否还会存在呢？

讨论题

1. 大型的零售商建立这种成熟的社交网络营销渠道是不可避免的吗？为什么？
2. 为什么生产商会将社交网站当做直接对顾客进行销售的渠道？
3. 你认为从社交网站上进行购物与从传统企业网站上购物有什么不同吗？

注释

1. http：//econsultancy. com/us/blog/7540-101-f-conmmerce-examples
2. http：//www. tnooz. com/2010/08/12/news/delta-beats-easyjet-as-first-airline-to-offer-bookin. . .
3. http：//mashable. com/2010/12/14/jcpenney-sets-up-shop/on/facebook/
4. http：//www. practicalecommerce. com/blogs/post/788-J-C-Penney-Moves-Entire-Product-C. . .
5. http：//www. ft. com/intl/cms/s/0/ff2a0eb2-0713-11e0-94fl-00144feabdc0. html
6. http：//finance. yahoo. com/news/Penneys-shopping-experience-apf-4160026686. html？ x=0

案例2

微软零售店——新渠道战略

微软公司的历史

微软公司是由比尔·盖茨（Bill Gates）和保罗·艾伦（Paul Allen）在1975年创立的，主要以个人电脑（PC）的Windows操作系统、办公软件（Microsoft Office）和其他的软件服务产品而知名。20世纪80年代，微软和IBM公司合作创造了与IBM第一台个人电脑匹配的操作系统（operating system，OS）。一直在1990年之前，微软还一直是硬件制造商的程序语言和操作系统的主要提供商。1990年之后，微软的重点转移到了向企业和个人用户提供操作系统上来，如今这一部分已经占微软公司的销售额的很大比例：2009年下半年，这部分业务创造的收入占公司总收入的43%。[1]2009年之前，微软只通过百思买和CompUSA向顾客提供软件产品。为了实现公司的发展和多元化，微软也开拓了新产业，1996年和美国全国广播公司（NBC）合资成立了全天候有线新闻频道MSNBC。在21世纪前几年，微软公司通过推广Xbox第一代进入了视频游戏机的市场。

微软公司是高新技术产业中的领先企业，也是世界上最大的软件公司。公司现在关注的重点是产品创新，不仅注重提升产品的趣味性，更注重通过新产品实现“更好地服务客户与促进技术创新”。[2]

变革的需求

尽管微软公司一直在操作系统市场中处于领先地位，但来自主要竞争对手苹果公司（Apple）的Mac操作系统在2008—2009年间的市场份额增长了37%，直接造成了Windows操作系统同期的市场份额下降[3]（见图1和图2），因此，微软公司2009

年的总收入和毛利润与2008年相比有所下降，而苹果公司2009年的收入和利润有所上升（见表1）。

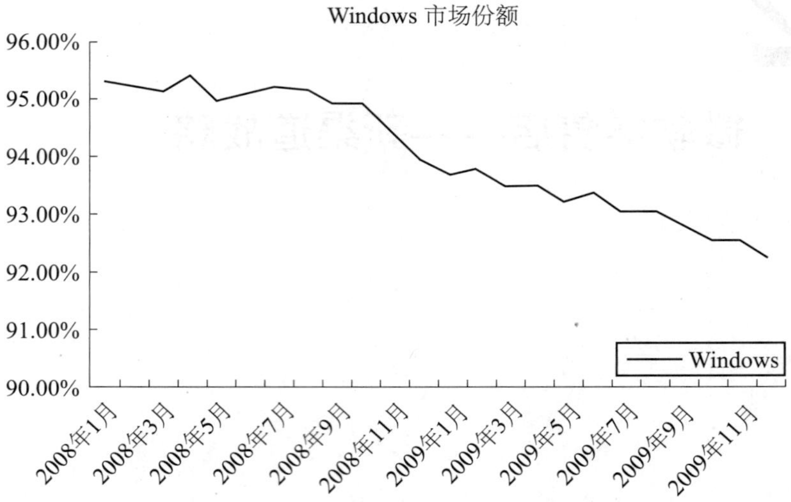

图1　Windows 操作系统的市场份额（2008 年 1 月至 2009 年 12 月）

资料来源：Data available from：http：//marketshare. hitslink. com/report. aspx？qprid＝9＃.

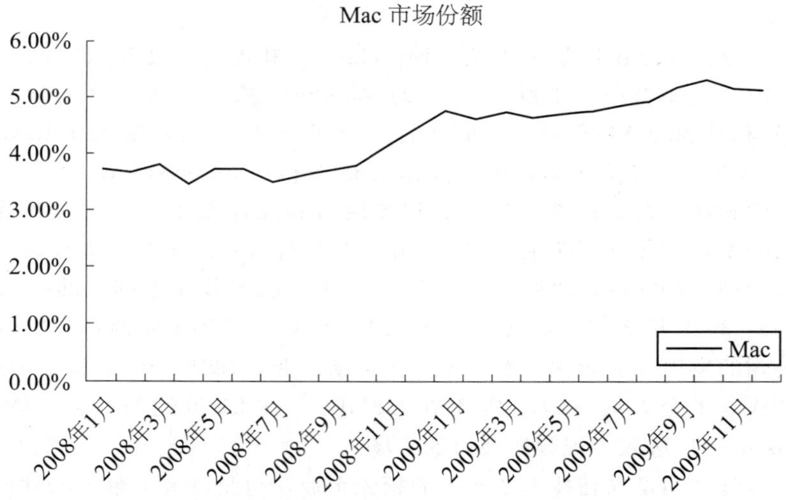

图2　Mac 操作系统的市场份额（2008 年 1 月至 2009 年 12 月）

资料来源：Data available from：http：//marketshare. hitslink. com/report. aspx？qprid＝9＃.

表1　　2008—2009年微软公司与苹果公司的收入和毛利润情况

	微软公司		苹果公司	
	2009年6月	2008年6月	2009年6月	2008年6月
收入（百万美元）	58 437	60 420	36 537	32 479
产品销售成本（百万美元）	12 155	11 598	23 397	21 334
毛利润（百万美元）	46 282	48 822	13 140	11 145

资料来源：Data available from：http//www. hoovers. com/company.

在此之前，苹果从来没有被认为会动摇微软公司 Windows 操作系统的地位，现在这种观点必须要改变了。微软公司的管理者确信苹果公司是操作系统中的有力竞争者，此外，苹果零售店空前的巨大成功也直接导致了苹果的市场份额的增长。事实上，2008 年苹果每平方英尺的销售额达到约 4 700 美元[4]，这是零售业中有史以来的最好成绩。通过开设零售商店，苹果公司不仅为产品创造了一种销售渠道，更为顾客提供了一种难忘的商店气氛和从未有过的购物体验与服务。这些举动使得需要更高的客户和技术支持的顾客转而购买苹果的 Macbook 电脑，因为微软公司在这方面做得远不如苹果公司。

为了挽救 Windows 日渐缩减的市场份额，微软公司的管理者正在寻找一种能够维持与扩大客户群的战略。微软的首席运营官（COO）凯文·特纳（Kevin Turner）说，微软正在试图建立与顾客的长期关系，以能够“真正传达客户的需求，并真正凸显软件的魔力与技术的价值”。[5]微软公司的管理团队想出了一种与苹果公司类似的办法，“加深与顾客的沟通，继续实现第一时间了解他们对于产品和购买方式的需求”[6]，即开设了公司自有的零售店。微软相信，通过这种方式，公司能够对新型的产品实现更好的控制，并将其销售给顾客。

微软公司在 2009 年 2 月雇用了沃尔玛的前总裁戴维·波特（David Porter）为微软零售店的副总裁。[7]波特致力于组建一支能够实现微软长期营销目标的专家团队，当谈到微软的新渠道战略时，波特这样说道：

> 我们的客户说，他们消费这些高科技产品时，想要的是更多的选择、更高的价值和更好的服务，这些也正是我们希望通过微软零售店实现的……我们想要证明，微软这个品牌，能做的有很多。[8]

微软零售店

微软的第一和第二家零售店于 2009 年 10 月末在亚利桑那州的斯科茨代尔市和加利福尼亚州的米申维耶霍市开业。[9]在 2010 年上半年微软又在加州的圣迭戈市和科罗拉多州的隆特立市新开设了两家零售店。[10]2010 年 7 月，首席运营官凯文·特纳称微软计划开设 12 家以上的零售店，因为“（微软零售店）对于我们来说是个绝好的学习手段”。[11]微软零售店的店面有四个“区”，使顾客能够进行不同的技术体验。此外，店里特有的电脑配备了便携式播放器 Zunes、Xbox 视频游戏控制设备、耳机和宽大的显示屏，墙上还装有巨大的 LCD 显示屏列，零售店的最里面是笔记本电脑包和其他软件等产品。购买软件的客户可以在终端机上选购所需的功能，而后他们会得到一个虚拟的认证和软件光盘，这个光盘的封面和软件手册也是即时生成的。Xbox 迷们能够在店里的游戏专区享受到 94 英寸的大显示屏、专座和控制柄带来的游戏体验，同时，顾客还能够在店里享受电脑的定制服务，能够自行选择 Xbox 控制设备和 Zunes 播放器，以及由微软和 Skinit 公司合作提供的“皮肤”，即电脑外观设计（见图 3）。[12]微软斯科茨代尔市零售店的经理柯丽尔·席博德（Cheryl Hibbard）说：

微软零售店里集中了各种顾客的选择和偏好，因此所提供的服务就是要让顾客通过技术将个性化的需求和风格表达出来，不管是内在的还是外在的。[13]

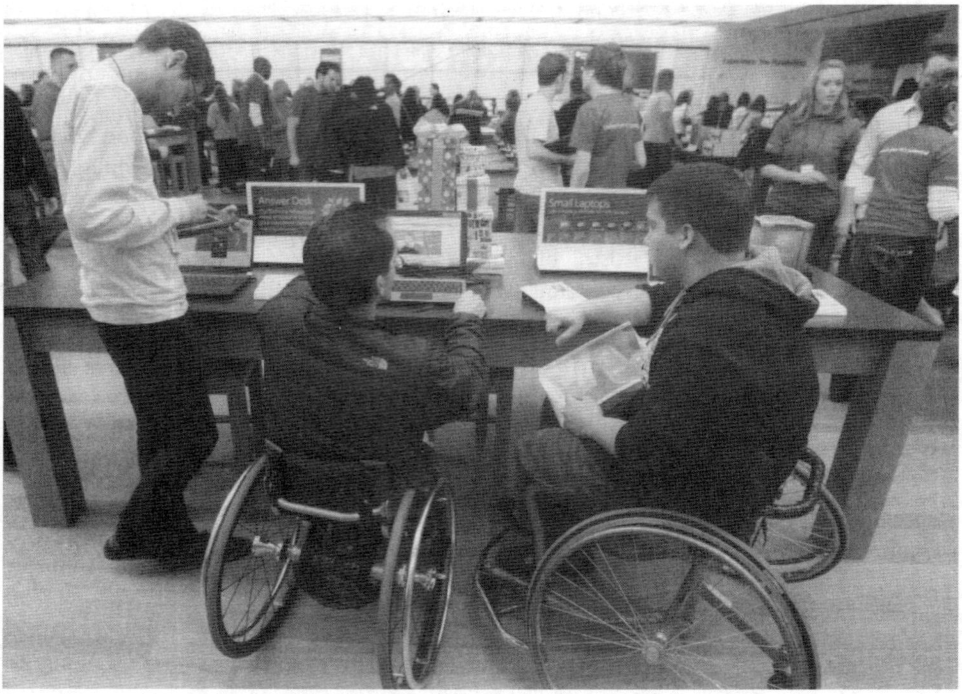

图3　微软零售店

微软公司致力于在零售店中提供与众不同的销售服务，在这样一个友好的店面环境中，顾客能够得到关于产品功能和特性的信息，从而对微软的产品了解得更多。

接下来是什么

微软在操作系统的市场中领先了很长时间，但它并不太了解零售，因此，微软自有零售店的开设，是对苹果的渠道战略成功的对抗，也是这个操作系统巨头的一次大胆尝试。微软能做到吗？也许有人会说，苹果在企业发展过程中的创新是苹果的零售战略成功实施的关键，而这正是微软所缺乏的。微软公司的管理者也意识到了公司自有零售店开设所面临的重重挑战，但是他们仍决定通过仔细规划、发展和提升公司的零售战略，为现有的和将来的客户提供更高层面的顾客和技术支持。正如波特所说：

零售是一项有趣的商业活动，它永远也不会结束，总是有新的商品在等着你，也总是有更好的方法，我们总是能不断提升我们的服务。因此，让我们变得更好吧！这也是微软零售所追求的。微软的明天将比今天更出色，它的每一天都在进步。[14]

微软的管理者对于微软零售的未来保持乐观的期待，然而它还是因为和苹果零售店太过相似而被人指责抄袭，甚至有传闻说，微软聘用了苹果的员工和店铺经理，就像"洗劫"了苹果零售店。[15]简而言之，微软被指控"模仿"了苹果的渠道战略，而不是设计自己的战略。此外，微软希望通过开设自有的零售店，能够提升公司的渠道战略，不用再依赖于百思买和 CompUSA 将产品销售给顾客。[16]问题的关键在于：微软如何能够在保持与原有的独立零售商的关系的同时实现渠道战略的提升呢?

讨论题

1. 为什么微软公司会开设自有的零售店，从而改变了它原有的渠道战略?

2. 微软零售店的开设和运营真的能够带给其顾客需要的服务和购物体验吗? 为什么?

3. 通过开设自有的零售店，微软只是为了模仿苹果，从而实现"一样好"吗? 你认为微软这一举动背后还有其他原因吗?

注释

1. http：//www. microsoft. com/msft/IC/FinancialStatements. aspx? table = SegmentRevenues
2. http：//www. microsoft. com/about/companyinformation/ourbusinesses/business. mspx
3. http：//www. tuaw. com/2009/02/02/apple-market-share-continues-to-climb-windows-drops/http：//news. cnet. com/8301-1023-3-10426369-93. html
4. http：//www. nytimes. com/2009/10/13/business/media/13disney. html? _ r=1&pagewanted=print
5. http：//www. foxnews. com/story/0,2933,569267,00. html
6. Nick Wingfield. (2009，February 15). "Microsoft to Open Stores，Hires Retail Hand." *Wall Street Journal* (Eastern Edition)，p. B. 4.
7. Nick Wingfield. (2009，October 13). "Microsoft Seeks to Take a Bite Out of Apple With New Stores." *Wall Street Journal* (Eastern Edition)，p. B. 1.
8. http：//www. microsoft. com/presspass/features/2009/oct09/10-22retailopens. mspx
9. http：//www. microsoft. com/presspass/features/2009/oct09/10-22retailopens. mspx
10. http：//www. microsoft. com/presspass/presskits/retailstores/
11. http：//www. crn. com/software/225900095
12. http：//www. microsoft. com/presspass/features/2009/oct09/10-22retailopens. mspx
13. http：//www. microsoft. com/presspass/features/2009/oct09/10-22retailopens. mspx
14. http：//www. microsoft. com/presspass/features/2009/oct09/10-22retailopens. mspx
15. http：//www. loopinsight. com/2009/09/21/microsoft-pouching-apple-storemanagers-and-sales-staff/
16. Nick Wingfield. (2009，October 15). "Microsoft Seeks to Take a Bite Out of Apple With New Stores." *Wall Street Journal* (Eastern Edition)，p. B. 1.

案例3

克拉克花店——渠道会非中间化吗

花卉的营销渠道

20多年前，人们不把本地杂货店、折扣店以及量贩店看作主要的花卉销售商。花卉不是日用品，消费者主要从当地的花店买花。全国性的通信服务提供商，如国际送花会（Florists' Transworld Delivery Association，FTD），通过为全球范围内的花卉购买及配送提供便利性服务，也在花卉零售组织中发挥着重要作用。当时信用卡还不像如今这样普遍，因此，人们让花卉种植户安排花卉的异地配送。绝大多数消费者认为花卉适用于特殊的场合。

今天，量贩零售与花卉的每日促销使消费者从现金购买和自运的方式中解脱出来。此外，消费者可以通过互联网直接联系世界各地的花店，并能通过花店的网站发订单。消费者也可以访问网络服务站点，甚至是一个能够在当地、全国乃至全球配送花卉的花卉种植户。

克拉克花店的历史

克拉克花店（Clark's Flower Shops）位于纽约州北部的乡村，是一家有11年历史的鲜花零售商。花店的创始人和所有者是鲍勃·克拉克（Bob Clark）与迪伊·克拉克（Dee Clark），寄托了他们把花卉送入千家万户的梦想。克拉克家族自1976年即从事花卉业，公司从家庭式作坊成长为拥有3家能提供全面服务的花店、1家花园中心和2家零售店的地区性盆栽花种植商和批发商。克拉克花店对选择现购自运方式的消费者提供新鲜、实惠的花卉。玫瑰最畅销，“情人节”则是花店最重要的节日。通过冷藏可以最大限度地保持花的新鲜，花卉可以销往欧洲，插在花筒和花瓶里，摆放于店铺中。

历史上第一次，鲍勃和迪伊主要从纽约州奥尔巴尼、佛蒙特州柏灵顿以及加拿大的魁北克省等地的地区性批发商那里采购。富于创新精神的他们还从蒙特利尔的花卉拍卖中搜寻花种，通过网上代理和买花人网站（FlowerBuyer. com）的服务，直接寻找种植户或从网上购货。

花店的花来自世界各地：郁金香、百合、鸢尾等来自荷兰的球茎花；哥伦比亚和厄瓜多尔玫瑰；夏威夷的热带花，如花烛、海里康；南非的普罗梯亚木；加拿大的盆栽。由于市场上的定价策略是基于交易量的，克拉克花店不按束而以盒为单位大量购进其主营花卉，这使得克拉克花店在价格上可以同量贩店及杂货连锁店竞争。采购价对花卉业务极其重要，要按"每根花茎的成本"来一分一厘地节省，而更有效的配送方式会节约成本，对利润有重要影响。

行业情况

电子商务和直接向花卉种植户或网上供应商买花，以及地区性批发商可能会面临的"去中间化"，都使得像克拉克花店这样的花卉零售商处于令人羡慕的地位。传统分销渠道正面临着以技术为导向的直接供货商的竞争，后者变革了传统的采购方式。

20 年前，鲜花用批发商的卡车和灰狗巴士（Greyhound）配送到纽约州北部的乡村，在此之前是用火车。典型的方法是，要么花卉是美国产，以陆路方式运给地区性批发商；要么是通过代理进口的花卉，先运到迈阿密、佛罗里达等接收港，然后再用卡车配送给地区性批发商。州际运输商用冷藏卡车运花，地区性分销商紧接着用小货车和厢式货车将花卉送达当地零售店。花卉行业传统的分销渠道是从花卉种植商到批发商，再到零售商，之后到最终消费者（见图 1）。虽然批发商的卡车仍在运花卉产品，但是联邦快递（FedEx）和联合包裹服务公司（UPS）已经以强大的竞争者身份开始向零售商和消费者配送花卉。

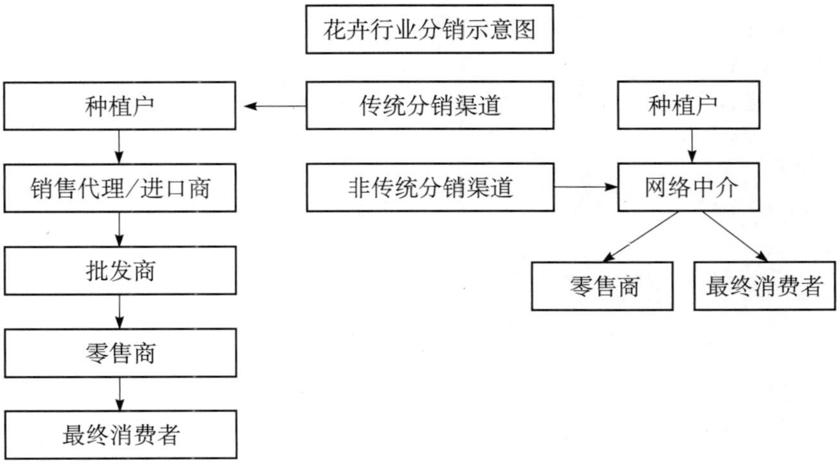

图 1　花卉行业分销示意图

尽管沟通方式和运输方式已经改变，花店依然分销绝大多数花卉产品；非传统型的零售商如超市、折扣店和摊贩只分销剩余的部分。消费者购买的鲜花中仍有约一半是为了像“情人节”这样的特殊日子而买的。21 世纪的分销渠道是在不断演化的。零售商和消费者能够通过电话、代理、网络或其他转售商直接从种植户那里购买花卉，这些选择在以前是没有的。

批发商的角色

一些零售商喜欢亲自挑选所要经销的花卉。如果这不容易实现，它们就必须确信批发商有能力选择产品，因此，一个值得信任的批发商会成为好帮手。一些小型花卉企业，如克拉克花店，对某些品类的花卉经销不了太多，但消费者对产品品种的要求是很广的，因此，花店需要确保自已能及时可靠地调出库存，以维持生计。传统批发商能够为花店提供供货保证，因而再次成为有价值的资源。

鲜花一般以包装盒而不是花束为单位来运给批发商。传统的批发商能对产品进行再包装、分拣和摆放。小零售商很难从品种多样、数量多少和易腐烂这三个因素中权衡出一个合理的选择，尤其是在需求高峰期，为了保证订货提前期，就难以储存所需的存货。

讨论题

1. 是什么因素决定了传统批发商在花卉产品营销渠道中所扮演的角色？

2. 这些因素在 21 世纪有明显的改变吗？

3. 你认为传统批发商必然或应当从花卉营销渠道中被去中间化吗？请解释批发商去中间化的根本原因或为什么需要批发商继续留在渠道中。

案例4

海德-菲利普化学公司——销售代表的替代形式

最近，从一所名牌大学毕业的营销专业毕业生迈克尔·克拉克斯顿（Michael Claxton）被分配了一项任务，评价海德-菲利普化学公司（Hyde-Phillip Chemical Company）销售产品的方法。海德-菲利普当前使用混合型销售人员，包括公司销售人员、工业分销商、制造商代理机构，将产品呈现给现在的和潜在的用户面前。尽管这种销售人员的结合有点不常见，但它反映了一段时期以来有关销售代理替代形式相对价值的管理取向。克拉克斯顿的挑战是回顾已经收集来的三种销售类型的数据，确定是否需要更多的信息，并为变化提供建议，如果可能的话，向公司提供建议。

有关公司的信息

海德-菲利普公司是于20世纪60年代早期由海德工业化学品公司和菲利普公司合并成立的。两个公司在开发和生产一定类型的化学品和为大量工业用户提供相关的供应品方面经验都非常丰富。尽管它们有几个重叠的产品线，但每个公司都带给合并的另一方一些独有的产品供应。两个公司结合的结果是诞生了一个新组织，它能生产工业用的完整化学产品线。

在合并之前，海德工业化学品公司已经使用了一群工业分销商（商业批发商）营销其产品，菲利普实验室也有几个制造商的代理机构（商业批发商）销售其产品。合并后新成立的公司保留了一些工业分销商和一些制造商代理机构，之后开始发展自己的销售人员。

如今，海德-菲利普公司通过自己的销售队伍为密西西比东部各州30个销售区域服务。这个销售队伍包括50个人员（6位女性和44位男性）、9个工业分销商和9个制造商代理机构。这50个人大致均衡地分配给了12个销售区域，每一个工业分销商和制造商代理机构在余下的18个销售区域里拥有排他性销售权，工业分销商和代理机构都有5～30人为它们工作，其中很多人还代表其他非竞争制造商，这30个销售区域拥有大致同等的海德-菲利普产品的销售潜力。

公司为每一个销售区域提供了很多类型的销售支持。每一个区域内的销售经理都有权选择使用或不使用每种类型的销售支持。当前可利用的销售支持有：（1）大量描述性的小册子补充了公司的产品目录中给出的信息；（2）伴有卡式录音带的研究方案使得销售代表更熟悉公司的产品信息及当前的市场情况和发展；（3）提供给潜在的消费者大量的产品样本做检验之用；（4）旨在满足未来消费者对材料和样品需求的直接邮寄方案。

销售区域的数据

作为克拉克斯顿分析的第一步，他请助手为他收集了30个销售区域里每一个区域可利用的信息，这些信息以代码的形式呈现在表1中。

表1 销售区域数据

区域编号	销售水平	代表类型	运用销售支持	地理位置
1	2	1	2	3
2	3	1	3	3
3	2	2	1	1
4	1	1	1	1
5	2	3	1	1
6	2	1	2	1
7	3	3	2	3
8	1	2	1	1
9	2	1	2	2
10	2	1	2	3
11	1	2	1	1
12	1	1	1	2
13	2	2	2	2
14	2	3	2	1
15	1	1	2	3
16	2	3	2	2
17	2	1	3	1
18	1	2	1	2
19	2	3	2	2
20	3	1	3	2
21	1	3	1	3
22	2	2	1	3
23	3	3	1	1
24	3	1	3	2
25	3	2	3	1
26	1	2	1	2
27	2	1	2	2
28	1	2	1	3

续前表

区域编号	销售水平	代表类型	运用销售支持	地理位置
29	2	3	3	3
30	2	3	2	3

注：销售水平：1——超过 200 万美元；2——100 万～200 万美元；3——低于 100 万美元。
代表类型：1——公司销售队伍；2——工业分销商；3——制造商代理。
运用销售支持：1——广泛使用者；2——中等使用者；3——少量使用者。
地理位置：1——北部；2——南部；3——东部。

就销售水平来说，9 个区域的年销售额超过 200 万美元，15 个区域的销售额在 100 万～200 万美元之间，6 个区域的销售额低于 100 万美元。正如表 1 所显示的，有 12 个区域公司用自己的销售人员，工业分销商和制造商代理机构分别都在 9 个区域内代表公司。

以销售支持部门提供的估计数字为基础，12 个区域大量地利用了可获取的销售支持方案，12 个区域是中等使用者，6 个是少量使用者，公司的每一个销售区域都可以归入 3 个地理划分之一：北部、南部或东部，正如表 1 所示，每一个地理位置都包含 10 个销售区域。

初始分析

利用表 1 中的信息，克拉克斯顿构建了销售水平与代表类型的交叉表，如表 2 所示。他第一次编制的交叉表使用的是原始数据，之后计算了每一行和列的条件概率。

表 2　　销售水平与代表类型的交叉表

		公司销售队伍 (1)	工业分销商 (2)	制造商代理 (3)	总计 (A)
销售水平	超过 200 万美元	3	5	1	9
	100 万～200 万美元	6	3	6	15
	100 万美元以下	3	1	2	6
	总计	12	9	9	30
		公司销售队伍 (1)	工业分销商 (2)	制造商代理 (3)	总计 (B)
销售水平	超过 200 万美元	33.3	55.6	11.1	100.0%
	100 万～200 万美元	40.0	20.0	40.0	100.0%
	100 万美元以下	50.0	16.7	33.3	100.0%
	总计	40.0	30.0	30.0	100.0%
		公司销售队伍 (1)	工业分销商 (2)	制造商代理 (3)	总计 (C)
销售水平	超过 200 万美元	25.0	55.6	11.1	30.0%
	100 万～200 万美元	50.0	33.3	66.7	50.0%
	100 万美元以下	25.0	11.1	22.2	20.0%
	总计	100.0	100.0	100.0	100.0%

注：(A) ——原始数据。
(B) ——行条件概率。
(C) ——列条件概率。

正如我们在表2中（B）部分所看到的，海德-菲利普产品的销售额超过200万美元的区域中有55.6%是由工业分销商提供服务，只有11.1%的最大销售区域是由制造商代理机构提供服务的，33.3%是由公司自己的销售人员提供服务。不同的是，如表2（C）部分显示的，25%的由公司销售人员代表的区域的销售额超过了200万美元，而55.6%由工业分销商和11.1%由制造商代理机构服务的区域销售额超过了200万美元。

克拉克斯顿最初的反应是，公司应该考虑用更多的工业分销商替换它自己的销售人员和制造商代理机构，然后他思考要做出其他什么改变来更彻底地分析和评价海德-菲利普公司当前的销售代表方法。

讨论题

如果需要改变的话，那么海德-菲利普公司应该对它的销售代表方法做出什么样的改变？

案例5

唐恩都乐公司——渠道成员培训

唐恩都乐公司（Dunkin' Donuts）是2010年销售收入在全世界达到60亿美元的快餐特许经销商，它的第一家甜甜圈和咖啡店是在1950年开业的，如今公司已拥有在北美和其他31个国家的9 700个店铺，其中大部分是由独立的特许经销商经营的，而所有的特许经销商都在“唐恩都乐大学”接受过严格的集中培训，该大学设在马萨诸塞州的昆西。

6周的训练计划包括5周的正常课程，其中每周都有6天的学习，最后一周要在当地的甜甜圈店工作。该计划的大约一半是有关甜甜圈和类似产品制作中使用的工艺性生产技术，另外一半是有关零售店的业主经理所要涉及的财务、人事和管理实践。

每一个特许经销商的培训日程表和培训中每一个为期30天培训的材料都是精心安排的，表1列出了一个典型的日程表。

表1　特许经销商日常培训与教室授课计划（唐恩都乐公司）

地方/时间	指导者	主题
（第1周第1天）		
教室		培训
上午8：00 上午9：30	职员	1. 培训职员介绍和背景信息 a. 大学组织图 2. 发放并浏览具体培训计划以及相应的手册 3. 讨论培训学校的要求、规矩和规则
上午9：30	管理发展主管	4. 浏览目标、宗旨和5周培训的范围以及教室安排 5. 在5周培训和教室授课中探讨特许拥有者和其他运作人的评价
教室		介绍甜甜圈的生产
上午10：00 上午10：30	职员	1. 发放并浏览甜甜圈生产手册
工作场所		
上午10：30 上午11：00	职员	2. 介绍甜甜圈生产的设备和相关工具

续前表

地方/时间	指导者	主题
上午11：00 下午12：30	职员	3. 展示如何生产和准备甜甜圈
午餐 下午12：30 下午1：30		（不超过1个小时）

由于受训者要按照计划接受培训，所以要接受一系列的考试，这些考试要检验他们对材料所涉及内容的记忆情况及完成与甜甜圈生产相联系的各种手工技能的能力。要向受训者发放统一制服、经营手册以及课程所需要的其他物品。

在受训者花费在甜甜圈生产上的2个半星期内，他们要学习的课程包括从甜甜圈酵母的发酵过程到选择正确的油炸、设备的保养以及每批甜甜圈的数量安排等，要求受训者在开始计划中的管理培训部分之前，在精通甜甜圈生产上达到一定的水准。

在管理培训阶段，公司努力将通常被称作“蓝领”的雇员转变成专业管理者，还要给特许经销商介绍用在面试和筛选雇员以及评价员工的工作绩效和执行很多其他管理任务的技巧，他们也要学会在使用供应品和销售技能上如何培训员工。

受训者在培训中进步的记录都要保存下来，表2列出的是一个以周为单位的培训报告，在所划分的区域内有特许经销商存在，直接管理者可以复印这样的报告。

表2　特许经销商每周培训报告（唐恩都乐公司）

	结束周________
受训者________	受训者人数________
地点________	结束日期________
培训项目	**小时数**
甜甜圈生产	________
销售与扫尾	________
财务管理	________
作业培训	________
唐恩都乐大学课程	________
总培训时数	________
考试	**唐恩都乐工作考试**
科目________	日期________
日期________	分数________
分数________	
培训评价	
________	
________	
________	
________	
________	
进步	
低于平均________ 平均________	高于平均________ 出色________
培训者________	日期________
________	
________	

唐恩都乐大学的教职员工包括1个培训部主任和2个助手，外加从附近的公司总

部请来的技术、财务和营销主管，属于当地公司所有的一个网点被用作工作上的培训基地，但培训并没有随着受训者从唐恩都乐大学毕业而结束，公司还期望每一位特许经销商参加之后由公司安排的一系列持续的地区或全国性培训研讨会。

大批唐恩都乐大学毕业生离去后成为多种特许经营单位的所有者。公司报告说它的特许经营失败相对比较少，这主要归功于培训期间特许经销商所接受的培训项目。

讨论题

1. 评价这个培训计划。
2. 你有什么改进的建议？

案例6 本 & 杰里公司——为利润和社会效益实施战略联盟

本 & 杰里公司（Ben & Jerry's）生产特级优质的冰淇淋产品，以一种非常规的方式进行业务经营。本 & 杰里相信它正从事一项独一无二的实验：提供给大众的服务应该是平民化、富有同情心、具有政治原则，同时也有利可赚。本 & 杰里总部设在佛蒙特州的沃特伯里，其使命是为消费者制造好的、高质量的冰淇淋产品，同时指明其利润的一部分用于支持社会和解决环境问题。

公司背景

本 & 杰里 1977 年由两个朋友本·科恩（Ben Cohen）和杰里·格林菲尔德（Jerry Greenfield）创建。公司以特级优质冰淇淋、冰冻酸乳酪和来源于天然成分而制造的清凉饮料为特色。本 & 杰里的第一家零售店开业于佛蒙特州柏灵顿一个改装的加油站，第一家工厂直到 1984 年才开业。到 1985 年，销售额已达到近 1 000 万美元，到 2010 年已飙升至近 5 亿美元。公司的产品畅销美国和 29 个国家。

本 & 杰里对社会问题的兴趣相比一个盈利的业务或营销策略来说，并不是随便说说，本 & 杰里"说到做到"。1985 年公司建立了本 & 杰里基金，该基金捐赠 7.5%的税前利润给各个不同的慈善机构，到 2008 年这个 7.5%的份额已达到每年 210 万美元，最新走马上任的 CEO 持续了本 & 杰里的这一"关心社会"的宏伟事业。他说："当本 & 杰里走向全球时，我们将不会忘记我们从哪里来，谁是我们的朋友和家人，我们代表了什么。"

本 & 杰里的成功并不是一帆风顺的。在本 & 杰里以其 Peace Pops 产品打入有利可图的新兴冰淇淋市场时，曾发生了一次销售萎缩。6 个月之后，销售量还不及预计的 50%，主要是因为产品在超市里的失败。很明显，消费者不愿意去超市购买特级优质冰淇淋，然而，当产品转向便利店渠道后，销售额增长了 60%。

除了以上情况外，本 & 杰里已经能够利用顾客忠诚度来寻求利益，这也是以公司的声望为基础的。例如公司对其基本的支持性业务进行了调整，以打消 Pillsbury 试图阻止经营它的哈根达斯冰淇淋的分销商销售本 & 杰里的冰淇淋产品。本 & 杰里的努力包括一系列的标语运动，大约有800余条，以及媒体工具的利用，包括一封给Pillsbury的投诉信和一封给州首席检察官的信。本 & 杰里的低支出、高社会关注的运动产生了相当大的媒体轰动效应，很多媒体将Pillsbury描述为“坏家伙”，而本 & 杰里则成为代表每个人利益的受压迫阶级。这种积极的媒体厚爱为营销过程的进一步创新奠定了基础。

2000年8月，本 & 杰里接受了从事消费产品生产的跨国企业联合利华（Unilever）的轰动级收购提议，成为其全资子公司，这项并购的促成人科恩和格林菲尔德在评价这次交易时谈道：

> 20年前，我们都不会想到一个跨国大公司会尊重和追求我们的社会目标，对我们来说，这给我们带来无数的成功，是我们本 & 杰里的一部分。但是联合利华做到了，我们会作为联合利华的一分子去实现我们的目标，本 & 杰里将一如既往地为社会做贡献。

产品

除了品脱冰淇淋，本 & 杰里还拓展产品线，包括冰冻酸乳酪、清凉饮料和一些新颖产品如Peace Pops和Brownie Bars。公司还有一条精制混合生产线，这是一种特制冰淇淋产品，它的生产提高了一定社区的生活质量和社会责任感。

例如，一种风味的精制混合产品是果仁巧克力冰淇淋和冰冻酸乳酪，产于纽约州杨克斯的格雷斯顿社区，在这家工厂，以前失业的和不熟练的工人每天生产超过2 000磅的果仁巧克力，格雷斯顿社区网络用生产这一产品所获得的利润从事如家政和工作培训之类的事情。

Rainforest Grunch冰淇淋和Peace Pops要使用来自于巴西热带雨林的腰果和坚果。作为对这些资源破坏的补偿，冰淇淋生产带来的利润要再投资于种植坚果的农民，这些钱用来建立双方共同所有但由热带雨林地区的人来经营的工厂。

缅因州的Passamaquoddy印第安部落把蓝莓出售给本 & 杰里制作野生缅因蓝莓冰淇淋。这说明这个最大的部落，即该非营利性组织以每一颗蓝莓为美国本土人的生活做出了贡献，其利润用来支持印第安人的经济发展和生活方式的改变。

另一种风味的精制混合产品是佐治亚鲜桃酒。本 & 杰里从佐治亚州的一个家庭农场购买他们所有的桃，作为对这一家庭生计危机的资助。

营销战略

本 & 杰里因生产高质量的天然冰淇淋和创造革新性的、轻松活泼的促销而扬名，它的大多数营销活动是围绕赞助全国各地的和平、音乐和艺术活动的，在这些活动中，公司一方面促销产品，另一方面也关注很多社会问题。本 & 杰里仅用其收入的6%进行广告宣传，其余大部分用于为音乐节提供资金，而使用广告资金的主要目的是回报消费者并提高他们的积极性。

营销预算非常低，本 & 杰里在很大程度上依赖免费的公众效应来营造其产品认知。一位行业分析师说，“本 & 杰里在广告上并没有太多的投入，但它非常善于营销”。通过支持各种各样的社会公益事业，它的名字仍旧出现在新闻当中，这足以为这种战略买单。

公司也依赖于样品促销，在很多由公司赞助的大事件中，公司发放冰淇淋，有时还是免费的。本 & 杰里还通过知名的“环城旅游”来促销产品，这种独一无二的旅游工具车从一个城市到另一个城市穿行，进行免费杂技表演并给消费者分发样品，为了保持公司倡导的社会意识，“环城旅游”汽车还用太阳能发电供表演使用。公司的另外一个促销战略是为任何一个想要冰淇淋的合法慈善组织提供免费产品。

从 1995 年起，本 & 杰里也把业务拓展到了互联网上，发布从产品风味名录到什么时间和什么地方发生了社会敏感事件的信息。有时公司也通过促销一些产品如 Peace Pops 来诱使消费者关注其网站上发布的一些社会问题。

本 & 杰里仍致力于它的社会公益事业，对于公司的营销战略，联合利华采用一种更为专注和聚焦的方法。这个新的方案涉及树立全公司目标，这包括 2002 年两个涉及面广泛的社会公益事业项目：向全球变暖现象开战，告知公众西非儿童遭虐待种植可可。这场公开的运动始于 2002 年，用来教育消费者，改变他们的个人习惯，改变公共政策，从而支持减少二氧化碳排放的目标，延缓全球变暖的影响。

分销战略

在零售层面，本 & 杰里主要是通过超市、食品杂货店和便利店来销售它的冰淇淋、酸奶和其他新奇的产品，同时，公司还在特许经营店、公司直营商店以及餐厅销售它的 2.5 加仑的大号冰淇淋和优格。邮购和网购也被用来销售产品，同时公司还发展了加盟商来拓展国际业务。图 1 展示了本 & 杰里的分销渠道图。

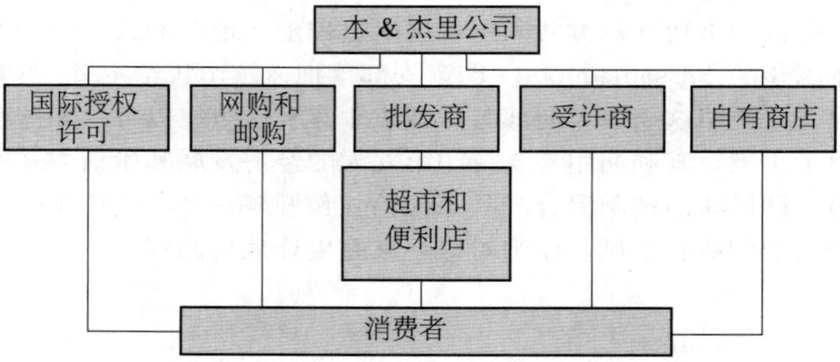

图 1　本 & 杰里的分销渠道架构图

超市分销

本 & 杰里非常重视在本国超市的分销。超市是不断发展壮大的生意，对公司的销售贡献越来越大。大部分超市的生意是通过本 & 杰里选取的批发商来做的。

公司的分销策略和其他冰淇淋公司非常不同，本 & 杰里对选择分销商这件事情非常挑剔。首先，批发商必须有足够多的途径来到零售店，还要有足够多的卡车和其他设备以保证在各种气温条件下都可以保存和运送冰淇淋；其次，批发商必须证明它们经营的是社会认知度高的生意，就像一位高管说的，“我们有机会创造与我们社会价值观相同的合作伙伴关系，而且我们寻求去影响和鼓励其他的生意人用他们手里的资源去关心和解决他们身边的社会问题。”

本 & 杰里通过独立的分销商把它的冰淇淋销往全美国，在美国之外，本 & 杰里通过一家以色列的第三方子公司——联合利华的注册子公司来进行销售。

公司认为它同分销商的关系总体上是融洽的，实际上这对公司的成长来说也是一个关键因素。通过被联合利华收购，本 & 杰里相信，它将获得接近与联合利华有良好关系的供应商的途径。

特许经营

2010 年 12 月，公司在全世界范围内已经有 750 家特许经营本 & 杰里店铺。

本 & 杰里给予有特别兴趣和关注社会问题的特许经营商特别的支持。例如，它免去了巴尔的摩商店的特许经营费，该商店是由 People Encouraging People 所有，它是雇用和培训有精神疾病的员工的非营利组织。

公司大多数的特许经营协议是 10 年期限的，并有再续 10 年合约的选择，特许经营都是授予一个独家经营的地区，而且必须从指定的地区分销商那里购买冰淇淋和其他特定产品。每一家特许经营商必须支付 3.7 万美元的起始特许经营费和 3%的毛收入，特许经营商也要支付相当于总收入 4%的广告费，这些钱由本 & 杰里用作地区或地方广告。

除此之外，公司还达成了若干排他性地区特许经营协议，同意根据具体的时间安排在一定的地区，特许经营商可以用分期付款的方式支付一定数额的特许经营费用并开设一定数目的商店，同时赋予在该地区的排他性特许经营权。

邮购和网购

这是本 & 杰里使用的一个同其他特级优质冰淇淋公司截然不同的分销战略。公司为消费者提供邮购或网购冰淇淋的选择权，本 & 杰里将其冰淇淋和冰冻乳酸酪用干冰包装，运到美国任何一个地方，且消费者有多种不同口味的选择。

国际许可经营

1987 年本 & 杰里开始进行国际扩张，公司准许国际加盟商生产和销售冰淇淋。国际许可商可以核准新的特许经营商销售本 & 杰里冰淇淋并能够许可冰淇淋生产。许可商必须支付最初的费用，加上对特许经营的使用费，协议是 10 年期限，并有续约的自由。本 & 杰里对每个国家都有不同的政策，如果许可商不履行合约，公司有权终止协议。

1990 年本 & 杰里签署了一项合资协议，叫作 Iceverk，该协议是在苏联境内的卡累利阿州（Karelia）开办一个本 & 杰里的冰淇淋店铺，其目的是给苏联提供一个小规模私营企业的模式，以促进国际合作和全球性理解，合资带来的利润用于文化性的学生对等交换。该项目大部分的原材料在苏联购买，但一些日用原料要从芬兰购买，冰淇淋产品的25%要运回芬兰出售。

然而，本&杰里在新兴的俄罗斯市场上遇到了一些分销障碍。俄罗斯还缺乏一套能及时、可靠、完好地运送产品到商店的成型批发商分销体系，同时，俄罗斯的分销也通常被垄断控制，而这种垄断是与不正当竞争相联系的。公司也面临客户服务的不足，而这种客户服务是西方消费者习以为常的。本&杰里做出了积极的努力，通过创建自己的多样化分销体系来消除这些障碍。尽管代价昂贵，但公司相信这种投资会培养强力可行的分销体系。

1996年俄罗斯的经济环境发生了很大变化，本&杰里公司发现公司管理处于低效率状态。它发现当地的合作伙伴能更好地管理Iceverk，因此，它把生产设备无偿赠予Iceverk，同时赠予其合作伙伴一部分Iceverk股权。

随着形成公司海外增长的国际化拓展团队的创立，本&杰里在国际化背景下形成了一个具有增长趋势的包围圈，这一市场现在包括英国、法国和爱尔兰，并急切盼望拓展到西欧。

讨论题

1. 在本&杰里可望从其合作伙伴那里得到更多的好处而不仅仅是利润的条件下，你认为它同批发商、特许经营商和国际许可证经营商建立战略联盟，从长远来看是可行的吗？

2. 考虑用来分销本&杰里产品的多渠道安排，尽管其蓝图宏伟，可是你看到潜在的渠道冲突正在形成吗？

3. 考虑本&杰里追求的各种社会目标，你认为公司现有渠道结构是合理的吗？请做出解释。

案例7

土星汽车公司——渠道战略与产品战略

通用汽车的子公司土星汽车公司（Saturn Motor），是一个富有创新精神的小汽车公司。公司的使命是在美国境内通过融合人员、技术和业务体系来销售高质量的小汽车，并保持低成本和很高的顾客满意度。

土星的历史

1982年初，通用汽车公司的高级生产和制造工程人事部副总裁罗伯特·伊顿（Robert Eaton）制定了“土星项目”，同部门其他员工一起，他打算重新审视汽车制造工业，并提出了制造高品质、低成本小汽车的新方法，以同国外竞争者展开竞争。1985年1月7日，通用汽车董事会通过了一项决议，支持建立一个独立的全资子公司，这样就诞生了土星公司。土星公司的目标是创造美国人设计和制造的轻型小汽车，以超越竞争对手。同年7月，通用汽车批准了由汽车工人联合会（United Auto Workers，UAM——通用汽车的工会）制定、土星事业部提出的一个独立劳动合同。通用汽车还授权了一个新的经销商特许经营系统，允许建立一个独立的组织，用该系统提供的服务销售土星小汽车，土星利用其劳动人事安排把UAM的理念贯彻到计划和经营、工作单位设计、人员招聘和筛选、定向培训以及工作和管理人员关系诸方面中。公司认为会从这种伙伴关系中获益，并对提高整个组织的竞争力有积极的影响。

起先土星花了几年时间来理顺田纳西州斯普林希尔工厂的装配线，并于1990年10月25日把它变成土星的新示范厅。

营销战略

从1982年开始，土星就计划与其他制造商区别行事——其营销战略也不例外，把全力树立品牌形象作为营销战略的核心，将注意力集中在消费者如何将产品和产品背后的公司联系上，这种创新反映在“非讨价还价”（no-haggle）的价格战略和以更多关注雇员和买主而不是小汽车本身为中心的广告宣传活动上。土星脱离传统的仅强调产品的汽车交易，相反，集中资源于形象、知觉、购买、采购和拥有上。这一广告运动的核心部分是长达26分钟的影片，名为《春天，在斯普林希尔》。该片叙述了土星的故事，并从其团队成员的个人视角出发，再现了该项目的历史。这一影片后来被土星经销商用作申请银行贷款和分区规划发生变化后现身说法的工具。

土星的总体营销战略是树立高水准的公司产品和服务形象，针对的目标市场是18～49岁的大学毕业生和年薪超过3.5万美元的白领阶层。有时土星也利用广告突出产品特色而偏离这一目标市场，例如为开着其汽车接上朋友一起玩游戏的老年妇女展示新土星汽车。在媒体的支持方面涉及混合使用全国性和地方性杂志（包括少数族裔出版物）以及电视体育节目、户外广告牌、地方报纸和广播等。

土星的渠道战略

土星团队在建立自己的营销渠道之前研究了所有的现存汽车经销商组织，并建立一个经销商或零售商（指属于土星汽车公司的机构组织）共同遵守一套严格标准的经销商体系，这种规范具体到零售商店前面的篷盖应该有多宽等每一件事情的细节上。能把土星零售商与其他小汽车零售商区别开来的另一个特征是，经销商自己的名字不能出现在商店的名字里，建议每个土星经销商仅用“（城市名）的土星”命名，由此增强了品牌忠诚度。

土星零售商在公司所规定的市场区域内经营。土星授予了433个零售商汽车经营的专有权，并在一个或数个具体地理区域中从事经营活动或市场培植。尽管在每一个指定的地区仅有一个土星零售商，但它们可以使用24小时服务的IBM AS/400系统与其他地区进行交流，该系统具有双向的数据和图像信息交换功能，能更好地为客户服务。

土星的零售商通过输入关键决策来影响自己和消费者的主要决策，在公司的总体渠道战略形成中具有重要作用。土星建立了一套统一的绩效标准，通过这套标准与所有的经销商进行评判，并作为调解和仲裁方法解决内部纷争，而不用诉诸法庭。尽管对所有的经销商来说，土星都是高度标准化的，但在渠道战略的大部分方面，零售商有权修订自己的消费者便利系统，并且以其各自销售的季节性需求为基础修订每月任务分配指标。

土星渠道战略最独到之处是它的“非讨价还价”定价政策，依靠这一政策，汽车的价格定在一个基础数字之上，销售人员通过工作可获得同样的佣金。这一方法消除了一直以来不受好评的寻求“最优”价格的讨价还价方式。土星相信这个新方法改善了经销商的形象，有利于防止潜在的小汽车买主从一个商店跑到另一个商店去寻找最好的交易。

在“土星运作”过程中，所有员工都必须到斯普林希尔工厂进行为期4天的学习，内容是关于组织行为、冲突解决、主动倾听和领导，这一过程还有助于建立一个优秀的经销商组织，因为它帮助员工更注重消费者满意度。

汽车工业中的渠道战略革新方法的成功程度如何呢？根据备受尊重的

J. D. Powers 消费者统计指数，这一方法极为成功。在总体经销商满意度上，土星的经销商名列第二，屈居英菲尼迪（Infiniti）之后，而在与经销商关系这一指标上列第一位。其价格政策和把未来的买主看作“受尊重的客人”而不仅仅是消费者的政策在调查中得分很高。

土星之梦破灭

2009 年 10 月，通用汽车公司宣布将停止土星品牌继续运营。公司通过 11 个小时的努力想把土星卖给 Penske 汽车集团——全美第二大汽车产业运营商，以此来拯救土星。这个计划的内容是让日产公司来生产土星汽车，并通过 Penske 的产业链内的企业来销售，但是这项计划失败了，原因是 Penske 的资金链出现了问题。2010 年 10 月 30 日，差不多距离第一辆土星汽车上市销售有 20 年，通用汽车公司宣布土星品牌汽车停产。

尽管土星公司当初被寄予厚望（被认为是全新的汽车公司，并且投入高达 50 亿美元），但是它的销量一直没有达到预期目标，并且公司运营一再超出预算。一些业内专家估计，通用汽车公司每销售一台土星汽车，就损失 3 000 美元。最终的结果是 350 家与土星有关的公司倒闭，13 000 人失业。

什么导致了土星的失败

汽车工业的分析家给出了多个关于土星失败的解释，但是大多数解释是关于土星产品战略的失败，而不是渠道战略的失败。通用汽车公司一开始的核心思想是要创造出一个前所未有的卓越的消费者购车体验，土星的专卖店被设想要提供给消费者一种非常友好的消费体验，而且这些购买经历是在其他商户那里得不到的。当消费者进入一家土星汽车专卖店时，他们并不会感到有任何购车的压力，不会有任何的带有侵略性的买卖技巧和讨价还价出现。专卖店的员工与顾客互动的重点是把消费者带入一种轻松的、彼此信任的氛围中去。

土星的确实现了这一目标。土星专卖店的顾客满意度调查高居排行榜第二位（仅次于英菲尼迪），甚至有超过英菲尼迪的迹象，但是一种渠道战略，甚至是创新性的、运作良好并得到高顾客满意度的渠道战略，必须得到一种满足消费者需求并且可以使制造商获利的产品的支持。

不幸的是，在产品战略方面，业内的分析人员并没有给土星很高的分数，事实上，土星的产品战略在很多方面都有很严重的缺陷。

第一个缺点是，生产土星汽车的成本非常高。作为通用汽车公司的一个独立部门，土星确实展现了不同的风貌，但是它也确实没有实现规模经济的低成本效益。比如，许多零部件都是专门为土星设计的，只能用在土星汽车上，而不能与其他的通用汽车部门共享。

第二个缺点是质量。虽然土星汽车质量还算可以，但是相较于同价位、同档次的其他品牌汽车，土星的性价比不如日本的丰田、本田和日产的性价比高。

第三个缺点是土星的产品线。1990—1999年，土星总共只有三种类型的车销售：家用代步车、轿车、篷车，它们都是在同一个平台S-Series生产出来的小车，但是在这10年间，有一大部分消费者选择购买大型车，甚至SUV和小型货车。土星没有任何产品能够满足对这个细分市场的需求。一直到1999年，土星才制造了它的第一款大型篷车——L-Series，到2000年中期，土星才生产出了它的第一款SUV——Vue。

第四个缺点是土星没有能够满足消费者的升级需求。当购买了土星汽车的消费者想要更换更好的土星品牌的汽车时，土星却没有更高级的产品能够满足消费者的这一需求，继而消费者会转向购买更高级的轿车比如本田雅阁和丰田凯美瑞等来实现汽车换代升级的需要。

最终，在土星生存的第二个十年的开端，通用汽车公司似乎对土星失去了信心，只把土星看作像通用汽车公司其他五个品牌部门一样的普通部门。在这样的背景下，土星汽车不断要和通用汽车的其他部门生产的汽车竞争，从而失去了原有的独特性。

讨论题

1. 尽管土星的渠道战略非常具有创新性并且非常成功，但由于产品上的缺陷导致土星的失败是不可避免的吗？

2. 你认为土星的创始人对土星的渠道管理和产品管理进行了足够的考虑吗？

3. 有没有创新性和成功的渠道战略可以克服产品缺陷所带来的不利影响，并最终成功实现目标？试讨论。

案例8

奈斯派索——直接渠道策略和品牌价值

奈斯派索（Nespresso）生产特浓咖啡机和胶囊式咖啡机，二者分别能提供浓缩咖啡和大杯普通咖啡，简称“lungo”（廊构咖啡）。在快速发展的咖啡市场，奈斯派索通过专注于咖啡服务使其服务达到了行业领先水平。奈斯派索咖啡机及其咖啡胶囊能调制出一杯完美的咖啡，它会出现“crema”（优良浓缩咖啡的标志），令人着迷的香气和上等的口味，这一切使它能够和欧洲一家最好的咖啡店提供的咖啡相媲美。实际上，用奈斯派索咖啡机调制出一杯上等咖啡是一件再简单不过的事情。你只需要打开开关，选择一粒胶囊（胶囊是有颜色标记的，分别表示丰富多样的咖啡浓度和味道选择），将其放入机器，然后按下按钮。30 秒钟后，一杯世界顶级的浓缩咖啡或者冲制咖啡就可以享用了。近些年市场上出现了很多咖啡机，但是奈斯派索咖啡机的高品质保证和简单易用依旧是无法超越的。

奈斯派索的发展历史

奈斯派索始建于 1986 年，成立之初就自动成为雀巢公司的一个子公司。雀巢公司总部设在瑞士，是世界上最大的食品公司。早在 1976 年，装有精细研磨咖啡的咖啡胶囊就申请了专利，但是直到 1988 年，这一方法才在消费者市场立住脚跟，从欧洲扩散到世界各地。

在 20 世纪 90 年代到 21 世纪初的 10 年间，奈斯派索取得了长足发展。据估计，自 2000 年该公司取得了高达 30%的年增长率。数以百万计的咖啡机和超过 200 亿的咖啡胶囊销往全球 50 多个国家。到 2010 年，奈斯派索的年销售额估计超过 28 亿美元，成为雀巢公司迄今为止发展最快的子公司。

凭借上等的咖啡品质和质量过硬、设计完美的咖啡机产品，奈斯派索成为公认的世界级品牌。奈斯派索清楚自己在高端咖啡机市场的领头地位。为保证和提高品牌质量，它也创建了自己独特的政策和发展战略。

产品分销战略

从一开始作为咖啡行业的一个革新者出现，奈斯派索为了保证在质量方面的领先优势，对其产品和品牌采取了严格的保护措施。奈斯派索拥有超过 1 700 个专利以保证其自有的咖啡机制造、咖啡胶囊生产的方法仅在公司内部使用。公司拥有的品牌资产使得它能够收益丰厚，它的价格是其他 31 家咖啡机制造商价格的 3 倍以上。在美国，一个奈斯派索咖啡胶囊的价格约为 55 美分，见图 1 和图 2。

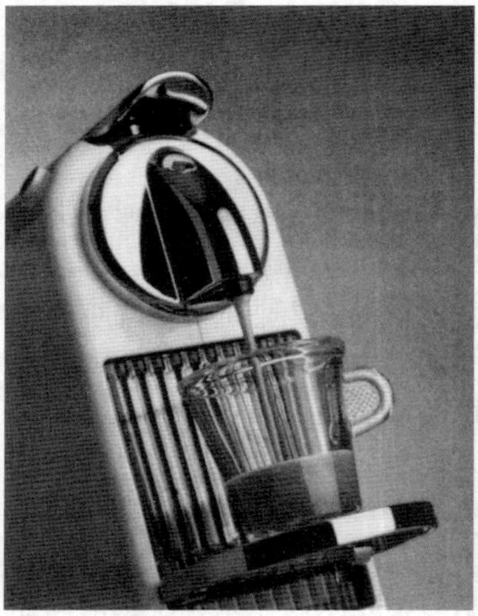

图 1

图 2

奈斯派索咖啡胶囊的分销业务被奈斯派索公司严格控制，只有通过被奈斯派索公司拥有和掌管的三个渠道可以获得（见图 3）。第一，网购渠道。消费者可以在网上下单，并且在下单后 48 小时内送货上门。第二，电话订购。公司拥有熟知产品信息、训练有素的客服代表接听电话接受订单。消费者也能在电话下单后 48 小时内收到货物。第三，是由世界各地 200 多家奈斯派索精品店组成，这些精品店分布在世界最繁华的城市，比如巴黎、日内瓦、迈阿密等。这些奈斯派索精品店在设计上绝对高档和前卫，创造出一种无比精致的店面风格。这些实体店不仅销售所有品种的奈斯派索咖啡产品，而且还展销各类咖啡机。购买咖啡机的消费者自动成为奈斯派索"咖啡俱乐部"的会员。在世界各地任何一家奈斯派索咖啡店，咖啡俱乐部会员可以免费享用一杯咖啡，可以自选口味或者是咖啡店推出的新品。咖啡俱乐部会员已经超过 800 万人，而且数字仍在递增。

在奈斯派索产品销售的三个传统直接渠道以外的唯一例外是咖啡机的销售。咖啡机是通过高档厨具店和美食炊具经销商在世界各地单独销售的。

专业分析家将奈斯派索的经营模式比作经典的"剃刀/刀片"或者是"打印机/打印机墨盒"模式，它们真正赚钱的地方不在剃刀和打印机本身，而是它的相关产品刀片和打印机墨盒上。分析家还观察到，奈斯派索将这一模式提升到另一个高度。奈斯派索是提供与雀巢胶囊咖啡机配套使用的咖啡胶囊的唯一生产商，也是提供咖啡胶囊

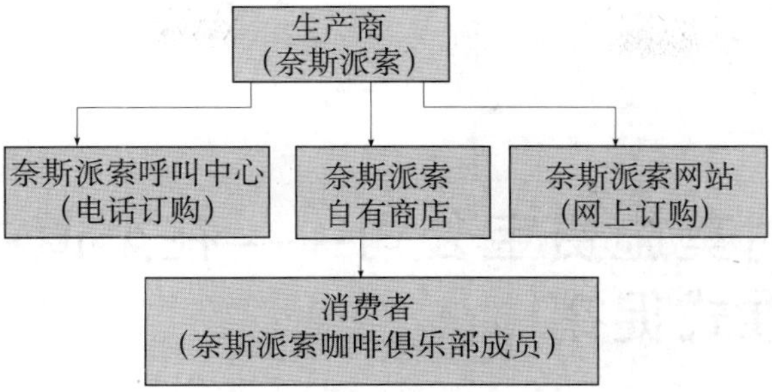

图 3　奈斯派索渠道结构

市场营销渠道的唯一供应商。因此，奈斯派索的直接渠道战略使其能够控制咖啡胶囊销售的时间、地点、方式和定价权。

直到 2009 年底，市场上还没有任何能与之匹敌的咖啡胶囊生产商或者营销渠道。奈斯派索严格地控制开展业务的直接多渠道战略，这对保护其品牌资产起到至关重要的作用，也保证了它的定价优势。

面临的挑战

早在 2010 年初，奈斯派索的前领导肖恩·保罗·盖拉德（Jean-Paul Gaillard）就打算引进一种新的咖啡品种，此品种定价稍低但同时适用于奈斯派索咖啡机，而且相对于原来的铝制包装，这一新品种采用了一种生物可降解的有机合成材料。新的胶囊制造商计划将其命名为"艾斯克咖啡公司"（Ethical Coffee Company）。到 2010 年春季，法国和瑞士的几家超市已经同意以低于原奈斯派索咖啡胶囊 20%的价格出售新的咖啡品种。

在艾斯克咖啡成立一个月之后，美国食品业巨头莎莉公司（Sara Lee）也推出一种新的咖啡品种，同样适用于奈斯派索咖啡机。莎莉公司推出的咖啡产品在法国著名咖啡品牌——黄金咖啡之家旗下出售。几周之内，2 000 多家超市里就开始以低于奈斯派索咖啡胶囊 10%的价格出售这种新的品种。

新的竞争产品出现不久，奈斯派索宣称艾斯克咖啡公司和莎莉公司侵犯其多项专利权。为阻止这两家公司生产和销售更多的咖啡产品，奈斯派索已经对其采取了相关法律措施。

讨论题

1. 你认为在保证产品质量、维护品牌资产方面，奈斯派索的直接分销系统起到了至关重要的作用吗？或者你能想出其他更有效的战略方法吗？请加以说明。

2. 奈斯派索生产的产品不能通过间接市场渠道购买，这一做法是否减少了很多潜在的消费者？请加以说明。

3. 奈斯派索采取的产品封闭通道结构对于竞争者是起到推动还是阻止作用？请加以说明。

案例 9

百时美施贵宝公司——在渠道中的拉式和推式促销

公司历史

当威廉·麦克拉伦·布里斯托尔（William McLaren Bristol）和约翰·里普利·迈尔斯（John Ripley Myers）在 1887 年投资 5 000 美元到克林顿制药公司（Clinton Pharmaceuticals）时，它还是一个在纽约的没落的医药制造公司。公司继续保持克林顿制药的名字，直到 1899 年迈尔斯去世，公司才更名为百时美公司（Bristol-Myers）。在迈尔斯去世之前，两个合伙人都非常勤奋地创业，扩展他们的业务。当他们把重点从处方医药品转移到非处方（OTC）保健药品市场时，最终的结果证明他们是盈利的。在 19 世纪 90 年代，公司引进了第一批国家认证药品，Sal Hepatica，一种放松性的矿物盐。在开始的 8 年中，销售一直平稳，1903—1905 年开始骤增。在这段时间里，百时美公司在另一种产品——Ipana 牙膏上也获得了成功。进入到消费品市场后，百时美公司开始直接向公众做广告。上面两种产品的成功，使百时美公司从一个地区性的公司成为全国性的公司，并最终成为国际大公司。

1943 年公司又将注意力转向处方药，由于战争的需要，公司向盟军供给青霉素。第二次世界大战后，公司看到了青霉素和其他抗生素的巨大市场。

1989 年百时美公司和施贵宝公司（Squibb）合并，成为一个致力于纯药品生产的国际制造公司。1944 年施贵宝公司开设了世界上最大的青霉素生产厂。施贵宝公司的制造能力和百时美公司的营销优势的结合，造就了百时美施贵宝公司（Bristol-Myers Squibb，BMS）——世界上保健品行业的领袖企业和世界上第二大青霉素公司。1994 年 BMS 和 Merck Sante SAS 签订了一个协议，获得了格华止（Glucophage），一种新的药物，Ⅱ型糖尿病患者的福音。[1]

格华止的历史

格华止系由法国药剂师简·阿龙（Jan Aron）于 1958 年研发，在Ⅱ型糖尿病人降糖治疗方面获得重大突破。1960 年，格华止在全法医生间推广，临床效果显著，获得良好口碑，并迅速扩展到全欧洲。到 20 世纪 80 年代中期，格华止已在除美国之外的全球范围内普及。在此期间，一家名为 Merck Sante SAS 的公司控制了格华止的生产和分销，并着手申请格华止产品在美国的销售许可。

根据 Hatch-Waxman 法案规定，格华止仅享有 5 年的专有权，因此 Merck Sante SAS 公司试图在美国寻找专注于销售和市场推广的经销商合作伙伴（Hatch-Waxman 法案的正式名称是 1984 颁布的《药品价格竞争和专利条款保护法案》，授予含有化学制剂的新药仅有 5 年的应用期，之前美国食品药品管理局（FDA）从未批准过此类项目，无论是纯化学制剂还是混合化学制剂），最终，Merck Sante SAS 公司选中了 BMS 并和其签订了授权协议。根据 BMS 的网站披露，“BMS 吸引 Merck Sante SAS 的并不是我们没有抗糖尿病的药物——其实也没有，而是我们具有迅速影响市场的潜力”。

1995 年 3 月，经过了 8 年的临床试验和注册程序，格华止得到了美国 FDA 在国内的销售权。很快，就超过了最初的销售预计，格华止成为美国最畅销的抗生素类药物（见图 1）。

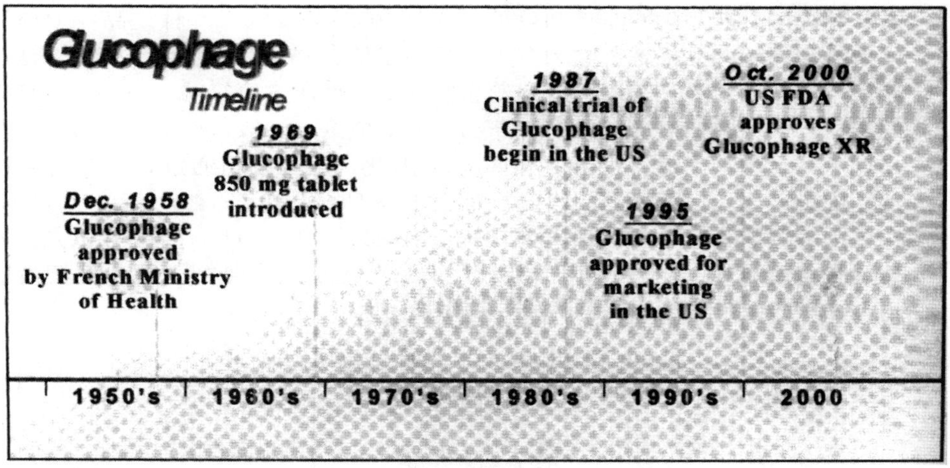

图 1　格华止时间表

资料来源：http：//www. glucophagexr. com.

直复营销

在医药行业里，对处方药采用直复营销还是一种相当新的营销战略。1997 年前，处方药的促销只是通过医疗专业人士，如医生、护士和药剂师来进行。医药公司利用医疗专业人士作为中间商，是为了便于沟通和将产品推向病人（最终的消费者）。尽管如此，医药公司觉得它们被拒绝与最终客户接触，20 世纪 90 年代，医药公司开始采用直复营销的方式，通过印刷品和电视广告，在 FDA 的严格规则下，开始促销它们的产品。1997 年，FDA 放松了对直销广告的监管，结果医药公司通过直销广告的促销收入骤增，从 1996 年的 2.2 亿美元增长到 2005 年的 42 亿美元。[2],[3]

直复营销的方式对三类主要的参加者（病人、医疗专业机构和医药公司）是很敏感和有争议的话题，他们都有自己独特的想法。

病人：随着消费者通过直销广告和互联网获得信息，他们在自己的保健决策中扮演了比以前更重要的角色。消费者不仅需要信息的准确性，更要求平衡和全面性。一个在线的营销调研公司在 2002 年 2 月所做的一个调查发现，1/3 的成年人曾向医生询问他们在电视中看到的药品的情况。[4]调查显示，在美国以在线的方式查看有关健康信息的人数，从 1998 年的 5 400 万人增加到 2010 年的 1.75 亿人，39%的人在采用信息之前会去得到医生的确认。

医疗专业机构：由于消费者在保健信息方面依然依赖医生的确认，同时医生还必须要订购处方药，因此，医疗机构在处方药的配送中仍然处于重要地位。尽管直销广告确实给予了消费者很好的信息，进行了很好的关于保健的对话沟通，但是很多医生觉得直销广告使医生跟病人间的关系复杂化，还经常给病人提供误导性的建议。一个由 IMS 健康咨询公司做的在线研究表明，排除医生对直销广告的看法，我们相信医药公司应该给医生和管理机构提供提前的通知。研究显示，平均有 74%的人认为他们更倾向于开病人要求开的药。

医药公司：医药行业的专利权分配已经有 18 年了，但是公司必须进行密集的临床试验来测试药品的安全性和效果，这是 FDA 的要求。一种产品投放市场 11 年后，才会作为通用药品推荐。它和名牌产品在用量、安全性、强度、管理方法、质量、药效及用途方面几乎是等同的。尽管它们在化学性质方面等同，但是其价格往往有很大的折扣，因为它们没有研发品牌药物方面的成本。一般情况下，当普通替代性的产品出现后，名牌药物的销量会下降 80%。因此，医药公司通过直销广告来培养消费者的品牌忠诚度，以此来获得自己产品在市场上的优势。

随着处方药成本的增加，公众对直销的兴趣开始增长。花费在大众传媒上的处方药广告费用自 1995 年开始从 13%增加到 20%，并且现在已成为增长最快的保健支出[5]（图 2 为药品媒体广告的投入费用比例）。

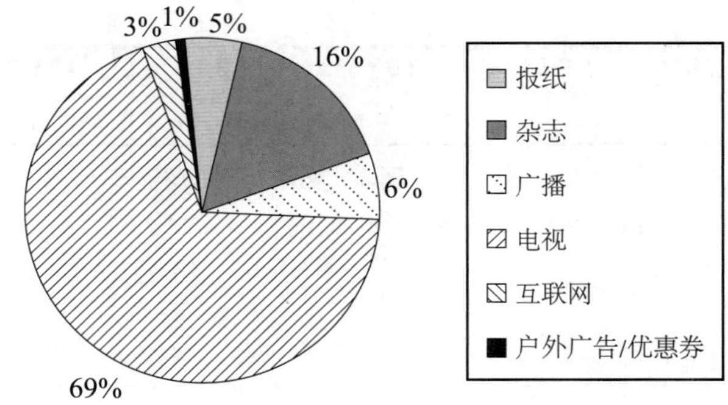

图 2　2002 年第 1 季度的药物广告费用

资料来源："Close-up on Pharmaceutical Spending," The Smart Marketing Report www3. doubleclick. com/market/2002/11/dc/online2. htm? c=0211 _ smr（November 2002）.

直销广告和处方药成本的上升之间的关系已经很明了，药品成本的增加威胁到人们的负担能力。一个美国华盛顿特区的非营利医疗机构的主管分析说："直销广告推动了特定产品，包括昂贵和有专利保护的产品，而不考虑其他的可能。"

直销广告的支持者反对说，广告使人们有更多的知识和选择意识，教育他们有关药品的副作用，告知他们新的疗法。医药研究和制造协会主席曾说："有 600 万人不知道他们在服用抗生素，1/3 的人心情郁闷却得不到解决，更不用说成千上万的高血压压力了。直销广告使消费者丰富了患者的信息，他们能够更多地与他们的医生交流有关治疗和新的疗法方面的情况。"[6]

为了弄清楚直销广告的效果，Tuck 商学院的一位教授做了一个研究来试图确定直销广告的投资回报率。[7]通过研究，1995—1999 年间的广告带来的收入达到 2 亿美元，这显示直销广告的投资回报率明显低于其他方式的投资回报率。结果表明，直销广告对于短期产品的使用，例如新产品上市和创建品牌意识很有作用，但是对于患者的长期使用效果不是很好，而这恰恰是产品的价值所在。尽管如此，医药公司发现，通过交易渠道"拉"这些产品比通过医生和病人的需求来"推"更难。最近的研究表明，直销广告很明显地影响消费者行为，消费者是很关注药品广告的。一个来自美国国家健康统计中心和疾病控制预防中心的研究显示，医生使用最多的药品往往是那些广告做得最好的。[8]

围绕直销广告的争议中另一个新问题出现了，就是利用商家的优惠券来促销药品。商家的优惠券可以提供一个月的免费供应，成为医药公司用来实施"推式"营销战略来引导顾客和培养品牌忠诚度的另一种方法。商家的优惠券使医药公司有机会给消费者发送样品，而不需要医生见到公司的代表。商家优惠券的目的是通过给医生施加压力将特定的药品推向顾客，因为只有医生开这种药给病人，才能得到折扣。许多医生对这种情形有争议，就是它在无形中取代了另一种相似的药品，因为它更便宜。佐治亚州奥古斯塔的一位家庭医生菲利普·肯尼迪（Phillip Kennedy）说，他在工作时经常要花大量时间向病人说明那些有优惠券的药品对治疗没有好处，而研究他们的病情倒在其次了，这就违背了他们的工作目的。公认最好的一次优惠券的药品促销是 BMS 公司发起的，它成功地使其顾客转向使用格华止 XR 取代它的第一代产品格华止（第二代产品只需每天服 1 次，而不是原来的 2 次）。

BMS 引进格华止

格华止已经成为 BMS 公司极其成功的产品之一。自 1995 年引进以来，格华止的销量稳步增长，到 2000 年，格华止已经成为Ⅱ型糖尿病口服药物中的领导品牌（图 3 为格华止 1995—2001 年的销售数据）。2000 年格华止的销售额更是高达 17.32 亿美元，占 BMS 公司总销售额的 90%，并占据 33.4%的市场份额。[9]

随着格华止 5 年的专利保护期终止，必须面对其他同类产品的威胁。2000 年 10 月，FDA 允许格华止 XR 销售，并给予 3 年的专利保护期。

BMS 在 2001 年花了 8 100 万美元来打"广告战"，包括商家的优惠券。"优惠券战"由普林斯顿（Princeton）营销公司医药合作集团来进行管理，引导客户注意产品，塑造产品的品牌及客户忠诚度。BMS 通过邮寄、电邮，把印刷品放在报纸杂志里，包括《纽约时报》、《华尔街日报》和《健康杂志》等。优惠券在公司网站

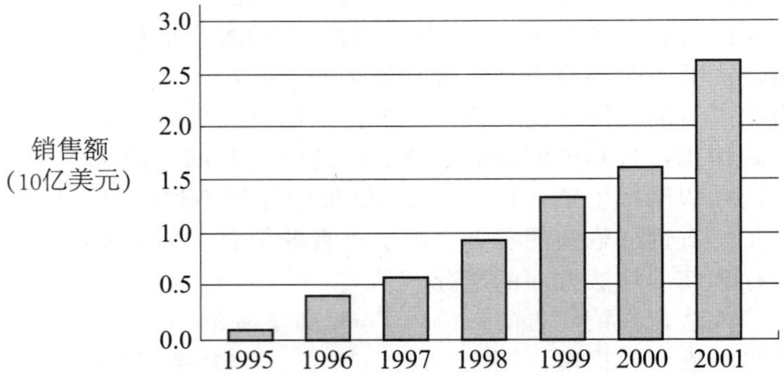

图 3　格华止销售额

资料来源：http：//www. bms. com/business _ development/prove…/fg-tws-case-histories.

www. glucophagexr. com 上也可以得到，并附有说明（见图 4）。在这个网站上，你还可以看到一些生活小知识和糖尿病护理常识，例如饮食运动计划、服药提醒等。30 天之内，凭优惠券和处方就可以免费取药。这次新产品发布非常成功，动力直销咨询公司（Direct Marketing Dynamics）认为这是有史以来最成功的一次处方药的优惠券促销。

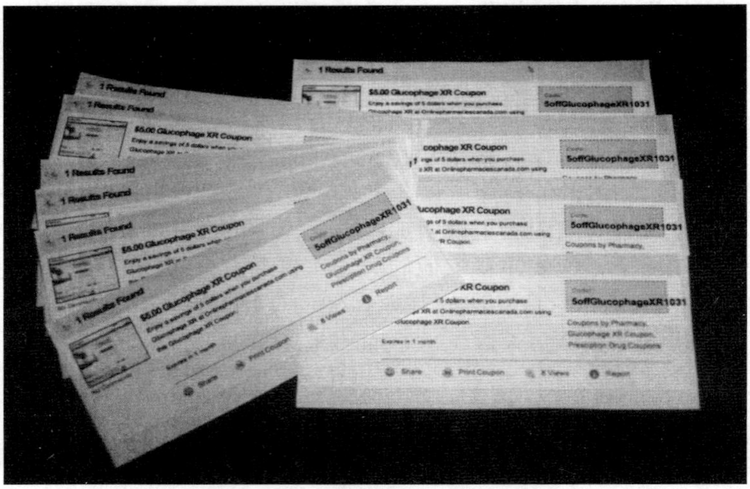

图 4　格华止®XR 在线优惠券

资料来源：http：//www. glucophagexr. com.

格华止 XR 的销售额在 2000 年达到了 1. 6 亿美元。据 BMS 2001 年的年报显示，格华止成为前 10 种产品里的第 1 位，其中，在 26. 82 亿美元的总销售额中格华止就占去了 20. 49 亿美元，接下来的是格华止 XR 和 Glucovance 的销售额总共为 6. 33 亿美元。[10] 2002 年 1 月格华止在美国开始普遍使用，对 2002 年的销售产生了很大的影响。2002 年第一季度，格华止的销量比上年同期下降 71%，并最终导致 2002 年总销售额下降了 88%。尽管格华止 XR 的销量增长超过 200%，但是还不足以弥补格华止销量的急剧下降。[11]

现在格华止 XR 的专利保护期也已经快过了。在 Hatch-Waxman 数据的保护下，格华止 XR 的保护期是到 2003 年 10 月。一般产品的竞争进一步冲淡了失去特权的格华止 XR，毕竟它现在是 BMS 最畅销的产品。随着竞争的威胁，2002 年 10 月 22 日，BMS 宣布说，FDA 已经允许其生产另一种格华止的产品 Metaglip。临床试验显示，它的效果比现在市场上的其他同类产品在降低血糖水平方面有更好的疗效。BMS 的 CEO 兼主席彼得·R·多兰（Peter R. Dolan）说："作为一个在该领域里领先的公司，百时美施贵宝还在持续为美国 1 700 万的糖尿病人开发新的疗法。" Metaglip 就是一个典型的例子，并且它在这方面确实是患者的一个新的疗法选择，它是对公司原有格华止、格华止 XR 等治疗糖尿病药物的重要补充[12]（图 5 为 Metaglip 的网页）。

图 5 Metaglip

资料来源：http：//www. bms. com.

讨论题

1. 你认为 BMS 公司拉式战略的直销广告和"优惠券战"的促销是否成功？它是否应该对 Metaglip 也实施"优惠券战"？为什么？

2. 你认为 BMS 公司拉式战略影响到了它的品牌认可和忠诚度了吗？

3. 你认为格华止 XR 销量的增长会弥补格华止由于产品竞争而带来的损失吗？等格华止 XR 的保护期到了之后，你认为公司会通过营销 Metaglip 来弥补格华止的损失吗？

4. 你对处方药的直销广告的看法是什么？你认为和传统的推式营销，比如信息设计和交易展览会相比，它是不是很有效？为什么？

5. 你认为处方药的拉式战略对医药公司的配送渠道有什么影响？它是怎么影响医疗机构和医药公司之间的渠道的？

注释

1. http：//www. bms. com/aboutbms/history.

2. Susan Warner, "Coupons Are Part of Marketing Blitz by Drug Companies," *philadelphia Inquirer* (May 31, 2001).

3. “DTC Advertising Continues to Grow,” *Standard & poor Healthcare: pharmaceuticals industry Survey* (June 27,2002):9.
4. Marketing Health Services, “Survey Says,” (Summer 2002): 4
5. Steven Findlay, “Do Ads Really Drive Pharmacutical Sales?” *Marketing Health Services* (Spring 2002): 20-25.
6. “DTC Advertising Continues to Grow”.
7. M. Vanelli, S. Adler, J. Vermilyea, “Reconfiguring DTC with Patient Behavior in Mind,” In Vivo: The Business and Medicine Report (October 2002): 71-76.
8. Steven Findlay. “Do Ads Really Drive Pharmaceutical Sales?” Marketing Health Services (Spring 2002): 22.
9. Bristol-Myers Squibb Company, 2001 Annual Report: 29.
10. Wendy L. Bonifazi, “Hard Sell: Drug Makers Are Spending Billions on ‘Direct-to-Consumer’Ads; How Effective Are the Products?” Wall Street Journal (March 25): R8.
11. *http://www.bms.com/news/press/data/fg_press_release_2436.html.*
12. *http://www.bms.com/news/press/data/fg_press_release_*3220*.html.*

案例 **10**

SESAC——无形服务的渠道设计战略

娜塔莎·李（Natasha Lee）翻开市场份额报告，但是她并不想看到这些。作为 SESAC 公司市场销售部门的副总裁，她的责任是增加营业收入，但是数据显示，该公司在美国的公共授权这一类别中落后了，其市场份额相对于产业中的竞争者不断下滑。她从总经理那里获悉一些 SESAC 最知名的艺术家和出版商越来越跟不上收藏者的步伐，有小道消息称其中一些正在考虑转到 ASCAP，也就是该产业中三个版权管理组织（performing rights organizations，PRO）中最大的一家，因此，是时候关注一下 SESAC 服务相关的销售和分销战略了。

娜塔莎有一星期的时间为 CEO 准备一份形势分析报告，同时推荐一些能让公共授权这一类别增长的方法（例如，多功能厅、夜总会、饭店等）。娜塔莎还需要考虑 SESAC 是否要继续经营已经使用了 20 年的呼叫中心，还是改变其渠道战略，或者雇用销售队伍。

版权管理组织

20 世纪早期，PRO 就在美国出现了。模仿欧洲的组织形式，音乐家在美国组织力量来保护他们的作品，以防止企业以营利为目的售卖他们的作品而不给他们补偿。[1]第一家美国 PRO 是在 1914 年 2 月 13 日在纽约建立的，主要目的是保护流行歌曲方面的音乐家（Tin Pan Alley）的版权作品。称为美国作曲者、作者、发行商的社会团体（American Society of Composers，Authors，and Publishers，ASCAP），欧文·柏林（Irving Berlin）和约翰·菲利普（John Philip）都是最初的成员。

现今，在美国有三家 PRO：ASCAP、BMI、SESAC。这些 PRO 的运营模式基本是一致的。PRO 从播放音乐的电台和场馆收取版税，然后把钱分到花名册中的版权所有者的账户中（如图 1 所示）。

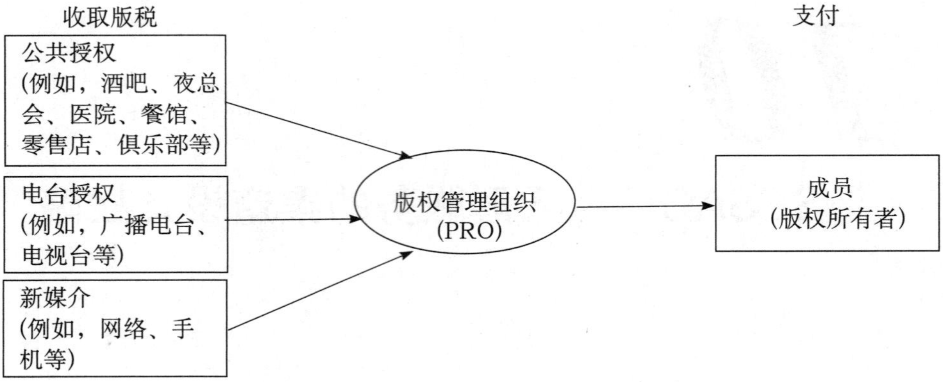

图 1　版权管理组织的经营模式

版税是跟每个版权材料的使用者进行谈判后在个体基础上决定的。对于 PRO 图书馆中注册的歌曲，根据播放的数量和观众的规模，将支付款打给组织成员（例如，版权所有者）。这些计算通常是从广播电台播放的全国样本中做出的。

音乐家只能与三家 PRO 中的一家签约，但是每家 PRO 可以与尽可能多的音乐家、出版商和其他版权所有者签约。PRO 必须要在扩大其音乐家成员和签约场馆及电台之间保持平衡。如果有太多的音乐家，版税这块馅饼分割得就太多了，因此无法吸引音乐家，但是如果音乐家太少，支付版税的组织就不愿意签约，他们会认为播放 PRO 音乐的机会很少。

一般情况下，版税是通过单曲、唱片的销售、电台播放产生的，但是新的前沿作品都会出现在现场演出上和其他非传统的渠道中。据估计，50%～75%的曲作者的报酬来自于渠道而非电台。例如，电台占到 ASCAP 所有版税中的 35%，其他主要是来自于电视和演出场所。在 BMI，公开授权和新媒介授权从 2000 年起增长了差不多 15%，而电台版税在同期降低了大概 20%。

所有播放现场或录制版权音乐的个人和企业按法律都要支付给版权所有者版税，或者是直接的或者是通过 PRO。违反规定的人会被处罚高达 20 000 美元的罚款。例外条款仅适用于非营利机构、唱片商店、电影院、宗教机构（仅在礼拜期间）、政府机构（州和联邦的）。

公司背景

SESAC 之前被称作欧洲作者和作曲家的社会团体（Society of European Stage Authors & Composers），基地在田纳西的纳什维尔，成立于 1937 年，主旨是支持美国市场的欧洲音乐家，也是美国三家版权管理组织中最小的（见表 1）。SESAC 是私有营利性质的企业，以绩效版税收入中未公开的一部分作为盈利。

表 1　　美国的版权管理组织[2]

	收入（2007 年）	成员（例如，艺术家）	雇员	网站
ASCAP	59 900 万美元	235 000	800	www. ascap. com
BMI	61 100 万美元	300 000	550	www. bmi. com
SESAC	5 200 万美元	9 000	110	www. sesac. com

该公司有三个主要的分支机构，分别负责公司以下三方面的收入：公开授权、广播授权、新媒介授权。

● 公开授权：营业收入主要来自于娱乐场所的公开授权部分，例如饭店、迪厅、夜总会、医院、多功能厅等。任何收取赞助，并且音乐是其中潜在部分的地方都要依法支付版税。场馆的费用是基于一种算法，包含了诸如设施类型、场地大小、播放音乐的数量、座位数量等变量。这种算法是要估计出一个星期内听到音乐的人数。授权费用从每年 200 美元到数千美元不等，大概占到 SESAC 公共授权类别收入的 1/3。[3]

● 广播授权：广播的音乐主要通过一种被称为广播数字系统（Broadcast Data Systems，BDS）的专业数字跟踪服务来实施监控。SESAC 从各种公开演出收取费用，包括主流电台、校园电台、卫星电台、网络电台和电视。

● 新媒介授权：这个分公司覆盖了各种非传统的渠道如网络电台、卫星电台传输和手机铃声等。新媒介现在仅占到 SESAC 收入中相对较小的一部分，但是正在快速成长中。

虽然 SESAC 的规模小，但是公司高管认为其“唯利是图”（for-profit）的状态为其在该产业中赢得了竞争优势，而 ASCAP 和 BMI 是“非利润化”（not-for-profit）的组织，因此它们要接受所有申请会员资格的版权持有者，同时将全部版税返回其成员（比管理费低）。相反，SESAC 的运营限制较少。根据艺术家的需求量身定做的协议使 SESAC 吸引了很多明星例如 Neil Diamond，Bob Dylan 和 Bryan-Michael Cox。这种灵活性也体现在签订公开授权协议时。因此，该公司的战略不是正面挑战 BMI 和 ASCAP，而是通过筛选细分市场，为成员和授权者提供最高的价值。[4]

公开授权

SESAC 的公开授权分支机构的授权者范围广泛。SESAC 的图书馆在产业中是最小的，但是数量恰好对想要规避 SESAC 目录播放音乐的场所造成困难，这也意味着几乎美国各个场馆都可能成为其付款客户。爵士、拉丁和基督音乐场馆反而更加喜欢播放 SESAC 的音乐。表 2 展示了关键的潜在细分市场中场馆的数量。

表 2　　美国场馆的数量

类别	场馆数量
多功能酒店	195 659
酒水场所（酒吧、夜总会）	48 856
旅馆和汽车旅馆	46 295
学院和大学	38 299
健身中心	17 866

续前表

类别	场馆数量
高尔夫球场和乡村俱乐部	8 546
保龄球馆	5 590
剧院和供晚餐的剧院	1 600
滑冰场	379

SESAC 通常收取每年 400～1 000 美元的费用，可以在单一地点无限制使用 SESAC 的所有资料，而 SESAC 公开授权的平均价格低于 600 美元。有些经营组织（如零售店）播放背景音乐的方式一般不太容易被注意到，而其他一些组织（如舞蹈俱乐部）的目的就是如此。SESAC 在费用计算中也会有意对此作出区别。该公司认为如果因使用授权资料而获利，那么就有责任支付音乐版权费用。ASCAP 曾因为所宣传的“如果不付钱我们就起诉你”而备受争议，但是 SESAC 自认为值得骄傲的是它很好地回避了这一点。SESAC 愿意同被授权者之间建立一种互惠互利的关系。当被授权者体会到 SESAC 的歌曲能够给他们创造价值时，自然就计算出了合理的费用。

渠道结构的两种选择

呼叫中心渠道

过去 20 年来，SESAC 运营着一个呼叫中心，用来开发公开授权项目。现在该中心有 35 名全职员工，系统非常简单，通过购买与娱乐相关产业的经营实体如酒吧的名单来创建买家。这些买家被自动输入到数据库中，并且设置为“激活”状态。这意味着会自动产生一封邮件，然后发送给这个经营实体，并说明要求希望一位代表可以回答问题，同时根据每个经营实体的特征计算费用。为了让买家变成激活状态，每个呼叫中心的成员都被分配了任务。每个声讯员的配额是 500 个账户。当客户作为被授权者成功签订合同时，排队中的下一个客户就会被分配给与此账户最近的声讯员，然后就会发送相关的邮件。声讯员的数据库会自动提醒他发送邮件之后需要及时进行电话确认。如果声讯员发现无法与某个客户签订合同时，获得主管同意后他可以终止该账户。由于稳定销售很难，而且声讯员总是期待新的客户，因此在声讯员和主管之间总是存在很多争议。

SESAC 的多数会员是艺术家，他们很关心自己的名誉。SESAC 作为他们的代表，非常严肃地对待这项职责。SESAC 任命一位销售经理控制所有通话的质量。通话被随机录音和监控，以此来确保声讯员细心和专业地行使职责。为了引导声讯员按照所期望的方式进行对话，会使用脚本，包括介绍、常见问题的答案，以及成交的建议方法。

每个季度，呼叫中心负责签约 8%的客户，单个声讯员的完成率是有差异的。从分配客户开始到签约一般会经历 3 个月的时间。然而成交并不容易，有以下三个原因：

- 播放音乐的这些经营实体的经理非常难接触。大多数主要是用未注册的手机，还有的会屏蔽掉一些不愿意接听的电话，而且有些经理认为版税无法带来收入却造成了不必要的费用，因此会回避来自 SESAC 呼叫中心的电话。

- 很难向经理解释该项服务。仅说明 SESAC 代表艺术家收取版税的合法性就需要电话通话和多封信件。那些已经支付了 ASCAP 和 BMI 的经营实体会认为它们已经不需要再和 SESAC 签约了（大多数都必须与三家 PRO 都签约才能完全涵盖）。
- 起诉并不构成威胁。虽然对于侵犯版权法的经营实体 SESAC 享有诉讼的合法权利，但是该公司还是尽量避免这种方式造成的成本。SESAC 并不想让大家认为它欺压小企业，因为这会导致公众反对 SESAC。

大多数声讯员都有其他电话推销工作的经验，但是基本都没有大学学历或者音像、酒店产业的经验。在呼叫中心工作的员工的小时工资低于 15 美元，而且通常从上午 11 点到晚上 7 点，工作 8 小时，每个员工每小时要求打 15 个电话。

销售人员渠道

呼叫中心这个渠道已经运营了多年，而且娜塔莎也不太想做出改变，因为这意味着 SESAC 要投入大量的时间和金钱，但是她也在考虑在当地市场分散销售人员会不会有助于增加销售量。这种安排能给销售人员更大的自由去联系他们期望的客户，而不会有背脚本或受监督这些压力。她认为一个专业的销售队伍或许更容易赢得酒店业务中的大客户。经过计算，她发现一个专业销售人员每个季度大概能够激活 500 个客户中的 15%，也就是每季度每个推销员平均 75 个账户。

当然，对销售人员的补偿明显要比呼叫中心的员工高。依据经验的多少，专业的销售人员的工资在 60 000～150 000 美元之间，还有 50%的提成是基于第一年新获得的客户带来的收入。

基于提成雇用的销售顾问会降低 SESAC 的总支出，而对基于工资的销售顾问，每个季度要有 150 000 美元用来支付有经验的销售经理以及训练新的代理。每个季度呼叫中心的固定成本可以达到 250 000 美元，包括租用场地、维护通信系统、支付监督声讯员的经理，但不包括工资。

决策

公开授权是一个潜在的利润增长点，但是 SESAC 所涉及的场所情况参差不齐。关键是要增加授权客户，以此来平衡稳定增长的会员。好的决策应该是让 SESAC 成为该产业中的有充足现金流的成功企业，而错误的决策则会损害公司在该产业中的地位和声誉。

娜塔莎需要对以下问题作出决策：

- SESAC 是否还要保留呼叫中心，或是转向推销人员的渠道模式？
- 保留呼叫中心的利益和风险有哪些？
- 转向推销人员渠道模式的利益和风险有哪些？

讨论题

1. 除了直接的销售人员渠道模式以及呼叫中心，还有其他哪些渠道战略适用于这种情况？

2. 考虑到像 SESAC 这样的 PRO 提供的服务具有无形的特征，是否有渠道战略可以将这种服务有形化？

注释

1. Broadcasting & Cable (1999) . It all begins with a song. 10/25/99, Vol. 129 (44), pp. 42 - 47.
2. *Noam, Eli M.* (*2009*) Media Ownership and Concentration in America, Oxford University Press: New York; Krasilovsky, M. William and Sidney Schemel (2007) *This Business of Music: the Definitive Guide to the Music Industry*, 10th ed. Billboard Books: New York, NY.; Op cit., Broadcasting & Cable (1999); Stark, Phillis (2004) *Changing of the guard at SESAC*, Billboard, 6/12/2004, Vol. 116 (24) .
3. Op cit., Krasilovsky and Schemel (2007) *This Business of Music*.
4. Stooksbury, Cindy (1995) SESAC third player in music licensing. *Amusement Business*, 9/11/1995, Vol. 107, Issue 37.

Marketing Channels：A Management View，8e
Bert Rosenbloom

Cengage Learning Asia Pte. Ltd.
5 Shenton Way，#01-01 UIC Building，Singapore 068808

北京市版权局著作权合同登记号 图字：01-2013-7501

图书在版编目（CIP）数据

营销渠道：管理的视野：第8版/罗森布洛姆著；宋华等译．—北京：中国人民大学出版社，2014.1
（工商管理经典译丛·市场营销系列）
ISBN 978-7-300-18654-2

Ⅰ.①营… Ⅱ.①罗…②宋… Ⅲ.①市场营销学 Ⅳ.①F713.50

中国版本图书馆CIP数据核字（2013）第318830号

工商管理经典译丛·市场营销系列
营销渠道：管理的视野（第8版）
伯特·罗森布洛姆 著
宋华 等译
Yingxiao Qudao：Guanli de Shiye

出版发行	中国人民大学出版社		
社　　址	北京中关村大街31号	**邮政编码**	100080
电　　话	010－62511242（总编室）		010－62511770（质管部）
	010－82501766（邮购部）		010－62514148（门市部）
	010－62515195（发行公司）		010－62515275（盗版举报）
网　　址	http://www.crup.com.cn		
经　　销	新华书店		
印　　刷	涿州市星河印刷有限公司		
规　　格	185 mm×260 mm　16开本	**版　　次**	2014年2月第1版
印　　张	29.5 插页1	**印　　次**	2023年5月第6次印刷
字　　数	730 000	**定　　价**	85.00元

CENGAGE Learning™

Supplements Request Form（教辅材料申请表）

Lecturer's Details(教师信息)			
Name：（姓名）		Title：（职务）	
Department：（系科）		School/University：（学院/大学）	
Official E-mail：（学校邮箱）		Lecturer's Address / Post Code：（教师通讯地址/邮编）	
Tel：（电话）			
Mobile：（手机）			

Adoption Details(教材信息)　原版□　翻译版□　影印版 □

Title：（英文书名） Edition：（版次） Author：（作者）			
Local Publisher：（中国出版社）			
Enrolment：（学生人数）		Semester：（学期起止时间）	

Contact Person & Phone/E-Mail/Subject：
（系科/学院教学负责人电话/邮件/研究方向）
（我公司要求在此处标明系科/学院教学负责人电话/传真及电话和传真号码并在此加盖公章。）

教材购买由　我□　我作为委员会的一部分□　其他人□[姓名：　　]决定。

Please fax or post the complete form to(请将此表格传真至)：

CENGAGE LEARNING BEIJING
ATTN：Higher Education Division
TEL：(86) 10-83435100
FAX：(86) 10-82862089
ADD：北京市海淀区科学院南路 2 号
融科资讯中心 C 座南楼 7 层 707 室　100080

Note：Thomson Learning has changed its name to CENGAGE Learning

VERIFICATION FORM/CENGAGE LEARNING

教师教学服务说明

中国人民大学出版社管理分社以出版经典、高品质的工商管理、统计、市场营销、人力资源管理、运营管理、物流管理、旅游管理等领域的各层次教材为宗旨。

为了更好地为一线教师服务，近年来管理分社着力建设了一批数字化、立体化的网络教学资源。教师可以通过以下方式获得免费下载教学资源的权限：

在中国人民大学出版社网站 www. crup. com. cn 进行注册，注册后进入“会员中心”，在左侧点击“我的教师认证”，填写相关信息，提交后等待审核。我们将在一个工作日内为您开通相关资源的下载权限。

如您急需教学资源或需要其他帮助，请在工作时间与我们联络：

中国人民大学出版社　管理分社

联系电话：010－82501048，62515782，62515735

电子邮箱：glcbfs@crup. com. cn

通讯地址：北京市海淀区中关村大街甲 59 号文化大厦 1501 室（100872）